Angelika Königseder

Walter de Gruyter
Ein Wissenschaftsverlag im Nationalsozialismus

Angelika Königseder

Walter de Gruyter

Ein Wissenschaftsverlag im Nationalsozialismus

Mohr Siebeck

Angelika Königseder, geboren 1966; Studium der Politikwissenschaften und Geschichte; 1996 Promotion; 1991–2010 in verschiedenen Projekten am Zentrum für Antisemitismusforschung, TU Berlin; seit 2011 freiberuflich als Historikerin, Lektorin und Kuratorin von Ausstellungen zur NS-Zeit.

Die Arbeit wurde von der Walter de Gruyter Stiftung gefördert.

ISBN 978-3-16-154393-7

Die Deutsche Nationalbibliothek verzeichnet diese Publikation in der Deutschen Nationalbibliographie; detaillierte bibliographische Daten sind im Internet über *http://dnb.dnb.de* abrufbar.

Das Buch wurde von Computersatz Staiger in Rottenburg/N. aus der Minion gesetzt, von Hubert & Co. in Göttingen auf alterungsbeständiges Werkdruckpapier gedruckt und gebunden.

Den Umschlag entwarf Uli Gleis in Tübingen; Abbildung: Ausschnitt aus Schreiben von Herbert Cram an Hermann Göring. Quelle: Stabi Berlin Dep. 42,219 (Verlagsarchiv De Gruyter).

Vorwort

Ein Familienunternehmen im Nationalsozialismus

„Herbert Cram war kein Nazi", so hieß es bei uns zu Hause, wenn das Gespräch auf unseren Großvater kam. Er sei ein gewissenhafter wissenschaftlicher Verleger gewesen, dem es gelungen sei, den Verlag Walter de Gruyter unter großem persönlichen Einsatz durch die NS-Zeit und den Krieg zu führen.

Manches wurde in der Familie erzählt, über Paul Löbe, den verfemten sozialdemokratischen Reichstagspräsidenten, der während der NS-Zeit für den Verlag als Korrektor gearbeitet hatte, oder über die Witwe des jüdischen Verlegers Moritz Krayn, der Herbert Cram bis zu ihrer Deportation im Februar 1943 die vereinbarte Rente überbringen ließ, über Geschäfte mit dem Reichsluftfahrtministerium oder mit der Wehrmacht.

Natürlich habe sich Herbert Cram mit den Nationalsozialisten arrangiert. Er habe nach dem plötzlichen Tod seines Schwiegervaters Walter de Gruyter 1923 im Verlag völlig unvorbereitet unternehmerische Verantwortung übernehmen müssen, weil es damals undenkbar war, dass eine der beiden Töchter von Walter de Gruyter den Verlag führte. Herbert Cram habe, so heißt es bis heute in den Erinnerungen, widrige wirtschaftliche Zeiten überstehen, Arbeitsplätze erhalten und eine große Familie ernähren müssen. Er habe unter enormem Druck dieser Familie gestanden, in die er eingeheiratet hatte. Zudem habe er unter misstrauischer Beobachtung jener leitenden Mitarbeiter gestanden, die noch die Glanzzeit des Verlages unter Walter de Gruyter mitgeprägt hatten.

Großbürgerlich sei die Familie de Gruyter/Cram gewesen, Herbert Cram deutsch-national gesinnt, da hatte man für den Nationalsozialismus nicht besonders viel übrig. Trotz intensiven Werbens sei er nicht in die NSDAP eingetreten. Vor allem deren Judenhass habe Herbert Cram befremdet. Später habe er sich als engagierter Christ der Bekennenden Kirche zugewandt.

Von der systematischen Tilgung jüdischer Autoren aus dem Verlagsprogramm oder der Beschäftigung von Zwangsarbeitern in der verlagseigenen Druckerei in Trebbin hingegen war bislang in den Geschichten, die in der Familie erzählt wurden, nie die Rede. Auch nicht vom Hofieren nationalsozialistischer Wissenschaftler durch den Verlag, von den Geschäften mit der NSDAP oder der Verwicklung in die „Arisierung" der Wissenschaft. Es ist allerdings möglich, dass Herbert Cram im Kreise der Familie nicht davon sprach, zumindest nicht vor seinen sieben Kindern. Er war eher introvertiert, traumatisiert durch seine Erlebnisse im Ersten Weltkrieg und eine Kriegsverletzung. Er sprach zu Hause nie viel über seine Arbeit, über Politik schon gar nicht.

Unmittelbar nach dem Krieg wurde dann am Verlagssitz in der Genthiner Straße – mit der ersten Lizenz der Briten für einen wissenschaftlichen Verlag in Berlin – einfach weitergearbeitet, weiterhin der Wissenschaft und dem vermeintlich immer hehren Erkenntnisinteresse von Wissenschaftlern verpflichtet. Ein paar Bücher wurden auf Druck der Alliierten aus dem Verlagsprogramm genommen. Aber alle Bücher, die zwischen 1933 und 1945 im Verlag de Gruyter erschienen sind, stehen noch in der Bibliothek des Verlages. Kein Werk wurde verschämt beiseitegeschafft. Möglicherweise kompromittierende Akten wurden nicht geschreddert, sondern wie alle Geschäftsunterlagen des Verlages archiviert. Schuldbewusstsein können wir bei Herbert Cram nicht erkennen, die Bereitschaft, sich mit den zwölf Jahren Diktatur auseinanderzusetzen, auch nicht. Befremdlich wirkt auf uns jener Prozess, den er nach dem Krieg um Stilkes Rechtsbibliothek führte. 1938 hatte Herbert Cram diese von dem politisch unter Druck geratenen Eigentümer erworben. In den 1950er-Jahren wehrte er sich mit formaljuristischen Argumenten gegen eine Rückerstattung und den Vorwurf der „Arisierung".

Der Verlag Walter de Gruyter, dessen Ursprünge in das Jahr 1749 zurückreichen, ist seit 1897 im Besitz von Walter de Gruyter, seiner Familie und seinen Nachkommen. Derzeit sind Gesellschafter aus der dritten, vierten und fünften Generation an dem Unternehmen beteiligt. Im Jahr 2006 gründeten Gesellschafter des Verlages die gemeinnützige Walter de Gruyter Stiftung, um Wissenschaft und Forschung zu fördern. Seitdem waren wir davon überzeugt, es müsse eine der ersten Aufgaben dieser Stiftung sein, die Geschichte des Verlages de Gruyter im Nationalsozialismus zu erforschen. 2011 konnte das Forschungsprojekt von Angelika Königseder begonnen werden.

Uns war klar, dass eine solche Forschungsarbeit Kompromittierendes, Verstörendes und Beschämendes, möglicherweise sogar Verbrecherisches zutage fördern würde. Aber wir haben immer gesagt: Wir wollen es wissen. Es ist schließlich ein Teil der Geschichte eines Familienunternehmens, Teil der Geschichte einer Familie, die so stolz auf ihren Verlag ist, auf die über 250-jährige Tradition, auf die ledergebundenen Erstausgaben von Lessing, Schleiermacher oder Kleist, auf Bücher wie den Pschyrembel und auf Zeitschriften wie das Crelle-Journal, die seit über 100 Jahren in dem Verlag erscheinen. Die Familie und der Verlag haben die Verantwortung, sich auch diesem Abschnitt der Geschichte zu stellen.

Zudem sind wir der festen Überzeugung, dass auch Unternehmen eine Verantwortung haben, ihre Verstrickung in den Nationalsozialismus offenzulegen – insbesondere wenn sie, wie der Verlag Walter de Gruyter, in jener Zeit in einem Geschäftsfeld wie der wissenschaftlichen Publizistik tätig waren und sich somit von dem alle gesellschaftlichen Bereiche durchdringenden Machtanspruch der Nationalsozialisten gar nicht fernhalten konnten.

Viel zu wenige Unternehmen in Deutschland sind dieser Verpflichtung bislang nachgekommen. Allzu oft haben Unternehmen, auch Verlage, ihre Geschichte erst erforscht und sich ihrer Verantwortung erst gestellt, ihre Archive erst geöffnet – und dies eher widerwillig –, nachdem sie von Historikern oder Journalisten mit Vorwürfen konfrontiert worden waren. Manche Forschungsarbeit wurde zudem nie veröffentlicht.

Zwei Dinge waren der Walter de Gruyter Stiftung deshalb wichtig, als sie die nun vorliegende Arbeit in Auftrag gegeben hat. Erstens: Die Autorin bekommt jedwede Unterstützung und Zugang zu allen Unterlagen. Zweitens: Die Arbeit wird veröffentlicht, und zwar ohne dass die Stiftung oder Familie auf die Forschungsergebnisse und deren Bewertung Einfluss nehmen. Um jeden Anschein der Einflussnahme zu vermeiden, erscheint dieses Buch auch nicht im Verlag Walter de Gruyter, sondern bei Mohr Siebeck. Dort hat es den für wissenschaftliche Veröffentlichungen vorgesehenen Begutachtungsprozess durchlaufen.

Es war zunächst gar nicht so einfach, einen geeigneten Historiker oder eine geeignete Historikerin zu finden. Denn das Thema, das sich in dieser Forschungsarbeit stellt, ist komplex. Der Verlag war in so vielen unterschiedlichen Wissenschaftsbereichen tätig, dass eine einfache Antwort nicht gegeben werden kann. Der Verleger Herbert Cram agierte zudem widersprüchlich. Hinzu kam: Der Nachlass des Verlages, der im Archiv der Berliner Staatsbibliothek deponiert ist, war nicht sortiert, geschweige denn aufgearbeitet. Detaillierte Findbücher gibt es nicht, sodass es sehr mühsam war, sich durch die Akten durchzuarbeiten, das umfangreiche Material zu sichten und zu strukturieren. Dazu mussten ausführliche Gespräche mit Zeitzeugen aus der Familie geführt werden.

Deshalb war es eine große Herausforderung, ein Gesamtbild des Verlages in der Zeit des Nationalsozialismus zu zeichnen. Angelika Königseder ist dies auf beeindruckende Weise gelungen, dafür gebührt ihr unser großer Dank. Auch wenn einige Fragen weiterhin nicht beantwortet werden können.

Nun endlich liegt die gedruckte Forschungsarbeit über den Verlag Walter de Gruyter im Nationalsozialismus vor. Spektakuläres hat die Arbeit von Angelika Königseder nicht zutage gefördert, nichts zumindest, was Historiker aufhorchen ließe oder den Medien Schlagzeilen bringen würde. Spektakulär ist vielmehr die Alltäglichkeit des Arrangements des Verlages Walter de Gruyter mit den Nationalsozialisten. Das Verhalten des Verlages in der NS-Zeit kann somit als beispielhaft gelten für das Verhalten vieler mittelständischer Unternehmen in Deutschland.

Der Verleger Herber Cram lehnte den Nationalsozialismus ab. Aber er gehörte zu jenen Deutschen, die ab 1933 dem wirtschaftlichen Erfolg trotz politischer Bedenken absoluten Vorrang einräumten, die lavierten und sich arrangierten, ihre Geschäfte mit den neuen Machthabern machten, die sich vorauseilend den ideologischen Vorgaben unterwarfen, Handlungsspielräume nicht nutzten. Der Verleger Herbert Cram gehörte somit zu jenen deutschen Unternehmern, die im Nationalsozialismus opportunistisch agierten. Ohne sie wäre die fast reibungslose Machtübernahme der NSDAP und die ideologische Durchdringung der gesamten Gesellschaft nicht möglich gewesen.

Hatte Herbert Cram eine andere Wahl? Diese Frage lässt sich rückblickend nicht einfach beantworten. Es wäre vermessen, aus der Sicht der Enkel und Urenkel mit moralischem Rigorismus einfach den Stab zu brechen. Was uns jedoch betroffen macht, ist die Tatsache, dass Herbert Cram sich selbst diese Frage anscheinend nie gestellt hat, auch nach 1945 nicht. Handelte Herbert Cram zwischen 1933 und 1945 willfährig? Uns erscheint es rückblickend so.

Für die Walter de Gruyter Stiftung und die Gesellschafter wird es deshalb auch nach der Veröffentlichung dieser Arbeit eine Verpflichtung bleiben, sich der Geschichte des Familienunternehmens zu stellen und die wissenschaftliche Auseinandersetzung mit dem Nationalsozialismus zu unterstützen.

Martin Cram, Mitglied im Kuratorium der Walter de Gruyter Stiftung
Christoph Seils, Vorsitzender des Kuratoriums der Walter de Gruyter Stiftung

Inhaltsverzeichnis

Vorwort V

Einführung 1

I. Gründungsgeschichte 5

II. Nach der NS-Machtübernahme: Neuausrichtung der Literaturpolitik 17

III. Der Verlag 1933–1939: Hält die NS-Ideologie Einzug in den Verlagsalltag? 33

1. Umgang mit jüdischen Autoren 51
2. Kürschners Deutscher Literatur-Kalender 74
3. Der Angriff der SS-Zeitung *Das Schwarze Korps* oder die Vertreibung von Fritz Homeyer 78
4. Sexualwissenschaften 91
5. Politisch Verfolgte als Korrektoren: Adolf Grimme und Paul Löbe 93
6. Neue Geschäftsfelder 97
7. Deutscher Kunstverlag 108
8. Friederichsen, de Gruyter & Co. 113
9. Stärkung der Position als wissenschaftlicher Universalverlag: Erfolgreiche und gescheiterte Verlagsübernahmen 116
   a) Verlag Otto Liebmann: Ein gescheiterter Versuch zur Stärkung der juristischen Sparte (1933) 116
   b) Verlage Emil Felber und Wilhelm Engelmann: Ein abgelehntes Angebot (1933) 118
   c) Alfred Töpelmann Verlag: Programmerweiterung durch Theologie (1935) 118
   d) Technischer Verlag Moritz Krayn: Ausbau der technischen Sparte (1937) 120
   e) Die Therapeutische Registratur Buchholtz & Co. (1937) 124
   f) Stilkes Rechtsbibliothek: Beharren auf formaljuristischer Richtigkeit (1938) 124
   g) Akademische Verlagsgesellschaft Leipzig: Versuch einer „Arisierung“ (1938) 133
   h) J. Schweitzer Verlag (1939) 136

IV. Der Verlag 1939–1945 ... 139

1. Entwicklung des Verlags ... 139
2. Medizin, Naturwissenschaft und Technik ... 145
3. Aufträge der Wehrmacht ... 148
4. Zensurversuche ... 154
5. Eine Gratwanderung: Friedrich Ratzels Einführung in die Heimatkunde ... 156
6. Wissenschaft im Dienst der NS-Ideologie ... 158
7. Einsatz von Kriegsgefangenen und Zwangsarbeitern ... 164
8. Wirtschaftliche Entwicklung ... 168

V. Wichtige Programmbereiche ... 177

1. Sammlung Göschen ... 177
2. Juristische Literatur ... 186
   a) Neupositionierung und die Ausgrenzung jüdischer Autoren ... 187
   b) Profiteur der NS-Gesetzgebung und der deutschen Expansion ... 198
   c) Fortsetzung verlegerischer Traditionen? ... 203
   d) Kontakte zu Entscheidungsträgern ... 212
3. Altertumswissenschaften und Altphilologie ... 221
4. Theologie ... 237
   a) Die „Gießener Mischna“ ... 245
   b) Theologische Zeitschriften ... 248
      Zeitschrift für die alttestamentliche Wissenschaft ... 248
      Zeitschrift für die neutestamentliche Wissenschaft ... 253
      Zeitschrift für systematische Theologie ... 255
5. Zeitschriften und periodisch erscheinende Veröffentlichungen ... 258
   a) Journal für die reine und angewandte Mathematik ... 259
   b) Jahrbuch über die Fortschritte der Mathematik ... 262
   c) Radiologica. Internationale Zeitschrift für Photobiologie und Biophysik, Strahlenmedizin und Photochemie ... 264
   d) Minerva. Jahrbuch der gelehrten Welt und Geistige Arbeit. Zeitung aus der wissenschaftlichen Welt ... 264
   e) Zeitschrift für Volkskunde ... 268
   f) Zeitschrift des Deutschen Vereins für Kunstwissenschaft ... 274
   g) Allgemeine Zeitschrift für Psychiatrie und psychisch-gerichtliche Medizin ... 275
   h) Deutsche Schachzeitung ... 276
   i) Der Islam. Zeitschrift für Geschichte und Kultur des islamischen Orients ... 280
   j) Der neue Volkserzieher ... 280

VI. Kriegsende und Neubeginn ... 285

Fazit 299

Literatur 303

Abbildungsverzeichnis 311

Personenregister 313

Einführung

Am 1. Januar 1944 feierte der in Berlin ansässige „Verlag Walter de Gruyter & Co. Vorm. G. J. Göschen'sche Verlagshandlung – J. Guttentag, Verlagsbuchhandlung – Georg Reimer – Karl J. Trübner – Veit & Comp." sein 25-jähriges Bestehen. Dieses Jubiläum war Anlass, Bilanz zu ziehen:

> Rückblickend und rein äußerlich betrachtet mag gesagt sein, daß die 25 Jahre, nach Überwindung der Inflation, dem Erwerb von Tochtergesellschaften, dem systematischen Ausbau aller wissenschaftlichen Gebiete und der Vertiefung der Beziehungen zu unseren Autoren, zu Behörden, Organisationen und Universitäten gewidmet waren. Bis zum Jahre 1929 war es eine Zeit des wirtschaftlichen Aufstiegs, dessen Rentabilität weniger in der Dividendenausschüttung zum Ausdruck kommt, als in der stillen Arbeit des Ansammelns von inneren Reserven. Diese haben uns befähigt, die Jahre der wirtschaftlichen Depression von 1930–1933 mit Erfolg zu überwinden, und von 1933 an wieder in eine Hochkonjunktur hineinzusteigen, die im Kriegsjahr 1943 ihren Gipfelpunkt findet. Die Firma erlangt in diesen Jahren Weltruf und wird häufig als der wissenschaftliche Verlag Deutschlands bezeichnet. [...] Nach dem Umbruch von 1933 galt es für den Verlag zunächst einmal, das Vertrauen der neuen politischen Kräfte zu erwerben; dies ist uns gelungen. Der Wert, die Zuverlässigkeit und die Gediegenheit des Verlages werden heute auch in politischen Kreisen bedingungslos anerkannt. [...] Heute, nach 5 Kriegsjahren, gestattet uns der Fundus des Verlages, auch die zukünftige Entwicklung, gleichgültig wie sie ausfallen mag, ruhig entgegenzunehmen.[1]

Unweigerlich drängt sich nach der heute beklemmenden Lektüre dieses geradezu euphorischen Geschäftsberichts, der das Datum des 23. August 1944 trägt – die Westalliierten standen vor Paris und die Rote Armee rückte längst nach Ostpreußen vor –, die Frage auf, wie sich der offensichtlich überaus erfolgreich agierende wissenschaftliche Universalverlag Walter de Gruyter & Co. mit den nationalsozialistischen Machthabern arrangiert und ökonomisch von der Entwicklung so sehr profitiert hatte, dass die Geschäftsleitung noch voll Optimismus in die Zukunft blickte, während Berlin bereits in Schutt und Asche versank.

Absicht dieser Studie ist es nicht, eine Unternehmensgeschichte zu schreiben, bei der die betriebswirtschaftliche Entwicklung in den Vordergrund rückt. Vielmehr stehen vor allem die verlegten Werke und die Prozesse, die ihre Aufnahme – oder Ablehnung – in das Verlagsprogramm begleiteten, im Mittelpunkt der Analyse. Selbstverständlich finden dabei ökonomische Gegebenheiten und

---

[1] Geschäftsbericht 1943, gez. Meinhard von Staa, 23.8.1944, Stabi Dep. 42,399.

Notwendigkeiten Berücksichtigung, weil der Verlag zuallererst als Wirtschaftsunternehmen begriffen werden muss. Der „Betriebsführer" Herbert Cram, der die Firma seit dem plötzlichen Tod seines Schwiegervaters, des Verlagsgründers Walter de Gruyter, im Jahr 1923 leitete, ohne darauf vorbereitet worden zu sein, verfolgte keine kulturpolitische Mission. Er war Maschinenbauingenieur, musste nun überraschend seine Stelle an der Technischen Universität aufgeben und war für ein großes Unternehmen im Eigentum der Familie verantwortlich, für dessen wirtschaftliches Gelingen er sich folglich vor allem verpflichtet fühlte.

Obwohl Verlagsgeschichte erst relativ spät in den Blick der NS-Historiker und -Buchwissenschaftler geriet, liegen mittlerweile einige Studien vor.[2] Desiderata bestehen jedoch weiterhin für die Wissenschaftsverlage, deren Situation sich in vielen Bereichen von der belletristischer Verlage unterschied. Zwar hat sich Heinz Sarkowski in seinem umfangreichen Werk zu Beginn der 1990er-Jahre mit dem seinerzeit bedeutendsten Wissenschaftsverlag, dem Springer Verlag, beschäftigt.[3] Die jüdische Herkunft seiner Inhaber erzwang jedoch in der NS-Zeit einen anderen Weg, sodass sich die Geschichte beider Verlage in diesem Zeitraum kaum vergleichen lässt. Interessante Vergleichsmöglichkeiten böte vermutlich die Geschichte des mittelständischen Wissenschaftsverlages J.C.B. Mohr (Paul Siebeck), der nach bisherigem Kenntnisstand während der NS-Zeit wirtschaftlich weit weniger erfolgreich agierte als De Gruyter. Bislang liegt für dieses Unternehmen aber lediglich eine Studie für die Zeit bis 1925 vor.[4] Viele nun quellennah dargestellte Befunde der Geschäftspolitik von De Gruyter bedürfen eines Vergleichs mit dem Verhalten anderer Verlage. Bislang ist dies aber nur vereinzelt – etwa für den juristischen Bereich mit Springer und C.H.Beck – möglich. Ein vergleichendes Urteil über die Handlungsspielräume und die Positionierung von Wissenschaftsverlagen im Nationalsozialismus wird erst nach weiteren Forschungen möglich sein. Grundlegend für die politischen Rahmenbedingungen, in denen alle Verlage während der NS-Zeit agieren mussten, sind die Forschungen von Jan-Pieter Barbian.[5]

---

[2] Vgl. u.a. *Heinz Sarkowski*, Der Springer-Verlag. Stationen seiner Geschichte. Teil I: 1842–1945, Berlin u.a. 1992; *Siegfried Lokatis*, Hanseatische Verlagsanstalt. Politisches Buchmarketing im „Dritten Reich", Frankfurt a.M. 1992; *Saul Friedländer/Norbert Frei/Trutz Rendtorff/Reinhard Wittmann*, Bertelsmann im Dritten Reich, München 2002; *Dietrich Bode*, Reclam. Daten, Bilder und Dokumente zur Verlagsgeschichte 1828–2003, Stuttgart 2003; *Edda Ziegler*, 100 Jahre Piper. Die Geschichte eines Verlages, München/Zürich 2004; *Thomas Keiderling*, F.A. Brockhaus 1905–2005, Mannheim 2005; *Tilmann Wesolowski*, Verleger und Verlagspolitik: der Wissenschaftsverlag R. Oldenbourg zwischen Kaiserreich und Nationalsozialismus, München 2010; *Stefan Rebenich*, C.H.Beck 1763–2013. Der kulturwissenschaftliche Verlag und seine Geschichte, München 2013.

[3] *Sarkowski*, Springer-Verlag.

[4] *Silke Knappenberger-Jans*, Verlagspolitik und Wissenschaft. Der Verlag J.C.B. Mohr (Paul Siebeck) im frühen 20. Jahrhundert, Wiesbaden 2001.

[5] Insbesondere: *Jan-Pieter Barbian*, Literaturpolitik im NS-Staat. Von der „Gleichschaltung" bis zum Ruin, Frankfurt a.M. 2010.

Quellengrundlage dieser Studie ist das umfangreiche, von der Handschriftenabteilung der Berliner Staatsbibliothek betreute Verlagsarchiv.[6] Einerseits machte es die Fülle des Materials erforderlich, thematische Schwerpunkte zu setzen, andererseits sind manche Projekte nur in Ansätzen oder gar nicht dokumentiert. Naturgemäß unterliegt zudem jegliche Korrespondenz in einer Diktatur einer gewissen Zurückhaltung, und die politische Entwicklung wird in der Regel nicht oder nur indirekt kommentiert. Aber dennoch lässt sie Schlüsse über die Geschäftspolitik des Verlages zu, zumal zahlreiche Publikationen aus der NS-Zeit bis heute im Verlag in der Genthiner Straße in Berlin zugänglich sind und damit Entstehungsprozess und -umstände mit dem fertigen Buch gemeinsam betrachtet werden können. Die Entscheidung, welche Wissenschaftsbereiche eine ausführliche Darstellung erfahren, richtete sich einerseits nach der Quellensituation, ist andererseits aber auch dem Bemühen der Verfasserin geschuldet, die Bandbreite des Universalverlages sowie seine Spielräume und Möglichkeiten zu zeigen. Jene unterschieden sich in den einzelnen Wissenschaftsdisziplinen erheblich. Die Fokussierung auf gewisse Schwerpunkte liegt in der (Neu-)Ausrichtung der Geschäftspolitik des Verlages begründet, der wiederum der staatlichen Prioritätensetzung Genüge tat, etwa wenn im Umfeld der Olympischen Spiele von 1936 die Archäologie eine intensive staatliche Förderung erfuhr.

In der Festschrift, die im Jahr 2008 anlässlich des 150-jährigen Bestehens des Oldenbourg Verlags erschien, betonte der Verfasser Reinhard Wittmann im Vorwort, dass das „riesige Volumen" der archivalischen Überlieferung zur Verlagsgeschichte „in unauflösbarem Widerspruch zum vorgegebenen beschränkten Umfang" des Buches stünde. „Jeder Anspruch, Tausende von Titeln in ihrer gesamten Breite angemessen zu würdigen, wäre sinnlos gewesen."[7] Man habe sich deshalb auf exemplarische Fallstudien beschränken müssen. Dies gilt für den Verlag Walter de Gruyter in mindestens dem gleichen Maße. Im Folgenden wird daher nach einem historischen Rückblick auf die fünf Gründungsverlage und der allgemeinen Schilderung der veränderten Rahmenbedingungen nach der NS-Machtübernahme die Entwicklung des Verlages zunächst von 1933 bis Kriegsbeginn und dann von 1939 bis 1945 dargestellt. Darauf folgen zeitübergreifend die „Sammlung Göschen", an der das Agieren des Verlages während der NS-Zeit exemplarisch deutlich wird, die juristische Literatur, bei der De Gruyter

---

[6] Das Depositum hat die Signatur Dep. 42 und gliedert sich in zwei umfangreiche Teile. Der erste Archivteil ist fortlaufend nummeriert (im Folgenden zit. Dep. 42,1 ff.), der zweite Archivteil ist nach Kartons und Mappen geordnet (im Folgenden zit. Dep. 42, K 1 ff., M 1 ff.). Für beide Bestände liegt jeweils ein Findbuch vor. Aus diesen Beständen hat Otto Neuendorff zahlreiche Autorenkorrespondenzen in einem Briefrepertorium zusammengefasst, das ebenfalls in der Berliner Staatsbibliothek zugänglich ist. Vgl. zu dem Bestand: Repertorium der Briefe aus dem Archiv Walter de Gruyter, ausgewählt von *Otto Neuendorff*, bearbeitet von *Anne-Katrin Ziesak*, Berlin/New York 1999.

[7] *Reinhard Wittmann*, Wissen für die Zukunft. 150 Jahre Oldenbourg Verlag, München 2008.

noch stärker als in anderen Wissenschaftsbereichen als Erfüllungsgehilfe des Regimes agierte, und die Themen Altertumswissenschaften und Altphilologie sowie die Theologie, für die aufgrund der Kirchenfeindlichkeit des Regimes und der Trennung in die staatskonformen „Deutschen Christen" sowie die „Bekennende Kirche" besondere Bedingungen herrschten. Abschließend werden exemplarisch einige wissenschaftliche Zeitschriften sowie die Situation in den letzten Monaten vor und nach Kriegsende vorgestellt.

Den Auftrag für die vorliegende Untersuchung erteilte die Walter de Gruyter Stiftung für Wissenschaft und Forschung. Der Kuratoriumsvorsitzende Christoph Seils sowie die Kuratoriumsmitglieder Georg Martin Cram und Rüdiger Gebauer und Stiftungsvorstand Kurt Lubasch begleiteten die Recherchen mit großem Interesse und der vorbehaltlosen Bereitschaft, die Geschichte des Verlages kritisch zu hinterfragen. Alle drei Kuratoriumsmitglieder sind auch Mitglieder des Beirates des Verlages Walter de Gruyter, der bis heute im Besitz der Familie ist. Die Verlagsleitung hat die Forschung ebenfalls uneingeschränkt unterstützt. Christoph Seils, Urenkel des Verlagsgründers Walter de Gruyter, war die treibende Kraft des Unterfangens. Er öffnete mir die Türen für aufschlussreiche Gespräche mit den Töchtern des 1967 verstorbenen Herbert Cram, der die Geschicke des Verlages von 1923 bis zu seinem Tod maßgeblich prägte, und räumte manche Hürde beiseite. Auch Anke Beck, Geschäftsführerin des Verlages, setzte sich für das Projekt ein. Diese konstruktive Atmosphäre hat die Zusammenarbeit mit der Stiftung, dem Verlag und ihren Gesellschaftern überaus angenehm gestaltet; zu keinem Zeitpunkt stellte sich die Frage einer versuchten Einflussnahme.

Mein Dank geht an die Leiterin der PR-Abteilung des Verlages Walter de Gruyter, Ulrike Lippe, und an Petra Schmitt von der Stiftung Walter de Gruyter, die das Projekt auf vielfältige Weise unterstützt haben, sowie an Sabine Scholz, langjährige Assistentin der Geschäftsleitung, die mich nicht nur viele Wochen in ihrem Büro beherbergte, sondern darüber hinaus ein offenes Ohr für alle Erfordernisse und Wünsche hatte. Auch die Handschriftenabteilung der Staatsbibliothek zu Berlin begleitete das Projekt mit Interesse, insbesondere Jutta Weber, Leiterin des Referats Nachlässe und Autographen, erleichterte mir den Zugang zu dem umfangreichen, nicht im Detail erschlossenen Verlagsnachlass. Dafür ist ihr herzlich zu danken. Wolfgang Benz, langjähriger Leiter des Zentrums für Antisemitismusforschung der TU Berlin, gebührt mein Dank für die abschließende kritische Lektüre des gesamten Manuskripts. Darüber hinaus geht mein Dank an meine Kolleginnen Carina Baganz, Brigitte Mihok und Marion Neiss (†) für ihre kritischen Anregungen, ihre Unterstützung bei Recherchen und ihr stets offenes Ohr. Last but not least danke ich Stephanie Warnke-De Nobili als verantwortlicher Lektorin beim Verlag Mohr Siebeck für die Aufnahme der Arbeit in das Verlagsprogramm und die professionelle Betreuung.

I. Gründungsgeschichte

Am 1. Januar 1919 vollendete Walter de Gruyter mit der Gründung der „Vereinigung wissenschaftlicher Verleger Walter de Gruyter & Co." sein ein knappes Vierteljahrhundert währendes Vorhaben, durch den Zusammenschluss traditionsreicher Verlage einen wissenschaftlichen Universalverlag ins Leben zu rufen. Als persönlich haftender Gesellschafter verfügte er nun mit 947.000,– Mark über knapp 50 Prozent des Gesamtkapitals von 1.920.000,– Mark der neu gegründeten Kommanditgesellschaft aus den Verlagen Georg Reimer, I. Guttentag, G. J. Göschen, Veit & Comp. und Karl I. Trübner. Sein Vermögen verdankte der promovierte Germanist Walter de Gruyter (1862–1923), der seine Karriere im Verlagswesen 1895 im Verlag Georg Reimer als Volontär begonnen hatte, dem Verkauf des väterlichen Kohlenbetriebs im Ruhrgebiet. Er war ferner Aufsichtsratsmitglied des Kabelwerkes Duisburg, der Gutehoffnungshütte Oberhausen und der Zünderfabrik Mülheim-Ruhr-Saarn GmbH. Neben Walter de Gruyter waren Wilhelm von Crayen (Göschen), Otto von Halem und Curt Thesing (Veit & Comp.) sowie Oscar Schuchardt (Guttentag) persönlich haftende Gesellschafter des aus fünf Verlagen hervorgegangenen neuen Unternehmens.[1]

Georg Reimer Verlag

Kern der „Vereinigung wissenschaftlicher Verleger Walter de Gruyter & Co." war der renommierte und traditionsreiche Georg Reimer Verlag.[2] Seine Geschichte geht bis in das Jahr 1749 zurück, als Friedrich II. von Preußen der Königlichen Realschule in Berlin die Einrichtung einer Buchhandlung gestattete. Die Gründung des Verlages Walter de Gruyter führt das Unternehmen bis zum heutigen

---

[1] *Ute Schneider*, Der wissenschaftliche Verlag, in: *Ernst Fischer/Stephan Füssel* (Hrsg.), Geschichte des deutschen Buchhandels im 19. und 20. Jahrhundert. Bd. 2: Die Weimarer Republik 1918–1933, Teil 1, München 2007, S. 379–440, hier S. 389 ff. Zur Biografie Walter de Gruyters vgl. *Kurt-Georg Cram*, Vom Tagelied zum Kalkulationsbuch. Walter de Gruyters Anfang als Verleger, in: *Anne-Katrin Ziesak*, Der Verlag Walter de Gruyter 1749–1999, Berlin/New York 1999, S. 209–237; *Gerhard Lüdtke*, Der Verlag Walter de Gruyter & Co. Skizzen aus der Geschichte der seinen Aufbau bildenden ehemaligen Firmen, nebst einem Lebensabriß Dr. Walter de Gruyter's, Berlin 1924, S. 89–103.

[2] Vgl. zur Geschichte des Georg Reimer Verlags: *Ziesak*, Der Verlag Walter de Gruyter 1749–1999, S. 1–54.

Tag auf dieses Ereignis im Jahr 1749 zurück. Aber erst Georg Andreas Reimer (1776–1842)[3], der den Schulbuchverlag im Jahr 1800 pachtete, machte ihn zu Beginn des 19. Jahrhunderts zu einem anerkannten, universal agierenden Wissenschaftsverlag.[4] Seit 1823 firmierte die „Realschulbuchhandlung" unter der Bezeichnung G. Reimer Verlag. Zwar galt Reimer als Verlag der Romantiker; u.a. erschienen dort die Werke von Achim von Arnim, Heinrich von Kleist, E.T.A. Hoffmann, Novalis und den Gebrüdern Grimm. Diese Charakterisierung deckte aber lediglich einen Teil seiner Aktivitäten ab. Als besonders fruchtbar erwiesen sich Reimers Beziehungen zum Theologen Friedrich Schleiermacher sowie zur Preußischen Akademie der Wissenschaften und der 1809 gegründeten Berliner Universität. Mitte des 19. Jahrhunderts nahmen medizinische Publikationen den ersten Rang im Verlagsprogramm ein. Zum Renommee des Hauses im mathematischen Bereich trug seit 1827 das *Journal für die reine und angewandte Mathematik* bei, das der Mathematiker August Leopold Crelle begründet hatte. Die Zeitschrift erscheint noch heute im Verlag Walter de Gruyter.

Nach dem Tod von Georg Andreas Reimer am 26. April 1842 übernahm sein zweitgeborener Sohn Georg Ernst den Berliner Verlag. Er führte das Haus 42 Jahre lang und mehrte seinen Ruf als renommierter wissenschaftlicher Universalverlag. Seine wichtigsten verlegerischen Projekte waren im medizinischen Bereich das *Archiv für pathologische Anatomie und Physiologie und für klinische Medizin*, das Rudolf Virchow und Benno Reichhardt 1847 begründeten (227 Bände, 1847–1920), sowie auf dem Feld der Mathematik das *Jahrbuch über die Fortschritte der Mathematik* (68 Bände, 1869–1942). Von 1858 bis 1892 erschienen bei Reimer die *Preußischen Jahrbücher*, in denen allerdings auch Heinrich von Treitschkes judenfeindlicher Aufsatz „Unsere Aussichten" publiziert wurde, mit dem er im Jahr 1879 den „Berliner Antisemitismusstreit" auslöste.[5] Bis heute setzt der Verlag Walter de Gruyter die 1863 von Theodor Mommsen begründete Edition *Corpus Inscriptionum Latinarum* bzw. seit 1873 die *Inscriptiones Graecae*, also die Herausgabe lateinischer bzw. griechischer Inschriften der Antike, fort.

Georg Ernst Reimer zog sich erst wenige Monate vor seinem Tod am 2. Januar 1885 aus dem Geschäft zurück. Die Nachfolge übernahm sein ältester Sohn, Ernst Heinrich Reimer, der sich darauf beschränkte, „die große Vergangenheit des Hauses zu verwalten".[6] So erntete er auch die Früchte der Arbeit seiner Vorgänger, als die Preußische Akademie der Wissenschaften 1886 den Reimer Ver-

---

[3] Vgl. zu Georg Reimer: *Doris Reimer*, Passion & Kalkül. Der Verleger Georg Andreas Reimer (1776–1842), Berlin/New York 1999.

[4] Vgl. dazu *Lüdtke*, Der Verlag Walter de Gruyter & Co, S. 51–62.

[5] Vgl. *Thomas Gerhards*, Heinrich von Treitschke. Wirkung und Wahrnehmung eines Historikers im 19. und 20. Jahrhundert, Paderborn u.a. 2013.

[6] So die treffende Formulierung von *Anne-Katrin Ziesak*, Der Verlag Walter de Gruyter 1749–1999, S. 42.

lag zum Kommissionsverlag ihrer Schriften auserkor. Ebenfalls seit 1886 verlegte Reimer das *Jahrbuch des Deutschen Archäologischen Instituts*, das bis heute im Verlag Walter de Gruyter erscheint.

Da Ernst Heinrich Reimers Sohn den Familienbetrieb nicht fortzuführen gedachte, suchte er einen Kaufinteressenten. Er fand ihn in Walter de Gruyter, der im Oktober 1885 als Volontär im Reimer Verlag antrat und das Unternehmen mit Wirkung vom 1. Januar 1897 für 506.873,62 Mark erwarb. Er behielt die traditionell enge Bindung an die Preußische Akademie der Wissenschaften – nicht zuletzt durch die Herausgabe von Immanuel Kants Gesammelten Schriften – bei und intensivierte die Zusammenarbeit mit dem Deutschen Archäologischen Institut. Im Auftrag des Reichsamts des Innern publizierte der Reimer Verlag seit 1905 die mehrbändige „Deutsche Südpolar-Expedition 1901–1903“, die der Leiter der ersten deutschen Antarktisexpedition, Erich von Drygalski (1865–1949), dokumentierte. Mit dem Kauf der Berliner Dependance des in Stuttgart ansässigen Verlages Spemann erwarb Walter de Gruyter 1902 den Kommissionsverlag von Schriften der Berliner Museen und legte damit das Fundament für eine fruchtbare Zusammenarbeit, belegt u.a. in den „Altertümern von Pergamon“, den „Altertümern von Benin“, den „Handbüchern der Museen“ und den „Attischen Grabreliefs“.

Verlagsbuchhandlung I. Guttentag

Ein Jahr nach dem Erwerb des Reimer Verlages wurde Walter de Gruyter 1898 gemeinsam mit dem Berliner Rechtsanwalt Christian von Bornhaupt Geschäftsführer und Mitinhaber der seit 1820 existierenden Verlagsbuchhandlung I. Guttentag, die bis 1853 als Trautwein'sche Buch- und Musikalienhandlung firmiert hatte.[7] Immanuel Guttentag hatte den Betrieb 1842 übernommen und im Jahr darauf den Musikalienhandel veräußert. Er setzte einen Schwerpunkt seiner Publikationstätigkeit auf Rechts- und Staatswissenschaften, verlegte aber weiterhin auch philosophische, archäologische und belletristische Titel. Seine Nachfolger konzentrierten sich auf juristische Publikationen, und mit der seit 1871 erscheinenden „Guttentagschen Sammlung Deutscher Reichsgesetze“ (237 Bde., 1871–1949), der seit 1873 verlegten „Guttentagschen Sammlung Preußischer Gesetze“ (68 Bde., 1873–1944), der seit 1881 von Franz von Liszt herausgegebenen *Zeitschrift für die gesamte Strafrechtswissenschaft* sowie den *Verhandlungen des Deutschen Juristentages* (1860–1930) gehörte der Verlag bald zu den wichtigen Akteuren auf dem Feld der juristischen Literatur. Schon im 19. Jahrhundert pflegte die Verlagsbuchhandlung Guttentag enge Kontakte zu den Reichs- und

7 Vgl. zur Geschichte der Verlagsbuchhandlung I. Guttentag: Ebenda, S. 141–161; *Lüdtke*, Der Verlag Walter de Gruyter & Co., S. 39–49.

preußischen Ministerien sowie zur Juristischen Fakultät der Berliner Universität – eine Strategie, an die der Verlag Walter de Gruyter während der NS-Zeit erfolgreich anknüpfen sollte.

1898 beabsichtigte der Verlagsinhaber Hugo Heimann, sich seiner politischen Karriere zu widmen und den Verlag zu verkaufen. Heimann gehörte der SPD an und war zunächst auf kommunalpolitischer, später auch bis zu seiner Emigration nach dem NS-Machtantritt auf Reichsebene aktiv. Die neuen Inhaber Friedrich Hammacher, Bergwerksbesitzer und Politiker der Nationalliberalen Partei, Gustav Siegle, Stuttgarter Industrieller und ebenfalls Abgeordneter der Nationalliberalen Partei im Reichstag, Christian von Bornhaupt, Rechtsanwalt in Berlin, und Walter de Gruyter erwarben die Verlagsbuchhandlung I. Guttentag am 27. September 1898 für 700.000,– Mark und wandelten sie in eine GmbH um. Von Bornhaupt und de Gruyter übernahmen die Geschäftsleitung, unterstützt wurden sie von Oscar Schuchardt, der bereits unter Heimann Prokurist im Betrieb gewesen war. Der Schwerpunkt des verlegerischen Wirkens von Guttentag war zweifelsohne die juristische Praxis. Neben den bereits genannten Titeln sind vor allem wichtige Kommentare wie der von Gottlieb Planck zum Bürgerlichen Gesetzbuch oder von Hermann Staub zum Handelsgesetzbuch oder zur Wechselordnung zu nennen.

Karl I. Trübner Verlag

Karl Ignaz Trübner eröffnete am 22. Mai 1872 in Straßburg, wo nach der Annektierung des Elsass infolge des Deutsch-Französischen Kriegs 1870/71 eine Universität gegründet worden war, eine Verlagsbuchhandlung.[8] Anfangs spielten die verlegerischen Aktivitäten nur eine untergeordnete Rolle, obwohl die erste Publikation – die Antrittsvorlesung von Max Müller „Über die Resultate der Sprachwissenschaft" – bereits einen der künftigen Verlagsschwerpunkte markierte. Zunächst widmete sich Trübner aber vorrangig dem Sortiment und dem wissenschaftlichen Antiquariat; von beiden trennte er sich 1890.

1883 erschien im Trübner Verlag erstmals das von Friedrich Kluge herausgegebene „Etymologische Wörterbuch der deutschen Sprache", das sich überaus erfolgreich entwickelte.[9] Neben der Sprachwissenschaft spezialisierte sich Trübner auf die germanische Altertumskunde und Alsatica. Ein weiteres Erfolgsprodukt war die *Zeitschrift für Physiologische Chemie*, die Felix Hoppe-Seyler, Professor für physiologische Chemie an der Universität Straßburg, seit 1877 herausgab.[10]

---

[8] Vgl. zur Geschichte des Karl I. Trübner Verlags: *Ziesak*, Der Verlag Walter de Gruyter 1749–1999, S. 163–196; *Lüdtke*, Der Verlag Walter de Gruyter & Co., S. 63–78.

[9] Im Jahr 2012 publizierte der Verlag Walter de Gruyter die 25. Auflage.

[10] Auch sie erscheint noch heute im Verlag Walter de Gruyter unter dem Titel *Biological Chemistry*.

Karl Trübner selbst gab seit 1891 das *Jahrbuch der gelehrten Welt – Minerva* heraus, das international Universitäten und Gelehrte auflistete.

Im Deutschen Verlegerverein lernte Karl Trübner um die Jahrhundertwende Walter de Gruyter kennen und schätzen. Trübner war auf der Suche nach einem Nachfolger und nahm Walter de Gruyter gegen die Zahlung von 300.000,– Mark zum 1. Januar 1906 als Teilhaber in den nun als Offene Handelsgesellschaft geführten Verlag auf. Die Zentrale des Trübner Verlages verblieb in Straßburg, die Berliner Dependance wurde in die Lützowstraße 107/108 verlegt, wo Walter de Gruyter bereits die Verlage Reimer und Guttentag zusammengezogen hatte. Wenige Monate später setzte sich Trübner zur Ruhe, nachdem er Gerhard Lüdtke, einen Sprachwissenschaftler, den Walter de Gruyter als neuen Leiter für den Straßburger Hauptsitz vorsah, in die Geschäfte eingeführt hatte. Trübner starb am 2. Juni 1907; von nun an war Walter de Gruyter Alleininhaber des Verlages. Gerhard Lüdtke wurde „verantwortlicher Leiter“ in Straßburg und prägte das Erscheinungsbild des Hauses maßgeblich. Neben der *Zeitschrift für Physiologische Chemie* agierte der Verlag weiterhin erfolgreich auf den Gebieten Germanistik und germanische Altertumskunde. Der Ausbruch des Ersten Weltkriegs setzte dem ein Ende, und während der Kriegsjahre konnte der Betrieb nur notdürftig aufrechterhalten werden. Am 21. November 1918 musste der Straßburger Trübner Verlag infolge der veränderten politischen Lage bei Kriegsende – Straßburg wurde wieder französisch – schließen; Gerhard Lüdtke siedelte nach Berlin um. Sechs Jahre später resümierte er: „Schwer war der Abschied von dem alten Geschäftshause am Münsterplatz, schmerzlich der letzte Blick auf die gegenüberliegende Fassade des Münsterportals. Die Geschichte des Verlages im Elsass war zu Ende. Nicht zu Ende aber der Gehalt der Ideen und Pläne im Sinne des Gründers, die nun in der Abteilung Karl Trübner des Verlages Walter de Gruyter & Co. weiter gepflegt werden.“[11] Am 1. Januar 1919 band Walter de Gruyter dann den Trübner Verlag in die neu geschaffene „Vereinigung wissenschaftlicher Verleger Walter de Gruyter & Co.“ ein.

G. J. Göschen'sche Verlagshandlung

Georg Joachim Göschen (1752–1828) rief im März 1785 in Leipzig die G. J. Göschen'sche Verlagshandlung ins Leben, die hauptsächlich qualitiv hochwertige schöngeistige Werke publizierte.[12] 1838 musste sein Sohn Hermann Julius Göschen – zehn Jahre nach dem Tod des Verlagsgründers im April 1828 – jedoch

---

[11] *Lüdtke*, Der Verlag Walter de Gruyter & Co., S. 78.

[12] Vgl. zur Geschichte der G. J. Göschen'schen Verlagshandlung: *Ziesak*, Der Verlag Walter de Gruyter 1749–1999, S. 55–104; *Lüdtke*, Der Verlag Walter de Gruyter & Co., S. 11–37; zahlreiche Informationen in Stabi, Dep. 42, K 407, M 1 (Materialien für die Ausstellung und Reportage „200 Jahre Göschen-Verlag 1785–1985“); *Reinhard Würffel*, Lexikon deut-

Konkurs anmelden. Die Cotta'sche Verlagsbuchhandlung nutzte die Gelegenheit, die Konkurrenzfirma zu übernehmen und erwarb mit dem Göschen'schen Betrieb die Verlagsrechte an den Werken Goethes und Schillers sowie an weiteren Klassikern wie Iffland, Klopstock, Lessing, Thümmel und Wieland, den der Verlagsgründer Georg Joachim Göschen – „der klassische Verleger seiner Zeit" – besonders verehrt hatte.[13] Als Cotta selbst in wirtschaftliche Schwierigkeiten geriet, stieß er Göschen 30 Jahre später (1868) wieder ab.

Mit der Übernahme des Verlages durch Adolph Nast im Jahr 1889 sind zwei überaus erfolgreiche Reihen verbunden: die „Sammlung Göschen" und „Kürschners Deutscher Literaturkalender". Das 1883 vom Germanisten Joseph Kürschner begründete Handbuch zur deutschsprachigen Literatur erschien seit 1893 bei Göschen und bewährte sich als unentbehrliches und einzigartiges Nachschlagewerk.[14] Die Bändchen der „Sammlung Göschen" beinhalteten seit 1889 Schulbuchausgaben der deutschen Klassiker,[15] später knapp gehaltene, einführende Lehrbücher in nahezu alle Wissenschaftsdisziplinen. 1931 konnte mit Karl Jaspers „Die geistige Situation der Zeit" bereits der 1000. Band der „Sammlung Göschen" verkauft werden.

1896 übernahm Dr. Wilhelm von Crayen den Göschen Verlag und gab dem ehemaligen Klassikerverlag eine deutlich wissenschaftlichere Ausrichtung. Mit der „Sammlung Schubert" und „Göschens Lehrbücherei" besaß der Verlag nun auch ein Standbein in der Mathematik. Aufgrund finanzieller Engpässe wandelte er den Verlag 1912 in eine GmbH um: Gesellschafter und gleichberechtigte Geschäftsführer wurden Wilhelm von Crayen und Walter de Gruyter. Von Crayen schied Ende 1926 aus dem Unternehmen aus, nachdem die Verlagsbuchhandlung G. J. Göschen am 1. Januar 1919 Teil der Vereinigung wissenschaftlicher Verleger, Walter de Gruyter & Co., geworden war. Es war „besonders die Sammlung Göschen, die sich allen Teilen dieser neuen Firma organisch anpaßte. Jedes Bändchen dieser Sammlung ist die erste Zelle eines Wissensgebietes, das von dem Gesamtverlage gepflegt wird", so würdigte Gerhard Lüdtke die Sammlung in seiner 1924 erschienenen Verlagschronik.[16]

---

scher Verlage – vom Anfang der Buchdruckerkunst bis 1945. Adressen – Daten – Fakten – Namen, Berlin 2000, S. 285 f.

[13] *Lüdtke*, Der Verlag Walter de Gruyter & Co., S. 12 f., 26 (Zitat).

[14] Auch nach dem Einzug des digitalen Zeitalters hält der Verlag Walter de Gruyter an dieser Tradition fest. 2014 erschien der 69. Jahrgang des Literaturkalenders.

[15] Als erstes Bändchen erschienen Friedrich Klopstocks Oden.

[16] *Lüdtke*, Der Verlag Walter de Gruyter & Co., S. 37.

Veit & Comp.

Ein starker Partner in der Vereinigung wissenschaftlicher Verleger war der Veit & Comp. Verlag, den Moritz Veit und Josef Levy (später Lehfeldt) 1834 in Berlin gegründet hatten. Seit 1859 befand sich der Verlagssitz in Leipzig. Veit & Comp. publizierten zahlreiche bedeutende Werke der Rechtswissenschaft, wie das „System des heutigen Römischen Rechts" von Friedrich Karl von Savigny, der Geschichtswissenschaft, etwa Leopold Rankes „Neun Bücher preußischer Geschichte", vor allem jedoch im mathematischen, naturwissenschaftlichen sowie medizinischen Bereich. Seit 1846 erschienen bei Veit & Comp. die *Deutsche Schachzeitung* und weitere Schachwerke.[17] Prägend war die Ära von Hermann Credner, der den Verlag von 1876 bis 1911 leitete. Neben zahlreichen naturwissenschaftlichen und medizinischen Zeitschriften sowie Büchern publizierte er 1894 erstmals das „Wörterbuch der klinischen Kunstausdrücke" von Otto Dornblüth und legte damit den Grundstein für das „Klinische Wörterbuch", das als „Pschyrembel" noch heute ein Vorzeigeprodukt des Verlages ist; 2014 erschien die 265. Auflage. Weitere Erfolgstitel waren die „Vorlesungen über Thermodynamik" des Physikers Max Planck (1. Auflage 1897) sowie die Lehrbücher der Organischen (1896) bzw. Anorganischen (1899) Chemie von Arnold Frederik Holleman, die bis heute aufgelegt und als „Bibel der Chemie" gepriesen werden.

Hermann Credner verkaufte den in eine Kommanditgesellschaft umgewandelten Verlag Veit & Comp. 1911 für eine Million Mark an den Verlagsbuchhändler Otto von Halem, der seit 1907 u.a. Generaldirektor der Deutschen Verlagsanstalt in Stuttgart war. Von Halem wurde alleiniger Komplementär und führte die Geschäfte. Seit 1913 unterstützte ihn der Zoologe Curt Thesing. Über eine deutsch-österreichische Verlegervereinigung lernte von Halem 1915 Walter de Gruyter kennen. Nach gründlicher Prüfung entschieden sich beide für eine Verlagsfusion.

1911 zogen die Verlage – ebenso wie 1912 Teile der jüngst erworbenen G.J. Göschen'schen Verlagshandlung – in das neu errichtete Gebäude in der Berliner Genthiner Straße 38, in dem der Verlag Walter de Gruyter noch heute seinen Sitz hat.[18] Die Entscheidung Walter de Gruyters, die Verlage in Berlin zusammenzuziehen, war sicherlich kein Zufall. Weitaus stärker als heute war Berlin damals „das Zentrum der deutschen Wissenschaften".[19] Neben der Preußischen Akademie der Wissenschaften, der Friedrich-Wilhelms-Universität, der Technischen Hochschule Berlin-Charlottenburg und der Kaiser-Wilhelm-Gesellschaft waren

---

[17] Zu Veit & Comp. vgl. *Ziesak*, Der Verlag Walter de Gruyter 1749–1999, S. 105–140; *Lüdtke*, Der Verlag Walter de Gruyter & Co., S. 79–88; *Würffel*, Lexikon deutscher Verlage, S. 916 f.

[18] *Würffel*, Lexikon deutscher Verlage, S. 700 f.

[19] *Rüdiger Hachtmann*, Berlin – die Wissenschaftsmetropole des „Dritten Reiches", in: *Michael Wildt/Christoph Kreutzmüller* (Hrsg.), Berlin 1933–1945, München 2013, S. 261.

zahlreiche wissenschaftliche Vereinigungen sowie die Notgemeinschaft Deutscher Forschung (seit 1929 Deutsche Forschungsgemeinschaft) in der Reichshauptstadt ansässig.[20] Als Standort eines wissenschaftlichen Universalverlages war Berlin folglich ideal, zumal die kurzen Wege zu Ministerien und Behörden weitere Optionen boten.

Unterstützung für seine Fusionspläne hatte Walter de Gruyter von Otto von Halem erhalten, Mitinhaber des Veit & Comp. Verlags, der sich von einem Zusammenschluss vor allem mit Guttentag einen erheblichen Mehrwert im Bereich der Rechtswissenschaften versprach.[21] Völlig anderer Meinung war Christian von Bornhaupt, Teilhaber bei Guttentag, den vor allem die Sorge der Aufgabe des renommierten Markennamens Guttentag umtrieb. Er verkaufte seine Geschäftsanteile an Walter de Gruyter und schied aus dem Unternehmen aus. Der Name Guttentag blieb allerdings auch in der Folgezeit in den Reihentiteln erhalten. Bedenken gegen die Fusion äußerte auch Wilhelm von Crayen (Göschen). Ihm schienen offenbar die schiere Größe dieser entstehenden „Bücherfabrik" und die damit verbundenen logistischen Herausforderungen als zu unübersichtlich.[22] Seine Bedenken konnte Walter de Gruyter jedoch ausräumen.

Die „Vereinigung wissenschaftlicher Verleger Walter de Gruyter & Co." gliederte sich in vier Verlagsabteilungen: Göschen (Mathematik und Technik, Sammlung Göschen), Guttentag (Rechts- und Staatswissenschaften), Reimer/Trübner (Geisteswissenschaften, Kunst und Theologie, Minerva und Kürschners Literaturkalender) sowie Veit (Medizin, Geografie, Naturwissenschaften und Schach). Für Vertrieb, Werbung, Buchhaltung, Finanzen und Personal wurde eine Allgemeine Abteilung geschaffen.[23] Durch den Zusammenschluss zur „Vereinigung wissenschaftlicher Verleger" in der „Verlagshauptstadt" Berlin führte der Verlag im Jahr 1920 die Statistik an. Er publizierte in diesem Jahr 434 Titel und ließ damit die Verlage Teubner in Leipzig mit 388 und Springer in Berlin mit 386 hinter sich.[24] Walter de Gruyter war es gelungen, fünf renommierte, traditionsbewusste Verlage mit eigenem Profil zu fusionieren, eine Lebensleistung, die ihm noch heute eine herausragende Bedeutung in der deutschen Buchhandelsgeschichte sichert.[25]

---

[20] Vgl. dazu ebenda, S. 261–277.

[21] *Würffel*, Lexikon deutscher Verlage, S. 916 f.; *Ziesak*, Der Verlag Walter de Gruyter 1749–1999, S. 158.

[22] *Ziesak*, Der Verlag Walter de Gruyter 1749–1999, S. 99.

[23] Ebenda, S. 201.

[24] *Fischer/Füssel* (Hrsg.), Geschichte des deutschen Buchhandels. Bd. 2, Teil 1, S. 371.

[25] *Helen Müller*, Im Netz der Wissenschaft um 1900: Traditionsgebundenheit und Rollenverständnis im Verlagsunternehmen von Walter de Gruyter, in: *Monika Estermann/Ute Schneider* (Hrsg.), Wissenschaftsverlage zwischen Professionalisierung und Popularisierung, Wiesbaden 2007, S. 117.

Im Jahr 1920 stand das Unternehmen trotz dieses Erfolges vor seiner ersten großen Bewährungsprobe: Die Prokuristen lehnten sich gegen Gustav Adolf von Halem auf, der die Allgemeine Abteilung leitete und ihrer Meinung nach seine Kompetenzen überschritt und in ihre Geschäftsbereiche hineinregierte. Eine lähmende Lagerbildung zwischen den Brüdern von Halem einerseits sowie den Geschäftsführern de Gruyter, Crayen, Schuchardt und den Prokuristen andererseits war die Folge. Nach harten Auseinandersetzungen schieden die Brüder von Halem zum 13. November 1920 aus der „Vereinigung wissenschaftlicher Verleger" aus; Walter de Gruyter übernahm die Anteile Otto von Halems und verfügte nach diesem Konflikt seit 1922 über 77 Prozent des Unternehmens.[26] Seit dem 1. Januar 1923 spiegelte sich diese Entwicklung auch im Firmennamen wider: Aus der umständlichen Bezeichnung „Vereinigung wissenschaftlicher Verleger, Walter de Gruyter & Co." wurde der Verlag Walter de Gruyter & Co.[27]

Am 5. September 1923 starb Walter de Gruyter völlig überraschend im Alter von 61 Jahren. Er hinterließ seine Frau Eugenie sowie die beiden Töchter Clara (geboren am 16. September 1891) und Ellen (geboren am 26. Juli 1900); seine beiden Söhne waren 1917 im Krieg gefallen. Damit musste die Nachfolge im Verlag in einer ohnehin durch die unruhigen Nachkriegsjahre und die Inflation schwierigen Zeit geklärt werden. Hinzu kam, dass von den ursprünglichen Geschäftsführern nurmehr Wilhelm von Crayen (Göschen) im Unternehmen verblieben war. Die Brüder von Halem und Curt Thesing waren 1920 ausgeschieden und Oscar Schuchardt war 1922 gestorben. Walter de Gruyters Erbe trat sein Schwiegersohn Herbert Cram an. Der Ehemann seiner Tochter Clara, von Hause aus Maschinenbauingenieur, gab seine Assistentenstelle an der Technischen Hochschule Charlottenburg auf und begann bereits am 1. Oktober 1923 – nur drei Wochen nach dem Tod des Firmengründers – im Unternehmen eine Lehre als Buchhändler.[28]

Herbert Cram wurde am 25. Juni 1890 in Eagle Pass, Texas, als Kind Hamburgischer Auswanderer geboren. Um die bestmögliche Ausbildung zu erhalten, schickten ihn seine Eltern bereits in jungen Jahren auf die Leibnizschule, ein Reform-Realgymnasium in Hannover. Dort besuchte ihn seine Mutter alle zwei Jahre. Herbert Cram kehrte nie wieder nach Texas zurück. Nach dem Abitur 1910 begann er im darauffolgenden Jahr an der TH Charlottenburg ein Maschinenbaustudium, das er vom 1. Oktober 1913 bis 4. Dezember 1918 wegen des Militär- und Kriegsdienstes unterbrechen musste. Er nahm das Studium 1919 wieder auf und beendete es ein Jahr später als Diplom-Ingenieur. 1913 hatte er in der Tanzstunde Clara de Gruyter kennengelernt, die er im Januar 1919, als er von vier Jahren Kriegseinsatz zurückgekehrt war, heiratete. Da er sein Studium be-

---

26 Notariell beglaubigtes Protokoll, 13.11.1920, Stabi Dep. 42, K 478, M 4.

27 *Ziesak*, Der Verlag Walter de Gruyter 1749–1999, S. 203 f.

28 Ebenda, S. 241.

enden musste, lebte die junge Familie, in der von Januar 1920 bis Januar 1923 die drei Kinder Kurt-Georg (2.1.1920), Hannemarie (15.3.1921) und Ella (14.1.1923) geboren wurden, anfänglich von der Unterstützung Walter de Gruyters.[29]

Obwohl Herbert Cram 1925 persönlich haftender Gesellschafter wurde, hinterließ der Tod Walter de Gruyters eine gewaltige Lücke im Verlag. Bis sich Herbert Cram in die komplexe Materie eingearbeitet hatte und das Unternehmen schließlich bis zu seinem Tod 1967 entscheidend prägte, verfolgten die verschiedenen Abteilungen weiterhin ihre oftmals traditionsreichen wissenschaftlichen Großprojekte und pflegten enge Beziehungen zu wissenschaftlichen Einrichtungen. Dass den Abteilungen starke Persönlichkeiten mit langjähriger Erfahrung vorstanden, kam dem Verlag in dieser Situation sehr zugute. Vor allem Alexander Elster, promovierter Jurist und früherer Prokurist im Verlag I. Guttentag, sowie Gerhard Lüdtke, promovierter Linguist und ehemaliger Leiter des Karl I. Trübner Verlages in Straßburg, hielten den Verlag auf Kurs. Konflikte zwischen den Abteilungsleitern und dem jungen Verlagschef blieben nicht aus.

1927 stand der Verlag Walter de Gruyter in der Liste der produzierten Titel mit 279 auf Rang fünf. Die Statistik führte nun Teubner mit 590 Titeln an, gefolgt von Springer mit 436, Diesterweg mit 378 und Heymann's mit 307. Mit ebenfalls 279 Titeln lag der Jugendbuchverlag Velhagen & Klasing gleichauf mit de Gruyter.[30] Die hohen Titelzahlen von Teubner und Diesterweg basierten zum großen Teil auf deren Stärke im Schulbuchgeschäft. Der führende Wissenschaftsverlag in der Weimarer Republik – vor allem in den Bereichen Medizin und Mathematik – war Julius Springer, gefolgt von Walter de Gruyter. 56 der 279 De-Gruyter-Titel waren juristische Literatur, die Bereiche Mathematik und Naturwissenschaften folgten mit je 29 Titeln. Die technischen Wissenschaften produzierten 21 Titel.[31]

In den 1920er- und frühen 1930er-Jahren erwarb der Verlag Walter de Gruyter weitere Unternehmen. Bereits seit dessen Gründung 1921 verfügte er über Anteile am in Berlin ansässigen Deutschen Kunstverlag, seit 1924 ging dieser vollständig in seinen Besitz über. Seit 1925 bzw. 1926 erschienen dort die Reihen „Deutsche Dome" und „Deutsche Lande Deutsche Kunst" sowie seit 1929 das erfolgreiche „Handbuch der Deutschen Kunstdenkmäler" von Georg Dehio. 1927 übernahm De Gruyter den A. Marcus & E. Webers Verlag, Berlin, dessen Themenschwerpunkte die Altertumswissenschaften, die Sanskritforschung und die

---

29 Interview mit Clara-Eugenie Seils, geb. Cram, am 25.4.2014 in Berlin; Registrierungs-Formular der Militärregierung Deutschland, Nachrichtenkontrolle, Stabi Dep. 42,481.

Insgesamt hatten Clara und Herbert Cram sieben Kinder: Auf Kurt-Georg, Hannemarie und Ella folgten John Walter (15.7.1925), Clara-Eugenie (4.7.1927), Margarete (29.11.1929) und Elsbeth (17.5.1931).

30 *Fischer/Füssel* (Hrsg.), Geschichte des deutschen Buchhandels. Bd. 2, Teil 1, S. 392.

31 Ebenda, S. 392.

Byzantinistik waren – u.a. hatte er das „Corpus Scriptorum historiae byzantinae" von 1828 bis 1897 in 50 Bänden verlegt. In der NS-Zeit erwies sich die bei A. Marcus & E. Webers geförderte Sexualwissenschaft als Belastung. Mit dem Kauf von L. Friederichsen & Co., Hamburg, im Jahr 1928 wurde das Portfolio um Geografie, Kolonialwissenschaft sowie Wirtschafts- und Handelswissenschaft ergänzt. 1929 erwarb De Gruyter die Buchhandlung für Kunst und Wissenschaft Arthur Collignon, Berlin (Philosophie, Psychologie, Religion, Pädagogik, Philologie und Orientalia), 1931 die Hermann Bahrs Buchhandlung für Rechts- und Staatswissenschaft zu Berlin, 1932 die Akademische Buchhandlung Grote, Berlin, und 1933 die Juristische Fachbuchhandlung Hermann Sack, Berlin.[32]

Als die Nationalsozialisten 1933 die Macht übernahmen, war De Gruyter ein wissenschaftlicher Universalverlag, und diesen Anspruch aufrechtzuerhalten, bemühten sich Herbert Cram und die Abteilungsleiter in den folgenden Jahren. Das Inhaltsverzeichnis der von Gerhard Lüdtke verfassten und 1955 von Bernhard Sommerlad überarbeiteten und ergänzten Verlagsgeschichte macht dies deutlich: „Georg Joachim Göschen. Ein Verlag der Klassiker; I. Guttentag. Eine juristische Verlagsbuchhandlung; Georg Reimer. Der Verlag der Romantiker; Karl I. Trübner. Ein Verlag der Sprachwissenschaften im deutschen Elsass; Veit & Comp. Ein Verlag der Naturwissenschaften und der Medizin; A. Marcus & E. Webers Verlag; Cram, de Gruyter & Co.; Alfred Töpelmann. Ein Verlag für Theologie und Religionswissenschaft; Technischer Verlag Herbert Cram; J. Schweitzer Verlag."[33] Wie dieser Anspruch auch in der NS-Zeit beibehalten wurde, sollen die folgenden Kapitel zeigen.

---

[32] Daten zur Geschichte des Verlages, Stabi Dep. 42,208. Beglaubigte Gründungsurkunde von 1919 in Stabi Dep. 42,211; Originale Stammeinlagen und Geschäftsanteile in Stabi Dep. 42,212; Aufstellung der Verlagszukäufe in: *Fischer/Füssel* (Hrsg.), Geschichte des deutschen Buchhandels. Bd. 2, Teil 1, S. 393.

[33] Handschriftliche Notizen in Stabi Dep. 42,208.

II. Nach der NS-Machtübernahme: Neuausrichtung der Literaturpolitik

Die Bücherverbrennungen am 10. Mai 1933[1] waren das sichtbarste Zeichen, mit welchem zerstörerischen Potenzial die Nationalsozialisten eine Neuausrichtung der Bücherlandschaft anstrebten. Von dieser „Aktion wider den undeutschen Geist" war ganz am Rande auch der Verlag Walter de Gruyter betroffen: Studenten der „Hochschule für Leibesübungen" plünderten am 6. Mai 1933 die Bibliothek des Instituts für Sexualwissenschaft von Magnus Hirschfeld und verbrannten einige Bücher auf dem Berliner Opernplatz.[2] Hirschfelds Schriften hatte der A. Marcus & E. Webers Verlag, der seit 1927 De Gruyter gehörte, verlegt. Abgesehen von dieser öffentlichkeitswirksamen Aktion sollte der Buchmarkt in den folgenden Jahren durch neu gegründete Institutionen wie die Reichskulturkammer unter ihrem Präsidenten Joseph Goebbels und zahlreiche Verordnungen am nationalsozialistischen Weltbild ausgerichtet werden. Darüber hinaus mussten die Verlage – wie alle anderen Unternehmen – staatlichen Vorgaben zur Betriebsführung folgen.

Kennzeichnend für die nationalsozialistische Herrschaft insgesamt war ein ständiges Kompetenzgerangel, das im Literaturbetrieb besonders auffällig war. Auf staatlicher Seite wollten das eben gegründete Reichsministerium für Volksaufklärung und Propaganda unter Goebbels, die Reichsschrifttumskammer, das gleichermaßen neu geschaffene Reichsministerium für Wissenschaft, Erziehung und Volksbildung unter Bernhard Rust sowie das Auswärtige Amt Einfluss nehmen, auf Parteiebene die Schrifttumsstellen des Amtes Rosenberg, die Parteiamtliche Prüfungskommission zum Schutze des NS-Schrifttums sowie der Stab Stellvertreter des Führers (seit 1941 Parteikanzlei). Hinzu kamen die Geheime Staatspolizei und der Sicherheitsdienst der SS sowie die Wehrmacht.[3] Die Verlage mussten sich mühsam durch die Wirren ständig wechselnder Kompetenzen und Vorschriften kämpfen und ihre Ansprechpartner klug auswählen, um ihre Marktposition halten oder ausbauen zu können.

---

[1] Vgl. zu den Bücherverbrennungen: *Julius H. Schoeps/Werner Treß* (Hrsg.), Orte der Bücherverbrennungen in Deutschland, Hildesheim 2008.

[2] Vgl. *Ralf Dose/Rainer Herrn*, Verloren 1933: Bibliothek und Archiv des Instituts für Sexualwissenschaft in Berlin, in: *Regine Dehnel* (Hrsg.), Jüdischer Buchbesitz als Raubgut. Zweites Hannoversches Symposium, Frankfurt a.M. 2006, S. 37–51, hier S. 44 f.

[3] *Barbian*, Literaturpolitik im NS-Staat, S. 21.

Das Reichsministerium für Volksaufklärung und Propaganda

Mit dem „Erlass über die Errichtung des Reichsministeriums für Volksaufklärung und Propaganda" vom 17. März 1933 wurde das Goebbels'sche Imperium ins Leben gerufen.[4] Um seine Kompetenzen und den Behördenzuschnitt musste der neue Minister in den folgenden Monaten hart ringen. Dem Thema „Schrifttum" kam dabei keine große Bedeutung zu. Innerhalb der Abteilung „Propaganda" wurde dafür ein kleines Referat eingerichtet, das der promovierte Germanist Heinz Wismann leitete. Zuständig war er für die Förderung der nationalen Literatur, das Verlagswesen, Autoren, Buchgemeinschaften, Volksbüchereien, Leihbüchereien, Zeitschriften, die Deutsche Bücherei in Leipzig und die „Reichsstelle zur Förderung des deutschen Schrifttums". An Letzterer zeigten sich bald die Schwierigkeiten bei dem Bemühen, die Literaturpolitik zu zentralisieren. Die „Reichsstelle" war ein privater Verein unter Leitung von Hans Hagemeyer mit Sitz in Leipzig, der im Umfeld des Parteiideologen Alfred Rosenberg und dessen „Kampfbund für deutsche Kultur" entstanden war. Zunächst finanzierte das Propagandaministerium einen Teil des Vereinsetats, Referatsleiter Wismann machte jedoch seit Anfang 1934 deutlich, dass ihm die „Reichsstelle" zu eigenständig agierte. Das Propagandaministerium beabsichtigte, Wismann die Leitung der „Reichsstelle" zu übertragen, was Rosenberg jedoch zu verhindern wusste. Es gelang ihm, die „Reichsstelle" in sein Amt als „Beauftragter des Führers für die Überwachung der gesamten geistigen und weltanschaulichen Schulung der NSDAP" zu überführen. Als Reaktion darauf richtete das Propagandaministerium im März 1934 eine Reichsschrifttumsstelle als nachgeordnete Behörde ein. Im *Börsenblatt für den deutschen Buchhandel* nannte Wismann am 9. Juni 1934 als deren Aufgabengebiet „Propagandamaßnahmen zur Pflege und Förderung des deutschen Schrifttums".[5] Nach etlichen Kompetenzstreitigkeiten fungierte die „Reichsstelle zur Förderung des deutschen Schrifttums" seit 1936 als „Amt Schrifttumspflege Rosenberg", seit 1941 sogar als Hauptamt. Die Leitung hatte Hans Hagemeyer inne, seit 1943 Dr. Bernhard Payr. Das Amt erstellte Gutachten, schrieb Empfehlungslisten und Verbotsanträge.

Erst im Oktober 1934 entstand im Propagandaministerium eine Schrifttumsabteilung unter Leitung Wismanns. Für die Verlage waren die beiden Referenten Rudolf Erckmann und Paul Hövel von Bedeutung. Erckmann war für das „Deutsche Schrifttum: Inland" und damit für „Schriftsteller, Verlagswesen, Buchhandel, Buchausstellungen, Buchwochen, Buchpreise, Stiftungen, Unterstützungen, Buchverbote, unerwünschte Literatur" zuständig, Hövel für das „Deutsche Schrifttum: Ausland", gleichermaßen für Schriftsteller, Verlagswe-

[4] Vgl. zum Folgenden: Ebenda, S. 81–100.
[5] Zit. nach: Ebenda, S. 86.

sen, Buchhandel und Buchverbote, zudem für den Buchexport und die Werbung für das deutsche Buch im Ausland.[6] Im Oktober 1937 wurde Wismann als Abteilungsleiter von Karl Heinz Hederich, dem stellvertretenden Vorsitzenden der „Parteiamtlichen Prüfungskommission zum Schutz des NS-Schrifttums", abgelöst.[7] Sowohl er als auch seine Nachfolger Alfred-Ingemar Berndt, bis dahin stellvertretender Pressechef der Reichsregierung in der Presseabteilung des Propagandaministeriums, und Hans Hinkel, Leiter der „Abteilung Kulturpersonalien" der Reichskulturkammer, bemühten sich weitgehend vergeblich um eine effiziente Reorganisation der Schrifttumsabteilung und die Zentralisierung der Schrifttumspolitik im Ministerium. Eine gewisse Stabilität gewährleistete der neue Abteilungsleiter Wilhelm Haegert ab November 1939, aber bis Kriegsende musste die Schrifttumsabteilung mit Rosenbergs Schrifttumsstelle und dem Leiter der „Gruppe Buchhandel" in der Reichsschrifttumskammer, Wilhelm Baur, der die Interessen des mächtigen Max Amann mit seinem Parteiverlag der NSDAP durchzusetzen versuchte, um seine Vormachtstellung ringen. Haegert unterstand die Buchzensur sowohl für politisches wie belletristisches Schrifttum und seit Kriegsbeginn die immer wichtiger werdende Papierzuteilung.

Als nachgeschaltete Dienststelle des Propagandaministeriums übten die Lektoren des „Werbe- und Beratungsamtes für das deutsche Schrifttum" die Zensur aus. Diese Institution unterstand ebenfalls Wilhelm Haegert und war ferner zuständig für die Buchwerbung, Buchausstellungen sowohl im In- als auch im Ausland, erstellte Auswahlverzeichnisse für das Sortiment und die Leihbüchereien. Die „Wirtschaftsstelle des deutschen Buchhandels" war bis 1938 eine Abteilung der Reichsschrifttumskammer gewesen und wurde dann dem Propagandaministerium zugeordnet. Sie wurde von Dr. Paul Hövel geleitet und kontrollierte den Buchimport und -export. Die „Wirtschaftsgruppe Druck" war ebenfalls eine nachgeschaltete Dienststelle des Propagandaministeriums; sie überwachte die Verlagerung von Druckaufträgen ins Ausland und die Buchausgaben im besetzten Ausland.

Neben der Schrifttumsabteilung nahm das Propagandaministerium über das „Sonderreferat" – seit 1. April 1938 die Abteilung II A – unter Leitung von Hans Hinkel Einfluss auf die Literaturpolitik. Seine Aufgabe war der Ausschluss jüdischer Kulturschaffender und die „Arisierung" jüdischer Verlage, Buchhandlungen, Antiquariate und Leihbüchereien.

---

[6] Ebenda, S. 87 f.

[7] Zu den Umständen von Wismanns Sturz vgl. ebenda, S. 88 f.

Die Reichsschrifttumskammer

Freies kulturelles Schaffen war unvereinbar mit dem nationalsozialistischen Staats- und Gesellschaftsverständnis. So war es nur konsequent, dass jeder, der mit „der Erzeugung, der Wiedergabe, der geistigen oder technischen Verarbeitung, der Verbreitung, der Erhaltung, dem Absatz oder der Vermittlung des Absatzes von Kulturgut" zu tun hatte,[8] Mitglied in einer der sieben Kammern der mit Gesetz vom 22. September 1933[9] gegründeten Reichskulturkammer werden musste. Die Kammern – Reichsmusikkammer, Reichskammer der bildenden Künste, Reichstheaterkammer, Reichsschrifttumskammer, Reichspressekammer, Reichsrundfunkkammer und Reichsfilmkammer – waren Körperschaften des öffentlichen Rechts. Präsident der Reichskulturkammer war Propagandaminister Joseph Goebbels. Über Aufnahme, Ablehnung oder Ausschluss eines Mitglieds entschieden die Präsidenten der einzelnen Kammern.[10] Ihr Recht, den Betrieben durch „Amtliche Bekanntmachungen" und „Anordnungen" Konditionen für die Unternehmensführung zu diktieren, machte sie zu mächtigen Akteuren auf dem Feld der Kulturpolitik.[11] Erster Präsident der Reichsschrifttumskammer wurde der Schriftsteller Hans Friedrich Blunck, der 1938 mit „Wolter von Plettenberg" einen der erfolgreichsten Romane der NS-Zeit verfasste. Am 3. Oktober 1935 löste ihn der Schriftsteller Hanns Johst ab.

Die Verlage und ihre Mitarbeiter mussten nicht nur selbst Mitglied der Reichsschrifttumskammer werden, sondern seit einer „Anordnung" vom 30. Juli 1934 auch prüfen, ob ihre Autoren, Angestellten und Lehrlinge Kammermitglied waren. Voraussetzung für die Aufnahme war der Nachweis einer „arischen" Abstammung. Die wöchentlich tagende Verlagskonferenz von De Gruyter entschied im August 1934, dass bei Abschluss neuer Verlagsverträge entsprechende Erkundigungen einzuziehen waren.[12] Die Verfasser wissenschaftlicher Werke waren von den Restriktionen der Kammer allerdings weitaus weniger betroffen als die Autoren schöngeistiger Literatur, was den Wissenschaftsverlagen einen größeren Spielraum verschaffte.

Nach der „Anordnung über schädliches und unerwünschtes Schrifttum" vom 25. April 1935 führte die Kammer zwei Verbotslisten. In die erste Liste, die Bücher aufführte, die weder in öffentlichen Büchereien verliehen noch über

---

[8] § 4 der Ersten Verordnung zur Durchführung des Reichskulturkammer-Gesetzes vom 1. November 1933, RGBl. 1933 I, S. 797.

[9] RGBl. 1933 I, S. 661.

[10] §§ 1 und 10 der Ersten Verordnung zur Durchführung des Reichskulturkammer-Gesetzes vom 1. November 1933, RGBl. 1933 I, S. 797.

[11] Vgl. zum Folgenden: *Barbian*, Literaturpolitik im NS-Staat, S. 100–125, 219.

[12] Konferenz, 7. August 1934. Anwesend die Herren: Cram, Dr. Crisolli, Dr. Lüdtke, Hübler, Dr. Elster, Dr. Buchenau, Stabi Dep. 42, 627; Bekanntmachung der Schrifttumskammer vom 30. Juli 1934, Börsenblatt Nr. 180 vom 4.8.1934.

den Buchhandel vertrieben werden durften, konnten wissenschaftliche Publikationen nur auf Antrag des Reichserziehungsministers oder nach seiner Zustimmung aufgenommen werden. Die zweite Liste führte jugendgefährdende Schriften auf.[13] Auch die spätere „Anordnung betreffend Listen des schädlichen und unerwünschten Schrifttums" vom 15. April 1940, die Werke jüdischer und „halbjüdischer" Autoren verbot, genehmigte für wissenschaftliche Publikationen Ausnahmen. Im Unterschied zur nichtwissenschaftlichen Literatur durften wissenschaftliche Standardwerke, Handbücher und wissenschaftliche Zeitschriften, an denen jüdische und „halbjüdische" Gelehrte mitgewirkt hatten, weiterhin aus den Lagervorräten vertrieben werden; mit Genehmigung des Propagandaministeriums konnten sogar Neuauflagen produziert werden. Bei wissenschaftlichen Sammelbänden und Handbüchern, die „zum größten Teil oder ausschließlich" von „voll- oder halbjüdischen" Autoren verfasst oder herausgegeben worden waren, behielt sich das Propagandaministerium die Entscheidung im Einzelfall vor.[14] Für den Wissenschaftsverlag Walter de Gruyter, der traditionell wissenschaftliche Standardwerke, Handbücher und wissenschaftliche Zeitschriften publizierte, bedeutete dies, dass er weit weniger Druck als belletristische Verlage ausgesetzt war, jüdische Autoren konsequent aus dem Programm zu nehmen. Keinesfalls war De Gruyter gezwungen, diese in vorauseilendem Gehorsam fallen zu lassen.

Mit einer „Bekanntmachung" vom 12. November 1934 wurden alle selbstständigen Verleger und Buchhändler sowie die leitenden Angestellten zwangsweise Mitglieder des der Reichsschrifttumskammer eingegliederten „Bundes Reichsdeutscher Buchhändler". Seit Frühjahr 1935 mussten Antragsteller und Mitglieder ihre Abstammung bis zum Jahr 1800 nachweisen. Verleger konnten weiterhin freiwillig Mitglied im traditionsreichen, nun aber „gleichgeschalteten" Börsenverein, der Standesorganisation der Verleger und Buchhändler unter Wilhelm Baur (Stellvertreter: Martin Wülfing), bleiben. Im Oktober 1936 löste sich der „Bund Reichsdeutscher Buchhändler" auf, und fortan wurde die bisherige Abteilung III der Reichsschrifttumskammer als „Gruppe Buchhandel" unter Leitung von Wilhelm Baur gelistet. Die Geschäfte führte Karl Thulke; er beaufsichtigte u.a. die Verlage, koordinierte die Arbeiten der Fachschaften und gab die „Vertraulichen Mitteilungen" an die Fachschaften Verlag und Sortiment heraus, die nicht nur fachliche, sondern auch politische Anweisungen enthielten.[15]

Verlagschef Herbert Cram nahm die Anordnungen der Reichsschrifttums- bzw. der für die Zeitschriften zuständigen Reichspressekammer penibel zur Kenntnis und setzte sie konsequent um. Er wollte ganz offensichtlich beiden

---

[13] Vgl. *Barbian*, Literaturpolitik im NS-Staat, S. 251 f.

[14] Vgl. zur Neufassung der Anordnung: Ebenda, S. 260 f.

[15] Ebenda, S. 240.

Kammern keinen Vorwand liefern, den diese als Instrument gegen die Verlagsinteressen hätten richten können. Deutlich wird das zum Beispiel noch im November 1944, als das Reichswirtschaftsministerium gegen die Stilllegung der *Zeitschrift für Bergrecht* Einspruch erhob. Amtsrat Börner ging nach einem umfangreichen Schriftwechsel mit der Reichspressekammer davon aus, dass die Zeitschrift im März 1945 wieder würde erscheinen dürfen und der Verlag deshalb bereits mit dem Satz des vorliegenden Materials beginnen sollte. Herbert Cram notierte dazu nach dem Besuch des Amtsrats:

> „Ich erklärte mich damit durchaus nicht einverstanden und wies darauf hin, daß wir gehalten sind, die Anordnungen der Pressekammer genau auszuführen. Es darf also nichts gesetzt werden, wenn nicht die Pressekammer hierzu ihre ausdrückliche Genehmigung erteilt. Ich brachte diesen Standpunkt Herrn Börner gegenüber erneut zum Ausdruck und bat ihn, in dem Briefwechsel mit der Pressekammer alles zu vermeiden, was den Anschein erwecken könnte, als ob wir etwas tun wollten, was gegen die Stillegungsverordnung verstößt."[16]

Die „Wirtschaftsstelle des deutschen Buchhandels"

Zentral geregelt wurde ab August 1935 auch der Buchexport über die der Reichsschrifttumskammer zugeordnete „Wirtschaftsstelle des deutschen Buchhandels" unter Leitung von Paul Hövel.[17] Sie verfolgte zwei Ziele: Zum einen sollte durch staatliche Subventionen die Buchausfuhr, die seit 1929 rückläufig war,[18] angekurbelt werden, zum anderen verfolgte die Wirtschaftsstelle mit den exportierten Büchern kulturpropagandistische Zwecke. Am 9. September 1935 trat das Buchexport-Ausgleichsverfahren in Kraft, das einen Preisnachlass von 25 Prozent für in Deutschland hergestellte Bücher, Lehrmittel, Zeitschriften und Musikalien vorsah, den die Wirtschaftsstelle der exportierenden Firma erstattete. Diese staatliche Subventionierung sollte – unter Androhung von Ordnungsstrafen der Kammern und von Gerichten auf der Basis der Devisengesetzgebung – geheim gehalten werden und als marktwirtschaftliche Maßnahme der Verleger erscheinen. Die Vorteile des Buchexport-Ausgleichsverfahrens konnten bis 31. März

---

[16] Besuch von Herrn Amtsrat Börner von der Bergabteilung des Reichswirtschaftsministeriums am 23.11.1944, Stabi Dep. 42, 327.

[17] Vgl. zur Wirtschaftsstelle: *Barbian*, Literaturpolitik im NS-Staat, S. 122 ff., 275–281, 339–343.

[18] Der Buchexport ging von 1929 bis 1935 mengenmäßig um 38,9 %, wertmäßig gar um 59,3 % zurück. Zahlen nach *Herbert Vaternahm*, Der Deutsche Buchhandel und seine Organisation im Vergleich zu Frankreich, England und den Vereinigten Staaten von Amerika, Diss., Limburg 1937. Zit. nach: *Jan-Pieter Barbian*, Der Buchmarkt: Marktordnung und statistische Marktdaten, in: *Ernst Fischer/Reinhard Wittmann* (Hrsg.), Geschichte des deutschen Buchhandels im 19. und 20. Jahrhundert, Band 3: Drittes Reich, Teil 1, Berlin 2015, S. 161–196, hier S. 161.

1943 in Anspruch genommen werden. Tatsächlich profitierten die Verlage vor allem in den ersten Jahren erheblich von dieser Exportsubventionierung. Bereits im ersten Jahr stieg die Ausfuhr von Büchern nach Angaben des Propagandaministeriums um 40 Prozent. Am meisten Nutzen zogen die Wissenschaftsverlage aus diesem Verfahren. Bis August 1940 wurden 55.216.386,41 RM an Subventionen bereitgestellt, die dem Produkt Buch einen deutlichen Aufschwung bescherten, andererseits aber auch von den Nationalsozialisten dringend benötigte Devisen erwirtschafteten. Das Buchexport-Ausgleichsverfahren zählt „zu den erfolgreichsten Instrumenten der nationalsozialistischen Literaturpolitik“, so Jan-Pieter Barbian.[19]

Wie wichtig der Export für die Machthaber war, macht der Fall des Springer Verlages deutlich. Als die neuen Kulturfunktionäre nach den Novemberpogromen 1938 ihren Unmut darüber äußerten, dass die Gunst der Stunde zur Zerschlagung des Springer Verlages, an dessen jüdischer Herkunft sie sich störten, nicht genutzt worden war, wies das Reichswirtschaftsministerium die Reichsschrifttumskammer an, dass der Springer Verlag ungestört weitergeführt werden sollte, weil man dessen Exporterlöse benötige.[20]

Seit dem 1. April 1938 unterstand die Wirtschaftsstelle nicht mehr der Kammer, sondern dem Propagandaministerium. Für die Verlage spielte diese Institution seit Herbst 1939 eine noch wichtigere Rolle, weil sie die „Papierkontingentierung“ verwaltete. Mit dem Erlass des Reichsministers für Volksaufklärung und Propaganda vom 10. Oktober 1939 wurde der „Wirtschaftsstelle des deutschen Buchhandels“ die Bewirtschaftung des Papierbedarfes für den Buchverlag übertragen, was einer Vorzensur gleichkam. Den Hintergrund bildeten zunächst allerdings devisenpolitische Intentionen; Papier sollte künftig verstärkt aus heimischen Bäumen, die bislang bevorzugt als Brennmaterial verwendet worden waren, hergestellt und nicht importiert werden.[21] Die „Anordnung über die Papierverbrauchsstatistik“ vom 25. November 1939 verpflichtete die Verleger, ab 1940 bei Neuerscheinungen und Neuauflagen die Auflagenhöhe und Menge sowie Art des benötigten Papiers anzugeben. Ein wirksames Zensurinstrument wurde die Papierkontingentierung nach dem Angriff auf die Sowjetunion im Juni 1941. Im Zuge der Rohstoffrationierung richtete die Wirtschaftsstelle eine Kommission ein, die über die Anträge der Verlage entschied. Als kriegswichtig und damit belieferungswürdig galten

> „das politische und das Wehrschrifttum der Zeit, das Schrifttum der Forschung aller wesentlichen wissenschaftlichen Gebiete, die Dichtung der Vergangenheit und der Gegenwart, unterhaltende und entspannende Literatur aller Sparten, das deutsche Schulbuch

---

[19] *Barbian*, Literaturpolitik im NS-Staat, S. 341.

[20] *Sarkowski*, Springer-Verlag, S. 371.

[21] *Lokatis*, Hanseatische Verlagsanstalt, S. 137.

der entscheidenden Gruppen, das Fachschrifttum der kriegswichtigen Berufsgruppen, das Kinder- und Jugendschrifttum".[22]

Nun musste sowohl für jedes neue Buch als auch für jede Neuauflage ein Antrag auf Papierzuteilung eingereicht werden, was einen erheblichen bürokratischen Aufwand für die Verlage zur Folge hatte. Nicht zuletzt diese Regularien bewirkten einen deutlichen Rückgang der Titel bei gleichzeitig steigenden Auflagenzahlen. Für die Verlage war vor allem der lange Zeitraum, der zwischen Manuskripteingang, Genehmigungsverfahren und Erscheinen des Werkes lag, hinderlich; dieser Prozess dauerte durchschnittlich 18 Monate. Um das Prozedere zu beschleunigen, mussten die Verlage ab April 1944 nicht mehr für jeden Titel einzeln einen Antrag einreichen, sondern für das komplette Jahresprogramm. Weiterhin galt wissenschaftliche Literatur als dringlich, sofern sie im Kontext der Kriegsanstrengungen stand.

Das Reichsministerium für Wissenschaft, Erziehung und Volksbildung und das Auswärtige Amt

Auch das Reichsministerium für Wissenschaft, Erziehung und Volksbildung mit Bernhard Rust an der Spitze war eine neue Einrichtung der Nationalsozialisten. Für die Wissenschaftsverlage trat mit der Ministeriumsgründung am 1. Mai 1934 ein weiterer Akteur ins Feld, weil damit das Amt für Wissenschaft für das „wissenschaftliche Büchereiwesen" und damit für alle die Staats- und Hochschulbibliotheken betreffenden Angelegenheiten zuständig war. Hauptreferent war Rudolf Kummer, Bibliothekar der Bayerischen Staatsbibliothek.[23]

Daneben war die Kulturabteilung des Auswärtigen Amts traditionell für die Auslandskulturpolitik zuständig. Sie stand allerdings im Unterschied zu den konkurrierenden Ministerien für Propaganda und Erziehung anfänglich nicht für eine aggressive Werbung für von den Nationalsozialisten als deutsch definierte Kultur und geriet dadurch mit beiden in einen grundsätzlichen Konflikt. Auch im Auswärtigen Amt war die Kulturpolitische Abteilung, wie sie seit 1936 hieß, unter Druck. Sowohl die bei Kriegsbeginn ins Leben gerufene Informationsabteilung als auch die Deutschlandabteilung unter Leitung von Unterstaatssekretär Martin Luther rissen Kompetenzen der auswärtigen Kulturpolitik an sich. Erst 1943 wurden die Aufgaben wieder in der Kulturpolitischen Abteilung unter Leitung von Franz Alfred Six gebündelt.[24] Für den Verlag Walter

---

[22] *R. Erckmann*, Grundsätzliches zur Papierfrage, in: Der Buchhändler im neuen Reich 7 (1942), S. 171–175. Zit. nach: *Barbian*, Literaturpolitik im NS-Staat, S. 278.
[23] Vgl. *Barbian*, Literaturpolitik im NS-Staat, S. 126–130.
[24] Vgl. ebenda, S. 133–140.

de Gruyter spielte das Auswärtige Amt vor allem wegen seiner Zuständigkeit für Exporte keine unwesentliche Rolle.

Gestapo und SD

Auch Gestapo und SD waren in die Literaturpolitik involviert. Für die Durchführung des Reichskulturkammergesetzes war das Dezernat II 2 A 1 des Geheimen Staatspolizeiamtes zuständig; Verbot und Beschlagnahme sowie die „Überwachung der inländischen Journalisten, Schriftleiter und Verleger" oblagen dem Dezernat II 2 A 2.[25] Im Herbst 1935 differenzierte sich die Zuständigkeit weiter aus. 1939 ging die gesamte Abteilung II des Gestapa im Amt IV des neu geschaffenen Reichssicherheitshauptamtes (RSHA) auf.

In den Verlagen trat die Gestapo vor allem bei der Beschlagnahme von Büchern in Erscheinung oder in ihrer Zuständigkeit für die Kontrolle darüber, dass keine verbotenen Werke eingeführt wurden.

Der Sicherheitsdienst der SS richtete in der Deutschen Bücherei in Leipzig unter Leitung von Wilhelm Spengler eine Schrifttumsstelle ein, um die Literaturlandschaft nach oppositionellem Gedankengut zu durchforsten. Die Logistik der Deutschen Bücherei mit ihren aktuell gehaltenen Katalogen bot dafür hervorragende Voraussetzungen. Spengler wurde 1936 in die von Franz Alfred Six geleitete Hauptabteilung Presse und Schrifttum im SD-Hauptamt nach Berlin versetzt. Wie die Geheime Staatspolizei war auch der Sicherheitsdienst von der Umstrukturierung der sicherheitspolizeilichen Aufgaben im neu errichteten Reichssicherheitshauptamt betroffen. Das Amt III „Deutsche Lebensgebiete" war nun für die Auswertung und Überwachung des Schrifttums zuständig.

Seit 1936 entstand im Berliner SD-Hauptamt eine „wissenschaftliche Zentralbibliothek für das gesamte politisch unerwünschte Schrifttum".[26] In diesem Zusammenhang sollten auch mehrere hundert Verlage vom SD observiert werden. Überwachungsgegenstand waren zum einen die Buchproduktion, zum anderen aber auch die „inneren Verlagsvorgänge".

Schrifttumsstellen des Amtes Rosenberg

Alfred Rosenberg konnte verhindern, dass sich das Goebbels'sche Propagandaministerium seine „Reichsstelle zur Förderung des deutschen Schrifttums" einverleibte.[27] Mit seiner Berufung zum „Beauftragten des Führers für die gesamte

[25] Zit. nach: Ebenda, S. 140. Vgl. auch zum Folgenden: Ebenda, S. 141–150.

[26] Rundschreiben der Gestapo an alle Staatspolizeistellen vom 22.1.1936, zit. nach: Ebenda, S. 147.

[27] Vgl. zum Folgenden: Ebenda, S. 151–162.

geistige und weltanschauliche Erziehung der NSDAP" und der damit verbundenen Institutionalisierung der „Dienststelle Rosenberg" war die Existenz der „Reichsstelle" gesichert. Hans Hagemeyer, der dem Verein bislang vorgestan-den hatte, wurde nun Leiter der neuen „Hauptstelle Schrifttumspflege" (seit 1941 „Hauptamt Schrifttum"). Ihren eigenen Ansprüchen folgend sollte „systematisch das gesamte deutsche Schrifttum, soweit es irgendeine bildnerische oder erzieherische Bedeutung für das deutsche Volk hat", überprüft werden.[28] Dutzende von hauptamtlichen und Hunderte von ehrenamtlichen Lektoren nahmen „die wohl umfassendste Sichtung und Bewertung der in Deutschland verbreiteten in- und ausländischen Literatur vor".[29] Zwar fehlten der parteiamtlichen Institution die Möglichkeiten der staatlichen Exekutive, und das fortbestehende Konkurrenzdenken mit dem Propagandaministerium, der Reichsschrifttumskammer sowie der Parteiamtlichen Prüfungskommission zum Schutz des NS-Schrifttums unter Philipp Bouhler verhinderte ein konsequentes einheitliches Vorgehen, aber Rosenbergs Stab blieb dennoch nicht wirkungslos. Ablehnende Gutachten hatten immer wieder Buchverbote zur Folge.

Parteiamtliche Prüfungskommission zum Schutze des nationalsozialistischen Schrifttums

Der „Stellvertreter des Führers", Rudolf Heß, ernannte Philipp Bouhler im März 1934 zum Leiter der neu eingerichteten „Parteiamtlichen Prüfungskommission zum Schutze des nationalsozialistischen Schrifttums" (PPK).[30] Für die Verlage war diese Parteiinstitution von Bedeutung, weil sie vor allem anfänglich als verlängerter Arm von Max Amann, dem Leiter des Zentralverlages der NSDAP (Franz Eher Nachf.), agierte und diesem ein Vorrecht an den lukrativen Publikationsvorhaben, die den Nationalsozialismus zum Thema hatten, sichern wollte. Gegen eine Bearbeitungsgebühr mussten die Verlage Manuskripte und Publikationen, die mit dem Nationalsozialismus in Verbindung standen, zur Begutachtung einreichen. Die PPK konnte dann einen „Unbedenklichkeitsvermerk" ausstellen; damit wurde die Publikation in die „NS-Bibliographie" aufgenommen. Bei Ablehnung konnten der Titel verboten, Änderungsauflagen erlassen oder ein Erscheinen ohne parteiamtliche Förderung genehmigt werden.

Im November 1934 wurde die Dienststelle der PPK von München nach Berlin verlegt. Mit der gleichzeitigen Beförderung Bouhlers zum Leiter der „Führerkanzlei", die ihm einen ständigen, direkten Kontakt zu Hitler ermöglichte, und der größeren Distanz zum Franz Eher Verlag lockerte sich die enge Verbindung

---

28 Rundschreiben der Reichsstelle Nr. 24 vom 20.6.1934, zit. nach: Ebenda, S. 154.
29 *Barbian*, Literaturpolitik im NS-Staat, S. 155.
30 Vgl. zur PPK: Ebenda, S. 162–179.

der PPK zu Amann. Seit Februar 1935 unterhielt die PPK zudem eine „Bibliographische Auskunftsstelle" in der Deutschen Bücherei in Leipzig, die Zuarbeit zur „Nationalsozialistischen Bibliographie" leistete. In den folgenden Jahren vergrößerte die Parteiamtliche Prüfungskommission ihren Einfluss beträchtlich, wofür vor allem ihre Zensurbefugnisse verantwortlich waren. Wie das Propagandaministerium konnte auch die PPK die Gestapo mit der Beschlagnahmung von Büchern beauftragen. Es lag ebenfalls in ihrem Ermessen, nach der Prüfung von Manuskripten, die „die Neugestaltung des völkischen Lebens" betrafen[31] – ein äußerst dehnbarer Begriff –, deren Erscheinen zu verhindern. Hinzu kam, dass die PPK im 1941 eingerichteten Ausschuss zur Papiervergabe stimmberechtigt war. Äußerlich sichtbar wurde der Ausbau ihres Einflussbereiches durch die Eingliederung in die Reichskanzlei als Amt VI.

Im Frühjahr 1937 lud der Leiter der Fachgruppe Wissenschaftlicher Verlag, Dr. Arthur Georgi, Vertreter mehrerer Verlage zu einer Aussprache ein. Themen sollten der Prüfungsbereich, die Prüfungsdauer und die Höhe der Prüfungsgebühr bei der Parteiamtlichen Prüfungskommission sein.[32] Herbert Cram nutzte die Gelegenheit, seinen Unmut über dieses teure, das Erscheinen der Bücher verzögernde, lästige Verfahren zum Ausdruck zu bringen. Er hielt es für überflüssig, dass der große Aufgabenkreis der Prüfstelle auch auf Publikationen ausgedehnt wurde, „die offensichtlich mit nationalsozialistischem Schrifttum nichts zu tun haben". Als Beispiele führte er philosophische Werke wie Heiss, Die Lehre vom Charakter, die *Zeitschrift für ausländisches und internationales Privatrecht*, die *Zeitschrift für neutestamentliche Wissenschaft* oder schon vor geraumer Zeit erschienene Bücher an. Sehr deutlich wurde Cram bei der Prüfungsdauer. Bei bereits erschienenen Büchern sei „die Unsicherheit, ob ein angefordertes Buch in irgendeiner Form beanstandet wird, von lähmender Wirkung für die Tätigkeit des Verlags". Bei gerade im Erscheinen begriffenen Werken wirke sich die „monatelange Prüfungsdauer katastrophal" aus. Bittere Klagen über die Hinhaltetaktik der Prüfstelle folgten. Auch die Prüfungsgebühr – das Sechsfache des Ladenpreises – kritisierte Cram heftig; sie führe bei der praktizierten schematischen Forderung „zu untragbaren Zuständen".[33]

---

[31] Zit. nach: *Hans-Eugen Bühler* in Verbindung mit *Edelgard Bühler*, Der Frontbuchhandel 1939–1945. Organisationen, Kompetenzen, Verlage, Bücher. Eine Dokumentation, Frankfurt a.M. 2002, S. 13.

[32] Fachgruppe Wissenschaftlicher Verlag, Dr. Arthur Georgi, an die Herren Cram, Jäh, Knapp, Lehmann, Meiner, Sellier, Steinkopff und Urban, 19.3.1937, Stabi Dep. 42,370.

[33] Herbert Cram an die Fachgruppe Wissenschaftlicher Verlag, Dr. Arthur Georgi, 7.4.1937, Stabi Dep. 42,370.

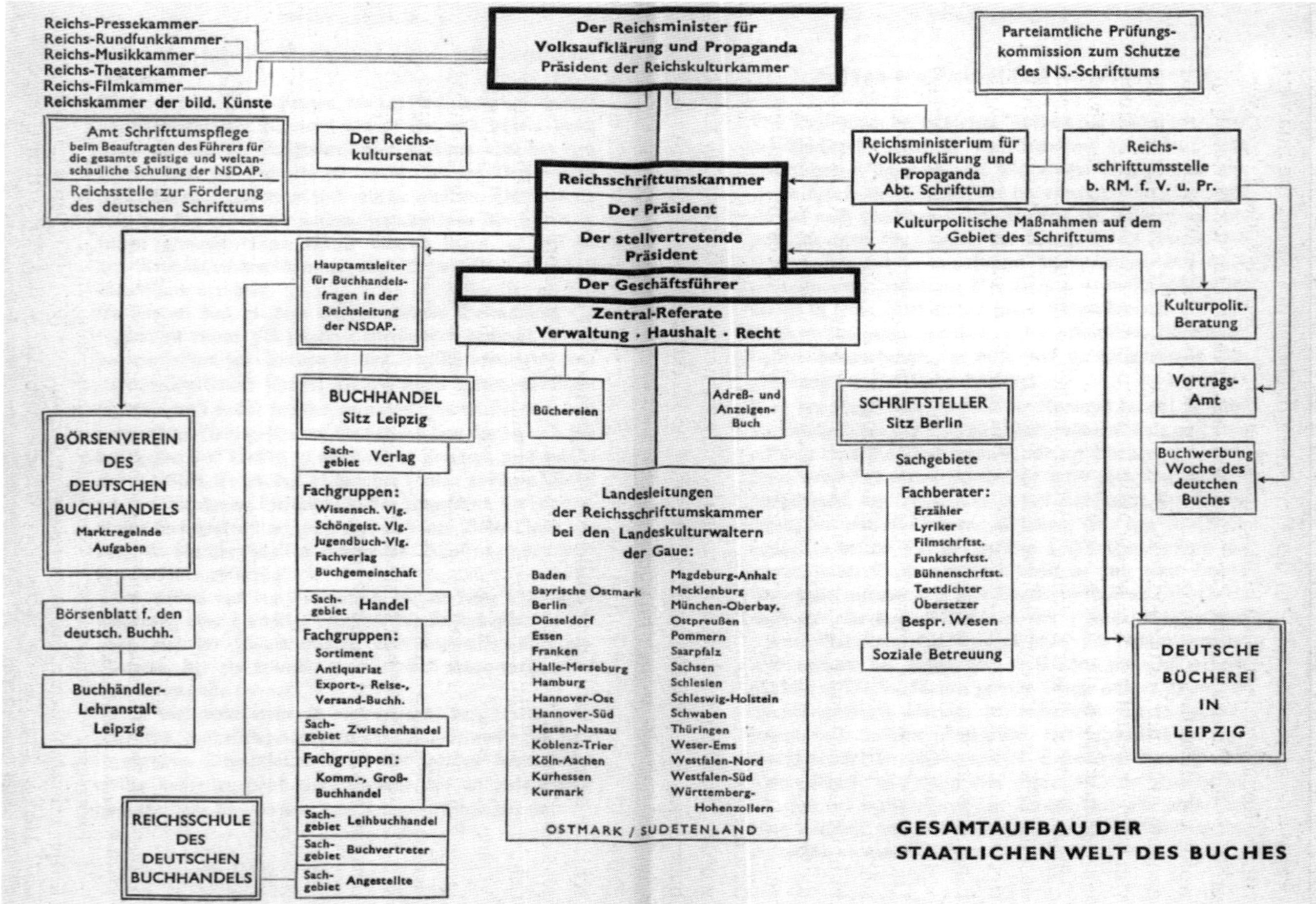

Eine Grafik aus dem Jahr 1938 zeigt die komplexe Gemengelage, an der sich alle an der Buchproduktion Beteiligten orientieren mussten.

Die Wehrmacht

Mit Kriegsbeginn entstand mit dem Frontbuchhandel ein neuer Buchmarkt, der sich für die Wehrmacht, das Reichspropagandaministerium, das Amt Rosenberg, die Reichsschrifttumskammer, aber auch für die Partei und private Verlage als einträgliches Geschäft erwies.[34] Bereits im Oktober 1939 rief Alfred Rosenberg die Öffentlichkeit zu Bücherspenden für Lazarette und Kriegsbüchereien auf. Diese „Spenden" waren reguläre Buchhandelsausgaben, die noch nicht als „Feld"-, „Feldpost"- oder „Wehrmachtsausgaben" erkennbar waren. Vor allem der Parteiverlag Franz Eher Nachf., aber auch die Verlage Kohlhammer, Reclam und Bertelsmann stiegen jedoch sehr bald in die eigene Frontbuch-Produktion ein. Ihnen folgten zahlreiche weitere Verlage. Allerdings waren diese Bücher bis 1942 häufig nicht als speziell für die Front hergestellt erkennbar und gleichzeitig auch im Buchhandel erhältlich. Ab 1940 erschienen für diesen Zweck produzierte Werke, sogenannte Feldpost- und Frontbuchhandelsausgaben.[35] Seit August 1942 ordnete das Propagandaministerium sogar an, dass die für die Truppe produzierten Bücher eine Deklarierung als „Feldpost"-Ausgabe zu erhalten hatten. Ab diesem Zeitpunkt wurden die für die Wehrmacht produzierten Bücher ausschließlich intern durch die Wehrmacht vertrieben.[36]

Am 4. September 1939 war die Zentrale der Frontbuchhandlungen gegründet worden, die der Direktor der Verlage der Deutschen Arbeitsfront, Eberhard Heffe, leitete. Mehr als 300 Frontbuchhandlungen und zwölf zu „Frontbuchwagen" umfunktionierte Busse versorgten die Soldaten in den Kriegsjahren mit Literatur. Die Frontbuchhandlungen wurden über zehn Auslieferungslager in Paris, Brüssel, Oslo, Rovaniemie, Riga, Warschau, Lemberg, Dnjepropetrowsk (ab Herbst 1943 Odessa), Wien und Rom (ab Herbst 1943 Meran) bestückt. Die Verlage belieferten diese Lager direkt.[37] Bis Ende 1943 wurden etwa 75 Millionen Feldpostbücher produziert. Für die Verlage wurde die Buchversorgung der Soldaten immer wichtiger, weil die Wehrmacht über reichliche Papiervorräte verfügte und ihre Aufträge als „kriegswichtig" Priorität besaßen. Viele Verlage konnten durch diese Aufträge ihren Umsatz in der zweiten Kriegshälfte beträchtlich steigern und damit ihre wirtschaftliche Existenz sichern. Zudem waren Wehrmachtsaufträge ein mögliches Argument gegen die Schließung eines Verlages, die ab 1943 drohte.[38]

---

[34] Vgl. dazu grundsätzlich: *Bühler*, Der Frontbuchhandel.

[35] *Hans-Eugen Bühler/Klaus Kirbach*, Die Wehrmachtsausgaben deutscher Verlage von 1939–1945 und die Sonderaktion Feldpost 1942, in: Archiv für Geschichte des Buchwesens 50 (1998), S. 252.

[36] *Bühler*, Der Frontbuchhandel, S. 16–19.

[37] *Bühler/Kirbach*, Die Wehrmachtsausgaben deutscher Verlage, S. 252.

[38] Vgl. zum Frontbuchhandel: *Bühler*, Der Frontbuchhandel 1939–1945; *Barbian*, Lite-

Für den Frontbuchhandel waren die Deutsche Arbeitsfront (DAF) und vor allem das Oberkommando der Wehrmacht (OKW) von Bedeutung. Letzteres konnte insbesondere aufgrund großer Papierkontingente[39] seinen Einfluss mit Fortschreiten des Krieges steigern. Zuständig war die Abteilung Inland des dem Chef OKW direkt unterstellten Chefs des Allgemeinen Wehrmachtsamtes. Die Gruppe II der Abteilung Inland war für die Auswahl der Bücher zuständig.

Besonders nachgefragt unter den Soldaten waren neben Unterhaltungsliteratur auch Reisebeschreibungen von ihren Einsatzgebieten, Landkarten, Sprachführer und Wörterbücher, aber auch Fachbücher. Viele junge Soldaten waren durch die Einberufung aus ihrer Berufsausbildung oder dem Studium gerissen worden und wollten keine allzu großen Wissensdefizite entstehen lassen. Große Verbreitung fanden auch Kunstbücher, Biografien, Bücher zu historischen, philosophischen, mathematischen oder wirtschaftlichen Themen.[40] Die Zentrale der Front-Buchhandlungen, in der das OKW, die Deutsche Arbeitsfront, das Reichspropagandaministerium, die Reichsschrifttumskammer und der Börsenverein vertreten waren, setzte gewaltige Mengen an Büchern um – 1942 lag der Umsatz bei 16,7 Millionen RM, 1943 bei 35 Millionen RM.[41] Häufig konnten die Soldaten Bücher erwerben, die es in der Heimat nicht mehr zu kaufen gab. Die Frontbuchhandlung im französischen Le Mans verzeichnete z.B. in der Vorweihnachtszeit 1942 eine verstärkte Nachfrage nach Kinder- und Märchenbüchern, die die Soldaten offenbar an ihre Familien schickten.[42]

De Gruyter gehörte zwar schon infolge seiner wissenschaftlichen Ausrichtung nicht zu den führenden Feldpost-Verlagen, hatte aber bereits im Februar 1940 eine Liste von über 80 „wertvollen Büchern für unsere Soldaten" zusammengestellt. Vor allem die Bändchen der „Sammlung Göschen" boten sich als Feldlektüre an.

Trotz dieser zahlreichen Regularien und der massiven Einflussnahme teils konkurrierender staatlicher und parteiamtlicher Stellen auch auf die Wissenschaftsverlage ist dem Urteil von Klaus G. Saur, dass „alle Verlage [...] unter strenger Kontrolle" standen und „in vielen Fällen keine Genehmigung zur Veröffentlichung erteilt [...] oder schlicht die Papierzuteilung verweigert" wurde,[43]

---

raturpolitik im NS-Staat, S. 363–370; *Bühler/Kirbach*, Die Wehrmachtsausgaben deutscher Verlage, S. 251–294.

[39] Die Papierkontingente wurden von den Heeresteilen verwaltet: Für das OKW: OKW/WI Amt/Re., Berlin S. 62, Kurfürstenstr. 63/69; für das OKH: OKH (Ch H Rüst u. BdE) H Ro, Berlin-Charlottenburg, Joachimstaler Str. 1; für das OKM: OKM (M Wa Wi), Berlin W 35, Tirpitzufer 72–76; für die Luftwaffe: RdL und ObdL (L Ro IV C1), Berlin W 8, Leipziger Str. 7. *Bühler*, Der Frontbuchhandel 1939–1945, S. 15.

[40] Ebenda, S. 44 f. und 47.

[41] Ebenda, S. 96.

[42] Ebenda, S. 52.

[43] *Klaus G. Saur*, Verlage im Nationalsozialismus, in: Ders. (Hrsg.), Verlage im „Dritten Reich", S. 8.

Anzeige des Verlages Walter de Gruyter im *Börsenblatt für den deutschen Buchhandel* vom 12. Februar 1940.

in dieser Deutlichkeit für den Verlag Walter de Gruyter nicht zuzustimmen. Wie sich aus dem Folgenden ergibt, wurde nur selten eine Publikation nicht genehmigt, und auch das Zensurinstrument Papierzuteilung kam als solches wenig zum Einsatz. Zwar war auch der Verlag Walter de Gruyter von der Papierverknappung betroffen, und etliche Zeitschriften sowie andere Projekte mussten gegen Kriegsende eingestellt werden. Dies rührte jedoch auch aus dem tatsächlichen Rückgang der Papiervorräte und den Kriegsauswirkungen und nicht nur aus zensorischen Absichten. Die Wissenschaftsverlage besaßen weiterhin vielfältige Spielräume, weil insbesondere bei den als kriegsnotwendig erkannten Naturwissenschaften die Zensurinstrumente selten eingesetzt wurden.[44] Hinzu kommt ein weiteres, gewichtiges Argument: Die Forschung kam nach der nationalsozialistischen Machtübernahme keineswegs zum Erliegen, sondern erfuhr vielmehr in den für die Kriegsanstrengungen relevanten Disziplinen eine verstärkte Förderung. Rüdiger Hachtmann nannte den damit verbundenen Rückgang der Geistes- und Kulturwissenschaften zugunsten von technischen und naturwissenschaftlichen Fächern das „Primat des Bellizismus".[45] Für einen wissenschaftlichen Universalverlag, der bereit war, dieser Prioritätensetzung – auch aus wirtschaftlichem Kalkül – zu folgen, boten sich damit neue Chancen. Und der Verlag Walter de Gruyter ließ sich darauf ein.

---

[44] Vgl. dazu auch *Sarkowski*, Springer-Verlag, S. 347.

[45] *Hachtmann*, Berlin – die Wissenschaftsmetropole des „Dritten Reiches", S. 262.

III. Der Verlag 1933–1939: Hält die NS-Ideologie Einzug in den Verlagsalltag?

Nach dem plötzlichen Tod des Verlagsgründers Walter de Gruyter am 5. September 1923 gab sein Schwiegersohn Herbert Cram, Ehemann seiner Tochter Clara, seine beruflichen Ambitionen als Maschinenbauingenieur an der TH Berlin-Charlottenburg auf und begann im Verlag eine Buchhandelslehre.[1] Nach dem Willen der Witwe und Erbin de Gruyters, Eugenie de Gruyter, sollte Herbert Cram die Rolle des Verlagschefs übernehmen. 1925 wurde er mit maßgeblicher Unterstützung ihrerseits persönlich haftender Gesellschafter des Unternehmens und prägte den Verlag in den folgenden vierzig Jahren bis zu seinem Tod 1967 wesentlich. Nach dem Ausscheiden Wilhelm von Crayens Ende 1926 war Herbert Cram bis 1938 alleiniger persönlich haftender Gesellschafter. In den Jahren 1938/39 teilte er sich diese Funktion mit seinem Schwager Burkhard Meier, der die jüngere Tochter Walter de Gruyters, Ellen, geheiratet hatte. Diese Phase wurde von massiven persönlichen Fehden der beiden Männer geprägt. Die Situation entspannte sich, als Burkhard Meier zum 1. September 1939 den Deutschen Kunstverlag übernahm[2] und als persönlich haftender Gesellschafter bei De Gruyter von Wolf Meinhard von Staa ersetzt wurde. Als einziges Mitglied der Geschäftsleitung war von Staa Parteigenosse. Der promovierte Jurist, 1893 in Elberfeld geboren, war von 1927 bis 1932 im Preußischen Ministerium für Wissenschaft, Kunst und Volksbildung in der Universitätsabteilung und von November 1932 bis April 1933 als Pressereferent des Ministeriums tätig gewesen. Im Dezember 1934 wurde er zum Ministerialdirektor befördert und leitete nun die Kunstabteilung im Reichserziehungsministerium. Wegen seiner Kritik an der NS-Kunstpolitik wurde er im Oktober 1938 in den Wartestand versetzt. Einen Monat später trat er in den Beirat des Verlages Walter de Gruyter ein, dem er bereits durch seine Beiratsmitgliedschaft im Deutschen Kunstverlag seit 1933 verbunden war. Obwohl er politisch in Misskredit geraten war, verfügte er weiterhin über gute Kontakte im Ministerium, was für den Verlag offenbar das ausschlaggebende Argument war, ihn Ende 1939 neben Herbert Cram zum persönlich haftenden Gesellschafter zu machen.[3]

---

[1] Vgl. zur Biografie von Herbert Cram S. 13 f.

[2] Vgl. dazu S. 112 f.

[3] Lebenslauf Dr. Wolfgang von Staa, 16.1.1940, und Reichsschrifttumskammer, Abtei-

Der Verlag war in fünf Abteilungen gegliedert, die sich im Wesentlichen an den fünf großen Vorgängerverlagen orientierten und denen langjährig bewährte Mitarbeiter vorstanden:

1. Juristische Abteilung (Guttentag), die Dr. Alexander Elster bis zu seinem Tod am 24. Mai 1942 leitete und maßgeblich prägte. Der promovierte Jurist Elster, am 8. April 1877 in Berlin geboren, war im Mai 1914 in die Dienste der Verlagsbuchhandlung Guttentag getreten und galt als Experte auf dem Gebiet des Verlags- und Urheberrechts und als glänzender Wissenschaftsmanager. Unter anderem war er Mitherausgeber des „Handwörterbuchs der Rechtswissenschaft" sowie des „Handwörterbuchs der Kriminologie".[4] Elster war kein Parteimitglied, aber Förderndes Mitglied der SS.[5] Damit ist zweifelsohne eine Nähe zum NS-Regime belegt, die sich auch im juristischen Programm des Verlages nach 1933 widerspiegelt.[6] Nach Elsters Tod übernahm sein langjähriger Mitarbeiter Georg Kissel provisorisch die Leitung der Juristischen Abteilung.[7] Er erhielt am 1. Juni 1942 Prokura.

2. Geisteswissenschaftliche Abteilung (Trübner), der Dr. Gerhard Lüdtke bis zu seinem Tod am 6. März 1944 vorstand. Lüdtke, am 22. Oktober 1875 im pommerschen Greifenberg geboren, war promovierter Sprachwissenschaftler und seit 1905 „verantwortlicher Leiter" des in Straßburg ansässigen Trübner Verlages. Als die Straßburger Filiale bei Kriegsende 1918 aufgegeben werden musste, zog Lüdtke samt Verlag in das Berliner Stammhaus und leitete seit dem Verlagszusammenschluss 1919 die Geisteswissenschaftliche Abteilung. Er und Alexander Elster gaben dem Verlag jahrzehntelang Gesicht und Profil. So war Lüdtke nach seinem Tod 1944 auch schwer zu ersetzen. Seine Aufgaben übernahm zu-

---

lung III (Buchhandel), an Wolfgang von Staa, Fa Walter de Gruyter & Co., 7.5.1940, Stabi Dep. 42,125.

[4] Zahlreiche Dokumente zu Alexander Elster vgl. Stabi Dep. 42, K 99, M 1.

[5] Fragebogen zur Aufnahme als Mitglied in die Reichsschrifttumskammer, 11.3.1937, Stabi Dep. 42,346.

[6] Auch Heinrich Mohn, Verleger des Bertelsmann Verlages, war Fördermitglied der SS. Sybille Steinbacher und Norbert Frei haben sich deshalb im Rahmen ihrer Geschichte von Bertelsmann im Nationalsozialismus damit beschäftigt und kamen zu dem Schluss, dass für das „Fördernde Mitglied" keine Rechte und Pflichten, die für die SS galten, bindend waren. Man musste kein Parteimitglied, freilich aber „arischer Abstammung" sein. 1936 waren mehr als 315.000 Personen „Förderndes Mitglied" der SS, unter ihnen viele Industrielle und Kaufleute. Selbstverständlich erhofften sich die „Fördernden Mitglieder" von ihrem Beitritt Vorteile, zwar musste kein übermäßiges Engagement für den Nationalsozialismus damit verbunden sein, aber von einer Bereitschaft, sich mit dem NS-Regime zu arrangieren, ist auszugehen. Nach Steinbacher und Frei flossen die Beiträge der Allgemeinen und nicht der Waffen-SS zu. Die Fördermitgliedschaft der SS galt als „vornehmere Variante" beim Eintritt für die „nationale Sache". *Friedländer/Frei/Rendtorff/Wittmann*, Bertelsmann im Dritten Reich, S. 363–367 und 655 ff.

[7] Herbert Cram an den Reichstreuhänder der Arbeit für das Wirtschaftsgebiet Brandenburg, 11.12.1942, Stabi Dep. 42,347.

nächst Wolf Meinhard von Staa; er wurde unterstützt von der langjährigen Mitarbeiterin Lüdtkes, Kailuweit.

3. Abteilung Göschen (Göschen), die Konrad Grethlein leitete. Der am 19. Mai 1872 geborene Konrad Grethlein war neben der „Sammlung Göschen" für die Mathematik und Lehrbücher zuständig. Als er Ende 1942 70-jährig pensioniert wurde, führte sein langjähriger Mitarbeiter Fritz Kropp seine Arbeit fort.

4. Abteilung Archäologie, Kunst und Theologie (Reimer), der Hermann Brill vorstand. Brill, am 5. Januar 1883 in Herrstein/Nahe geboren, war seit 1908 für den Trübner Verlag in Straßburg als Buchhersteller tätig und kam wie Lüdtke nach Kriegsende nach Berlin. Nach dem Tod des Abteilungsleiters August Hilbert 1928 leitete er die Abteilung Reimer zunächst „inoffiziell". Prokura erhielt er erst im Jahr 1937. 1942 wurde er außerdem zum Prokuristen im Technischen Verlag Herbert Cram ernannt.[8]

5. Abteilung Naturwissenschaften, Medizin und Technik (Veit), die Oskar Leuschner leitete. Als er am 3. Februar 1935 starb, folgte ihm Dr. Hans Sell nach.[9]

Neben den genannten Abteilungsleitern hatte Wilhelm Eydt als Leiter der Leipziger Verlagsfiliale Prokura, ferner Bernhard Hübler als Leiter der Verwaltungsabteilung. Eine wichtige Funktion erfüllte auch Albrecht Kindt, der die verlagseigene Druckerei in Trebbin leitete. Ihn ersetzte nach seiner Einberufung im Februar 1943 Albert Bierögel.

Obwohl die Abteilungsleiter, allen voran Gerhard Lüdtke und Alexander Elster, eine starke Position besaßen, nahm der Verlagschef Herbert Cram dennoch die Schlüsselstellung ein. Die Geschäftsleitung traf sich wöchentlich zur „Verlagskonferenz". In diesem Gremium wurde jedes Projekt vorgestellt, über Annahme oder Ablehnung entschieden, die Auflagenhöhe festgesetzt, aber es wurden auch grundlegende Entscheidungen gefällt, die die Geschäftspolitik jenseits der einzelnen Abteilungen betrafen. Wie aus der großteils erhaltenen Korrespondenz hervorgeht, hielt letztlich Herbert Cram das Zepter fest in der Hand. Nahezu jedes Projekt lief über seinen Schreibtisch, sodass er über alle Vorgänge informiert war. Er gab mit seiner patriarchenhaften Unternehmensführung die Richtung vor, in die sich der Verlag entwickeln sollte.

Wie aus den zögerlich abwartenden Reaktionen in der Korrespondenz und in seinem Verhalten sichtbar wird, begrüßte Verlagschef Herbert Cram die Machtübernahme der Nationalsozialisten im Januar 1933 nicht. Er war zwar durchaus ein national-patriotisch gesinnter Konservativer, der mindestens in Teilen die außenpolitischen Ziele der NSDAP unterstützte, die einfältigen Parolen der

[8] Lebenslauf Hermann Brill, 15.1.1947, Stabi Dep. 42,223 (1).

[9] Cram an den Reichstreuhänder der Arbeit für das Wirtschaftsgebiet Brandenburg, 11.12.1942, Stabi Dep. 42,347.

Partei sowie ihre feindliche Haltung gegenüber den Kirchen waren ihm jedoch zuwider. Er war in der Evangelischen Paulusgemeinde in Berlin-Lichterfelde verwurzelt und stand später der „Bekennenden Kirche" nahe. Vor allem teilte er auch den Antisemitismus der NSDAP nicht. Die Korrespondenz sowie Verlagsentscheidungen aus den ersten Monaten des Jahres 1933 machen deutlich, dass Cram unsicher war, wohin sich die politische Lage entwickeln würde und was die neue politische Richtung für einen Wissenschaftsverlag an Konsequenzen mit sich brächte. Er nahm eine abwartende Haltung ein, hielt aber zunächst an seiner konservativen politischen Überzeugung fest.

Crams Position wird in einer ausführlichen Gesprächsnotiz deutlich, die er am 3. April 1933 nach einer Unterredung mit dem Verlagsangestellten Ewald Bludau selbst anfertigte. Die „nationalsozialistische Betriebszelle", eine Art „nationale" Gewerkschaft, mit der die NSDAP bereits in den 1920er-Jahren in der Arbeiterschaft Fuß zu fassen versucht hatte,[10] hatte das Parteimitglied Bludau zum kommissarischen Betriebsrat bestimmt, was Cram veranlasste, mit ihm Rücksprache zu halten. Für Bludau war dieses Gespräch eine Gelegenheit, seinen Unmut über die Geschäftspolitik Crams zum Ausdruck zu bringen. Vor allem den Vorwurf Bludaus, dass Cram die nationalen Interessen zu wenig wahrnehme, wies dieser jedoch vehement zurück:

> B. deutete dann an, daß die Entwicklung des Geschäfts in der letzten Zeit gegen die Interessen der Allgemeinheit und der Angestelltenschaft verstößt. Hierzu habe ich sofort scharf Stellung genommen und Herrn B. erklärt, daß mir das allgemeine vaterländische Interesse über Alles ginge, daß ich 4 Jahre den Krieg mitgemacht hätte und auch heute jederzeit bereit wäre, für das Vaterland mein Leben einzusetzen, aber nicht für eine Partei.[11]

Auch die Forderung Bludaus, die Zusammenarbeit mit jüdischen Autoren aufzugeben, wies Herbert Cram zurück. Noch galt das Kriterium wissenschaftliche Qualität:

> B. gab mir dann weiter den guten Rat, in Zukunft keine Bücher von jüdischen Autoren zu verlegen, da das Geschäft dann kaputt gehen würde. Ich erklärte ihm, daß die Entscheidung, mit welchen Autoren wir Verträge abschließen, einzig und allein bei mir stünde und daß ich auch die Verantwortung dafür übernehme, wenn die Bücher hinterher nicht abgenommen würden. Maßgeblich für die Annahme der Bücher sei[en] ihr wissenschaftlicher Wert und die Ehrenhaftigkeit der Autoren. Andere Gesichtspunkte könnten nur eine untergeordnete Rolle spielen. Ob Herr B. wirklich meine, daß ein Jude, dessen Familie seit Generationen in Deutschland lebe, der den Krieg mitgemacht habe

---

[10] Vgl. *Andreas Wirsching*, Vom Weltkrieg zum Bürgerkrieg? Politischer Extremismus in Deutschland und Frankreich 1918–1933/39. Berlin und Paris im Vergleich, München 1999, S. 451.

[11] Gesprächsnotiz Herbert Cram, 3.4.1933, Stabi Dep. 42,221.

und für uns Bücher schrieb, daß das Produkt seiner Arbeit etwas anderes sein könne als deutsche Geistesarbeit?[12]

Im Frühjahr 1933 war Cram auch nicht willens, den Verlag zur politischen Bühne für die NSDAP umzugestalten. Nach seiner Überzeugung hatte die politische Auseinandersetzung im Unternehmen keinen Raum, eine Position, die sich in der Folgezeit immer schwieriger durchhalten ließ, an der Cram aber gerne festgehalten hätte:

B. bat mich dann um meine Einwilligung zu einer Betriebsversammlung, in der Mitglieder seiner Organisation sprechen wollten. Ich erklärte, daß wenn es sich um eine Betriebsversammlung handle, in der nur die Angestellten unter sich sprechen würden, ich jederzeit nach Geschäftsschluß die Räume zur Verfügung stellen würde, daß aber für fremde oder gar politische Faktoren ich die Räume meines Betriebes nicht zur Verfügung stellen könne, da ich dann sofort aus Gerechtigkeitsempfinden auch andern Parteien, z.B. dem Kampfbund Schwarz-Weiß-Rot, die Räume zur Verfügung stellen müsse. Dadurch würde politische Agitation in den Betrieb hineingetragen und ich hätte dann nicht mehr die Gewähr, daß ordnungsgemäß gearbeitet würde. Im Betrieb kenne ich keine politischen Parteien, sondern nur Mitarbeiter und Fachleute. Was die Betreffenden außerhalb des Betriebes machten, wäre für mich nur insofern von Interesse, als ich verlange, daß sie anständigen Charakter und das Wohl des Vaterlandes im Auge haben. Für den Betrieb kenne ich nicht Arbeitnehmer und Arbeitgeber, sondern nur eine Schicksalsgemeinschaft und ich fühle mich hierin mit seinem Führer einig. Auf die zweite Frage von B., ob ich gestatte, daß Listen in Umlauf gesetzt würden, die zum Beitritt zur NSDAP auffordern, erklärte ich, daß ich aus demselben Grunde, aus dem ich seine vorhergehende Anfrage abgelehnt habe, auch hier nein sagen müsse. Als mir B. vorhielt, daß ich die Zeichen der Zeit noch nicht verstanden habe, daß die NSDAP das deutsche Volk sei, erklärte ich, daß ich zur Zeit davon noch nicht überzeugt sei, wenn aber wirklich dieser Augenblick käme, dann würde ich mich nicht außerhalb stellen.[13]

Für eine Beurteilung der politischen Einstellung Herbert Crams ist sein Schreiben an den Psychologieprofessor Wolfgang Köhler aufschlussreich. Dieser hatte in der *Deutschen Allgemeinen Zeitung* am 28. April 1933 gegen die pauschale Entlassung jüdischer Wissenschaftler protestiert und die Leistung jüdischer Deutscher für das Land hervorgehoben. Herbert Cram stimmte dem „Hochverehrte[n] Herr[n] Professor“ wärmstens zu. Er habe den Artikel „mit großer innerer Teilnahme“ gelesen und konnte ihm „für die Form, in der Sie Dinge anfassen, die uns alle auf das äußerste bewegen, nur meinen aufrichtigen Dank aussprechen“.[14] Zwar hatte Köhler deutlich Position gegen die Ausgrenzung der Juden bezogen, seine Argumentation bewegte sich jedoch im Rahmen einer seinerzeit nicht unüblichen – und offenbar auch von Cram geteilten – nationalkonservativen Haltung, die zwar die Verdienste jüdischer Deutscher anerkannte, sie jedoch weiterhin als Fremde und nicht vorbehaltlos als gleichberechtigte Ge-

[12] Ebenda.
[13] Ebenda.
[14] Herbert Cram an Professor Wolfgang Köhler, 2.5.1933, Stabi Dep. 42,386.

sellschaftsmitglieder betrachtete. Seine gleichzeitige Würdigung der Verdienste, die nach Köhler der NSDAP bei der Wiedererstarkung Deutschlands zukamen, traf bei Herbert Cram vermutlich ebenfalls auf Zustimmung. Eine unterschiedslose Ausgrenzung jüdischer Deutscher wollten aber beide nicht hinnehmen, und zwar gerade weil sie eine Schwächung der deutschen Nation befürchteten. Ihr Patriotismus ließ sie einige Ziele der Partei unterstützen; der nationalsozialistische Rassenantisemitismus gehörte aber nicht dazu. Köhler hatte in der *Deutschen Allgemeinen Zeitung* geschrieben:

> Keiner [...] leugnet das Vorhandensein eines Judenproblems in Deutschland; die meisten von ihnen glauben, daß die Deutschen das Recht haben, die Zusammensetzung ihres Volkskörpers zu kontrollieren und den zu groß gewordenen Anteil von Juden an der Führung aller wesentlichen Angelegenheiten des Volkes durch weise Regelungen zu beschränken. Nur solche Maßnahmen aber können sie innerlich billigen, die nicht auf Umwegen Deutschland schädigen, die nicht plötzlich die Existenz von ganz Unschuldigen zerstören und die nicht die bedeutenden, vornehmen Menschen unter den deutschen Juden schwer verletzen.[15]

Er wollte „nicht zustimmen, daß jeder Jude, als Jude, eine niedere, minderwertige Form von Menschentum darstellt". Köhler äußerte seine Sorge um die Nation, schließlich sei die „geistige Kultur Deutschlands" ein Haus, dessen Steine man nicht beliebig nach Herkunft herausnehmen könne, ohne den Einsturz des ganzen Gebäudes in Kauf zu nehmen. Es gebe „unentbehrliche Träger im Haus der deutschen Kultur [...], welche von Juden stammen".[16] Dieses im deutschen Bildungsbürgertum weitverbreitete Denken teilte auch Herbert Cram, wie seine euphorischen Zeilen an Köhler unterstreichen.

An anderer Stelle wird jedoch deutlich, dass Herbert Cram längst ahnte, dass er eine an wissenschaftlichen Kriterien und nicht an der „Rassezugehörigkeit" des Autors ausgerichtete Position nicht würde durchhalten können, ohne auf Widerstand zu stoßen. Am 4. April 1933 setzte er Hans Praesent, Mitherausgeber der *Minerva*, in Kenntnis, dass die Zeitschrift mit Ablauf des Jahres eingestellt werden müsse, weil das Auswärtige Amt keine weitere Finanzierung gewähren wollte. Aufschlussreich, weil wegweisend für die kommende Entwicklung, ist der letzte Absatz des Schreibens:

> Wir hatten dieser Tage bereits die ersten Auseinandersetzungen mit den Nationalsozialisten, die uns vorwerfen, daß wir in unsern Büchern und Zeitschriften nicht deutschstämmige Autoren zu Wort kommen lassen. Wenn wir auch diese ganze Aktion nicht billigen, so dürfte es doch ratsam sein, in Zukunft bei der Wahl der Autoren ein wenig vorsichtig zu sein, um nicht unnötig den Protest der Gegenseite hervorzurufen. Ich wäre

---

[15] *Wolfgang Köhler*, Gespräche in Deutschland, in: Deutsche Allgemeine Zeitung, 28.4.1933. Den Artikel stellte mir Maria Kilwing aus den „Hintergrunddokumenten" der Edition zur Verfolgung und Ermordung der europäischen Juden, Institut für Zeitgeschichte Berlin, dankenswerterweise zur Verfügung.

[16] Ebenda.

Ihnen dankbar, wenn Sie hierauf im Rahmen dessen, was Sie verantworten können, achten wollten.[17]

Damit war die Verlagsstrategie für die Zeit des Nationalsozialismus vorgezeichnet.

Auch wenn Herbert Cram für die NS-Ideologie insgesamt wenig übrig hatte, bedeutete das keineswegs, dass er allen Zielen ablehnend gegenüber gestanden hätte. Im Betrieb war er durchaus für Neuerungen offen. Ende Juni 1933 kündigte er zum Beispiel per Umlauf die Einrichtung einer „Bibliothek der einschlägigen Literatur" an, weil es nunmehr „Pflicht eines jeden Staatsbürgers [sei], sich mit den Problemen der heutigen Zeit auseinanderzusetzen und selber zu versuchen, aus innerster Überzeugung heraus das Seinige zum Aufbau des nationalen Staates beizutragen". Wünsche für den Ausbau dieser Bibliothek im Verlag wurden entgegengenommen.[18]

Auch offizielle Schreiben, die eindeutig das Gedankengut der neuen Entscheidungsträger zum Ausdruck brachten, beantwortete er pflichtgemäß, wie im Juli 1933 die Anfrage der Berliner Industrie- und Handelskammer, ob es sich bei De Gruyter um ein „deutsches Unternehmen" handle und die Gesellschafter „arischer Abstammung" seien.[19] Herbert Cram bejahte beides.[20] Zur „Durchführung der 3. Verordnung zum Reichsbürgergesetz vom 14.6.1938" erhielt der Verlag vom Bezirksbürgermeister von Berlin-Tiergarten einen Fragebogen, um zu klären, wie viele jüdische Mitarbeiter die Firma beschäftigte. De Gruyter gab die Zahl der Gefolgschaftsmitglieder mit 98 an, Juden befanden sich darunter keine.[21] Am 4. Juli 1938 ging Herbert Cram die Aufforderung der Reichsschrifttumskammer Gruppe Buchhandel zu, für sich und seine Ehefrau einen „Ariernachweis" bis mindestens zu den Großeltern vorzulegen.[22] Er kam dem am 10. August nach.[23]

Auch die Kontaktpflege zu den neuen Machthabern verfolgte Herbert Cram zielgerichtet. Sie passte zu seiner Überzeugung, dass sich der Verlag zwar auf die Wissenschaft konzentrieren und nicht von politischen Auseinandersetzungen leiten lassen sollte, er hielt aber die Verbindung zu den Entscheidungsträgern für wichtig, wenn es den Verlagsinteressen zuträglich war. Diese Geschäfts-

---

17 Herbert Cram an Hans Praesent, 4.4.1933, Stabi Dep. 42,386.

18 Umlauf, 30.6.1933, gez. Herbert Cram, Stabi Dep. 42,224 (2).

19 Industrie- und Handelskammer zu Berlin an die Firma Walter de Gruyter & Co., 13.7.1933, Stabi Dep. 42,222.

20 Herbert Cram an die Industrie- und Handelskammer zu Berlin, 20.7.1933, Stabi Dep. 42,222.

21 Fragebogen zur Durchführung der 3. Verordnung zum Reichsbürgergesetz vom 14.6.1938, 17.10.1938, Stabi Dep. 42,222.

22 Reichsschrifttumskammer Gruppe Buchhandel an Herbert Cram, 4.7.1938, Stabi Dep. 42,215.

23 Herbert Cram an die Reichsschrifttumskammer Gruppe Buchhandel, 10.8.1938, Stabi Dep. 42,215.

politik hatten der Verlag Walter de Gruyter und seine Vorläuferfirmen seit ihrer Ansiedlung in Berlin konsequent verfolgt, weil Verlage bei der Finanzierung wissenschaftlicher Großprojekte auf die Unterstützung staatlicher Institutionen angewiesen waren (und sind). In der zentralistisch ausgerichteten NS-Diktatur waren diese Kontakte zwingend notwendig, hatten jedoch zur Folge, dass sich Unternehmen dadurch in den Dienst der expansiven und verbrecherischen Ziele des Regimes nehmen ließen. Im April 1935 sandte Herbert Cram z.B. Reichsluftfahrtminister und NS-Multifunktionär Hermann Göring den Band von Georg Dehio „Geschichte der Deutschen Kunst" als Geschenk anlässlich von dessen Hochzeit mit Emmy Sonnemann, versehen mit einem handschriftlichen Glückwunschschreiben an den „hochverehrte[n] Herr[n] General", wofür sich Göring „herzlichst" bedankte.[24] (Siehe Abbildung auf S. 41/42)

Am 20. Januar 1934 trat das „Gesetz zur Ordnung der nationalen Arbeit" in Kraft, mit dem das „Führerprinzip" in den Firmen Einzug hielt. Der Unternehmer hieß nun „Führer des Betriebes", die Angestellten bildeten die „Gefolgschaft". Dem „Führer des Betriebes" traten „aus der Gefolgschaft Vertrauensmänner beratend zur Seite". Diese bildeten den Vertrauensrat. Der Betriebsführer und der Obmann der Nationalsozialistischen Betriebszellenorganisation bereiteten eine Liste mit Vertrauensmännern und deren Stellvertretern vor, über die die „Gefolgschaft" geheim abstimmte. Als Vertrauensmann durfte nur benannt werden, wer der Deutschen Arbeitsfront angehörte und jederzeit „rückhaltlos für den nationalen Staat" eintrat.[25] Für Herbert Cram bedeutete diese Bezeichnung als „Führer des Betriebes" vermutlich kaum mehr als eine begriffliche Veränderung. Er pflegte weiterhin einen patriarchalischen Führungsstil im klassischen Sinne und hatte sich auch vor Inkrafttreten des Gesetzes für alle Fragen in den einzelnen Abteilungen ebenso wie für die Belange der Mitarbeiter verantwortlich gefühlt.[26]

Eine Quelle ständigen Ärgers für Herbert Cram war der spätere Vertrauensmann Georg Hurrass, der seit dem 18. April 1929 in der Auslieferung als Kontorist und Maschinenfakturenschreiber tätig war. Hurrass war ein begeisterter Nationalsozialist, der die Belegschaft in ihrem Arbeitseifer zurückzuhalten bemüht war, um Neueinstellungen zu erzwingen. Gleichzeitig war er offenbar ein Hochstapler. Anfang März 1933 erhielt Herbert Cram Besuch vom Pflegevater der Ehefrau von Hurrass, der ihn um Auskunft über seinen Schwiegersohn bat. Hurrass hatte seiner Ehefrau und seinem Schwiegervater versichert, dass er bei De Gruyter eine leitende Stellung innehabe und in gesicherten Vermögensver-

---

24 Herbert Cram an Herrn Ministerpräsidenten General Hermann Göring, 10.4.1935, und Der Preußische Ministerpräsident Göring an den Verlag Walter de Gruyter u. Co., 29.6.1935, Stabi Dep. 42,219.

25 RGBl. 1934 I, S. 45 ff.

26 Darauf wies sein Sohn Kurt-Georg Cram bei seiner Trauerrede für den verstorbenen Vater hin. Herbert Cram, Grabrede und Gedenkworte zum 31. Juli 1967.

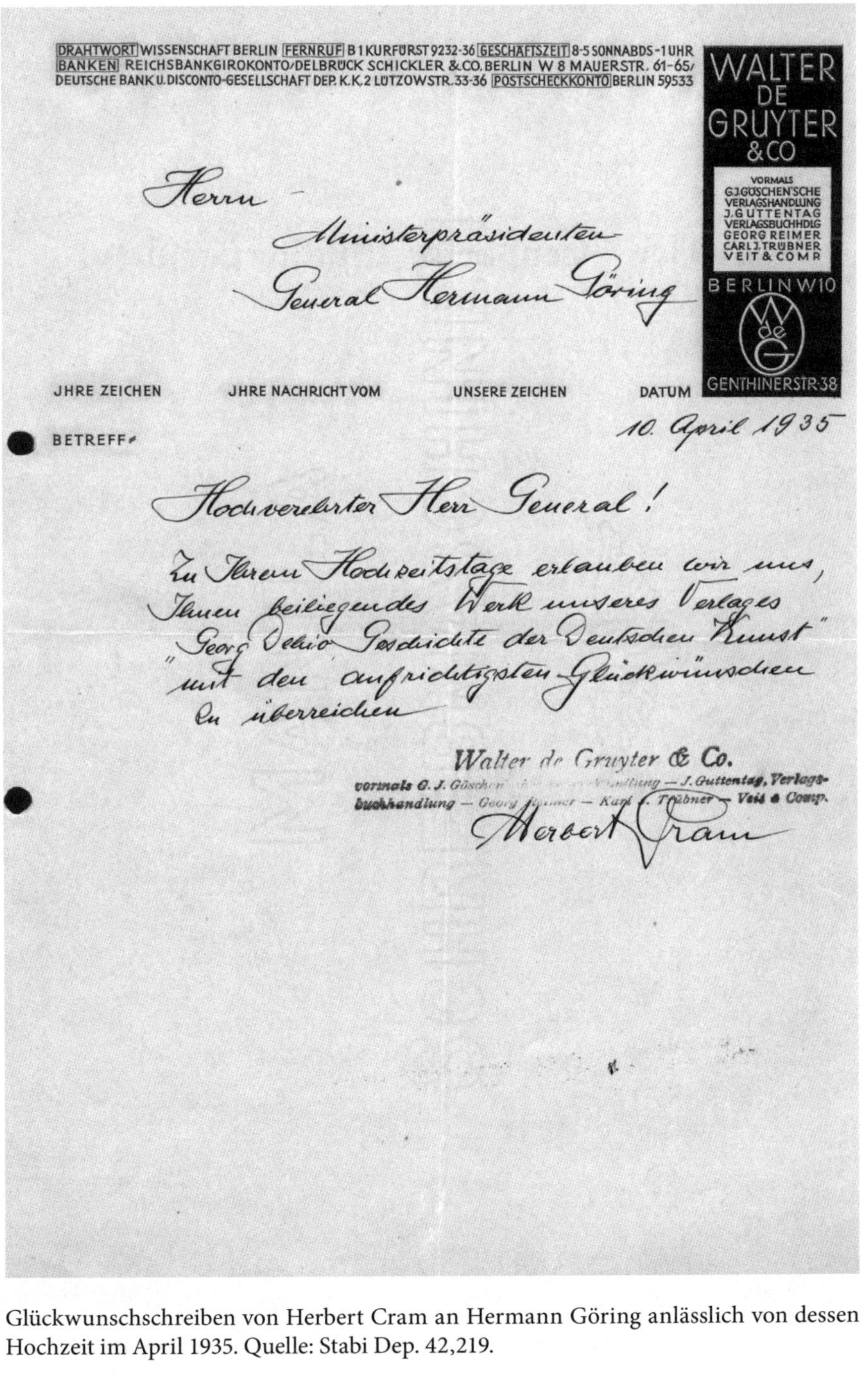

DRAHTWORT WISSENSCHAFT BERLIN FERNRUF B 1 KURFÜRST 9232-36 GESCHÄFTSZEIT 8-5 SONNABDS-1 UHR
BANKEN REICHSBANKGIROKONTO/DELBRÜCK SCHICKLER & CO. BERLIN W 8 MAUERSTR. 61-65/
DEUTSCHE BANK U. DISCONTO-GESELLSCHAFT DEP. K.K. 2 LÜTZOWSTR. 33-36 POSTSCHECKKONTO BERLIN 59533

WALTER DE GRUYTER & CO
VORMALS G.J. GÖSCHEN'SCHE VERLAGSHANDLUNG J. GUTTENTAG VERLAGSBUCHHDLG GEORG REIMER CARL J. TRÜBNER VEIT & COMP.
BERLIN W 10
GENTHINERSTR. 38

Herrn
Ministerpräsidenten
General Hermann Göring

JHRE ZEICHEN JHRE NACHRICHT VOM UNSERE ZEICHEN DATUM

BETREFF: 10. April 1935

Hochverehrter Herr General!

Zu Ihrem Hochzeitstage erlauben wir uns, Ihnen beiliegendes Werk unseres Verlages "Georg Dehio Geschichte der Deutschen Kunst" mit den aufrichtigsten Glückwünschen zu überreichen

Walter de Gruyter & Co.
vormals G. J. Göschen'sche Verlagshandlung — J. Guttentag, Verlagsbuchhandlung — Georg Reimer — Karl J. Trübner — Veit & Comp.

Herbert Cram

Glückwunschschreiben von Herbert Cram an Hermann Göring anlässlich von dessen Hochzeit im April 1935. Quelle: Stabi Dep. 42,219.

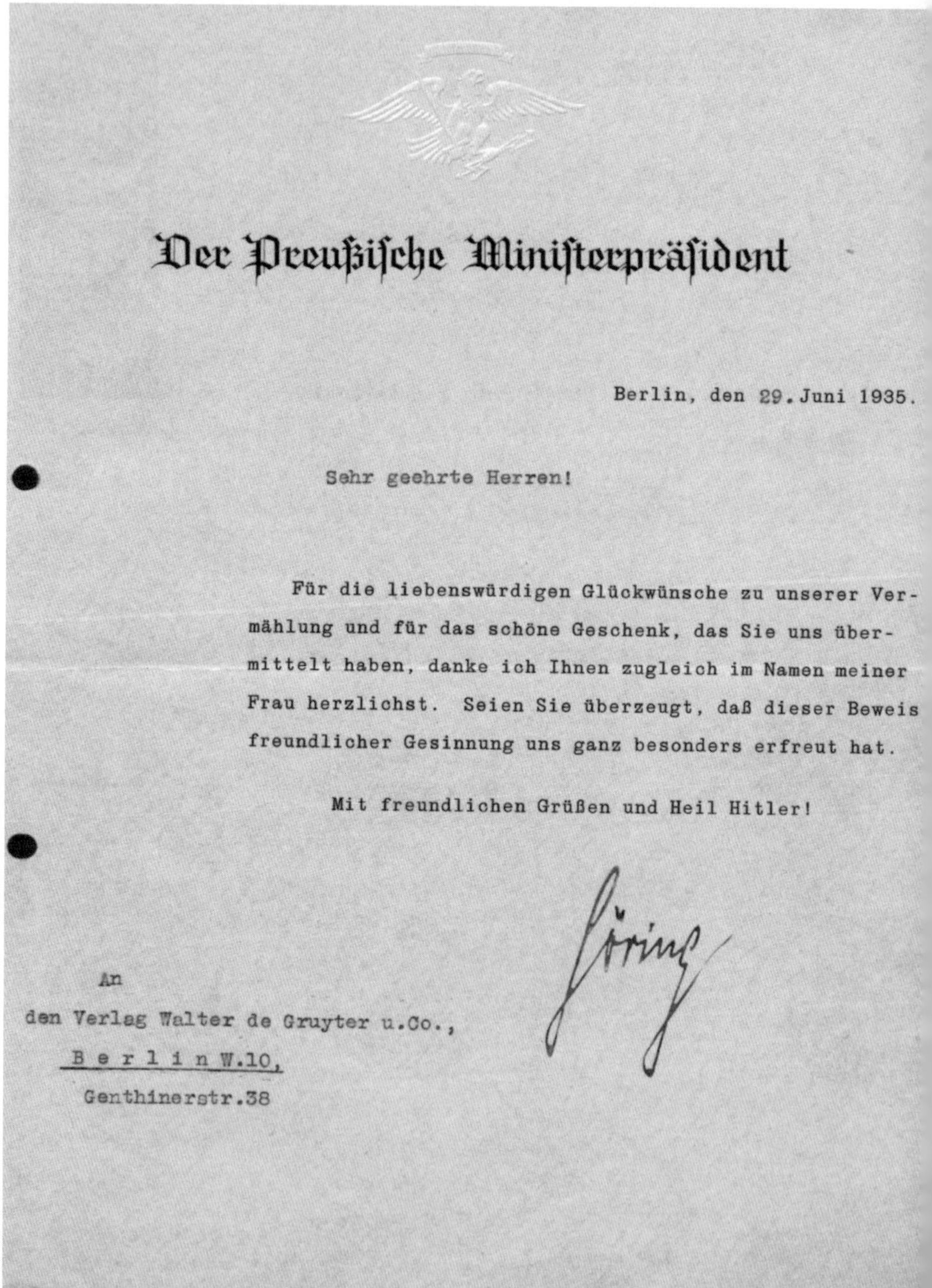

Der Preußische Ministerpräsident

Berlin, den 29. Juni 1935.

Sehr geehrte Herren!

Für die liebenswürdigen Glückwünsche zu unserer Vermählung und für das schöne Geschenk, das Sie uns übermittelt haben, danke ich Ihnen zugleich im Namen meiner Frau herzlichst. Seien Sie überzeugt, daß dieser Beweis freundlicher Gesinnung uns ganz besonders erfreut hat.

Mit freundlichen Grüßen und Heil Hitler!

Göring

An
den Verlag Walter de Gruyter u.Co.,
Berlin W.10,
Genthinerstr.38

Dankesschreiben von Hermann Göring vom Juni 1935. Quelle: Stabi Dep. 42,219.

hältnissen lebe. Nach der Hochzeit – infolge einer Schwangerschaft – war der Pflegevater jedoch wegen der ärmlichen Verhältnisse stutzig geworden, fragte deshalb nach und wurde von Cram über die Stellung von Hurrass im Betrieb informiert.[27]

Zu einer Verwarnung an Georg Hurrass sah sich der Verlagschef ein halbes Jahr später genötigt, weil dieser offenbar weiterhin Kollegen von der Arbeit abzuhalten versuchte, um Neueinstellungen zu erwirken:

> Uns gegenüber wird Klage geführt, daß Sie während der Arbeitszeit Ihren Platz verlassen, um innerhalb des Betriebes mit andern Angestellten Rücksprache zu halten. Weiter wird bei uns Klage geführt, daß Sie während der Arbeitszeit bei Angestellten Auskunft über deren Gehaltshöhe zu erlangen suchen. Ferner wird darüber Klage geführt, daß Sie es versuchen, den Arbeitseifer und das Arbeitsmaß anderer Angestellten mit dem Hinweis auf Unzweckmäßigkeit herabzumindern. Hierbei verfolgen Sie anscheinend das Ziel, durch Herabminderung der Arbeitsleistung Platz für Neueinstellungen zu erzwingen. Wir weisen darauf hin, daß diese Handlungsweise wohl kaum zu rechtfertigen sein dürfte und Sie hierdurch Ihr Treueverhältnis gegenüber der Firma verletzen. Wir bedauern deshalb, Ihnen wegen des geschilderten Verhaltens eine Verwarnung erteilen zu müssen und hoffen, daß Sie in Zukunft Ihre ganze Kraft einsetzen, das Vertrauensverhältnis zwischen Leitung und Angestellten der Firma in jeder Beziehung zu stärken. Dies allein dürfte dem Sinn der heutigen Zeit und Ihrer Stellung als Mitglied des Betriebsrats entsprechen.[28]

Hurrass versuchte offenbar, die Kollegen auf ideologisch korrekte Linie zu bringen. Dem Leiter des Auslieferungslagers, Richard Meier, drohte er mit der Einweisung in ein Konzentrationslager, wenn er den deutschen Gruß nicht anwende. Dieser beschwerte sich daraufhin „innerlich erregt" bei Herbert Cram und erkundigte sich, „wie die allgemeine Anweisung im Hause hierfür sei". Cram verwies auf den Erlass des „stellvertretenden Führers", der besagte, „dass es wünschenswert ist, dass jeder Volksgenosse aus innerster Überzeugung den deutschen Gruß anwende, dass aber irgendwelchen Druck auf die einzelnen Volksgenossen auszuüben untersagt ist".[29] Eine Woche später – am 15. März 1934 – regelte Herbert Cram die Anwendung des deutschen Grußes im Verlag in einem Umlauf:

> Im Interesse der Kameradschaftlichkeit halte ich es für selbstverständlich, den deutschen Gruß zu erwidern, wo er gegeben wird, und darüber hinaus ihn denjenigen gegenüber anzuwenden, denen die Anwendung zur Pflicht gemacht ist. Ich erwarte, daß jeder irgendwie geartete Druck auf andersdenkende Kameraden unterbleibt.[30]

---

[27] Abschrift (vertraulich), gez. Herbert Cram, Stabi Dep. 42,221 und 531.
[28] Herbert Cram an Georg Hurrass, 18.9.1933, Stabi Dep. 42,221.
[29] Gesprächsnotiz von Herbert Cram, 8.3.1934, Stabi Dep. 42,536.
[30] Umlauf vom 15.3.1934, gez. Herbert Cram, Stabi Dep. 42,224 (2).

Bei den im „Gesetz zur Ordnung der nationalen Arbeit“ vom 20. Januar 1934 vorgeschriebenen Wahlen zum Vertrauensrat, die am 5. April 1934 stattfanden, wurden Georg Hurrass, Ewald Bludau, Dr. Gerhard Lüdtke sowie dessen Sekretärin Kailuweit, als Stellvertreter die Herren Hübler, Heidrich und Weber bestimmt.[31]

Eine weitere Verwarnung erhielt Hurrass im Februar 1935, weil er während der Arbeitszeit Gespräche mit Betriebsangehörigen führte, offenbar also den Arbeitsplatz weiterhin als Ort für politische Agitation nutzte.[32]

Cram wollte Hurrass als Mitglied des Vertrauensrats ablösen, nachdem er in mehreren Auseinandersetzungen mit Hurrass den Treuhänder der Arbeit für das Wirtschaftsgebiet Brandenburg zur Schlichtung hatte anrufen müssen. Nach Crams Empfinden betrachtete Hurrass ihn als „Gegner“. Trotzdem wurde Hurrass bei der Vertrauensratswahl am 12. April 1935 wiedergewählt, 45 Ja-Stimmen standen aber 41 Nein-Stimmen – mehr als bei jedem anderen neugewählten Mitglied des Vertrauensrates – gegenüber.[33] Hurrass war also offenbar nicht nur bei Cram, sondern auch in Teilen der Belegschaft nicht beliebt. Allerdings hielt ihn eine Mehrheit der Verlagsmitarbeiter offenbar für geeignet, ihre Interessen zu vertreten. Ob dies aus ideologischer Nähe geschah, lässt sich den Quellen nicht entnehmen. Gewählt worden waren die Herren Hurrass, Bludau und Heidrich sowie die Kollegin Kailuweit, als Stellvertreter die Herren Dobbert, Kropp, Weber und Fräulein Hinze.[34]

Am 29. Januar 1938 legte Hurrass sein Amt als Betriebsobmann nieder, das er vier Jahre lang innegehabt hatte. Sein Nachfolger wurde der bisherige stellvertretende Betriebsobmann, Parteigenosse Bludau. Seinen Posten übernahm nun Hurrass.[35] Herbert Cram legte eine Aktennotiz über eine Besprechung mit Hurrass am 3. März 1938 an, die deutlich zum Ausdruck brachte, wie mühsam sich die Zusammenarbeit in den letzten Jahren gestaltet hatte:

Ich habe ihm nochmals die Tatsache vor Augen gehalten, daß wir im Lauf der vergangenen 3 Jahre uns vergeblich bemüht haben, zu einem Vertrauensverhältnis zu kommen, das Vorbedingung sein muß für eine ersprießliche Arbeit im Vertrauensrat und die Zusammenarbeit zwischen Zellenobmann und Betriebsführer. Die Ursache liege, unabhängig von dem persönlichen Verschulden auf der einen oder andern Seite, in unserer vollkommen verschiedenen charakterlichen Veranlagung. Auch die jetzige Unterhaltung zeige immer wieder, daß wir in keinem Punkt übereinstimmen, wie auch in unsern früheren Unterhaltungen, wo in jeder Sache, die debattiert worden war, sich hinterher herausstellte, daß sie entweder von mir oder von Hurrass falsch verstanden worden war. Um die Sache in Freundschaft und Frieden innerhalb des Betriebes zu regeln, habe ich ihn als

[31] Anschlag zur Wahl vom 5. April 1934, Stabi Dep. 42,221.
[32] Herbert Cram an Georg Hurrass, 19.2.1935, Stabi Dep. 42,221.
[33] Protokoll über die Vertrauensratswahl vom 12.4.1935, Stabi Dep. 42,221.
[34] Herbert Cram an den Treuhänder der Arbeit für das Wirtschaftsgebiet Brandenburg, 27.3.1935, Stabi Dep. 42,221.
[35] Schreiben vom 29.1.1938, Stabi Dep. 42,221.

verantwortlicher Betriebsführer gebeten, auch von seinem Posten als Vertrauensmann freiwillig zurückzutreten. Das sei die selbstverständliche Folgerung aus seinem Rücktritt als Zellenobmann. Ich trat der Meinung von H. entgegen, daß er dann im Betrieb als Mitarbeiter 2. Klasse angesehen werde. Ich erklärte ihm, wenn er heute freiwillig zurückträte, würde ich einen Strich unter das Vergangene ziehen und ihn ausschließlich nach seiner Leistung im Betrieb beurteilen und behandeln. Nach Mitteilung seiner Vorgesetzten sei er bei seiner Arbeit fleißig gewesen; die Klagen, die bei mir eingelaufen seien, wären immer auf seine Tätigkeit als Zellenobmann oder Vertrauensmann zurückzuführen gewesen. Ich hätte also das Vertrauen zu ihm, daß er auf seinem Posten an der Fakturiermaschine seine Pflicht und Schuldigkeit tun würde. H. hat sich zum Rücktritt entschlossen. Auf seine Frage, ob er mir das schriftlich bestätigen solle, habe ich erklärt, daß wir hierauf verzichten können, da ein Handschlag zwischen Männern genügen müsse. Ich habe Hurrass für den Rücktritt meinen Dank zum Ausdruck gebracht.[36]

Am 25. April 1939 wurde Kurt Stock Betriebsobmann der Deutschen Arbeitsfront bei Walter der Gruyter. Er war bislang als Betriebssportwart tätig gewesen.[37] Georg Hurrass verließ das Unternehmen am 26. März 1940 nach seiner Einberufung. Er fiel am 22. Juni 1944.[38]

Auch wenn seine neue Bezeichnung als „Führer des Betriebes“ wenig an der inhaltlichen Ausrichtung des Verlages verändert hat, waren mit dem „Gesetz zur Ordnung der nationalen Arbeit“ vom 20. Januar 1934 weitere Neuerungen verbunden. Der Verlag hatte nun „Gemeinschaftsabende“ abzuhalten. Der Erste fand am 15. März 1934 im Harnack-Haus der Kaiser-Wilhelm-Gesellschaft zur Förderung der Wissenschaften in Berlin-Dahlem, Ihnestraße 16–20, statt. Die neue Diktion („Gefolgschaftsmitglieder“) ging Herbert Cram offenbar noch nicht so recht über die Lippen, als er die Mitarbeiter begrüßte:

Meine lieben Freunde, ich danke Ihnen, dass Sie heute unserm Rufe gefolgt sind, um den ersten Gemeinschaftsabend zu verbringen. Rechnen Sie nicht damit, dass ich Ihnen eine lange Rede halte, das liegt mir nicht.[39]

Er appellierte im Folgenden an die allgemein gültigen Werte von Kameradschaft und Anständigkeit. Die Rede endete aber „politisch korrekt“: „In diesem Sinne ein dreifaches Sieg-Heil auf unser Volk, auf unsern Führer, Reichskanzler Adolf Hitler und auf unsern Reichspräsidenten Generalfeldmarschall Hindenburg!“[40]

Auch am 1. Mai, den die Nationalsozialisten zum „Tag der nationalen Arbeit“ erklärt hatten, entsprach der Verlag Walter de Gruyter den Erwartungen. Am

---

[36] Gesprächsprotokoll von Herbert Cram über Besprechung mit Herrn Hurrass, 3.3.1938, Stabi Dep. 42,221.

[37] Die Deutsche Arbeitsfront. Kreiswaltung IV. Der Kreisobmann an den Betriebsführer der Firma Walter de Gruyther & Co. [sic], 25.4.1939, Stabi Dep. 42,221.

[38] Sophie Hurrass an Fräulein Kühne, 18.8.1944, Stabi Dep. 42,531.

[39] Rede mit handschriftlichen Korrekturen und Ergänzungen von Herbert Cram, 15.3.1934, Stabi Dep. 42,217.

[40] Ebenda.

1. Mai 1934 versammelten sich alle Mitarbeiter um 7.10 Uhr und legten das Gelöbnis ab:

Ich gelobe, in meiner Amtsführung nur dem Wohle des Betriebes und der Gemeinschaft aller Volksgenossen unter Zurückstellung eigennütziger Interessen zu dienen und in meiner Lebensführung und Diensterfüllung den Betriebsangehörigen Vorbild zu sein.[41]

32 Kollegen marschierten anschließend unter Führung von Herbert Cram zum Tempelhofer Feld und nahmen an der riesigen Propagandaveranstaltung der Nationalsozialisten teil. Den Abend ließen sie im Restaurant Wetteborn „unter eifrigem und begeistertem Singen von SA- und Volksliedern" ausklingen.[42] Der Kollege Hurrass lieferte die ideologische Begründung für die Teilnahme:

Der Feiertag der nationalen Arbeit ist nicht eingesetzt worden, damit wir in behäbiger Ruhe uns spießbürgerlichen Gedanken hingeben können, sondern er soll davon zeugen, daß das Zeitalter des Klassenkampfes, des Liberalismus und Marxismus endgültig vorüber ist, soll das äußere Zeichen sein der Volksgemeinschaft, die unser Führer aufbaut. [...] Erst dann, wenn die Idee des Nationalsozialismus Herzenssache aller geworden ist, erst dann werden all die großen Ideen, die noch verwirklicht werden sollen, in die Tat umgesetzt werden können.[43]

Ein Jahr später folgten dem Betriebsappell zum 1. Mai 1935 für den Marsch auf das Tempelhofer Feld neben den Mitgliedern des Vertrauensrates und Herbert Cram 26 Mitarbeiter, was etwa einem Viertel der Belegschaft entsprach. Zuvor musste sich allerdings wiederum die komplette Gefolgschaft um acht Uhr morgens versammeln, um ein feierliches Gelöbnis abzulegen. Anschließend begab man sich „in geordneter Marschkolonne" zur Kurfürstenstraße/Ecke Nürnberger Straße, allerdings ohne die Mitglieder des Vertrauensrates, die auf Anordnung der Deutschen Arbeitsfront getrennt zu marschieren hatten. Nach der Kundgebung auf dem Tempelhofer Feld war ein Gemeinschaftsnachmittag geplant.[44]

Bis Kriegsbeginn hielt der Verlag die Tradition aufrecht, im Sommer einen Betriebsausflug zu veranstalten. Am 2. Juni 1934 fand eine Dampferpartie nach Nedlitz statt, 1936 fuhr man nach Wandlitz, 1937 nach Ferch, 1938 nach Altenhof am Werbellinsee und am 19./20. August 1939 nach Rheinsberg und Prebelow. Sowohl die Betriebsausflüge als auch die Weihnachtsfeiern im Harnack-Haus (letztmals im Dezember 1939) waren Veranstaltungen, die das Zusammengehörigkeitsgefühl der Mitarbeiter stärkten, sie scheinen nicht – oder allenfalls am Rande – zur politischen Indoktrination missbraucht worden zu sein. Die vorliegenden Dokumente – z.B. die „Schiffs-Zeitung", die anlässlich des Dampferausfluges nach Nedlitz 1934 entstand, oder das Programm der Weih-

---

41 Feier am 1. Mai 1934, gez. Herbert Cram, Stabi Dep. 42,221.

42 Ebenda.

43 Hurrass, Kameraden der Arbeit!, 24.4.1934, Stabi Dep. 42,221.

44 Betriebsappell zum 1. Mai 1935, 30.4.1935, und Liste der Teilnehmer am Marsch auf das Tempelhofer Feld am 1.5.1935, Stabi Dep. 42,221.

nachtsfeier von 1937 – liefern zahlreiche Anekdoten über Verlagsinterna in Form von Liedern, Gedichten u.a.[45]

Bei großen Reden Hitlers kündigte Herbert Cram per Aushang einen „Gemeinschaftsempfang" an. Am 28. September 1936 versammelten sich die Mitarbeiter z.B., um die Rede des „Führers" anlässlich der Eröffnung des Nürnberger Reichsparteitags zu hören.[46] Aus Anlass des „Anschlusses" Österreichs an das Deutsche Reich im März 1938 zahlte Herbert Cram jedem Mitarbeiter der Firma 10,– RM; er wollte damit seiner „Freude über dieses große historische Geschehen" Ausdruck verleihen:

> Der Tag, von dem an die alte deutsche Ostmark wieder für immer zum Deutschen Reich gehört, an dem das durch die Tatkraft des Führers wiedergewonnene Österreich die deutschen Soldaten jubelnd begrüßte, wird als großes Erlebnis in unser aller Erinnerung haften.[47]

Damit wird deutlich, dass er – wie viele Nationalkonservative – gewisse außenpolitische Zielsetzungen des NS-Regimes durchaus teilte.

Den unabänderlichen Forderungen des Regimes versuchte der Verlag nachzukommen, ohne den Arbeitsprozess im Betriebsalltag allzu sehr zu beeinträchtigen. Zum Ausdruck kommt dies in vielen Briefen, die überraschend aufgetretene Hindernisse benennen, aber gleichzeitig Lösungsvorschläge beinhalten. Im Mai 1939 sollte z.B. die Mitgliederversammlung der Gesellschaft für Antike Kultur abgehalten werden. Cram war jedoch „plötzlich zu einem Betriebsführer-Ausbildungskursus der Deutschen Arbeitsfront" einberufen worden und ließ deshalb bitten, die im Anschluss an die Mitgliederversammlung geplante Vorstandssitzung zu verlegen.[48]

Im Verlag Walter de Gruyter galt die 48-Stunden-Woche mit einer Arbeitszeit von 7.55 Uhr bis 12.30 Uhr und 13 Uhr bis 17 Uhr, sonnabends bis 13 Uhr.[49] Am 1. Januar 1934 hatte das Unternehmen 105 Beschäftigte, am 1. Oktober 1936 96.[50] Am 17. Oktober 1938 gab Herbert Cram die Zahl der Gefolgschaftsmitglieder mit 98 an. Darunter befänden sich keine Juden.[51] Am 11. März 1935 war noch ein Angestellter unter der Rubrik „Juden und Ausländer" geführt worden[52] und am 10. Juni 1936 noch ein „Mischling" im Verlag tätig gewesen.[53] Den Quellen

---

[45] Handschriftliche Auflistung in Stabi Dep. 42,217.
[46] Anschlag Herbert Crams, 26.9.1936, Stabi Dep. 42,224 (1).
[47] Anschlag, unterzeichnet Herbert Cram, 15.3.1938, Stabi Dep. 42,224 (1).
[48] Schreiben an Staatsminister Popitz, 20.5.1939, Stabi Dep. 42,88 (2).
[49] Betriebsordnung vom 1. Oktober 1934, Stabi Dep. 42,522.
[50] Die Deutsche Arbeitsfront, Fragebogen zur Feststellung der in den Betrieben für „Schönheit der Arbeit" durchgeführten Maßnahmen, 27.4.1937, Stabi Dep. 42,222.
[51] Firma Walter de Gruyter an den Bezirksbürgermeister des Verwaltungsbezirks Tiergarten der Stadt Berlin, Fragebogen zur Durchführung der 3. Verordnung zum Reichsbürgergesetz vom 14.6.1938, 17.10.1938, Stabi Dep. 42,222.
[52] Fragebogen, 11.3.1935, Stabi Dep. 42,222.
[53] Fragebogen, 10.6.1936, Stabi Dep. 42,222.

ist nicht zu entnehmen, ob der Verlag – abgesehen von Helene Homeyer[54] – zum Zeitpunkt der NS-Machtübernahme jüdische Mitarbeiter beschäftigt hatte, denen möglicherweise gekündigt worden war. Unmittelbar vor Kriegsbeginn – am 31. August 1939 – hatte der Verlag 108 Beschäftigte, also über zehn Prozent mehr als im Herbst 1936.[55] Damit machte sich auch an den Beschäftigtenzahlen die Umsatzsteigerung in den Jahren 1936 bis 1939 bemerkbar.

Der Umsatz des Verlages Walter des Gruyter belief sich laut Ergänzungsfragebogen zur Bearbeitung des Aufnahmeantrages für die Reichsschrifttumskammer 1936 auf 1.784.430,– RM und 1937 auf 1.716.423,– RM.[56] 1938 stieg er auf 1.917.049,– RM (Gewinn: 94.477,– RM) und 1939 auf 2.104.818,– RM (Gewinn: 95.361,– RM).[57]

Die Dividendenauszahlung aus der Kapitalsumme von 1.606.000,– RM vervierfachte sich in diesen Jahren sogar fast:[58]

1935 (2 % aus dem Reservefonds = 33.890,–):		
Herbert Cram	200,–	RM
Clara Cram	6000,–	RM
Ellen Crisolli, geb. de Gruyter	6200,–	RM
Eugenie de Gruyter	15.050,–	RM
Hilde de Gruyter	6000,–	RM
Paul de Gruyter	100,–	RM
Martha Schuchardt	320,–	RM
1937 (6 % der Kapitalsumme = 98.430,–):		
Herbert Cram	600,–	RM
Clara Cram	18.000,–	RM
Eugenie de Gruyter	42.290,–	RM
Lily de Gruyter	18.000,–	RM
Ellen Meier, geb. de Gruyter, verw. Crisolli	18.600,–	RM
Martha Schuchardt	960,–	RM
1938 (6 % = 95.760,–):		
Herbert Cram	600,–	RM
Burkhard Meier	600,–	RM

54 Vgl. dazu S. 88, 90.

55 Herbert Cram an den Herrn Präsidenten der Reichspressekammer, 12.2.1942, Stabi Dep. 42,222.

56 Ergänzungsfragebogen 1 zur Bearbeitung des Aufnahmeantrages für die Reichsschrifttumskammer, 21.2.1940, Stabi Dep. 42,125. Die Angaben zum Umsatz variieren in den verschiedenen Dokumenten geringfügig, die Tendenz ist jedoch gleich.

57 Cram an den Reichstreuhänder der Arbeit für das Wirtschaftsgebiet Brandenburg, 11.12.1942, Stabi Dep. 42,347.

58 Alle Dividendenauszahlungen nach Stabi Dep. 42,455 (1).

Eugenie de Gruyter	46.800,–	RM
Clara Cram	31.200,–	RM
Ellen Meier	15.600,–	RM
Martha Schuchardt	960,–	RM

1939 (7 % = 111.953,33):

Herbert Cram	700,–	RM
Burkhard Meier	700,–	RM
Meinhard von Staa (anteilig ab 1.9.1939)	233,33	RM
Eugenie de Gruyter	54.600,–	RM
Clara Cram	36.400,–	RM
Ellen Meier	18.200,–	RM

Nach wirtschaftlich schwierigen Zeiten verbesserte sich seit Mitte der 1930er-Jahre die Situation der Wissenschaftsverlage insgesamt. Zwar profitierten sie infolge langfristigerer Planungs- und Arbeitsprozesse erst zeitverzögert vom wirtschaftlichen Aufschwung, aber aus dem Jahresbericht der Fachschaft Verlag in der Gruppe Buchhandel der Reichsschrifttumskammer für 1937 ist vorsichtiger Optimismus herauszulesen. Zwar könne noch nicht von einer so durchgreifenden Umsatzbelebung gesprochen werden, wie sie an sich für ein gesundes Verhältnis zwischen Umsatz und Unkosten notwendig wäre und wie sie anderen Gebieten der Wirtschaft und auch des Buchhandels bereits zuteil geworden ist. Wohl aber kann erfreulicherweise darauf hingewiesen werden, daß die letztjährige Tendenz zur Besserung angehalten hat.

Allerdings standen „einer wirklich durchgreifenden Gesundung im wissenschaftlichen Verlag" noch immer die „stark beschränkten Mittel der Abnehmerkreise wissenschaftlicher Literatur, insbesondere der Institute und Bibliotheken, der Dozentenschaft, des akademischen Nachwuchses und der Beamtenschaft, im Wege".[59]

Der Jahresbericht der Fachschaft Verlag für 1938 klang denn weitaus optimistischer:

> An dem weiteren Aufschwung des deutschen Buchhandels hat auch der wissenschaftliche Verlag Anteil genommen, wofür rein äußerlich weniger die Zahl der Neuerscheinungen als die erfreuliche Zunahme der neuen Auflagen Ausdruck sein mag. Doch vermittelt die Produktionsstatistik insofern kein hinreichendes Bild, als in ihr nicht die Planungen zum Ausdruck kommen können, deren Ausführung sich beim wissenschaftlichen Verlag stets auf längere Zeiträume erstreckt, und die daher als Spiegelbild einer gegebenen wissenschaftlichen und wirtschaftlichen Situation erst sehr viel später in Erscheinung treten. Gerade in dieser Hinsicht aber ist der wissenschaftliche Verlag im Berichtsjahr ein erfreuliches Stück weitergekommen.

---

[59] Jahresberichte der Fachgruppen und Arbeitsgemeinschaften der Fachschaft Verlag, in: Vertrauliche Mitteilungen der Fachschaft Verlag, 11.5.1938, S. 8, Stabi Dep. 42,332.

Weiterhin galt jedoch, dass die Branche auf eine Erhöhung der Kulturetats wartete, die aber bislang, so die Fachschaft, „vor dringlicheren Aufgaben unserer Lebensgestaltung noch hat zurückstehen müssen".[60]

Der Verlag Walter de Gruyter profitierte vom wirtschaftlichen Aufschwung. Herbert Crams Strategie war es, sich möglichst auf Wissenschaft zu beschränken und sich nicht über die Maßen politisch vereinnahmen zu lassen, gleichzeitig wollte er aber ökonomisch an der neuen Entwicklung teilhaben. Dies wird z.B. an einem Publikationsprojekt aus dem Frühjahr 1937 deutlich erkennbar. Im März 1937 bemühte sich Karl R.A. Wittig, seit 1924 reparationspolitischer Referent der NSDAP-Reichstagsfraktion und enger Mitarbeiter des jetzigen Reichsinnenministers Frick, Herbert Crams Interesse für sein Buchprojekt „Deutschlands auswärtige Politik vom 9. November 1928 bis zum 30. Januar 1933" zu gewinnen. Wittig hatte an allen großen internationalen Konferenzen nach dem Ersten Weltkrieg teilgenommen.[61] Ihm zufolge sollte das noch zu verfassende Werk „einen chronologischen Abriss der außenpolitischen Ereignisse in der genannten Zeitspanne geben und zwar in absolut wissenschaftlich einwandfreier Weise". Allerdings plante er „keine rein theoretische Abhandlung [...], sondern in erster Linie ein Buch der außenpolitischen Praxis". Im „Brennpunkt" sollte „das Reparationsproblem" stehen.[62] Begeistert warb er beim Verlag für sein sich revolutionär gebendes Buchprojekt:

> Insbesondere soll die Haltung der NSDAP in der großen Politik, insbesondere die oppositionelle Tätigkeit der nationalsozialistischen Reichstagsfraktion und deren große Erfolge, zum ersten Male der deutschen und der Weltöffentlichkeit mitgeteilt werden. Gerade über diesen Punkt herrscht heute noch völliges Dunkel! Das Buch soll damit das erste Buch überhaupt sein, das über einen großen Teil der politischen Arbeit der NSDAP erstmalig der Öffentlichkeit Bericht erstattet. Eine solche Veröffentlichung ist deshalb besonders notwendig, weil die Öffentlichkeit bisher nur über die nationalsozialistische Agitation auf der Straße und in den Versammlungen informiert ist, jedoch von der Arbeit der NSDAP im Reichstag nichts erfahren hat. So ist es durchaus begreiflich, dass der Wunsch nach restloser Klarheit über den außenpolitischen Weg, den die deutsche Freiheitsbewegung bis in seine kleinsten Verästelungen gegangen ist, ein immer stärkerer geworden ist.[63]

Wittig gelang es zwar nicht, Licht in dieses „völlige Dunkel" zu bringen, weil sein euphorisch angepriesenes Vorhaben nie in Buchform erschien, aufschlussreich ist aber Herbert Crams Reaktion, die seine Vorstellung über den Verlag Walter de Gruyter in dieser Phase – weit über dieses nicht realisierte Projekt hinaus –

[60] Jahresbericht der Fachgruppe Wissenschaftlicher Verlag, in: Vertrauliche Mitteilungen für die Fachschaft Verlag, 5.5.1939, S. 5 (Stabi Dep. 42,332).

[61] Verlagsvorschläge vom 16.3.1937, Stabi Dep. 42,195 (8).

[62] Karl R.A. Wittig an den Verlag Walter de Gruyter & Co, zu Händen Herrn Herbert Cram, 5.3.1937, Stabi Dep. 42,195 (8).

[63] Ebenda.

deutlich macht. Er zeigte sich über Wittigs Pläne außerordentlich erfreut, weil er glaubte, „dass nunmehr auch für unseren wissenschaftlichen Verlag die Zeit gekommen ist, sein Ansehen in der Welt in den Dienst unserer Politik zu stellen". Seinem Schreiben an Wittig ist aber andererseits die Sorge zu entnehmen, dass die Wissenschaft – und damit der Verlag – für nationalsozialistische Propagandazwecke instrumentalisiert werden könnte: „Es ist Ihre Absicht", so Cram an Wittig,

> durch die Darstellung der Ereignisse in streng sachlicher und wissenschaftlich einwandfreier Form im Ausland Achtung zu erwecken vor der jahrelangen stillen Arbeit der NSDAP und so den Kreis ihrer Freunde zu mehren. Wir sind uns darüber einig, dass für die beabsichtigte Wirkung es notwendig ist, sich einer schlichten Darstellungsform zu bedienen und die Ereignisse möglichst durch Dokumente zu belegen. Werturteile sind im Interesse der außenpolitischen Wirkung zu vermeiden. Es soll den Lesern überlassen sein, aus der Aneinanderreihung der Ereignisse sich ein eigenes Urteil zu bilden. Nur auf diese Weise versprechen wir uns eine tiefgehende und nachhaltige Wirkung auf das Ausland im Interesse des Aufbaus unseres Vaterlandes.[64]

1. Umgang mit jüdischen Autoren

Auch wenn sich der Verlag Walter de Gruyter nach der nationalsozialistischen Machtübernahme um Kontinuität bemühte und zunächst eine abwartende Haltung einnahm, bis die Richtung, in die sich die politische Situation entwickelte, deutlich erkennbar wurde, war der Geschäftsleitung die Brisanz, die Werke jüdischer Autoren zu verlegen, durchaus bewusst. Das Verhalten gegenüber jüdischen Autoren war nach dem 30. Januar 1933 in allen Verlagsabteilungen ein ständiges Thema. Betroffen waren jüdische Wissenschaftler nicht nur als Verfasser von Monografien oder als Herausgeber, sondern auch als Aufsatzautoren, als Mitherausgeber, bald wurde auch die Gestaltung von Literaturverzeichnissen diskutiert. Hinzu kam die nationalsozialistische Kategorisierung von Menschen in „Volljuden", „Halbjuden" oder „jüdisch versippt". Die Regelungen waren für die Wissenschaftsverlage keineswegs so eindeutig, dass keine Handlungsoptionen bestanden hätten. De Gruyter agierte anfänglich vorsichtig und abwartend taktierend, wie z.B. im Fall von Hans-Joachim Schoeps deutlich wird.

Bereits im August 1932 hatte der Religionsphilosoph Hans-Joachim Schoeps beim Verlag angefragt, ob dieser bereit wäre, sein neues Buch „Geschichte der jüdischen Religionsphilosophie in der Neuzeit" zu verlegen. Ein Teil der Arbeit hatte der Philosophischen Fakultät der Universität Leipzig als Promotionsschrift vorgelegen und war mit „eximie dignus" ausgezeichnet worden. Als Anerkennung hatte ihm die Universität „eine größere Summe" als Druckkostenzuschuss zugesagt. Schoeps lieferte eine kurze Beschreibung seines Werks:

---

64 Herbert Cram an Karl R.A. Wittig, 7.4.1937, Stabi Dep. 42,195 (8).

Meine Geschichte der neueren jüdischen Religionsphilosophie erschließt in originaler Weise ein bisher gänzlich unbekanntes Gebiet der wissenschaftlichen Durchforschung und gibt philosophiegeschichtlich wichtige Beiträge zur Kant-, Schelling- und Hegelforschung, indem sie die religionsphilosophischen Systeme zu Unrecht übergangener jüdischer Forscher (Ascher, Formstecher, Hirsch, Steinheim), die durch eigene interessante Systemkonstruktionen im Anschluß an obengenannte Philosophen Bedeutung haben, der Vergessenheit entreißt.[65]

Der Verlag antwortete ihm, dass es die „augenblickliche Wirtschaftslage" nicht erlaube, „Verpflichtungen irgendwelcher Art neu zu übernehmen". Diese Möglichkeit bestünde nur, falls sich der Druckkostenzuschuss auf etwa 100,– Mk pro Bogen belaufe.[66] Erst mehrere Monate später – im März 1933 – sah sich Schoeps in der Lage, die Bedingungen des Verlages zu erfüllen,[67] worauf Cram um die Übersendung des Manuskripts bat.[68] Dieser Aufforderung kam Schoeps unmittelbar nach. Die Verlagskonferenz beschloss am 28. März 1933 jedoch, die Entscheidung zu vertagen.[69] Am 4. April 1933 wurde „lt. Konferenzbeschluss" die weitere Arbeit an Hans-Joachim Schoeps Werk zur jüdischen Religionsphilosophie „wegen der starken antisemitischen Welle zurückgestellt". Das offenbar fertige Manuskript lag nun im „Kassenschrank" des Verlages.[70] Schoeps war von dieser Nachricht enttäuscht, weil er Herbert Cram seinerzeit „positiver verstanden" hatte. Er bat Verlagsberater Artur Buchenau, der ihm im Namen der Unternehmungsleitung die negative Nachricht überbracht hatte, nochmals bei Cram zu intervenieren,

ob er nicht doch zu einer definitiven Zusage bereit wäre. – Die Sache ist nämlich deshalb dringend, weil ich die ganze Arbeit sogleich drucken lassen will – unbeschadet des Termins der Buchpublikation –, um die verlangten Druckexemplare der Dissertation bei der Leipziger Fakultät unverzüglich einzuliefern. Ich muß nämlich mit der ernsten Gefahr rechnen, daß mir als „Nichtarier" die Aushändigung des Diploms verweigert und so nachträglich der Doktortitel annuliert wird, wenn ich nicht baldigst die Pflichtexemplare abliefere. Aus diesem Grunde ist mir dringend daran gelegen, eine definitive Entscheidung bei de Gruyter herbeizuführen.[71]

---

65 Dr. phil. Hans-Joachim Schoeps an den Verlag, 6.8.1932, Stabi Dep. 42 Gr, Hans-Joachim Schoeps.

66 Herbert Cram an Dr. Hans-Joachim Schoeps, 16.8.1932, Stabi Dep. 42 Gr, Hans-Joachim Schoeps.

67 Dr. phil. Hans-Joachim Schoeps an Herbert Cram, 9.3.1933, Stabi Dep. 42 Gr, Hans-Joachim Schoeps.

68 Herbert Cram an Dr. phil. Hans-Joachim Schoeps, 14.3.1933, Stabi Dep. 42 Gr, Hans-Joachim Schoeps.

69 Verlagskonferenz, 28. März 1933: Anwesend die Herren: Cram, Dr. Crisolli, Dr. Lüdtke, Hübler, Leuschner, Grethlein, Dr. Elster, Dr. Buchenau, Stabi Dep. 42,461 (1).

70 Notiz von Hermann Brill, 4.4.1933, Stabi Dep. 42,177 (5).

71 Dr. phil. Hans-Joachim Schoeps an Herrn Oberstudiendirektor, o.D., Stabi Dep. 42 Gr, Hans-Joachim Schoeps.

Er hoffte auf Verständnis für seine „Notlage".[72] Wenige Wochen später wandte sich Schoeps an den Abteilungsleiter Hermann Brill, weil er sich bei der Moses Mendelssohn Stiftung zur Förderung der Geisteswissenschaften in Dessau um einen Druckkostenzuschuss bemühen wollte. Er rechnete sich dabei höhere Chancen aus, wenn er der Bewerbung ein Schreiben des Verlages beilegte, dass dieser bei entsprechender Bezuschussung zu einer Übernahme bereit sei. Schoeps betonte, dass er diese Erklärung „selbstverständlich nur zu dem genannten Zweck benutzen und daraus keine Rechte gegen den Verlag ableiten" wolle.[73] Aber auch darauf wollte sich der Verlag nicht mehr einlassen, empfahl Schoeps stattdessen, sich vielleicht an einen jüdischen Verleger zu wenden. Die – vermutlich freundlich gemeinten – letzten Zeilen des Ablehnungsbriefes verkehren die Situation allerdings nahezu grotesk: „Wir dürfen wohl die Hoffnung aussprechen, dass Sie für den Standpunkt des Verlages bei der gegenwärtigen schwierigen Wirtschaftslage Verständnis haben."[74]

Nach eigener Aussage war Schoeps im Jahr 1933 „noch der Meinung, daß über den künftigen politischen und sozialen Status der deutschen Juden verhandelt werden könne".[75] Er initiierte deshalb die Gründung des nationalkonservativen Bundes „Deutscher Vortrupp, Gefolgschaft deutscher Juden". Gleichzeitig rief er den „Vortrupp Verlag" ins Leben, bei dem die Vortruppzeitschrift erschien.[76] In diesem Verlag publizierte Schoeps 1935 die von De Gruyter abgelehnte „Geschichte der jüdischen Religionsphilosophie in der Neuzeit".[77] Am Heiligen Abend 1938 floh Hans-Joachim Schoeps nach Schweden und kehrte erst im Herbst 1946 nach Deutschland zurück.

„Trübners Deutsches Wörterbuch" oder der „Fall Sperber"

Der Prozess der Zurückdrängung und des Ausschlusses eines jüdischen Wissenschaftlers sowie das Agieren des Verlages in einem solchen Fall lassen sich am Beispiel des Philologieprofessors Hans Sperber im Zusammenhang mit „Trübners Deutschem Wörterbuch" rekonstruieren. Er soll deshalb exemplarisch ausführlicher dargestellt werden.

Die Bezeichnung dieses monumentalen Vorhabens eines Wörterbuchs der deutschen Sprache geht auf den Verleger Karl I. Trübner zurück. Zu Beginn der

---

[72] Ebenda.

[73] Dr. phil. Hans-Joachim Schoeps an Brill, 20.6.1933, Stabi Dep. 42 Gr, Hans-Joachim Schoeps.

[74] Brill an Dr. phil. Hans-Joachim Schoeps, 6.7.1933, Stabi Dep. 42 Gr, Hans-Joachim Schoeps.

[75] *Hans-Joachim Schoeps*, Rückblicke. Die letzten dreißig Jahre (1925–1955) und danach, in: Gesammelte Schriften. Bd. 15, Hildesheim/Zürich/New York 2005, S. 95.

[76] Ebenda, S. 97.

[77] Nachdruck in: *Hans-Joachim Schoeps*, Gesammelte Schriften. Bd. 1, Hildesheim/Zürich/New York 1990.

Planungen 1930/31 zeichnete mit Prof. Dr. Hans Sperber ein jüdischer Wissenschaftler verantwortlich, mit dem der Verlag eine langjährige Beziehung pflegte. Aus der erhaltenen, umfangreichen Korrespondenz zwischen Dr. Gerhard Lüdtke – dem verantwortlichen Abteilungsleiter auf Verlagsseite –, Prof. Dr. Hans Sperber und Prof. Dr. Alfred Götze, der schließlich 1934 die Herausgeberschaft übernahm, wird exemplarisch die Ausgrenzung einer über alle Zweifel erhabenen wissenschaftlichen Koryphäe aufgrund ihrer jüdischen Herkunft deutlich. Hans Sperber war am 25. März 1885 in Wien geboren worden, wo er sein Studium der Germanischen und Romanischen Philologie 1907 mit einer Promotion über dänische Volksballaden abgeschlossen hatte. Seit 1919 lehrte er als Privatdozent, seit 1925 als außerordentlicher Professor für Deutsche und Nordische Philologie an der Universität Köln.[78]

Auf Verlagsseite war Gerhard Lüdtke, promovierter Germanist, die treibende Kraft des Projekts. Ursprünglich hatte er den in Gießen lehrenden Philologieprofessor Alfred Götze als Herausgeber verpflichten wollen, den er von der gemeinsamen Arbeit am „Etymologischen Wörterbuch der deutschen Sprache", das im Verlag Karl Trübner und in späteren Auflagen bei Walter de Gruyter erschien, kannte. Götze sagte zwar seine Mitarbeit an dem neuen wissenschaftlichen Großunternehmen zu und erklärte sich zur Abfassung von Artikeln bereit, wollte aber nicht als Herausgeber fungieren. Seine Beschäftigung mit dem Etymologischen Wörterbuch sowie seine Lehrtätigkeit ließen ihm keinen weiteren zeitlichen Spielraum.[79]

Lüdtke wandte sich daraufhin im Sommer 1931 an Prof. Hans Sperber, der ihm ebenfalls bekannt war, weil er in der „Sammlung Göschen" 1926 eine „Geschichte der deutschen Sprache" publiziert hatte.[80] Sperber zögerte zwar mit der endgültigen Zusage zur Herausgeberschaft, beteiligte sich aber seit Herbst 1931 intensiv an der Projektkonzeption. Gerhard Lüdtke selbst hatte mittlerweile zugesagt, als Mitherausgeber fungieren zu wollen, „um den Geschäftsverkehr mit den Mitarbeitern zu leiten, damit die andern Herausgeber von diesen Nebendingen befreit werden". Zudem versprach er sich davon „einen größeren Einfluss auf die Gestaltung des Werkes, und das ist von Wichtigkeit, weil ich doch dem Verlage gegenüber die gewiss nicht geringe Verantwortung trage". Allerdings wollte er weder auf dem Titel noch in der Öffentlichkeit seine Mit-

---

[78] *Christoph König* (Hrsg.), Internationales Germanistenlexikon 1800–1950. Bd. 3, Berlin/New York 2003, S. 1767 f.

[79] *Wenke Mückel*, „Trübners Deutsches Wörterbuch" (Band 1–4) – ein Wörterbuch aus der Zeit des Nationalsozialismus. Eine lexikografische Analyse der ersten vier Bände (erschienen 1939–1943), Tübingen 2005, S. 9.

[80] Noch 1933 erschien eine Neuauflage des Göschen-Bändchens. 1958, 1963, 1966 und 1968 publizierte der Verlag die dritte bis sechste Auflage. Erst 1970 verfasste *Peter von Polenz* eine neue „Geschichte der deutschen Sprache" als siebte völlig neu bearbeitete Auflage der Darstellung Sperbers. Zwei Jahre später erschien eine erweiterte Neubearbeitung, die weiterhin als achte Auflage des Sperber'schen Werkes geführt wurde.

herausgeberschaft anzeigen. Er betrachtete seine Funktion lediglich als „interne Angelegenheit“.[81]

Im Februar 1932 informierte Lüdtke Sperber, dass er trotz der wirtschaftlichen Schwierigkeiten „an dem Plan des Wörterbuches unter allen Umständen festhalten“ wolle, falls Sperber „noch die gleiche Begeisterung“ dafür aufbringen könne. Lüdtke wollte Sperber „alle mechanischen Arbeiten nach Möglichkeit abnehmen“, dieser sollte als Hauptherausgeber tätig sein. Zwar sah er ein, dass ein so großes Projekt auch Mitherausgeber brauchte, inhaltlich vertraute er aber allein auf Sperber. Mitherausgeber schienen ihm „vielleicht mehr des Dekorums wegen“ erforderlich. Erst im Laufe der Arbeit würde sich zeigen, „ob diese Arbeit der Mitherausgeber sich fruchtbringend gestalten lässt“.[82] Dies ging Sperber jedoch entschieden zu weit; er hielt ein Herausgebergremium für erforderlich, weil die Arbeit nicht nur „einem Einzelnen anvertraut werden, sondern unter fortwährender gegenseitiger Kritik vonstattengehen sollte“. Er sei aber nach wie vor „mit Vergnügen bereit, die Schlagwortliste zu liefern“.[83] Nach Rücksprache mit Verlagschef Herbert Cram, der keine Bedenken geltend machte, wenn Gerhard Lüdtke entgegen seiner ursprünglichen Absicht auch offiziell als Mitherausgeber des Wörterbuchs fungierte, ruderte Lüdtke gegenüber Sperber etwas zurück: Es sei nur sein „Wunsch“ gewesen, dass Sperber „unter den Herausgebern gewissermaßen der Primus inter pares“ sein sollte.[84] Er schlug nun vor, dass das Werk zehn Mitherausgeber haben sollte, von denen jeder bestimmte Wortgruppen übernahm. Den Beginn der Drucklegung avisierte er für den 1. April 1933.[85]

Im August 1932 reichte Sperber den letzten noch fehlenden Teil der Liste mit etwa 8000 Stichwörtern ein; damit war eine wesentliche Voraussetzung für den Fortgang des Unternehmens geschaffen. Mittlerweile hatten sich jedoch Sperbers Lebensverhältnisse verändert, weshalb er Ende August 1932 anbot, eventuell doch als Hauptherausgeber fungieren zu wollen.[86] Diese Nachricht nahm Lüdtke sehr erfreut auf. Im November 1932 einigten sich beide in einer langen Unterredung in Köln auf das weitere Vorgehen in Sachen Wörterbuch. Sperber erklärte sich definitiv bereit, die „Oberleitung“ zu übernehmen. Für die technischen Dinge und die Korrespondenz mit den Bearbeitern sollte eine „Zentrale“

[81] Gerhard Lüdtke an Prof. Dr. Hans Sperber, 22.9.1931, Stabi Dep. 42 Gr, Hans Sperber (I).

[82] Gerhard Lüdtke an Prof. Dr. Hans Sperber, 19.2.1932, Stabi Dep. 42 Gr, Hans Sperber (I).

[83] Prof. Dr. Hans Sperber an Dr. Gerhard Lüdtke, 23.4.1932, Stabi Dep. 42 Gr, Hans Sperber (I).

[84] Dr. Gerhard Lüdtke an Prof. Dr. Hans Sperber, 3.5.1932, Stabi Dep. 42 Gr, Hans Sperber (I).

[85] Dr. Gerhard Lüdtke an Prof. Dr. Hans Sperber, 21.5.1932, Stabi Dep. 42 Gr, Hans Sperber (I).

[86] Prof. Dr. Hans Sperber an Dr. Gerhard Lüdtke, 28.8.1932, Stabi Dep. 42 Gr, Hans Sperber (I).

unter Leitung von Lüdtke eingerichtet werden. Bei den Mitarbeitern sollten beide als Herausgeber gelten, was jedoch aus dem Titel des Werkes nicht hervorgehen sollte. Als Titel war angedacht: „Trübners Deutsches Wörterbuch" bearbeitet von Basler[87], Götze, Sperber, Stammler[88]. Man behielt sich aber vor, den einen oder anderen Mitarbeiter unter Umständen noch dezidiert im Titel zu nennen.[89] Sperber hatte offenbar den Eindruck, dass das große Unternehmen nun beginnen könne. Im Dezember 1932 erhielt er das Angebot, 1933/34 an der Yale University in den USA zu lehren, was er jedoch vorläufig abzulehnen gedachte, falls das Wörterbuch auf der besprochenen Grundlage zustande kommen würde.[90] Nachdem die Verlagskonferenz Ende 1932 zugestimmt hatte, wurden Anfang 1933 Vertragsentwürfe erstellt und die Stichwortliste überarbeitet. Die Zahlungen an Sperber sollten am 1. März 1933 beginnen. Am 14. März 1933 – also sechs Wochen nach der NS-Machtübernahme – schickte Lüdtke Sperber einen fertigen Herausgeber- und Mitarbeitervertrag, den er ihn zu unterzeichnen bat.[91]

Doch im Frühjahr 1933 veränderte sich die Situation völlig. Hans Sperber musste infolge des „Gesetzes zur Wiederherstellung des Berufsbeamtentums" vom 7. April 1933 seine Lehrtätigkeit in Köln aufgeben und kehrte in seine Heimatstadt Wien zurück. Lüdtke ahnte die Schwierigkeiten, die wegen eines jüdischen Herausgebers auf das Projekt eines „Deutschen Wörterbuchs" zukommen würden, hatte aber (noch) Hemmungen, Sperber zum Rückzug zu drängen, zumal die Tinte auf dem Vertrag noch kaum getrocknet war. Er wandte sich mit der Bitte um Rat an Prof. Dr. Alfred Götze:

> Sperber schrieb mir, dass er nicht wieder nach Köln zurückkehren werde. Glauben Sie, daß die Belastung des Titels mit seinem Namen für das Wörterbuch zu groß sein wird? Ich kann aber nicht gut den bereits geschlossenen Vertrag annullieren. Allerdings werde ich Sperber bitten müssen, wenn es nicht anders geht, mit seinem Namen möglichst viel oder ganz zurückzubleiben. Es ist ja gut, daß wir als Haupttitel „Trübners Deutsches Wörterbuch" haben. Schreiben Sie mir doch, bitte, vertraulich Ihre Meinung.[92]

---

[87] Der Philologe Otto Basler (1892–1975) war Gerhard Lüdtke durch seine Mitarbeit am „Deutschen Fremdwörterbuch" bekannt, das seit 1913 bei Trübner bzw. De Gruyter erschien.

[88] Der Germanist und Literaturhistoriker Wolfgang Stammler (1886–1965) lehrte an der Universität Greifswald und hatte bei De Gruyter zahlreiche seiner Werke publiziert. U.a. war er Mitherausgeber des „Reallexikons der deutschen Literaturgeschichte" (1926–1931) und Herausgeber des mehrbändigen Verfasserlexikons „Die deutsche Literatur des Mittelalters".

[89] Gesprächsnotiz Dr. Gerhard Lüdtke über die Unterredung vom 19. November 1932, 1.12.1932, Stabi Dep. 42 Gr, Hans Sperber (II).

[90] Prof. Dr. Hans Sperber an Dr. Gerhard Lüdtke, 6.12.1932, Stabi Dep. 42 Gr, Hans Sperber (II).

[91] Dr. Gerhard Lüdtke an Prof. Dr. Hans Sperber, 14.3.1933, Stabi Dep. 42 Gr, Hans Sperber (II).

[92] Dr. Gerhard Lüdtke an Prof. Dr. Alfred Götze, 5.4.1933, Stabi Dep. 42 Gr, Alfred Götze.

Damit war die Strategie, die der Verlag in den nächsten Monaten verfolgte, bereits vorgezeichnet. Einerseits wollte man den fachlich herausragenden Sperber nicht vor den Kopf stoßen und war weiterhin sehr an seiner Mitarbeit interessiert, andererseits glaubte man, ihn von der Bildfläche nehmen zu müssen, um das Projekt nicht zu gefährden.

Anfang Mai 1933 trat Lüdtke mit diesem Anliegen an Sperber heran:

Sie schreiben, dass Sie in Wien bleiben werden. Ist es unbescheiden, wenn ich Sie bitte, mir zu sagen, wie sich Ihre weitere Tätigkeit gestalten wird? Werden Sie an der Universität in Wien Vorlesungen halten? Oder verfolgen Sie Ihre amerikanischen Pläne weiter? Sie werden ja wissen, wie schwer jetzt Verlagspläne verfolgt werden können und wie notwendig es ist, den Titel „Trübners Deutsches Wörterbuch" zu betonen und alle sonstigen Namen zurücktreten zu lassen.[93]

Sperber dachte

natürlich nicht daran, dem Wörterbuch Schwierigkeiten zu machen, indem ich meine Person zu sehr in den Vordergrund stelle. [...] Indessen glaube ich nicht, dass Bedenken, die heute noch bestehen mögen, beim Erscheinen des Werks noch in Kraft sein werden.[94]

Interessant ist die zynisch-pragmatische Reaktion Götzes, die, nachdem Sperber gerade seinen Kölner Lehrstuhl hatte aufgeben müssen, rückblickend wohl bestenfalls als naiv gelten kann:

Ihre Frage nach Prof. Sperber möchte ich dahin beantworten, daß ich eine ihm schonend vorgetragene Bitte, sich äußerlich bei unserm Werk vorübergehend zurückzuhalten, als in der Zeitstimmung begründet anerkennen würde. Unter keinen Umständen aber darf er vergrämt werden, denn innerlich braucht ihn das große Werk unbedingt, und wenn er nicht in sein Kölner Amt zurückkehrt, wie Sie schreiben, so würde ich darin geradezu einen Wink des Himmels sehen, der uns die beste Kraft frei macht, um Trübners Wörterbuch stark voranzuhelfen. Sie selbst, hochgeehrter Herr Doktor, sind chronisch überlastet; es wird jetzt ein reger, von Tag zu Tag auf Erledigung dringender Briefwechsel nötig werden – lassen Sie sich doch weitgehend helfen, und wenn Sie selbst jede Unterschrift leisten, geben Sie doch dem dazu gewiß willigen, sachlich ausgezeichneten Mann die Gelegenheit, all die zeitraubende Arbeit hinter den Kulissen Ihres Wörterbuchs zu leisten.[95]

Im Juni 1933 stand für Lüdtke fest, dass eine repräsentative Beteiligung des noch vor Kurzem umworbenen Sperber das Unternehmen „Deutsches Wörterbuch" ernsthaft gefährdete. Es fiel ihm schwer, wie er Sperber schrieb, aber er müsse ihn bitten, auf die Nennung seines Namens bei der Mitarbeit am Wörterbuch zu verzichten; das bedeutete, dass seine Artikel unter einem Pseudonym erscheinen sollten. Er sehe keine andere Möglichkeit, weil gerade ein Wörterbuch der

---

93 Dr. Gerhard Lüdtke an Prof. Dr. Hans Sperber, 4.5.1933, Stabi Dep. 42 Gr, Hans Sperber (II).

94 Prof. Dr. Hans Sperber an Dr. Gerhard Lüdtke, 7.5.1933, Stabi Dep. 42 Gr, Hans Sperber (II).

95 Prof. Dr. Alfred Götze an Dr. Gerhard Lüdtke, 7.5.1933, Stabi Dep. 42 Gr, Alfred Götze.

deutschen Sprache, „das der Unterstützung nationaler Kreise und der nationalen Presse in höchstem Maße bedarf, [...] auf die Zeitverhältnisse Rücksicht nehmen" müsse.[96] Sperber erklärte sich dazu bereit, „wenn es unumgänglich nötig ist". Allerdings hielt er es für erforderlich, dass der engste Mitarbeiterkreis darüber in Kenntnis gesetzt würde.[97]

Im Oktober 1933 informierte Lüdtke Götze, dass er nun an Sperber „in den nächsten Tagen einen Brief schreiben [müsse], der seine Mitarbeit sehr beschränkt. Es geht aber auch hier nicht anders."[98] Götze wollte dem Projekt jedoch den fachlich geschätzten Kollegen erhalten:

> Die Absage an den unglücklichen Sperber bitte ich noch einmal zu bedenken. Der Gelehrte ist sachlich ausgezeichnet, er wird Ihr Wörterbuch nur fördern, kann ja aber mit seinem Namen im Hintergrund bleiben.[99]

Aus diesem Schreiben wird ersichtlich, dass Götze offenbar nicht abgeneigt war, von der Kompetenz des entlassenen Kollegen zu profitieren und sich mit fremden Federn zu schmücken. Er könne „ausgezeichnet mit ihm zusammenarbeiten und würde gern nach außen decken, was er im stillen tut".[100]

Zwei Wochen später schrieb Lüdtke einen im Ton zwar sehr verbindlichen, in der Sache aber keine Zweifel offenlassenden Brief an Sperber, der deutlich macht, dass der Verlag sich für den Kurs der Anpassung an die Nationalsozialisten entschieden hatte, um den wirtschaftlichen Erfolg des Projektes nicht zu gefährden:

> Ich darf ganz offen sagen, daß naturgemäß ein deutsches Wörterbuch, das eine Art Hausbuch des deutschen Volkes werden soll, bestimmten kulturellen Forderungen unterliegen muss. [...] Ich möchte Sie daher, so leid es mir tut, bitten, von der Herausgabe des Wörterbuches zurückzutreten, zum mindesten in offizieller Form, denn wir können uns nicht der Gefahr aussetzen, dass über kurz oder lang in irgendeinem prominenten Blatt oder einer prominenten Zeitschrift auf das Wörterbuch hingewiesen wird und dass aus der Zusammensetzung der in Aussicht genommenen Herausgeber und Mitarbeiter scharfe Folgerungen gezogen werden, die seinerzeit die Verbreitung des Werkes unter allen Umständen hemmen müssen.[101]

Er wolle sich bemühen, die für dieses Jahr vorgesehenen finanziellen Zuwendungen an Sperber zu leisten und bot ihm an, ohne rechtliche Bindung in Zukunft (anonym!) gelieferte Artikel zu honorieren, wies dann darauf hin, dass der Ver-

---

[96] Dr. Gerhard Lüdtke an Prof. Dr. Hans Sperber, 8.6.1933, Stabi Dep. 42 Gr, Hans Sperber (II).

[97] Prof. Dr. Hans Sperber an Dr. Gerhard Lütke, 18.6.1933, Stabi Dep. 42 Gr, Hans Sperber (II). Unterstreichung im Original.

[98] Dr. Gerhard Lüdtke an Prof. Dr. Alfred Götze, 6.10.1933, Stabi Dep. 42 Gr, Alfred Götze.

[99] Prof. Dr. Alfred Götze an Dr. Gerhard Lüdtke, 7.10.1933, Stabi Dep. 42 Gr, Alfred Götze.

[100] Ebenda.

[101] Dr. Gerhard Lüdtke an Prof. Dr. Hans Sperber, 23.10.1933, Stabi Dep. 42 Gr, Hans Sperber (II).

trag mit Bezug auf § 4 zu lösen sei, „da sie ja, allerdings ohne Ihr Zutun, durch die Aufgabe Ihrer Tätigkeit in Köln an der Herausgabe des Wörterbuchs gehindert sind".[102] Dass an weitere Verhandlungen nicht zu denken war, macht sein Briefschluss deutlich:

Sind Sie aber mit dieser Regelung der Dinge nicht einverstanden, so sagen Sie es mir, bitte, ganz offen. Wir müssten dann, so leid es mir tut, auf Ihre Beteiligung am Wörterbuch in jeder Form verzichten.[103]

Sperber traute offenbar seinen Augen nicht, denn er begann sein Antwortschreiben, dass er „vorerst den Inhalt dieses Schreibens rekapitulieren" wolle, um sicherzugehen, dass er es

richtig verstanden habe. Soweit ich verstehe, wünschen Sie, dass ich von den mit Ihnen geschlossenen Verträgen zurücktrete und bieten mir dafür einen Betrag von cca RM 500.-, nämlich jenen Betrag, der noch auf 1000 Mark fehlt und stellen mir überdies in Aussicht, Beiträge meinerseits, falls ich mit ihrer anonymen Veröffentlichung einverstanden bin, ohne rechtliche Bindung Ihrerseits anzunehmen und zu honorieren.[104]

Obwohl es ihm sichtlich unangenehm war, verdeutlichte Sperber Lüdtke, dass er „bei den gegenwärtigen Verhältnissen" seine materiellen Interessen berücksichtigen müsse, da er bereits erhebliche Vorarbeiten bei der Konzeption des Wörterbuchs geleistet und etliche Artikel schon fertiggestellt habe. Auf den Vorschlag, die Artikel anonym zu veröffentlichen, wollte er sich einlassen, obwohl es ihn schmerzte, seine „Förderung der deutschen Sprachwissenschaft und damit der deutschen Kultur, der ich mein Leben geweiht hatte, anonym fortsetzen zu müssen".[105] Den Verweis auf § 4 zur Auflösung des Vertrages wollte er nicht gelten lassen, weil die Gründe, die Lüdtke anführte, „gewiss nicht auf meiner Seite liegen". Seine Entlassung in Köln infolge des Berufsbeamtengesetzes stelle „zuverlässig keine Hinderung" an seiner Tätigkeit dar. Außerdem verwies Sperber darauf,

dass ich aus meiner jüdischen Abstammung niemals ein Hehl gemacht habe, dass aber demungeachtet die Verträge zwischen uns geschlossen wurden, nachdem die gegenwärtige deutsche Regierung bereits längere Zeit im Amte war, ja gerade zu einer Zeit, als die Maßnahmen gegen die jüdische Bevölkerung in Form eines Judenboykottes noch weit radikalere waren als derzeit.[106]

Der Tenor seines Schreibens macht die Enttäuschung über die Trübung des bislang guten Verhältnisses zwischen Lüdtke und Sperber, dem offenbar sehr an einer einvernehmlichen Regelung gelegen war, deutlich. „Im Falle mangelnder

---

102 Ebenda.
103 Ebenda.
104 Prof. Dr. Hans Sperber an die geehrte Firma Walter de Gruyter & Co., 30.10.1933, Stabi Dep. 42 Gr, Hans Sperber (II).
105 Ebenda.
106 Ebenda.

Einigung" würde er jedoch „zu meinem wahrhaften und aufrichtigen Bedauern genötigt sein, die Entscheidung unserer Streitfrage einem österreichischen Gerichte vorzulegen, welches, wie man mir mitteilte, kompetent wäre." Da er diesen Schritt jedoch vermeiden wollte, schlug er Lüdtke ein Schiedsgericht vor.[107]

Zwei Wochen später antwortete Lüdtke, ebenfalls um einen verbindlichen Tonfall bemüht und mit der Versicherung, dass ihm dies alles sehr schwer falle. Er unterstrich aber wiederum, dass seiner Meinung nach § 4 („Vertragsauflösung") durchaus zutreffe. Schließlich trage der Verlag keine Schuld, dass Sperber der Dozentur an einer deutschen Universität „verlustig gegangen" sei und habe auch die neuen gesetzlichen Regelungen nicht zu verantworten. Er bat Sperber deshalb „freundlichst", ihm „doch offiziell zu sagen", dass er vom Herausgebervertrag zurücktrete. Im Ton zwar nach wie vor um Einigung bemüht, setzte Lüdtke Sperber jedoch erheblich unter Druck. Falls dieser nämlich nicht vom Herausgebervertrag zurücktrete, würde er weder die bereits von Sperber verfassten Artikel ins Wörterbuch aufnehmen noch ihm weitere Artikel zuteilen, weil darüber kein Vertrag vorliege. Falls sie sich jedoch einigten, würde er ihm zahlreiche Stichwörter zur Bearbeitung überlassen und dies auch honorieren.[108] Ende November 1933 schlug Sperber eine gütliche Einigung vor, indem ihm der Verlag für seinen Rücktritt vom Herausgebervertrag 3000,– RM und für Wörterbuchartikel im Umfang von 10 Druckbogen weitere 3000,– RM zahlen sollte.[109] Lüdtkes Antwortschreiben wirkt enerviert, er wolle „heute nicht wieder all das wiederholen", was bereits in früheren Briefen gesagt worden sei. Keinesfalls war er bereit, auf Sperbers Forderung von 3000,– RM für den Rücktritt vom Herausgebervertrag einzugehen, allerdings konnte er sich durchaus vorstellen, dass Sperber weit mehr Artikel verfasste und damit auch mehr Geld für deren Lieferung erhielt, unter der Voraussetzung, dass Sperber einverstanden war, diese Artikel nicht namentlich zu kennzeichnen.[110]

Lüdtke empfand diesen Briefwechsel mit Sperber als „langsam unerquicklich" und sah den Arbeitsbeginn des Projektes dadurch verzögert: „Der Mann kann nicht zwischen den Zeilen lesen", schrieb Lüdtke im Dezember 1933 an Götze, „und sieht nicht, daß ich auf seine Herausgeberschaft verzichten muß und daß ihm gegen diesen Verzicht keine Möglichkeit des Widerstandes gegeben ist".[111] Noch im Dezember verschärfte sich der Konflikt jedoch, weil Sperber den Wie-

---

[107] Ebenda.

[108] Dr. Gerhard Lüdtke an Prof. Dr. Hans Sperber, 13.11.1933, Stabi Dep. 42 Gr, Hans Sperber (II).

[109] Prof. Dr. Hans Sperber an Dr. Gerhard Lüdtke, 30.11.1933, Stabi Dep. 42 Gr, Hans Sperber (II).

[110] Dr. Gerhard Lüdtke an Prof. Dr. Hans Sperber, 11.12.1933, Stabi Dep. 42 Gr, Hans Sperber (II).

[111] Dr. Gerhard Lüdtke an Prof. Dr. Alfred Götze, 12.12.1933, Stabi Dep. 42 Gr, Alfred Götze. Unterstreichung im Original.

ner Rechtsanwalt Bienenfeld zur Durchsetzung seiner Interessen eingeschaltet hatte. Anfang Januar 1934 unternahm Lüdtke einen abermaligen Versuch zur gütlichen Einigung unter den bereits genannten Bedingungen.[112] Er informierte Götze, dass sich mit Sperber „leider Schwierigkeiten ergeben" hätten:

> In Wien haben offenbar Einflüsse auf ihn eingewirkt, die seine richtige Beurteilung der Sachlage trübten. Er sieht nicht ein, dass man den neuen Verhältnissen Rechnung tragen muss, auch wenn ich an seiner Mitarbeit festhalte. Jetzt droht ein Prozess, den ich noch einmal um seinetwillen zu verhindern hoffe dadurch, dass der Verlag ihn zu einer endgültigen Besprechung nach Berlin einlädt. Hoffentlich gelingt es.[113]

Mit dem Einreichen der Klage in Wien schied Gerhard Lüdtke als „Führer einer inoffiziellen Korrespondenz des Verlages aus" und Herbert Cram zog die Sache an sich. Er sah sich gezwungen, in Deutschland Gegenklage einzureichen, wollte aber ein persönliches Gespräch mit Sperber in Berlin Anfang Februar 1934 abwarten.[114] Dieses Angebot lehnte Sperber ab und zeigte sich sehr verärgert, dass seine Korrespondenz mit Lüdtke als „inoffiziell" bezeichnet wurde. Voller Sarkasmus schrieb er sich den Frust von der Seele, dass er mit Rücksicht darauf nicht nach Berlin kommen könne, da er „unmöglich, wenn ich mit einem Ihrer Herren dort spreche, untersuchen [könne], ob dieser legitimiert ist oder nicht". Wenn der Verlag interessiert sei, solle er „jemanden nach Wien senden, der sich jedoch entsprechend wird ausweisen müssen".[115] Nur wenige Tage später bat Lüdtke Alfred Götze um Vermittlung in der verfahrenen Angelegenheit. Lüdtke hatte Sperber einen Brief geschickt, den er als „letzten Appell" wertete, „der ganz persönlich ist und von Mensch zu Mensch geht. Tut er das nicht, so ist das Tischtuch zwischen ihm und mir zerschnitten, und ich kann nichts mehr tun." Lüdtke hatte diese Auseinandersetzung „sehr stark bewegt",[116] im Grunde weigerte er sich jedoch, die schwierige Situation anzuerkennen, in die Sperber gedrängt worden war. Seine formaljuristische Argumentation zur Entlassung Sperbers lässt jegliche Empathie für die menschliche Katastrophe, die der bislang anerkannte Wissenschaftler Sperber durchlebte, vermissen. Auch seine Argumentation, dass es ihm bei der ganzen Sache nicht um die Höhe der Geldsumme ging, aber Sperber eben dafür mehr Artikel liefern sollte, macht das ganze Ausmaß des Dilemmas deutlich. Er fand sein Angebot, dass Sperber „seine Artikel

---

[112] Dr. Gerhard Lüdtke an Prof. Dr. Hans Sperber, 9.1.1934, Stabi Dep. 42 Gr, Hans Sperber (II).

[113] Dr. Gerhard Lüdtke an Prof. Dr. Alfred Götze, 26.1.1934, Stabi Dep. 42 Gr, Alfred Götze.

[114] Herbert Cram an Prof. Dr. Hans Sperber, 26.1.1934, Stabi Dep. 42 Gr, Hans Sperber (II).

[115] Prof. Dr. Hans Sperber an Herren Walter de Gruyter & Co., 31.1.1934, Stabi Dep. 42 Gr, Hans Sperber (II).

[116] Dr. Gerhard Lüdtke an Prof. Dr. Alfred Götze, 5.2.1934, Stabi Dep. 42 Gr, Alfred Götze.

gewissermaßen als Material für das Wörterbuch liefern" und dafür ein Honorar bekommen sollte, das quasi ein Ausgleich für den Ausfall der Bezahlung seiner Herausgebertätigkeit gewesen wäre, großzügig und beharrte fast trotzig darauf: „Die Summe von mindestens M. 6.000 sollte Herr Professor Sperber haben, aber eben gegen die entsprechende Anzahl von Artikeln."[117] Urheberrechtliche Bedenken hatten bei diesen Vorschlägen offenbar weder Götze noch Lüdtke.

Nun sollte also die ganze Angelegenheit vor einem Schiedsgericht geklärt werden, was Lüdtke und Cram vermeiden wollten. Sperber hatte jedoch das Angebot eines persönlichen Gesprächs in Berlin abgelehnt.[118] Götze kam Lüdtkes Bitte um Vermittlung nach und schaltete sich in den Konflikt ein. Sperber griff dies in einem dankbaren Brief an Götze auf und beschwerte sich über die Vorwürfe, die Lüdtke gegen ihn erhoben hatte, und die schleppende Behandlung der Angelegenheiten seitens des Verlages. Er sei gern zu einem Gespräch mit Herrn Cram in Wien bereit. Dieser müsse sich aber darüber im Klaren sein, dass die Verhandlungen „in einem entgegenkommenderen und loyaleren Geist geführt werden müssen, als ihn die letzten Denunziationen des Verlages zeigten". Er war „entrüstet über den Vorwurf", dass er den Verlag „aufs Glatteis" geführt habe und brachte seine tiefe Enttäuschung über Lüdtke zum Ausdruck, der „einen klaren Sachverhalt derart entstellt" habe.[119] Diesen Brief reichte Götze an Lüdtke weiter und bat ihn,

> großmütig zu sein und Herrn Cram zu bitten, den ins Auge gefassten Besuch in Wien allen inneren und äußeren Schwierigkeiten zum Trotz baldigst auszuführen. Ich habe trotz allem das bestimmte Gefühl, dass er zum Ausgleich führen wird, namentlich wenn schon die Ankündigung des Besuchs ein versöhnliches Wort enthält. Um der Sache willen aber muss ich einen Ausgleich aufrichtig wünschen: Trübners Deutsches Wörterbuch kann an Sp. den kundigsten Berater und fähigsten Gestalter gewinnen, der in einer Hinsicht jeden andern Fachmann übertrifft: er hat unbeschränkt Zeit für das Werk.[120]

Die groteske Verzerrung der Situation, dass die Vertreibung aus seiner Position an der Kölner Universität Sperber das hohe Gut, „unbeschränkt Zeit" für das Projekt zu haben, verschaffe und ihn dadurch besonders qualifiziere, ist mehr als zynisch.

Crams Besuch in Wien brachte dann schließlich eine Einigung; Sperber trat von den Verträgen zurück, sicherte aber seine weitere Mitarbeit am Wörterbuch zu und zog die Klage zurück.[121] Lüdtke informierte Götze:

---

[117] Ebenda.

[118] Ebenda.

[119] Abschrift eines Briefes von Sperber an Götze, 15.2.1934, Stabi Dep. 42 Gr, Alfred Götze.

[120] Prof. Dr. Alfred Götze an Dr. Gerhard Lüdtke, 18.2.1934, Stabi Dep. 42 Gr, Alfred Götze.

[121] Rechtsanwalt Dr. Rudolf Bienenfeld, Wien, an das Handelsgericht Wien, 20.2.1934, Stabi Dep. 42, K 464, M 1.

Es ist dies keine Einigung, die unter irgendwelchen Druckmitteln von der einen oder andern Seite zustande gekommen ist, sondern sie ist in freundschaftlichster Form vollzogen worden, und Herr Professor Sperber scheint eingesehen zu haben, dass der Verlag durchaus loyal gegen ihn verfahren will.[122]

Leider geben die Quellen keine Auskunft über den Gesprächsverlauf in Wien, zumal der Briefwechsel im Vorfeld kaum glauben macht, dass es keinerlei Druck gegeben haben soll. Götze jedenfalls schien das die „wirklich ideale Lösung: Rücktritt von den Verträgen bei Erhaltung seiner Mitarbeit".[123] Gedanken über die persönlichen Schwierigkeiten Sperbers waren ihm offenbar ebenfalls völlig fremd. Auch der Verlag war froh, in dieser verfahrenen Situation eine Einigung erzielt zu haben. Cram schrieb Sperber am 27. Februar 1934, dass er

diese Gelegenheit nicht vorbeigehen lassen [möchte], ohne Ihnen für das große Entgegenkommen zu danken, das Sie uns in dieser Angelegenheit bewiesen haben, und für das Verständnis, das Sie uns bei den heutigen Verhältnissen zeigten. Seien Sie versichert, daß wir Ihnen hierfür stets Dank wissen werden. Herr Dr. Lüdtke, dem durch die Wiederherstellung des freundschaftlichen Verhältnisses ein Stein vom Herzen gefallen ist, läßt Ihnen freundliche Grüße übermitteln und wird Ihnen in den nächsten Tagen persönlich schreiben.[124]

Offenbar lieferte Sperber in den folgenden Monaten Artikel, denn Götze informierte Lüdtke im Juni 1934, dass die Beiträge von Sperber „ganz ausgezeichnet" seien. „Es ist nur zu wünschen, dass wir möglichst viel[e] Artikel aus dieser Meisterhand bekommen."[125] Im Dezember 1934 befürchtete Götze, der im Sommer 1934 die Herausgeberschaft von „Trübners Deutschem Wörterbuch" übernommen hatte, allerdings eine „Verzögerung", weil der seit April 1934 in den USA (Columbus, Ohio) lehrende Sperber dort nicht über die erforderlichen Hilfsmittel verfügte und offenbar auch unter Zeitdruck stand.[126] Im folgenden Jahr trafen Sperbers Artikel immer spärlicher ein, sodass Lüdtke im Oktober 1935 meinte, nun endgültig auf seine Mitarbeit verzichten zu müssen.[127] Götze wollte allerdings den Kollegen immer noch nicht missen:

---

[122] Dr. Gerhard Lüdtke an Prof. Dr. Alfred Götze, 23.2.1934, Stabi Dep. 42 Gr, Alfred Götze.

[123] Prof. Dr. Alfred Götze an Dr. Gerhard Lüdtke, 28.2.1934, Stabi Dep. 42 Gr, Alfred Götze.

[124] Herbert Cram an Prof. Dr. Hans Sperber, 27.2.1934, Stabi Dep. 42 Gr, Hans Sperber (II).

[125] Prof. Dr. Alfred Götze an Dr. Gerhard Lüdtke, 23.6.1934, Stabi Dep. 42 Gr, Alfred Götze.

[126] Prof. Dr. Alfred Götze an Dr. Gerhard Lüdtke, 7.12.1934, Stabi Dep. 42 Gr, Alfred Götze.

[127] Dr. Gerhard Lüdtke an Prof. Dr. Alfred Götze, 17.10.1935, Stabi Dep. 42 Gr, Alfred Götze.

Damit entgehen dem Werk schlechthin unersetzbare Beiträge, für die er lange gesammelt hatte und die kein anderer so schreiben kann. [...] So bitte ich herzlich, ihm entweder zu kabeln oder ihm durch Flugpost die Pistole in einer Weise auf die Brust zu setzen, die ihm Eindruck macht.[128]

Im März 1936 gab Lüdtke jedoch auf. Er bat Götze,

auf Sperber nicht mehr zu warten, denn das hat wirklich keinen Sinn. Er wird in Zukunft überhaupt als Bearbeiter ausscheiden müssen, denn es wird für uns vom Verlag aus schwierig sein, die Erlaubnis für die Zahlung der entsprechenden Honorare zu bekommen.[129]

Die durch die Zurückdrängung Sperbers entstandene Lücke füllte Alfred Götze in zunehmendem Maße. Zwar war er keinesfalls die treibende Kraft beim Ausschluss Sperbers gewesen, hatte vielmehr immer wieder um Rücksicht und Einbeziehung des von ihm fachlich über die Maßen geschätzten Kollegen gebeten, hatte aber auch nicht davor zurückgescheut, seinen Namen über Sperbers Forschungen zu setzen. Für Gerhard Lüdtke wurde Götze nun zum wichtigsten Ansprechpartner. Im Juni 1934 übernahm er schließlich offiziell die Herausgeberschaft und prägte das Unternehmen bis zu seinem Tod im Herbst 1946. In diesem Zeitraum erschienen nicht nur die ersten vier Bände (1939–1943), auch die meisten Artikel der folgenden Bände lagen bereits vor. Sein Nachfolger Walther Mitzka, der nach dem Krieg die Bände fünf bis acht (1954–1957) herausgab, konnte darauf zurückgreifen.[130] Die kriegsbedingten personellen Engpässe und Druckschwierigkeiten hatten das vollständige Erscheinen des Wörterbuchs noch vor Kriegsende verhindert.

Wie schmal der Grat zwischen Wissenschaft und Vereinnahmung durch die NS-Ideologie war, zeigen die Auseinandersetzungen um die Zensur der erschienenen Bände und die Genehmigung für die Fortführung des Projektes nach dem Krieg. Der zentrale Streitpunkt dabei waren die Belegstellen sowie die Aufnahme von NS-Begriffen. Götze und der Verlag argumentierten, dass die Verwendung zeitgenössischer Quellen zur Darstellung von Wörtern aus der Gegenwartssprache unerlässlich gewesen sei. Dies sei – obwohl man gewaltige Anstrengungen habe unternehmen müssen, damit das Vorhaben nicht der nationalsozialistischen Zensur zum Opfer fiel – kein Kotau vor den Machthabern gewesen, sondern ein Gebot der Wissenschaftlichkeit. Vor allem die sowjetischen Besatzer nahmen aber einen anderen Standpunkt ein: Sie betrachteten das Wörterbuch als „wissenschaftliches Instrument zur Verbreitung der NS-Ideologie".[131] Die

---

[128] Prof. Dr. Alfred Götze an Dr. Gerhard Lüdtke, 19.10.1935, Stabi Dep. 42 Gr, Alfred Götze.

[129] Dr. Gerhard Lüdtke an Prof. Dr. Alfred Götze, 5.3.1936, Stabi Dep. 42 Gr, Alfred Götze. Zur Verrechnung von Sperbers Honoraren vgl. die Honorare Trübners Wörterbuch Stabi Dep. 42,623.

[130] S. dazu ausführlich *Mückel*, „Trübners Deutsches Wörterbuch", S. 33 ff.

[131] S. dazu ausführlich: Ebenda, S. 40 ff., Zitat S. 43.

noch nicht gedruckten Bände fünf bis acht konnten zwar noch überarbeitet werden, aber das Gesamtprojekt stand bei einem Verbot der ersten vier Bände auf der Kippe. Die Bedenken der sowjetischen Besatzungsmacht wurden zwar nicht ausgeräumt, seit November 1946 durften die Bände dann in den Westsektoren jedoch wieder ausgeliefert werden. Am 27. November 1946 starb der Herausgeber Alfred Götze, und erst Anfang 1954 konnten die fehlenden Bände von „Trübners Deutschem Wörterbuch" unter dem neuen Herausgeber Walther Mitzka in Angriff genommen werden.

Hans Sperber, der anfangs Motor und Seele des Projektes war, findet darin keine Erwähnung. Sperber lehrte seit seiner Auswanderung in die Vereinigten Staaten 1934 bis zu seiner Emeritierung 1955 an der Ohio State University in Columbus. Zwischen 1956 und 1963 nahm er Gastprofessuren in Hamburg und Bonn wahr. Er starb am 10. Dezember 1963 in Columbus.[132] Wenke Mückel würdigt in ihrer lexikografischen Analyse der ersten vier Bände des Wörterbuchs Sperbers Rolle und hat dem Ungenannten damit ein Denkmal gesetzt.[133]

Das Wörterbuch erschien in zweimal vier Bänden (1939–1943 sowie 1954–1957). Trotz anfänglicher Erfolge und einer positiven Resonanz nach dem Erscheinen der ersten vier Bände verhinderte der politische Neubeginn eine dauerhafte Akzeptanz. Es gilt heute „als symptomatisch für die Vereinnahmung lexikografischer Werke zur sprachlichen Einflussnahme und ideologischen Lenkung in der NS-Zeit" und ist ein Beispiel,

> wie sich die Herausgeber und Mitarbeiter mit dem NS-System arrangierten und in die Spirale von Beeinflussung und Einflussnahme, von Manipulation anderer und eigener Manipulierbarkeit gerieten und sich daraus nicht lösen konnten oder wollten.[134]

Wenige Monate nach Kriegsende klang das in den Worten Herbert Crams, der sich bei der Abteilung Kultur und Volksbildung der Sowjetischen Besatzungszone um eine Genehmigung für den Abschluss des Projektes bemühte, anders: Um

> das Leben der Sprache in der Jetztzeit in Erscheinung treten zu lassen, [...] mussten – im Interesse der Wissenschaftlichkeit und der Wahrhaftigkeit – auch wichtiges politisches Schrifttum und Tageszeitungen zitiert werden, also auch aus der Zeit von 1933–1944. Es ist aber von den Herausgebern streng darauf geachtet worden, dass diese Zitate nicht zu politischer Propaganda ausgewertet wurden. Herausgeber und Verlag haben diesen Standpunkt unter schweren Kämpfen mit den Ministerien Rust und Goebbels aufrecht erhalten und durchgesetzt, und sie haben auch erreicht, dass dem Dritten Reich unerwünschtes Schrifttum zitiert werden konnte.[135]

---

132 *König* (Hrsg.), Internationales Germanistenlexikon 1800–1950. Bd. 3, S. 1767 f.

133 *Mückel*, „Trübners Deutsches Wörterbuch".

134 Ebenda, S. 2 f.

135 Herbert Cram an die Deutsche Zentralverwaltung in der sowjetrussischen Administration, Abtlg. Kultur und Volksbildung, Herrn Prof. Dr. Rompe, 1.2.1946, Stabi Dep. 42,487.

Ein einheitliches Vorgehen des Verlages Walter de Gruyter bei der Ausgrenzung jüdischer Autoren und Herausgeber ist 1933/34 noch nicht festzustellen, was sicherlich damit zusammenhängt, dass in dieser Frage für die Wissenschaftsverlage keine eindeutige gesetzliche Regelung vorlag. Wie bei „Trübners Deutschem Wörterbuch" zu erkennen, hatte der Verlag in diesem Fall Sorge, dass ein jüdischer Herausgeber die Nationalsozialisten veranlassen könnte, das „Deutsche" dieses Wörterbuches in Abrede zu stellen, und als Folge die Absatzmöglichkeiten sanken. Anders stellte sich die Situation z.B. bei Publikationen dar, bei denen Gewinne aus dem Export zu erwarten waren.

Die vorsichtig taktierende Position Herbert Crams und des Verlages, die noch nicht bereit waren, die Priorität des wissenschaftlichen Niveaus in jedem Fall aufzugeben, wird in der Reaktion auf eine Anfrage des seines Amtes enthobenen Generaldirektors der Berliner Museen, Prof. Dr. Wilhelm Waetzoldt, deutlich. Waetzoldt wollte klären, ob ein Aufsatz einer jüdischen Autorin, der man den Abdruck bereits zugesagt hatte, noch in der *Zeitschrift für Kunstgeschichte* erscheinen konnte. Cram informierte ihn am 1. Dezember 1933, dass es „im allgemeinen wünschenswert" sei, „in der nächsten Zeit Aufsätze nichtarischer Autoren zu vermeiden". Der Beitrag der jüdischen Autorin Westphal sollte aber aufgenommen werden, weil sie bereits Korrekturbögen erhalten hatte. Er fuhr fort:

> Ich persönlich bin der Meinung, dass wir, wenn wir auch in Zukunft es vermeiden, Aufsätze nichtarischer Autoren zu bringen, doch nicht prinzipiell jeden Aufsatz eines nichtarischen Verfassers ablehnen können, sondern uns in erster Linie von dem Gesichtspunkt leiten lassen müssen, ob die Arbeit, auch unter Berücksichtigung der allgemeinen politischen Verhältnisse, für die Wissenschaft wertvoll oder gar unentbehrlich ist. In beiden Fällen sollte das sachliche Moment entscheiden und nicht allein das politische. Soweit ich mich auch in politischen Kreisen umgehört habe, besteht die Auffassung, dass das sachliche Moment niemals aus dem Auge gelassen werden darf, wenn es vielleicht auch hier und dort dem Politischen untergeordnet werden muss.[136]

Im Verlagsalltag entstanden so zahlreiche Schwierigkeiten. Ein neu eingereichtes Manuskript eines jüdischen Verfassers konnte abgelehnt, ein jüdischer Herausgeber – mehr oder weniger leicht – ersetzt werden. Aber was geschah mit bereits vorliegenden Publikationen? In der „Sammlung Göschen" und im juristischen Schrifttum suchte der Verlag nach dem Ausverkauf einer Auflage oder bei veralteten Ausgaben neue Verfasser.[137] Dennoch vertrieb der Verlag weiterhin Bücher jüdischer Autoren. Als Richard Friederichsen, einer der persönlich haftenden Gesellschafter des in Hamburg ansässigen Verlages „Friederichsen, de Gruyter & Co.", im Oktober 1936 bei Gerhard Lüdtke anfragte, wie er mit jüdischen Autoren in den „Hamburger Rechtsstudien" umgehen solle, teilte ihm dieser mit, dass

[136] Herbert Cram an Geheimrat Prof. Dr. Wilhelm Waetzoldt, 1.12.1933, Stabi Dep. 42 Gr, Wilhelm Waetzoldt.

[137] Vgl. dazu S. 177–197.

im Verlag Walter de Gruyter die Bücher jüdischer Autoren nicht mehr angezeigt würden, der Auslieferung als solcher aber vorläufig nichts im Wege stünde. Für die „Rechtsstudien" schlug er ihm konkret vor:

Sie könnten also in der gleichen Weise vorgehen. Dazu wäre allerdings notwendig, dass Sie die Rechtsstudien nicht als Gesamtheit in den geplanten Katalog aufnehmen, sondern die Hefte verteilen und bei dem Titel jeweils in Klammern die Nummer der Rechtswissenschaftlichen Studien setzen. Dann fällt es nicht auf, dass einzelne Nummern fortbleiben.[138]

Um die durch die Vertreibung jüdischer Wissenschaftler entstehenden Lücken zu kaschieren, wurde also schlicht und pragmatisch der Katalog umgestaltet.

Im September 1935 wandte sich Professor Hans Leisegang aus Jena an den Verlag mit dem Wunsch, seine große Monografie über Philon in zwei Bänden zu verlegen. Der erste Band stand kurz vor dem Abschluss und sollte den Titel „Philons Leben, seine Weltanschauung und seine Darstellung der jüdischen Religion" tragen, der zweite Band sollte sich mit „Philons Bibeldeutung und seine Apologie des Judentums" beschäftigen. Leisegang schrieb:

Welche Bedeutung dieses Werk für Theologie, Philologie und Philosophiegeschichte hat, brauche ich ebensowenig zu betonen wie die Tatsache, dass ich derjenige Spezialgelehrte auf diesem Gebiete bin, von dem gerade diese Arbeit erwartet wird und der sie gegenwärtig wohl allein leisten kann. [...] Auf zwei Punkte möchte ich selbst von vornherein hinweisen, da ich nicht weiß, wie weit sie heute für einen streng wissenschaftlichen Verlag in Betracht kommen: 1. Philon ist wie sein Zeitgenosse Jesus Christus ein Jude. 2. Mein eigenes Schicksal wird Ihnen nicht unbekannt sein. Es soll zur Zeit im Reichswissenschaftsministerium in Berlin darüber entschieden werden, ob und wann ich meinen Dienst an der Universität wieder aufnehmen darf, so dass Sie sich, falls es für Ihre Entscheidung in Frage kommt, dort danach erkundigen können; denn ich selbst weiß nichts über meine Zukunft und bekomme seit Monaten hierüber keinerlei Nachricht vom Ministerium. Zu berücksichtigen ist ferner, dass dieses Werk, das ich um des Dienstes an der Wissenschaft willen nicht in meinem Schreibtisch für immer liegen lassen darf und das für die ganze wissenschaftliche Welt in Betracht kommt, sicher einmal erscheinen wird. Es fragt sich nur, ob die in Frage kommenden deutschen Verleger die Verantwortung dafür übernehmen wollen, dass es, falls sie ablehnen, nicht in Deutschland, sondern im Ausland herauskommt. Ehe ich hierzu gezwungen werde, will ich jedenfalls alles versuchen, diese Arbeit der deutschen Wissenschaft und ihren Vertretern zu erhalten.[139]

Von Verlagsseite wurde handschriftlich auf dem Schreiben vermerkt, dass das Kultusministerium am 10. September 1935 in dieser Sache angefragt wurde. Brill bat Leisegang Ende des Monats um etwas Geduld; der Verlag wollte auf die Stellungnahme des Kultusministeriums warten.[140] Nicht nur die Thematik des jüdi-

---

[138] Friederichsen an Lüdtke, 6.10.1936, und Lüdtke an Friederichsen, 20.10.1936, Stabi Dep. 42,389 (4).

[139] Prof. Dr. Hans Leisegang an den Verlag Walter de Gruyter, 9.9.1935, Stabi Dep. 42 Gr, Hans Leisegang.

[140] Brill an Prof. Dr. Hans Leisegang, 28.9.1935, Stabi Dep. 42 Gr, Hans Leisegang.

schen Philosophen Philon, sondern auch die Person Leisegang ließen den Verlag zögerlich reagieren.

Leisegang, 1890 geboren, lehrte seit 1930 Philosophie an der Universität Jena.[141] 1934 wurde dem am Ideal wissenschaftlicher Unabhängigkeit festhaltenden Philosophen eine Denunziation zum Verhängnis. Bei der Trauerkundgebung nach dem Tod des Reichspräsidenten von Hindenburg hatte er seinen Unmut geäußert, dass keiner der alten Generäle, sondern der Gefreite Hitler die Trauerrede gehalten habe. Im November 1934 stand Leisegang als Angeklagter vor dem Sondergericht in Weimar und wurde auf Grundlage des „Heimtückegesetzes" zu einer sechsmonatigen Haft verurteilt, die er direkt vom Gerichtssaal aus antreten musste. Nach seiner Entlassung am 23. März 1935 bangte er um seine berufliche Zukunft, weil er nicht wusste, ob ein Dienststrafverfahren gegen ihn im Gange war. In dieser schwierigen Phase hoffte er, einen Teil seines wissenschaftlichen Lebenswerkes im Verlag Walter de Gruyter veröffentlichen zu können. Am 1. Juni 1937 hatte er Gewissheit: Die Dienststrafkammer entzog ihm sein akademisches Amt, er hatte aber weitere zehn Jahre Anspruch auf 4/5 seines Grundgehaltes. Im Archiv des Verlages bricht die Korrespondenz ab, sein Biograf Eckardt Mesch berichtet, dass Leisegang die Ablehnung seiner Manuskripte tief verletzte. Er sammelte sie in einer Mappe überschrieben mit: „Diese Verlagsbriefe ein Zeugnis der Qual und der Demütigungen."[142] Auch die Fürsprache des prominenten De-Gruyter-Autoren Hans Lietzmann für das Philon-Werk konnte den Verlag nicht vom eingeschlagenen Kurs abbringen. Eine Entscheidung für Leisegang hätte die Geschäftspolitik des vorsichtigen Kooperierens und keinen Anstoß Erregens ins Wanken bringen können. Andere Verlage waren mutiger: Böhlau in Weimar veröffentlichte 1941 Leisegangs „Dante und das christliche Weltbild", Kröner in Leipzig im Jahr 1942 die dritte Auflage der „Gnosis". Auch in mehreren ausländischen Zeitschriften konnte er publizieren.[143] Erst im Dezember 1945 kehrte Leisegang auf seinen Jenaer Lehrstuhl zurück. Drei Jahre später entließen ihn die neuen Machthaber, und von November 1948 bis zu seinem Tod am 5. April 1951 lehrte er an der Freien Universität Berlin. Nun hatte auch der Verlag Walter de Gruyter wieder Interesse an dem prominenten Philosophen. Ende des Jahres 1949 fragte er an, ob Leisegang für die „Sammlung Göschen" eine „Einleitung in die Philosophie" verfassen wolle. Sie erschien 1951, bis 1973 folgten sieben weitere Auflagen. Das Philon-Werk, das De Gruyter in den 1930er-Jahren zu publizieren abgelehnt hatte, vollendete Hans Leisegang nicht.

Der Entscheidungsspielraum der Verlage in solchen Fragen hing auch davon ab, wie wohlgelitten ein Verlag bei den Machthabern war. Im November 1936 traf sich Herbert Cram mit Karl R.A. Wittig, einem engen Mitarbeiter von Reichs-

---

141 Die folgende Schilderung basiert auf: *Eckardt Mesch*, Hans Leisegang. Leben und Werk, Erlangen/Jena 1999, passim.

142 Ebenda, S. 133.

143 Ebenda, S. 134.

innenminister Frick, den er offenbar beauftragt hatte, Erkundigungen bei der NSDAP über den Verlag einzuholen. In Crams Gesprächsnotiz zeigt sich, dass seine Strategie, eher vorsichtig unter dem Deckmantel der Wissenschaft zu agieren und sich nicht für jüdische Autoren stark zu machen, erfolgreich war:

W. teilt mir mit, dass er sich über unsern Verlag bei der Partei erkundigt habe. Es liegt nichts gegen uns vor, es sei denn der allgemeine Gesichtspunkt, dass wir uns in der Systemzeit nicht für die NSDAP eingesetzt haben. Er gab aber gleichzeitig als Entlastung für uns an, dass wir als rein wissenschaftlicher Verlag uns von der Politik fern gehalten haben.[144]

Sehr geschickt argumentierte Cram bei der Frage, wie mit jüdischen Autoren umzugehen sei:

Wir kamen dann auf das Problem der Judenfrage zu sprechen. Ich fragte ihn, ob jüdische Autoren auch dann abgelehnt werden müssten, wenn z.B. jüdische Autoritäten auf medizinischem, naturwissenschaftlichem oder technischem Gebiet ihre Lebensarbeit anbieten, die nach wissenschaftlichem Urteil von ausschlaggebender Bedeutung für die Entwicklung der Disziplin sein kann, z.B. das Ergebnis einer erfolgreichen Krebsbehandlung. Wenn derartige Arbeiten abgelehnt würden, würden sie im Ausland erscheinen, sie müssten mit Devisen wieder gekauft werden, um sie für das deutsche Volk nutzbar zu machen, ganz zu schweigen von dem empfindlichen Prestigeverlust der deutschen Wissenschaft. Ich persönlich als Leiter eines wissenschaftlichen Verlags hielte es für meine Pflicht, im Interesse des deutschen Volkes eine solche Arbeit anzunehmen. Ich sei mir allerdings dabei bewusst, dass ich die politische Tragweite einer solchen Handlung nicht übersehen könne. Die Stellungnahme einer Persönlichkeit wie Frick würde mir deshalb immerhin wünschenswert sein. Wittich [sic] interessierte sich für dieses Problem und will versuchen, es Frick gelegentlich darzustellen, eventuell mich mit ihm zusammenzuführen. Wittich machte mich vertraulich darauf aufmerksam, dass Frick zwar an und für sich wirtschaftlich und kühl überlegt, aber in der Judenfrage ein unerbittlicher Hasser ist. Das sei bei ihm sehr viel mehr als bei Streicher zu beachten.[145]

Cram bemühte sich also einerseits, die Frage auf hoher politischer Ebene klären zu lassen, führte aber auch die beiden Argumente an, die unter Umständen weiterhin die Publikation von Werken jüdischer Wissenschaftler zuließen: das Erzielen von Devisen und das Ansehen bzw. der Ansehensverlust der deutschen Wissenschaft. Gleichzeitig nahm er sich als Person geschickt zurück, indem er sich als nicht kompetent für eine Entscheidung von derartiger Tragweite erklärte.

Grundsätzlich war es jedoch 1936 noch möglich, die Werke jüdischer Wissenschaftler neu aufzulegen. In diesem Jahr erschien bei De Gruyter z.B. die dritte, neubearbeitete und erweiterte Auflage der „Atomtheorie" von Arthur Erich Haas (1884–1941). Der Physiker lehrte bis 1935 an der Wiener Universität, emigrierte dann in die USA, wo er im Oktober 1935 als Tallman Visiting Profes-

---

144 Herbert Cram, Rücksprache mit Dr. Wittich [sic] am 9.11.1936, Stabi Dep. 42,195 (8).
145 Ebenda.

sor of Physics am Bowdoin College in Brunswick, Maine, tätig war.[146] Er war seit vielen Jahren Autor des Verlages. Bereits seine Antrittsvorlesung „Der Geist des Hellenentums in der modernen Physik" von 1914 war bei Veit publiziert worden. Vor allem seine „Einführung in die theoretische Physik" und die „Atomtheorie" erfuhren zahlreiche Neuauflagen.

Die Zurückdrängung jüdischer Autoren und Herausgeber erfolgte – neben den Maßnahmen der Reichsschrifttumskammer, der Parteiamtlichen Prüfungskommission usw. – auch durch die Streichung von Zuschüssen. Der bis zu seiner Emeritierung 1932 in Innsbruck lehrende Altorientalist und Althistoriker Prof. Carl F. Lehmann-Haupt (1861–1938) z.B. war dem Verlag durch das Projekt „Corpus Inscriptionum Chaldicarum" verbunden. Herbert Cram besuchte ihn im Juni 1937 in Innsbruck und hielt anschließend fest, dass ihm Lehmann-Haupt erklärt habe, dass er kein „Vollarier" sei. Für die Fortsetzung der Arbeit am „Corpus Inscriptionum Chaldicarum" vonseiten Lehmann-Haupts bestünden „zur Zeit noch keine Bedenken", es müsse aber bei den Mittelgebern mit Schwierigkeiten gerechnet werden, „in erster Linie bei der Deutschen Forschungsgemeinschaft, die höchstwahrscheinlich für die Bewilligung dieser Zuschüsse ausfällt". Um „Schwierigkeiten vorzubeugen", wollte sich Lehmann-Haupt einen Projektmitbearbeiter suchen.[147] Die Wahl fiel auf den Grazer Sprachwissenschaftler und Historiker Wilhelm Brandenstein.[148] Ein Jahr später – drei Monate nach dem „Anschluss" Österreichs an das Deutsche Reich – kam Lehmann-Haupt wegen der veränderten politischen Situation in einem Schreiben an Herbert Cram auf die Angelegenheit zurück: „Als ich im Mai vorigen Jahres auf den mir nach den neuesten Anschauungen anhaftenden Makel hinwies, erklärten Sie, dass Sie darin für das Corpus keine Bedenken sähen." Damals galt das Corpus als „von einem österreichischen Gelehrten stammend". Dieser Aspekt „kommt ja nun durch die neuesten Entwicklungen in Wegfall". Damit bestand auch keine Aussicht mehr, von österreichischen Akademien einen Zuschuss für das Projekt zu erhalten. Lehmann-Haupt war zwar

> an sich der Sache wegen bereit, mich im Hintergrunde zu halten und Herrn Brandenstein die Aktion gegenüber den Akademien zu überlassen. Aber die Tatsache, dass das ganze Corpus doch allein auf meinen Forschungen beruht und ohne mich überhaupt nicht weitergeführt werden kann, wird sich ja doch niemals verhehlen lassen.[149]

---

[146] Vorwort zur 3. Auflage von *Arthur Haas*, Atomtheorie, Berlin 1936.

[147] Besprechung mit Prof. Lehmann-Haupt, Innsbruck am 1.6.37, Gesprächsnotiz von Herbert Cram, 2.6.1937, Stabi Dep. 42 Gr, Carl F. Lehmann-Haupt.

[148] Brill an Prof. Dr. C.F. Lehmann-Haupt, 4.10.1937, Stabi Dep. 42 Gr, Carl F. Lehmann-Haupt.

[149] Carl. F. Lehmann-Haupt an Herrn Cram, 28.6.1938, Stabi Dep. 42 Gr, Carl F. Lehmann-Haupt.

Die Antwort Herbert Crams steht exemplarisch für viele Verlagsprojekte; in der Diktion verbindlich, die Schwierigkeiten des Verlages betonend bei gleichzeitiger Hintanstellung der in der Regel weitaus größeren Probleme des jüdischen Verfassers, gaben diese Schreiben wenig Anlass zu Optimismus. So auch im Falle Lehmann-Haupts:

Haben Sie Dank für [...] Ihr Verständnis für die Schwierigkeiten, mit denen auch der Verlag zu rechnen hat. [...] Es wäre [...] noch ein Zuschuss von ca. 6000.– MK aufzubringen; ob wir diesen aber unter den heutigen Voraussetzungen noch von den früheren Geldgebern erwarten dürfen, ist mir zweifelhaft, selbst wenn Sie mit Ihrer Persönlichkeit zurücktreten wollen, wozu Sie sich freundlicherweise bereit erklären. Auch eine Titeländerung: CICh, begründet von Lehmann-Haupt, beendigt durch Brandenstein, würde unserer Ansicht nach die Lage kaum ändern. Immerhin will ich mit mir befreundeten Herren aus der Akademie vertraulich darüber sprechen.[150]

Zwei Wochen später, am 24. Juli 1938, starb Lehmann-Haupt; mit ihm wurde auch die Fortsetzung des Projektes zu Grabe getragen.

Zu Beginn der NS-Herrschaft war in den Protokollen der Verlagskonferenz – des wichtigsten Entscheidungsgremiums im Hause – sowie in der Korrespondenz der Geschäftsführung ein eher vorsichtiges, abwartendes Taktieren im Umgang mit jüdischen Autoren zu spüren gewesen. Die Diktion änderte sich im Laufe der 1930er-Jahre merklich. Am 31. Januar 1939 hielt das Protokoll der Verlagskonferenz kurz und knapp fest: (Siehe Abbildung auf S. 72)

1.) Bei Neuauflagen Arierschaft feststellen (nach Nürnberger Gesetzen). 2.) Bei nichtarischen Büchern prüfen, wie weit Neuauflage von Ariern herausgebracht werden kann. 3.) Werbung für Bücher inländischer Juden in Prospekten usw. unterlassen. So beschlossen.[151]

Aber noch im Herbst 1940 stand das Thema für die Wissenschaftsverlage auf der Agenda. Zwar hatte die „Amtliche Bekanntmachung der Reichsschrifttumskammer Nr. 70 (Neufassung)" eine im Grundsatz eindeutige „Anordnung betreffend Listen des schädlichen und unerwünschten Schrifttums" erlassen. Darin hieß es:

Auf Grund von § 25 der Ersten Verordnung zur Durchführung des Reichskulturkammergesetzes vom 1. November 1933 (RGBl. I S. 797) gebe ich meiner Anordnung über schädliches und unerwünschtes Schrifttum vom 25. April 1935 („Völkischer Beobachter" vom 8. Mai 1935) folgende Fassung: § 1. Die Reichsschrifttumskammer führt eine Liste des schädlichen und unerwünschten Schrifttums, in die Werke des Schrifttums eingetragen werden, die den kulturellen und politischen Zielen des nationalsozialistischen Reiches widersprechen. Es ist untersagt, diese Werke zu verlegen, zu verkaufen, zu ver-

---

150 Herbert Cram an Prof. C.F. Lehmann-Haupt, 8.7.1938, Stabi Dep. 42 Gr, Carl F. Lehmann-Haupt.

151 Verlagskonferenz, 31.1.1939. Anwesend die Herren: Cram, Dr. v. Staa, Dr. Lüdtke, Brill, Hübler, Dr. Sell, Grethlein, Dr. Elster, Stabi Dep. 42,627.

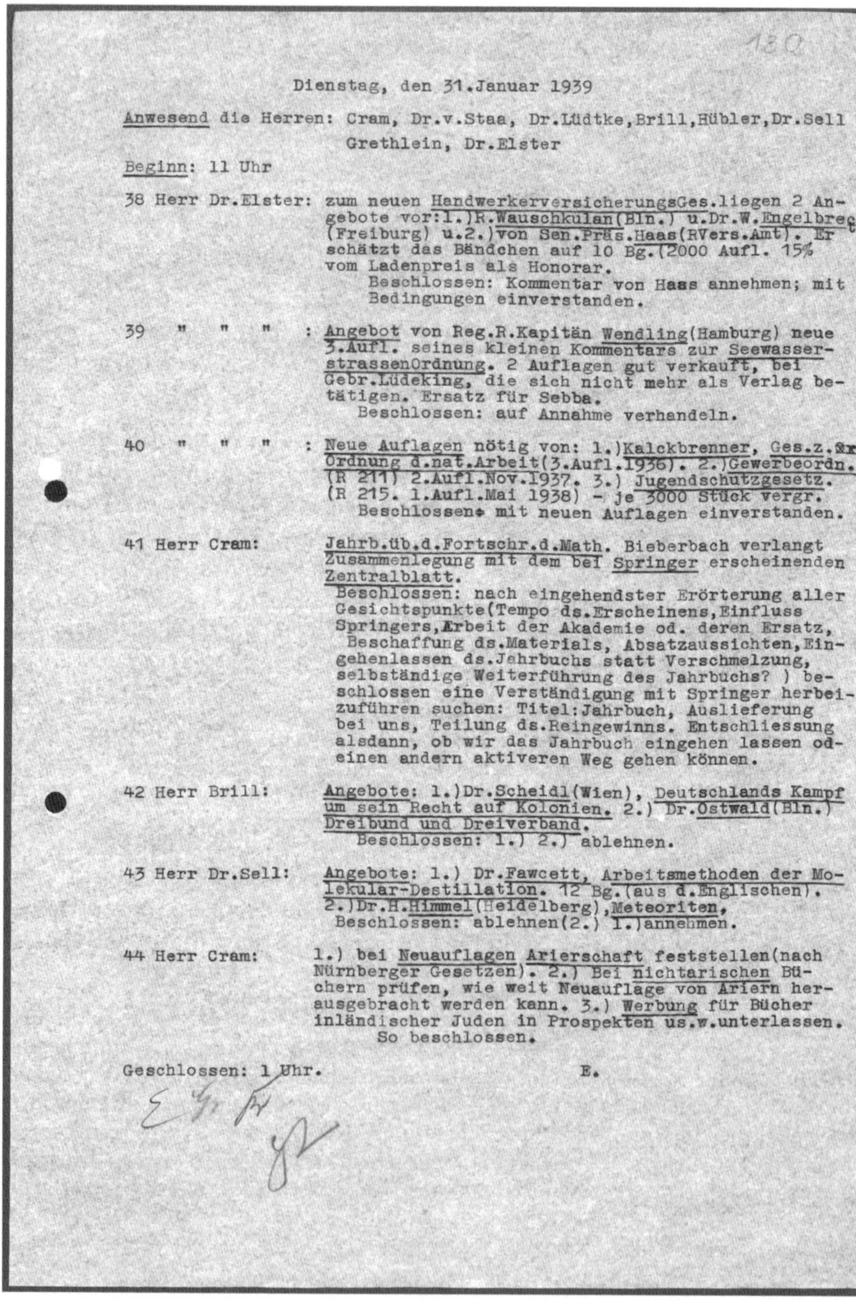

130

Dienstag, den 31.Januar 1939

Anwesend die Herren: Cram, Dr.v.Staa, Dr.Lüdtke,Brill,Hübler,Dr.Sell Grethlein, Dr.Elster

Beginn: 11 Uhr

38 Herr Dr.Elster: zum neuen HandwerkerversicherungsGes.liegen 2 Angebote vor:1.)R.Wauschkulan(Bln.) u.Dr.W.Engelbrect (Freiburg) u.2.)von Sen.Präs.Haas(RVers.Amt). Er schätzt das Bändchen auf 10 Bg.(2000 Aufl. 15% vom Ladenpreis als Honorar.
Beschlossen: Kommentar von Haas annehmen; mit Bedingungen einverstanden.

39 " " " : Angebot von Reg.R.Kapitän Wendling(Hamburg) neue 3.Aufl. seines kleinen Kommentars zur SeewasserstrassenOrdnung. 2 Auflagen gut verkauft, bei Gebr.Lüdeking, die sich nicht mehr als Verlag betätigen. Ersatz für Sebba.
Beschlossen: auf Annahme verhandeln.

40 " " " : Neue Auflagen nötig von: 1.)Kalckbrenner, Ges.z.Ordnung d.nat.Arbeit(3.Aufl.1936). 2.)Gewerbeordn. (R 211) 2.Aufl.Nov.1937. 3.) Jugendschutzgesetz. (R 215. 1.Aufl.Mai 1938) - je 3000 Stück vergr.
Beschlossen: mit neuen Auflagen einverstanden.

41 Herr Cram: Jahrb.üb.d.Fortschr.d.Math. Bieberbach verlangt Zusammenlegung mit dem bei Springer erscheinenden Zentralblatt.
Beschlossen: nach eingehendster Erörterung aller Gesichtspunkte(Tempo ds.Erscheinens,Einfluss Springers,Arbeit der Akademie od. deren Ersatz, Beschaffung ds.Materials, Absatzaussichten,Eingehenlassen ds.Jahrbuchs statt Verschmelzung, selbständige Weiterführung des Jahrbuchs?) beschlossen eine Verständigung mit Springer herbeizuführen suchen: Titel:Jahrbuch, Auslieferung bei uns, Teilung ds.Reingewinns. Entschliessung alsdann, ob wir das Jahrbuch eingehen lassen odeinen andern aktiveren Weg gehen können.

42 Herr Brill: Angebote: 1.)Dr.Scheidl(Wien), Deutschlands Kampf um sein Recht auf Kolonien. 2.) Dr.Ostwald(Bln.) Dreibund und Dreiverband.
Beschlossen: 1.) 2.) ablehnen.

43 Herr Dr.Sell: Angebote: 1.) Dr.Fawcett, Arbeitsmethoden der Molekular-Destillation. 12 Bg.(aus d.Englischen). 2.)Dr.H.Himmel(Heidelberg),Meteoriten,
Beschlossen: ablehnen(2.) 1.)annehmen.

44 Herr Cram: 1.) bei Neuauflagen Arierschaft feststellen(nach Nürnberger Gesetzen). 2.) Bei nichtarischen Büchern prüfen, wie weit Neuauflage von Ariern herausgebracht werden kann. 3.) Werbung für Bücher inländischer Juden in Prospekten us.w.unterlassen.
So beschlossen.

Geschlossen: 1 Uhr. E.

Protokoll der Verlagskonferenz vom 31. Januar 1939 mit dem Beschluss, bei Neuauflagen die „Arierschaft" des Verfassers festzustellen. Quelle: Stabi Dep. 42,627.

teilen, zu verleihen, zu vermieten, auszustellen, anzupreisen, anzubieten oder vorrätig zu halten. [...] § 4. Das Verbot des § 1 Abs. 2 gilt für Werke voll- oder halbjüdischer Verfasser auch dann, wenn sie nicht in die Liste des schädlichen und unerwünschten Schrifttums eingetragen sind.[152]

Bei wissenschaftlichen Sammelwerken und Handbüchern wollte das Reichspropagandaministerium jedoch weiterhin im Einzelfall entscheiden. Die Verlagskonferenz diskutierte diese Bekanntmachung am 19. November 1940 und beschloss, „jüdische Bücher (und halbjüdische) zu ersetzen durch neue; überlegen für welche Bücher Ausnahmebewilligung zu beantragen ist".[153] Auf der „Liste des schädlichen und unerwünschten Schrifttums" standen bereits sechs Titel des A. Marcus & E. Webers Verlages: Paul Lissmann, Briefe an sexualpathologische Männer (1918), Iwan Bloch, Das Sexualleben unserer Zeit (1919), Abraham Heller, Die Lage der Juden in Russland von der Märzrevolution 1917 bis zur Gegenwart (1925), Iwan Bloch/Georg Löwenstein, Die Prostitution (1925), Enoch Heinrich Kisch, Die sexuelle Untreue der Frau (1917) und C. Bernaldo de Quiros/J. M. L. Aguilaniedo, Verbrechertum und Prostitution in Madrid (1910).[154] Diese – wenigen – Titel zeigen, dass von staatlicher Seite die Verdrängung jüdischer Autoren aus der wissenschaftlichen Literatur zurückhaltend erfolgte. Zudem waren diese Titel, abgesehen von Hellers Lage der Juden in Russland, offenbar eher aus gegen die Sexualwissenschaften gerichteten Motiven in Misskredit geraten. Dennoch entschied sich der Verlag, auch im Einzelfall nicht weiter zu diskutieren und Begründungen für die mögliche Notwendigkeit des Verbleibs eines jüdischen Verfassers zu liefern, sondern den erwünschten Gehorsam zu leisten. Nicht zuletzt ökonomisch befand sich De Gruyter im Aufwind, und man sah keinen Grund, an der dem Regime angepassten, erfolgreichen Strategie zu rütteln.

Die Ersetzung und Tilgung eines jüdischen Autors las sich im Januar 1941 im Protokoll der Verlagskonferenz so: „Arnold, Bücherkunde. Ersatzbuch. Autor suchen. Beschlossen: ‚Allgemeine Bücherkunde' neu machen. Geeigneten Autor zu gewinnen suchen."[155] Von den Zweifeln des Jahres 1933 und der Betonung des wissenschaftlichen Qualitätsanspruchs unabhängig von der Abstammung eines Wissenschaftlers war nichts mehr zu spüren. Es handelte sich um den im Januar 1938 verstorbenen Wiener Germanisten Robert Franz Arnold, eigentlich Levisohn, dessen „Allgemeine Bücherkunde zur neueren Literaturgeschichte"

---

152 In: Vertrauliche Mitteilungen für die Fachschaft Verlag Nr. 55, 15.9.1940 (Stabi Dep. 42,332).

153 Verlagskonferenz, 19.11.1940. Anwesend die Herren: Cram, Dr. v. Staa, Dr. Lüdtke, Brill, Dr. Sell, Grethlein, Dr. Elster, Stabi Dep. 42,627.

154 „Liste des schädlichen und unerwünschten Schrifttums", http://www.berlin.de/rubrik/hauptstadt/verbannte_buecher/suche.php?suche=Marcus&submit=Suche [14.10.2014].

155 Konferenz am 7.1.1941. Anwesend die Herren: Cram, Dr. v. Staa, Dr. Lüdtke, Grethlein, Dr. Sell, Brill, Dr. Elster, Stabi Dep. 42,627.

erstmals 1910 im noch in Straßburg ansässigen Trübner Verlag erschienen war. 1919 und 1931 waren Neuauflagen erschienen, und noch 1953 galt sein Buch als „grundlegendes, weit über das Fachgebiet hinaus unterrichtendes Werk".[156] Die Suche nach einem Ersatzautor gestaltete sich jedoch offenbar nicht so einfach, denn der Verlag druckte ein Vierteljahrhundert später im Jahr 1966 eine vierte Auflage.

Zu dieser opportunistischen Strategie passte auch, dass der Verlag im Juli 1941 eine Änderung des Firmennamens von A. Marcus & E. Webers anstrebte, was Herbert Cram im September 1941 allerdings wieder rückgängig machte. „Den Namen A. Marcus hatten wir fälschlicherweise für jüdisch gehalten", so die Begründung. Mittlerweile war jedoch eine Jubiläumsschrift aus dem Jahr 1919 aufgetaucht, aus der hervorging, dass der Firmeninhaber Adolf Marcus hieß und „in der Familie weiter ausschließlich deutsche Vornamen [...] gebräuchlich waren. [...] Die Annahme, dass es sich um eine jüdische Familie handelt, ist demnach irrig."[157]

2. Kürschners Deutscher Literatur-Kalender

Anfang 1936 entschied De Gruyter, einen neuen Band des seit 1879 bei Göschen erscheinenden „Kürschners Literatur-Kalender" – ein Erfolgsprodukt des Verlages – herauszubringen. Der Leiter der Abteilung Trübner, Gerhard Lüdtke, fungierte seit 1922 als Herausgeber des bewährten Nachschlagewerks zu allen lebenden Autoren und Autorinnen der deutschsprachigen belletristischen Literatur, unabhängig von ihrem Schaffens- und Lebensort. Benannt ist der noch heute – nach längerer Unterbrechung – im Zweijahres-Rhythmus bei De Gruyter publizierte Literatur-Kalender nach dem Germanisten Joseph Kürschner. 1936 begab sich der Verlag mit dem Projekt auf dünnes Eis: Einerseits musste der Literatur-Kalender regelmäßig neu aufgelegt werden, um seinen Status als weithin anerkanntes Nachschlagewerk zur Literatur der Gegenwart aufrechtzuerhalten, andererseits war klar, dass eine schlichte Aktualisierung ohne Berücksichtigung der rassenpolitischen Vorgaben des Regimes nicht genehmigt werden würde. Ohnehin fand der „Kürschner" bei den zuständigen Schrifttumsstellen auch stärkere Aufmerksamkeit als viele andere Verlagspublikationen, weil die belletristische Literatur unter intensiverer Beobachtung stand als die wissenschaftliche. Zunächst fühlte Herausgeber Gerhard Lüdtke bei der Parteiamt-

---

[156] *Robert Teichl*, Arnold, Robert Franz, in: Neue Deutsche Biographie 1 (1953), S. 387 f., http://www.deutsche-biographie.de/pnd116351764.html [4.8.2014].

[157] Herbert Cram an Rechtsanwalt Dr. Philipp Möhring, 16.9.1941, Stabi Dep. 42,212. Diese Schrift liegt in den Verlagsvitrinen (Nr. 87): Hundert Jahre A. Marcus und E. Webers Verlag 1818–1918, Bonn 1919.

lichen Prüfungskommission zum Schutze des NS-Schrifttums und der Reichsschrifttumskammer vor, um „eine gewisse Übereinstimmung in der Beurteilung der Probleme herbeizuführen". Nach den Vorstellungen des Verlages sollten alle Schriftsteller gestrichen werden, die nicht Mitglied der Reichsschrifttumskammer waren (Voraussetzung für die Mitgliedschaft war die „arische" Abstammung), denen die deutsche Staatsangehörigkeit aberkannt worden war, sowie in Deutschland geborene und wohnhafte „nichtarische" Schriftsteller. Jüdische Schriftsteller, die im Ausland geboren worden waren oder lebten, sollten genannt werden, sofern sie den zur Datenerhebung versandten Fragebogen beantworteten.[158] Lüdtke und der Verlag waren also in vorauseilendem Gehorsam bereit, den Anspruch eines universellen Nachschlagewerks zur deutschen Gegenwartsliteratur aufzugeben, indem sie bei jüdischen und politisch missliebigen Schriftstellern den Rotstift ansetzten. Wie akribisch dabei vorgegangen wurde, zeigen die fragmentarisch vorhandenen, handschriftlichen Listen über Schriftsteller mit „Fragezeichen" und „Gestrichen".[159] (Siehe Abbildung auf S. 76)

Bis zum 21. November 1936 lagen sowohl der Reichsschrifttumskammer als auch der Parteiamtlichen Prüfungskommission alle Fahnen vor, die diese offenbar mit der gebotenen Gründlichkeit studierten. Anfang Februar 1937 monierte Lüdtke nämlich, dass bislang keine Reaktion erfolgt sei, obwohl der Verlag für die Prüfungsarbeit der Reichsschrifttumskammer 250,– RM bezahlt habe. Er äußerte sich sehr besorgt, dass das verzögerte Erscheinen naturgemäß die auf Aktualität angelegten Informationen zu stark veralten ließ und drängte auf sofortige Erledigung. Schließlich habe der Literatur-Kalender „seit Jahrzehnten den Ruf äußerster Zuverlässigkeit und Pünktlichkeit, der jetzt auf dem Spiel steht".[160] Anfang April 1937 klagte Lüdtke, dass immer noch keinerlei Reaktion erfolgt sei und der Verlag nun vor der schwierigen Entscheidung stehe, entweder einen veralteten Kalender aufzulegen, weil die Literatur der vergangenen Monate nicht mehr berücksichtigt werden konnte, oder selbst alle Streichungen vorzunehmen und dabei „viel schärfere Maßstäbe anzulegen" als mit dem Propagandaministerium vereinbart.[161] Dieser Lösungsvorschlag macht deutlich, wie regimekonform sich der Verlag vier Jahre nach dem Beginn der NS-Herrschaft völlig selbstverständlich verhielt. Auf die Idee, die verzögerte Reaktion der Zensurinstitutionen im positiven, liberaleren Sinne zu nutzen und den Charakter

---

158 Gerhard Lüdtke an den Präsidenten der Reichsschrifttumskammer, 12.10.1936, Stabi Dep. 42,348. Bereits am 27.6.1936 hatte die Parteiamtliche Prüfungskommission signalisiert, dass sie die Fahnen des Literaturkalenders zu sehen wünschte. Stabi Dep. 42, K 360, M 2.

159 Die Liste liegt für die Buchstaben A-F vor. Stabi Dep. 42, K 360, M 2.

160 Gerhard Lüdtke an den Herrn Präsidenten der Reichsschrifttumskammer, 1.2.1937, Stabi Dep. 42, K 360, M 2.

161 Gerhard Lüdtke, Kürschners Literatur-Kalender, 1.4.1937, Stabi Dep. 42,348.

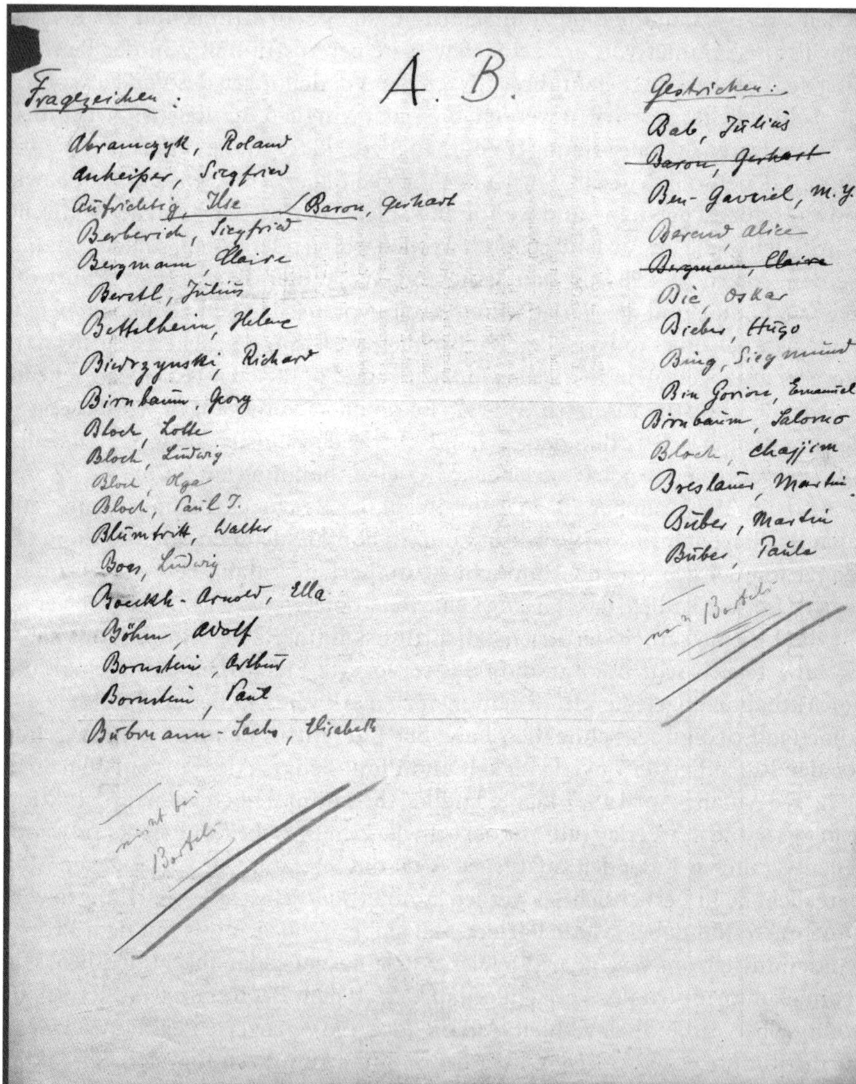

Auszug aus der Liste zur Vorbereitung der Neuauflage von Kürschners Deutschem Literatur-Kalender von 1936. Jüdische und politisch missliebige Schriftsteller wurden gestrichen bzw. bis zur Klärung ihrer Abstammung mit einem Fragezeichen versehen. Quelle: Stabi Dep. 42, K 360, M 2.

des Nachschlagewerks zu erhalten, kam man nicht einmal mehr verlagsintern. De Gruyter hatte sich mit den neuen Machthabern arrangiert.

Schließlich konnte dieser 48. Jahrgang des Literatur-Kalenders aber Ende 1937 erscheinen, und Gerhard Lüdtke machte gleich zu Beginn seines Vorwortes auf die vorangegangenen Schwierigkeiten aufmerksam, indem er bekanntgab, dass sich die Fertigstellung „durch besondere Umstände um einige Monate verzögert" habe. „Das alphabetische Verzeichnis der Schriftsteller mußte einer gründlichen Durchsicht unterzogen werden, um das Werk mit den Bestimmungen der Reichsschrifttumskammer in Einklang zu bringen."[162] Schriftsteller wie Lion Feuchtwanger, Erich Kästner, Thomas Mann oder Else Ury fehlten nun im Unterschied zur 47. Ausgabe aus dem Jahr 1934. Der 49. Jahrgang des Literatur-Kalenders erschien dann im Jahr 1939, und offenbar hatte das Lavieren und Taktieren mit dem Propagandaministerium nun ein Ende. Die neuen Richtlinien waren eindeutig, wie Gerhard Lüdtke in seinem Vorwort deutlich machte:

> Die neue Ausgabe des Literaturkalenders konnte insofern erstmalig wieder auf fester Grundlage errichtet werden, als die Mitgliedschaft in der Reichsschrifttumskammer zur ersten Voraussetzung für die Aufnahme in das Verzeichnis deutscher Schriftsteller und Schriftstellerinnen gemacht wurde.[163]

Diese Entscheidung hatte jedoch einen erheblichen arbeitstechnischen Mehraufwand zur Folge. Aus diesem Grund wurde Hauptschriftleiter Kurt O.Fr. Metzner, Abteilungsleiter der „Gruppe Schriftsteller" in der Reichsschrifttumskammer, für diesen Band als Mitherausgeber verpflichtet. Der 1943 erscheinende 50. Jahrgang des Literaturkalenders war der letzte während der NS-Zeit und unter Lüdtkes Herausgeberschaft, der im darauffolgenden Jahr starb.

Auch „Kürschners Deutscher Gelehrten-Kalender", der 1925 vom Literatur-Kalender abgetrennt worden war und die deutschsprachigen Wissenschaftler aufführte, wurde an der nationalsozialistischen Kulturpolitik ausgerichtet. Am 7. Februar 1939 besprach sich die Verlagskonferenz „eingehend", ob die sechste Ausgabe des Deutschen Gelehrten-Kalenders vorbereitet werden sollte. Überaus heikel war das Thema, welche Wissenschaftler aufgenommen werden sollten. Man fasste einen politisch korrekten Beschluss: Der Gelehrtenkalender sollte gemacht werden. „Aufzunehmen die wesentlichen Werke ohne zeitliche Begrenzung. Persönlich Begrenzung der ‚Deutschen' im Sinn der Nürnberger Gesetze."[164] Im Vorwort zur sechsten Ausgabe von „Kürschners Deutschem Ge-

[162] Kürschners Deutscher Literatur-Kalender 1937/38, hrsg. von *Gerhard Lüdtke*, Berlin/Leipzig 1937, S. V.

[163] Kürschners Deutscher Literatur-Kalender 1939, hrsg. von *Gerhard Lüdtke* und *Kurt O. Fr. Metzner*, Berlin 1939, S. V.

[164] Verlagskonferenz, 7.2.1939. Anwesend die Herren: Cram, Dr. Meier, Dr. von Staa, Dr. Lüdtke, Hübler, Dr. Sell, Grethlein, Dr. Buchenau, Dr. Elster, Stabi Dep. 42,627.

lehrten-Kalender" von 1940/41 bemerkte Herausgeber Gerhard Lüdtke lapidar: „Nicht aufgenommen wurden [...] alle diejenigen Gelehrten, die aus ihren Ämtern ausgeschieden sind."[165]

3. Der Angriff der SS-Zeitung *Das Schwarze Korps* oder die Vertreibung von Fritz Homeyer

Am 30. Januar 1936 blies das im Franz Eher Verlag erscheinende SS-Blatt *Das Schwarze Korps* mit dem Beitrag „Verlagssorgen der anderen" zum Angriff auf die dem Verlag De Gruyter gehörende Akademische Buchhandlung Arthur Collignon und ihren Leiter Fritz Homeyer:

Den Vogel im Verlagswesen aber schießt zweifellos der Buchhändler „Arthur Collignon"-Berlin ab. Trotz des französischen Namens handelt es sich hier um eine deutsche Firma, die einem Herrn Cram gehört und von Dr. Homayer [sic] geleitet wird. Dr. Homayer liebt es, mit einer oppositionellen Haltung gegen den Nationalsozialismus zu kokettieren, wahrscheinlich fühlt er sich als Vertreiber englischer und französischer Bücher sogar verpflichtet dazu. In dem von ihm ausgegebenen französischen Prospekt „Les meilleurs Livres français" empfiehlt er den geneigten Lesern Herrn Tschuppik, der sich im Auslande solider und ausdauernder Hetze gegen Deutschland widmet, und in seinem englischen Prospekt sogar Karl Marx, Stalin und Dimitroff, „den Helden im Reichstagsbrandprozeß"! Diese Bücher werden von ihm wärmstens empfohlen, wenn auch nur in englischer Sprache, was jedoch weiter nicht ins Gewicht fällt, da sie scheinbar für die „Intelligenz" bestimmt sind. Es ist höchste Zeit, daß hier einmal hineingeleuchtet wird unter diese „Treuhänder der deutschen Kultur". Und es soll uns namenloses Vergnügen bereiten, diese Herrschaften des öftern ein bißchen hart mit der Nase auf ihre Pflichten zu stoßen, die sie dem nationalsozialistischen Staate gegenüber zu erfüllen haben. Dieses geistige Band, das man über Hermann Hesse – „Neue Zürcher Zeitung" – „Pariser Tageblatt" – „Christlichen Ständestaat" – „Querido-Verlag" – „Kölnische Zeitung" und Collignon verfolgen kann, das da dreimal über die Grenzen des Reiches wechselt, könnte sich unter Umständen auch dazu eignen, gewissen Herrschaften daraus einen Strick zu drehen.[166]

---

165 Kürschners Deutscher Gelehrten-Kalender 1940/41, hrsg. von *Gerhard Lüdtke*, Berlin 1941, S. VII.

166 Das Schwarze Korps, 30.1.1936 (BArch Berlin R 56/V 1257); Original auch in: Stabi Dep. 42, K 74, M 2.

Ziel eines Angriffs der SS-Zeitung Das Schwarze Korps wurde Anfang Dezember 1937 auch die Firma Brockhaus, wobei dem Verlag zur Last gelegt wurde, dass seine Lexika nicht der NSDAP-Ideologie entsprechend ausgerichtet seien. Hinzu kam eine Andeutung, dass die Familie Brockhaus jüdischer Abstammung sei und nur mithilfe einer Ausnahmegenehmigung weiterhin tätig sein durfte. Vgl. Thomas Keiderling, Lexikonarbeit im Nationalsozialismus. Eine vergleichende Untersuchung zu F.A. Brockhaus und dem Bibliographischen Institut, in: *Saur* (Hrsg.), Verlage im „Dritten Reich", S. 92–97.

Seite 10 / Folge 5 „Das Schwarze Korps" 30. Januar 1936

Verlagssorgen der anderen

Das ABC fürs WHW (XI)

Z. Die Ziegen

Nur Ziegen meckern jederzeit,
Der Deutsche ist stets hilfsbereit!
Er gibt fürs Winterhilfswerk!

Der Strick

Gut geblökt, weises Schaf!

Der beschnittene Tacitus

Ein Krist

Schütze Deine Familie durch eine Herold-Versicherung

Deutscher Herold Volks- und Lebensversicherungs-AG. Berlin SW 68, Friedrichstr. 219-220

Bestattungs-Versicherung Ausbildungs- und Aussteuer-Versicherung Lebensversicherung

Die SS-Zeitschrift *Das Schwarze Korps* veröffentlichte am 30. Januar 1936 den Artikel „Verlagssorgen der anderen". Quelle: Stabi Dep. 42, K 74, M 2.

Zu diesen „Herrschaften“ gehörte Fritz Homeyer, der am 23. August 1880 in Posen in einer protestantischen Familie geboren worden war.[167] Als er 14 Jahre alt war, zog er mit seinen Eltern nach Berlin-Charlottenburg. In seinen Erinnerungen hielt Homeyer fest, dass der Ortswechsel für ihn einer Weichenstellung gleichkam:

> Unsere Übersiedlung nach Charlottenburg im Winter 1894/95 hatte nicht nur aus dem Provinzler einen Großstadtmenschen gemacht, sie hat vor allem einen bedeutenden Sektor meines Interessenkreises gewaltig gefördert und mich schließlich zum Hauptbetätigungsfeld meines Lebens gebracht: die Arbeit am Buch.[168]

Sein Philologie- und Germanistikstudium schloss er 1908 mit einer Promotion zu einem Thema aus der Theatergeschichte der Barockzeit ab. Im Jahr 1908 machte er die Bekanntschaft des international angesehenen Antiquars Martin Breslauer, aus der eine enge berufliche und persönliche Verbindung erwuchs. Nach dem Kriegsdienst 1915–1918 begann Homeyer bei Breslauer eine Ausbildung zum Buchhändler und wissenschaftlichen Antiquar. Weil die schwierigen ökonomischen Bedingungen während der Inflationszeit die Aufnahme Homeyers in Breslauers Firma als Juniorpartner verhinderten, wechselte er im April 1923 zum Verlag Walter de Gruyter. Dort sollte er ein wissenschaftliches Antiquariat aufbauen, um den Verlagsautoren und anderen Wissenschaftlern Gelegenheit zum Tausch ihrer Buchbestände gegen Neuerscheinungen zu geben. Homeyer brachte die Konsequenzen, die der Wechsel des Arbeitgebers für seinen beruflichen Werdegang hervorrief, auf den Punkt: „So war mein Schicksal für die nächsten 15 Jahre entschieden, eigentlich aber für den Rest meines Lebens.“[169] Auktionen, Einkaufsreisen im In- und Ausland, Ausstellungen und Kontakte zu illustren Buch- und Kunstfreunden waren Teil eines erfüllten Berufslebens. 1931 übernahm Homeyer zusätzlich die Leitung der Akademischen Buchhandlung Arthur Collignon, die dem Verlag Walter de Gruyter seit 1929 gehörte. Das Lager seines Antiquariats wurde mit dem Collignons in der Berliner Prinz-Louis-Ferdinand-Straße zusammengeführt. Homeyer war mittlerweile vereidigter Sachverständiger für Antiquariatsangelegenheiten der Berliner Landgerichte und Erster Vorsitzender des Vereins der Berliner Buch- und Kunstantiquare.

Am Abend des 28. Januar 1936 durchsuchte die Geheime Staatspolizei auf Initiative der Reichsschrifttumskammer die Buchhandlung Arthur Collignon, schloss das Ladenlokal und bestellte den Geschäftsführer Fritz Homeyer für den folgenden Tag zur Vernehmung ein.[170] Diese Aktion stand in Zusammenhang mit

---

167 Biografische Angaben zu Homeyer in: *Ernst Fischer*, Verleger, Buchhändler & Antiquare aus Deutschland und Österreich in der Emigration nach 1933. Ein biographisches Handbuch, Elbingen 2011, S. 142 f.

168 *Fritz Homeyer*, Ein Leben für das Buch. Erinnerungen, Aschaffenburg 1961, S. 25.

169 Ebenda, S. 93.

170 Bund Reichsdeutscher Buchhändler, Zweigstelle Berlin, gez. Höynck, an die Ge-

dem Schmähartikel in der SS-Zeitung *Das Schwarze Korps*. Die dort genannten und von der Gestapo untersuchten Vorwürfe bezogen sich auf den monatlich erscheinenden englischen Literaturkatalog *Current Literature* (herausgegeben von Edgar Whitaker, London) sowie den französischen Katalog *Les Meilleurs Livres Français* (herausgegeben von der Firma Brodard et Taupin, Paris). Beide lagen zum damaligen Zeitpunkt keineswegs nur in der Buchhandlung Collignon aus, sondern waren in allen großen Buchhandlungen und öffentlichen Bibliotheken des Deutschen Reiches zugänglich. (Siehe Abbildung auf S. 82 f.)

Der unmittelbar von Homeyer über die Durchsuchung durch die Gestapo informierte Herbert Cram setzte sich sowohl gegen den Artikel der SS-Zeitung als auch gegen die daraufhin erfolgte Schließung der Buchhandlung durch die Gestapo zur Wehr und führte dabei die Folgen dieses Angriffs für den Verlag ins Feld:

> Der genannte Artikel in Verbindung mit der Schließung des Sortiments durch die Geheime Staatspolizei hat, abgesehen von den erheblichen finanziellen Schädigungen, unser Ansehen in kaum wieder gut zu machendem Umfang gemindert und uns in unserer Standesehre schwer verletzt.[171]

Noch am 29. Januar 1936 ordnete die Reichsschrifttumskammer die Freigabe des Ladens an und sagte Homeyer einen endgültigen Bescheid der Kammer über die Angelegenheit zu. Vom 5. bis 10. Februar war wiederum die Gestapo aktiv und stellte die gesamte Buchhandlung auf den Kopf. Von ingesamt etwa 200.000 Bänden wurden schließlich 23 Bücher beanstandet. Im gesamten Verkaufslager befanden sich vier „unerwünschte" Bände, im Antiquariat vier „verbotene" und 15 „unerwünschte". Nach persönlicher Vorsprache bei der Gestapo erhielt Homeyer am 13. Februar die Information, dass die Untersuchung nunmehr abgeschlossen sei und „nicht den geringsten Anhalt für eine Verdächtigung der Buchhandlung ergeben habe".[172]

Noch Ende Januar 1936 informierte Fritz Homeyer die Berliner Zweigstelle des Bundes Reichsdeutscher Buchhändler, dass er zunächst eine Stellungnahme der Reichsschrifttumskammer abwarten wolle, weil der Fall mit den englisch- bzw. französischsprachigen Buchkatalogen von „grundsätzlicher Bedeutung" sei.[173] Dieser Einschätzung, dass eine Entscheidung für den gesamten deutschen Buchhandel notwendig sei, schloss sich auch die Zweigstelle der Reichs-

---

schäftsstelle des Bundes Reichsdeutscher Buchhändler Leipzig, 29.1.1936, BArch R 56/V 1257.

[171] Herbert Cram, 29.1.1936, BArch R 56/V 1257.

[172] Dr. Homeyer an den Gauehrenrat des Bundes Reichsdeutscher Buchhändler e.V., 14.8.1936, BArch R 56/V 1257.

[173] Fritz Homeyer an die Zweigstelle des Bundes Reichsdeutscher Buchhändler, 31.1.1936, BArch R 56/V 1257.

Der englische Literaturkatalog *Current Literature*. Quelle: Stabi Dep. 42, L 74, M 2.

Der französische Literaturkatalog *Les Meilleurs Livres Français*. Quelle: Stabi Dep. 42, K 74, M 2.

schrifttumskammer an.[174] Die Lage verkomplizierte sich jedoch, weil die Oberste SS-Führung nach dem Artikel im *Schwarzen Korps* vom 30. Januar 1936 der Reichsschrifttumskammer einen weiteren Katalog der Buchhandlung Collignon zuspielte, „der noch mehr als die bei der Durchsuchung gefundenen englischen und französischen Bibliographien kommunistisches Schrifttum in fremden Sprachen anbietet".[175] Die Reichsschrifttumskammer forderte den Bund Reichsdeutscher Buchhändler deshalb am 5. Februar 1936 mit Dringlichkeit auf, sie umfassend über die Vorgänge als solche, aber auch über die „inneren Zusammenhänge mit dem Verlag Walter de Gruyter & Co." zu informieren.[176] Dieser Aufforderung kam Fritz Homeyer nach.[177]

Sowohl Homeyer als auch Cram war die Brisanz der Lage, völlig unabhängig von der Belanglosigkeit der erhobenen Vorwürfe, klar. Dies wird nicht zuletzt aus der intensiven Korrespondenz wegen des Vorfalls deutlich. Herbert Cram ging gegenüber der Reichsschrifttumskammer in die Offensive. Zwar machte er deutlich, dass alle großen Buchhandlungen diese ausländischen Bibliografien vertrieben und sie zudem in allen öffentlichen Bibliotheken einsehbar waren, präsentierte sich in seiner Verteidigung aber als staatskonformer, dem Vaterland treu dienender Nationalsozialist. Nach der Machtübernahme habe er „bewusst Belegschaft und Geschäft im Sinne der nationalsozialistischen Weltanschauung geleitet" und „allen Mitarbeitern das Lesen von Hitlers Kampf und Rosenberg's Mythos [sic] zur Pflicht gemacht". Den Aufstieg der neuen Zeit, „die ihre Kraft aus den unversieglichen Quellen des Deutschtums, aus Wahrheit, Selbstachtung und Selbstvertrauen schöpft", habe er „dankbar" begrüßt.[178]

Ende Februar 1936 regte die Reichsschrifttumskammer beim Vorsteher des Bundes Reichsdeutscher Buchhändler, Wilhelm Baur, an, „gegebenenfalls auch ein Verfahren gemäß § 2 in Verbindung mit § 6 der Ehrenordnung für den deutschen Buchhandel (Amtliche Bekanntmachung der Reichsschrifttumskammer Nr. 95 vom 30.1.36)" gegen Herbert Cram und Fritz Homeyer einzuleiten.[179] Nur fünf Tage später drängte die Reichsschrifttumskammer mit dem Vermerk „Eilt sehr!" um Auskunft, ob ein Verfahren eröffnet worden sei, und bat schnellstmöglich um einen umfassenden Bericht in der Angelegenheit.[180] Aber auch Fritz

---

174 Bund Reichsdeutscher Buchhändler, Zweigstelle Berlin, gez. Höynck, an die Reichsschrifttumskammer, 3.2.1936, BArch R 56/V 1257.

175 Bund Reichsdeutscher Buchhändler, Zweigstelle Berlin, gez. Höynck, an die Geschäftsstelle des Bundes Reichsdeutscher Buchhändler, 5.2.1936, BArch R 56/V 1257.

176 Der Präsident der Reichsschrifttumskammer an den Bund Reichsdeutscher Buchhändler, 5.2.1936, BArch R 56/V 1257.

177 Fritz Homeyer an die Reichsschrifttumskammer, 13.2.1936, BArch R 56/V 1257.

178 Herbert Cram an die Reichsschrifttumskammer, 15.2.1936, Stabi Dep. 42, K 74, M 2.

179 Der Präsident der Reichsschrifttumskammer, gez. Wismann, an den Vorsteher des Bundes Reichsdeutscher Buchhändler Pg. Wilhelm Bauer, 29.2.1936, BArch R 56/V 1257.

180 Der Präsident der Reichsschrifttumskammer, gez. Dr. Heinl, an den Bund Reichsdeutscher Buchhändler, 5.3.1936, BArch R 56/V 1257.

Homeyer war an einer baldigen Klärung gelegen, weil er einen Rückzug der Geschäftspartner befürchtete, sofern der Buchhandlung „die notwendige Ehrenerklärung“ vorenthalten würde.[181]

Vor dem erstmals zusammengetretenen Ehrenrat des Gaues Groß-Berlin wurde daraufhin im Frühjahr 1936 ein Verfahren gegen Herbert Cram als persönlich haftenden Gesellschafter der Firma Walter de Gruyter & Co., die die Geschäftsanteile der Firma Arthur Collignon besaß, und Fritz Homeyer als leitenden Geschäftsführer der Firma Arthur Collignon eröffnet. Beiden wurde zur Last gelegt,

> eine gegnerische Einstellung zur nationalsozialistischen Weltanschauung kund getan und die Grundsätze der buchhändlerischen Berufs- und Standesehre verletzt zu haben, indem sie den monatlich erscheinenden englischen Literaturkatalog „Current Literature“ […] und den französischen Monatskatalog „Les Meilleurs Livres Francais“ […] in Deutschland verbreiteten, obwohl darin verbotene bezw. unerwünschte Literatur angeboten wurde.[182]

Fritz Homeyer gab zu, dass er diese Kataloge – monatlich etwa 50 Stück – an Kunden ausgehändigt hatte, ohne sie auf verbotene oder unerwünschte Literatur kontrolliert zu haben. Eine Prüfung der Kataloge im Einzelnen sei vom Arbeitsumfang her auch nicht zu leisten, zudem habe die Firma auf deren Zusammenstellung keinen Einfluss. Ferner sei dem Sortimenter bisher nicht zugemutet worden, „alles zu lesen, was er vorrätig hält und anbietet“. Dieses Argument aber wollte der Bund Reichsdeutscher Buchhändler für ausländisches Schrifttum nicht gelten lassen. Hier habe

> eine verantwortungsbewusste Prüfung durch jeden inländischen Verbreiter einzusetzen, ob es mit den kulturellen und weltanschaulichen Aufgaben eines deutschen Buchhändlers vereinbar ist, an der Verbreitung solcher ausländischer Literatur mitzuwirken.[183]

Sofern diese Schriften der Wissenschaft dienten, sei ihre bibliothekarische Titelaufnahme nicht zu beanstanden. Das sei hier aber nicht der Fall:

> Das ist marxistisch-kommunistische Propaganda, zu deren Verbreitung sich ein deutscher Buchhändler nach den Grundsätzen der Berufs- und Standesehre nicht hergeben darf. Es ist so allgemein bekannt, dass die Hetze gegen das nationalsozialistische Deutschland in der ausländischen Literatur offen und versteckt getrieben wird, dass es zumindest eine grob fahrlässige Verletzung der Standespflichten eines deutschen Buchhändlers ist, wenn er aus dem Ausland kommende Prospekte „unbesehen“ im Reiche weiter verbreitet.[184]

---

[181] Fritz Homeyer an Herrn Gauobmann Gustav Langenscheidt, Gau Groß-Berlin/i.Bd. Reichsdeutscher Buchhändler, 25.3.1936, Stabi Dep. 42, K 74, M 2.

[182] Bund Reichsdeutscher Buchhändler an Martin Wülfing, 4.4.1936, BArch R 56/V 1257.

[183] Ebenda.

[184] Ebenda.

Dafür sei vor allem Geschäftsführer Dr. Homeyer verantwortlich zu machen.[185]

Die zunehmende Brisanz des Vorgangs macht eine Aktennotiz der Berliner Zweigstelle des Bundes Reichsdeutscher Buchhändler vom 14. Mai 1936 deutlich: „Durch die Feststellung der Tatsache, dass Dr. Homeyer jüdisch versippt ist und dass die Herren Cram und Dr. Homeyer diese ihnen bekannte Tatsache bis jetzt verschwiegen haben", sei „eine völlig neue Situation entstanden".[186] Die Ehe mit der ebenfalls im Verlag Walter de Gruyter beschäftigt gewesenen „Halbjüdin" Helene geb. Simon rückte Homeyer nun offenbar in ein völlig anderes Licht. Der allseits wegen seiner Kompetenz geschätzte und anerkannte Buchhändler wurde zum Verfemten, dessen sämtliche Äußerungen jetzt auf ihren Wahrheitsgehalt hin zu überprüfen waren. Seine Angabe, „arischer Abstammung" zu sein, sollte nun ebenso kontrolliert werden wie die Herkunft seiner verstorbenen Ehefrau, die die Mutter seiner beiden 1908 und 1910 geborenen Kinder war. Verdächtig machte ihn in den Augen seiner Gegner darüber hinaus, dass er in der „jüdischen Firma" Martin Breslauer seine Ausbildung durchlaufen hatte. Aber auch das „eigenartige Verhalten" Herbert Crams, der Homeyers Familienverhältnisse nicht an den Bund gemeldet hatte, stieß auf Unverständnis.[187]

Am 24. Juni 1936 ging Herbert Cram und Fritz Homeyer der Eröffnungsbeschluss des Verfahrens, das vor dem Ehrenrat des Gaues Groß-Berlin im Bund Reichsdeutscher Buchhändler geführt wurde, zu. Cram wurde vorgeworfen, die Standespflicht gröblich verletzt zu haben, weil er „die ihm obliegende Aufsichtspflicht über die kulturpolitische Tätigkeit seiner Firma Arthur Collignon nicht ausgeübt" habe. Durch die Verbreitung der Bücherkataloge habe er kommunistischer Propaganda Raum gegeben. Zudem aber habe er die „jüdische Versippung" von Fritz Homeyer ‚verheimlicht" und diesem dadurch die Fortsetzung seiner beruflichen Tätigkeit ermöglicht. Homeyer musste sich vor dem Ehrenrat verantworten, weil er die Bücherkataloge „deutschen Volksgenossen zugänglich" gemacht und „durch falsche Ausfüllung des sogenannten grünen Fragebogens des Bundes Reichsdeutscher Buchhändler seine jüdische Versippung unterschlagen" habe.[188]

Den Vorsitz des Gau-Ehrenrates im Verfahren gegen Herbert Cram führte Verlagsdirektor Alfred Hoffmann, die Verlagsbuchhändler Helmuth Schenck und Walter Krieg fungierten als Beisitzer. Die Verhandlung fand am 18. August 1936 statt. Cram wurde von Rechtsanwalt Dr. Karl-Friedrich Schrieber juristisch vertreten. Der Vorsitzende Hoffmann hatte am Morgen des Verhandlungstages

---

[185] Ebenda.

[186] Aktennotiz des Bundes Reichsdeutscher Buchhändler, Zweigstelle Berlin, gez. Höynck, betr.: Ehrengerichtsverfahren gegen Herbert Cram und Dr. Fritz Homeyer, 14.5.1936, BArch R 56/V 1257.

[187] Ebenda.

[188] Bund Reichsdeutscher Buchhändler, Gau Groß-Berlin, Eröffnungsbeschluss, 24.6.1936, BArch R 56/V 1257.

einen Anruf von Reichsleiter Buch, dem Obersten Richter der NSDAP, erhalten, der sich persönlich für die „menschliche Untadeligkeit" von Cram einsetzte. Cram gab zu Protokoll, dass er Homeyers Ehefrau „in den zehn Jahren ihrer Tätigkeit als Mensch mit starkem Pflichtbewusstsein und starkem nationalen Empfinden kennengelernt hätte". Er sei gar nicht auf die Idee gekommen, die familiären Beziehungen Homeyers zu thematisieren, weil sie niemals ein Geheimnis gewesen seien. Schließlich sei Frau Homeyer bereits Mitte 1934 aus der Reichsschrifttumskammer und dem Bund Reichsdeutscher Buchhändler ausgeschlossen worden. Folglich sei beiden Organisationen ihre jüdische Abstammung bekannt gewesen. Die Anhörung endete mit der Empfehlung des Ehrenrates an den Präsidenten der Reichsschrifttumskammer, das Verfahren einzustellen, obwohl Cram „bei der Ausübung seiner Sorgfaltspflichten reichlich fahrlässig gehandelt" habe. Zur Begründung wurde angeführt, dass es für Cram als Inhaber eines großen wissenschaftlichen Verlages unmöglich sei, die tägliche Arbeit der Buchhandlung Collignon im Detail zu überprüfen, zumal der Geschäftsführer Homeyer sein Vertrauen genieße. Auch der Vorwurf, die familiären Beziehungen Homeyers verschleiert zu haben, ließ sich nicht aufrechterhalten.[189]

Weit weniger glimpflich ging die Sache für Fritz Homeyer aus. Zum Verhängnis wurden ihm allerdings nicht die Bücherkataloge, sondern seine familiären Verhältnisse. Die Verhandlung fand ebenfalls am 18. August 1936 unter Vorsitz von Verlagsdirektor Alfred Hoffmann statt. Beisitzer waren die Buchhändler Georg Schmidt und Wilhelm Miethke, auch er wurde von Rechtsanwalt Dr. Schrieber vertreten. Die Verbreitung der Kataloge ahndete der Ehrenrat mit einer Verwarnung. Der Leiter der Rechtsabteilung von Collignon und Vertreter Homeyers, Heinz Rackow, hatte ausgesagt, dass er „als Betriebszellen-Obmann und Parteigenosse anti-nationalsozialistische Haltung nie hat feststellen können". Dr. Homeyer stünde dem Staat positiv gegenüber und habe „stets die deutschen Belange wahrgenommen". Auch bei der Ausstellung nationalsozialistischer Literatur im Jahr 1932 habe er „niemals Schwierigkeiten bereitet".[190] Homeyer selbst hatte bereits einige Tage vor der Verhandlung klargestellt, dass es sich bei *Les meilleurs livres* und *Current literature* nicht um Bücherkataloge handelte, sondern um bekannte bibliografisch-literarische Zeitschriften. Sie enthielten ein vollständiges Verzeichnis aller in Frankreich bzw. England erscheinenden Bücher und würden von allen großen Sprachenbuchhandlungen in Deutschland vertrieben. In strittigen Fällen würde vor der Beschaffung dieser Bücher für die Kunden eine Genehmigung der zuständigen Reichs- oder Parteistellen einge-

---

189 Bund Reichsdeutscher Buchhändler, Niederschrift über die Verhandlung des Ehrenrates des Gaues Groß-Berlin gegen Herrn Verlagsbuchhändler Herbert Cram, 20.8.1936, BArch R 56/V 1257.

190 Bund Reichsdeutscher Buchhändler, Niederschrift über die Verhandlung des Ehrenrates des Gaues Groß-Berlin gegen Herrn Dr. Fritz Homeyer, Geschäftsführer der Firma Arthur Collignon, 20.8.1936, BArch R 56/V 1257.

holt. Keinesfalls wären also alle dort aufgeführten Bücher allgemein „deutschen Volksgenossen zugänglich". Beide Zeitschriften stünden aktuell allen Besuchern im Zeitschriften-Lesesaal der Staatsbibliothek zur Verfügung.[191] Aber Homeyer wurde wegen seiner Ehefrau aus der Reichsschrifttumskammer ausgeschlossen. Helene Simon, geboren am 22. Mai 1898 in München, hatte zwar eine „arische" Mutter, die bereits vor der nationalsozialistischen Machtübernahme der NSDAP angehört hatte, 1931 aber krankheitshalber aus der Partei ausgeschieden war. Ihr Vater jedoch, der Sanskritist Richard Simon, war „nicht arisch". Er hatte als Major von 1914 bis 1918 im Ersten Weltkrieg gekämpft. Helene Simon hatte Philologie studiert und 1922 mit der Schrift „Die Charakteristik der Lebensalter bei Platon" promoviert. Seit den 1920er-Jahren war sie wissenschaftliche Mitarbeiterin im Verlag Walter de Gruyter gewesen, wo sie ihren späteren Ehemann Fritz Homeyer kennenlernte. Sie war bereits zum 31. Dezember 1934 als „Halbjüdin" mit einem Berufsverbot belegt worden.[192] Homeyer hatte in besagtem Fragebogen auf die Frage, ob seine Ehefrau „arischer Abstammung" sei, „ja" angegeben und handschriftlich ergänzt: „die Mutter meiner beiden Kinder". Seine Kinder stammten nämlich von seiner früheren Ehefrau, und er argumentierte, dass er „der Meinung gewesen sei, es käme bei der Feststellung der rassischen Herkunft seiner Ehefrau nur auf seine Kinder an". Dieser Argumentation mochte der Ehrenrat nicht folgen. Der Beschuldigte habe „die Fragen betreffend seiner Ehefrau bewusst irreführend beantwortet". Dieses Vergehen sei auch mit einer hohen Geldstrafe nicht zu sühnen, deshalb empfahl der Ehrenrat dem Präsidenten der Reichsschrifttumskammer, Homeyer aus der Organisation auszuschließen.[193]

Interessant ist in diesem Zusammenhang ein Schreiben Crams an den ihm gut bekannten Obersten Parteirichter Walter Buch, den er um Intervention zu seinen Gunsten gebeten hatte. Darin verteidigte er Helene Homeyer, geb. Simon, und äußerte sein völliges Unverständnis über den nationalsozialistischen Rassenantisemitismus: „In maßgebenden Kreisen" könne man es sich

> scheinbar nicht anders vorstellen [...], als dass von einem Mischling nur ein verderblicher jüdischer Einfluss ausgeübt werden kann. Die Frau kenne ich seit 13 Jahren, von denen sie 10 Jahre in engster Zusammenarbeit mit mir im Verlag in der Werbeabteilung gearbeitet hat. Ich habe bei ihr das gefunden, was man früher altpreußische Pflichterfüllung und Sauberkeit der Gesinnung nannte. Ich wäre glücklich gewesen, wenn alle meine Mitarbeiter eine solche geistige Einstellung gehabt hätten.[194]

---

[191] Dr. Homeyer an den Gauehrenrat des Bundes Reichsdeutscher Buchhändler e.V., 14.8.1936, BArch R 56/V 1257.

[192] Thea Frohse an Herbert Cram, 31.7.1936, Stabi Dep. 42, K 74, M 2.

[193] Bund Reichsdeutscher Buchhändler, Niederschrift über die Verhandlung des Ehrenrates des Gaues Groß-Berlin gegen Herrn Dr. Fritz Homeyer, Geschäftsführer der Firma Arthur Collignon, 20.8.1936, BArch R 56/V 1257.

[194] Herbert Cram an Walter Buch, 22.8.1936, Stabi Dep. 42, K 74, M 2.

Im Auftrag Homeyers legte Rechtsanwalt Schrieber am 31. August 1936 Einspruch gegen die Entscheidung ein.[195] Er begründete den Einspruch zunächst damit, dass beide beanstandeten Zeitschriften nicht für eine bestimmte Weltanschauung stünden, vielmehr ihre einzige wissenschaftliche Aufgabe sei, sämtliche Neuerscheinungen bekannt zu machen. Was Homeyers Familienangelegenheiten betreffe, sei der Beschuldigte bei der Ausfüllung des Fragebogens „nicht mit der erforderlichen Sorgfalt vorgegangen". Da Frau Homeyer aber zeitgleich einen Fragebogen mit richtigen Angaben ausgefüllt habe, könne Homeyer nicht vorgeworfen werden, dass er ihre jüdische Herkunft habe verschweigen wollen. Dem Beschuldigten könne schließlich nicht zum Vorwurf gemacht werden, dass die Kommunikation innerhalb der Kammer offenbar nicht funktioniert habe. Dem Einspruch legte Rechtsanwalt Schrieber Leumundszeugnisse des Rektors der Technischen Hochschule Berlin, SA-Brigadeführer von Arnim, des im Reichskriegsministerium tätigen Konteradmirals a.D. Gadow, des Fürsten von Donnersmarck sowie des Buchhändlers und Antiquars Anton Hiersemann bei, um „dem Beschuldigten das Zeugnis einer in jeder Hinsicht untadeligen Persönlichkeit" auszustellen.[196]

Aber auch Herbert Cram legte gegen die Entscheidung des Gauehrenrates Einspruch ein, weil ihm in der Urteilsbegründung Fahrlässigkeit bei der Wahrnehmung seiner Sorgfaltspflicht vorgeworfen worden war.[197] Damit ging das Verfahren gegen Cram und Homeyer vor den Reichsehrenrat, dem Martin Wülfing vorstand.

Von ihrer Standesvertretung, dem Bund reichsdeutscher Buchhändler e.V., hatten Cram und Homeyer keine Hilfe zu erwarten. Im Gegenteil: Ende September wandte sich der Bund an den Vorsitzenden des Reichsehrenrats Wülfing und führte aus, dass Homeyers Erklärungen so ausschweifend gestaltet seien, dass sie „geeignet sind von dem wesentlichsten Herrn Dr. Homeyer in dieser Hinsicht zur Last gelegten Punkte" – nämlich der Verbreitung eines ausländischen Kataloges, der ein Inserat mit „ausgesprochen kommunistischer Propaganda" enthielt – abzulenken. Überhaupt kein Verständnis brachte man für die Ausfüllung des Fragebogens bezüglich seiner Ehefrau auf.[198]

Mit Einschreiben vom 19. Februar 1937 wurde Fritz Homeyer aufgrund § 10 der Ersten Durchführungsverordnung zum Reichskulturkammergesetz aus der Reichsschrifttumskammer ausgeschlossen. Die angeblich kommunistische Pro-

---

[195] Dr. Karl-Friedrich Schrieber an den Gau-Ehrenrat des Bundes Reichsdeutscher Buchhändler, 31.8.1936, BArch R 56/V 1257.

[196] Rechtsanwalt Dr. Karl-Friedrich Schrieber an den Gauehrenrat des Bundes Reichsdeutscher Buchhändler, 12.9.1936, BArch R 56/V 1257.

[197] Bund Reichsdeutscher Buchhändler, Zweigstelle Berlin, an die Reichsschrifttumskammer, 19.9.1936, BArch R 56/V 1257.

[198] Bund Reichsdeutscher Buchhändler, Leipzig, an Martin Wülfing, 30.9.1936, BArch R 56/V 1257.

paganda enthaltenden Kataloge spielten dabei offenbar keine Rolle mehr. Bereits die Tatsache seiner „nichtarischen Verheiratung" lasse Zweifel an seiner Zuverlässigkeit zu, aber durch die „wissentlich falsche Angabe in dem Fragebogen" sei „erst recht unter Beweis gestellt" worden, dass er keine Tätigkeit mehr im Bereich der Reichsschrifttumskammer ausüben könne.[199] Rechtswalt Schrieber legte umgehend – aber wirkungslos – wieder Beschwerde gegen den Bescheid ein.[200]

Fritz Homeyer thematisierte diesen für ihn und seine Frau so folgenreichen und schmerzvollen Prozess in seinen Erinnerungen nur kurz und lapidar:

> Eine Scheinverhandlung vor konkurrenzneidischen Kollegen und solchen, die man bisher niemals in einer Buchhändler-Vereinigung gesehen hatte, endete schließlich im Frühjahr 1938 mit meinem Ausschluss aus der Reichsschrifttumskammer, d.h. mit der Entziehung jeder Erwerbsmöglichkeit. Meiner Frau und mir blieb also nur die Flucht aus einem Lande, in dem es kein Recht und keine persönliche Freiheit mehr gab.[201]

Homeyer floh im April 1938 nach London, wo er zunächst bei seinem ehemaligen Chef Martin Breslauer unterkam. Beruflich fasste er Fuß als Leiter des „Foreign Departments" der Londoner Hofbuchhandlung J.E. Bumpus. Seine Frau folgte ihm einige Monate später mit einem Teil der gemeinsamen großen Bibliothek und einigen Möbeln.[202] Ob der Kontakt zwischen Homeyer und Cram während des Krieges abbrach, geht aus den Quellen nicht hervor. Nach Kriegsende setzte sich Fritz Homeyer aber offenbar in London bei der britischen Regierung für eine rasche Lizenzerteilung seines ehemaligen Arbeitgebers ein.[203]

1951 kehrte das Ehepaar Homeyer nach Deutschland zurück. Helene Homeyer wurde 1955 in Heidelberg im Fach Klassische Philologie habilitiert und zur außerordentlichen Professorin ernannt. Seit 1963 lebten sie im Ruhestand wiederum in London. Fritz Homeyer starb am 10. Oktober 1973, fünf Jahre später zog Helene Homeyer nach Bayern, wo sie bis zu ihrem Tod am 13. Oktober 1996 lebte.

---

[199] Der Präsident der Reichsschrifttumskammer, gez. Baur, an Fritz Homeyer, 19.2.1937, BArch R 56/V 1257.

[200] Rechtsanwalt Schrieber an den Herrn Präsidenten der Reichsschrifttumskammer, 26.2.1937, Stabi Dep. 42, K 74, M 2.

[201] *Homeyer*, Ein Leben für das Buch, S. 128.

[202] Ebenda, S. 130.

[203] Der Geschäftsbericht 1944–1947 nennt „die Vermittlung seiner Freunde in London". Herbert Cram, Geschäftsbericht über die Geschäftsjahre 1944–1947, 4.4.1950, Stabi Dep. 42,399. Die Tochter Herbert Crams, Clara-Eugenie Seils, bestätigt, dass sich Homeyer in London für den Verlag eingesetzt hat. Interview mit Clara-Eugenie Seils, geb. Cram, am 25.4.2014 in Berlin.

4. Sexualwissenschaften

Die noch junge Disziplin der Sexualwissenschaften hatte während der NS-Herrschaft einen schweren Stand. Zwar konnten jene Themengebiete, die die Nationalsozialisten als forschungsrelevant werteten, weiterverfolgt werden. Darunter fielen etwa die Fortpflanzung von „arischen Menschen", sexuelle Funktionsstörungen, der medizinische Umgang mit Sexualstraftätern, insbesondere die Kastration(!), sowie männliche Homosexualität.[204] Andererseits galt es jedoch, die nationalsozialistischen Vorstellungen von Sitte und Ordnung zu beachten.

Schon 1933 gab es polizeiliche Bedenken wegen des 1915 erstmals erschienenen und sehr erfolgreichen Büchleins – 1927 lag bereits die sechste Auflage vor – von Siegfried Placzek „Freundschaft und Sexualität". Die Publikation, so die Deutsche Zentralpolizeistelle zur Bekämpfung unzüchtiger Bilder, Schriften und Inserate in Berlin, sei „geeignet, die öffentliche Sicherheit und Ordnung zu gefährden". Sie ließ sie am 29. November 1933 beschlagnahmen und einziehen.[205] Cram wurde deshalb im Dezember 1933 im Polizeipräsidium, Abt. IV, Deutsche Zentrale zur Bekämpfung unzüchtiger Schriften, Bilder und Inserate, vorstellig. Als Gesprächsergebnis wurde festgehalten, dass das Buch vor allem nicht in die Hände von Jugendlichen fallen sollte. Cram gab deshalb eine schriftliche Erklärung ab, dass er den Vertrieb des Buches mit allen ihm „zur Verfügung stehenden Mitteln nur auf Universitäts- und solche Kreise beschränken [werde], die sich mit ernsthafter wissenschaftlicher Forschung auf sexualwissenschaftlichem Gebiet beschäftigen".[206] Es gelang ihm, die Beschlagnahmung aufzuheben. Er sah sich jedoch genötigt, den Vertrieb der sexualwissenschaftlichen Literatur von Marcus & Weber zu regeln: Auf den Prospekten sollte der streng wissenschaftliche Charakter der Bücher besonders betont werden, Privatleute mussten beim Erwerb eine Versicherung abgeben, dass sie die Werke zum Fachstudium benötigten, außerdem waren ihm Bestellungen von Privatleuten und Buchhandlungen, die nicht ohne Weiteres als seriös zu erkennen waren, persönlich vorzulegen.[207]

Als größte Herausforderung für die Wissenschaftsdisziplin während der NS-Zeit erwies sich jedoch die Tatsache, dass viele ihrer herausragenden Protagonisten Juden waren. Das zeigt sich nicht nur am wohl bekanntesten Beispiel von

---

[204] Vgl. *Volkmar Sigusch*, Geschichte der Sexualwissenschaft, Frankfurt a.M./New York 2008, S. 372.

[205] Der Polizeipräsident in Berlin, Abteilung IV, Deutsche Zentralpolizeistelle zur Bekämpfung unzüchtiger Bilder, Schriften und Inserate in Berlin, an den A. Marcus & E. Webers Verlag, 29.11.1933, Stabi Dep. 42,212.

[206] Erklärung von Herbert Cram, 22.12.1933, Stabi Dep. 42,212.

[207] Herbert Cram an Herrn Eydt, Frau Dr. Homeyer und Herrn Weber, 13.12.1933, Stabi Dep. 42,212.

Magnus Hirschfeld, dessen Berliner Institut für Sexualwissenschaft im Mai 1933 zerstört wurde, sondern auch an Max Marcuse.

Mit dem Erwerb des A. Marcus & E. Webers Verlages 1927 hatte der Verlag Walter de Gruyter auch dessen sexualwissenschaftliche Sparte übernommen. Von 1914 bis März 1932 erschien dort die *Zeitschrift für Sexualwissenschaft* sowie von 1918 bis 1931 die Reihe „Abhandlungen aus dem Gebiete der Sexualforschung". Max Marcuse war seit dem 6. Jahrgang (1919/20) Redakteur, später Herausgeber der Zeitschrift und redigierte die Abhandlungen. Er war 1877 in Berlin als Kind einer jüdischen Familie geboren worden und hatte sich nach dem Medizinstudium als Arzt für Haut- und Geschlechtskrankheiten niedergelassen. Marcuse gilt wegen seines Bemühens, durch die Gründung von Fachgesellschaften und -zeitschriften aus der Sexualforschung eine eigene Wissenschaftsdisziplin zu machen, sowie seiner außerordentlichen Produktivität als einer der einflussreichsten Sexualwissenschaftler des 20. Jahrhunderts.[208] 1923 erschien bei A. Marcus & E. Webers erstmals das von Marcuse herausgegebene umfangreiche „Handwörterbuch der Sexualwissenschaft. Enzyklopädie der natur- und kulturwissenschaftlichen Sexualkunde des Menschen"; 1926 lag die erheblich erweiterte zweite Auflage vor.

Im Juli 1933 floh Max Marcuse mit seinem Sohn – der unter seinem neuen Namen Yohanan Meroz von 1974 bis 1981 israelischer Botschafter in der Bundesrepublik war – nach Palästina. In Deutschland konnte sein „Handwörterbuch der Sexualwissenschaft" zu diesem Zeitpunkt nicht mehr angezeigt und beworben werden, obwohl an seiner wissenschaftlichen Bedeutung kein Zweifel bestand. Marcuse hatte sich wiederholt wegen einer Neuauflage an den Verlag gewandt, welche dieser unter Verweis auf die noch etwa 1500 Bücher im Lager – sicherlich aber auch aufgrund politischer Bedenken – jedoch ablehnte. Anfang 1936 beschloss die Verlagskonferenz, dem emigrierten Marcuse die Buchvorräte zum Kauf anzubieten.[209] De Gruyter war offensichtlich bemüht, dieses Projekt abzustoßen, auch weil er eine Klage vonseiten Marcuses fürchtete, da er seiner vertraglich vereinbarten Verbreitungspflicht nicht nachkam, die Auflage veraltet war, an eine Neuauflage aber unter den gegebenen politischen Umständen nicht zu denken war. Anfang 1938 nahm Marcuse in dieser Angelegenheit dann mit dem Verlag Albert Müller in Zürich Kontakt auf. Diese Idee einer Abgabe des Projekts an den Zürcher Verlag kam De Gruyter überaus gelegen. Gerhard Lüdtke wandte sich im Januar 1938 an die Reichsschrifttumskammer, um die Lage zu sondieren.[210] Am 21. Februar 1938 bat die Kammer um die Zusen-

---

[208] So *Sigusch*, Geschichte der Sexualwissenschaft, S. 308. Vgl. zur Biografie von Marcuse ebenda, S. 308–345.

[209] Konferenz, 7. Januar 1936. Anwesend die Herren: Cram, Dr. Lüdtke, Hübler, Grethlein, Dr. Elster, Dr. Buchenau, Stabi Dep. 42, 627.

[210] Walter de Gruyter & Co. (gez. Lüdtke) an Herrn Schriftleiter Metzner, Reichsschrifttumskammer, 11.1.1938, Stabi Dep. 42,212.

dung von zwei Exemplaren der Schrift.[211] Die Angelegenheit verzögerte sich jedoch, und Herbert Cram suchte am 13. Juli 1938 Dr. Koch von der zuständigen Abteilung 8 im Reichspropagandaministerium auf, weil das Handwörterbuch mittlerweile von der Gestapo beschlagnahmt worden war und Walter de Gruyter folglich nicht mit dem Zürcher Verlag verhandeln konnte. Koch wollte sich für die Aufhebung der Beschlagnahme bei der Gestapo einsetzen und versicherte Cram, dass auch weiterhin sexualwissenschaftliche Literatur vertrieben werden dürfe, vor allem, wenn diese sich an wissenschaftliche Kreise richte. Cram kommentierte:

> Aus der ganzen Besprechung ging aber hervor, daß Bücher jüdischer Autoren unerwünscht sind, um sie auszuschalten, wird der Weg der Beschlagnahme beschritten. Erst hinterher wird dann in jedem einzelnen Fall geprüft, ob vielleicht eine andere Lösung zweckmäßig ist.[212]

Neun Tage später erschien ein Gestapobeamter in der Leipziger Dependance und beschlagnahmte auch dort alle noch vorrätigen Exemplare des Handwörterbuchs der Sexualwissenschaft.[213] Cram gelang es zwar, die Beschlagnahmung aufheben zu lassen, und Ende August wurden die Bücher tatsächlich zurückgegeben, aber nun hatte der Albert Müller Verlag in Zürich kein Interesse mehr am Erwerb der Rechte, weil ihm „die Durchführung des Gedankens, so wie die Dinge auf dem deutschen Büchermarkt heute liegen, doch nicht opportun erschien".[214] Erst viele Jahrzehnte später, im Jahr 2001, legte De Gruyter einen Nachdruck von Marcuses zweiter Auflage des Handwörterbuchs der Sexualwissenschaft auf. Marcuse war 1963 in Tel Aviv gestorben.

Der Vertrieb sexualwissenschaftlicher Literatur – für den Verlag Walter de Gruyter allerdings ohnehin kein wichtiges Standbein – geriet so zu einem mühsamen und vermutlich kaum gewinnbringenden Geschäft.

5. Politisch Verfolgte als Korrektoren: Adolf Grimme und Paul Löbe

Der SPD-Politiker Adolf Grimme amtierte von Januar 1930 bis zum „Preußenschlag" im Juli 1932 als preußischer Kultusminister unter dem SPD-Ministerpräsidenten Otto Braun. Nach der Machtübernahme durch die Nationalsozialisten entschied er sich trotz mehrerer Fluchtmöglichkeiten für einen Verbleib in

---

211 Reichsschrifttumskammer an den Verlag Walter de Gruyter & Co., 21.2.1938, Stabi Dep. 42,215.

212 Herbert Cram, Besuch bei Herrn Dr. Koch, Abt. 8 im Propagandaministerium am 13.7.1938, Stabi Dep. 42,212.

213 Wilhelm Eydt an Herbert Cram, 22.7.1938, Stabi Dep. 42,212.

214 Albert Müller Verlag an Firma Walter de Gruyter & Co., 16.9.1938, Stabi Dep. 42,212.

Deutschland, weil er seine Familie nicht zurücklassen wollte. Allerdings geriet er in wirtschaftliche Bedrängnis, weil der mögliche Bezug von Ruhegeld noch nicht abschließend geklärt war und er bis dahin keine Einkünfte hatte. In dieser Notlage bot Herbert Cram dem studierten Germanisten und früheren Studienrat im August/September 1933 eine Tätigkeit als Korrektor an. Bereits Ende September erhielt Grimme die ersten Manuskripte.[215] Er fuhr frühmorgens von seinem Wohnsitz im Berliner Vorort Kleinmachnow mit dem Fahrrad zum Bahnhof Teltow, um dort die Texte mit einem Boten auszutauschen. Nach Grimmes Aussage aus dem Jahr 1948 bezahlte ihn der Verlag „schwarz".[216] Einem Schreiben Crams an Grimme ist zu entnehmen, dass die Begleichung der Beträge jeweils am Monatsende durch „unsere Kasse in Berlin" erfolgen sollte.[217] Über die Motive Crams bei der Unterstützung Grimmes kann nur gemutmaßt werden. Wahrscheinlich kannte Cram Grimme aus seiner Zeit als preußischer Kultusminister persönlich und half dem Bedrängten aus menschlicher Solidarität. Eine politische Verbundenheit zwischen dem SPD-Politiker und dem nationalkonservativen Verleger bestand wohl kaum. Cram selbst begründete seine Unterstützung in einem Schreiben an Grimme folgendermaßen:

Mit der Zuweisung dieser wissenschaftlichen Arbeit hoffe ich, Ihnen die Unterhaltung Ihrer Familie in bescheidenstem Umfange wieder zu ermöglichen. Ich tue dies in der Überzeugung, hiermit auch einen Dienst beim Aufbau unseres nationalen Staates zu leisten, und bin sicher, auch Sie werden unter Würdigung der wirtschaftlichen Notwendigkeiten der heutigen Regierung das Ihrige dazu beitragen, den nationalen Aufstieg zu sichern. Ich würde Ihnen für eine kurze Bestätigung in diesem Sinne dankbar sein.[218]

Grimme dankte Cram aufrichtig:

Und nun lassen Sie mich Ihnen auch auf diesem Wege nochmals sagen, wie sehr ich mich gefreut habe und wie gut es mir getan hat, dass Sie an mich gedacht haben. Sie wissen, dass ich die mir von Ihnen zugedachten Arbeiten gern übernehme und dass ich sie in dem Bewusstsein leiste, dass auch diese Beschäftigung ein Stück Arbeit für Deutschland ist, wie es mich denn überhaupt gefreut hat, schon neulich in unserer Unterhaltung festgestellt zu haben, dass wir einander im Wunsch und Willen zur Arbeit am nationalen Aufstieg begegnen.[219]

Wie wichtig diese Aufträge für den SPD-Politiker waren, machte er selbst in einem Schreiben an Herbert Cram Anfang 1934 deutlich:

Jedenfalls: dass ich nicht völlig entgegen meiner Neigung habe handeln und ins Ausland, wo man mich gern aufgenommen hätte, habe gehen müssen, verdanke ich zu einem sehr

---

[215] Herbert Cram an Herrn Walther, Trebbin, 29.9.1933, Stabi Dep. 42,219.

[216] *Kai Burkhardt*, Adolf Grimme (1889–1963). Eine Biografie, Köln/Weimar/Wien 2007, S. 179.

[217] Herbert Cram an Adolf Grimme, 29.9.1933, Stabi Dep. 42,219.

[218] Ebenda.

[219] Adolf Grimme an Herbert Cram, 2.10.1933, Stabi Dep. 42,219.

entscheidenden Teile, lieber Herr Cram, Ihrem Ihnen so selbstverständlichen Akt einfachster menschlicher Solidarität.[220]

Cram erwiderte ihm freundlichst, dass dies „nicht der Erwähnung“ bedürfe und er hoffe, „dass die Entscheidung über Ihr Schicksal auch bald fällt, sodass der schwere Druck, der auf Ihnen lastet, wegfällt und Sie mit Freude mit aufbauen helfen können“.[221]

Grimme arbeitete bis Ende 1934 für den Verlag, als ihn das Finanzministerium in Kenntnis setzte, dass ihm ein Ruhegehalt zustünde. Daraufhin gab er seine Tätigkeit für De Gruyter auf.[222] 1942 wurde Grimme im Zuge der Gestapo-Ermittlungen gegen die „Rote Kapelle“, zu deren Umfeld er über seinen Freund Adam Kuckhoff Verbindung hatte, ohne ihr anzugehören, verhaftet und erst im Mai 1945 aus dem Zuchthaus Hamburg-Fuhlsbüttel entlassen. Von November 1946 bis September 1948 amtierte er als erster niedersächsischer Kultusminister und seit November 1949 als Generaldirektor des Nordwestdeutschen Rundfunks. Adolf Grimme starb am 27. August 1963. Dem Publikum ist er heute als Namensgeber des nach ihm benannten Fernsehpreises bekannt.

Ende Dezember 1934 wandte sich dann der SPD-Politiker und langjährige Reichstagspräsident Paul Löbe an Herbert Cram, weil er von Adolf Grimme erfahren hatte, dass im Verlag Walter de Gruyter ein Korrektor gesucht wurde. Löbe, der – mit einer kurzen Unterbrechung – von 1920 bis zu seiner Ablösung durch Hermann Göring im August 1932 als Reichstagspräsident amtiert und sich dabei die Anerkennung aller demokratischen Parteien erworben hatte, war im Juni 1933 verhaftet worden. Der fast Sechzigjährige hatte eine Odyssee durch Polizeigefängnisse und Konzentrationslager hinter sich. Zunächst verschleppten ihn die neuen Machthaber in das Polizeipräsidium am Berliner Alexanderplatz. Löbe erinnerte sich später, dass er „noch die Droschke bezahlen“ durfte, mit der sie ihn, „um Aufsehen zu vermeiden“, dorthin brachten.[223] Eine Woche später wurde er in das Gefängnis Spandau verlegt. Im August 1933 nutzte SA-Obergruppenführer Edmund Heines, den Löbe 1932 nach einer Tätlichkeit aus dem Reichstag ausgeschlossen hatte und der mittlerweile als Polizeipräsident von Breslau amtierte, die Gelegenheit zur Rache und ließ Löbe von einem SA-Kommando nach Breslau verschleppen. Nach einem kurzen Aufenthalt im Breslauer Polizeipräsidium wurde Löbe in das Konzentrationslager Breslau-Dürrgoy eingeliefert, wo er als „Prominenter“ schweren Misshandlungen ausgesetzt war. Als das häufig als Heines' „Privatlager“ bezeichnete Dürrgoy im August aufgelöst wurde, kamen 343 Häftlinge in die Emslandlager, die übrigen 60 bis 80 in das

---

220 Adolf Grimme an Herbert Cram, 15.1.1934, Stabi Dep. 42,219.
221 Herbert Cram an Adolf Grimme, 22.1.1934, Stabi Dep. 42,219.
222 *Burkhardt*, Adolf Grimme, S. 185.
223 *Paul Löbe*, Der Weg war lang. Erinnerungen, Berlin ^{4}1990, S. 219.

Breslauer Polizeipräsidium.[224] Von dort wurde Löbe wenige Tage später wieder in das Berliner Polizeipräsidium am Alexanderplatz verlegt, bis er Ende 1933 infolge der „Weihnachtsamnestie“ aus der „Schutzhaft“ entlassen wurde.

Löbe war auf der dringenden Suche nach einem neuen Einkommen, weil er nach seiner Freilassung von wöchentlich 7,50 RM Arbeitslosenunterstützung lebte. Durch seine frühere Beschäftigung als gelernter Schriftsetzer und Chefredakteur der in Breslau erschienenen sozialdemokratischen Tageszeitung *Volkswacht* war er mit dieser Art von Tätigkeit vertraut. Eventuelle Einwände Crams sprach Löbe in seinem Schreiben direkt an:

> Politische Bedenken stehen meiner Beschäftigung nicht entgegen. Die Geheime Staatspolizei hat mir schon vor einem Jahre eröffnet, daß sie mich bei der Gewinnung einer neutralen Beschäftigung begünstigen wolle und im Laufe des Jahres ist mir sowohl von dieser Stelle wie auch im Preußischen Ministerpräsidium gelegentlich einer anderen Aussicht die Unbedenklichkeitserklärung bereitwillig ausgesprochen worden. Schwierigkeiten von dieser Seite sind also bestimmt nicht zu erwarten.[225]

Herbert Cram war ohne Zögern – die Antwort an Löbe erfolgte unmittelbar nach dem Eingang seiner Bewerbung – bereit, den früheren Reichstagspräsidenten einzustellen, und dieser nahm seine Tätigkeit als Korrekturleser am 3. Januar 1935 auf. Er arbeitete in seiner Wohnung und tauschte die Korrekturfahnen täglich mit einem Boten aus der Trebbiner Druckerei am Anhalter Bahnhof aus. Er verdiente anfänglich zwischen 90 und 120 RM im Monat, später lag der Lohn etwas höher.[226]

Löbe war Cram für diese Beschäftigung überaus dankbar, was er in einem Brief zum Jahreswechsel 1935/36 auch zum Ausdruck brachte. Er wertete Crams Verhalten als „Lichtblick in schwerer Zeit“, den er Cram „nie vergessen werde“.[227] Dieser machte wenig Aufhebens um seine Entscheidung und antwortete Löbe, dass er „damit nur eine selbstverständliche Menschenpflicht erfüllt [habe], die zu erwähnen kaum der Mühe wert ist“.[228] Löbe war neun Jahre lang für den Verlag als Korrektor tätig, begleitet von regelmäßigen Gestapoverhören, die neben seinen vermuteten politischen Aktivitäten auch seine Tätigkeit für den Verlag zum Gegenstand hatten. Im Januar 1944 wurde seine Wohnung in der Uhlandstraße ausgebombt, woraufhin er in seine schlesische Heimat zog. Nach dem Attentat auf Hitler am 20. Juli 1944 wurde Löbe verhaftet, da die Gestapo ihm jedoch seine Beteiligung an den Umsturzplänen nicht nachweisen konnte,

---

[224] Vgl. zum KZ Breslau-Dürrgoy: *Andrea Rudorff*, „Privatlager“ des Polizeipräsidenten mit prominenten Häftlingen. Das Konzentrationslager Breslau-Dürrgoy, in: *Wolfgang Benz/ Barbara Distel* (Hrsg.), Instrumentarium der Macht. Frühe Konzentrationslager 1933–1937, Berlin 2003, S. 147–170.

[225] Paul Löbe an Herbert Cram, 28.12.1934, Stabi Dep. 42,220.

[226] *Löbe*, Der Weg war lang, S. 231.

[227] Paul Löbe an Herbert Cram, Dezember 1935, Stabi Dep. 42,220.

[228] Herbert Cram an Paul Löbe, 3.1.1936, Stabi Dep. 42,220.

entließ sie ihn nach vier Wochen aus dem Konzentrationslager Groß-Rosen.[229] Nach Kriegsende engagierte sich Löbe wiederum für die SPD und war als Vertreter Berlins von 1949 bis 1953 Abgeordneter im Ersten Deutschen Bundestag. Er starb am 3. August 1967 im Alter von 91 Jahren in Bonn – am Tag der Beisetzung des am 31. Juli verstorbenen Herbert Cram.[230]

Leider erlauben die Quellen keine Schlüsse über Crams Motive für die Beschäftigung von Grimme und Löbe. Verglichen mit dem oft rigorosen Vorgehen gegen jüdische Verlagsautoren, für die man keine Auseinandersetzung mit staatlichen Stellen riskieren wollte, mutet die jahrelange Beschäftigung gerade von Löbe widersprüchlich an. Gleiches gilt für die von Cram selbst als Motiv angeführte „selbstverständliche Menschenpflicht", die ein Eintreten für verfolgte und in ihrer Existenz bedrohte jüdische Wissenschaftler mindestens so notwendig gemacht hätte. Auch ist nichts über eine engere persönliche Beziehung zwischen Cram und Grimme sowie Löbe bekannt, die seinen Einsatz erklären würde. Auch politisch stand der nationalkonversative Cram den SPD-Vertretern sicherlich nicht besonders nahe. Folglich muss die Frage nach den Beweggründen unbeantwortet bleiben.

6. Neue Geschäftsfelder

Zwar bemühte sich der Verlag Walter de Gruyter auch nach der NS-Machtübernahme um inhaltliche Kontinuität und hielt an den Ansprüchen eines wissenschaftlichen Universalverlages fest. Der Verlag musste jedoch – nicht zuletzt nach den zurückliegenden schwierigen Geschäftsjahren – profitabel wirtschaften. Herbert Cram und den Prokuristen war völlig klar, dass dieses Ziel nicht nur durch die Kontaktpflege zu Entscheidungsträgern zu erreichen war, sondern manches Projekt nun anders betrachtet werden musste. Im harmloseren Fall war damit eine opportunistische Ausrichtung am neuen Regime verbunden, in manchen Fällen ließ sich der Verlag in die Dienste einer verbrecherischen Politik nehmen. Der Grat war bei vielen Projekten schmal. Zwar entstand nicht jedes Verlagsvorhaben, das aus heutiger Perspektive ein Puzzlestück im NS-Unrechtsstaat war, damals aus verbrecherischer Absicht, aber die Geschäftsleitung war durchaus entschlossen, die sich bietenden Chancen für eine erfolgreiche Weiterentwicklung des Verlages zu nutzen.

Nicht nur beim vorsichtigen Taktieren mit jüdischen Autoren, sondern auch an einigen revidierten Entscheidungen in der wöchentlich tagenden Verlagskonferenz im Frühjahr 1933 wird diese Bereitschaft deutlich. Im Mai 1933 wollte

[229] *Herbert Hartmann*, Wiedersehen mit Paul Löbe. Ein „Unentdeckter" des 20. Juli, Der Morgen, 13.10.1945, Stabi Dep. 42,223 (1).
[230] http://www.hdg.de/lemo/html/biografien/LoebePaul/[12.2.2014].

man z.B. über das zu einem früheren Zeitpunkt bereits abgelehnte „Wörterbuch der deutschen Familiennamen" von Dr. Engelbert Hertel nun „vorsichtig verhandeln".[231] Für das gleiche Vorgehen entschied sich die Verlagskonferenz auch gegenüber Oberstudienrat Dr. Fritz Brather, der ein „Lesebuch Deutsches Volksgut" publizieren wollte. Dies hatte der Verlag ebenfalls schon einmal abgelehnt, wollte jetzt aber das Manuskript einsehen und verhandeln.[232] Interesse bekundete die Verlagskonferenz auch an einem Buch von Reg.Rat Dr. Hans Kempf aus Braunschweig zum Nationalsozialistischen Steuerwesen. Um die Lage zu sondieren, sollte jedoch zunächst ein Gutachten des Finanzministeriums und der Partei eingeholt werden.[233]

Im September 1933 übernahm der Verlag in Absprache mit dem Reichsministerium für Volksaufklärung und Propaganda die Publikation „Denkschrift über die kommunistische Umsturzbestrebung in Deutschland". Zunächst wurde eine Auflagenhöhe von 1000 Stück vereinbart, die das Propagandaministerium aber schon vier Tage später verdoppelte. Das Vorhaben sollte streng vertraulich behandelt werden und die Broschüre nicht in den Buchhandel gelangen.[234] Ein kurzes Vorwort des Verlages informierte, dass die 32-seitige „Denkschrift" die „illegale Tätigkeit der Kommunisten in Deutschland" schilderte, „die auf den gewaltsamen Umsturz gerichtet war". Offenbar sollte die Schrift als Propagandainstrument im Zusammenhang mit dem zeitgleich stattfindenden Reichstagsbrand-Prozess in Leipzig[235] dienen. Der *Völkische Beobachter* wertete das

---

[231] Konferenz, 23. Mai 1933. Anwesend die Herren: Cram, Dr. Crisolli, Dr. Lüdtke, Leuschner, Grethlein, Dr. Elster, Dr. Buchenau, Stabi Dep. 42,461 (1). Das Projekt kam allerdings nicht zustande. *Hertel* veröffentlichte das Manuskript 1935 unter dem Titel „Die deutschen Familiennamen: Ihre Herkunft und ihre Erklärung auf Grund der Namenvergleichung" im Bremer Angelsachsen-Verlag.

[232] Konferenz, 1. August 1933. Anwesend die Herren: Cram, Dr. Lüdtke, Hübler, Leuschner, Grethlein, Dr. Elster, Stabi Dep. 42,461 (1). Das Buch erschien 1934 im Verlag De Gruyter unter dem Titel „Deutsches Volksgut. Ein volkskundliches Lese- und Arbeitsbuch".

[233] Konferenz, 25. Juli 1933. Anwesend die Herren: Cram, Hübler, Leuschner, Grethlein, Dr. Elster, Stabi Dep. 42,461 (1). Das Projekt kam nicht bei De Gruyter zustande, *Hans Kempf* veröffentlichte „Nationalsozialistisches Steuerwesen. Vorschläge" 1933 im Berliner Hobbing Verlag.

[234] Walter de Gruyter & Co. (Cram) an das Reichsministerium für Volksaufklärung und Propaganda zu Händen von Herrn Dr. Taubert, 19.9.1933, und Metzger & Wittig an Walter de Gruyter & Co., 23.9.1933, Stabi Dep. 42,138 (1).

[235] Vom 21. September bis 16. Dezember 1933 fand vor dem für Hoch- und Landesverrat zuständigen IV. Senat des Reichsgerichts in Leipzig unter Vorsitz von Senatspräsident Dr. Wilhelm Bünger der Prozess gegen den Niederländer Marinus van der Lubbe, den KPD-Fraktionsvorsitzenden Ernst Torgler und drei Mitglieder der kommunistischen Partei Bulgariens, den Schriftsteller Georgi Dimitroff, den Studenten Blagoj Popoff und den Schuhmacher Wassil Taneff, statt. Sie wurden beschuldigt, am 27. Februar 1933 den Reichstag in Brand gesetzt zu haben. Van der Lubbe wurde mit dem Urteil vom 23. Dezember 1933 schuldig gesprochen und zum Tod verurteilt, die anderen Angeklagten wurden freigesprochen. Die Nationalsozialisten lehnten die – wahrscheinliche – Alleintäterschaft van der Lubbes ab und werteten den Reichstagsbrand als Signal für einen bevorstehenden

Erscheinen der Schrift am 27. September 1933 als „äußerst wirkungsvolle Ergänzung zu den bisherigen Ergebnissen des Leipziger Prozesses“:

Die Denkschrift stellt die illegale Tätigkeit der Kommunisten in Deutschland dar, die auf den gewaltsamen Umsturz gerichtet war. Sämtliche Feststellungen der Schrift, die auch in dem Prozeß selbst ihre Rolle spielen dürfte, beruhen auf rechtskräftigen Urteilen des Reichsgerichts, die zum größten Teil vor dem 30. Januar 1933 gefällt sind.[236]

Die Schrift zeige, „wie nahe Deutschland tatsächlich am Rande des kommunistischen Chaos vorbeigegangen ist, vor dem die Reichsregierung Hitler unser Volk bewahrt hat“.[237]

Tatsächlich war das Heft ein Agitationsinstrument gegen die KPD, dem durch Zitate aus Urteilen des Reichsgerichts ein offizielles Mäntelchen umgehängt wurde. Seit Jahren verfolge die KPD „mit zäher Beharrlichkeit das Ziel, die Verfassung des Deutschen Reiches und seiner Länder gewaltsam zu ändern, um die Diktatur des Proletariats herbeizuführen“. Vornehmlich habe es drei Formen des kommunistischen Hochverrats gegeben:

Zunächst war es das Bestreben der KPD. – und zwar in allen den Jahren von 1923 bis 1933 – durch eine umfassende, konzentrische, alle Teile Deutschlands durchdringende Aufpeitschung der Massen in Zeitungen, in Flugblättern, in Broschüren, gelegentlich auch in Ansprachen, die Bevölkerung an den Gedanken des Bürgerkrieges zu gewöhnen und sie zur Durchführung des Aufstandes aufzufordern. Sodann ließ die KPD., und zwar ebenfalls von 1923 bis in die Gegenwart, kein Mittel unversucht, um durch eine systematisch durchgeführte Zersetzung, Zermürbung und Demoralisierung der Reichswehr und Polizei diese Machtmittel des Reichs und der Länder in der Hand der verfassungsmäßigen Gewalten unbrauchbar zu machen, zu zerbrechen und zu zerschlagen. Endlich wurde nicht nur die Bewaffnung der Massen zur Durchführung des Umsturzes gefordert, sondern es wurden namentlich auch in letzter Zeit in steigendem Maße in der Hand von Angehörigen und Funktionären der KPD. Waffen, Munition und Sprengstoffe gesammelt. [...] Auch durch Überfälle auf Polizeiwachen, auf Polizeistreifen, durch Anschläge auf Eisenbahnzüge und Gebäude, durch Sprengstoffattentate und durch Verbrechen wider das Leben von Personen, die dem Aufstand hindernd im Wege standen, suchte man die Bevölkerung zu terrorisieren und die Revolution vorwärts zu treiben.[238]

Die Broschüre stieß offenbar auf Interesse und sollte entgegen der ursprünglich geäußerten Absicht nun auch über den Buchhandel zu erwerben sein, und zwar zum Preis von 1,– RM. Bereits am 28. September 1933 stellte die Leipziger

---

kommunistischen Aufstandsversuch, den es mit allen Mitteln zu unterdrücken galt. Vgl. *Angelika Königseder*, Recht und nationalsozialistische Herrschaft. Berliner Anwälte 1933–1945, Bonn 2001, S. 141–150.

236 So hetzte die K.P.D. zum Bürgerkrieg, Völkischer Beobachter, 27.9.1933, Stabi Dep. 42,138 (1).

237 Ebenda.

238 Denkschrift über die kommunistische Umsturzbewegung in Deutschland, Berlin/Leipzig 1933, S. 5 f.

Zweigniederlassung Überlegungen über einen Nachdruck an.[239] Die beauftragte Druckerei Metzger & Wittig in Leipzig hatte sich schon bei der ersten Auflage für die pünktliche Fertigstellung des Auftrags aus dem Propagandaministerium mächtig ins Zeug gelegt:

Die Druckerei hat in später Nachtarbeit den Satz vollständig hergerichtet, nachdem 8 Setzer daran gearbeitet haben und die gesamte Geschäftsleitung sich für das Gelingen der ihr gestellten Aufgabe eingesetzt hat. Das Buch wird einen hervorragenden, würdigen und vornehmen Eindruck machen,

beschied das Leipziger Zweighaus Herbert Cram.[240] Das Propagandaministerium veranlasste nun die Versendung der Denkschrift an Dutzende von Verbänden, Zeitungen, Parteiorganisationen und Ministerien im gesamten Reichsgebiet,[241] sodass der Verlag Anfang Dezember 1933 in der Druckerei weitere 6000 Exemplare und nur wenige Tage später nochmals 2000 Stück in Auftrag gab.[242]

Im Februar 1934 traf sich Herbert Cram wegen der mit dieser Schrift erzielten Erlöse mit seinem Kontaktmann im Propagandaministerium, Dr. Eberhard Taubert, der für „Kirchliche Angelegenheiten und Bolschewismus" zuständig war. Minister Goebbels schätzte Taubert als „sympathischen Fanatiker" im Kampf gegen Kommunisten und Juden.[243] Cram bestätigte Taubert anschließend schriftlich die Verabredungen, die sie getroffen hatten. Die Kosten für die Herausgabe der Denkschrift beliefen sich auf etwa 2000,– RM, denen Einnahmen von ungefähr 3500,– RM gegenüberstanden. Cram schlug Taubert deshalb vor, eine an das Ministerium gerichtete Rechnung von 537,50 RM zu stornieren und diesem weitere 500,– RM zukommen zu lassen, weil „wir es für unsere nationale Pflicht ansehen, uns an Verlagsunternehmungen, die uns im Interesse der allgemeinen Volksaufklärung übertragen worden sind, nicht ungebührlich zu bereichern". Cram ließ diese 500,– RM auf Tauberts Vorschlag hin an den im Oktober 1933 auf Initiative des Propagandaministeriums gegründeten Gesamtverband deutscher antikommunistischer Vereinigungen überweisen. Dieser auch Antikomintern genannte Verband sollte die antisowjetische Propaganda koordinieren und verstärken. Cram schloss sein Schreiben an Taubert untertänigst:

Sollte das Ministerium den Wunsch haben, unsere verlegerische Arbeitskraft und Erfahrung abermals in den Dienst der allgemeinen Volksaufklärung zu stellen, so würden

---

239 Wilhelm Eyth, Zweigniederlassung Leipzig, an Abteilung Reimer, Hermann Brill, 28.9.1933, Stabi Dep. 42,138 (1).

240 Wilhelm Eyth, Zweigniederlassung Leipzig, an Herbert Cram, 20.9.1933, Stabi Dep. 42,138 (1).

241 Listen in Stabi Dep. 42,138 (1).

242 Brill an Firma Metzger & Wittig, 8.12.1933 und 20.12.1933, Stabi Dep. 42,138 (1).

243 *Wolfgang Benz*, „Der ewige Jude". Metaphern und Methoden nationalsozialistischer Propaganda, Berlin 2010, S. 142. Taubert (1907–1976) war maßgeblich an der Entstehung des antisemitischen Hetzfilms „Der ewige Jude" beteiligt.

Denkschrift über die kommunistische Umsturzbewegung in Deutschland. Im amtlichen Auftrage herausgegeben vom Verlag Walter de Gruyter & Co., Berlin und Leipzig 1933.

wir hierin die Erfüllung einer vaterländischen Pflicht sehen und Sie bitten, uns entsprechende Anweisung zugehen zu lassen. Heil Hitler![244]

Vermutlich betrieb Cram dieses Projekt mit der Intention des Aufbaus von Geschäftsbeziehungen mit dem neuen einflussreichen Goebbels'schen Ministerium; die dadurch erfolgte Vereinnahmung zu Propagandazwecken gegen die KPD und die Sowjetunion bereitete dem nationalkonservativ eingestellten Verlagschef wohl kein Kopfzerbrechen.

Im Mai 1934 lag De Gruyter ein Angebot vor, das Manuskript „Rassenkunde (für die Hand des Lehrers)" von Dr. Alfred Eydt aus Leipzig zu verlegen. Die Verlagskonferenz gab zunächst zu Protokoll, dass eine „Entschließung ohne Kenntnis des Manuskripts nicht möglich" sei.[245] Das weitere Vorgehen macht jedoch deutlich, dass die Geschäftsleitung durchaus bereit war, als Multiplikator nationalsozialistischer Erziehungsziele zu fungieren, wenn damit die Aussicht auf wirtschaftlichen Erfolg verbunden war. Zwei Wochen später beschloss die Verlagskonferenz nämlich, das Angebot anzunehmen, wenn der NS-Lehrerbund das Buch einführen sollte.[246] Alfred Eydt, 1907 in Leipzig geboren, war bereits 1925 der NSDAP, 1931 dem Nationalsozialistischen Lehrerbund und 1933 der SS beigetreten und galt als „einer der eifrigsten Proselyten rassenpolitischer Erziehung und zugleich einer der kenntnisreichsten Rassenhygieniker unter den Pädagogen".[247] Er hatte deutsche Literatur, Geschichte und Geografie studiert, zwei Jahre als Volksschullehrer gearbeitet und 1933 mit einer rassekundlichen Untersuchung über die Wehrsportler der Leipziger SS promoviert. Eydt war Hauptstellenleiter des Rassenpolitischen Gauamts Sachsen und führte dort erbbiologische Forschungen an Schulkindern mit dem Ziel einer strengen sozialen Auslese durch. Das „Gesetz zur Verhütung erbkranken Nachwuchses" vom 14. Juli 1933 reichte ihm dafür nicht aus:

Unser Kampf – auch in der Schule! – geht weiter gegen die, die unter dem Mäntelchen angeblicher Normalwertigkeit ihre Untüchtigkeit verbergen, die in Wahrheit Ballastexistenzen sind. [...] Wir müssen den Mut finden, ganz scharf zwischen „normal, gesund veranlagt" und „schwach, unter dem Durchschnitt veranlagt" zu unterscheiden.[248]

---

[244] Cram an das Reichsministerium für Volksaufklärung und Propaganda zu Händen von Herrn Dr. Taubert, 1.3.1934, Stabi Dep. 42,138 (1).

[245] Konferenz, 29. Mai 1934. Anwesend die Herren: Cram, Dr. Crisolli, Dr. Lüdtke, Leuschner, Grethlein, Dr. Elster, Dr. Buchenau, Stabi Dep. 42,627.

[246] Konferenz, 12. Juni 1934. Anwesend die Herren: Cram, Dr. Crisolli, Dr. Lüdtke, Leuschner, Grethlein, Dr. Elster, Dr. Buchenau, Stabi Dep. 42,627.

[247] *Hans-Christian Harten/Uwe Neirich/Matthias Schwerendt*, Rassenhygiene als Erziehungsideologie des Dritten Reichs. Bio-bibliographisches Handbuch, Berlin 2006, S. 235. Vgl. dort zur Biografie und Publikationstätigkeit Eydts S. 10, 26 ff., 35, 235 ff.

[248] *Alfred Eydt*, Rassenpolitische Erziehung in der Volksschule. Betrachtungen und unterrichtspraktische Handreichungen für eine artgemäße Erziehung, Leipzig 1936. Zit. nach: Ebenda, S. 235.

Seit 1938 war Eydt in Dresden Dozent für Rassenpolitik, rassenpolitische Erziehung, Rassenpsychologie, Sippenkunde und -pflege.

Alfred Eydt verlegte letztlich keine seiner Schriften bei De Gruyter; seine „Rassenpolitische Erziehung in der Volksschule. Betrachtungen und unterrichtspraktische Handreichungen für eine artgemäße Erziehung", die De Gruyter als Manuskript vorgelegen hatte, erschien 1936 im Leipziger Dürr Verlag. Ob der Grund in der ausbleibenden Unterstützung des NS-Lehrerbundes, also einer gesicherten Finanzierung, lag oder inhaltlicher Natur war, ist nicht bekannt. Die Tatsache, dass sich die Verlagskonferenz allerdings mit der Idee befasste, dieses Werk zu verlegen, zeigt eine zweifellos vorhandene Bereitschaft, Kompromisse mit den Nationalsozialisten einzugehen, sobald ein derartiges Unternehmen wirtschaftlichen Gewinn versprach.

Im Januar 1934 fanden Verhandlungen zwischen dem Verlag und der 1933 gegründeten Deutschen Gesellschaft für Wehrpolitik und Wehrwissenschaften statt. Letztere beabsichtigte, ein „Handbuch der neuzeitlichen Wehrwissenschaften" in Auftrag zu geben. Beide Parteien wurden rasch handelseinig: Schon am 17. Februar 1934 war der Vertrag unterschriftsreif; für die Gesellschaft unterzeichnete deren Präsident Generalleutnant Friedrich von Cochenhausen. Geplant waren vier Bände: „Wehrpolitik und Kriegführung", „Das Heer", „Kriegsmarine und Luftwaffe" sowie „Wehrwirtschaft und Wehrtechnik", die Hermann Franke, Generalmajor a.D. herausgab.[249] Das Handbuch sollte „der Vertiefung des Verständnisses für die Wehrwissenschaften" dienen, wie es der Präsident der Gesellschaft von Cochenhausen im Grußwort formulierte,[250] und das „geistige Handwerkszeug für den Berufsoffizier, den Führer des Beurlaubtenstandes und für jeden wehrfreudigen Deutschen werden".[251] Herbert Cram trat der im Reichstagsgebäude ansässigen Gesellschaft mit Wirkung vom 1. April 1936 bei.[252] Der erste Band „Wehrpolitik und Kriegführung" erschien 1936 mit Geleitzeilen des Reichskriegsministers und Oberbefehlshabers der Wehrmacht von Blomberg: „Nur das wirkliche Verständnis für das Wesen eines Krieges der Jetztzeit entwickelt in der Nation die Kräfte, welche die Behauptung ihres Volkstums und Lebensraumes auf die Dauer sicherstellen."[253] Dem Verlag dankte der Herausgeber im Vorwort des ersten Bandes ausdrücklich, dass er

[249] Verlagsvertrag sowie Original-Mitarbeiterverträge in Stabi, Dep. 42,210.

[250] Handbuch der neuzeitlichen Wehrwissenschaften, hrsg. von *Hermann Franke*, 1. Band, Berlin 1936, S. VIII.

[251] So der Werbezettel für Band 1.

[252] Korrespondenz in Stabi Dep. 42,462 (1).

[253] Handbuch der neuzeitlichen Wehrwissenschaften, hrsg. von *Hermann Franke*, 1. Band, Berlin 1936, S. VII.

als fachkundige Anstalt für wissenschaftliche Handbücher in Würdigung des nationalen Zieles das Risiko des Druckes bereits zu einer Zeit übernahm, in der die politische Lage eine so baldige Wiederwehrhaftmachung unseres Volkes noch nicht ahnen ließ.[254]

Band 2 „Das Heer“ erschien 1937, Band 3 in zwei Teilbänden „Kriegsmarine“ und „Luftwaffe“ 1939.

Im Antrag an die Wirtschaftsstelle des deutschen Buchhandels bezüglich der Befürwortung einer Bezugsbescheinigung für Einbandstoffe vom 7. Oktober 1942 werden die potenziellen Ansprechpartner (und Käufer) deutlich: „Das Handbuch wird als Lehrbuch an den Offiziersschulen dringend benötigt. Es ist herausgegeben von der Gesellschaft für Wehrpolitik und Wehrwissenschaft unter Mitarbeit zahlreicher hoher Offiziere.“[255]

Aber auch Publikationen wie dieses Handbuch standen unter staatlicher Beobachtung. Anfang 1940 wollte das Propagandaministerium Einfluss nehmen. Im ersten Band des „Handbuchs der Wehrwissenschaften“ beanstandete es den Artikel „Geistiger Krieg“. Der Absatz C „Irreführung des Feindes“ sollte gestrichen oder so verändert werden, dass nicht länger daraus hervorging, diese Auffassung würde in Deutschland gebilligt oder gar amtlich anerkannt. Der 13-zeilige Absatz in dem 750 Seiten starken Band lautete:

Klugheit und List können auch zur Irreführung des Feindes verwendet werden. Wie der Feind bei den Operationen der Streitkräfte durch Demonstrationen oder Diversionen zu falschen Maßnahmen, zur Schwächung an der wichtigsten Stelle oder zur Zersplitterung der Kräfte verleitet wird, so kann er sich auch durch falsche Nachrichten militärischer, politischer oder wirtschaftlicher Art von richtigen Entschlüssen abhalten lassen. Freilich dürfen die irreführenden Nachrichten der Wahrscheinlichkeit nicht entbehren und müssen äußerst geschickt, unauffällig, zur rechten Zeit und auf verschiedenen Wegen in Feindesland gebracht werden.[256]

Der Verlag schlug den ergänzenden Satz vor: „Diese bedenkenlose Handhabung des geistigen Krieges ist seit langem kriegsgeschichtlich belegt und vor allem gegen Deutschland zur Anwendung gekommen.“ Der Vorteil für den Verlag bestand darin, dass sich durch diese Ergänzung der Umbruch nicht wesentlich veränderte. Dem Propagandaministerium reichte dies jedoch nicht aus.[257]

An keiner Stelle der Korrespondenz bezüglich des „Handbuchs der Wehrwissenschaften“ wird deutlich, dass bei der Entscheidung des Verlegers für das Pro-

---

[254] Ebenda, S. X.

[255] Verlag Walter de Gruyter & Co. an die Wirtschaftsstelle des deutschen Buchhandels, 7.10.1942, Stabi Dep. 42,149 (2).

[256] Handbuch der neuzeitlichen Wehrwissenschaften, hrsg. von *Hermann Franke*, 1. Band, Berlin 1936, S. 106 f.

[257] Herbert Cram an die Schrifttumsstelle im Reichspropagandaministerium zu Händen von Herrn Dr. Koch, 20.1.1940, und Herbert Cram an Sr. Exzellenz Herrn General der Flieger v. Cochenhausen, Befehlshaber im Wehrkreis XIII, Nürnberg, 6.3.1940, Stabi Dep. 42,386.

jekt ideologische Gründe Pate gestanden hätten. Aufgrund seines eigenen beruflichen Hintergrunds als Ingenieur dürfte er für derartige Themen sicherlich Interesse aufgebracht haben. Aber bei aller möglicherweise nur technischen Faszination muss das Verlegen wehrwissenschaftlicher Literatur aus heutiger Perspektive im Zeichen der Aufrüstung und Kriegsvorbereitung gesehen werden. Es gibt keinen Hinweis, dass Herbert Cram das Projekt forcierte, weil er eine militärische Auseinandersetzung befürwortete, aber Wissenschaft agierte in den 1930er-Jahren nicht in einem luftleeren, unpolitischen Raum.

Deutlich wird dies wenige Wochen nach dem Angriff auf Polen, als sich Herbert Cram am 9. Oktober 1939 an den Fliegergeneral von Cochenhausen wandte und ihm vorschlug, nach der Beendigung des „polnischen Krieges" unter Federführung der am Berliner Matthäikirchplatz ansässigen Deutschen Gesellschaft für Wehrpolitik und Wehrwissenschaften „darüber einen kurzen wissenschaftlichen Abriss" zu veröffentlichen. Wohlwissend, dass es möglicherweise noch zu früh für eine derartige Publikation war, versuchte sich Cram in eine strategisch günstige Ausgangsposition zu bringen:

> Sollte der Zeitpunkt für die Durchführung solcher Pläne noch zu früh sein, würde es doch zweckmäßig sein, mit den Herren im Kriegsministerium in Verbindung zu bleiben, um die Vorhand auch für die große wissenschaftliche Ausgabe dieses Buches zu bekommen.[258]

Major Frantz von der Gesellschaft für Wehrpolitik und Wehrwissenschaften legte im Februar 1940 einen Entwurf dieser Chronik vor, der Verlag ruderte aber nun zurück und ließ das Projekt scheitern. Als Gründe wurden die bereits zahlreich zum Thema erschienenen Veröffentlichungen sowie die erforderliche Genehmigung genannt. Letztlich siegten also wieder einmal ökonomische Erwägungen über den Aktionismus, den Cram – für ihn eher untypisch – kurz nach Kriegsbeginn an den Tag gelegt hatte.[259]

Im naturwissenschaftlichen und technischen Bereich dominierten weiterhin der Wissenschaft verpflichtete Werke. Gut eingeführte Lehrbücher wurden neu aufgelegt, umfangreiche Handwörterbücher, deren Gründung bereits Jahrzehnte zurücklag, fortgeführt. Aber auch in manchen auf den ersten Blick unpolitisch anmutenden Wissenschaften war man zu Anpassungen bereit. Im März 1935 wurde z.B. die Devise ausgegeben, in neu erscheinenden mathematischen Aufgabensammlungen „neue wichtige Anwendungsgebiete" zu erschließen, so u.a.

---

258 Herbert Cram an S. Exz. Herrn General der Flieger von Cochenhausen, Befehlshaber im Wehrkreis III, Nürnberg, 9.10.1939, Stabi Dep. 42,145 (8).

259 Herbert Cram und Meinhard von Staa an Major Frantz, Deutsche Gesellschaft für Wehrpolitik und Wehrwissenschaften, 11.4.1940, Stabi Dep. 42,145 (8). In dieser Akte liegt auch der Entwurf der Chronik.

Geländekunde, Geländesport, Bildmessung, Luftschutz, Wehr- und Sportmathematik (Landesverteidigung), Schallmessverfahren, Statistik, überhaupt die für die jetzige völkische Erziehung bedeutsamen Wissenschaften.[260]

Vereinzelt finden sich – neben den Anpassungen an den veränderten Markt und die Nachfrage nach Publikationen, die im weitesten Sinne der deutschen Expansionspolitik dienten – auch Veröffentlichungen, die fern jeglicher Wissenschaft reine NS-Ideologie propagierten. 1939 erschienen z.B. von Dr. phil. et med. Wolfgang Knorr, dem Leiter der Hauptstelle „Praktische Bevölkerungspolitik" im Rassenpolitischen Amt der Reichsleitung der NSDAP, „Vergleichende erbbiologische Untersuchungen an drei asozialen Großfamilien". Der Autor hatte dem Verlag das Manuskript angeboten, und die Verlagskonferenz beschloss am 24. Januar 1939 seine Annahme.[261] Die Zeitschrift des Nationalsozialistischen Rechtswahrerbundes *Deutsches Recht* war in ihrer Rezension des Lobes voll – und warf zugleich unbeabsichtigt die Frage auf, warum ein der Wissenschaft verpflichteter Verlag dieses Pamphlet druckte: Die Arbeit wolle „keineswegs als wissenschaftlichgenetische Untersuchung gewertet werden", sondern „in der praktischen Bevölkerungspolitik neue Wege ebnen helfen und die Notwendigkeit neuer staatlicher Maßnahmen auf diesem Sektor darlegen".[262] Die Gründe, warum der Verlag die Schrift veröffentlichte, sind unbekannt, vermutlich beeinflusste aber die Zusage des Reichsausschusses für Volksgesundheitsdienst beim Reichsministerium des Innern in Sachsen, 1600 Stück zum Autorenpreis anzukaufen, die Entscheidung.[263] Knorr hatte 25 „asoziale" Bremer Familien untersucht, die in einer geschlossenen Wohnungsfürsorgeanstalt untergebracht waren. Die Intention seines Projektes machte er von Beginn an deutlich: „Die wichtigste, bisher noch ungelöste Aufgabe der ausschaltenden Erbpflege ist die Verminderung der Nachkommenschaft des asozialen Untermenschentums."[264] Er wollte sich „auf dem Gebiete der Gemeinschaftsschädlinge" nicht auf „Kriminelle" oder „Zigeuner- und Vagantensippen" konzentrieren, sondern auf „Asoziale, die nicht durch vereinzelte Straftaten, sondern durch die allgemeine Unfähigkeit, sich nutzbringend in das Leben der Gemeinschaft einzuordnen, auffällig sind".[265] Die Diktion der Schrift und die Beschreibung der Situation der drei ausgewählten Familien entsprechen ungeschönter nationalsozialistischer Propaganda. Knorrs Diagnose über Wilhelme A., die die Hilfsschule besucht hatte und nach der Einweisung

260 Notiz vom 12.3.1935, Stabi Dep. 42,227.

261 Verlagskonferenz, 24.1.1939. Anwesend die Herren: Cram, Dr. Meier, Dr. Lüdtke, Hübler, Brill, Grethlein, Dr. Buchenau, Dr. Elster, Stabi Dep. 42,627.

262 Deutsches Recht, 12.8.1939 (zit. nach einer Anzeige in: *Otfrid Mittmann*, Erbbiologische Fragen in mathematischer Behandlung, Berlin 1940).

263 Verlagskonferenz, 24.1.1939. Anwesend die Herren: Cram, Dr. Meier, Dr. Lüdtke, Hübler, Brill, Grethlein, Dr. Buchenau, Dr. Elster, Stabi Dep. 42,627.

264 *Wolfgang Knorr*, Vergleichende erbbiologische Untersuchungen an drei asozialen Großfamilien, Berlin 1939, S. 7.

265 Ebenda, S. 8.

ihres Ehemannes als „Asozialer" ihre Kinder allein erzog, liest sich beispielsweise so:

> Frau A. ist eine ungepflegte, unordentliche Frau, sie ist schwachsinnig und in jeder Beziehung hemmungslos. Der Schwachsinn ist in allen seinen Hauptkriterien gut erkennbar. Das Begriffsvermögen ist gehemmt, der Gedankenablauf stark verlangsamt. Frau A. ist unsicher in ihrem Auftreten wie auch in ihrem Urteil und kann über Dinge des täglichen Lebens keine sinngemäße Auskunft geben. Am Zeitgeschehen ist sie völlig uninteressiert. Im Mai 1938 wurde sie auf Grund der Diagnose „angeborener Schwachsinn" unfruchtbar gemacht. Die körperliche Untersuchung ergab keinen krankhaften Befund. Bis zu ihrer Sterilisierung hatte sie 7 Kinder geboren.[266]

Die menschenverachtende „Erbpflegerische Betrachtung", mit der Knorr die Schilderung der Familie A. beendet, ist von nationalsozialistischem Geist durchdrungen und macht die Frage, warum ein Wissenschaftsverlag sich zum Druck hergab, besonders brisant:

> Die heutige asoziale Großfamilie A. ist ein erbpflegerisch gut zu fassender Komplex. Es kann nicht daran gezweifelt werden, daß alle Mitglieder der heute lebenden asozialen Großfamilie A. erbbedingt gemeinschaftsunfähig sind oder sein werden. Wäre die Unfruchtbarmachung der Frau A. eher erfolgt, hätte die Geburt einiger dieser untauglichen Kinder verhindert werden können. Eine Unfruchtbarmachung des Mannes ist auf Grund der heute vorliegenden Gesetzgebung nicht möglich. Bei dem hemmungslosen Sexualtrieb dieser Art von Menschen muß damit gerechnet werden, daß A., der heute erst 34 Jahre alt ist, nach seiner Entlassung aus dem KZ-Lager wiederum mit anderen Frauen Kinder zeugt. Ein großer Teil der Kinder wird später allerdings auf Grund der Diagnose „angeborener Schwachsinn" unfruchtbar gemacht werden können.[267]

Knorr bedauerte, dass „Asoziale" aufgrund der bestehenden Gesetzeslage nur in Ausnahmefällen unfruchtbar gemacht werden konnten. Der „typische Gemeinschaftsunfähige" war nämlich weder schwachsinnig noch erbkrank im Sinne des „Gesetzes zur Verhütung erbkranken Nachwuchses" vom 14. Juli 1933. Er plädierte deshalb für ein Gesetz, nach dem „Gemeinschaftsunfähige" „frühzeitig" unfruchtbar gemacht werden konnten, um damit deren Nachkommenschaft „wesentlich [zu] vermindern".[268] Die Ursache für soziales Versagen liege nämlich in der „Minderwertigkeit des Charakters".[269] Damit verlegte De Gruyter ein Pamphlet, das mit seinen Forderungen nach Ausweitung der Zwangssterilisierungen sogar noch über die bereits gesetzlich verankerte menschenverachtende Politik der Nationalsozialisten hinausging, in dessen Folge etwa 400.000 Menschen zwangssterilisiert wurden.

1937 erschien im Verlag Walter de Gruyter erstmals der vom Reichsstudentenwerk und vom Reichsstudentenführer herausgegebene „Deutsche Fach-

[266] Ebenda, S. 19.
[267] Ebenda, S. 20.
[268] Ebenda, S. 51.
[269] Ebenda, S. 48.

schul-Führer“ als Ratgeber für die Berufswahl. Der Reichsminister für Wissenschaft, Erziehung und Volksbildung Rust steuerte ein Geleitwort bei, an das sich drei Seiten Auszüge aus Hitlers Reden und seiner Schrift „Mein Kampf“ zum Thema „Nachwuchs und Auslese“ anschlossen. Reichsstudentenführer Gustav Adolf Scheel lieferte die propagandistische Untermauerung der Pflichten des deutschen Studententums. Als 1941 die dritte Auflage erschien, waren ein Geleitwort von Reichsmarschall Göring, ein Grußwort des Reichsministers für Bewaffnung und Munition Todt sowie ein Aufruf des Reichsstudentenführers SS-Brigadeführer Scheel vorangestellt.

Anlässlich des 60. Geburtstages des Präsidenten der Deutschen Reichsbank und Reichswirtschaftsministers Hjalmar Schacht am 22. Januar 1937 publizierte das Deutsche Institut für Bankwissenschaft und Bankwesen im Verlag Walter de Gruyter eine hochwertig ausgestattete, umfängliche Festschrift unter dem Titel „Probleme des deutschen Wirtschaftslebens. Erstrebtes und Erreichtes“. Die Autorenschaft war prominent: Neben Reichspost- und Reichsverkehrsminister Paul Freiherr von Eltz-Rübenach, dem Generaldirektor der Deutschen Reichsbahn Julius Dorpmüller, dem Staatssekretär im Reichspostministerium Wilhelm Ohnesorge sowie Reichsfinanzminister Lutz Graf Schwerin von Krosigk waren zahlreiche Staatsräte und Professoren vertreten. Walter de Gruyter galt aufgrund solcher Werke ganz offensichtlich auch im NS-Staat als renommierter Verlag, dem keineswegs das Etikett des Oppositionellen anhaftete.

7. Deutscher Kunstverlag

Auf Initiative des Preußischen Ministeriums für Wissenschaft, Kunst und Volksbildung gründeten die Verlage Insel, E.A. Seemann, Deutsche Verlagsanstalt, Julius Hoffmann, Julius Bard, G. Grote und Walter de Gruyter sowie das Bankhaus Delbrück, Schickler & Co. am 4. Juli 1921 den Deutschen Kunstverlag.[270] Gleichzeitig riefen sie mit „Bild und Buch“ eine Buch- und Kunsthandlung ins Leben, die – öffentlich zugänglich – ihren Sitz ebenso wie der Verlag im Kunstministerium nahm. Der Verlag sollte die Bildbestände der ehemaligen Königlich Preußischen Messbildanstalt verwalten und vermarkten. 1924 erwarb der Verlag Walter de Gruyter sämtliche Anteile an der GmbH.[271] Seit 1925 bzw. 1926 erschienen im Deutschen Kunstverlag die Reihen „Deutsche Dome“ und „Deutsche Lande Deutsche Kunst“ sowie seit 1929 das erfolgreiche „Handbuch der Deutschen Kunstdenkmäler“, das der Kunsthistoriker Georg Dehio 1905 be-

---

[270] Vgl. zur Verlagsgeschichte: Deutscher Kunstverlag 1921–1996. Geschichte und Zukunft, München/Berlin 1996.

[271] *Würffel*, Lexikon deutscher Verlage, S. 167; http://www.deutscherkunstverlag.de/verlag/[6.6.2014].

gründet hatte.[272] Der Verlag musste zum 1. Oktober 1934 umziehen, weil das Ministerium die bislang genutzten Räume in der Wilhelmstraße 69 selbst benötigte. De Gruyter stellte dem DKV daraufhin Räume im Nachbargebäude des Verlages zur Verfügung.[273]

Im Sommer 1933 verhandelte der Deutsche Kunstverlag mit dem neuen Direktor der Nationalgalerie, Alois Schardt, über die Übernahme der Zeitschrift *Museum der Gegenwart*. Sie war seit 1930 an der Modernen Abteilung der Berliner Nationalgalerie von seinem Vorgänger, Geheimrat Ludwig Justi, im Verlag Rathenau mit jährlich vier Heften herausgegeben worden und sollte „die Hinwendung zur expressionistischen und nachexpressionistischen Kunst in den deutschen Museen seit dem Ende des Ersten Weltkrieges [...] spiegeln".[274] Direktor Schardt sollte nach der Amtsenthebung Justis als Direktor der Nationalgalerie am 1. Juli 1933 neuer Herausgeber werden und trat in dieser Funktion an De Gruyter mit der Frage heran, ob der Deutsche Kunstverlag die Zeitschrift übernehmen wolle.[275] Letztlich musste das *Museum der Gegenwart* aber sein Erscheinen einstellen; die kunstpolitische Richtung des Expressionismus hatte im Sommer 1933 im Deutschen Reich keine Zukunft. Ferner sollte der bislang existierende Vertrag zwischen dem Verlag Schuster und der Nationalgalerie sowie dem Zeughaus über die Lieferung von Postkarten gelöst werden. Daraufhin bemühte sich der Deutsche Kunstverlag, dieses Geschäftsfeld zu übernehmen.[276]

Der Deutsche Kunstverlag entwickelte sich während der NS-Herrschaft prächtig. Voll Euphorie präsentierte der Bericht über das Geschäftsjahr 1936 die Erfolge:

> Das Jahr 1936 stand auch für uns im Zeichen der Olympischen Spiele. Zunächst dachten wir, uns an ihnen mit nichts weiter zu beteiligen als dem Olympia-Werk[277]. [...] Wider Erwarten fielen uns aber noch zwei Werke unter günstigen Bedingungen zu: Das „Bauwerk Reichssportfeld" und das „Olympische Dorf".[278]

Werner March, Autor des „Bauwerks Reichssportfeld", war „aus Begeisterung für das Olympia-Buch" auf den Deutschen Kunstverlag zugekommen, der den Band in kürzester Zeit noch rechtzeitig zu Beginn der Olympischen Spiele her-

---

[272] Die ersten fünf Bände des „Dehio" waren im Berliner Wasmuth Verlag erschienen. Der mittlerweile selbstständige Deutsche Kunstverlag verlegt Dehios „Handbuch der Deutschen Kunstdenkmäler" bis heute.

[273] Deutscher Kunstverlag Berlin, Jahresbericht 1934, Stabi Dep. 42,400.

[274] *Kurt Winkler*, Museum und Avantgarde. Ludwig Justis Zeitschrift „Museum der Gegenwart" und die Musealisierung des Expressionismus, Opladen 2002, S. 7.

[275] Deutscher Kunstverlag, Bericht über die Monate Juni und Juli 1933, Stabi Dep. 42,402.

[276] Ebenda.

[277] Gemeint ist: Olympia. Aufgenommen von Walter Hege. Beschrieben von *Gerhart Rodenwaldt*. Vgl. zu Rodenwaldt auch S. 229.

[278] Bericht über das Geschäftsjahr 1936, Stabi Dep. 42,398; Deutscher Kunstverlag G.m.b.H., Aufsichtsratssitzung vom 16.11.1936, Stabi Dep. 42,400.

stellte – vermutlich angespornt von der hohen Subvention von 10.900,– RM und der Vermutung, dass die Bekanntheit Marchs als Architekt des Berliner Olympiastadions[279] dem Absatz förderlich war. In wenigen Wochen konnten 2000 Exemplare verkauft werden. Das Album „Das Olympische Dorf" fiel „ein wenig aus dem Rahmen". Es wurde im Auftrag des Reichskriegsministeriums in 35 Sprachen herausgegeben und war bereits im November 1936 vergriffen.[280]

Offenbar hatte der Verlag, der ansonsten sein Repertoire nicht wesentlich neu ausrichtete, sondern die bewährten Reihen fortsetzte, mit diesen drei Publikationen die Gunst der Stunde genutzt. Der Aufsichtsratsvorsitzende Meinhard von Staa trachtete daraufhin, auf diesen Zug aufzuspringen. In der Aufsichtsratssitzung im November 1938 regte er an, ob nicht Prof. Walter Hege, der die Fotografien für das erfolgreiche Olympia-Buch geliefert hatte, im Deutschen Kunstverlag ein Werk über „Die Bauten des Führers" herausbringen könne.[281] Geschäftsführer Burkhard Meier trat mit dieser Idee an Dr. Rudolf Wolters, Leiter der Planungsstelle der Albert Speer unterstehenden Behörde „Generalbauinspektor für die Reichshauptstadt", heran, der dem Projekt zwar wohlwollend und interessiert gegenüberstand, es im Moment aber aus zeitlichen Gründen nicht verwirklichen konnte.[282] Das Projekt kam letztlich zwar nicht zustande – Wolters veröffentlichte eine Schrift „Neue deutsche Baukunst" 1940 im Verlag Volk und Reich –, illustriert aber das Bemühen der Verlagsleitung, mit dem Deutschen Kunstverlag erheblich von den politischen Entwicklungen zu profitieren.

Auch als die SS-Forschungsgemeinschaft „Ahnenerbe" im November 1939 ein Werk zum Grabmal Theoderichs in Ravenna plante, war der Deutsche Kunstverlag ohne Zögern oder gar Bedenken zur Zusammenarbeit bereit. Die Bauaufnahmen in Ravenna fertigte der Architekt und Bauforscher Heinz Johannes im Auftrag Heinrich Himmlers an. Johannes war dem Verlag bereits als Autor von „Neues Bauen in Berlin" (1931) verbunden. Auf der Verlagskonferenz im November 1939 zeigte sich Verlagschef Burkhard Meier überzeugt, „dass es sich hier um ein wissenschaftlich sehr sorgfältiges Werk handle".[283] Allerdings scheiterte auch dieses Vorhaben. Der Projektleiter Robert Heidenreich publizierte die Ergebnisse erst 1971 im Steiner Verlag.[284]

---

[279] Vgl. *Thomas Schmidt*, Werner March. Architekt des Olympia-Stadions 1894–1976, Basel/Berlin/Boston 1992.

[280] Bericht über das Geschäftsjahr 1936, Stabi Dep. 42,398; Deutscher Kunstverlag G.m.b.H., Aufsichtsratssitzung vom 16.11.1936, Stabi Dep. 42,400.

[281] Deutscher Kunstverlag G.m.b.H., Sitzung des Aufsichtsrates vom 14. November 1938, Stabi Dep. 42,401.

[282] Deutscher Kunstverlag G.m.b.H., Konferenz vom 30. Januar 1939, Stabi Dep. 42,401.

[283] Deutscher Kunstverlag G.m.b.H., Verlagskonferenz vom 17. November 1939, Stabi Dep. 42,401.

[284] Das Grabmal Theoderichs zu Ravenna, untersucht und gedeutet von *Robert Heidenreich* und *Johannes Heinz*, Wiesbaden 1971 (Steiner).

Die bewährte Reihe „Deutsche Lande – Deutsche Kunst" profitierte ebenfalls von den politischen Entwicklungen. Für den geplanten Band „Die deutsche Kunst in Böhmen und Mähren" des Kunsthistorikers Otto Kletzl sollte der Verlag 7000,– RM Zuschuss erhalten, 1000,– RM von der Deutschen Akademie und 6000,– RM vom Sudetendeutschen Propaganda-Amt.[285] Tatsächlich stellte Konrad Henlein, der seit der Einverleibung des Sudetengebietes als Gauleiter und Reichsstatthalter im neuen Sudetengau amtierte, aber nur 4000,– RM zur Verfügung, weil sich zwischen Henlein und Kletzl „Differenzen" ergeben hatten. Daraufhin wandte sich Burkhard Meier an den Reichsprotektor von Böhmen und Mähren, Konstantin von Neurath, der ein Vorwort für den Band verfassen wollte.[286] Ob von Neurath den Zuschuss auf die ursprünglich vorgesehene Summe erhöhte, ist nicht bekannt. Der Band erschien jedenfalls 1941. Bemerkenswert ist zudem, dass mit „Siebenbürgen" (1934, 2. Auflage 1942), dem „Baltenland" (1937, 2. Auflage 1941, 3. Auflage 1942, 4. Auflage 1943), „Wien" (1938, 2. Auflage 1939, 3. Auflage 1941) und „Krakau" (1941) die „Deutschen Lande" nun offenbar ns-konform definiert wurden.

Das Geschäft blühte und kam auch während des Krieges keineswegs zum Erliegen. Der Jahresbericht 1939 hielt fest, dass der Kriegsbeginn im September 1939 das Geschäft zwar „zunächst erschüttert" habe. Alle Befürchtungen erwiesen sich jedoch als „gegenstandslos. Im Gegenteil, es trat, wenigstens auf dem Büchermarkt, das Wunder einer Hochkonjunktur ein." Diese wurde allerdings durch den rasch eintretenden Mangel an Ware ein wenig gedämpft.[287]

1939 nahm der Deutsche Kunstverlag ein neues Großprojekt in Angriff: Das Gesamtwerk von Karl Friedrich Schinkel, dessen Tod sich am 9. Oktober 1941 zum 100. Mal jährte, sollte in 15 Bänden, herausgegeben von der Akademie des Bauwesens und unter Schriftleitung des Schinkel-Experten und kommissarischen Direktors der Nationalgalerie Paul Ortwin Rave, publiziert werden.[288] Auch dieses Vorhaben kann nicht losgelöst von der Vorbildfunktion, die die Schinkel'schen Bauten für die NS-Architektur besaßen, betrachtet werden. Zu Beginn des Jahres 1939 lag der erste Band von Hans Kania vor: „Potsdam. Staats- und Bürgerbauten".[289] In den folgenden Jahren konnten noch weitere drei Bände erscheinen: von Paul Ortwin Rave „Bauten für die Kunst, Kirchen, Denkmalpflege" (1941), von Günther Grundmann „Schlesien" (1941) und von Johannes Sievers „Bauten für den Prinzen Karl von Preußen" (1942). Aber allen weiteren Vorarbeiten setzte der Krieg ein Ende: Hans Vogels druckfertiger Pom-

285 Deutscher Kunstverlag G.m.b.H., Verlagskonferenz vom 17. November 1939, Stabi Dep. 42,401.
286 Deutscher Kunstverlag, Aufsichtsratssitzung vom 2.6.1940, Stabi Dep. 42,401.
287 Deutscher Kunstverlag, Jahresbericht 1939, Stabi Dep. 42,401.
288 Prospekt in Stabi Dep. 42,401.
289 Deutscher Kunstverlag Berlin, Kunstwissenschaftliche Werke und Studien, 1939/1940, Stabi Dep. 42,401.

mern-Band wurde 1942 zweimal während des Herstellungsprozesses zerstört. Der Band „Ost- und Westpreußen mit Posen“ von Carl von Lorck ging großteils verloren, die Bildvorlagen von Ehler W. Grasshoffs Rheinland-Band wurden vernichtet. Der Brandenburg-Band von Hans Kania sowie der zweite Berlin-Band von Paul Ortwin Rave wurden 1943 im Satz zerstört. Aber dank des rastlosen Engagements von Rave wurde die Reihe nach dem Krieg unter beträchtlichen Mühen fortgesetzt,[290] und bis zum Jahr 2011 erschienen insgesamt 21 Bände des Schinkel-Werks.

Seit 1932 verlegte De Gruyter die *Zeitschrift für Kunstgeschichte*. 1940 ging das Periodicum auf den Deutschen Kunstverlag über. Die beiden Herausgeber Wilhelm Waetzoldt, Generaldirektor der Berliner Museen, und Ernst Gall, der der Schlösserverwaltung vorstand, machten die Zeitschrift zu einem weithin anerkannten Fachorgan,[291] das noch heute erscheint.

1940 wurde der Deutsche Kunstverlag als Wehrbetrieb anerkannt, was offenbar den Bemühungen des Ministerialrats im Finanzministerium Herbert du Mesnil, der unter anderem für Kunst und Theater im Haushalt des Kulturministeriums zuständig war,[292] zu verdanken war.[293] Mit dem Absatz seiner Bücher war der Kunstverlag auch im Jahr 1940 sehr zufrieden, weil „das Buch der beliebteste weil nahezu einzigste [sic] Geschenkartikel“ war. Es habe einen regelrechten „Ausverkauf“ gegeben, was zum Nachteil eines hohen Barbestands geführt habe (der zu versteuern war), weil die Herstellung bei Weitem nicht mit dem Absatz Schritt halten konnte. Allerdings habe der „Nachfrage nicht im entferntesten genügt werden“ können. Bei der Steigerung des Buchumsatzes um 80 Prozent schlug vor allem die „Geschichte der Deutschen Kunst“ von Georg Dehio, in erster Auflage von 1919 bis 1934 in vier Bänden erschienen, und das „Handbuch der Deutschen Kunstdenkmäler“ von Georg Dehio zu Buche. Der Verlag schloss das Jahr 1940 mit einem Gewinn von 173.024,12 RM ab. Ende des Jahres wurde die GmbH in eine Einzelfirma umgewandelt.[294]

Die erfolgreiche geschäftliche Entwicklung wurde allerdings von langjährigen, massiven innerfamiliären Fehden zwischen dem Geschäftsführer Burkhard Meier und Herbert Cram begleitet.[295] Die Auseinandersetzungen verschärften sich, als der Aufsichtsrat Ende August 1938 Herbert Cram zum zweiten Ge-

---

290 Vgl. 65 Jahre Schinkel-Werk, in: Deutscher Kunstverlag 1921–1996, S. 34–39.

291 Vgl. Die Zeitschrift für Kunstgeschichte, in: Deutscher Kunstverlag 1921–1996, S. 60–63.

292 Vgl. „Preußisch Dienen und Genießen“. Die Lebenszeiterzählung des Ministerialrats Dr. Herbert du Mesnil (1875–1947), bearb. von *Jürgen Kloosterhuis*, Köln 1998.

293 Deutscher Kunstverlag, Aufsichtsratssitzung vom 2.6.1940, Stabi Dep. 42,401.

294 Deutscher Kunstverlag, Bericht über das Geschäftsjahr 1940, Stabi Dep. 42,401.

295 Vgl. dazu die Schriftwechsel des Beirats des Deutschen Kunstverlags, Stabi Dep. 42,583 sowie K 90, M 7.

schäftsführer bestellte.[296] Nachdem Meier Crams Schwägerin Ellen, die jüngere Tochter Walter de Gruyters und Schwester von Crams Ehefrau Clara, geheiratet hatte, übernahm das Ehepaar Meier am 1. September 1939 den Deutschen Kunstverlag.[297] Ebenfalls mit Wirkung vom 1. September 1939 wurde Dr. Meinhard von Staa Vorsitzender des Aufsichtsrates, Herbert Cram schied aus dem Aufsichtsrat aus und Dr. Gerhard Lüdtke wurde neues Aufsichtsratsmitglied.[298]

8. Friederichsen, de Gruyter & Co.

Im Jahr 1928 hatte Richard Friederichsen dem Verlag Walter de Gruyter die Verlagsabteilung der Buchhandlung L. Friedrichsen & Co., ansässig am Alsterdamm 10/11 in Hamburg, zum Kauf angeboten. Der auf Geografie, Kolonialwissenschaft sowie Wirtschafts- und Handelswissenschaft spezialisierte Verlag steckte in finanziellen Schwierigkeiten. Herbert Cram war an dem Verlagsprogramm interessiert, weil es zur Erweiterung des De Gruyter'schen Portfolios beitrug, schlug jedoch ein anderes Verfahren vor. Man sollte sich zu einer neuen Firma vereinigen und alle vorhandenen Verlagswerke samt Verlagsrechten für 20.000,– RM an Walter de Gruyter verkaufen. Die neue Firma „Friederichsen, de Gruyter & Co." wurde am 19. April 1928 als GmbH gegründet.[299] Am 15. Februar 1937 wurde sie in eine Kommanditgesellschaft umgewandelt. Persönlich haftende Gesellschafter waren Richard Friederichsen und Herbert Cram.[300] Meinhard von Staa löste Cram als persönlich haftenden Gesellschafter zum 1. Januar 1941 ab.[301] Für das operative Geschäft war aufseiten Walter de Gruyters Gerhard Lüdtke zuständig; Ende 1941 übernahm von Staa diese Aufgabe.[302]

Die 1930er-Jahre waren schwierig verlaufen und hatten die Existenz des Unternehmens infrage gestellt. Das Protokoll der Generalversammlung im März 1934 hielt fest, dass „noch einmal betont" wurde, dass der Verlag Friederichsen, de Gruyter & Co. nur weitergeführt würde, wenn zur Bestreitung der Unkosten der Ertrag aus dem Kommissionsverlag (einschließlich *Wirtschaftsdienst*, *Ost-*

---

296 Herbert Cram an den Geschäftsführer des Deutschen Kunstverlages, Herrn Dr. Burkhard Meier, 30.8.1938, Stabi Dep. 42, 401.

297 Deutscher Kunstverlag, Jahresbericht 1939, Stabi Dep. 42,401.

298 Deutscher Kunstverlag, Sitzung des Aufsichtsrates vom 7. Dezember 1939, Stabi Dep. 42,401.

299 Ausführlich dokumentiert in Stabi Dep. 42,211. Kaufvertrag vom 25.4.1928 in Stabi Dep. 42,399.

300 Gesellschaftervertrag und Bekanntgabe durch Friederichsen, de Gruyter & Co., 15.2.1937, Stabi Dep. 42,387.

301 Richard Friederichsen an Meinhard von Staa, 21.12.1940, Stabi Dep. 42, K 123, M 2.

302 Friederichsen, de Gruyter & Co., Hamburg, Verlagskonferenz am 5. und 6. März 1941, Stabi Dep. 42,399.

asiatische Rundschau und *Amerika-Post*) genügte.[303] Gerade der Fortbestand der Zeitschrift *Hamburg-Amerika-Post* war jedoch keinesfalls gesichert. Geheimrat Albrecht Mendelssohn Bartholdy, Professor für Zivilrecht, Auslandsrecht und internationales Privat- und Prozessrecht an der Universität Hamburg, wurde nämlich aufgrund § 6 des Berufsbeamtengesetzes[304] in den Ruhestand versetzt, und der Vorstand des Trägervereins der Zeitschrift, die „Gesellschaft der Freunde der Vereinigten Staaten", musste neu besetzt werden. Die Herausgeber der Zeitschrift Eduard Rosenbaum, Fritz Terhalle und Albrecht Mendelssohn waren „in Ungnade gefallen", wie Friederichsen deren prekäre Situation im September 1933 lapidar umschrieb. Er war „der Ansicht, dass auch wir auf ihre Mitwirkung verzichten müssen".[305] Das Jahr 1934 schloss Friederichsen, de Gruyter & Co.m.b.H. mit 49.524,51 RM Verlust ab.[306] Die Gesellschafterversammlung – Herbert Cram als Bevollmächtigter von Eugenie de Gruyter, Gerhard Lüdtke und Richard Friederichsen – entschied, den Verlag „zum mindesten für das Jahr 1935 [...] in der bisherigen Form in Hamburg zu lassen".[307] Dass sich in den kommenden Jahren die finanzielle Situation verbesserte, war den Bänden, die die „Ergebnisse der Südsee-Expedition 1908–1910" präsentierten, geschuldet. Das Interesse an den früheren deutschen Südsee-Kolonien wuchs mit den expansionistischen Bestrebungen des Deutschen Reiches – und damit die Förder- und Absatzmöglichkeiten der Bände. Aber auch das „Hellas-Jahrbuch. Organ der Deutsch-Griechischen Gesellschaft", das Friederichsen, de Gruyter & Co. von 1929 bis 1937 verlegte, und die Werke von Rodycki „Hamburg" und Wolff „Sylt" sowie die „Kubiktabellen für Metermaß" und Hoppes „Drogenkunde" erwirtschafteten Gewinn. 1940 schloss der Verlag einen Vertrag mit dem Kolonialinstitut über die Herausgabe einer Reihe „Schriften des Kolonial-Instituts der Hansischen Universität" ab,[308] im Juni 1941 mit dem Archiv der Hansestadt Hamburg über die „Bunte Reihe des Archivs der Hansestadt Hamburg".[309] 1943 trugen die neuen Bücher von Gerhard Wolfgang Lüdtke, dem Sohn von Gerhard Lüdtke, „Irgendwer – irgendwie – irgendwo in

303 Protokoll der Generalversammlung der Firma Friederichsen, de Gruyter & Co. am 12. März 1934, Stabi Dep. 42,391 (3).

304 Nach § 6 des „Gesetzes zur Wiederherstellung des Berufsbeamtentums" vom 7. April 1933 konnten Beamte „zur Vereinfachung der Verwaltung" entlassen werden. Die Nationalsozialisten brachten diesen Paragrafen häufig ins Spiel, wenn jüdische Beamte – z.B. als Kriegsteilnehmer – nicht aufgrund der anderen Paragrafen des Gesetzes aus ihren Ämtern vertrieben werden konnten.

305 Friederichsen, Betr. Amerika-Post, 28.9.1933, Stabi Dep. 42,395 (2).

306 Protokoll der Gesellschafterversammlung, März 1935, gezeichnet von Cram und Lüdtke, Stabi Dep. 42,389 (5).

307 Protokoll der Gesellschafterversammlung von Friederichsen, de Gruyter & Co. am 25. März 1935, Stabi Dep. 42,391 (3).

308 Korrespondenz und Vertrag in Stabi Dep. 42,391 (5).

309 Verlags-Vertrag vom Juni 1941, Stabi Dep. 42,394 (1).

der weiten Welt" sowie „... und Wagen rollen vorbei. Quer durch Nord-Amerika" erheblich zur Umsatzsteigerung bei.[310]

Nach den herben Verlusten in der ersten Hälfte der 1930er-Jahre entwickelten sich die Geschäftszahlen positiv. 1938 betrug der Gewinn 89,04 RM (Umsatz: 32.178,- RM), 1939 307,17 RM (Umsatz 41.041,- RM), 1940 7285,04 RM, 1941 14.724,72 RM, 1942 47.948,84 RM und 1943 47.517,45 RM.[311] Trotz der verheerenden Bombenschäden bei den Angriffen auf Hamburg im Sommer 1943 verlief das Geschäftsjahr 1944 äußerst erfolgreich. Der Verlag konnte den Umsatz im Vergleich zu 1943 (84.760,30 RM) nahezu verdoppeln (161.963,84 RM). Die Ursache waren die Bombenschäden in vielen Bibliotheken und Buchhandlungen, die zu Nachbestellungen zwangen.[312] Am 28. August 1944 ging dem Verlag jedoch der Schließungsbescheid der Reichsschrifttumskammer zu.[313] Über die Hintergründe geben die Quellen keine Auskunft. Die künftige Verlagstätigkeit wurde in „Kriegsgemeinschaft" mit Walter de Gruyter & Co. ausgeübt.[314]

Herbert Cram wurde im Herbst 1945 persönlich haftender Gesellschafter und Mitgeschäftsführer des Verlags Friederichsen, de Gruyter & Co., weil Richard Friederichsen wegen seiner NSDAP-Mitgliedschaft – er war der Partei im Mai 1933 beigetreten – ausscheiden musste. Persönlich haftender Gesellschafter des Verlages wurde nach dem Krieg neben Cram Meinhard von Staa, der diese Position allerdings wegen seiner NSDAP-Mitgliedschaft auch erst später ausüben konnte, Kommanditisten waren Herbert Cram und die Witwe Walter de Gruyters, Eugenie de Gruyter.[315] Der Verlag wurde umbenannt in Cram, de Gruyter & Co. und war nun eine Tochtergesellschaft von Walter de Gruyter & Co. Friederichsen erhielt am 30. September 1946 5000,– RM Abfindung und schied aus dem Unternehmen aus.[316]

---

310 Protokoll der Verlagskonferenz am 15. u. 16.4.43 der Firma Friederichsen de Gruyter & Co., Hamburg, 19.4.1943, Stabi Dep. 42,399.

311 Friederichsen, de Gruyter und Co., Hamburg, Konferenz vom 6. und 7. Mai 1940, Stabi Dep. 42,395 (1); Friederichsen, de Gruyter & Co., 14.7.1944, Stabi Dep. 42,387.

312 Verlagsbuchhandlung Friederichsen, de Gruyter & Co., Bericht über das Geschäftsjahr 1944, Stabi Dep. 42,387.

313 Friederichsen an Herbert Cram, 29.8.1944, Stabi Dep. 42,399.

314 Friederichsen, de Gruyter & Co. an die Wirtschaftsstelle des deutschen Buchhandels, 29.9.1944, Stabi Dep. 42,399.

315 Antrag auf Grund der Bestimmungen des Einzelhandelschutzgesetzes von Herbert Cram, und Schreiben an Information Control Unit No. 4, Publication Section, Hamburg, 4.1.1946, Stabi Dep. 42,387.

316 Protokoll der Verlagskonferenz vom 24. Sept. 1946 u. folgende Tage anlässlich des Besuches von Herrn Herbert Cram, Berlin, 19.11.1946, Stabi Dep. 42,387.

9. Stärkung der Position als wissenschaftlicher Universalverlag: Erfolgreiche und gescheiterte Verlagsübernahmen

Der Verlag Walter de Gruyter als Zusammenschluss der fünf traditionsreichen Verlagshäuser Göschen, Guttentag, Reimer, Trübner und Veit existierte zum Zeitpunkt der nationalsozialistischen Machtübernahme erst 14 Jahre. Der Gründer Walter de Gruyter hatte beim jahrzehntelangen Aufbau seines Verlagsimperiums ganz strategisch das Ziel der Etablierung eines wissenschaftlichen Universalverlages verfolgt. Diesen Anspruch hielt auch sein Nachfolger Herbert Cram aufrecht. In den 1920er- und frühen 1930er-Jahren erwarb der Verlag Walter de Gruyter weitere Unternehmen, die das vorhandene Portfolio ergänzten. Bereits seit dessen Gründung 1921 verfügte er über Anteile am in Berlin ansässigen Deutschen Kunstverlag, seit 1924 ging dieser vollständig in seinen Besitz über. 1927 übernahm De Gruyter den A. Marcus & E. Webers Verlag, Berlin, dessen Themenschwerpunkte Altertumswissenschaften, Sanskritforschung, Byzantinistik sowie Sexualwissenschaft waren. Mit dem Kauf von L. Friederichsen & Co., Hamburg, im Jahr 1928 wurde das Programm um Geografie, Kolonialwissenschaft sowie Wirtschafts- und Handelswissenschaft ergänzt. Auch nach 1933 unterlagen die Kaufabsichten und tatsächlich erfolgten Zukäufe diesem verlagsstrategischen Kalkül.

a) Verlag Otto Liebmann: Ein gescheiterter Versuch zur Stärkung der juristischen Sparte (1933)

Als der jüdische Verleger Otto Liebmann im Herbst 1933 verhindern wollte, dass die Nationalsozialisten sein Lebenswerk zerstörten, bemühte sich unter anderen auch der Verlag Walter de Gruyter um die Übernahme des renommierten Hauses. Liebmann hatte 1890 im Alter von 25 Jahren in Berlin einen eigenen Verlag gegründet und sich vor allem mit der *Deutschen Juristen-Zeitung*, aber auch mit Kurz-Kommentaren und Festschriften eine überaus angesehene Position als Verleger juristischer Literatur erworben.[317] Obwohl Liebmann als national-konservativer Jude den Machtantritt der neuen Regierung im Januar 1933 zunächst begrüßt hatte, geriet er durch die antisemitische NS-Gesetzgebung und -Politik rasch in Bedrängnis. Seine Bemühungen, einen Käufer für den Verlag zu finden, standen damit in direktem Zusammenhang.

Auf welchem Weg Herbert Cram von den Verkaufsabsichten Liebmanns erfuhr, ist nicht bekannt. Allerdings residierte der Verlag Otto Liebmann in enger

---

[317] Vgl. zur Geschichte des Verlages von Otto Liebmann und dessen Übernahme durch den Verlag C.H.Beck die differenzierte Darstellung von *Stefan Rebenich*, C.H.Beck 1763–2013. Der kulturwissenschaftliche Verlag und seine Geschichte, München 2013, S. 365–380.

räumlicher Nähe zu De Gruyter in der Potsdamer Straße 96 in Berlin, und vermutlich kannten sich die Verleger. Offenbar machte Cram Liebmann gegenüber im Herbst 1933 sein Interesse am Erwerb des Verlages deutlich. Am 7. November war die Übernahme des Verlages Otto Liebmann und dessen Flaggschiff *Deutsche Juristen-Zeitung* Thema in der Verlagskonferenz von De Gruyter. Weitere Verhandlungen mit Liebmann sollten demnach nur geführt werden, wenn keine größeren Barzahlungen zu erwarten waren.[318] Drei Tage später teilte Liebmann Herbert Cram jedoch mit, dass er es sehr bedauere, „von Ihrem freundlichen Angebot wegen Übernahme meines Verlages Gebrauch nicht machen zu können". Die Autoren seines Verlages hatten Bedenken geltend gemacht, weil in beiden Verlagen ähnliche Werke herausgebracht wurden und die Autoren folglich die Konkurrenz fürchteten.[319]

Vier Wochen später erwarb der Münchner Verlag C.H.Beck Otto Liebmanns Unternehmen. Am 12. Dezember 1933 unterzeichneten Heinrich Beck und Otto Liebmann den Vertrag, und der Verlag wechselte für 250.000,– RM den Eigentümer. Als „entscheidende Motive" für den Erwerb durch C.H.Beck nennt Stefan Rebenich: „wirtschaftlicher Profit und verlegerisches Renommee im ‚Dritten Reich'".[320] Beides trifft gleichermaßen für das Interesse Herbert Crams an dem juristischen Verlag Otto Liebmanns zu. Allerdings verstand es in diesem Fall Heinrich Beck, „die Gunst der Stunde zu nutzen".[321] Uwe Wesel zufolge, dem allerdings die Verhandlungen Liebmanns mit De Gruyter offenbar verborgen blieben, war „Reichsrechtsführer" Hans Frank sehr an einer raschen „Arisierung" des renommierten Verlages gelegen. Er habe Heinrich Beck gebeten, „es noch einmal zu versuchen, nachdem die Verhandlungen endgültig zu scheitern drohten".[322]

Otto Liebmann starb am 13. Juli 1942 im Alter von 77 Jahren in Berlin. Lediglich seine beiden Töchter sowie sein früherer Autor Leo Rosenberg, der versteckt im Allgäu lebte, gaben dem ehemals angesehenen Herausgeber und Verleger der *Deutschen Juristen-Zeitung* das letzte Geleit. Seine Ehefrau war bereits 1938 verstorben, sein Sohn hatte den nationalsozialistischen Verfolgern durch die Flucht nach Ecuador entkommen können.[323]

---

[318] Konferenz, 7. November 1933. Anwesend die Herren: Cram, Dr. Crisolli, Dr. Lüdtke, Hübler, Leuschner, Grethlein, Dr. Elster, Dr. Buchenau, Stabi Dep. 42,461 (1).

[319] Dr. Dr. Otto Liebmann an Herbert Cram, 10.11.1933, Stabi Dep. 42,353.

[320] *Rebenich*, C.H.Beck 1763–2013, S. 370.

[321] Ebenda, S. 371.

[322] *Uwe Wesel*, 250 Jahre rechtswissenschaftlicher Verlag C.H.Beck. 1763–2013, München 2013, S. 132 f. Leider nennt Wesel keine Quellen, die das Geschehen nachvollziehbar machen könnten.

[323] Otto Liebmanns Töchter Irma und Margarete wurden am 9. Dezember 1942 bzw. am 12. Januar 1943 „in den Osten" deportiert und 1948 für tot erklärt. Sein Sohn Karl Wilhelm starb am 27. Juli 1985 in der ecuadorianischen Hauptstadt Quito. *Rebenich*, C.H.Beck 1763–2013, S. 378, 380.

b) Verlage Emil Felber und Wilhelm Engelmann: Ein abgelehntes Angebot (1933)

Die Hintergründe der Übernahmeoption für die Verlage Emil Felber (Berlin) und Wilhelm Engelmann (Leipzig) sind nicht bekannt. Beide Verlage wurden De Gruyter im Juni 1933 angeboten, die Verlagskonferenz beschloss jedoch, keine Verhandlungen einzuleiten.[324] Emil Felber (1866–1932) hatte seinen in Berlin ansässigen Verlag am 1. Januar 1892 gegründet und sich auf moderne Sprachen, Orientalia, Anglistik, Germanistik, Literaturgeschichte, Staatswissenschaften, Geschichte sowie Volks- und Völkerkunde spezialisiert.[325] 1935 wurde der Verlag geschlossen, die Restbestände und Verlagsrechte übernahm die Otto Eichler Verlag GmbH in Berlin.[326] Wilhelm Friedrich Engelmann hatte seinen Verlag 1811 in Leipzig gegründet und schwerpunktmäßig Klassische Philologie, Geografie, Geschichte, Volkswirtschaft und Schulbücher publiziert. Erbstreitigkeiten führten dazu, dass mehrere Verlagsbereiche abgegeben werden mussten, um die notwendigen Abfindungen zu finanzieren.[327] Ob die Gründe für die rasche Ablehnung der Überannahmeangebote in der wirtschaftlichen Situation dieser Unternehmen lagen oder De Gruyter sich von den inhaltlichen Schwerpunkten keine Stärkung der eigenen Position versprach, ist nicht bekannt. Nach dem Beschluss der Verlagskonferenz stand dieses Thema nicht mehr auf der Tagesordnung.

c) Alfred Töpelmann Verlag: Programmerweiterung durch Theologie (1935)

Im September 1934 wandte sich der Verleger Alfred Töpelmann an den Theologen und Kirchengeschichtler Prof. Dr. Hans Lietzmann mit der Bitte, einen Kontakt zum Verlag Walter de Gruyter herzustellen. Er beabsichtigte, seinen in Gießen ansässigen, 1832 gegründeten Verlag, der auf Theologie und Religionswissenschaften spezialisiert war, zu verkaufen. Töpelmanns Sohn strebte eine militärische Karriere an, und seine Tochter, die ihn bislang geschäftlich unterstützt hatte, hatte geheiratet und schied deshalb aus dem Unternehmen aus. Er selbst war 67 Jahre alt und wollte sein Lebenswerk in guten Händen wissen.[328] Töpelmann hatte diese Angelegenheit bereits zu einem früheren Zeitpunkt mit Lietzmann besprochen, sodass dieser wenig überrascht war und sich umgehend

---

324 Konferenz, 20. Juni 1933. Anwesend die Herren: Cram, Dr. Crisolli, Dr. Lüdtke, Leuschner, Grethlein, Dr. Elster, Dr. Buchenau, Stabi Dep. 42,461 (1).

325 *Christoph Kreutzmüller* (Ausverkauf. Die Vernichtung der jüdischen Gewerbetätigkeit in Berlin 1933–1945, Berlin 2012) listet den Verlag Emil Felber nicht als jüdisches Unternehmen auf.

326 *Würffel*, Lexikon deutscher Verlage, S. 230.

327 Ebenda, S. 210 ff.

328 Alfred Töpelmann an Prof. Hans Lietzmann, 17.9.1934, Stabi Dep. 42 Gr, Hans Lietzmann.

an Herbert Cram wandte. Lietzmann war sehr an einer Übernahme durch De Gruyter interessiert, weil er als Autor des Töpelmann Verlages direkt von einer erfolgreichen Fortführung des Unternehmens betroffen war. Es war ihm „höchst wichtig, daß er Ihnen seinen Verlag anbietet", wie er Cram schrieb. Lietzmann warb bei De Gruyter eindringlich für eine Übernahme.[329]

Die Kaufverhandlungen verliefen ohne größere Komplikationen. Walter de Gruyter erwarb den Gießener Verlag Alfred Töpelmann mit Wirkung vom 1. Januar 1935[330] und baute damit seine theologische Sparte erheblich aus. Insbesondere die seit 1881 publizierte *Zeitschrift für die Alttestamentliche Wissenschaft* sowie die 1900 begründete *Zeitschrift für die Neutestamentliche Wissenschaft* genossen in der Fachwelt hohes Ansehen. Auch die „Studien zur praktischen Theologie" (1907 ff.), die „Studien zur Geschichte des neueren Protestantismus" (1907 ff.) sowie die Reihe „Aus der Welt der Religion" (1924 ff.) und die Lehrbücher der „Sammlung Töpelmann" (1919 ff.) waren gut eingeführt.

Beim Kauf des Töpelmann Verlages spielte die Intention, die Position De Gruyters als universaler Wissenschaftsverlag zu stärken, eine entscheidende Rolle. Möglicherweise war das Angebot Alfred Töpelmanns auch aus wirtschaftlichen Gesichtspunkten attraktiv. Der Erwerb des religionswissenschaftlich ausgerichteten Verlages hielt für De Gruyter allerdings in den folgenden Jahren einige Herausforderungen bereit, weil die Produktion theologischer Literatur in einem äußerst schwierigen politischen Umfeld mit erheblichen Restriktionen verbunden war und oftmals einer Gratwanderung glich.[331] Obwohl De Gruyter seit 1942 mit einer Anordnung zur Schließung des Töpelmann-Verlages rechnete und auf theologischem Gebiet nur mehr am Athanasius-Werk[332] gearbeitet werden konnte, das für den Export bestimmt war, erschienen weiterhin die drei theologischen Zeitschriften.[333] Erst Ende 1944 mussten die *Zeitschrift für systematische Theologie*, die *Zeitschrift für Neutestamentliche Wissenschaft* und die *Zeitschrift für Alttestamentliche Wissenschaft* ihr Erscheinen einstellen.[334] Der Verlag hatte – wie lange befürchtet – tatsächlich am 7. Juni 1943 den Stilllegungsbescheid des Berliner Landeswirtschaftsamtes mit Wirkung vom 7. Juli 1943 erhalten, der jedoch nach Intervention des Verlages am 13. September 1943 wieder aufgehoben worden war. Zwischenzeitlich war der Vollzug des Schließungsbescheides ausgesetzt worden.[335] Ursache für den Widerruf war vermutlich die

---

[329] Prof. Dr. Hans Lietzmann an Herbert Cram, 18.9.1934, Stabi Dep. 42 Gr, Hans Lietzmann.

[330] Zu den Übernahmebedingungen vgl. Stabi Dep. 42, K 450, gebundenes Buch.

[331] Vgl. zum Thema theologische Literatur Kap. V, 4.

[332] Vgl. dazu Stabi Dep. 42,159 (7).

[333] Geschäftsbericht 1942, Stabi Dep. 42,399.

[334] Der Präsident der Reichspressekammer an den Verlag Alfred Töpelmann, 18.11.1944, Stabi Dep. 42,101 (3).

[335] Korrespondenz zwischen Verlag und Landeswirtschaftsamt für den Wirtschaftsbezirk Berlin in Stabi Dep. 42, K 450, gebundenes Buch.

Tatsache, dass Töpelmann nicht über eigenes Personal verfügte, das bei einer Schließung dem Arbeitsmarkt zur Verfügung gestanden hätte, sondern im Verlag Walter de Gruyter aufgegangen war.

Trotz aller Steine, die die nationalsozialistischen Machthaber den im Bereich der Theologie tätigen Verlagen in den Weg legten, entwickelten sich die Zahlen bei Töpelmann nach einigen mageren Jahren positiv. Zwar war der Umsatz im Jahr 1940 auf 34.913,– RM gesunken (1939: 47.302,– RM), stieg aber 1941 auf 68.443,– RM.[336] 1942 setzte Töpelmann sogar 130.877,– RM um, Anschaffungs- und Herstellungskosten beliefen sich dabei auf 25.053,– RM, der Gewinn betrug 42.880,53 RM.[337] Damit übertraf Töpelmann erstmals das wirtschaftlich für den Verlag stärkste Jahr 1928 (Umsatz: 128.153,– RM).[338] 1943 ging der Umsatz leicht auf 117.661,15 RM zurück, Anschaffungs- und Herstellungskosten betrugen aber nur 17.631,90 RM; Töpelmann erwirtschaftete im Jahr 1943 in einem für die Theologie äußerst schwierigen Umfeld einen Gewinn von immerhin 70.563,95 RM.[339]

d) Technischer Verlag Moritz Krayn: Ausbau der technischen Sparte (1937)

Herbert Cram hatte keinen Zweifel, dass sich der Verlag an die neuen politischen Rahmenbedingungen anpassen musste, wenn er wirtschaftlich erfolgreich arbeiten wollte, und ihm war klar, dass in Zukunft „das geisteswissenschaftliche Gebiet wesentlich an Bedeutung verliert, während das technische Gebiet an Bedeutung zunimmt".[340] Als ausgebildeter Ingenieur ging diese Entwicklung vermutlich auch unabhängig von dem damit verbundenen Expansionsstreben der Nationalsozialisten mit seinen persönlichen Interessen einher. Seit Mitte der 1930er-Jahre bemühte er sich deshalb um die Übernahme des in unmittelbarer Nachbarschaft in der Berliner Genthiner Straße 39 ansässigen Technischen Verlages Moritz Krayn, der bereits seit August 1933 Räume im Verlag De Gruyter angemietet hatte.[341] Vor allem wegen der „wertvolle[n] Handbücher auf automobil- und textiltechnischem Gebiet" schien Cram der Verlagserwerb eine sinnvolle Investition. Gleichzeitig hoffte er, „die Produktion auch auf Flugtechnik und

336 Handschriftliche Statistiken über die Tochtergesellschaften 1939/1941, Stabi Dep. 42,399.

337 Geschäftsbericht 1942, Stabi Dep. 42,399.

338 Umsatzzahlen und Herstellungskosten 1924–1934 in Stabi Dep. 42, K 450, gebundenes Buch.

339 Geschäftsbericht 1943, gez. Dr. von Staa, 23.8.1944, Stabi Dep. 42,399.

340 Herbert Cram an Herrn Oberlandesgerichtspräsidenten Dr. Sattelmacher, Naumburg, 2.12.1936, Stabi Dep. 42,219.

341 Mietvertrag zwischen der Firma Walter de Gruyter und der Firma M. Krayn, 18.8.1933, Stabi Dep. 42, K 254, M 1.

Metallurgie ausdehnen zu können".[342] Das bekannteste Werk des Technischen Verlags Krayn war das 1913 erstmals erschienene „Automobiltechnische Handbuch" von Ernst Valentin. Moritz Krayn hatte Cram bereits im Oktober 1931 eine Beteiligung an seinem Verlag angeboten, was Cram als Techniker durchaus gereizt hätte, „aber die kaufmännische Vorsicht, alle verfügbaren Mittel liquide zu halten", verhinderte den Kauf in diesen wirtschaftlich schwierigen Zeiten. Cram wollte zunächst die weitere Entwicklung der Verhältnisse abwarten. Daraufhin bat ihn Krayn, „die Angelegenheit nochmals wohlwollend zu prüfen", was ihm Cram zusagte.[343]

Moritz Krayn hatte den von Samuel Fischer gegründeten Fischer's technologischen Verlag 1896 erworben und ihn im Jahr 1900 in „M. Krayn (früher Fischers techn. Verlag)" umbenannt; sechs Jahre später entfiel der Namenszusatz.[344] Nach dem Regierungsantritt der Nationalsozialisten nahm Moritz Krayn wiederum Verhandlungen mit Herbert Cram auf. Am 26. November 1935 besprach die Verlagskonferenz einen möglichen Erwerb des Verlages Krayn. Er war mit 250.000,– RM bewertet worden, was überprüft werden sollte.[345] Zum gleichen Zeitpunkt bot Moritz Krayn Herbert Cram die Übernahme des „Flugtechnischen Handbuchs", das Dr.-Ing. Roland Eisenlohr herausgab, an. Die Reichsschrifttumskammer hatte Krayn gedrängt, das Handbuch an einen anderen Verlag zu übergeben, und erster Ansprechpartner war Herbert Cram.[346] Bereits am 12. Dezember 1935 informierte Krayn den Herausgeber Eisenlohr, dass das „Flugtechnische Handbuch" mit sofortiger Wirkung auf den Verlag Walter de Gruyter übergegangen sei.[347] De Gruyter übernahm alle vorhandenen Verpflichtungen für die Fertigstellung des Werkes und zahlte für die projektierten vier Bände an Moritz Krayn 12.000,– RM.[348] Das „Flugtechnische Handbuch" erschien 1936/37 in vier Bänden, ließ aber explizit die militärische Luftfahrt außer Betracht.

Der Verlag Walter de Gruyter erwarb die Firma M. Krayn, Technischer Verlag, schließlich am 18. Dezember 1936 mit Wirkung zum 1. Januar 1937 für 40.000,– RM. Zudem wurde eine monatliche Rente für Moritz Krayn bzw. nach dessen Ableben für seine Gattin vertraglich festgelegt, deren Höhe zunächst drei Jahre lang monatlich 1000,– RM betrug und dann im Dreijahresschritt peu à peu reduziert wurde auf schließlich 500,– RM, die in den Jahren 1946 bis 1948

---

342 Herbert Cram an Herrn Oberlandesgerichtspräsidenten Dr. Sattelmacher, Naumburg, 2.12.1936, Stabi Dep. 42,219.

343 Notiz von Herbert Cram über den Besuch von M. Krayn, 9.10.1931, Stabi Dep. 42,584.

344 *Würffel*, Lexikon deutscher Verlage, S. 469 f.

345 Konferenzbericht. Anwesend die Herren: Cram, Dr. Lüdtke, Hübler, Grethlein, Dr. Elster, Dr. Buchenau, 26.11.1935, Stabi Dep. 42,627.

346 Moritz Krayn an Herbert Cram, 30.11.1935, Stabi Dep. 42, K 98, M 4.

347 Moritz Krayn an Roland Eisenlohr, 12.12.1935, Stabi Dep. 42, K 98, M 4.

348 Kopie des Vertrages in: Stabi Dep. 42, K 98, M 4.

zu leisten war. 1941 – vier Jahre nach dem Tod Moritz Krayns – wurde der Verlag umbenannt in „Technischer Verlag Herbert Cram".[349]

Der „Technische Verlag Herbert Cram" übernahm 1942 auch die *EMA. Die Elektrische Maschine. Fachzeitschrift für das Deutsche Elektromaschinenbauerhandwerk*, die seit 1939 im Verlag M. Krayn erschienen war. Ing. Fritz Raskop, ein Sachverständiger für elektrische Maschinen, fungierte als Herausgeber der Zeitschrift.

Auch dieser Zukauf erwies sich als gewinnbringende Investition: Der Technische Verlag steigerte seinen Umsatz von 42.864,– RM im Jahr 1939 auf 51.058,– RM 1940, 119.043,– RM 1941, 188.407,– RM 1942 (Gewinn 27.006,63 RM) und 194.505,69 RM 1943 (Gewinn 43.246,08 RM).[350] Bis Kriegsende stufte das Propagandaministerium das 1741 Seiten umfassende „Automobiltechnische Handbuch", das Richard Bussien herausgab, als kriegswichtig ein und stellte deshalb die erforderliche Papiermenge zur Verfügung.[351] Das gewichtige Werk, das seit mehr als 40 Jahren bei M. Krayn verlegt worden war, erschien tatsächlich noch 1945 als gebundene Ausgabe in 16. Auflage.[352]

Moritz und Else Krayn waren Juden, und Herbert Cram sah sich deshalb nach dem Krieg Vorwürfen ausgesetzt, aus der „Arisierung"[353] des Technischen Verlages M. Krayn Profit gezogen zu haben. Moritz Krayn starb im Mai 1937, nur wenige Monate nach dem Verkauf seines Verlages. Bis zu ihrer Deportation ließ Herbert Cram der Witwe Else Krayn den ihr zustehenden Betrag monatlich überbringen, letztmals Anfang Februar 1943, bevor sie im Zuge der „Fabrik-Aktion" direkt von ihrer Arbeitsstelle aus – einer Schneekettenfabrik in der Berliner Kurfürstenstraße – mit dem 33. „Osttransport" nach Auschwitz verschleppt und dort ermordet wurde.[354] Else Krayn wurde durch Beschluss des Amtsgerichtes Berlin-Tiergarten seit dem 15. März 1943 mit Rechtskraft vom 29. November 1948 für tot erklärt. Als ein Stiefneffe von Moritz Krayn 1951 Rückerstattungs-

[349] Der notariell beglaubigte Kaufvertrag regelte diese Zahlung im Detail, auch für den Fall des Ablebens von Krayn oder einer außergewöhnlichen Umsatzsteigerung. Vertrag in Stabi, Dep. 42,399. Dort sind alle ebenfalls von Cram zu übernehmenden Bände aufgelistet.

[350] Handschriftliche Statistiken über die Tochtergesellschaften 1939/1941, Stabi Dep. 42,399; Meldung an die Reichsschrifttumskammer, Technischer Verlag Herbert Cram, 27.5.1943, Stabi Dep. 42,222; Geschäftsbericht 1942 und Geschäftsbericht 1943, Stabi Dep. 42,399.

[351] Reichsministerium für Volksaufklärung und Propaganda an den Verlag Walter de Gruyter u. Co., 16.3.1944, Stabi Dep. 42,213 (1). Vgl. dazu die umfangreichen Unterlagen in Stabi Dep. 42, Kasten 23–27.

[352] Die 18. und bislang letzte Auflage erschien 1979 im Verlag Walter de Gruyter.

[353] „Arisierung" wird in Anführungszeichen verwendet, um die Distanzierung von diesem NS-Begriff deutlich zu machen. Damit ist keine Relativierung der Verlagspolitik intendiert.

[354] Herbert Cram an die Verwaltung der Jüdischen Gemeinde, 26.11.1946, Stabi Dep. 42,399.

ansprüche erhob (die rasch negativ beschieden wurden, weil er nicht erbberechtigt war), betonte Cram, er habe Krayn bereits seit Beginn der 1930er-Jahre gekannt. Dieser habe einen „zuverlässigen Nachfolger für sein Lebenswerk" gesucht und in ihm gefunden.[355]

German (Hermann) Schellitzer, der in Buenos Aires lebte, war als einziger Bruder der kinderlos gebliebenen Else Krayn Alleinerbe und hatte deshalb Anspruch auf die ausstehenden Rentenzahlungen. Schellitzer hatte Cram in den 1930er-Jahren in Berlin kennengelernt und vermittelt in seiner Korrespondenz mit Cram nach Kriegsende nicht den Eindruck, dass Cram Moritz und Else Krayn zu übervorteilen versucht hätte. Im Gegenteil: „Wenn auch sicherlich bei meinem Schwager seiner Zeit", so Schellitzer in einem Brief an Cram im Mai 1951,

> die Befürchtung mitgespielt haben mag und man es ihm wohl auch zu verstehen gegeben hatte, man würde seinen Verlag zwangsweise „arisieren", was bestimmt auch geschehen wäre, so weiß ich doch aus der Vorgeschichte, wie der Vertrag mit Ihnen zustande kam und auch aus der späteren Korrespondenz mit meiner Schwester, dass die Übertragung des Verlages M. Krayn an Sie keinesfalls unter irgendwelchem politischem Druck geschah. Ich weiß ferner, daß Sie korrekt, so lange Sie es konnten, den Vertrag erfüllt und meiner Schwester beratend zur Seite gestanden, keinerlei Versuche gemacht haben, sich den vertraglichen Verpflichtungen zu entziehen oder den Vertrag irgendwie anzufechten, Sie sich an die Vereinbarungen gehalten haben, zu einer Zeit noch, in der es für Sie wirklich ein erhebliches Risiko bedeutete.[356]

Cram zahlte Ende 1951 2500,– DM auf ein Sperrkonto zugunsten von Schellitzer, um die 1936 vertraglich vereinbarten dreijährigen Rentenzahlungen – nach dem Tod von Else Krayn – zu erfüllen.[357]

Weder die Korrespondenz mit Schellitzer noch die allem Anschein nach regelmäßig und vollständig geleisteten Zahlungen an Moritz und Else Krayn lassen den Schluss einer ungerechtfertigten Bereicherung durch den Verlag Walter de Gruyter zu. Sicherlich verstärkte die antijüdische Politik des NS-Staats Moritz Krayns Bemühungen, seinen Verlag zu verkaufen, wovon De Gruyter zweifelsohne profitierte. Allerdings hatte Krayn Cram schon 1931 eine Beteiligung an seinem Verlag offeriert. Davon unabhängig war Krayn schwer zuckerkrank und wollte sich – und offenbar vor allem auch seine Frau nach seinem Ableben – finanziell abgesichert wissen. Herbert Cram schien ihm vertrauenswürdig, andernfalls hätte der Verkaufsvertrag vermutlich keine auf lange Jahre angelegten Rentenzahlungen beinhaltet.

---

[355] Herbert Cram an den Treuhänder der amerikanischen, britischen und französischen Regierung für zwangsübertragene Vermögen, 10.5.1951, Stabi Dep. 42,399.

[356] Dr. German Schellitzer an Dr. Herbert Cram, 19.5.1951, Stabi Dep. 42,399.

[357] Herbert Cram an Dr. German Schellitzer, 12.12.1951, Stabi Dep. 42,399.

e) Die Therapeutische Registratur Buchholtz & Co. (1937)

Am 22. März 1937 übernahm Herbert Cram im Auftrag des Walter de Gruyter Verlags von Kurt Gehring den 1926 gegründeten und am Viktoria-Luise-Platz 7 in Berlin ansässigen Verlag „Die Therapeutische Registratur Buchholtz & Co.".[358] Willibald Pschyrembel, Oberarzt am Städtischen Krankenhaus Berlin-Neukölln, der dem Verlag als Autor und Redakteur des Erfolgstitels „Pschyrembel – Klinisches Wörterbuch" eng verbunden war, veröffentlichte in der Therapeutischen Registratur die gesamte Therapie der Medizin in Karteiform. Die Werbung des Verlages lautete:

> Die Therapeutische Registratur bietet die Möglichkeit, sich rasch und sicher über Ätiologie, Pathogenese, Symptomatologie und die Mittel und Methoden der Diagnose und Behandlung in jedem Krankheitsfalle rasch und sicher zu orientieren. Die in kurzen Stichworten wissenschaftlich vollkommen ausreichende Bearbeitung des Stoffes auf den Karten gewährt darum auch in größter Zeitbedrängnis nicht nur eine wissenschaftliche Vertiefung, sondern auch eine gesteigerte Befriedigung und Freudigkeit des praktisch-ärztlichen Handelns.[359]

Im Geschäftsjahr 1943 konnte die Therapeutische Registratur Umsatz und Gewinn beträchtlich steigern. 1942 lag der Umsatz bei 21.870,– RM (Gewinn 1919,02 RM), 1943 bei 41.615,35 RM (Gewinn 13.197,68 RM).[360]

f) Stilkes Rechtsbibliothek: Beharren auf formaljuristischer Richtigkeit (1938)

Die Firma Georg Stilke, ansässig in der Berliner Dorotheenstraße, wurde 1872 vom gleichnamigen Verlagsbuchhändler gegründet und war auf das Verlegen von Zeitschriften sowie wissenschaftlichen, insbesondere juristischen Werken spezialisiert. Seit den 1880er-Jahren war das Unternehmen im Bahnhofs- und Kioskbuchhandel überaus erfolgreich. Stilke vertrieb zunächst auf allen Berliner Bahnhöfen Bücher, expandierte jedoch rasch auch jenseits der Stadtgrenzen. Georg Stilkes Sohn Hermann vergrößerte den Familienbetrieb erheblich. Nach seinem Tod im Jahr 1928 übernahm dessen Sohn Georg H. Stilke die Firma.

Stilke war nach NS-Definition „Halbjude", weil zwar „väterlicherseits der Nachweis der arischen Abstammung bis ins 16. Jahrhundert zurück durch Stammbaum" feststand, jedoch „bei den Vorfahren meiner Mutter die arische

[358] Geschäftsleitung Walter de Gruyter & Co. (Cram) an die Reichsschrifttumskammer, Gruppe Buchhandel Leipzig, 27.5.1937, Stabi Dep. 42,346.

[359] Neuerscheinungen 1943 der Verlage Walter de Gruyter & Co., Berlin, Friederichsen, de Gruyter & Co., Hamburg, Alfred Töpelmann, Berlin, J. Schweitzer, Berlin, Technischer Verlag Herbert Cram, Berlin, Therapeutische Registratur, Stabi Dep. 42,405.

[360] Geschäftsberichte 1942 und 1943, Stabi Dep. 42,399.

Abstammung nicht" vorlag.[361] Um die drohende „Arisierung" seines Unternehmens zu verhindern, nahm Georg Stilke zum 26. Februar 1935 seinen Prokuristen, das NSDAP-Mitglied Hermann Reinshagen, als persönlich haftenden Gesellschafter in die Firma auf; Ende 1937 ging sie auf Reinshagen über. Im darauffolgenden Jahr wurde Stilke als „Halbjude" aus der Reichskulturkammer ausgeschlossen.[362] Damit war ihm jede weitere Tätigkeit als Verleger verwehrt.

Am 7. Juni 1938 informierte Herbert Cram die Verlagskonferenz, dass Stilke Walter de Gruyter seinen Verlag zum Kauf anböte. Von Interesse war vor allem die juristische Literatur.[363] Für die Verlagskonferenz am 11. Juni 1938 gutachtete Abteilungsleiter Alexander Elster, dass der Erwerb des Verlages Stilke überaus ratsam sei:

> Herr Dr. Elster begrüßt insbesondere, dass wir durch die Erwerbung des Stilke'schen Verlages eine Anzahl wichtiger Gesetzesausgaben, die uns fehlen, erhalten, und ferner, dass wir eine große Anzahl von neuen wichtigen Autoren, namentlich in den Ministerien, gewinnen.[364]

Insbesondere der Kommentar von Geheimrat Fritz Müller, Ministerialrat im Reichsverkehrsministerium, zum Straßenverkehrsrecht sei eine wertvolle Bereicherung, und der für dieses Werk kalkulierte Kaufpreis von 80.000,– RM schien Elster durchaus angemessen.[365] Eine ideale Ergänzung zur „Guttentagschen Sammlung Deutscher Reichsgesetze" war die gut eingeführte Reihe „Stilkes Rechtsbibliothek. Die Gesetze des Deutschen Reichs mit systematischen Erläuterungen".

Am 11. Juni 1938 bekundete die Verlagskonferenz folglich ihr Interesse, vor allem an elf neueren Werken des juristischen Verlags von Stilke, allen voran Fritz Müllers 1926 erstmals erschienenen Kommentar zum Straßenverkehrsrecht.[366] Der Kaufpreis der Verlagsrechte der Rechtsbibliothek von Stilke belief sich auf 142.750,– RM.[367] Die Bestände sollten ab 17. Juni 1938 übernommen werden. Durch eine Vereinbarung zwischen den Vertragsparteien vom 15. Juli 1938 reduzierte sich der zu zahlende Betrag auf 124.550,– RM (114.550,– RM für elf gangbare Werke und 10.000,– RM für Altwerke), je 48.000,– RM sollten

---

361 Dr. Georg Stilke an die Staatspolizei, Abteilung VIII, Berlin, 21.10.1935, Stabi Dep. 42, 214 (1).

362 *Ziesak*, Der Verlag Walter de Gruyter 1749–1999, S. 249.

363 Konferenz, 7. Juni 1938. Anwesend die Herren: Cram, Grethlein, Dr. Buchenau, Dr. Meier, Brill, Stabi Dep. 42,627.

364 Notiz für Verlagskonferenz, 10. Juni 1938, Stabi Dep. 42,124 (3).

365 Ebenda.

366 Konferenz, 11. Juni 1938. Anwesend die Herren: Cram, Dr. Meier, Grethlein, Brill, Kissel, Stabi Dep. 42,627.

367 Cram an H.G. Schlicht, Nordstern-Versicherungsgesellschaft, 15.6.1938, Stabi Dep. 42,214 (3).

am 1. Juli 1938 sowie am 1. Juli 1939 und 28.550,– RM am 1. Juli 1940 bezahlt werden.[368]

Das Geschäft ging in kürzester Zeit reibungslos über die Bühne. Walter de Gruyter übernahm mit Wirkung vom 20. Juni 1938 die Verlagsvorräte und Rechte der rechtswissenschaftlichen Abteilung des Verlages Georg Stilke.[369] Georg Stilke und Walter de Gruyter & Co. ließen eine Anzeige drucken, die die Übernahme der rechtswissenschaftlichen Abteilung durch Letzteren „mit Wirkung vom heutigen Tage" ankündigte. Stilke bat seine Autoren, „dem Verlage Walter de Gruyter & Co., der nunmehr Ihre in meinem Verlage erschienenen Werke in seine Obhut nehmen wird, das gleiche Vertrauen wie mir entgegenzubringen". In nebenstehender Mitteilung begrüßte der Verlag Walter de Gruyter den Adressaten „als unsern Autor" und warb um Vertrauen. Beide Schreiben waren mit „Heil Hitler" unterzeichnet.[370]

Gegenüberstellung von Aufwendungen und Einnahmen nach Angaben des Verlages 1938 bis 1952:

Die Aufwendungen beinhalten die Kosten der technischen Herstellung zuzüglich 10 % Zinsen und 10 % Arbeitsvergütung, bei den Einnahmen zog der Verlag 45 % für Honorare, Vertrieb und weitere Kosten ab.

Jahr	Aufwendungen RM	Einnahmen RM	abz. 43 %
1938:	9188,60	8273,88	(4550,63)
1939:	56.348,10	36.392,97	(20.016,13)
1940:	36.589,12	61.732,93	(33.953,11)
1941:	92.360,20	60.626,02	(33.344,71)
1942:	152,73	51.253,99	(28.189,63)
1943:	63.276,58	31.524,79	(17.338,63)
1944:	keine;	42.002,56	(23.101,41)
1945:	keine;	5586,15	(3072,39)
1946:	keine;	8592,20	(4725,71)
1947:	keine;	19.903,36	(10.946,85)
1948:	keine;	11.043,70	(6074,03)
1949:	87.198,72 DM;	57.434,80 DM	(31.589,14 DM)
1950:	390,24 DM;	79.958,42 DM	(43.977,19 DM)
1951:	keine;	28.556,17 DM	(15.705,89 DM)
1952:	1. Halbjahr: keine;	1954,95 DM	(1075,16 DM)

[368] Alexander Elster an die Abteilung Kasse, 20.7.1938, Stabi Dep. 42, K 436, Stilke Vertragsmappe.

[369] Übernahme in Stabi Dep. 42, K 436, Stilke Vertragsmappe.

[370] Stabi Dep. 42, 214 (2).

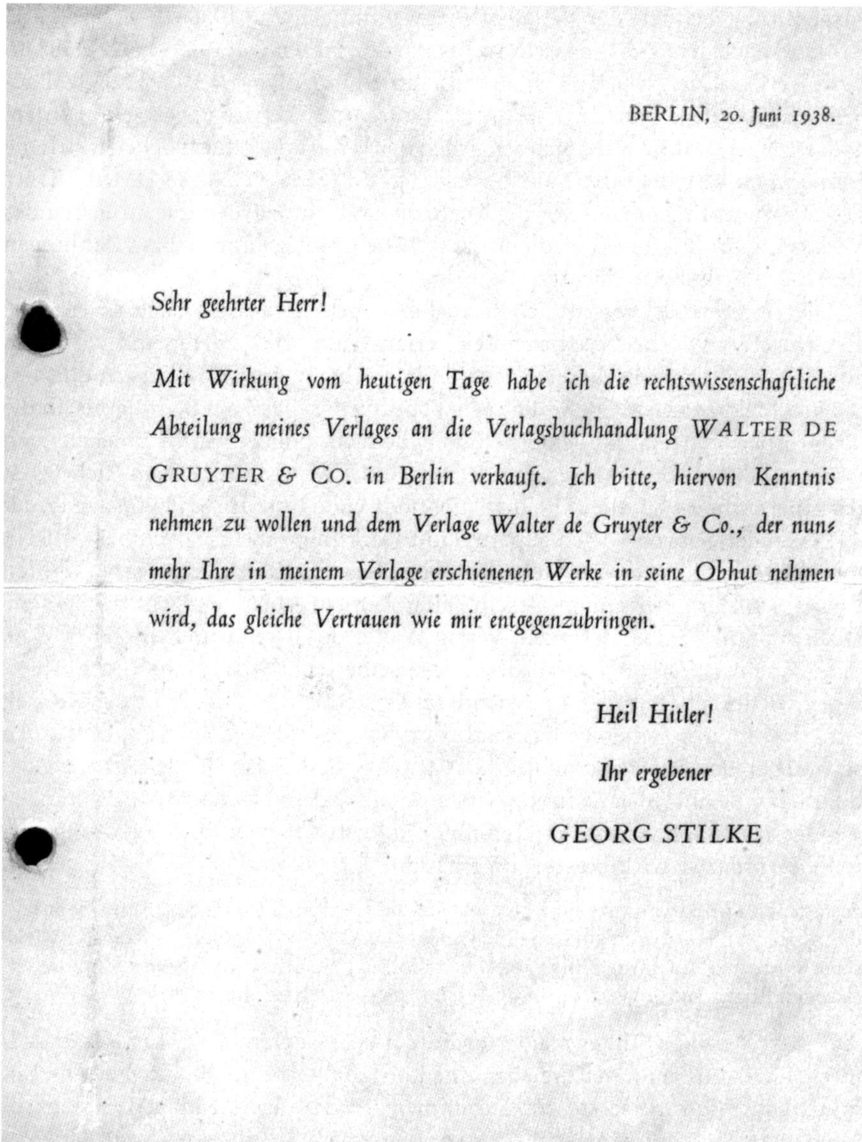

BERLIN, 20. Juni 1938.

Sehr geehrter Herr!

Mit Wirkung vom heutigen Tage habe ich die rechtswissenschaftliche Abteilung meines Verlages an die Verlagsbuchhandlung WALTER DE GRUYTER & CO. in Berlin verkauft. Ich bitte, hiervon Kenntnis nehmen zu wollen und dem Verlage Walter de Gruyter & Co., der nunmehr Ihre in meinem Verlage erschienenen Werke in seine Obhut nehmen wird, das gleiche Vertrauen wie mir entgegenzubringen.

Heil Hitler!

Ihr ergebener

GEORG STILKE

Anzeige der Verlage Georg Stilke und Walter de Gruyter, mit der die Autoren von der Übernahme der rechtswissenschaftlichen Abteilung Stilkes durch De Gruyter informiert wurden. Quelle: Stabi Dep. 42, 214 (2).

Insgesamt errechnete der Verlag an Aufwendungen von 1938–1948 257.915,33 RM und nach der Währungsreform 1948 in den Jahren von 1949–1952 87.588,96 DM. Dem standen von 1938–1948 Einnahmen in Höhe von 336.932,55 RM gegenüber, von denen jedoch 45 % für Honorare und Vertrieb abgezogen wurden, sodass sich 185.313,23 RM ergaben. Nach der Währungsreform beliefen sich die Einnahmen von 1949–1952 auf 167.904,34 DM (55 %: 92.347,38 DM).[371] Trotz des negativen Ergebnisses vor der Währungsreform wurden die Ausgaben des Verlages in großen Teilen verdient. Steuerliche Abschreibungen bzw. Zahlungen sind dabei nicht berücksichtigt.

Die „Arisierung" von Stilkes Rechtsbibliothek erwies sich nach Kriegsende als schwere Hypothek, weil sich der Verlag Walter de Gruyter und vor allem auch Herbert Cram in dieser Angelegenheit sehr uneinsichtig zeigten und wenig geschickt agierten. Die völlige Missachtung der massiven Bedrängnis, in die das prosperierende Stilke-Unternehmen allein aus politischen Gründen geraten war, und das sture Beharren auf der angeblich formaljuristischen Richtigkeit der Übernahme – nämlich von dem nichtjüdischen Prokuristen Reinshagen, der 1945 von den Sowjets verschleppt und mit Wirkung vom 15. November 1945 für tot erklärt worden war –, obwohl die Übergabe von Stilke unterzeichnet worden war, lassen Herbert Cram in diesem Fall in keinem günstigen Licht erscheinen.

Georg Stilke informierte den Verlag Walter de Gruyter im September 1949, dass er seinen Verlag „und insbesondere seine rechtswissenschaftliche Abteilung" wiederzubegründen beabsichtigte. Er stellte klar, dass er in der NS-Zeit zur Übertragung seines Verlages auf Hermann Reinshagen gezwungen worden sei und bereits Ansprüche auf Rückerstattung gestellt habe. Um den Schaden, der durch das gleichzeitige Auftreten von zwei unter dem Namen Stilke agierenden Verlagen entstand, zu minimieren und die Kosten für ein Rückerstattungsverfahren zu sparen, so Stilkes Argumentation,

> gestatte ich mir daher unter Bezugnahme auf die wohl auch Ihnen bekannte Rechtslage die Anfrage, ob Sie bereit sind, die Rückerstattung der mir früher gehörigen rechtswissenschaftlichen Abteilung (Stilke's Rechtsbibliothek) des Stilke-Verlages im Sinne der erlassenen Rückerstattungsverordnungen schon jetzt durchzuführen.[372]

Auf diese Anfrage Stilkes reagierte Cram am 27. September 1949 zwar grundsätzlich zustimmend, machte aber eine Zahlung von 191.000,– RM zur Bedingung. Diese Summe setzte sich zusammen aus dem Herstellungswert der vorhandenen Bestände von Müllers „Straßenverkehrsrecht" und Paul Thiemes „Grundbuchordnung", die beide 1949 neu aufgelegt worden waren, den seinerzeit bewerteten Verlagsrechten in Höhe von 95.000,– RM sowie dem neu erwor-

---

[371] Handschriftliche Aufstellungen in Stabi Dep. 42,214 (1).

[372] Dr. jur. Georg H. Stilke per Einschreiben an Verlag Walter de Gruyter, 20.9.1949, Stabi Dep. 42,214 (4).

benen Verlagsrecht von Thiemes „Grundbuchordnung".[373] In diesen per Einschreiben an Stilke gerichteten Zeilen wollte Cram gleich eingangs „einmal richtigstellen, daß Sie nicht durch NS-Aktion gezwungen worden sind, die Firma Georg Stilke, Berlin, auf Herrn Hermann Reinshagen zu übertragen". Reinshagen sei jederzeit berechtigt gewesen, „in ordnungsgemäßer Fortführung des Verlagsbetriebes [...] Rechtsgeschäfte abzuschließen". Dazu habe auch der Verkauf von Stilkes Rechtsbibliothek gezählt:

Diese Transaktion wird nicht tangiert durch das Rückerstattungsgesetz. Wir lehnen also dahingehende Ansprüche Ihrerseits ab und verweisen Sie mit diesen Ansprüchen an die Firma Hermann Reinshagen früher Georg Stilke, Berlin, die Sie verantwortlich zu machen haben, sofern nach Ihrer Auffassung Rechtsgeschäfte getätigt worden sind, die mit einer ordnungsmäßigen Geschäftsführung nicht in Einklang zu bringen waren.[374]

Der Verlag Walter de Gruyter habe die Rechtsbibliothek „nicht nur de jure, sondern auch nach der heutigen Rechtsauffassung ordnungsgemäß erworben".[375] Gleichzeitig stellte Cram in Zweifel, dass Stilke die von ihm geforderte Summe von 191.000,– RM aufbringen könne, was Letzteren „ganz besonders" verletzte.[376]

In arger Verkennung der historischen Tatsachen kehrte der Verlag Walter de Gruyter, der im Sommer 1938 binnen einer Woche die Rechtsbibliothek erworben hatte, weil er sich dadurch eine deutliche Verbesserung seiner Marktposition versprochen hatte, die Situation um und stellte die „Arisierung" als normalen, alltäglichen Geschäftsvorgang dar. Herr Reinshagen habe De Gruyter den Erwerb von Stilkes Rechtsbibliothek angeboten, weil die Abteilung nicht mehr in „seine Verlagsrichtung" gepasst habe und „niemand" da gewesen sei, „der sich darum kümmern" konnte. Der Verlag Walter de Gruyter „könnte mit diesen Verlagsrechten noch etwas anfangen". „Da die Begründung zutraf und wir glaubten, auch im Interesse von Dr. Stilke persönlich zu handeln, erklärten wir uns bereit, die Verlagsbestände und Verlagsrechte zu erwerben." Der seinerzeit vereinbarte Kaufpreis von 142.750,– RM sei höher gewesen,

als wir ihn unter anderen Umständen gezahlt haben würden, um uns nicht dem Vorwurf auszusetzen, eine Konjunktur zum Nachteil eines Verlagskollegen ausgenutzt zu haben. Ähnliche Geschäfte haben wir im Rahmen unserer Verlagsarbeit häufig getätigt, sodaß hierin nichts Außergewöhnliches lag. Die übernommenen Bestände und Rechte bildeten nur einen unwesentlichen Bestandteil des ganzen Stilke'schen Betriebes, und auch für

---

[373] Informationen betr. Stilke-Angelegenheit. Anlage zu Schreiben des Verlages an Reinhard Freiherr von Godin, 13.11.1950, Stabi Dep. 42,214 (2).

[374] Herbert Cram per Einschreiben an Dr. jur. Georg H. Stilke, 27.9.1949, Stabi Dep. 42,214 (4).

[375] Ebenda.

[376] Terminnotiz von Dr. Margarethe von Erffa, 26.1.1953, Stabi Dep. 42,214 (1).

den Verlag de Gruyter stellte dieser Erwerb nur ein normales Kaufgeschäft dar, wie wir es des öfteren abzuschließen pflegten.[377]

Bis zum Abschluss eines Vergleichs im Juli 1953 folgte eine langwierige juristische Auseinandersetzung. Stilkes Rechtsbibliothek stand seit 27. Juni 1950 unter Aufsicht der Treuhänder der amerikanischen, britischen und französischen Militärregierung für zwangsübertragenes Vermögen.[378] Der Ankaufswert der von Stilke seinerzeit übernommenen Bestände wurde für alle seit dem 1. Oktober 1950 verkauften Bände auf ein Treuhandkonto überwiesen.[379] Im August 1950 bat der Verlag Walter de Gruyter Rechtsanwalt Reinhard Freiherr von Godin um eine Stellungnahme. Dessen erstes Schreiben nahm den drei Jahre später geschlossenen Vergleich in Ansätzen bereits voraus. Godin ging von der Rückerstattung der Verlagsrechte bei gleichzeitiger Verwertung der Bestände durch De Gruyter aus.[380] Die seinerzeit von Stilke übernommenen Verlagsvorräte existierten zu diesem Zeitpunkt allerdings nicht mehr. Der Großteil war bei einem Bombenangriff am 3. März 1944 zerstört, ein geringerer Teil zuvor verkauft worden. Vorrätig waren nach dem Verlagserwerb produzierte Neuauflagen.

Am 16. November 1950 legte die vom Verlag Walter de Gruyter mit der Vertretung seiner Interessen beauftragte Anwältin Margarethe von Erffa beim Wiedergutmachungsamt Berlin Widerspruch gegen den Rückerstattungsanspruch Stilkes ein.[381] Die ausführliche Begründung reichte sie am 9. Februar 1951 nach.[382] Verlag und Anwältin zogen im Folgenden die „angebliche unmittelbare Verfolgung" Stilkes in Zweifel, negierten die ungerechtfertigte Entziehung des Unternehmens, für die angeblich die Aufnahme Reinshagens 1935 sprach, und scheuten auch vor der Forderung nicht zurück, Stilke habe „den vollen Nachweis für seine Qualifikation als jüdischer Mischling zu erbringen". Er hätte weder einem „Betätigungsverbot" noch einer „Veräußerungsauflage" unterlegen. „Da unmittelbare Verfolgungsmaßnahmen gegen den Antragsteller nicht vorlagen", so Rechtsanwältin von Erffa, „ist es auch unerheblich, wenn er von nationalsozialistischen Instanzen als jüdischer Mischling behandelt worden ist." Zudem habe es sich bei der Übernahme „nicht um die Verlagsabteilung Georg Stilke, sondern nur um eine kleine Abteilung derselben, nämlich die juristische", gehandelt. Die meisten Werke seien bereits damals „wertlos" gewesen.

---

[377] Informationen betr. Stilke-Angelegenheit. Anlage zu Schreiben des Verlages an Reinhard Freiherr von Godin, 13.11.1950, Stabi Dep. 42,214 (2).

[378] Der Treuhänder der Amerikanischen, Britischen und Französischen Militärregierung für zwangsübertragene Vermögen an Fa. Walter de Gruyter & Co., 27.6.1950, Stabi Dep. 42,214 (4).

[379] Abt. Guttentag an die Abt. Kasse im Hause, 22.1.1952, Stabi Dep. 42,214 (4).

[380] Reinhard von Godin an Firma Walter de Gruyter, 31.8.1950, Stabi Dep. 42,214 (2).

[381] Dr. Margarethe von Erffa an das Wiedergutmachungsamt Berlin, Turmstr. 91, 16.11.1950, Stabi Dep. 42,214 (2).

[382] Dr. Margarethe von Erffa an das Wiedergutmachungsamt Berlin, Badenschestr. 52, 9.2.1951, Stabi Dep. 42,214 (2).

Dieser Umstand lässt es begreiflich erscheinen, dass der Antragsgegner sich auf den Standpunkt stellt, er habe die Werke im ordnungsgemäßen Geschäftsverkehr erworben. Denn jeder Verlag oder buchhändlerische Betrieb kauft und verkauft Verlagsrechte und Bücherbestände. Es war ein durchaus übliches Geschäft im Rahmen der beiden Unternehmen.[383]

Stilke war offenbar in der NS-Zeit der Nachweis gelungen, dass er nur „Vierteljude" war. Seine in der Schweiz lebende Großmutter gab an, dass seine Mutter einem außerehelichen Verhältnis entstammte.[384] Stilke war nach Aussage von Kurt Hauff, dem Personaloffizier in der Abteilung Wehrmachtpropaganda des OKW, einige Wochen Sonderführer mit Offiziersrang und leitete die Abt. Schrifttum in Brüssel beim OKW. Wegen seiner „nichtarischen" Abstammung griff jedoch das Propagandaministerium ein, er wurde degradiert und nach Potsdam in eine Propaganda-Ersatzeinheit versetzt. Nur weil Hauff Unterlagen verschwinden ließ, blieben Stilke weitere Konsequenzen erspart. 1941 verschaffte ihm Hauff abermals eine Position als Sonderführer in der Kurierstelle des OKW, aber auch dieses Mal wurde seine Verwendung in dieser Dienststelle als „untragbar" abgelehnt. Nach Hauffs eidesstattlicher Erklärung verhinderte er wiederum die Einleitung eines Verfahrens wegen „Verschweigens seiner nichtarischen Abstammung in einem Wehrmachtsfragebogen", indem er Akten entwendete. Stilke wurde erneut in die Propaganda-Ersatzeinheit nach Potsdam bestellt.[385]

Obwohl sich Herbert Cram noch Anfang 1952, bestärkt durch seine Anwältin, der Hoffnung hingab, dass die Klage auf Rückerstattung an Stilke zurückgewiesen würde, versuchte er sich im Aufstellen von „Gegenforderungen", die „wir zu erheben gedenken für den Fall, dass wir für rückerstattungspflichtig erklärt werden". Sicherlich könne man sich nicht mit der einfachen Rückerstattung des Kaufpreises, „der zudem möglicherweise nur im Verhältnis 10:1 erstattet wird", begnügen, „da durch die Arbeit und durch das Geld, das wir hineingesteckt haben, die Verlagsrechte einiger der damals übernommenen Werke erheblich wertvoller geworden sind".[386] Cram beschäftigte in diesem Zusammenhang die Frage, wie man grundsätzlich die Erhöhung der Verlagswerte berechnen konnte. Er beabsichtigte, der Wiedergutmachungskammer ein Gutachten vorzulegen, das die erforderliche Berechnung der Werterhöhung – er ging dabei von etwa 50 % aus – deutlich machte. Für Cram war es „undiskutabel, dass Stilke die erhöhten Verlagsrechte, ohne Entschädigung dafür zahlen

383 Dr. Margaretha von Erffa an das Landgericht Berlin, Wiedergutmachungskammer Berlin-Wilmersdorf, 24.1.1953, Stabi Dep. 42,214 (1).

384 Aktenvermerk über den Besuch von Hans Dammertz im Verlag, 28.9.1951, Stabi Dep. 42,214 (2).

385 Eidesstattliche Erklärung von Kurt Hauff, 5.3.1951, Stabi Dep. 42,214 (2).

386 Herbert Cram an Arthur L. Sellier, 31.1.1952, Stabi Dep. 42,214 (2).

zu müssen, wiederbekommt".[387] Durch die Zahlung des Kaufpreises seit 1938 wollte er zudem einen erheblichen Zinsverlust erlitten haben. Das ging selbst dem ihm freundschaftlich verbundenen Arthur Sellier vom J. Schweitzer Verlag zu weit, dem diese Überlegung „unverständlich" schien, da sich doch der Kaufpreis „durch die Gewinne reichlich verzinst" habe. „Sie haben für den Kaufpreis Werte erhalten, die Ihnen Gewinne und damit Zinsen eintrugen", beschied er ihn.[388]

Der Gegenseite stellte sich die Sachlage ganz anders dar. Im Oktober 1952 erklärte sie, dass die Vermögenswerte nicht höher zu veranschlagen seien als 1938, der Wert sei „bestenfalls erhalten geblieben". Schließlich werde der Wert eines Werkes bei einer Neuauflage, bei dem es auf den letzten Stand der Wissenschaft gebracht werde, nicht erhöht, sondern lediglich erhalten.[389]

Cram drängte nun sehr auf die Annahme des gerichtlichen Vergleichsvorschlags vom 11. Juni 1953, weil „die Fortführung des Prozesses über zwei oder drei Jahre mit der völligen Pleite des Objektes enden würde". Allerdings sei der Abschluss eines Vergleichs für De Gruyter „eine schwere Last".[390]

Am 16. Juli 1953 wurde das von Georg Stilke initiierte Rückerstattungsverfahren tatsächlich mit einem Vergleich abgeschlossen. Zunächst war geklärt worden, dass Reinshagen lediglich am Gewinn beteiligt worden war, Stilke aber weiterhin Inhaber des Gesamtvermögens geblieben war, folglich Stilke einen unmittelbaren Anspruch auf Rückerstattung gegen De Gruyter hatte.[391] De Gruyter gab nun die Verlagsrechte für die meisten Titel von Stilkes Rechtsbibliothek an die Firma Georg Stilke zurück. Allerdings blieben sieben weiterhin gängige Werke beim Verlag Walter de Gruyter, der sich gleichzeitig verpflichtete, für je eine innerhalb der nächsten fünf Jahre erscheinende Auflage eine Lizenzgebühr in Höhe von 5 % des Ladenpreises auf verkaufte Exemplare an Stilke zu entrichten.[392] Bei diesen Ausnahmen handelte es sich um Müllers Straßenverkehrsrecht, Busses Patentgesetz sowie Warenzeichengesetz, Schulze-Wagners Reichshaushaltsordnung, Rechnungslegungsordnung sowie Reichskassenordnung und Thiemes Grundbuchordnung. De Gruyter verzichtete auf die Bezeichnung Stilkes Rechtsbibliothek sowie auf die typische

387 Ebenda.

388 Arthur L. Sellier an Herbert Cram, 20.2.1952, Stabi Dep. 42,214 (2).

389 Rudolf Stauch an das Landgericht Berlin, Wiedergutmachungskammern, 20.10.1952, Stabi Dep. 42,214 (2).

390 Notiz von Herbert Cram über ein Telefongespräch mit der Rechtsanwältin Erffa am 3.7.1953, 10.7.1953, Stabi Dep. 42,214 (1).

391 Rechtsanwalt Hans-W. Pape an die Wiedergutmachungskammer des Landgerichts Berlin, Berlin-Wilmersdorf, 8.6.1953, Stabi Dep. 42,214 (1).

392 Beispiele für Lizenzabrechnungen in Stabi Dep. 42,214 (1). Für die Straßenverkehrsordnung von Müller sah der Vergleich vor, dass De Gruyter die Lizenzzahlung für die bereits erschienene 17. Auflage und ggf. noch für eine 18. Auflage – so sie im Zeitraum von fünf Jahren erschien – entrichten sollte.

Stilke-Ausstattung. Die restlichen Bestände der Stilke'schen Rechtsbibliothek durfte De Gruyter jedoch noch verkaufen.[393]

Aus juristischer Perspektive enthielt der Vergleich keine Vereinbarung, dass der Erwerb von Stilkes Rechtsbibliothek 1938 als Zwangsentziehungsakt nichtig gewesen wäre.[394] In der Korrespondenz mit seiner Rechtsanwältin, Dr. Margarethe von Erffa, nach Abschluss des Vergleichs wird deutlich, dass Cram offenbar nach wie vor nicht zu erkennen bereit war, dass die Übernahme des in den 1930er-Jahren aus Gründen der Verfolgung in Bedrängnis geratenen Verlages Unrecht war. Deutlich wird das unter anderem an seiner Empörung, dass „Herr Dr. Stilke u.E. nicht das Recht" habe, neue Auflagen von Werken zu drucken, von denen De Gruyter noch über Restbestände verfügte. Schließlich verhindere Stilke „dann unseren Vertrieb".[395] Seine Anwältin wollte dieser Auffassung nicht folgen. Ihrer Ansicht nach stellte dieses Vertriebsrecht „nur noch eine Befugnis" dar, trotz der rückübertragenen Verlagsrechte die Restbestände verkaufen zu dürfen.[396]

Weshalb Herbert Cram, der in anderen Fällen keineswegs als skrupelloser „Arisierer" agierte, sondern seine Vorstellungen von „Kaufmannsehre" durchaus auch für verfolgte Kollegen gelten ließ, so hartnäckig an der vermeintlichen Rechtmäßigkeit der Übernahme von Stilkes Rechtsbibliothek festhielt, ist schwer auszumachen.

g) Akademische Verlagsgesellschaft Leipzig: Versuch einer „Arisierung" (1938)

In der zweiten Jahreshälfte 1938 bemühte sich der Verlag Walter de Gruyter um die „Arisierung" der in Leipzig ansässigen, 1906 von Leo Jolowicz gegründeten Akademischen Verlagsgesellschaft, die vor allem im naturwissenschaftlichen Bereich eine starke Marktposition innehatte. Dr. Hans Sell, Leiter der Abteilung Naturwissenschaften, Medizin und Technik bei De Gruyter, wollte seine „persönlichen Beziehungen zu dem Leiter des Amts für Handel und Handwerk einerseits und einer anderen amtlichen Stelle hier [in Leipzig] in die Waagschale" werfen, um „zu dem gewünschten Ziele [zu] gelangen".[397] Er warb bei Cram massiv um Unterstützung bei der Übernahme der Akademischen Verlagsgesellschaft, die er als „Sprungbrett" für die Stärkung der Position des Walter de Gruyter Verlages auf medizinisch-naturwissenschaftlichem Gebiet sah, zu dem „man jetzt

---

393 Ausfertigung des am 16.7.1953 geschlossenen Vergleichs in Stabi Dep. 42,214 (1).

394 Dr. Margarethe von Erffa an Verlag Walter de Gruyter, Herrn Cram, 16.7.1953, Stabi Dep. 42,214 (1).

395 Herbert Cram an Dr. Margarethe von Erffa, 27.11.1953, Stabi Dep. 42,214 (1).

396 Dr. Margarethe von Erffa an Firma Walter de Gruyter, Herbert Cram, 30.11.1953, Stabi Dep. 42,214 (1).

397 Hans Sell an Herbert Cram, 12./13.10.1938, Stabi Dep. 42,353.

relativ billig [...] kommt".[398] Damit wurde im Kontext der Verhandlungen um Verlagsübernahmen erstmals deutlich zum Ausdruck gebracht, dass nicht nur ein Standbein des Verlages verstärkt oder das Programm erweitert und ergänzt werden sollte, sondern De Gruyter unmittelbar einen ökonomischen Vorteil aus einem aufgrund politischer Verfolgung in Not geratenen Kollegen zu ziehen bereit war. Einem Vorschlag Crams für die Finanzkonferenz zufolge sollte der Akademischen Verlagsgesellschaft „unter Berücksichtigung der heutigen Verhältnisse" 900.000,– RM, zahlbar in fünf Jahresraten, geboten werden.[399] Der Inhaber der Firma Leo Jolowicz hatte Ende August 1938 drei Millionen RM gefordert und angefragt, ob er weiterhin mit weniger als 52 Prozent an dem Unternehmen beteiligt bleiben könnte, weil er nicht beabsichtigte auszuwandern; Jolowicz hatte am 12. August 1938 seinen 70. Geburtstag gefeiert. Diesen Wunsch lehnte Cram im Gespräch sofort ab, weil „das nicht von der Kammer genehmigt würde".[400] Im Oktober 1938 kam es wegen des weiteren Vorgehens bei der geplanten Übernahme der Akademischen Verlagsgesellschaft zu einer Auseinandersetzung zwischen Burkhard Meier und Herbert Cram. In der Verlagskonferenz hatte Abteilungsleiter Sell vorgeschlagen, nicht weiter mit den Inhabern zu verhandeln, sondern sich direkt an die „Arisierungsstelle" zu wenden. Da Cram aber bereits persönlich mit Jolowicz gesprochen hatte, fühlte er sich „anstandshalber verpflichtet", weiterhin mit diesem das Gespräch zu suchen. Dies entsprach seiner „Auffassung über kaufmännische Standessitten". Meier entgegnete ihm – offenbar lautstark –, dass es nicht auf Crams „Gefühle" ankäme, sondern es sich hier „um eine rein kaufmännische Angelegenheit" handele.[401]

Im Verlag gab es starke Bestrebungen, die Akademische Verlagsgesellschaft zu übernehmen. Hans Sell wollte seine persönlichen Beziehungen einsetzen, um beim Amt für Handel und Handwerk den Zuschlag zu bekommen. In seinem Schreiben an Herbert Cram schimmern antisemitische und profitorientierte Motive durch: „Die Dinge" lägen für De Gruyter augenblicklich „nicht ungünstig", weil man „mit den vielfachen Winkelzügen, die die Verkäufer versucht haben, und die beim Amt für Handel und Handwerk genauestens bekannt sind, Schluss machen will". Durch eine sofortige Eingabe, auf die hin das Amt „sofort seine Maßnahmen ergreifen" werde, sei „dann den Verkäufern die Möglichkeit genommen, noch freihändig zu verkaufen". Indirekt tauchte auch die Überlegung auf, dass die Akademische Verlagsgesellschaft eine stärkere Position suggeriere, als sie tatsächlich noch besäße: „Die Verkäufer" kämen

[398] Ebenda.

[399] Herbert Cram, Vorschlag für die Finanzkonferenz, 9.9.1938, Stabi Dep. 42,353.

[400] Besuch von Herrn Jolowicz mit seinem Schwiegersohn Jacobi am 25.8.1938, Stabi Dep. 42,353.

[401] Gesprächsnotiz über die Konferenz vom 18.10.1938, Stabi Dep. 42,583.

jetzt plötzlich wieder mit der alten Walze [...], die Reichsschrifttumskammer Berlin dränge gar nicht so sehr mit der Arisierung und außerdem stehe die A.V. als starker Devisenbringer unter besonderer Obhut der Reichsschrifttumskammer. Die Verkäufer hoffen also immer noch, dass es beim alten bleiben kann.[402]

Eine Reaktion Crams auf dieses Schreiben ist nicht überliefert.

Dass das Unternehmen in jüdischem Besitz zu diesem Zeitpunkt überhaupt noch mit einer Sondergenehmigung tätig sein durfte, war seinem hervorragenden internationalen Ruf und tatsächlich seinem beträchtlichen Umsatz im Ausland zu verdanken.[403] Wie dramatisch die Situation für das renommierte Haus war, zeigt die Tatsache, dass bereits im Februar 1935 Johannes Geest und Willy Erler – beides keine Juden – als weitere Geschäftsführer des Verlages mit Prokura bestellt worden waren.[404] Als Jolowicz mit Cram über eine mögliche Übernahme verhandelte, war er bereits am 30. Juni 1938 gezwungen worden, seine Position als Geschäftsführer aufzugeben.[405] Illusionen über die Zukunft dürfte er sich – anders als von Sell angenommen – zu diesem Zeitpunkt nicht mehr gemacht haben. Es ging um die Rettung seines Lebenswerks.

Drei Wochen nach dem letzten aktenkundig gewordenen Gespräch im Verlag Walter de Gruyter, ob und zu welchen Bedingungen man die Akademische Verlagsgesellschaft übernehmen wollte, zerstörten die Pogrome im November 1938 jeden Hoffnungsschimmer der Familie Jolowicz. Der 70-jährige Leo Jolowicz, sein Sohn Walter sowie sein Schwiegersohn Kurt Jacoby wurden am 10. November 1938 verhaftet. Walter Jolowicz blieb vier Wochen im KZ Buchenwald inhaftiert, Leo Jolowicz und Kurt Jacoby wurden bald wieder entlassen. Im Dezember 1938 bestellte das Reichsministerium für Volksaufklärung und Propaganda SS-Standartenführer Gerhard Noatzke als Treuhänder für die Akademische Verlagsgesellschaft.

Leo Jolowicz starb am 7. Juni 1940 in Leipzig. Sein Sohn Walter, ehemaliger Juniorchef des Unternehmens, flüchtete in die USA und konnte dort (als Walter Johnson) mit der Gründung der Academic Press in New York und des wissenschaftlichen Zeitschriftenantiquariats Johnson Corporation an frühere berufliche Erfolge anknüpfen.

Obwohl die Übernahme der Akademischen Verlagsgesellschaft scheiterte, werden hier weit stärker als im Falle Moritz Krayn und Georg Stilke Motive deutlich, die keinen anderen Schluss als den einer angestrebten „Arisierung“ mit allen damit verbundenen Vorteilen für den Käufer und den Nachteilen für den Verkäufer zulassen. Die vorhandenen Unterlagen zeigen Herbert Cram al-

402 Hans Sell an Herbert Cram, 12.10.1938, Stabi Dep. 42, 353.

403 *Andrea Lorz*, „Strebe vorwärts“. Lebensbilder jüdischer Unternehmer in Leipzig, Leipzig 1999, S. 102 ff. Die Verhandlungen mit dem Verlag Walter de Gruyter werden in der Publikation nicht erwähnt.

404 Ebenda, S. 106.

405 Ebenda, S. 112.

lerdings als zurückhaltenderen Part, der die „kaufmännischen Standessitten“ gewahrt wissen wollte. Ob die Übernahme letztlich an Crams verhaltenerem Vorgehen scheiterte, ist nicht bekannt.

h) J. Schweitzer Verlag (1939)

Ähnliche Motive wie beim Erwerb von Stilkes Rechtsbibliothek dürften auch der anteiligen Übernahme des in München ansässigen J. Schweitzer Verlages im Jahr 1939 zugrunde gelegen haben. Arthur Sellier hatte das 1895 gegründete und auf rechts- und staatswissenschaftliche Literatur spezialisierte Unternehmen 1898 gekauft. Attraktiv für De Gruyter war der J. Schweitzer Verlag vor allem wegen seines Kommentars zum Bürgerlichen Gesetzbuch von Julius von Staudinger, der erstmals 1898–1903 in sechs Bänden erschienen war. Der „Staudinger“ wurde rasch zur „Bibel der Wissenschaft vom Bürgerlichen Recht“.[406] Möglicherweise spielte auch die Person Arthur Sellier jun., der 1919 als Teilhaber in die Firma aufgenommen worden war, eine Rolle. Er war bereits 1933 der NSDAP beigetreten und Gründungsmitglied der vom NS-Juristen Hans Frank initiierten Akademie für Deutsches Recht. Ob Selliers Kontakte zu Frank ausschlaggebend waren, als „Zum 9. November 1933“ im Verlag J. Schweitzer ein Heftchen mit fünf Aufsätzen „Theodor von der Pfordten an die Deutsche Nation“ erschienen, ist nicht bekannt. In den Geleitworten des Staatsministers und Reichsjustizkommissars Dr. Hans Frank diente die Veröffentlichung der

> Ehrung jenes großen deutschen Juristen, der an der nationalsozialistischen Erhebung im November 1923 unmittelbar beteiligt war und der seine grenzenlose Liebe zu Volk und Vaterland sowie seine Hingabe an die nationalsozialistische Idee mit dem Opfer seines Lebens besiegelte. Für alle Zeiten wird der Name des bayerischen Oberstlandesgerichtsrats von der Pfordten dem deutschen Juristenstand voranleuchten als Symbol für wahres deutsches selbstloses Rechtsdienertum.[407]

Ein Ruhmesblatt für den Verlag war das Pamphlet, das die Märtyrerrolle, die die NS-Propaganda den sogenannten Blutzeugen der Bewegung – jenen Männern, die am 9. November 1923 beim Hitler-Putsch in München zu Tode gekommen waren – zuschrieb, weiter kultivierte, sicherlich nicht.

Falls sich der Verlag von Arthur Sellier jun. Zugang zu NS-Juristen versprach, konnte er davon bestenfalls einige Monate profitieren, weil der junge Sellier 1939 zum Wehrdienst eingezogen wurde und erst 1945 aus amerikanischer Gefangenschaft zurückkehrte.[408] Kein Zweifel kann daran bestehen, dass der Verlag

---

406 *Ziesak*, Der Verlag Walter de Gruyter 1749–1999, S. 250.

407 Theodor von der Pfordten an die Deutsche Nation. Zum 9. November 1933. Fünf Aufsätze, eingeleitet von Staatsminister *Dr. Hans Frank*, München/Berlin/Leipzig 1933.

408 Einträge zu Vater und Sohn Arthur Sellier in: Deutsche Biographische Enzyklopädie, hrsg. von *Rudolf Vierhaus*, München 2008, Bd. 9, S. 394.

Walter de Gruyter mit dieser Firmenbeteiligung eine Stärkung seiner juristischen Sparte anstrengte.

Seit Dezember 1938 verhandelte De Gruyter exklusiv über eine anteilige Übernahme des Verlages J. Schweitzer (Arthur Sellier). Letzterer befand sich wirtschaftlich in einer schwierigen Situation.[409] Anfänglich bestanden erhebliche Differenzen über den Wert des Unternehmens. Sellier legte einen Bewertungsvorschlag in Höhe von 650.000,– RM vor, Walter de Gruyter in Höhe von 325.000,– RM. Praktisch plante die Verlagskonferenz die Barzahlung von 125.000,– RM und die Übernahme der Herstellungskosten für 1939/40. Die ersten zehn Prozent der Gewinne aus deren Verwirklichung sollten geteilt werden, alles Weitere im Verhältnis 60:40 an Sellier und De Gruyter fließen. Da die Verlagsarbeit bei De Gruyter ausgeführt werden sollte, sollten De Gruyter 35 % auf die Herstellungssumme als Handlungsunkosten zur Verfügung stehen.[410] Offenbar einigte man sich rasch, und der Verlag Walter de Gruyter trat im Januar 1939 mit einem 50-prozentigen Anteil in die Firma J. Schweitzer ein.[411] Als Geschäftsführer der offenen Handelsgesellschaft fungierten A.L. Sellier jun. und Herbert Cram; der Sitz des Unternehmens wurde nach Berlin verlegt.[412] Der Umsatz des J. Schweitzer Verlages stieg von 140.417,– RM im Jahr 1939 auf 181.765,– RM im Folgejahr und 254.555,– RM im Jahr 1941.[413] 1942 wurden 215.812,– RM umgesetzt (Gewinn 25.831,08 RM) und 1943 243.557,88 RM (Gewinn 29.242,48 RM).[414]

Nach dem Krieg wurde Herbert Cram neben Arthur Sellier persönlich haftender Gesellschafter; der Verlag zog ins Stammhaus von Walter de Gruyter in der Genthiner Str. 13 in Berlin.[415]

---

409 *Ziesak*, Der Verlag Walter de Gruyter 1749–1999, S. 250.

410 Verlagskonferenz, 6.12.1938. Anwesend die Herren: Cram, Dr. Meier, Dr. v. Staa, Dr. Lüdtke, Grethlein, Brill, Dr. Sell, Dr. Buchenau, Dr. Elster, Stabi Dep. 42,627; Schreiben an den Verlag J. Schweitzer, 8.12.1938, Stabi Dep. 42, K 421, M 1.

411 Herbert Cram an den Reichsverband der deutschen Zeitschriftenverleger, 28.2.1939, Stabi Dep. 42,388; Aufstellung der Verlagszukäufe in: *Fischer/Füssel* (Hrsg.), Geschichte des deutschen Buchhandels. Bd. 2, Teil 1, S. 393.

Im September 1945 wurde Cram neben Arthur Sellier persönlich haftender Gesellschafter des J. Schweitzer Verlages, der nun seinen Sitz im Gebäude von De Gruyter in der Genthiner Straße hatte. 1981 trennten sich beide Verlage, nur Staudingers Kommentar zum Bürgerlichen Gesetzbuch ging in die neu gegründete Firma J. Schweitzer Verlag Walter de Gruyter & Co. über. *Würffel*, Lexikon deutscher Verlage, S. 797.

412 J. Schweitzer Verlag an Landgerichtsdirektor Dr. E. Fuhrmann, 17.1.1939, Stabi Dep. 42, M 420, K 6.

413 Handschriftliche Statistiken über die Tochtergesellschaften 1939/1941, Stabi Dep. 42,399.

414 Geschäftsberichte 1942 und 1943, Stabi Dep. 42,399.

415 *Würffel*, Lexikon deutscher Verlage, S. 796 ff.

IV. Der Verlag 1939–1945

1. Entwicklung des Verlags

Mit dem deutschen Angriff auf Polen und dem Beginn des Zweiten Weltkriegs veränderten sich die Koordinaten auch in der Verlagslandschaft fundamental. Einschneidende Auswirkungen auf den Produktionsprozess hatte zunächst die Einberufung von Fachkräften. Andererseits boten sich durch die deutsche Expansion neue Tätigkeits- und Absatzfelder, und die Vergabe als kriegswichtig definierter Aufträge lieferte vielen Verlagen eine Bestandsgarantie. Bereits am 3. Oktober 1939 hielt die wöchentlich tagende Verlagskonferenz im Hause De Gruyter fest, dass die Bücherbeschaffung für die in Polen eingerichteten deutschen Gerichte schon in die Wege geleitet sei und man folglich auf den Spuren der Wehrmacht vom Krieg profitierte.[1]

Für die weitere Entwicklung der Verlage war die Anerkennung als wehrwirtschaftlich wichtiger Betrieb notwendig, weil dadurch die dringend notwendigen Arbeitskräfte nicht existenzbedrohend ausgedünnt wurden. Mit Schreiben vom 26. September 1939 wurde der Verlag Walter de Gruyter & Co. unter der Nummer W 17566 in die Liste der Wehr- und Rüstungsbetriebe (W-Betriebe) aufgenommen.[2] Der Verlag hatte sich dafür Unterstützungsschreiben vom Reichsjustizministerium, dem Reichsverkehrsministerium, dem Reichswirtschaftsministerium, dem Propagandaministerium, dem Archäologischen Institut des Deutschen Reichs, dem Oberkommando der Kriegsmarine, dem Institut für ausländisches öffentliches Recht und Völkerrecht, der Deutschen Gesellschaft für Wehrpolitik und Wehrwissenschaften und dem Oberkommando des Heeres besorgt.[3] Am 5. März 1940 konnte dieser Status auch für die verlagseigene Druckerei in Trebbin erlangt werden. Damit bestand für den Verlag die Möglichkeit, für Gefolgschaftsmitglieder Unabkömmlichkeitsanträge zu stellen.[4]

---

[1] Verlagskonferenz, 3.10.1939. Anwesend die Herren: Cram, Dr. v. Staa, Dr. Lüdtke, Brill, Hübler, Grethlein, Dr. Buchenau, Dr. Elster, Stabi Dep. 42,627.

[2] Der Oberpräsident der Provinz Mark Brandenburg, Wehrwirtschaftliche Abteilung für den Wehrwirtschaftsbezirk III, Gruppe Gewerbliche Wirtschaft, an den Herrn Betriebsführer des Verlages Walter de Gruyter, 26.9.1939, Stabi Dep. 42,374.

[3] Vgl. Stabi Dep. 42,374.

[4] Der Oberpräsident der Provinz Mark Brandenburg, Bezirkswirtschaftsamt für den Wehrwirtschaftsbezirk III, an Firma Walter de Gruyter, Druckerei Trebbin, 5.3.1940, Stabi, Dep. 42,374.

Der Betrieb hatte am 1. Oktober 1941 143 Mitarbeiter, davon 81 männliche und 62 weibliche. 89 waren in Berlin tätig, 54 in der Trebbiner Druckerei.[5] Der Arbeitskräftemangel hatte längst auch die Verlage erreicht. Am 10. Oktober 1941 gab die „Anordnung über die Freimachung von Arbeitskräften aus der deutschen Presse" des Präsidenten der Reichspressekammer bekannt, dass die Verlage nur noch Mitarbeiter beschäftigen sollten, die „zur ordnungsgemäßen Herstellung der kriegsnotwendigen Produktion unter Anlegung härtester Maßstäbe erforderlich" seien.[6] Am 20. Oktober 1941 mussten dem Arbeitsamt aufgrund dieser Anordnung zehn Arbeitskräfte zur Verfügung gestellt werden, die bereits zum 1. November anderweitig dienstverpflichtet wurden.[7] Daraufhin schilderte Herbert Cram der Reichspressekammer die erschwerten Bedingungen, unter denen der Verlag im Herbst 1941 arbeitete: Der Personalstand sei gegenüber dem Friedensstand um etwa 40 % gesunken, während die verlangten Leistungen um etwa 50 % gestiegen seien.

> Die Arbeiten konnten nur dadurch geschafft werden, dass der gesamte Betrieb bereits seit längerer Zeit statt 48 Stunden wöchentlich 52 Stunden arbeitet und darüber hinaus von einem großen Teil der Belegschaft je nach Bedarf bis zu 60 Stunden in der Woche gearbeitet wird. Unser Export belief sich im abgelaufenen Halbjahr noch auf 2/3 des Friedensexports und ist in erster Linie begründet durch unsere zahlreichen Zeitschriften und Fortsetzungswerke.[8]

De Gruyter gehörte zu den etwa 200 Verlagen, die seit Mitte 1942 unter „wehrwirtschaftlicher Betreuung" standen und damit weiterhin über das Reichspropagandaministerium für ihre Fachkräfte UK-Stellungen beantragen durften.[9] Davon machte der Verlag in den folgenden Jahren häufig Gebrauch, weil die Produktion durch die Einberufung der Angestellten immer stärker bedroht war.[10] Zum 6. Februar 1943 erhielt zum Beispiel der Betriebsführer der Trebbiner Druckerei, Albrecht Kindt, seinen Einberufungsbescheid nach Guben zur Sanitäts-Ersatzabteilung 3. Von Staa schrieb deshalb an den „Herrn Reichsminister der Luftfahrt und Oberbefehlshaber der Luftwaffe", dass der Verlag Herrn Kindt „nicht entbehren" könne, wenn die Druckaufträge für die Lehrbücher der Luftwaffe „ordnungsgemäß und rechtzeitig erledigt werden sollen". Kindt habe „die

---

[5] Anlage 3 (Altersmäßige Gliederung des gesamten Personals für Verlag und Technik in folgender Gliederung nach dem Stande vom 1.10.1941) des Einschreibens von Herbert Cram an die Reichspressekammer, 15.11.1941, Stabi Dep. 42,388.

[6] Der Präsident der Reichspressekammer, Anordnung über die Freimachung von Arbeitskräften aus der deutschen Presse, 10.10.1941, Stabi Dep. 42,388.

[7] Herbert Cram an die Reichspressekammer, 24.10.1941, Stabi Dep. 42,388.

[8] Einschreiben Herbert Crams an die Reichspressekammer, 15.11.1941, Stabi Dep. 42,388.

[9] *Lokatis*, Hanseatische Verlagsanstalt, S. 139 mit Verweis auf BArch R 55/689, S. 31–49, Rundschreiben des Propagandaministeriums wegen „UK-Stellungen außerhalb der Sonderliste" vom 19.6.1942 mit Liste der Verlage in wehrwirtschaftlicher Betreuung.

[10] Vgl. die umfangreiche Korrespondenz in: Stabi, Dep. 42,374.

volle Verantwortung für eine Belegung von 77 Personen (58 Deutsche, 1 Italiener, 18 Franzosen[11])", und der Verlag verfüge über „keine für einen derartigen leitenden Posten geeignete Persönlichkeit". Um die Dringlichkeit zu unterstreichen und eine Freistellung zu erwirken, betonte er:

> Wenn also Herr Kindt eingezogen wird, müssen wir voraussichtlich unsere Druckerei schließen. Ob wir die laufenden Druckaufträge, zu denen natürlich auch noch andere Sparten unserer kriegswichtigen Buchproduktion gehören, anderweitig unterbringen können, scheint uns bei der augenblicklichen außerordentlich angespannten Lage im Druckgewerbe zweifelhaft.[12]

Obwohl von Staa in diesem Fall erfolglos agierte, lief der Druckereibetrieb nahtlos weiter. Der bisherige Stellvertreter des Druckereileiters, Albert Bierögel, konnte den einberufenen Albrecht Kindt nämlich ersetzen.

Insgesamt pflegte der Verlag auch während des Krieges seine Beziehungen zu einflussreichen Instanzen erfolgreich weiter. Der Geschäftsleitung gelang es, die Position, die der Verlag Walter de Gruyter in der deutschen Wissenslandschaft einnahm, zu stärken. Deutlich wird dies unter anderem an den zahlreichen Glückwunschschreiben anlässlich des 50. Geburtstages von Herbert Cram im Sommer 1940. Der Präsident der Preußischen Akademie der Wissenschaften, Prof. Theodor Vahlen, gratulierte z.B. und gedachte „an diesem Tage der wertvollen Arbeit, die der unter Ihrer Leitung stehende Verlag de Gruyter für die deutsche Wissenschaft und so auch für die Preußische Akademie der Wissenschaften geleistet hat".[13] Herbert Cram antwortete in seinem Dankesschreiben, dass Vahlen „versichert" sein könne, „dass der Verlag Walter de Gruyter & Co. wie in der abgelaufenen Zeit so auch in der Zukunft sich gern und freudig nach seinem besten Vermögen in den Dienst der deutschen Wissenschaft stellt".[14]

Im Oktober 1943 erhielt der Verlag einen Schnellbrief des Reichsministeriums für Volksaufklärung und Propaganda, aus dem deutlich wird, dass sich das langjährige Bemühen um die Funktionäre für den Verlag durchaus lohnte:

> Es wird Ihnen mitgeteilt, dass an der Aufrechterhaltung Ihrer uneingeschränkten Verlagsproduktion größtes kulturpolitisches und propagandistisches Interesse besteht. Das Reichsministerium für Volksaufklärung und Propaganda legt Wert darauf, dass der Leistungsstand Ihres Verlages voll erhalten bleibt. Es sind daher von hier aus Maßnahmen getroffen worden, den Einsatz der Arbeitskräfte Ihres Verlages zu sichern. Sie werden gebeten, darüber hinaus von sich aus alles zu tun, um eine ungestörte Weiterarbeit Ihres

---

[11] S. dazu S. 164–168.

[12] Meinhard von Staa an den Herrn Reichsminister der Luftfahrt und Oberbefehlshaber der Luftwaffe, Chef des Ausbildungswesens Vorschriften- und Lehrmittelabteilung, 1.2.1943, Stabi Dep. 42,367.

[13] Der Präsident der Preußischen Akademie der Wissenschaften an Verlagsdirektor Cram, 23.6.1940, Stabi, Dep. 42,219.

[14] Herbert Cram an den Präsidenten der Preußischen Akademie der Wissenschaften, Herr Prof. Vahlen, 10.7.1940, Stabi, Dep. 42,219.

Verlages zur Durchführung der Ihnen vom Reichsministerium für Volksaufklärung und Propaganda gestellten Aufgaben zu gewährleisten. Sie werden ermächtigt, dieses Schreiben bei den zuständigen Dienststellen vorzulegen, die gebeten werden, Sie im Rahmen des Möglichen weitgehend zu unterstützen.[15]

De Gruyter war es gelungen, sich als Wissenschaftsverlag unentbehrlich zu machen. Die Schließung des Verlages drohte zu keinem Zeitpunkt.

Infolge der staatlich reglementierten Papierzuteilung waren immer häufiger die Exportchancen eines Buches, dessen politische Bedeutung oder die Beziehungen des Autors relevant für die Entscheidung, ob ein Projekt verwirklicht wurde oder nicht. 1943 erschien z.B. bei Walter de Gruyter in deutscher Sprache „Die intelligible Welt. 3 philosophische Abhandlungen" des japanischen Philosophen Kitaro Nishida (1870–1945). Eigentlich hätte die Prominenz des Autors, der bis heute als einer der Väter der modernen japanischen Philosophie gilt, für die Papierbewilligung genügen sollen. Aber schon nach Vertragsunterzeichnung 1941 wandte sich der Verlag an das Japaninstitut mit der Bitte, ein Schreiben aufzusetzen, „aus dem die Wichtigkeit des Buches hervorgeht; vielleicht unter Hervorhebung der deutsch-japanischen Beziehungen".[16] Daraufhin unterstützte das Auswärtige Amt die Bemühungen der Papierbeschaffung, denen das Propagandaministerium schließlich auch entsprach. Dem Kriterium der Papierzuteilung kam immer größere Bedeutung zu. Jenen Verlagen, die kein Papier mehr erhielten, wurden ab August 1942 systematisch Mitarbeiter entzogen.[17]

Die Geschäftsleitung bemühte sich, die Arbeitsabläufe und den Produktionsprozess trotz der Kriegsauswirkungen so stabil wie möglich zu halten. Die größte Herausforderung für das prosperierende Unternehmen waren dabei der Arbeitskräftemangel und die Mehrbelastung der Arbeitnehmer. Um die Bindung an das Unternehmen zu stärken und zu pflegen, fand noch im ersten Kriegswinter wie in früheren Jahren im Harnack-Haus eine Weihnachtsfeier statt. 1940 musste sie ausfallen, „zur Hebung der Weihnachtsfreude" gewährten Cram und von Staa den Gefolgschaftsmitgliedern jedoch eine freiwillige Zuwendung, die sich an der Dauer der Betriebszugehörigkeit bemaß und zwischen 10 und 100 RM lag, für Ehepartner und Kinder erhöhte sich der Betrag jeweils um 10 RM. Zudem erhielt jeder eine Zuwendung in Höhe von 15% des Monatsgehalts.[18] 1943 fand eine Weihnachtsfeier im Deutschen Klub, Jägerstr. 2, statt, die allerdings wegen der schlechten Versorgungslage einen anderen Charakter hatte. Wer teilnehmen wollte, musste in der Personalabteilung des Verlages 25 gr Nährmittel, 30 gr Weißbrot, 50 gr Roggenbrot und 2 Esslöffel Zucker abgeben. Wer eine Kerze be-

---

[15] Reichsministerium für Volksaufklärung, Schnellbrief, 13.10.1943, Stabi Dep. 42, 213 (1).

[16] Walter de Gruyter (Brill) an das Japaninstitut, 2.10.1941, Stabi Dep. 42,167 (7).

[17] Vgl. *Barbian*, Literaturpolitik im NS-Staat, S. 244–250.

[18] Anschlag, gez. Cram und von Staa, 5.12.1940, Stabi Dep. 42, 217.

schaffen konnte, sollte sie „zur Ausschmückung der Tische" mitbringen.[19] Cram gelang es aufgrund persönlicher Beziehungen, für die Feier Karpfen vom Wald- und Teichgut Niederspree zu organisieren.[20]

Während des Krieges hielt der Verlag Kontakt mit seinen eingezogenen Mitarbeitern und unterstützte deren Familien mit Päckchen zu Weihnachten. Zahlreiche Dankesbriefe zeugen davon, dass dieses Engagement keineswegs für selbstverständlich gehalten wurde.[21] Aber auch die Soldaten selbst erhielten Weihnachtsgrüße. Ein Schreiben an die Belegschaft rief im November 1943 zur Beteiligung auf:

Liebe Arbeitskameraden, zum fünften Mal wollen wir unseren Soldaten Weihnachtsgrüße senden. Wenn auch die Schwierigkeiten bei der Beschaffung des Inhalts für die Päckchen nicht geringer geworden sind, so werden wir doch sicher auch diesmal etwas Nettes zusammenbekommen. Bücher sind genug „gehamstert", einige Mitarbeiterinnen haben wunderhübsche Transparente angefertigt – mit Tabakwaren sieht es diesmal allerdings wenig erfreulich aus – und nun fehlt nur noch etwas Weihnachtsgebäck. Für die Weihnachtsbäckerei haben sich nun wieder einige Mitarbeiterinnen freundlichst zur Verfügung gestellt. Fett hat eine ausländische Buchhandlung gestiftet und so fehlt nur noch Mehl und Zucker. Es wäre nett, wenn nun jeder nach seinen Kräften wieder etwas zu dieser Bäckerei zusteuern würde, entweder in Marken oder Mehl oder Zucker.[22]

Die im Feld stehenden Soldaten profitierten gleichermaßen von Sonderzahlungen, etwa anlässlich des 25-jährigen Verlagsjubiläums 1944. Auch Georg Hurrass, mit dem Herbert Cram in den ersten Jahren der NS-Herrschaft zahlreiche Auseinandersetzungen hatte, dankte ihm im Februar 1944 für diese Zahlung mit einem Feldpostbrief aus dem „Osten", in dem er ihm unter anderem die harten Bedingungen im russischen Winter schilderte und die „Kameradinnen & Kameraden des Verlages, insbesondere der Auslieferung" grüßen ließ.[23]

Aus der Korrespondenz mit den eingezogenen Mitarbeitern, die hauptsächlich die Sekretärinnen pflegten, wird weitaus drastischer als aus der Cram'schen Korrespondenz das bedrohliche Kriegsszenario deutlich, das den Alltag in Berlin kennzeichnete. Im Dezember 1943 schilderte die Mitarbeiterin Seifert in einem Brief an den Kollegen Seelemann die Situation:

Ihnen zu beschreiben, wie die Feinde in unserer lieben Heimatstadt gewütet haben, ist kaum möglich. Es ist von der Innenstadt wohl kaum ein Teil nicht betroffen worden. Bei uns geht es vom Lützowplatz bis zum Potsdamer Platz ununterbrochen, entweder sind die Häuser durch Sprengbomben vernichtet oder bis zum Keller ausgebrannt. W de Gr hatte großes Glück, es sind allerdings Nr. 7 und 9 total ausgebombt und von 13 etwas Dachstuhl, sonst konnte Nr. 11 und 13 gerettet werden. Die Räume waren allerdings ein

19 Umlauf, gez. Cram und von Staa, 10.12.1943, Stabi Dep. 42,217.
20 Schreiben von Cram an Helmuth Thiel, 19.11.1943 und 29.12.1943, Stabi Dep. 42,217.
21 Briefe in Stabi Dep. 42,549.
22 Aufruf vom 9.11.1943, Stabi Dep. 42, 549.
23 Georg Hurrass an Herbert Cram, 19.2.1944, Stabi Dep. 42,549.

Scherben- und Schutthaufen. Jetzt haben wir alle Fenster vernagelt, notdürftig aufgeräumt und versuchen wieder etwas geregelten Betrieb aufzunehmen. [...] Von unseren Mitarbeitern sind verschiedene leider auch völlig ausgebombt. Es ist doch eine bitter schwere Zeit, in der wir leben.[24]

Herbert Cram bemühte sich bis Kriegsende, die Verlagsarbeit möglichst in bewährter Weise fortzusetzen. Er ließ sich dabei weder von den äußeren Kriegseinwirkungen nennenswert beeinflussen, noch war er bereit, den Charakter des Wissenschaftsverlages mehr, als ihm unbedingt erforderlich erschien, zu verändern. Seine Haltung brachte er in einer Gesprächsnotiz vom April 1941 zum Ausdruck. Die dem Auswärtigen Amt angeschlossene Deutsche Informations-Stelle hatte bei De Gruyter angefragt, ob Interesse bestünde, eine geplante Schriftenreihe zu Frankreich zu verlegen. Cram hielt fest:

Ich habe [...] darauf aufmerksam gemacht, dass wir uns von Politik bisher völlig fern gehalten haben, um den Charakter des wissenschaftlichen Verlages in jeder Beziehung zu wahren, und dass, wenn diese Arbeiten bei uns erscheinen, ihnen wissenschaftliche Methoden zu Grunde gelegt werden müssten, d.h. es müsste das erforderliche Dokumentenmaterial beigefügt oder die benutzte Literatur zitiert werden.[25]

Anlässlich des 25-jährigen Verlagsjubiläums am 1. Januar 1944 hieß es, dass sich der Verlag „nach Überwindung der jetzigen zeitbedingten Schwierigkeiten" wieder uneingeschränkt für die Wissenschaft einsetzen werde.[26]

Zusehends belastete aber auch die ausufernde Bürokratie die Verlage. Im Oktober 1941 informierte z.B. der Präsident der Reichsschrifttumskammer Hanns Johst, dass bis Monatsende alle Veröffentlichungen, die in Reihen, Sammlungen, Serien und Büchereien erschienen, sowie alle Zeitschriften anzumelden waren.[27] Dem kam die Geschäftsleitung in einem Einschreiben mit einem Verzeichnis von 62 Einzelblättern am 30. Oktober 1941 nach.[28]

Im September 1944 erhielt Herbert Cram einen Ordnungsstrafbescheid vom Reichstreuhänder der Arbeit wegen Zuwiderhandlung gegen § 1 der zweiten Durchführungsbestimmungen zum Abschnitt III (Kriegslöhne) der Kriegswirtschaftsverordnung vom 12. Oktober 1939 in Verbindung mit § 21 der Kriegswirtschaftsverordnung vom 4. September 1939 in der beachtlichen Höhe von 5050,– RM. Er hatte zwischen April 1941 und November 1943 die Löhne von vier Mitarbeitern ohne Zustimmung des Treuhänders erhöht (in einem Fall von 42,– auf 44,– RM, von 50,– auf 52,– RM usw.).[29] Jede Gehaltsregulierung musste ausführ-

24 Seifert an E. Seelemann, 9.12.1943, Stabi Dep. 42,549.

25 Gesprächsnotiz Herbert Cram, 5.4.1941, Stabi Dep. 42,145 (7).

26 Betriebsjubiläum 1944, Stabi Dep. 42,228.

27 Mitteilung des Präsidenten der Reichsschrifttumskammer, Börsenblatt für den Deutschen Buchhandel, Nr. 240 v. 14.10.1941.

28 Walter de Gruyter & Co. (Cram) an die Reichsschrifttumskammer III Z., 30.10.1941, Stabi Dep. 42,215.

29 Ordnungsstrafbescheid des Präsidenten des Gauarbeitsamts und Reichstreuhänders

lich beim Reichstreuhänder der Arbeit begründet werden, was einen erheblichen administrativen Aufwand bedeutete.

Seit Ende 1942 wurde die Schließung von Verlagen wegen des akuten Arbeitskräfte- und Rohstoffmangels erwogen. Von den Plänen des Propagandaministeriums waren mindestens 1200 Verlage betroffen, die im April 1943 der Kammer Informationen über ihre Lagerbestände und die laufende Produktion liefern sollten. Nicht zuletzt wegen der damit verbundenen beträchtlichen administrativen Herausforderungen verliefen diese Bemühungen im Sande. Das änderte sich mit der Ernennung des Propagandaministers Joseph Goebbels zum Reichsbevollmächtigten für den totalen Kriegseinsatz am 20. Juli 1944. Verschont von der Rekrutierung blieben nunmehr nur noch die Mitarbeiter kriegswichtiger Betriebe. Bereits Ende September 1944 waren 1902 Verlage geschlossen worden. Verhindert werden konnte diese Zwangsmaßnahme, wenn der Verlag als kriegswichtig bewertete Publikationen im Programm hatte. Darunter fielen Aufträge für die Wehrmacht, SS, die Verwaltung oder die Wirtschaft. Andere Verleger nutzten ihre guten Kontakte zur Schrifttumsabteilung im Ministerium, um ihren Verlag zu retten.[30] Die „Liste der zu sichernden Verlage" vom 4. November 1944 führte nurmehr 273 Verlage auf.[31]

2. Medizin, Naturwissenschaft und Technik

Infolge der Rüstungsanstrengungen des NS-Staates und der damit verbundenen Förderung des technischen Fortschritts wurde der naturwissenschaftlich-technische Bereich zu einer tragenden Säule des Verlagsgeschäfts. Ein Schritt in diese Richtung war bereits die Übernahme des Technischen Verlages Moritz Krayn gewesen.[32] Spätestens seit Mitte der 1930er-Jahre können die Publikationen in dieser Verlagssparte nicht mehr losgelöst von der expansiven Politik und zunehmenden militärischen Aufrüstung betrachtet werden. Die mathematische Literatur profitierte z.B. von dieser Entwicklung, auf die ausführlich in den Kapiteln „Sammlung Göschen" und „Zeitschriften" eingegangen wird.[33]

Diesen Zusammenhang versuchte auch niemand zu verbergen. Hans Ginsberg etwa, der als Chemiker bei den Vereinigten Aluminium-Werken in Ber-

---

der Arbeit, Reichstreuhänderverwaltung, an Herbert Cram, 8.9.1944, und Zahlungsanweisung Crams, 13.9.1944, Stabi Dep. 42,347.

[30] Vgl. zur Bedeutung dieser Verbindungen für die Arbeit der Verlage das Beispiel Brockhaus, dessen Leitung ein „mitunter aufgeräumte[s], fast freundschaftliche[s] Verhältnis" zu Karl Heinz Hederich in der für die Lexikonverlage zuständigen Parteiamtlichen Prüfungskommission unterhielt, um Eingriffe zu verhindern. *Keiderling*, Lexikonarbeit im Nationalsozialismus, S. 86 f.

[31] Liste im Staatsarchiv Leipzig, nach: *Barbian*, Literaturpolitik im NS-Staat, S. 250.

[32] Vgl. dazu S. 120–123.

[33] Vgl. dazu S. 177–185, 259–263.

lin tätig war, veröffentlichte 1941 den Band „Leichtmetallanalyse" in der Reihe „Arbeitsmethoden der modernen Naturwissenschaften". Sie richtete sich an die Praktiker und war von dem in Marburg lehrenden Chemiker Prof. Dr. Alfred Thiel (1879–1942) begründet worden. Bereits 1911 waren erstmals die von ihm herausgegebenen „Logarithmischen Rechentafeln für Chemiker" erschienen; 1939 wurde die 41.-45. Auflage – mittlerweile um die Berufsgruppen der Pharmazeuten, Mediziner und Physiker ergänzt – gedruckt. Hans Ginsberg machte in der „Leichtmetallanalyse" ganz explizit auf den aktuellen Bezug aufmerksam: „Von grundsätzlicher Bedeutung" für die Abfassung des Buches war „die Tatsache, daß die Leichtmetallerzeugung – insonderheit die des Aluminiums – seit Gründung des Dritten Reiches einen ungeahnten Aufschwung genommen hat".[34] Noch 1945 erschien die zweite Auflage, die „eine gründliche Überarbeitung der ersten" darstellte und deutlich an Umfang gewonnen hatte. „Besonders in dieser Zeit" benötige man „einen zuverlässigen Ratgeber".[35] Ebenfalls in der Reihe „Arbeitsmethoden der modernen Naturwissenschaften" erschien 1941 die zweite und 1944 die dritte Auflage von Kasimir Graffs „Grundriß der geographischen Ortsbestimmung. Aus astronomischen Beobachtungen". Graff war em. o. Professor der Astronomie und Direktor der Wiener Universitäts-Sternwarte. Die erste Auflage stammte aus dem Jahr 1913. Der Verlag führte die Reihe auch nach Kriegsende fort; die für die Papierbewilligung erforderliche Begründung entfiel nun.

Weiterhin erschienen bei De Gruyter „Klassiker" der Naturwissenschaften wie das „Klinische Wörterbuch" von Willibald Pschyrembel. Wie sehr sich aber Teile der Ärzteschaft die NS-Ideologie zu eigen gemacht hatten, zeigt die „Ärztliche Rechts- und Standeskunde. Der Arzt als Gesundheitserzieher". Das von Rudolf Ramm, dem Beauftragten für das ärztliche Fortbildungswesen und Lehrbeaufbeauftragten an der Berliner Universität, verfasste Werk erschien erstmals 1942 im Verlag Walter de Gruyter, der sich damit weit von seinen wissenschaftlichen Qualitätsstandards entfernte. Die Ärztliche Rechts- und Standeskunde war seit 1939 als Pflichtvorlesung der höheren Semester in das Medizinstudium integriert und der Band damit nachgefragt.[36] Bereits 1943 wurde die Schrift mit Ergänzungen neu aufgelegt. Rudolf Ramm war einer der „entscheidenden Protagonisten des medizinethischen Diskurses in der zweiten Hälfte der NS-Herrschaft". Sein Fach – Ärztliche Rechts- und Standeskunde – eignete sich „in besonderer Weise zur Vermittlung nationalsozialistischer Ideologie und Moral", lautet das Urteil des Medizinhistorikers Florian Bruns.[37]

---

[34] *H. Ginsberg*, Leichtmetallanalyse, Berlin 1941, S. V.

[35] *H. Ginsberg*, Leichtmetallanalyse, 2. Aufl., Berlin 1945, S. VII.

[36] Eine ausführliche Analyse in: *Florian Bruns*, Medizinethik im Nationalsozialismus. Entwicklungen und Protagonisten in Berlin (1939–1945), Stuttgart 2009, S. 117–128.

[37] Ebenda, S. 17. Bruns hat sich in dieser Schrift ausführlich mit der Person Rudolf Ramm und dessen „Ärztlicher Rechts- und Standeskunde" beschäftigt.

Dr. Rudolf Ramm (1887–1945) war NSDAP-Mitglied, Stadtrat in Pirmasens, von 1930–1932 SS-Standartenarzt und Gauobmann des nationalsozialistischen Ärztebunds für den Gau Rheinpfalz. Im Juli 1932 zog er für die NSDAP in den Berliner Reichstag ein.[38] Von 1934 bis 1937 amtierte er als Oberbürgermeister von Pirmasens.[39] Ramm war ab 1940 Schriftleiter des *Deutschen Ärzteblatts* sowie seit 1941 der medizinischen Zeitschrift *Die Gesundheitsführung – Ziel und Weg. Monatsschrift des NS-Ärztebundes und des Hauptamtes für Volksgesundheit der NSDAP.* Als Lehrbeauftragter an der Berliner Universität und Verfasser dieses ersten Lehrbuches für Ärztliche Standeskunde spielte er „eine zentrale Rolle bei der Umsetzung und Vermittlung nationalsozialistischer Ideologie im Bereich des Gesundheitswesens und in der ärztlichen Ausbildung".[40] An seiner nationalsozialistischen Überzeugung und seinem vehementen Antisemitismus konnte spätestens nach dem unrühmlichen Part, den er als Mitorganisator bei der brutalen Vertreibung der jüdischen Ärzte 1938 in Österreich spielte, kein Zweifel mehr bestehen. Offenbar hatte er sich mit seinem Aktionismus bewährt, denn Ende August 1939 ernannte ihn Reichsärzteführer Leonardo Conti in Berlin zum Beauftragten für das ärztliche Fortbildungswesen.

Im Vergleich zu den wissenschaftlich-medizinischen Fachbüchern, die der Verlag traditionell verlegte, fällt Ramms Lehrbuch aus der Reihe, aber dennoch hatte sich der Verlag noch in der zweiten Kriegshälfte erfolgreich darum bemüht, Papier für die Hitler huldigende Propagandaschrift zugeteilt zu bekommen. Darin hieß es: Seit es

> Adolf Hitler gelang, das deutsche Volk vom Rande des Verderbens zurückzureißen und es in wenigen Jahren intensiver Aufbauarbeit auf jene Höhe von Macht und Geltung zu führen, die heute der Garant für sein Leben und seine Freiheit ist, [...] erhielt auch der Arzt innerhalb der deutschen Volksgemeinschaft die Stellung zugewiesen, die ihm entsprechend seiner verantwortungsvollen Aufgabe und der Bedeutung seines Wirkens nach gebührt. Ein neues ärztliches Führertum mußte wachsen, um den Weg vom Arzt des Individuums zum Arzt der Nation weisen zu können.[41]

Gemeint war damit, dass der Arzt im NS-Staat „die Bedeutung der Rassenhygiene und der Erbbiologie" sowie die Notwendigkeit der „Durchdringung der Volksgesundheitsfragen mit nationalsozialistischem Gedankengut" erkennen müsse. Er sei nicht länger nur dem individuellen Wohl des Kranken verpflichtet, sondern diene als „Erbpfleger und Gesundheitsführer" des deutschen Volkes.[42] Im Kapitel „Der Arzt als Rassenpfleger und Gesundheitspolitiker" wurden folglich die Gesetze zur Wiederherstellung des Berufsbeamtentums, zum Schutz

---

[38] Ebenda, S. 38.
[39] Folgende Darstellung stützt sich auf: Ebenda, S. 88–130.
[40] Ebenda, S. 88.
[41] *Rudolf Ramm*, Ärztliche Rechts- und Standeskunde. Der Arzt als Gesundheitserzieher, Berlin 1942, S. 75 f.
[42] Ebenda.

des deutschen Blutes und der deutschen Ehre, zur Verhütung erbkranken Nachwuchses und zum Schutze der Erbgesundheit des deutschen Volkes als „Meilensteine an dem Wege, der zur Wiedergewinnung der Rassereinheit und zur Förderung der Erbgesundheit des deutschen Volkes beschritten wurde", gepriesen. Die Gesetze dienten in Ramms Diktion der „Aufartung unseres Volkes". Explizit unterstützte Ramm die antisemitische Stoßrichtung der Gesetze sowie die wichtige Rolle, die den Ärzten für die „Erbgesundheit" des Volkes zukomme.[43]

Dem Verlag konnte bei seiner Entscheidung, Ramms Lehrbuch in sein medizinisches Programm aufzunehmen, weder die nationalsozialistische und vehement antisemitische Position des NS-Funktionärs noch die Intention der Propagandaschrift entgangen sein. Mit diesem neuen Pflichtbestandteil des Medizinstudiums sollte die NS-Ideologie unter den angehenden Ärzten implementiert werden. Folgerichtig lehrten in der Mehrzahl Gauamtsleiter des Hauptamtes für Volksgesundheit der NSDAP das Fach Ärztliche Rechts- und Standeskunde.[44] Offenbar war die Aussicht, an der Neuausrichtung der Ärzteausbildung zu partizipieren und wirtschaftlich zu profitieren, ein starkes Argument für die Geschäftsleitung, ein Lehrbuch zu verlegen, das – so das Urteil von Florian Bruns – „im Hinblick auf die jungen Nachwuchsmediziner" das leistete,

> was Hannah Arendt „Erziehung zum Euthanasiegedanken" genannt hat: die Bereitschaft zur physischen Vernichtung von Menschen, denen aus rassischen Gründen oder aufgrund fehlender Leistungsfähigkeit ihr Lebensrecht abgesprochen wurde.

An keiner Stelle sei die nationalsozialistische Medizinethik „derart unmissverständlich und radikal" dargestellt worden.[45] Rudolf Ramm wurde nach Kriegsende von einem sowjetischen Militärgericht zum Tod verurteilt und am 9. August 1945 erschossen.[46]

Der Magistrat der Stadt Berlin urteilte im November 1945 in seiner Aufstellung von Büchern, die der Verlag Walter de Gruyter aussondern musste, unmissverständlich: „Das Buch widerspricht in seiner Grundhaltung den heute als gültig aufgestellten Forderungen ärztlicher Tätigkeit."[47]

3. Aufträge der Wehrmacht

Wehrmachtsaufträge und Literatur, die für die Wehrmacht und Kriegsführung benötigt wurde, spielten eine immer wichtigere Rolle, nicht zuletzt weil die Wehrmacht über gewaltige Papierkontingente verfügte. Die Luftwaffe plante bei

---

[43] Ebenda, S. 130 ff.
[44] Vgl. *Bruns*, Medizinethik im Nationalsozialismus, S. 103 f.
[45] Ebenda, S. 126 f., 171.
[46] Ebenda, S. 129.
[47] Aufstellung der vom Magistrat der Stadt Berlin, Abteilung für Volksbildung zum Verkauf nicht zugelassenen Bücher, 26.11.1945, Stabi Dep. 42,487.

De Gruyter etwa 70 Bände im Rahmen des Unterrichtswerkes „Lehrbücher der Luftwaffe“, und damit begann 1940 auch die Zusammenarbeit mit einem weiteren Ministerium, nämlich dem Reichsluftfahrtministerium. Die Auflage dieser Bände sollte durchschnittlich 20.000 Exemplare à 224 Seiten umfassen.[48] Die Vorteile für den Verlag lagen auf der Hand: Neben einer garantierten Abnahme durch die Luftwaffe, die sich deutlich in den Gewinnzahlen niederschlug,[49] lieferte sie die Manuskripte und – zusehends wichtiger – die erforderlichen Papierkontingente. Außerdem war der Auftraggeber Reichsluftfahrtministerium ein weiteres Puzzlestück für die Gewähr, als „wehrwirtschaftlich wichtiger“ Betrieb anerkannt zu bleiben, was nicht nur eine Schließung des Verlages immer unwahrscheinlicher machte, sondern auch die Chancen verbesserte, den Abzug weiterer Arbeitskräfte zu verhindern oder wenigstens zu verzögern. Die kartonierten Lehrbücher erschienen bis 1945, allerdings lediglich fünf der geplanten 70 Bände und manche deutlich weniger umfangreich als ursprünglich intendiert. Der Luftwaffenführungsstab ließ bei der Druckerei Metzger & Wittig in Leipzig auch das bei De Gruyter erschienene Buch von Kurt Richter „Die ersten Schritte – Schachratgeber für Anfänger“ drucken.[50] Der Geschäftsbericht für das Jahr 1942 betonte, dass „große Wehrmachtsaufträge“ mitursächlich für die Steigerung der Produktion waren. Der Verlag lieferte in diesem Jahr „allein an Schachwerken“ 550.000 Exemplare an die Wehrmacht.[51]

Im Herbst 1940 bestellte das Kriegsgefangenenlager Stalag IIIa in Luckenwalde bei Berlin beim Verlag de Gruyter, Abt. Reimer, den Sprachführer „Avez-vous compris? Verstanden? Redewendungen für den Verkehr mit französischen Kriegsgefangenen“. Das Stalag IIIa gab dieses Heftchen „Nur für den Dienstgebrauch“ heraus, um den Kommandoführern die Verständigung mit den französischen Kriegsgefangenen zu erleichtern. „Hauptsächlich“ kam es dabei darauf an, „Anordnungen für die Arbeit klar und unmißverständlich zu geben und Anliegen, welche die Krgs.-Gef. vorbringen, zu verstehen“.[52] Wie viele Exemplare der Verlag insgesamt von dieser Broschüre verkaufte, ist nicht bekannt. Im April 1941 ist die Lieferung von 25.000 Stück dokumentiert. Offenbar bestand jedoch auch in den folgenden Jahren Bedarf an dem Sprachführer.[53]

---

[48] Kalkulation der Lehrbücher der Luftwaffen-Technik, Stabi Dep. 42,543.

[49] Zum Beispiel betrugen die Ausgaben der Abteilung Veit im III. Quartal 1940 für die Lehrbücher 14.150,– RM, denen Einnahmen von 30.600,– RM gegenüberstanden. Abteilung Veit, Etat 1940, III. Quartal, Ausgaben/Einnahmen, Stabi Dep. 42, K 167, M 2.

[50] *Bühler*, Der Frontbuchhandel 1939–1945, S. 201.

[51] Geschäftsbericht 1942, Stabi Dep. 42,399.

[52] Avez-vous compris? Verstanden? Redewendungen für den Verkehr mit französischen Kriegsgefangenen, hrsg. vom Stalag III A, Berlin 1940, S. 3. Exemplar in Stabi Dep. 42,132 (5).

[53] Korrespondenz in Stabi Dep. 42,132 (5).

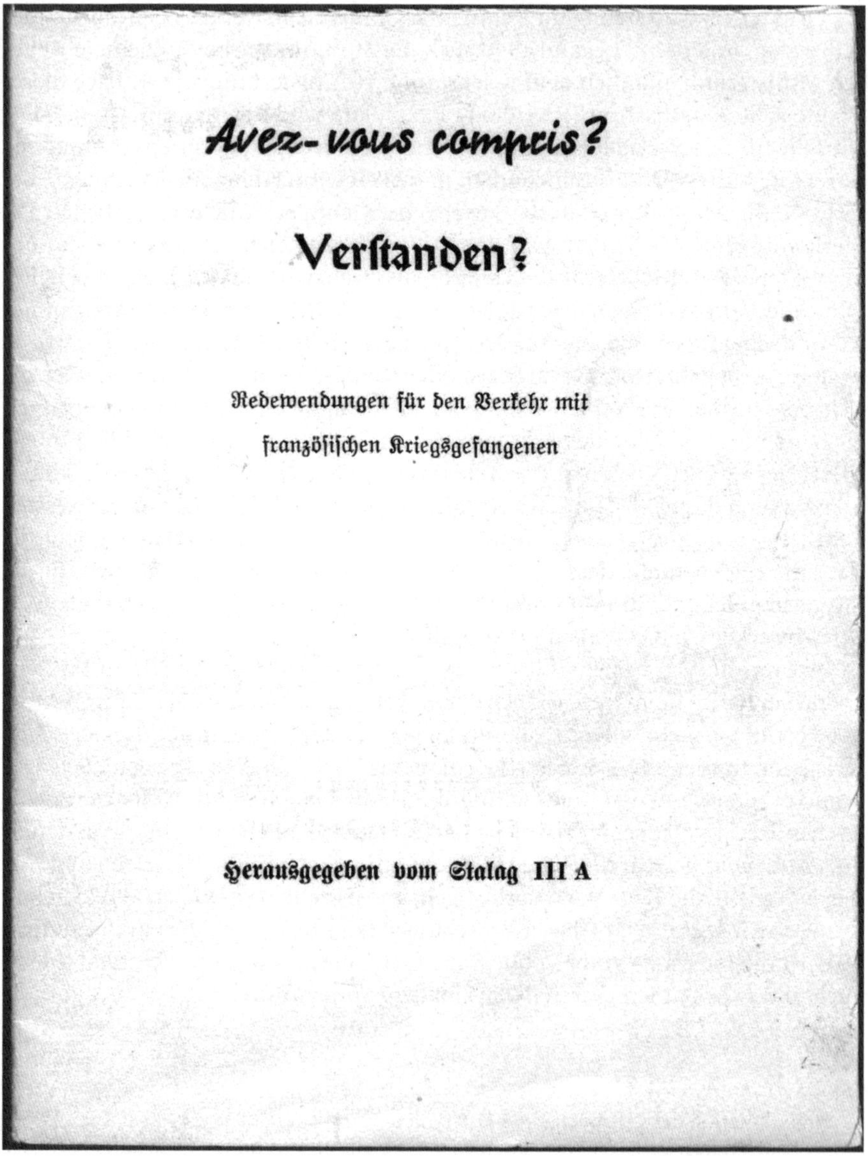

Avez-vous compris?

Verstanden?

Redewendungen für den Verkehr mit
französischen Kriegsgefangenen

Herausgegeben vom Stalag III A

Titelblatt des Sprachführers „Avez-vous compris? Verstanden? Redewendungen für den Verkehr mit französischen Kriegsgefangenen“, den das Stalag IIIa herausgab. Quelle: Stabi Dep. 42,132 (5).

Ich habe nicht verstanden. **sch^{e}** *nehpa ko^{n}prih.*	**Je n'ai pas compris.**
Sprechen Sie langsamer! *parleh plüh la^{n}tma^{n}!*	**Parlez plus lentement!**
Sprechen Sie lauter! *parleh plüh oh!*	**Parlez plus haut!**
Wo kommen Sie jetzt her? *duh w^{e}newuh mä^{n}tna^{n}?*	**D'où venez-vous maintenant?**
Vom Bahnhof, aus dem Lager. *d^{e} la gahr, dü ka^{n}.*	**De la gare, du camp.**
Aus der Baracke. *d^{e} la barak*	**De la baraque.**

Vom Bauern. *d^{e} scheh l^{e} färmjeh.*	**De chez le fermier.**

Aus der Scheune. *d^{e} la gra^{n}***sch.**	**De la grange.**

Aus dem Pferdestall. *d^{e} lehkürih.*	**De l'écurie.**

12

Ausschnitt aus dem Sprachführer „Avez-vous compris? Verstanden?“

Aus dem Stall.
d^{e} *lehtabl.*

De l'étable.

Vom Gut.
d^{e} *la färm.*

De la ferme.

Vom Felde.
dü scha^{n}.

Du champ.

Aus dem Walde.
dü b^{u}*a.*

Du bois.

Wo ist Durand? — Où est Durand?
u ä düra^{n}*?*

In der Küche — Dans la cuisine.
da^{n} *la küisihn*

Hinter dem Hause — Derrière la maison.
därrjähr la mäso^{n}

Neben dem Lastauto, das Lastauto — A côté du camion, le camion.
akoteh dü kamjo^{n}, *l*^{e} *kamjo*^{n}

13

Ausschnitt aus dem Sprachführer „Avez-vous compris? Verstanden?“

„Zahlreiche Bestellungen von der Wehrmacht“ lagen für die Publikation des berühmt-berüchtigten Kommentators des Militärstrafgesetzbuches, Erich Schwinge, zur „Entwicklung der Manneszucht in der deutschen, britischen und französischen Wehrmacht“ vor. Die Schrift war erstmals bei Schweitzer 1940 erschienen.[54] Auch für Ernst Meyers „Unter Griechenlands Sonne“ hoffte man, über die Wehrmacht Papier zu bekommen. Der Band richtete sich demnach „nicht nur an die Griechenlandfreunde [...], sondern vor allem an den deutschen Soldaten, den harter Kampf und anstrengender Besatzungsdienst in das Land führte“.[55]

Am 8. Juni 1944 erteilte das Oberkommando der Wehrmacht, NS Führungsstab, Amtsgruppe Inland, NSF/J (III), dem Verlag Walter de Gruyter den Auftrag, 3000 Exemplare der von Ernst Diederichs herausgegebenen „Meister Eckharts Reden der Unterscheidung“, die 1925 bei A. Marcus und E. Webers erschienen waren, nachzudrucken. Für die erforderliche Papiermenge wurde ein Wehrmachtsscheck zur Verfügung gestellt. Die Bände mussten durch ein Vorsatzblatt als „Frontbuchhandelsausgabe für die Wehrmacht“ gekennzeichnet werden.[56]

Als das Propagandaministerium im März 1944 den Papierbedarf der Verlage ermitteln wollte, wurde der Verlag aufgefordert, eine Liste mit wichtigem militär-wissenschaftlichen Schrifttum aufzustellen.[57] Dieser Aufforderung kam De Gruyter nach und konstruierte bei vielen Publikationen einen militärischen Bedarf. Unter anderem wollte der Verlag eine neue Auflage des Lehrbuchs der Mathematik von Georg Scheffers drucken. Das umfangreiche Lehrwerk war 1911 in zweiter Auflage erschienen,[58] 1938 erschien die siebte Auflage, 1942 die zehnte Auflage. Der Verlag führte als Argument an: „wird von den zur Fortsetzung oder Abschluß ihrer Studien beurlaubten Wehrmachtsangehörigen dringend benötigt“.[59] Das Vorwort zur zwölften Auflage verfasste Georg Scheffers zwar noch im Juni 1944, sie erschien jedoch erst 1948, drei Jahre nach dem Tod des Verfassers am 12. August 1945.[60] Auch die „Methoden der praktischen Analysis“ von Friedrich Adolf Willers aus dem Jahr 1928 waren „für die Arbeiten in der Kriegsforschung und Technik von besonderer Wichtigkeit“. Um eine Neuauflage

---

[54] Einschreiben Walter de Gruyter & Co. (Cram) an Reichsministerium für Volksaufklärung und Propaganda, 20.4.1944, Stabi Dep. 42,213 (2).

[55] Walter de Gruyter & Co. an das Reichsministerium für Volksaufklärung und Propaganda, Abt. Schrifttum, 17.3.1944, mit Anlagen, Stabi Dep. 42,213 (1).

[56] Oberkommando der Wehrmacht, NSF/J (III) an den Verlag Walter de Gruyter, 8.6.1944, Stabi Dep. 42,140 (1).

[57] Reichsministerium für Volksaufklärung und Propaganda an den Verlag Walter de Gruyter u. Co., 16.3.1944, Stabi Dep. 42,213 (1).

[58] Der Verlagsvertrag zur ersten Auflage wurde 1903 unterzeichnet, das genaue Erscheinungsdatum ist nicht bekannt. Verlag Walter de Gruyter, Fachbereich Göschen, an Prof. K. Joachim Münzenberg, 16.8.1983, Stabi Dep. 42, K 397, K 5.

[59] Verlag Walter de Gruyter an das Reichsministerium für Volksaufklärung und Propaganda, Abt. Schrifttum, 17.3.1944, Stabi Dep. 42,213 (1).

[60] Vgl. die umfangreiche Korrespondenz zwischen Georg Scheffers und dem Verlag in Stabi Dep. 42, K 397, M 4, 5.

von Wladimir Koeppens „Klimakunde" – erstmals 1906 in der „Sammlung Göschen" erschienen – bemühte sich der Verlag mit der Begründung: „wichtig f. militärische Wetterbestimmung".[61]

Als Format ideal zur Soldatenlektüre waren zudem die Bändchen aus der „Sammlung Göschen", die aufgrund der Nachfrage von der Front eine für den Verlag sehr erfreuliche Entwicklung nahm.[62]

4. Zensurversuche

1941 trug der Verlag Walter de Gruyter einen Konflikt mit der Parteiamtlichen Prüfungskommission aus. In den Jahren 1920 bis 1923 war die vierte Auflage von „Der Werdegang des deutschen Volkes. Historische Richtlinien für gebildete Leser" von Otto Kaemmel in vier Bänden erschienen. Kaemmel, ein sächsischer Gymnasialprofessor, der neben seiner schulischen Tätigkeit zahlreiche Arbeiten für ein historisch interessiertes Publikum vorlegte und vor allem durch die mehrbändige „Spamers Illustrierte Weltgeschichte" sowie seine „Sächsische Geschichte" (Bd. 100 der Sammlung Göschen) bekannt wurde,[63] hatte sein Werk erstmals 1896 und 1898 in zwei Bänden zum Mittelalter bzw. zur Neuzeit im Leipziger Grunow Verlag veröffentlicht. 1911 erschien im Reimer Verlag eine Neuauflage von „Der Werdegang des deutschen Volkes", die in den Jahren 1920 bis 1923 durch eine erweiterte und verbesserte vierbändige Ausgabe (Bd. 1: Urzeit und deutsch-römische Kaiserzeit; Bd. 2: Ausgang des Mittelalters und Reformationszeit 1273 bis 1648; Bd. 3: Die preußisch-österreichische Zeit 1648–1858; Bd. 4: Das Zeitalter Bismarcks und Wilhelms II. 1855–1914) ersetzt wurde. Otto Kaemmel erlebte das nicht mehr; er war im September 1917 gestorben. Ende April 1941 – also etwa 20 Jahre nach Erscheinen der Neuauflage – forderte die „Parteiamtliche Prüfungskommission zum Schutze des NS.-Schrifttums Reichsleitung NSDAP." den Verlag auf, ihr zwei Exemplare zur Prüfung einzureichen.[64] Der Verlag schrieb zurück, dass das Werk bereits 1920/1923 erschienen sei und daher für eine Aufnahme in die „NS-Bibliographie" wohl nicht mehr infrage käme und man deshalb „von der Zusendung des Exemplares abgesehen" habe.[65] Darauf re-

---

61 Verlag Walter de Gruyter an das Reichsministerium für Volksaufklärung und Propaganda, Abt. Schrifttum, 17.3.1944, Stabi Dep. 42,213 (1).

62 Vgl. dazu S. 177–185.

63 Vgl. zur Biografie von Otto Kaemmel: *Reinhardt Eigenwill*, Kaemmel, Karl Heinrich Otto, in: Sächsische Biografie, hrsg. vom Institut für Sächsische Geschichte und Volkskunde e.V., bearb. von Martina Schattkowsky, Online-Ausgabe: http://www.isgv.de/saebi/ [10.6.2014].

64 Parteiamtliche Prüfungskommission zum Schutze des NS.-Schrifttums Reichsleitung NSDAP. an den Verlag Walter de Gruyter & Co., 29.4.1941, Stabi Dep. 42,154 (2).

65 Walter de Gruyter & Co. (Brill) an die Parteiamtliche Prüfungskommission, 12.5.1941, Stabi Dep. 42,154 (2).

agierte die Parteiamtliche Prüfungskommission äußerst schroff: Die Schrift sei nicht zur Aufnahme in die „NS-Bibliographie“ angefordert worden und das Erscheinungsjahr sei bekannt: „Gerade aus diesem Grunde haben wir Sie gebeten, es uns zur Kenntnisnahme zu überlassen.“[66] Zwei Monate später fragte die Prüfungskommission noch nach der Auflagenhöhe von „Der Werdegang des deutschen Volkes“ und den durchgeführten Werbemaßnahmen.[67] Der Verlag teilte darauf umgehend mit, dass man keinerlei Werbung veranlasst habe, aber noch eine beträchtliche Anzahl von Büchern (Band I ca. 860 Exemplare, Band II 1050, Band III 1180 und Band IV 750) lagere.[68] Drei Monate später verfügte die Parteiamtliche Prüfungskommission, dass das populär-wissenschaftliche Werk

> in seiner sachlichen und politischen Darstellungsweise derartig überholt ist, daß eine weitere Auslieferung des Buches für unzweckmäßig gehalten wird. Wir empfehlen Ihnen, die Schrift im Zuge der Aktion zur Einstampfung nicht mehr benötigter Restauflagen makulieren zu lassen.[69]

An welchen Formulierungen sich die Prüfungskommission störte, ist nicht bekannt. Der Aufforderung zur Makulatur kam der Verlag jedoch umgehend nach. Abteilungsleiter Hermann Brill ließ die Bücher einstampfen, bat das Lager jedoch, „für evtl. Fälle“ jeweils zehn Exemplare jedes Bandes aufzubewahren und ihm weitere sechs zukommen zu lassen.[70]

Mit dem „Etymologischen Wörterbuch der deutschen Sprache“, das Friedrich Kluge 1881 begründet hatte und das 1943 in der zwölften und dreizehnten Auflage in der Bearbeitung von Alfred Götze vorlag (Kluge war im Mai 1926 verstorben), vertrieb der Verlag weiterhin einen Klassiker, in den der Zeitgeist wenig Einzug gehalten hatte; die 14. Auflage konnte 1948 unverändert publiziert werden. Lediglich der letzte Absatz des von Götze im Mai 1934 verfassten Vorwortes, in dem er an den hochverehrten Kollegen Kluge erinnerte, wurde gestrichen:

> Kein Deutscher konnte sehnsüchtiger dem neuen Aufstieg entgegenharren, als er, der ihn nicht erleben sollte. Lebenslang hat er für Deuschland und das Deutschtum gearbeitet, geopfert und gesorgt. Zu neuem Sinn dürfen wir, die wir mit der Arbeit an diesem Buch der geistigen Wehrpflicht zu genügen wünschen, die dem Deutschen von heute obliegt, die alte Widmung aufnehmen: ‚Dem deutschen Volk sein deutsches Wörterbuch‘.[71]

---

[66] Parteiamtliche Prüfungskommission zum Schutze des NS.-Schrifttums Reichsleitung der NSDAP. an den Verlag Walter de Gruyter & Co, 26.5.1941, Stabi Dep. 42,154 (2).

[67] Parteiamtliche Prüfungskommission zum Schutze des NS.-Schrifttums Reichsleitung der NSDAP. an den Verlag Walter de Gruyter & Co, 23.7.1941, Stabi Dep. 42,154 (2).

[68] Walter de Gruyter & Co. (Brill) an die Parteiamtliche Prüfungskommission, 26.7.1941, Stabi Dep. 42,154 (2).

[69] Parteiamtliche Prüfungskommission zum Schutze des NS.-Schrifttums Reichsleitung der NSDAP. an den Verlag Walter de Gruyter & Co, 27.10.1941, Stabi Dep. 42,154 (2).

[70] Abtlg. Reimer (Brill) an Abtl. Lager, 12.11.1941, Stabi Dep. 42,154 (2).

[71] Vorwort zur zwölften und dreizehnten unveränderten Auflage, Berlin 1943.

Wie engstirnig die Parteiamtliche Prüfungskommission mitunter agierte, wird in ihrer Reaktion bei der Prüfung der elften Auflage deutlich. Sie war darauf aufmerksam gemacht worden, dass auf Seite 636 von dem im Jahre 1747 „polnischen Danzig" gesprochen wurde, und bat den Verlag um eine Stellungnahme.[72] Abteilungsleiter Gerhard Lüdtke erwiderte, dass der Hinweis auf „die Zugehörigkeit Danzigs zum polnischen Staat im Jahre 1747 [...] zweifellos nicht angebracht" war. Er sei aber „so versteckt, dass er von den Benutzern des Werkes wohl in den seltensten Fällen bemerkt werden wird".[73] Der Druck der 14. Auflage war noch 1944 genehmigt worden, kam aber nicht mehr zustande.[74]

5. Eine Gratwanderung: Friedrich Ratzels Einführung in die Heimatkunde

Welcher Gratwanderung das verlegerische Wirken mitunter glich, machen die Diskussionen um eine Neuauflage des Werkes des berühmten Geografen Friedrich Ratzel „Deutschland. Einführung in die Heimatkunde" deutlich. Das Buch war erstmals 1898 erschienen und der Verfasser bereits 1904 gestorben. Der in München lehrende Geograf und Geophysiker Erich von Drygalski hatte mehrere Neuauflagen bearbeitet, die bislang letzte (sechste Auflage) war 1932 erschienen. Im Jahr 1941 stand eine weitere Neuauflage zur Debatte, bei der aus politischen Gründen einige Änderungen angedacht wurden. Obwohl Ratzel keineswegs in Ungnade gefallen war – im Gegenteil gilt der Begründer der politischen Geografie mit seiner Theorie des „Lebensraums" als einer der Vordenker Hitlers –,[75] agierte der Verlag überaus vorsichtig und ließ jedes Detail auf Korrektheit prüfen. Einige Abschnitte meinte man „tragbar" machen zu können, indem man schlicht eine Tempusänderung in der Darstellung wählte, sie also aus dem Präsens in die Vergangenheit setzte. Das schien „die verblüffend einfache Lösung[,] jeder Kritik zu begegnen". Dann könne „Österreich stehen bleiben, aber auch Namen wie: Südslavien, die Tschecho-Slowakei usw. können als der historischen Vergangenheit angehörig keine Bedenken erregen". Durch diese Änderung des Tempus könne mit ein paar Streichungen selbst aus dem Kapitel „Deutschlands Nachbarn", das als „besonders kitzlich" eingestuft wurde, „ein einwandfreier Text" hergestellt werden. Das „schwierigste Kapitel" „Volk und Staat" hingegen sollte „Seite für Seite jeder Satz auf die notwendigen kleinen Änderungen durchgeprüft werden". Ein

[72] Parteiamtliche Prüfungskommission zum Schutze des NS.-Schrifttums. Reichsleitung der NSDAP an den Verlag Walter de Gruyter, 19.6.1939, Stabi Dep. 42, K 243, M 4.

[73] Gerhard Lüdtke an die Parteiamtliche Prüfungskommission zum Schutz des NS-Schrifttums, 4.7.1939, Dep. 42, K 243, M 4.

[74] Vgl. dazu die Korrespondenz in: Stabi Dep. 42, K 136, M 3.

[75] *Frank-Rutger Hausmann*, Die Geisteswissenschaften im „Dritten Reich", Frankfurt a.M. 2011, S. 674.

„heißes Eisen" waren die Kapitel „Nichtdeutsche in deutschen, Deutsche in fremden Ländern", „Nachbarvölker" und „Fremdsprachige Bürger des Reiches". Sie sollten nach Meinung Meinhard von Staas gestrichen und durch ein Schlusswort ersetzt werden.[76] Wegen der Brisanz der Sache hatte auch Lektor Buchenau Ratzels Werk noch einmal gründlich durchgesehen. Als „sehr fein" stufte er Ratzels Urteil über das „kriegerische Talent der Deutschen" ein, „prophetisch" sei der Satz: „Wenn diese Gaben (die kriegerischen nämlich) ausschließlich zum Besten Deutschlands verwendet worden wären, würde Deutschland die größte Macht des Kontinents geworden sein."[77]

Der Bearbeiter der letzten Auflage, der seit 1935 emeritierte Drygalski, mochte sich diesen Ideen nicht anschließen, letztlich wurde aber Ende 1941 der aus Österreich stammende Dr. phil. habil. Hans Bobek, der 1935 in Berlin habilitiert worden war, als neuer Bearbeiter gewonnen.[78] Nun sollte im Wesentlichen auf die dritte Auflage, der letzten von Ratzel selbst bearbeiteten, zurückgegriffen und die Ergänzungen und Änderungen von Drygalski gestrichen werden. Bobek sollte den Text „mit größter Behutsamkeit" für den Druck vorbereiten, aber „an denjenigen Stellen, an denen Volkstums-Fragen berührt werden, müssen dem heutigen Stand der Dinge entsprechend Streichungen vorgenommen werden".[79] 1943 erschien schließlich die siebte Auflage, die sich so reger Nachfrage erfreute, dass der Verlag bereits Mitte Februar 1944 davon ausging, dass die Auflage in Kürze vergriffen sein würde, und über eine neue Auflage nachdachte, der jedoch die Schwierigkeiten der Papierbeschaffung im Wege standen.[80] Der Verlag hatte beim Propagandaministerium einen Antrag auf Papierbewilligung gestellt mit der Begründung, dass Ratzels Buch empfohlen war „für Schul- und Volksbüchereien in den besetzten Gebieten Großdeutschlands, vor allem im Protektorat und Generalgouvernement".[81]

Hans Bobek machte die Herausforderungen bei einer Neuauflage des Klassikers in seinem Begleitwort zur siebten Auflage deutlich: Die Neuherausgabe bedürfe „keiner Rechtfertigung", da das Werk „ins geistige Eigentum des deutschen Volkes" eingegangen sei. Das Volk habe einen Anspruch darauf, „diese klassische Darstellung seines Landes immer wieder verfügbar zu haben". Aber er habe nur „zögernd" die „schwierige Aufgabe" übernommen, „das Werk den Bedürfnissen der Zeit anzupassen".[82] Den 1941 im Raum stehenden Vorschlag, die

---

[76] Bemerkungen von Staas zu Ratzel, Deutschland, Stabi Dep. 42,173 (7).

[77] Buchenau zu Ratzel, Deutschland, 26.9.1941, Stabi, Dep. 42,386.

[78] Zur Biografie von Hans Bobek vgl. *Karl H. Roth*, Intelligenz und Sozialpolitik im „Dritten Reich". Eine methodisch-historische Studie am Beispiel des Arbeitswissenschaftlichen Instituts der Deutschen Arbeitsfront, München u.a. 1993, S. 199 f.

[79] Gesprächsprotokoll des Treffens von Staas mit Bobek, 17.12.1941, Stabi Dep. 42,173 (7).

[80] Hermann Brill an Hedwig Ratzel, 18.2.1944, Stabi Dep. 42,173 (7).

[81] Walter de Gruyter & Co. an das Reichsministerium für Volksaufklärung und Propaganda, Abt. Schrifttum, 17.3.1944, mit Anlagen, Stabi Dep. 42,213 (1).

[82] *Friedrich Ratzel*, Deutschland. Einführung in die Heimatkunde. Siebente Auflage. Durchgesehen und ergänzt von *Hans Bobek*, Berlin 1943, S. VI.

Schwierigkeiten der Anpassung an die neuen Machtverhältnisse schlicht durch die Tempusveränderung zu lösen, war Bobek nicht gefolgt. Vielmehr veränderte, ergänzte und strich er Sätze und Passagen, um den politischen und Verlagsvorgaben sowie den neuen Entwicklungen zu genügen. So musste z.B. dem „Anschluss“ Österreichs 1938 sowie der daraus resultierenden Tatsache, dass Italien damit wieder eine Grenze zu Deutschland hatte, im Kapitel „Deutschlands Nachbarn“ Rechnung getragen werden. Auch das Kapitel „Raumgröße“ war infolge der deutschen Expansion nicht mehr aktuell. Die als besonders heikel erkannten Kapitel wurden bereits in der Überschrift verändert (statt „Nichtdeutsche in deutschen, Deutsche in fremden Ländern“ hieß es nun nur noch „Deutsche in fremden Ländern“) oder ganz gestrichen (wie „Fremdsprachige Bürger des Reiches“).

Im Januar 1944 plante der Verlag eine Sonderauflage des Ratzel-Buches für die Wehrmacht, die nach wie vor große Papierreserven hielt. Für Norwegen sollte eine Frontbuchausgabe in einer Auflage von 5000 Exemplaren aufgelegt werden.[83] Gleichzeitig bemühte sich der Verlag weiterhin beim Propagandaministerium um Papier für eine weitere Neuauflage. Zu einem Neudruck kam es jedoch nicht mehr. Aber die Diskussionen und tatsächlich erfolgten Veränderungen in den bis dahin gedruckten Neuauflagen zeigen, wie sich das verlegerische Handeln im NS-Staat veränderte; eine unpolitische Wissenschaft existierte nicht mehr und folglich auch keine Unabhängigkeit der Wissenschaftsverlage als deren verlängerter Arm.

6. Wissenschaft im Dienst der NS-Ideologie

Wie im Falle von Rudolf Ramms „Ärztlicher Rechts- und Standeskunde. Der Arzt als Gesundheitserzieher“ war der Verlag Walter de Gruyter auch anderen neuen Ideen, die dem Zeitgeist entsprangen, gegenüber offen. Keinesfalls erfolgte ein Rückzug auf angestammte Bereiche – was eine Handlungsoption gewesen wäre, um das Regime nicht bedingungslos zu unterstützen –, sondern der Verlag wollte an der Neuausrichtung vieler Wissenschaftsdisziplinen partizipieren.

Georg Kefersteins „Dichtung und Rasse“ und „Das Volk in Goethes Dichten und Denken“

Im Oktober 1941 z.B. wandte sich der Literaturwissenschaftler Dr. habil. Georg Keferstein von der Universität Jena an Gerhard Lüdtke mit der Frage, ob der Verlag Interesse an einem Buch „Dichtung und Rasse“ habe, das Keferstein zu ver-

[83] Konferenz, 25.1.1944. Anwesend die Herren: Cram, Dr. v. Staa, Dr. Lüdtke, Hübler, Sell, Kissel, Brill, Stabi Dep. 42,627.

fassen gedachte. Er konnte Abteilungsleiter Lüdtke bislang nur „Stichworte" zum Inhalt nennen (u.a. Der biologische Rasse- und Volksbegriff; Die im deutschen Volke stattfindenden biologischen Ausleseprozesse als Ursache der Dichtung und ihrer Schöpfer; Die großen europäischen Systemrassen und die deutsche Dichtungsgeschichte; Das Problem der jüdisch-deutschen Literatur; Die dichterische Gestaltung von Erb- und Rassenproblemen).[84] Noch vor Weihnachten 1941 schloss der Verlag mit Keferstein einen Vertrag für das Buch „Dichtung und Rasse" und gab seiner „Freude darüber Ausdruck [...], dass Sie diese uns so sehr interessierende Untersuchung in unserem Verlag herausbringen wollen".[85] Im Januar 1942 teilte Keferstein allerdings dem Verlag mit, dass die Ausarbeitung des Buches zunächst hintanstehen musste, weil er bei der Besetzung einer Dozentur für Neuere Deutsche Literaturgeschichte in Jena nicht zum Zuge gekommen und sich nun beruflich neu zu orientieren gezwungen war.[86] Diskussionen gab es auch über Kefersteins Manuskript „Das Volk in Goethes Dichten und Denken", das aus Kefersteins Habilitationsschrift hervorgegangen war und von Abteilungsleiter Gerhard Lüdtke im November 1941 in die Verlagskonferenz eingebracht wurde. Lüdtke hatte – schon wegen des beträchtlichen Umfangs – eigentlich mit einer Ablehnung der Verlagskonferenz gerechnet, es wurde aber „der Meinung Ausdruck gegeben, daß das Thema ‚Das Volk...usw.' in der jetzigen Zeit eines gewissen Anreizes für einen bestimmten Leserkreis nicht entbehre".[87] Bedingung des Verlages war allerdings eine Kürzung des Manuskripts von ursprünglich 37 auf 30 Bogen und eine Bewilligung des Papiers.[88] Letzteres schien möglich, weil sich der Rektor der Jenaer Universität, Staatsrat Prof. Dr. Karl Astel, der gleichzeitig Präsident des Thüringischen Landesamtes für Rassewesen und überzeugter Nationalsozialist mit besten Beziehungen war, für die Publikation einsetzen wollte.[89] Beide Vorhaben wurden zwar nicht verwirklicht, weil sich Georg Keferstein im Oktober 1942 infolge einer schweren Erkrankung das Leben genommen hatte,[90] die Diskussion und Annahme der Projekte macht aber mindestens die Bereitschaft deutlich, sich von der rassistischen Ideologie

[84] Dr. habil. Georg Keferstein an den Verlag Walter de Gruyter, Dr. Lüdtke, 23.10.1941, Stabi Dep. 42,155 (4).

[85] Verlag Walter de Gruyter an Dr. Georg Keferstein, 16.12.1941, Stabi Dep. 42,155 (4).

[86] Georg Keferstein an Wolf Meinhard von Staa, 6.1.1942, Stabi Dep. 42, K 237, M 5. Vgl. zu Kefersteins Habilitationsverfahren: *Carsten Klingemann*, Wissenschaftsanspruch und Weltanschauung. Soziologie an der Universität Jena 1933 bis 1945, in: *Uwe Hoßfeld* u.a. (Hrsg.), „Kämpferische Wissenschaft". Studien zur Universität Jena im Nationalsozialismus, Köln 2003, S. 679–723, hier S. 717, Anm. 123.

[87] Gerhard Lüdtke an Wolf Meinhard von Staa, Konferenz vom 11.11.1941, Stabi Dep. 42,230.

[88] Gerhard Lüdtke an Georg Keferstein, 12.11.1941, Stabi Dep. 42, K 237, M 5.

[89] Gerhard Lüdtke an Wolf Meinhard von Staa, Konferenz vom 11.11.1941, Stabi Dep. 42,230.

[90] Korrespondenz Gerhard Lüdtke mit Hildegard Schubart, Dezember 1942/Januar 1943, Stabi Dep. 42, K 237, M 5.

durchtränkten „neuen" Themen gegenüber aufgeschlossen zu zeigen, zumal wenn sie in der wissenschaftlichen Welt verankert schienen. Im Fall von „Das Volk in Goethes Dichten und Denken" hatte sich Keferstein bei seiner Kontaktaufnahme mit dem Verlag auf den langjährigen Herausgeber des Jahrbuchs der Goethe-Gesellschaft, Prof. Dr. Max Hecker in Weimar, bezogen, der bei Interesse des Verlages für ein ausführliches Gutachten zur Verfügung stehen wollte.[91] Gerhard Lüdtke hatte den Eindruck, dass Keferstein „ein ernster Wissenschaftler" war, der keine „Tendenzschrift" zu verfassen beabsichtigte. Wenn man mit „Dichtung und Rasse" ein Buch „gewönne, das wirklich von hoher Warte dieses Thema behandelt, so könnte das für den Verlag sehr wertvoll sein" – so seine Argumentation in der Verlagskonferenz am 11. November 1941.[92] Dass Lüdtke aus den von Keferstein eingebrachten Stichworten diesen Schluss ziehen konnte, unterstreicht, dass der Verlag Walter de Gruyter sich offenbar bestens mit dem NS-Regime arrangiert hatte.

Afrika. Handbuch der praktischen Kolonialwissenschaften

Seit 1941 verlegte De Gruyter das umfangreiche, auf 19 Bände – einige in mehreren Teilbänden – projektierte und mit reichlich Kartenmaterial ausgestattete Unternehmen „Afrika. Handbuch der praktischen Kolonialwissenschaften". Veranlasst hatte das Publikationsvorhaben der Leiter des Kolonialpolitischen Amtes der NSDAP, General Ritter von Epp, als Herausgeber fungierte der Breslauer Geografieprofessor Erich Obst, zahlreiche Gelehrte wirkten mit. Finanzielle Unterstützung erfuhren die in kurzer Abfolge erscheinenden Bände vom Reichsforschungsrat[93], der Deutschen Forschungsgemeinschaft, dem Reichsrat für Landesaufnahme und der Gruppe Deutscher Kolonialwirtschaftlicher Unternehmungen[94]. Die Bände thematisierten Vermessungswesen und Kartografie in Afrika, Geologie und Bergwirtschaft, Böden und Bodenverwüstung, Meteorologie und Klimatologie, die Vegetation, Jagd, Tierseuchen, Afrikanische Anthropologie, Krankheiten und Gesundheitswesen, Völker, Sprachen und Kultu-

---

[91] Georg Keferstein an den Verlag Walter de Gruyter, 4.12.1940, Stabi Dep. 42, K 237, M 5.

[92] Gerhard Lüdtke, Konferenz vom 11.11.1941, 8.11.1941, Stabi Dep. 42, K 237, M 5.

[93] Der Reichsforschungsrat gründete im Oktober 1940 eine „Kolonialwissenschaftliche Abteilung" und gewährte dieser bis August 1941 950.000 RM an Forschungsgeldern. *Pamela Spence Richards*, Der Einfluß des Nationalsozialismus auf Deutschlands wissenschaftliche Beziehungen zum Ausland, in: *Monika Estermann/Michael Knoche* (Hrsg.), Von Göschen bis Rowohlt. Beiträge zur Geschichte des deutschen Verlagswesens, Wiesbaden 1990, S. 233–259, hier S. 256.

[94] Die Gruppe Deutscher Kolonialwirtschaftlicher Unternehmungen waren dem Verlag außerdem durch die *Mitteilungen der Gruppe Deutscher Kolonialwirtschaftlicher Unternehmungen* verbunden, die deren Leiter *Dr. Kurt Weigelt* von 1939 bis 1943 herausgab. Weigelt galt als Vordenker der ökonomischen Seite einer expansiven Kolonialpolitik. Bekannt wurde der Luftfahrtexperte nach dem Krieg als Spitzenfunktionär der Lufthansa.

ren, Erziehungs- und Schulwesen, Wasserwirtschaft, Eisenbahnen, Häfen, Post- und Fernmeldewesen, Wirtschaft, Arbeiterfrage und Landeskunde.[95]

Afrika. Handbuch der praktischen Kolonialwissenschaften. Band VIII: Landwirtschaftliche Nutzpflanzen, Pflanzenkrankheiten, Tierische Schädlinge, Berlin 1942.

[95] Verzeichnis der Bände, in: Afrika. Handbuch der praktischen Kolonialwissenschaften. Bd. III, Berlin 1942.

Das der Abteilung Veit zugeordnete Afrika-Handbuch war aus damaliger Perspektive eine Erfolgsgeschichte, wie auch ein anlässlich des 25-jährigen Verlagsjubiläums Anfang 1944 vorgelegter Bericht deutlich machte. Das Projekt „konnte tatkräftig gefördert werden", und im Laufe des Jahres 1943 erschienen sieben Bände, „die sicherlich auch im Kreise unserer Gegner starke Beachtung finden".[96] Die finanzielle Unterstützung durch Staat und Partei minimierten das verlegerische Risiko, sicherten die Papierzuteilung und festigten die Kontakte zu Entscheidungsträgern. Mit Erich Obst verfügte die Unternehmung zudem über einen erfahrenen Fachmann, der die im Verlag propagierten wissenschaftlichen Ansprüche zu gewährleisten schien. Tatsächlich sprang der Verlag aber hier auf einen Zug auf, der durch die nationalsozialistische Expansionspolitik wieder erheblich an Fahrt gewonnen hatte, nachdem das Deutsche Reich infolge des Versailler Friedensvertrages 1919 nicht mehr über Kolonien verfügte. Man erwartete ganz offenbar das Wiederaufleben kolonialer Herrschaftspraxis in Afrika, die wissenschaftlich begleitet werden sollte. Herbert Cram war nicht so naiv, in diesem Falle an die akademische Neutralität oder gar Unschuld zu glauben. In solchen Projekten vereinte sich das verlegerische Interesse an einer subventionierten, gewinnversprechenden Wissenschaft mit staatlichen Interessen, über deren Ziele sich im Jahr 1941 niemand mehr Illusionen machen konnte, auf das Vortrefflichste.

Erich Obst war nach seiner Promotion 1908 im Hamburger Kolonialinstitut tätig und unternahm 1911/12 im Auftrag der Hamburger Geographischen Gesellschaft eine Expedition in die damalige deutsche Kolonie Deutsch-Ostafrika. Seine Berichte über diese Forschungsreise erschienen 1912–1915 im Hamburger Verlag Friederichsen, der seit 1928 zu De Gruyter gehörte. 1921 publizierte Obst, mittlerweile Professor für Geografie in Hannover, eine Schrift, die seine politische Position schon im Titel mehr als deutlich machte: „Die Vernichtung des deutschen Kolonialreichs in Afrika. Eine Untersuchung der politisch-geographischen Struktur des schwarzen Erdteils nach dem Gewaltfrieden von Versailles".[97] 1938 wechselte er an die Universität Breslau, wo er bis 1945 lehrte; nach dem Krieg kehrte er an die TH Hannover zurück.[98] Als die „Deutsche Wissenschaft" Hitler zu seinem 50. Geburtstag 1939 eine Festschrift überreichte, in der sie „Rechenschaft über ihre Arbeit im Rahmen der ihr gestellten Aufgabe" ablegte, war auch Erich Obst unter den Beiträgern; er stellte die „Kolonialgeographie" vor und war voll des Lobes über die wiedergewonnene deutsche Stärke:

> Die deutsche Kolonialgeographie wurde von dem Diktat von Versailles aufs schwerste betroffen. […] Das deutsche Schicksalsjahr 1933 erst brachte auch auf diesem Gebiet den entscheidenden Wandel. In dem Maße, wie Deutschlands Weltstellung und Weltgeltung

[96] Bericht über 25-jähriges Bestehen am 1.1.1944, in: Geschäftsbericht 1943, gez. Dr. von Staa, 23.8.1944, Stabi Dep. 42,399.

[97] Flemming & Wiskott, Berlin 1921 (53 S.).

[98] Zur Biografie von Obst: *Uta Lindgren*, Obst, Erich in: Neue Deutsche Biographie 19 (1998), S. 407, http://www.deutsche-biographie.de/pnd11873587X.html [21.2.2014].

dank der Entschlossenheit des Führers neugeschaffen und gestärkt wurde, stieg auch der Glaube der deutschen Kolonialgeographen an eine Wiedererlangung der uns geraubten Schutzgebiete in Afrika und in der Südsee.[99]

Damit bot Obst die Gewähr für eine NS-konforme wissenschaftliche Ausrichtung. Ob er der Wunschkandidat des Verlages als Herausgeber des Afrika-Handbuchs war, ist nicht bekannt, allerdings hatte er bereits zuvor bei Friederichsen bzw. De Gruyter publiziert und war dem Verlag dadurch verbunden. Da die Initiative vom Leiter des Kolonialpolitischen Amtes der NSDAP, General Ritter von Epp, ausgegangen war und zahlreiche staatliche Institutionen die Reihe förderten, musste natürlich ein staatsnaher Wissenschaftler beauftragt werden. Der Eindruck eines unabhängigen Wissenschaftsverlages stellt sich bei diesem Projekt nicht ein.

Japan-Bibliothek

Noch 1944 begründete der Verlag die „Japan-Bibliothek", als deren erster Band Otto Koellreutters „Die politische Entwicklung des heutigen Japan" erschien. Der bekannte Staats- und Verwaltungsrechtler Prof. Dr. Otto Koellreutter (1883–1972) gehörte bis dahin nicht zum Kreis der De-Gruyter-Autoren. Koellreutter war von 1927 bis 1944 Mitherausgeber des *Archivs des öffentlichen Rechts* und verfasste in der ersten Hälfte der 1930er-Jahre grundlegende Werke zur Allgemeinen Staatslehre sowie zum Verfassungs- und Verwaltungsrecht. Zunächst ein Anhänger der Nationalsozialisten, weil er sich von ihnen die Überwindung des ungeliebten Parlamentarismus und die Durchsetzung des „nationalen Volksstaates" versprach, wandte er sich nach der Zerstörung des Rechtsstaates und einem Aufenthalt in Japan als Gastdozent 1938/39 von ihnen ab.[100] Das ein Jahr vor Kriegsende bei De Gruyter publizierte Buch über die politische Entwicklung Japans unterstrich die gemeinsamen Interessen der beiden verbündeten Staaten, beharrte jedoch auch auf den Unterschieden in der kulturellen Entwicklung: Die „gegenwärtige politische Interessenlage auf beiden Seiten" habe „zum politischen und militärischen Zusammenwirken zwischen westlichen und östlichen Staaten geführt". Dies dürfe aber nicht darüber hinwegtäuschen, dass Japan „Träger einer uns fremden Rasse und einer andersartigen Kultur" sei. Der Aufstieg Japans sei „nur aus den tieferen Gründen der japanischen Rassenseele heraus wirklich [zu] verstehen".[101] Deshalb dürfe sich die Publikation nicht nur auf die Schilde-

---

[99] *Erich Obst*, „Kolonialgeographie", in: Deutsche Wissenschaft. Arbeit und Aufgabe, Leipzig 1939, S. 51. Zit. nach: *Hausmann*, Die Geisteswissenschaften im „Dritten Reich", S. 748 f.

[100] *Michael Stolleis*, Koellreutter, Otto, in: Neue Deutsche Biographie 12 (1979), S. 324 f., http://www.deutsche-biographie.de/pnd 119234935.html [17.2.2014].

[101] *Otto Koellreutter*, Die politische Entwicklung Japans, Berlin (Walter de Gruyter & Co.) 1944, S. 6 f.

rung der politischen Entwicklung beschränken, obwohl es überaus schwierig sei, „die Rassenseele eines fremden Volkes" nachzuempfinden, auch wenn, „wie das gerade bei Japan und Deutschland der Fall ist, allgemeine menschliche Qualitäten und die durch sie bedingte politische Haltung viel Gemeinsames aufweisen". Bilanzierend zog Koellreutter den Schluss, dass die Japaner zwar eine „von den westlichen Völkern grundlegend verschiedene Rassensubstanz besitzen", weshalb kaum Parallelen zwischen der Geschichte beider Völker gezogen werden könnten. Aber die „geistig-politische Haltung beider Völker" weise „besonders heute starke Übereinstimmungen auf". Daraus resultiere ein „starkes Band" zwischen Japan und Deutschland.[102]

Die Japanologie nahm infolge der deutsch-japanischen Annäherung während des Dritten Reiches einen Aufschwung,[103] und offenbar wollte sich der Verlag Walter de Gruyter noch 1944 in diesem Feld positionieren. Im selben Jahr publizierte De Gruyter noch einen zweiten Band eines ausgewiesenen Japan-Experten in der neuen „Japan-Bibliothek": „Japans Kulturpolitik" von Karl Haushofer.[104] Mit Kriegsende wurde die Reihe eingestellt.

Wie beim Afrika-Handbuch richtete der Verlag auch bei der Japan-Bibliothek seine verlegerischen Aktivitäten unmittelbar an den politischen – und expansiven – Zielen des NS-Staates aus. Zwar bemühten sich die Verantwortlichen, den Charakter des Wissenschaftsverlages zu erhalten, die enge Anlehnung an die politische und Begleitung der militärischen Entwicklung selbst noch im Jahr 1944 unterstreichen, dass De Gruyter willens war, daraus wirtschaftlichen Profit zu ziehen. Bemerkenswert ist, dass die Verlagsleitung diese Strategie noch 1944 offenbar nicht in Zweifel zog.

7. Einsatz von Kriegsgefangenen und Zwangsarbeitern

Wie zahlreiche andere Unternehmen begegnete auch der Verlag Walter de Gruyter den personellen Engpässen infolge der Wehrpflicht mit dem Einsatz von Kriegsgefangenen. Am 23. August 1940 erhielt die verlagseigene Druckerei in Trebbin vom Kriegsgefangenen-Stammlager Luckenwalde 22 französische Gefangene, die ausgebildete Drucker und Setzer waren, zugeteilt. Die Zusammenarbeit funktionierte offenbar reibungslos, denn bereits wenige Wochen später bestätigte Herbert Cram, dass „die Erfahrungen mit ihnen außerordentlich günstige sind". Sie hätten „wesentlich dazu beigetragen, die Ausfälle auszugleichen, die uns durch

---

[102] Ebenda, S. 157 f.

[103] Vgl. *Hausmann*, Die Geisteswissenschaften im „Dritten Reich", S. 763–778.

[104] Vgl. zur viel diskutierten Person Haushofer: *Christian W. Spang*, Karl Haushofer und Japan. Die Rezeption seiner geopolitischen Theorien in der deutschen und japanischen Politik, München 2013.

Einberufungen zur Wehrmacht entstanden sind".[105] Herbert Cram äußerte den Wunsch, weitere 20 kriegsgefangene Drucker und Setzer vom Oberkommando überwiesen zu bekommen. Allerdings war das in Trebbin für die Gefangenen aufgestellte Lager Adam überfüllt, und man benötigte gegebenenfalls ein weiteres Barackenlager. „Den Grund und Boden würden wir gern zur Verfügung stellen, uns auch an der Errichtung der Baracken geldlich beteiligen", so Herbert Cram, „sofern von Ihrer Seite das entsprechende Material zur Verfügung gestellt wird". Dieser Antrag wurde jedoch am 9. November 1940 abgelehnt.[106]

In der Zwischenzeit hatte sich der Leiter der Trebbiner Druckerei Albrecht Kindt aber schon um eine Lösung für die Unterbringung weiterer Gefangener bemüht, weil er nicht davon ausging, eine Baracke zugeteilt zu bekommen. Er informierte Herbert Cram:

> Eine Baracke zu bekommen ist schwer. Genehmigung hat zu erteilen: der Generalbevollmächtigte für die Regelung der Bauwirtschaft (Todt) und das Landesarbeitsamt (das erst kürzlich uns weitere Gefangene versagte)[107]. Kontingentträger ist die Wehrmacht.[108]

Er schlug deshalb vor, die Gefangenen in einem Anbau am Lager unterzubringen, in dem Rohdrucke lagerten, „besonders Houben[109] und Aberglauben[110]. Ist es Ihnen unmöglich, von den Vorräten herunterzugehen, oder anderes zu makulieren und den Houben zu verlagern?"[111] Diese Überlegungen blieben aber theoretischer Natur, weil beruflich qualifizierte Kriegsgefangene stark nachgefragt waren und De Gruyter keine weiteren zugewiesen bekam.

Um die Herstellung im erforderlichen Umfang weiterhin gewährleisten zu können, beantragte der Verlag am 5. März 1941 für die Buchbinderei Schneider & Ziegler (Lindenstr. 16 in Berlin) weitere 16 Kriegsgefangene: 14 Buchbinder (davon 9 Binder, 3 Einbandpresser, 2 Bücherbeschneider) und 2 Buchbinder-Hilfsarbeiter. Sie sollten im Kriegsgefangenenlager der Schultheiss-Brauerei in der Methfesselstr. 28–48 untergebracht werden.[112] Der Präsident des Arbeits-

---

[105] Herbert Cram an das Generalkommando Berlin-Halensee, 5.10.1940, Stabi Dep. 42,337.

[106] Herbert Cram an das Generalkommando Berlin-Halensee, 5.10.1940, und Arbeitsamt Teltow an Firma Walter de Gruyter & Co., 9.11.1940 (an das die Anfrage weitergeleitet worden war), Stabi Dep. 42,337.

[107] Mit Schreiben vom 9.11.1940 hatte das Arbeitsamt Teltow den Antrag des Verlages vom 5.10.1940 zurückgewiesen. Stabi Dep. 42,337.

[108] Walter de Gruyter & Co, Trebbin, Abteilung Druckerei (Albrecht Kindt) an Herbert Cram, 20.11.1940.

[109] Gemeint ist: *Josef Houben*, Fortschritte der Heilstoffchemie, 1926 ff.

[110] Gemeint ist das Handwörterbuch des deutschen Aberglaubens, 1927 ff.

[111] Walter de Gruyter & Co, Trebbin, Abteilung Druckerei (Albrecht Kindt) an Herbert Cram, 20.11.1940.

[112] Anforderung von Kriegsgefangenen für nichtlandwirtschaftliche Arbeiten, 5.3.1941, Stabi Dep. 42,338.

amtes Berlin stellte den Antrag am 21. März zurück, weil alle in Berlin vorhandenen arbeitsfähigen Kriegsgefangenen bereits zur Arbeit verpflichtet waren.[113]

Im März 1941 sollten die mittlerweile 23 in der Druckerei beschäftigten französischen kriegsgefangenen Buchdrucker offenbar abgezogen werden.[114] Um dies zu verhindern, machte der Verlag u.a. beim Reichsjustizministerium deutlich, dass die Aufrechterhaltung des Betriebs dann nicht länger gewährleistet werden konnte. Das Ministerium setzte sich daraufhin für die Interessen des Verlages ein, weil die rechtswissenschaftlichen Werke „insbesondere von den Gerichten und Behörden in den neu in das Reich eingegliederten Gebieten dringend benötigt“ würden und die „Versorgung der Reichsjustiz- und anderer Behörden mit den notwendigen wissenschaftlichen Büchern wesentlich beeinträchtigt“ würde.[115] Es ist keine Reaktion auf diese Intervention überliefert, aber im Juni 1941 beschäftigte das Unternehmen noch 13 französische Kriegsgefangene.[116]

Wegen des zunehmenden Arbeitskräftemangels wurden die Kriegsgefangenen für den Produktionsablauf in der Druckerei nahezu unentbehrlich, sodass der Leiter, Albrecht Kindt, sichtlich erleichtert war, als er im November 1942 wieder drei Franzosen vom Arbeitsamt zugewiesen bekam. Damit war das Lager mit 18 Personen wieder voll belegt.[117] Offenbar war ihm auch an der Erhaltung ihrer Arbeitskraft gelegen, denn er bemühte sich um die Verbesserung ihres Gesundheitszustandes:

Wir haben unter den Gefangenen einige (im Verhältnis zur Anzahl zu viele), die mit Hautausschlägen und Furunkeln zu tun haben, besonders an den Händen, sodass die Arbeit oft unterbrochen werden musste. Der Truppenarzt hat nicht helfen können, worauf ich die Leute in Privatbehandlung gegeben habe, was sich als sehr gut erwiesen hat, denn da werden sie mit mehr Interesse behandelt. Der Arzt riet zu Höhensonne-Bestrahlungen. Da auch bei den Deutschen es jetzt damit anfängt, habe ich mich mit der Quarzlampen-Gesellschaft in Hanau in Verbindung gesetzt, die uns zu Zwecken der Gemeinschaftsbestrahlung ein Gerät abgeben will. Es kostet komplett 194.-Rm. Der Arzt hat sich bereiterklärt, die Bestrahlung von Zeit zu Zeit zu überwachen. Darf ich das Gerät anschaffen? Sie können es sicher in die Bilanz als soziale Leistung bringen.[118]

---

[113] Der Präsident des Arbeitsamts Berlin an die Firma Walter de Gruyter u. Co., 21.3.1942, Stabi Dep. 42,337.

[114] Anmeldung Walter de Gruyter & Co., Trebbin, an den Herrn Oberpräsidenten der Provinz Mark Brandenburg, Kriegsbeschädigten- und Kriegshinterbliebenenfürsorge, 5.3.1941, Stabi Dep. 42,221.

[115] Der Reichsminister der Justiz an den Verlag Walter de Gruyter & Co., 21.3.1941, Stabi Dep. 42, 337.

[116] Herbert Cram an die Industrie- und Handelskammer Berlin und an das Arbeitsamt Berlin, 4.6.1941, Stabi Dep. 42,374.

[117] Albrecht Kindt an Herbert Cram, 26.11.1942, Stabi Dep. 42,337.

[118] Walter de Gruyter & Co, Trebbin, Abteilung Druckerei (Albrecht Kindt) an Herbert Cram, 10.11.1942, Stabi Dep. 42,337.

Für die französischen Kriegsgefangenen wurde in Trebbin auch eine Weihnachtsfeier abgehalten, allerdings nicht gemeinsam mit der deutschen Belegschaft. Die Franzosen feierten am 18. Dezember 1942, die Deutschen einen Tag später. Aber auch die Kriegsgefangenen wurden anlässlich des Festes mit einem Essen sowie Kaffee und Kuchen bewirtet.[119]

Die Druckerei konkurrierte im Kampf um Kriegsgefangene als Arbeitskräfte ständig mit zahlreichen anderen Unternehmen. Am 16. Oktober 1943 informierte Kindt: „Unbeschadet Ihrer Maßnahmen hatte ich immer weiter mit dem Arbeitsamt verhandelt, um wenigstens zunächst die vier zuletzt abgegebenen Franzosen wieder zurück zu bekommen." Er stufte dies aber als wenig aussichtsreich ein, weil in Zukunft weitere Arbeitskräfte für die Rüstungsindustrie akquiriert werden sollten.[120] Tatsächlich blieb die Situation in der Druckerei angespannt, und die Geschäftsleitung rechnete im Laufe des Jahres 1944 mit „einer sehr empfindlichen weiteren Zuspitzung der Lage", weil die Rüstungsindustrie immer mehr Arbeitskräfte benötigte.[121]

Der Verlag scheint in geringem Umfang noch im März 1944 Kriegsgefangene in der Setzerei beschäftigt zu haben. Abteilungsleiter Hermann Brill bat nämlich Prof. Dr. Otto Koellreutter im Zusammenhang mit Korrekturarbeiten an seinem Buch „Die politische Entwicklung Japans", das in der neuen Sammlung „Japan-Bibliothek" als erster Band erscheinen sollte, die „Korrektur in ein Exemplar zu übertragen, damit es für den Setzer (es handelt sich hauptsächlich um französische Kriegsgefangene) übersichtlich ist".[122]

Das Bemühen des Verlages, neben den Kriegsgefangenen auch Zwangsarbeiter zugeteilt zu bekommen, wurde erstmals im November 1942 aktenkundig, als Albrecht Kindt Herbert Cram informierte:

> Ferner wurden mir vom Arbeitsamt sechs Frauen zugesagt, und zwar aus dem nächsten Schub Ostarbeiterinnen, der für den Kreis Teltow hereinkommt – vorausgesetzt, daß ein Lager für sie bereit ist. Auch dabei hatte ich Glück, denn gestern konnte ich unter Umgehung dreier zuständiger Ämter (Wirtschaftsamt Teltow, Landeswirtschaftsamt und Reichsminister für Bewaffnung und Munition) ohne Bedarfsschein die Möbel und sonstigen Einrichtungsgegenstände bekommen. Am Samstag und Sonntag werden wir nun die Typograph-Anlage in den Ausbinderraum verlegen, sodass wir schon in der nächsten Woche das neue Ostarbeiterinnen-Lager bei der Gestapo in Potsdam zur Abnahme anmelden können. Ich hoffe somit Druckerei und Binderei auf einen Leistungsstand zu bringen, der den Aufgaben, die uns gestellt sind, gewachsen sein wird.[123]

---

[119] Abrechnung Walter de Gruyter & Co, Trebbin, Abteilung Druckerei (A. Kindt) an Herbert Cram, 24.11.1942, Stabi Dep. 42,337.

[120] Walter de Gruyter & Co, Trebbin, Abteilung Druckerei (Kindt) an Herbert Cram, 16.10.1943, Stabi Dep. 42,338.

[121] Geschäftsbericht 1943, gez. Dr. von Staa, 23.8.1944, Stabi Dep. 42,399.

[122] Hermann Brill an Prof. Dr. Koellreutter, 10.3.1944, Stabi Dep. 42,156 (10).

[123] Albrecht Kindt an Herbert Cram, 26.11.1942, Stabi Dep. 42,337.

Offenbar sollten dadurch die 20 % der Belegschaft, die zur Rüstungsindustrie abgeordnet waren, ersetzt werden. Allerdings gibt es keinen Hinweis darauf, dass in der Druckerei tatsächlich jemals „Ostarbeiterinnen“ eingesetzt wurden. Es ist lediglich ein Dokument vom 16. März 1943 überliefert, dass die Einquartierung von sechs Personen im „Ostarbeiter-Unterkunftsraum“ auf Anordnung der Stadtverwaltung belegt. Auf Kindts Anfrage wurde ihm mitgeteilt, „dass auf polizeiliche Anordnung hin jeder verfügbare Raum in Trebbin belegt werden musste. Sobald der Raum von uns für die Ostarbeiterinnen gebraucht wird, soll er sofort freigegeben werden.“[124]

Nicht nur der Verlag Walter de Gruyter versuchte, den personellen Engpässen mit dem Einsatz von Kriegsgefangenen und Zwangsarbeitern zu begegnen. Der aus der „Arisierung“ des Ullstein Verlages hervorgegangene Deutsche Verlag warb im Dezember 1942 400 Zwangsarbeiter aus Frankreich und der Ukraine an.[125] Auch für die Druckerei des Verlages C.H.Beck in Nördlingen arbeiteten mindestens ein Kriegsgefangener und eine Zwangsarbeiterin.[126] Für die Technischen Betriebe des Oldenbourg Verlags waren mindestens in den Jahren 1941–1943 jüdische Zwangsarbeiter tätig; die Zahl bewegte sich zwischen 45 und 119. Es handelte sich überwiegend um Frauen im Alter zwischen 45 und 65 Jahren. Alexander Oldenbourg äußerte sich recht zufrieden über ihren Einsatz. Allerdings beklagte der Verlag, dass infolge von Deportationen immer wieder neue Zwangsarbeiter angelernt werden mussten.[127]

8. Wirtschaftliche Entwicklung

Für nahezu alle Wissenschaftsverlage lässt sich festhalten, dass sich nach Kriegsbeginn die Zahl der Neuerscheinungen drastisch reduzierte. Einerseits bewirkten die Einberufungen einen realen Rückgang wissenschaftlicher Arbeit und Forschung, zudem war das Hochschulpersonal durch die Einführung von Trimestern zeitlich stärker belastet. Hinzu kamen der immer größere bürokrati-

---

[124] Walter de Gruyter & Co, Trebbin, Abteilung Druckerei, Konferenz in Berlin am 16. März 1943, Stabi Dep. 42,337.

[125] *Wolfgang Wippermann*, Eule und Hakenkreuz. Ullstein und Deutscher Verlag im „Dritten Reich“ 1933 bis 1945, in: *Saur* (Hrsg.), Verlage im „Dritten Reich“, S. 77.

[126] *Rebenich*, C.H.Beck 1763–2013, S. 414.

[127] Im Jahresbericht der Technischen Betriebe des Verlages für 1943 heißt es: „Einige Jüdinnen wurden abtransportiert; aber wir konnten die Wünsche unserer Kundschaft im Allgemeinen befriedigen.“ Bayerisches Wirtschaftsarchiv, München, F5/597. Für diese Information danke ich Hanno Plass, der während seiner Recherchen zum Verlagsbuchhändler Horst Kliemann (1896–1965) im Dritten Reich auf diese Unterlagen stieß, die bislang keinen Eingang in die publizierte Verlagsgeschichte von Oldenbourg gefunden haben. Vgl. *Hanno Plass*, „In politischer Hinsicht ist Nachteiliges über K. nicht bekannt.“ Horst Kliemann (1896 bis 1965) im „Dritten Reich“, Hamburg 2014.

sche Aufwand mit den Zensurbehörden, die Papier- und Personalknappheit in den Verlagen und kriegsbedingte Einschränkungen bei der Produktion etwa in Folge von Bombenschäden. Nachdrucke in höherer Auflage, die zudem weniger Personal und Aufwand in den Verlagen selbst erforderten, stiegen aber erheblich an und bescherten vielen Verlagen hohe Gewinne.[128] Die Jahre 1939 bis 1942 waren die ertragreichsten für den gesamten deutschen Buchhandel. Bücher waren ohne Marken oder Punkte zu erwerben, und somit profitierte der Buchhandel von durch den Krieg bedingten Nachfrageüberhängen.[129] Allerdings basierte ein Teil der Gewinne auf Lagerausverkäufen.

Auch der Verlag Walter de Gruyter erfuhr nach wirtschaftlich überaus schwierigen Jahren einen gewaltigen Aufschwung. Im Juli 1941, knapp einen Monat nach dem Überfall Deutschlands auf die Sowjetunion, brachte Herbert Cram dies in einem Schreiben an den in die USA emigrierten Altphilologen und Verlagsautor Prof. Werner Jaeger auf den Punkt: „Uns geht es allen recht gut hier. Der Verlag erlebt trotz des Krieges einen nicht vorher geahnten Aufstieg."[130]

Walter de Gruyter & Co. produzierte 1933 bis 1945 nach eigenen Angaben 1.480.000 Bücher und 271.290 Zeitschriften.[131] 1933 ließ der Verlag Walter de Gruyter 253, 1937 190[132] und 1943 nurmehr 158 Titel herstellen.[133] Der abnehmenden Titelzahl stand jedoch eine Steigerung des Umsatzes gegenüber, die auf höhere Auflagen sowie Lagerausverkäufe zurückzuführen ist. Der Umsatz belief sich 1940 auf 2.409.331,– RM (Gewinn: 404.610,– RM), 1941 auf 2.778.144,– RM (Gewinn: 625.802,– RM),[134] 1942 auf 3.185.938,– RM (Gewinn: 1.228.662,– RM), 1943 auf 3.576.035,– RM (Gewinn: 1.239.327,– RM) und 1944 auf 2.540.693,– RM (Verlust infolge Fliegerschäden: 14.355,– RM). 1945 konnte noch ein Gewinn von 689.786,– RM erzielt werden.[135]

Nach einem von Herbert Cram am 19. September 1941 erstellten Übersichtsblatt belief sich der Umsatz 1938 auf 2.055.639,– RM (davon unmittelbarer Export: 508.007,– RM), 1939 auf 2.187.943,– RM (davon unmittelbarer Export:

---

[128] Für den Springer Verlag vgl. dazu *Sarkowski*, Springer-Verlag, S. 368.

[129] *Lokatis*, Hanseatische Verlagsanstalt, S. 125 f.

[130] Herbert Cram an Werner Jaeger, 19.7.1941, Stabi Dep. 42, K 218, M 5.

[131] Fragebogen der Militärregierung, 21.11.1946, Stabi Dep. 42,216.

[132] Zahlen nach dem Verlegerkatalog der Deutschen Nationalbibliothek Leipzig, erhoben von *Melanie Mienert*. Vgl. dies., „Unzeitgemäß wie nur möglich"? Der Verlag Walter de Gruyter im ‚Dritten Reich', in: Aus dem Antiquariat. Zeitschrift für Antiquare und Büchersammler. Neue Folge 12 (2014) 2, S. 62. Im Jahr 1929 waren noch 367 verschiedene Titel produziert worden.

[133] Arbeitsgemeinschaft wissenschaftlicher Verleger in der Fachschaft Verlag der RSK-Gr. Buchhandel, Fragebogen: Produktionssicherung 1944, 28.4.1944, handschriftlich gezeichnet von Herbert Cram, Stabi Dep. 42, 213 (2).

[134] Cram an den Reichstreuhänder der Arbeit für das Wirtschaftsgebiet Brandenburg, 11.12.1942, Stabi Dep. 42,347.

[135] Handschriftliche Aufstellung der Buchhalterin Margarethe Kühne, Stabi Dep. 42, 546; Aufstellung in Stabi Dep. 42, K 156, Buch Gesellschafter.

418.174,– RM), 1940 auf 2.348.850,– RM (davon unmittelbarer Export: 279.928,– RM) und von Januar bis Juni 1941 auf 1.775.428,– RM (davon unmittelbarer Export: 158.605,– RM).[136] Auch während des Krieges kam der Export nicht zum Erliegen: 1941 wurden Publikationen in Höhe von 259.492,– RM und 1942 von 201.176,– RM exportiert.[137] Der nach wie vor relevante Export mit den damit erwirtschafteten Devisen sowie die Lieferung an öffentliche Institutionen wie Ministerien und Hochschulen sicherten dem Verlag nicht nur den Fortbestand, sondern waren offenbar auch immer wieder ein Druckmittel, um Papier zugeteilt zu bekommen. Zum Beispiel führte der Verlag im Falle des Buches „Gynäkologische Operationslehre" von Heinrich von Peham und Isidor Alfred Amreich im November 1942 gegenüber Dr. Lutz vom Propagandaministerium devisenwirtschaftliche Argumente an. Zunächst musste der Verlag allerdings etwa 20.000,– RM in Devisen aufbringen, um die beim Verlag S. Karger – dort war das Werk 1930 erschienen – liegenden Rechte und die dort vorrätigen Bestände zu erwerben. Der 1890 von Samuel Karger in Berlin gegründete biomedizinische Fachverlag war infolge zunehmender Repressalien gegenüber den jüdischen Eigentümern 1937 nach Basel gezogen. Nach der Genehmigung durch das Propagandaministerium sollte Prof. Amreich eine Neuauflage vorbereiten, aus der sich der Verlag einen Deviseneingang in Höhe von etwa 50.000,– RM versprach.[138] Aus welchen Gründen das Vorhaben scheiterte, ist nicht bekannt – die „Gynäkologische Operationslehre" erschien jedenfalls nicht in einer Neuauflage im Verlag Walter de Gruyter. Das Projekt illustriert jedoch, dass die Erwirtschaftung von Devisen noch Ende 1942 ein gewichtiges Argument war, dem sich auch das Propagandaministerium nicht verschließen konnte.

Auch bei einem Antrag auf Papierzuteilung von der Wirtschaftsstelle des deutschen Buchhandels für das Werk von Theodor Siebs „Deutsche Hochsprache: Bühnenaussprache", das in der elften Auflage in einer Höhe von 3000 Exemplaren nachgedruckt werden sollte, wurde als Begründung noch im Dezember 1944 die beabsichtigte Ausfuhr in die Schweiz und nach Schweden angeführt.[139]

Der Geschäftsbericht für das Jahr 1942 machte die Chancen und Risiken, innerhalb derer der Verlag Walter de Gruyter in der ersten Kriegshälfte agierte, deutlich:

Die Produktion blieb nur auf rechts- und geisteswissenschaftlichem Gebiet gegen das Vorjahr etwas zurück, alle übrigen Gebiete weisen Steigerungen auf. Die Umsätze sind auf allen Gebieten gestiegen, in außergewöhnlicher Weise allerdings nur bei den Natur-

---

136 Übersichtsblatt, 19.9.1941, Stabi Dep. 42,374.

137 Walter de Gruyter & Co. an die Landesleitung Berlin der Reichsschrifttumskammer Gruppe Buchhandel, 10.3.1943, Stabi Dep. 42,222.

138 Herbert Cram an Dr. Lutz, Reichsministerium für Propaganda und Volksaufklärung, Abtlg. Schrifttum, 16.11.1942, Stabi Dep. 42,543.

139 Antrag an die Wirtschaftsstelle des deutschen Buchhandels, 12.12.1944, Stabi Dep. 42,544.

wissenschaften. Die Zahl der Werke, die kurz nach Erscheinen vergriffen waren, hat sich vermehrt. Die Novitäten haben bereits im ersten Jahr ihre gesamten Kosten gedeckt. Der Rückgriff auf das alte Lager konnte nicht verhindert werden, da die Nachfrage auch nach den ältesten Werken lebhaft gewesen ist. Allein aus den Vorräten, die aus der Zeit bis zur Inflation stammen, wurden 154,000 Mk erlöst. [...] Die Verkäufe vom Lager belaufen sich auf rd. 2 Millionen. Infolge des hohen Umsatzes sind auch die Außenstände gestiegen. Der totale Krieg verlangt weiter scharfe Ausrichtung unserer Produktion auf die Kriegsnotwendigkeiten. Es sollen nunmehr, anstelle der vielen Verlagspublikationen, weniger Werke, aber in größerer Auflage erscheinen.[140]

Durch die kriegsbedingte Einschränkung in der Herstellung beruhte der hohe Gewinn bei De Gruyter – wie auch bei anderen Verlagen – auf der Auflösung stiller Reserven durch Lagerausverkäufe. Dadurch ergab sich, so der Bericht zum 25-jährigen Verlagsjubiläum 1944,

eine Liquidität von nie geahntem Ausmaß. Die ausgewiesenen riesigen Gewinne stellen zum großen Teil die in früheren Jahren angesammelten stillen Reserven dar oder sind der Auflagenerfolg alter eingeführter Lehr- und Handbücher.[141]

Der Ende August 1944 vorgelegte Geschäftsbericht für 1943 versuchte, die Erwartungen für die Zukunft zu dämpfen, indem er auf verschiedene Risiken und bürokratische Aufwände hinwies, macht aber sehr deutlich, wie erfolgreich der Verlag Walter de Gruyter agierte:

Die Tätigkeit des Jahres 1943 ist gekennzeichnet durch die Herausgabe einer größeren Anzahl von kriegswichtigen Werken sowohl des geisteswissenschaftlichen wie des naturwissenschaftlichen Sektors. Dabei hat sich die Auflagenhöhe gegen das Vorjahr noch erhöht, zum Teil verdrei- und verzehnfacht. Der Höhepunkt dieser Entwicklung ist aber erreicht, und wir werden in Zukunft durch die Entziehung von Arbeitskräften, sowohl beim Verlag selbst als bei den herstellenden Betrieben, mit einer wesentlichen Senkung der Auflagenhöhe und der Zahl der herausgebrachten Werke rechnen müssen. Wir werden außerdem mit der Stillegung von Zeitschriften zu rechnen haben.

Wir haben jetzt nicht nur eine Stelle für die Papierbewilligung, sondern auch eine Stelle für die Erteilung von Druck- und Bindeaufträgen. Für die Zensur des Inhalts sind mehrere Behörden geschaffen. Darüber hinaus ist wieder eine neue Stelle mit der Beaufsichtigung der Verlagerung von Aufträgen in die besetzten Gebiete eingerichtet worden. Alle diese Erschwerungen sind umso empfindlicher, als ihnen ein bis an die Grenze des noch eben Erträglichen belastetes Personal gegenübersteht.

Auf geisteswissenschaftlichem Gebiet konnten wir unsere Bemühungen, die Ergebnisse der Wissenschaft breiteren Kreisen nahezubringen, fortsetzen und erfreuliche Ergebnisse erzielen. Die aufgelegten Werke, für die wir auch Verständnis bei den papierbewil-

---

140 Geschäftsbericht 1942, Stabi Dep. 42,399. Teilweise wurde in sehr hohen Auflagen gedruckt, z.B. die vierte Auflage von *Hans Katz*, Flugmotor, im ersten Halbjahr 1944 in einer Höhe von 20.000 Stück. Verlagskonferenz, 29.2.1944. Anwesend Cram, Dr. v. Staa, Lüdtke, Hübler, Kissel, Kropp, Brill, Stabi Dep. 42,627.

141 Geschäftsbericht 1943, gez. Dr. von Staa, 23.8.1944, Stabi Dep. 42,399.

ligenden Stellen fanden, wurden schnell verkauft, und wir konnten zahlreiche Werke in zwei- und dreifacher Auflage herausbringen. […]

In dem naturwissenschaftlichen Sektor mussten alle Auflagen sehr erheblich erhöht werden; trotzdem konnten wir nicht verhindern, daß die wichtigsten Lehrbücher nach kurzer Zeit vergriffen waren und länger fehlen mussten, da Neuauflagen so schnell nicht hergestellt werden konnten. Bei einem Werk musste die Auflage auf 100 000 bemessen werden, doch dürfte die Herstellung einer solchen Auflage heute auf große Schwierigkeiten stoßen. […]

Auch die geisteswissenschaftlichen Abteilungen konnten in diesem Jahr ihre Aufwendungen für Herstellung aus dem Umsatz der Neuherstellung selbst decken, während auf dem naturwissenschaftlichen Gebiet sich hier bereits erhebliche Gewinne ergaben. Da bei einer solchen Lage die Lagerzuführung unzureichend war, haben wir uns veranlasst gesehen, Sonderabschreibungen auf das alte Lager vorzunehmen.

Die Liquidität konnte wesentlich gesteigert werden; das ist auch dringend notwendig, um den steuerlichen Anforderungen gerecht werden zu können.[142]

Auch die Buchhandlung Arthur Collignon, die dem Verlag viele Jahre nachhaltige Verluste beschert hatte, prosperierte im Nationalsozialismus. Nach der Auswanderung Fritz Homeyers amtierte Heinz Rackow als Geschäftsführer.

Jahr	Umsatz RM	Verlust RM	Gewinn RM
1934:	360.900,–		
1935:	359.100,–	7985,29[143]	
1936:	346.000,–	15.865,–	
1937:	361.500,–	127,–	
1938:	354.605,–	904,–	
1939:	351.018,–	620,–	
1940:	362.215,–		16.093,–
1941:	460.747,–		7125,–[144]
1942:	639.665,–		42.004,93[145]
1943:	701.946,–		64.788,–[146]

1942 flossen dem Verlag Walter de Gruyter aus seinen Beteiligungen 162.173,– RM zu.[147] 1943 stieg dieser Gewinn auf 208.444,47 RM.[148]

142 Ebenda.

143 Else Schulz an die Buchhandlung Arthur Collignon G.m.b.H., z.Hd. von Herrn Dr. Homeyer, 12.2.1936, Stabi Dep. 42,380. Else Schulz an die Buchhandlung Arthur Collignon G.m.b.H., z.Hd. von Herrn Dr. Homeyer, 12.2.1936, Stabi Dep. 42,380.

144 Arthur Collignon an Verlag Walter de Gruyter & Co., 14.7.1944, Stabi Dep. 42,399.

145 Protokoll über die Gesellschaftersitzung vom 24.5.1943, 1.6.1943, Stabi Dep. 42,372.

146 Arthur Collignon an Verlag Walter de Gruyter & Co., 14.7.1944, Stabi Dep. 42,399.

147 Geschäftsbericht 1942, Stabi Dep. 42,399.

148 Geschäftsbericht 1943, gez. Dr. von Staa, 23.8.1944, Stabi Dep. 42,399.

Die deutlich gesteigerten Dividendenauszahlungen machen den Erfolg des Verlages auch in Zahlen deutlich:[149]

1940 (385.440,–):	
Herbert Cram	2400,–
Burkhard Meier	2400,–
Meinhard von Staa	2400,–
Eugenie de Gruyter	187.200,–
Clara Cram	124.800,–
Ellen Meier	62.400,–
Martha Schuchardt-Erben	3840,–
1941 (36 % = 578.160,–):	
Herbert Cram	3600,–
Burkhard Meier	3600,–
Meinhard von Staa	3600,–
Eugenie de Gruyter	280.800,–
Clara Cram	187.200,–
Ellen Meier	93.600,–
U. Schuchardt	5760,–
1942 (80 % = 1.284.800,–):	
Herbert Cram	8000,–
Burkhard Meier	8000,–
Meinhard von Staa	8000,–
Eugenie de Gruyter	624.000,–
Clara Cram	416.000,–
Ellen Meier	208.000,–
U. Schuchardt	12.800,–
1943 (1.204.500,–):	
Herbert Cram	7500,–
Burkhard Meier	7500,–
Meinhard von Staa	7500,–
Eugenie de Gruyter	585.000,–
Clara Cram	390.000,–
Ellen Meier	195.000,–
U. Schuchardt	12.000,–

149 Alle Dividendenauszahlungen nach Stabi Dep. 42,455 (1).

Nicht zuletzt die Entwicklung der Tantiemenhöhe bei Herbert Cram unterstreicht, dass der Verlag wirtschaftlich überaus erfolgreich agierte. Sein Gehalt betrug:

1930:	18.000,–	RM			
1931:	18.000,–	RM			
1932:	18.000,–	RM			
1933:	16.500,–	RM	(weniger infolge Arbeitszeitverkürzung)		
1934:	16.200,–	RM	(weniger infolge Arbeitszeitverkürzung)		
1935:	16.200,–	RM	(weniger infolge Arbeitszeitverkürzung)		
1936:	17.175,–	RM	(weniger infolge Arbeitszeitverkürzung)		
1937:	18.000,–	RM			
1938:	18 000,–	RM			
1939:	18.000,–	RM	Tantieme:	8379,–	RM
1940:	18.000,–	RM	Tantieme:	10.795,–	RM
1941:	18.000,–	RM	Tantieme:	51.793,–	RM
1942:	18.000,–	RM	Tantieme:	80.700,–	RM
1943:	18.000,–	RM	Tantieme:	186.697,–	RM[150]

Unmittelbar vor Kriegsbeginn – am 31. August 1939 – hatte der Verlag 108 Beschäftigte, am 1. Februar 1942 nurmehr 79. Vor allem die männliche Belegschaft war in diesem Zeitraum von 54 auf 34 gesunken, weil sie zur Wehrmacht, Waffen-SS, Polizei oder Sicherheitsdienst eingezogen worden war.[151] Bereits am 31. Oktober 1939 war die Gefolgschaftsstärke auf 100 gesunken (51 männliche und 49 weibliche Beschäftigte).[152] Am 31. Mai 1940 hatte der Verlag 42 männliche und 51 weibliche Beschäftigte, ein Jahr später, am 31. Mai 1941, 38 männliche und 55 weibliche Beschäftigte. In der Statistik werden für 1941 ein männlicher und ein weiblicher Ausländer genannt.[153] Am 9. Juni 1942 arbeiteten 34 männliche und 53 weibliche Beschäftigte bei De Gruyter.[154] Diese Zahl blieb bis in die zweite Hälfte des Jahres 1944 bei minimalen Schwankungen stabil, erst die Statistik für den August 1944 verzeichnete einen Rückgang auf 31 männliche und 46 weibliche Beschäftigte.[155]

[150] Handschriftliche Auflistung der Buchhalterin Margarete Kühne, 31.8.1945, Stabi Dep. 42,546.

[151] Herbert Cram an den Herrn Präsidenten der Reichspressekammer, 12.2.1942, Stabi Dep. 42,222.

[152] Walter de Gruyter an DAF Kreis IV, Kreisvolksbildungswart, 31.10.1939, Stabi Dep. 42,222.

[153] Meldung der Firma Walter de Gruyter, 14.6.1941, Stabi Dep. 42,222.

[154] Industrie- und Handelskammer zu Berlin, Meldung Walter de Gruyter, 9.6.1942, Stabi Dep. 42,374.

[155] Beschäftigtenmeldungen an die Gauwirtschaftskammer Berlin-Brandenburg, Stabi Dep. 42,222.

Als größte Herausforderung für die Verlagsarbeit wertete Herbert Cram im September 1943 nicht die Gefahr von Bombenangriffen, sondern den Abzug von Arbeitskräften für Wehrmacht und Rüstungsindustrie, der die Stilllegung von Druckereien befürchten ließ.[156] Bereits in den vergangenen Jahren hatte die Belegschaft Überstunden leisten müssen,[157] aber die Ressourcen wurden mit fortschreitender Kriegsdauer in Zeiten einer boomenden Geschäftsentwicklung knapper, wie der Geschäftsbericht 1943 deutlich macht:

Das Jahr 1943 (5. Kriegsjahr) findet uns im stetigen Bemühen, den Abgang der Arbeitskräfte infolge Einberufung zur Wehrmacht oder Ausfall infolge Krankheit durch Neueinstellung von Halbtags- oder anderen Ersatzkräften auszugleichen. Dies ist uns einigermaßen gelungen, doch sind die an uns gestellten Anforderungen, besonders im Umsatz, so hoch, daß das gesamte Personal nicht ausreicht, ihnen zu entsprechen.[158]

Im April 1950 legte Herbert Cram den Geschäftsbericht über die Jahre 1944 bis 1947 vor. Trotz zurückhaltender Formulierungen, weil mittlerweile weitaus schlechtere Zeiten für den Verlag angebrochen waren, wird deutlich, dass De Gruyter in der NS-Zeit ausgesprochen erfolgreich agiert hatte:

Die vorliegende Bilanz des Jahres 1944 trägt alle Zeichen der Kriegswirtschaft, die uns zwang, mit größter Vorsicht zu bilanzieren, um etwaigen Verlusten durch Bombenschäden oder sonstige Kriegseinwirkungen vorweg Rechnung zu tragen. So wurden das Lager auf ein Minimum reduziert und darüber hinaus auf der Passivseite Rückstellungen in erheblichem Umfange getätigt. Auch früher aktivierte Forderungen an das Reich wurden aufgelöst. [...] Ein großer Teil der Tätigkeit des Verlages beruhte in Maßnahmen zum Schutze des Verlagsvermögens gegen Bombenschaden; wir waren hierin erfolgreich, jedoch konnten wir schwere Beschädigungen der Gebäude durch Explosiveinwirkung nicht ausschalten.

Die Bilanz des Jahres 1945 [...] steht im Zeichen der abgewandten Kriegsgefahren und einem Hervortreten des Wertes unserer erhaltenen Lagervorräte, die nunmehr umso wertvoller wurden, als andere Verlage ihre gesamten Vorräte einbüßten. Wir verkauften rechtzeitig, noch vor dem Zusammenbruch, unsere Reichsschatzanweisungen, sodass wir in unserer Bilanz eine starke Liquidität an flüssigen Mitteln ausweisen. Diese Liquidität ist noch dadurch gesteigert, dass wir ständig vom Lager verkauften, ohne die Möglichkeit zu haben, durch neue Herstellung das Lager wieder zu ergänzen, sodass stille Reserven in erheblichem Umfang aufgedeckt wurden.[159]

---

156 Herbert Cram an die Deutsche Chemische Gesellschaft, 11.9.1943, Dep. 42,543.

157 Geschäftsbericht 1942, Stabi Dep. 42,399.

158 Geschäftsbericht 1943, gez. Dr. von Staa, 23.8.1944, Stabi Dep. 42,399.

159 Herbert Cram, Geschäftsbericht über die Geschäftsjahre 1944–1947, 4.4.1950, Stabi Dep. 42,399.

V. Wichtige Programmbereiche

1. Sammlung Göschen

An der überaus erfolgreichen „Sammlung Göschen" werden viele Aspekte des De Gruyter'schen Agierens während der NS-Herrschaft exemplarisch deutlich; es lohnt sich daher ein genauerer Blick. Die ersten zehn Bändchen der Reihe waren 1889 im Göschen Verlag erschienen und beinhalteten Schulbuchausgaben deutscher Klassiker, aber bereits der noch im gleichen Jahr publizierte Band 11 – „Astronomie" von August Ferdinand Möbius – erweiterte das Repertoire. Die „Sammlung Göschen" lieferte von nun an kurze Einführungen in nahezu alle Wissenschaftsdisziplinen und die verschiedensten Themenbereiche. Karl Jaspers' „Die geistige Situation der Zeit" wurde 1931 als 1000. Band verlegt. Bis zu seiner Pensionierung Ende 1942 war der Prokurist Konrad Grethlein im Verlag als Leiter der Abteilung Sammlung Göschen und Mathematik für die Reihe verantwortlich. Sein langjähriger Mitarbeiter Fritz Kropp setzte seine Arbeit fort.

Ihrer Position und Bedeutung entsprechend umfasste der Kreis der Göschen-Autoren selbstverständlich auch jüdische Wissenschaftler, die der Verlag widerstandslos in einem schleichenden Prozess aufgab. Die Geschäftsleitung ging in diesem Zusammenhang auf Angebote jüdischer oder politisch missliebiger Autoren, von ihren Verträgen zurückzutreten, bereitwillig ein. Oberstudiendirektor Felix Wilhelm Behrend z.B. hatte das Bändchen „Probleme der modernen Pädagogik" übernommen und erklärte sich im August 1933 gegen eine Erstattung seiner Auslagen in Höhe von 250,– RM bereit, den Vertrag aufzulösen. Behrend war ein weithin anerkannter Pädagoge, einflussreicher Schulpolitiker, Autor zahlreicher Schriften und Lehrbücher, Direktor des Kaiser-Wilhelm-Realgymnasiums Berlin-Neukölln und Erster Vorsitzender des Deutschen Philologenverbandes. Als Verbandsvorsitzender wurde er – obwohl evangelisch getauft – wegen seiner jüdischen Herkunft bereits im März 1933 abgelöst; als Schulleiter blieb er bis September 1933 im Amt und war dann bis zu seiner Versetzung in den Ruhestand zum 1. Oktober 1935 als Lehrer an einem Wilmersdorfer Gymnasium tätig.[1] Behrends Angebot einer Vertragsauflösung gab die Verlagskonfe-

[1] Personaldaten von Lehrern und Lehrerinnen Preußens, http://bbf.dipf.de/kataloge/archivdatenbank/digiakt.pl?id=p83804&dok=PEB-0007&f=PEB-0007-0189-01&l=PEB-0007-0189-04&c=PEB-0007-0189–01 [25.2.2014].

renz am 29. August 1933 ohne jegliche Diskussion statt.[2] Der Pädagoge konnte vor der nationalsozialistischen Verfolgung über die Niederlande nach Großbritannien fliehen und folgte seinem Sohn 1949 nach Australien, wo er 1957 starb.[3] 1949 erschienen im Westermann Verlag als eine Art pädagogisches Vermächtnis seine „Grundlagen der Erziehungs- und Bildungstheorie".

In einem anderen Fall kam dem Verlag die Möglichkeit, nun einem jüdischen Autor die Zusammenarbeit aufkündigen zu können, auch aus marktwirtschaftlichen Gründen nicht ungelegen. Eigentlich war mit Herrn Katz vertraglich vereinbart, dass er für die „Sammlung Göschen" ein Bändchen über die „Geschichte der Musikästhetik" verfasste. Die musiktheoretischen Bände fanden 1933/34 jedoch wenig Absatz, deshalb war es Abteilungsleiter Grethlein „ganz erwünscht, als sich Gelegenheit bot, mit Herrn Dr. Katz reibungslos den Vertrag zu lösen".[4]

Wie sehr der Verlag De Gruyter bereits vor der Regelung über den Ausschluss jüdischer Autoren aus wissenschaftlichen Publikationen bereit war, die antisemitische Ideologie der Nationalsozialisten auch im geschäftlichen Alltag zu übernehmen, wird bei der routinemäßigen Überarbeitung der Bändchen der „Sammlung Göschen" deutlich. Im September 1937 sollten die beiden erstmals 1903 erschienenen Bände des längst verstorbenen Musiktheoretikers und Komponisten Stephan Krehl (1864–1924), „Musikalische Formenlehre", neu aufgelegt werden. Zu diesem Zweck mussten die „nichtarischen Autoren" aus dem Literaturverzeichnis und die Zitate von jüdischen Autoren im Text gestrichen werden. Folglich hatte „eine genaue Durchsicht des ganzen Textes stattzufinden".[5]

Ähnliche Bedenken machten Herbert Cram und Konrad Grethlein beim Göschen-Bändchen „Soziologie. Geschichte und Hauptprobleme" von Leopold von Wiese und Kaiserswaldau aus dem Jahr 1926 geltend. Von Wiese hatte 1919 den Ruf auf den ersten Lehrstuhl für Soziologie in Deutschland an der Universität Köln erhalten und die Abteilung für Soziologie des Kölner „Forschungsinstituts für Sozialwissenschaften" geleitet. Nach dessen Auflösung durch die Nationalsozialisten war er in den USA tätig, kehrte 1935 jedoch nach Deutschland zurück und lehrte nunmehr Volkswissenschaft. Der Absatz des Göschen-Büchleins war in der zweiten Hälfte der 1930er-Jahre eingebrochen. Cram und Grethlein vermuteten, dass es „nicht mehr der heutigen Zeitanschauung" entsprach und „von einem anderen Blickpunkt aus bearbeitet werden" müsse. Außerdem sollten keine jüdischen Autoren mehr zitiert werden, es sei denn, „wenn auch vom

[2] Konferenz, 29. August 1933. Anwesend die Herren: Cram, Dr. Crisolli, Dr. Lüdtke, Hübler, Grethlein, Dr. Elster, Dr. Buchenau, Stabi Dep. 42,461 (1).

[3] Zu Behrends Biografie vgl. http://kulturportal-west-ost.eu/biographies/behrend-felix-wilhelm-2/[25.2.2014].

[4] Grethlein an Prof. Dr. Hans Joachim Moser, 12.2.1934, Stabi Dep. 42 Gr, Hans Joachim Moser.

[5] Konrad Grethlein an Prof. Dr. Hans Joachim Moser, 3.9.1937, Stabi Dep. 42 Gr, Hans Joachim Moser.

nationalsozialistischen Standpunkt aus zu ihnen Stellung genommen wird". Sie gaben zu bedenken, ob nicht am Ende „ein Kapitel nationalsozialistische Soziologie" angefügt werden sollte.[6] Beide Herren hatten die antisemitische Rassenideologie verlagsintern also längst zur Handlungsmaxime gemacht, auch wenn vermutlich primär Absatzinteresse und nicht die eigene politische Überzeugung das Motiv für dieses Vorgehen war. Die „Sammlung Göschen" sollte durch ein ideologisch am NS-Staat ausgerichtetes Portfolio ihre Marktposition mindestens verteidigen, perspektivisch sogar verstärken.

Diese Anregungen stießen jedoch beim Verfasser Leopold von Wiese und Kaiserswaldau auf taube Ohren, obwohl er die antijüdische Stoßrichtung teilte und durchaus zugestand, dass der Rückgang „mit den politischen Wandlungen seit 1933" zusammenhing. Schließlich bestünde seit 1933 „die allgemeine Neigung, Soziologie durch Rassen- und Volkskunde zu ersetzen". Zudem hätten einige Wissenschaftler die Gelegenheit genutzt, die von ihm entwickelte „Beziehungslehre" zu verdrängen, und seine Beziehungssoziologie würde mit der „vorwiegend von Juden gepflegten, von mir stets abgelehnten ‚Wissenssoziologie'" verwechselt.[7] Im Ausland würde sich seine Beziehungssoziologie jedoch größter Aufmerksamkeit erfreuen. Keinesfalls könne er inhaltliche Änderungen an dem Göschen-Bändchen vornehmen, vielmehr bedürfe gerade die nationalsozialistische Volks- und Staatsordnung „dringend" der Mitarbeit der von ihm gepflegten soziologischen Methoden. Eine Änderung brächte ihn „um alles wissenschaftliche Ansehen":

> Ich kann die Geschichte nicht anders darstellen, als sie sich, soviel ich zu sehen vermag, vollzogen hat. Was die Juden betrifft, so finden sie in dem Bändchen keine starke Hervorhebung. Die meisten wurden nur summarisch aufgezählt; heute könnte man vielleicht ein paar von ihnen streichen. Unmöglich wegzulassen sind Gumplowicz, Simmel und der Halbjude Scheler. Zu allen habe ich mich schon damals kritisch gestellt, auch zu Simmel, an den ich teilweise anknüpfe. In den Jahren, in denen es im Gegensatz zu seinen Lebzeiten üblich war, von Simmel als einem genialen Denker zu reden, habe ich ihn einen hervorragenden ‚Literaten und Dilettanten' genannt. Aber an den im Bändchen vorgebrachten Urteilen könnte ich heute nichts Wesentliches ändern. Die Probleme der Soziologie ferner sehe ich heute noch so wie damals; davon kann ich nicht ein Wort anders sagen. Die darüber im Bändchen gedruckten Seiten sind die auf knappeste Form gebrachte Quintessenz meiner Lebensarbeit. – Schon jetzt ein Kapitel ‚nationalsozialistische Soziologie' zu bringen, wäre verfrüht, weil sie als solche noch nicht besteht. Will man sie aber aus den vielen Bekundungen führender Persönlichkeiten kristallisieren, so würde ich nur feststellen können, dass das Gedankengut der ‚Beziehungslehre' dadurch nicht gefährdet wird. Vom verlegerischen Standpunkte erscheint mir Ihre Anregung noch verfrüht.

---

6 Herbert Cram und Konrad Grethlein an Prof. Dr. Leopold von Wiese, 9.2.1939, Stabi Dep. 42 Gr, Leopold von Wiese und Kaiserswaldau.

7 Prof. Dr. Leopold von Wiese an Konrad Grethlein, 17.2.1939, Stabi Dep. 42 Gr, Leopold von Wiese und Kaiserswaldau.

Vielleicht wird das Bild, das unsere Wissenschaft in Deutschland bietet, in 4 bis 5 Jahren beträchtlich verändert sein.[8]

Cram und Grethlein konnten den Verfasser nicht vom Gegenteil überzeugen: Die – wenig veränderte – Neuauflage des Göschen-Bändchens erschien erst 1947.

In einem Aktenvermerk von Konrad Grethlein über eine Unterredung im Februar 1939 mit Prof. Erich Rothacker aus Bonn, der eine „Einführung in die Philosophiegeschichte" für De Gruyter verfassen sollte, sprach man eher beiläufig über den Greifswalder Mediävisten und Geschichtsdidaktiker Ernst Bernheim (1850–1942).[9] Grethlein hielt fest:

Als ich erwähnte, daß wir Bernheims Einleitung in die Geschichtswissenschaft ausbooten müssen, da Bernheim Nichtarier sei, nannte er als Neubearbeiter, die für das Thema in Frage kommen könnten, die Herren Gerh. Ritter in Tübingen, Just in Bonn und Schramm in Göttingen. Ritter sei der geeignetste.[10]

Ernst Bernheim, 1850 geboren und 1886 zum Protestantismus konvertiert, hatte seine „Einleitung in die Geschichtswissenschaft" erstmals 1905 in der „Sammlung Göschen" publiziert; es war eine Kurzfassung seines berühmten „Lehrbuchs der historischen Methode und der Geschichtsphilosophie", das erstmals 1889 bei Duncker & Humblot verlegt worden war. Das Göschen-Bändchen war letztmals in der dritten und vierten Auflage 1926 erschienen. Grethleins Rede vom „Ausbooten" macht deutlich, welche Diktion bei der Vertreibung ehemals angesehener Verlagsautoren mittlerweile bei De Gruyter Einzug gehalten hatte.

Am 1. August 1939 beschloss die Verlagskonferenz, einen neuen Autor für den Band „Mengenlehre" in Göschens Lehrbücherei zu suchen. Die dritte Auflage war nahezu ausverkauft, gegen eine Neuauflage sprach jedoch die Tatsache, dass der Autor Felix Hausdorff Jude war. Der Verlag befürchtete deshalb, „daß uns durch den Nachdruck Unannehmlichkeiten entstehen könnten".[11] Wie ängstlich und angepasst der Verlag dabei agierte, wird in der Diskussion über einen geeigneten neuen Autor für das Bändchen deutlich. Der potenzielle Kandidat Oskar Perron aus München wurde abgelehnt, weil er sich „keinen Zwang auferlegen und Juden nach Herzenslust[12] zitieren" würde. Dadurch begäbe sich der Verlag in eine „gewisse Gefahr".[13] Die Tatsache, dass De Gruyter mit Felix Hausdorff einen der profiliertesten Mathematiker und den Doyen der Mengenlehre – als der er spätestens seit Erscheinen seiner „Grundzüge der Mengenlehre" bei Veit im Jahr

[8] Ebenda.

[9] Vgl. zu Ernst Bernheim: *Mircea Ogrin*, Ernst Bernheim (1850–1942). Historiker und Wissenschaftspolitiker im Kaiserreich und in der Weimarer Republik, Stuttgart 2012.

[10] Aktenvermerk Konrad Grethlein über die Unterredung mit Prof. Erich Rothacker am 18.2.1939, Stabi Dep. 42,234.

[11] Konrad Grethlein über Felix Hausdorff, Mengenlehre, 12.9.1939, Stabi Dep. 42,227.

[12] Möglich ist auch: Herzenslaune. Das Blatt ist an dieser Stelle eingerissen.

[13] Konrad Grethlein über Felix Hausdorff, Mengenlehre, 12.9.1939, Stabi Dep. 42,227.

1914 galt – aufgab, spielte offenbar keine Rolle mehr. Hausdorffs „Mengenlehre" in Göschens Lehrbücherei war erstmals 1927 erschienen, schon im gleichen Jahr war eine zweite Auflage notwendig geworden. Noch 1935 publizierte De Gruyter eine dritte Auflage. Im gleichen Jahr wurde der 1868 geborene Felix Hausdorff als Bonner Ordinarius emeritiert. Vom Berufsbeamtengesetz der Nationalsozialisten war er 1933 nicht betroffen gewesen, weil er bereits vor 1914 Beamter gewesen war und damit unter die Ausnahmeregelung fiel. Hausdorff arbeitete auch nach seiner Emeritierung und in Zeiten wachsender Verfolgung und Bedrängnis weiter, seine Forschungsergebnisse veröffentlichte er nun in polnischen Zeitschriften. Das Bemühen des Verlages, ihn als Autor der „Mengenlehre" zu ersetzen, muss den berühmten Mathematiker tief getroffen haben. Am 26. Januar 1942 schied er gemeinsam mit seiner Frau und seiner Schwägerin freiwillig aus dem Leben; die Gestapo hatte ihm den Befehl zur Übersiedlung in das Sammellager Bonn-Endenich, von wo aus die Bonner Juden in Vernichtungslager deportiert wurden, zugestellt.[14] Felix Hausdorffs Gesammelte Werke erscheinen seit dem Jahr 2001 in einer mehrbändigen Reihe im Springer Verlag.[15]

Die mathematische Literatur profitierte insgesamt von den Kriegsanstrengungen. Sowohl Grundlagenliteratur wie Formelsammlungen und Tafelwerke als auch Werke der angewandten Mathematik waren nachgefragt.[16] Deutlich wird dies z.B. an der Korrespondenz mit dem Berliner Privatdozenten Günther Schulz, der 1937 in der „Sammlung Göschen" (Bd. 1100) eine „Formelsammlung zur praktischen Mathematik" veröffentlicht hatte. Im Mai 1941 begründete er, weshalb bei der geplanten Neuauflage einige Änderungen vonnöten waren: „Wenn auch schon immer die Verfahren der praktischen Mathematik mehr und mehr Verwendung fanden, so haben gerade die Kriegsjahre diese Entwicklung außerordentlich beschleunigt."[17] Es gebe schließlich kaum noch einen Hochschullehrer, der

> nicht noch wissenschaftliche Arbeiten für hohe militärische Stellen oder die Kriegsindustrie übernommen hat. Diese Arbeiten – mögen sie nun mehr mathematischer oder mehr physikalisch-technischer Natur sein – erfordern aber fast stets auch Rechenarbeit und damit die Verwendung der sog. praktischen Mathematik, vielfach sogar in einem Maß, das Fernerstehende kaum vermuten (Ballistik, Luftfahrtforschung, Elastizitätstheorie).[18]

---

[14] Vgl. zu Biografie und Werk Felix Hausdorffs den ausgezeichneten Beitrag mit zahlreichen weiterführenden Hinweisen in: http://de.wikipedia.org/wiki/Felix_Hausdorff [25.2.2014].

[15] Vgl. zur Hausdorff Edition: http://www.hausdorff-edition.de/wp/[25.2.2014].

[16] Vgl. zur Mathematik im NS: *Volker R. Remmert/Ute Schneider*, Eine Disziplin und ihre Verleger. Disziplinenkultur und Publikationswesen der Mathematik in Deutschland, 1871–1949, Berlin 2010, S. 252 f.

[17] Günther Schulz an Verlag Walter de Gruyter, 19.5.1941, Stabi Dep. 42,314.

[18] Günther Schulz an den Verlag Walter de Gruyter, 8.3.1942, Stabi Dep. 42, 314.

Auch für benachbarte Disziplinen gewinne die Formelsammlung eine immer größere Bedeutung: Die „ingenieurwissenschaftliche, geodätische, meteorologische, versicherungsmathematisch-statistische, ja sogar die biologische Forschungspraxis" bedürfe „eines mathematischen Rüstzeugs von wachsendem Schwierigkeitsgrad und in immer steigendem Umfang". Schulz wollte die Formelsammlung um Statistik und Wahrscheinlichkeitsrechnung erweitern.[19] Tatsächlich erschien der „durchgesehene Neudruck" erst 1945, Schulz' Argumentation für eine Neubearbeitung macht jedoch deutlich, wie stark auch die Mathematik auf die veränderten politischen Rahmenbedingungen reagierte. Gleichzeitig wird an der Formelsammlung von Schulz deutlich, dass Abteilungsleiter Konrad Grethlein eine sehr staatsnahe, politisch konforme Geschäftspolitik durchzusetzen trachtete, während andere Verlage sehr viel länger die vor allem in der Mathematik vorhandenen Spielräume nutzten. Grethlein drängte Schulz offenbar, die Namen jüdischer Wissenschaftler aus der Formelsammlung zu streichen. Schulz wandte sich nämlich nach dem Krieg an den Verlag, weil er für die Neuauflage die jüdischen Autoren wieder aufnehmen wollte, die er „auf dringenden Wunsch von Herrn Grethlein seinerzeit" hatte streichen müssen.[20] Selbst unter Berücksichtigung der Tatsache, dass Schulz die Neuausgabe seiner Formelsammlung im Kontext seiner Entnazifizierung verändert sehen wollte und sich die Forderung nach Wiederaufnahme jüdischer Wissenschaftler dabei gut machte, waren Grethlein und der Verlag während der NS-Zeit allen Mühen und Konflikten, die die angemessene Berücksichtigung jüdischer Mathematiker hätten kosten können, aus dem Weg gegangen.

Im Sommer 1940 musste der Verlag ein vollständiges Verzeichnis aller noch vorhandenen Titel einreichen, deren Verfasser oder Mitarbeiter Juden oder sogenannte Halbjuden waren. Die Abteilung Göschen führte 29 Titel aus der „Sammlung Göschen" auf. Von einer Ausnahme abgesehen (Robert Hernried, „Systematische Modulation", 1935) waren alle Titel vor der NS-Machtübernahme erschienen – unter Berücksichtigung der Tatsache, dass die 1933 publizierten Werke noch zu Weimarer Zeiten vorbereitet worden waren.[21] De Gruyter hatte sich also Jahre vor einem staatlich angeordneten Ausschluss jüdischer Wissenschaftler ohne Zwang völlig staatskonform verhalten.

Nicht nur der Fall des jüdischen Mathematikers Hausdorff macht deutlich, dass De Gruyter auch mit der „Sammlung Göschen" nicht an ein bloßes Überwintern der NS-Herrschaft dachte, sondern aktiv seine Marktposition zu stabilisieren und auszubauen trachtete. Im Oktober 1935 beschloss die Verlagskonferenz mit Herbert Cram und den Prokuristen beispielsweise, die „Sammlung

---

[19] Ebenda.

[20] Günther Schulz an den Verlag Walter de Gruyter, 8.2.1946, zit. nach: *Remmert/Schneider*, Eine Disziplin und ihre Verleger, S. 240.

[21] Abteilung Göschen, Verzeichnis der noch vorhandenen Werke unserer Abteilung, von denen wir wissen, daß die Verfasser Juden oder Halbjuden sind, Stabi Dep. 42,227.

Göschen" im *Völkischen Beobachter*, dem zentralen Organ der NSDAP, zu inserieren. Für diesen Zweck wurden 600,– bis 1000,– RM bewilligt.[22] Bei der Suche nach neuen Autoren achtete man auf deren Reputation und Position im NS-Staat. Aus damaligen marktstrategischen und wirtschaftlichen Aspekten ist diese Strategie nachvollziehbar; sie sicherte nicht nur das Überleben des Familienunternehmens, sondern ließ es nach den langen Krisenjahren der Buchbranche prosperieren. Die qualitativen Ansprüche wurden dabei nicht unbedingt aufgegeben, in manchen Fällen allerdings zugunsten ideologischer Verbrämung aufgeweicht, etwa im Fall von Ernst Wilhelm Eschmanns Göschen-Bändchen „Der Aufstieg Italiens zur Großmacht und zum Imperium von 1871 bis zum Kriegseintritt gegen die Westmächte". Das 1941 erschienene Buch des Berliner Soziologieprofessors und Direktors der Frankreichabteilung des Deutschen Auslandswissenschaftlichen Instituts der Berliner Friedrich-Wilhelms-Universität stand nach 1945 auf der Liste der in der Sowjetischen Besatzungszone auszusondernden Bücher.[23] Zweifeslohne war mit dieser politisch korrekten Ausrichtung der „Sammlung Göschen" die Anpassung an die Ziele des NS-Regimes verbunden.

Das Bemühen, regimenahe Wissenschaftler als Autoren für die populäre Reihe zu gewinnen, ist unverkennbar. Im Februar 1939 führte Abteilungsleiter Konrad Grethlein beispielsweise eine Unterredung mit dem Bonner Philosophieprofessor Erich Rothacker; er war als Verfasser einer „Einführung in die Philosophiegeschichte" vorgesehen.[24] Rothacker erhoffte sich von der nationalsozialistischen Machtübernahme eine massive Förderung der Geisteswissenschaften, die er 1933/34 als Mitarbeiter des Goebbel'schen Propagandaministeriums durchzusetzen versucht hatte. Seine wissenschaftspolitischen Bemühungen scheiterten zwar, er biederte sich jedoch den Nationalsozialisten an, indem er deren rassentheoretische Ideen in seine Kulturanthropologie integrierte.[25] Der Vertrag mit Rothacker kam ebenso wenig zustande wie mit dem berühmten Dirigenten und Komponisten Wilhelm Furtwängler, den Grethlein im März 1939 als Autor für das Bändchen „Allgemeine Musiklehre" verpflichten wollte.[26] Beide Projekte illustrieren jedoch die Verlagsstrategie.

Mit Kriegsbeginn entstand mit dem Frontbuchhandel ein neuer Buchmarkt, der sich für das Propagandaministerium, das Amt Rosenberg, die Reichsschrift-

---

22 Konferenz, 8. Oktober 1935. Anwesend die Herren: Cram, Dr. Crisolli, Dr. Lüdtke, Hübler, Leuschner, Grethlein, Dr. Elster, Stabi Dep. 42, 627.

23 Liste der Bücher des Verlages Walter de Gruyter & Co. und der angeschlossenen Verlage, die in der Liste der auszusondernden Literatur, aufgestellt von der Deutschen Bücherei, herausgegeben von der Deutschen Verwaltung für Volksbildung in der sowjetischen Besatzungszone enthalten sind, Stabi Dep. 42,228.

24 Aktenvermerk Konrad Grethlein über die Unterredung mit Prof. Erich Rothacker am 18.2.1939, Stabi Dep. 42,234.

25 Vgl. *Ralph Stöwer*, Erich Rothacker. Sein Leben und seine Wissenschaft vom Menschen, Göttingen 2012.

26 *Ziesak*, Der Verlag Walter de Gruyter 1749–1999, S. 252.

tumskammer, aber auch für die Partei und private Verlage als einträgliches Geschäft erwies. Viele junge Soldaten waren durch die Einberufung aus ihrer Berufsausbildung oder dem Studium gerissen worden und wollten keine allzu großen Wissensdefizite entstehen lassen.[27] Die handlichen Bändchen der „Sammlung Göschen" erwiesen sich für diesen Markt als ideales Format. Sie gingen offenbar in großer Zahl an die Soldaten und die Frontbuchhandlungen. Die „Sammlung Göschen" erhielt aus diesem Grund im zweiten Halbjahr 1940 „einen recht erfreulichen Auftrieb".[28] Von besonderem Interesse waren die mathematisch-naturwissenschaftlichen und technischen Themen. 1943 erschienen z.B. von Heinz Borchers „Metallkunde", O.Th. Bürklen „Mathematische Formelsammlung", Robert Haussner „Darstellende Geometrie", Wilhelm Klemm „Anorganische Chemie" und Wilhelm Nusselt „Technische Thermodynamik", aber auch von Otto Güntter „Walther von der Vogelweide mit einer Auswahl aus Minnesang und Spruchdichtung", Karl Jacob „Quellenkunde der deutschen Geschichte im Mittelalter", Hans Krahe, „Indogermanische Sprachwissenschaft" oder Ernst Pepping „Der polyphone Satz".

Der Geschäftsbericht für das Jahr 1943 strahlt dann auch Zufriedenheit über die Entwicklung und aus Verlagsperspektive gelungene Anpassung der Reihe aus, wenn es als Ergebnis der Mühen heißt: „Die ‚Sammlung Göschen' hat nun endlich die ihr gebührende Achtung auch an politischen Stellen errungen, und wir dürfen annehmen, daß sich das in der nächsten Zukunft in sehr erheblichem Umfange auswirken wird."[29]

Mitte März 1944 reichte der Verlag beim Propagandaministerium die Jahresplanung 1944 ein, die insgesamt einen Bedarf von 517.641 kg Papier vorsah. Auch ein Jahr vor Kriegsende lief das Erfolgsprodukt „Sammlung Göschen" weiterhin auf Hochtouren. Allein 31 Titel aus dem geisteswissenschaftlichen Bereich waren in Vorbereitung (u.a. Kern, „Einführung in die Geschichtswissenschaft"; Altheim, „Römische Geschichte"; Eschmann, „Der Aufstieg Italiens zur Großmacht"; Heiderich, „Länderkunde von Europa"; Gottschald, „Wörterbuch der deutschen Rechtschreibung"; Dibelius, „Jesus"; Bornkamm, „Luther"), jeweils ein Titel aus der Medizin (Diepgen, „Geschichte der Medizin") und der Botanik (Neger-Münch, „Die Nadelhölzer"), zwei aus der Biologie, 13 aus der Mathematik, sechs aus der Physik, drei aus der Chemie, zehn aus der Technik (u.a. Schächterle, „Eisenbetonbrücken"; Fischer, „Einführung in die Hochspannungstechnik") und zwei aus dem Bereich „Allgemeines" (Konrad Mellerowicz, „Buchhaltung"; Ernst Beutel, „Warenkunde II").[30]

---

27 *Bühler*, Der Frontbuchhandel 1939–1945, S. 44 f. und 47.

28 Herbert Cram an Prof. Dr. Paul Hartmann, 10.1.1941, Stabi Dep. 42,548.

29 Geschäftsbericht 1943, gez. Dr. von Staa, 23.8.1944, Stabi Dep. 42,399.

30 Walter de Gruyter & Co. an das Reichsministerium für Volksaufklärung und Propaganda, Abt. Schrifttum, 17.3.1944, mit Anlagen, Stabi Dep. 42,213 (1).

Noch Ende September 1944 – Paris war bereits befreit und die Rote Armee stand vor Warschau und an den Grenzen Ostpreußens – beantragte der Verlag Papier für 15 Göschen-Bändchen in einer Auflagenhöhe zwischen 6360 und 21.200 Stück. Von Brauns-Chudoba, „Mineralogie", Nusselt, „Technische Thermodynamik I", Klaffner, „Kartenkunde", und Ringleb, „Mathematische Formelsammlung", sollten 21.200 Exemplare gedruckt werden, 10.600 Stück von Defant/Ertel, „Meteorologie", Steche, „Deutsche Stammeskunde", Lütjen, „Nautik", Bernhard, „Physiologische Chemie I und II", Schwartz, „Mikrobiologie", Schubert/Haußner, „Vierstellige Tafeln und Gegentafeln" und Bahrdt, „Physikalische Messungsmethoden", und 6360 Stück von Haller, „Von den Staufern zu den Habsburgern", Kamke, „Mengenlehre", und Haußner, „Aufgabensammlung und Beispiele zur analytischen Geometrie der Ebene".[31]

In einige Bändchen hatte die NS-Ideologie deutlich Einzug gehalten, sodass sie nach 1945 nicht mehr unverändert gedruckt werden konnten. Die Durchsicht von Band 422 von Max Gottschald, „Die deutschen Personennamen", dessen zweite Auflage 1945 erschienen war, im Jahre 1947 ergab folgenden Befund:

Dieses Buch enthält allerdings eine große Anzahl rein ‚nationalsozialistischer Größen', wie z.B. Anacker, Schlageter, Hitler, Frick, Waechtler, Streicher usw. Textlich bestehen Bedenken auf Seite 88/89, die eine zu scharfe Kritik an der polnischen Wissenschaft üben, sowie auf Seite 98 mit Mädchennamen wie ‚Hitlerine' und ‚Hitlerike' und auf Seite 105/6 die Behandlung jüdischer Namen.[32]

Der zuletzt angesprochene Punkt las sich bei Gottschald so:

Dann denken wir uns einmal, daß jemand bei der Ahnenforschung auf einen Vorfahren namens Kohn gerät. Sein Schrecken ist verständlich, aber Kohn kann genau so eine Kurzform von Konrad sein wie Kuhn [...]. Übrigens kommen auch die allgemein für jüdisch geltenden Namen Lewin und Katzenstein bei Deutschen vor. Lewin gehört dann nicht zu Levi, sondern ist der alte Taufname Liebwin; es war oder ist ja auch noch in der Neuzeit Vorname (Levin Schücking), während Katzenstein auf irgendeinen der sieben Orte dieses Namens zurückzuführen ist. Überhaupt halte man nicht jeden auffallenden Namen gleich für jüdisch. Eine unbedingt sichere Scheidung zwischen deutschen und jüdischen Namen gibt es nicht. [...] Buttermilch ist jüdisch, Sauermilch und Schlegelmilch aber sind deutsch. Daß alttestamentliche Familiennamen nicht ohne weiteres für jüdische Abkunft sprechen, ist selbstverständlich. Der Unklarheit ist jetzt erfreulicherweise dadurch abgeholfen, daß Juden, die keinen unzweifelhaft jüdischen Namen haben, den Namen Israel oder Sara zusetzen müssen.[33]

---

[31] Antrag an die Wirtschaftsstelle des deutschen Buchhandels mit Anhang, 27.9.1944, Stabi Dep. 42,544.

[32] Dr. Hellemann, 19.6.1947, Stabi Dep. 42,624.

[33] *Max Gottschald*, Die deutschen Personennamen, 2. verbesserte Auflage, Berlin 1945, S. 105 f.

Ab 1. Januar 1939 mussten Juden, deren Vorname nicht „typisch jüdisch" war, den zusätzlichen Vornamen „Sara" oder „Israel" annehmen.

2. Juristische Literatur

Die ehemalige Verlagsbuchhandlung Guttentag bildete in der 1919 von Walter de Gruyter gegründeten „Vereinigung wissenschaftlicher Verleger" den Kern der juristischen Abteilung. Alexander Elster, promovierter Jurist und Prokurist bei Guttentag, bekleidete in der neuen Firma – neben Gerhard Lüdtke, dem promovierten Linguisten und ehemaligen Leiter des Karl I. Trübner Verlages in Straßburg – eine herausragende Position, die sich nach dem Tod Walter de Gruyters im Jahr 1923 noch verstärkte. Elster und Lüdtke hielten den Verlag auf Kurs, bis sich Herbert Cram als Geschäftsführer in die neue Materie eingearbeitet hatte. Alexander Elster, 1877 geboren, war im Mai 1914 in die Dienste der Verlagsbuchhandlung Guttentag getreten und prägte die juristische Abteilung bis zu seinem Tod am 24. Mai 1942 maßgeblich.[34]

In keinem anderen Bereich passte sich der Verlag Walter de Gruyter an die neuen politischen Verhältnisse so stark an wie auf dem Feld der Rechtswissenschaft. Uwe Wesel erklärte diese auch bei anderen Verlagen zu beobachtende Entwicklung in seiner Festschrift zum 250-jährigen Bestehen des C.H.Beck Verlages so: „Auf der juristischen Seite des Verlags sah man naturgemäß mehr Nationalsozialistisches als auf den anderen vom Verlag gepflegten Gebieten."[35] Zwar kann die Inkraftsetzung neuer Gesetze und die Umgestaltung des Rechts nach nationalsozialistischen Kriterien weder dem Verlag angelastet werden noch besaß er irgendwelche inhaltlichen Gestaltungsmöglichkeiten. Aber ganz offensichtlich pflegte und baute De Gruyter seine traditionell engen Kontakte zum Reichsjustizministerium, zu Behörden und zur Berliner Universität aus, sodass der Verlag zahlreiche NS-Gesetze, -Verordnungen und juristische Kommentare verlegte und damit von der Machtübernahme der Nationalsozialisten erheblich profitierte.[36] In vielen Fällen setzte De Gruyter damit seine verlegerische Tradition fort, häufig wird aber auch deutlich, dass sich der Verlag intensiv bemühte, seine Marktposition nicht nur zu bewahren, sondern auszubauen. Was Stefan Rebenich jüngst für den Verlag C.H.Beck so treffend konstatierte, trifft für De Gruyter nicht minder zu: „Recht im Unrecht' wurde reproduziert und kommentiert."[37] Der führende Wissenschaftsverlag in der Weimarer Republik, Springer, war zu dieser erforderlichen Anpassung an die juristische Neuausrichtung nicht bereit. Nach der Medizin und Technik war die rechts- und staatswissenschaftliche Abteilung von 1920 bis 1932 der drittstärkste Bereich im Hause Springer gewesen. Nach der NS-Machtübernahme ging die Produktion juristischer Titel

---

[34] Vgl. zur Biografie Elsters S. 34.

[35] *Wesel*, 250 Jahre rechtswissenschaftlicher Verlag C.H.Beck, S. 140.

[36] Gerhard Lüdtke hatte schon 1924 festgehalten, dass bei I. Guttentag „die Beziehungen zu den Justizbehörden stets aufs Sorgsamste gepflegt wurden". *Lüdtke*, Der Verlag Walter de Gruyter & Co., S. 47.

[37] *Rebenich*, C.H.Beck 1763–2013, S. 392.

drastisch zurück und war bereits Mitte der 1930er-Jahre ein nahezu unbedeutender Verlagszweig.[38] Der stärkste Springer-Konkurrent im Wissenschaftsbereich, der Verlag Walter de Gruyter, fuhr eine völlig andere Strategie.

Als Gerhard Lüdtke 1924 – knapp zehn Jahre vor der NS-Machtübernahme – seine Skizze der Vorgängerfirmen des Verlages Walter de Gruyter vorlegte, machte er den Interessenkonflikt, in den der Bereich juristische Literatur in der Diktatur zwangsläufig geraten musste, bei der Schilderung des Verlages I. Guttentag deutlich:

Der juristische Verleger hat keine leichte und eine etwas undankbare Aufgabe. [...] Die Gesetze, Verordnungen, Verfügungen werden vom Staate, von der Stadt, der Gemeinde gemacht und sind ein Gegebenes. [...] An der Oberfläche liegt der neue Stoff, sich in allen möglichen Formen und Bestandteilen ständig vermehrend und jeder Verarbeitung zugänglich. Darüber aber scheint – und zwar über gerechte und ungerechte Gesetze – die ewige Sonne des Rechts. Zwei Möglichkeiten der Verarbeitung sind gegeben. Die eine geht darauf aus, jede neue Zufuhr zu dem Gesetzesberg so schnell wie möglich praktisch zu verarbeiten und den Interessenten davon Kenntnis zu geben, die andere, vorsichtig wissenschaftlich zu arbeiten, den neuen Stoff tiefer schürfend zu untersuchen, seinen Wesensinhalt zu bestimmen und ihn dann erst wirklich zu „kommentieren" oder systematisch darzustellen – so allmählich von dem Gemachten des Augenblickes zur Wahrheit des Rechts gelangend.[39]

Zu Letzterem waren Juristen und auch der Verlag Walter de Gruyter im Nationalsozialismus immer weniger bereit.

a) Neupositionierung und die Ausgrenzung jüdischer Autoren

In den Protokollen der Verlagskonferenz wird die Strategie in den ersten Wochen des Jahres 1933 deutlich. Sie unterschied sich nicht von der restriktiven Haltung, die jüdischen Autoren gegenüber auch in den anderen Verlagssparten an den Tag gelegt wurde. Allerdings implizierte der suggerierte Rückzug auf die Wissenschaft, verbunden mit der Intention, sich möglichst aus der Politik herauszuhalten, gleichzeitig aber der antisemitischen Intention des Regimes Genüge tuend, immer auch eine politische Position. Die Ablehnung oder bewusste Verzögerung von Projekten politisch missliebiger oder jüdischer Juristen war ein Kotau vor den neuen Machthabern. Drei Wochen nach dem Regierungswechsel stellte Alexander Elster auf der Verlagskonferenz z.B. das Angebot von Prof. Dr. Gerhard Leibholz aus Göttingen vor, eine Schrift „Die Lage der Demokratie in der Gegenwart" bei De Gruyter verlegen zu lassen. Leibholz hatte bereits seine Habilitationsschrift sowie seine Akademische Antrittsvorlesung bei De Gruyter publiziert.[40] Die Anwesenden einigten sich, dass zunächst geprüft werden sollte,

---

[38] *Sarkowski*, Springer-Verlag, S. 306 f., 357.

[39] *Lüdtke*, Der Verlag Walter de Gruyter & Co., S. 41 f.

[40] *Gerhard Leibholz*, Zu den Problemen des faschistischen Verfassungsrechts. Akade-

„ob zu politisch".[41] Leibholz, der in der Bundesrepublik als langjähriger Richter am Bundesverfassungsgericht (1951–1971) weit über die Grenzen des juristischen Spektrums bekannt wurde, stammte aus einer jüdischen Familie und musste 1935 seinen Göttinger Lehrstuhl aufgeben. 1938 flüchtete er nach Großbritannien.[42] Der Verlag blieb auch in den folgenden Monaten bei seiner Einschätzung vom Februar 1933 und war nicht mehr bereit, eine Schrift von Leibholz zu veröffentlichen. Stattdessen publizierte der Münchner Verlag Duncker & Humblot noch 1933 „Die Auflösung der liberalen Demokratie in Deutschland und das autoritäre Staatsbild" von Leibholz.

Ähnlich agierte der Verlag bei dem jüdischen Staatsrechtler Prof. Dr. Hermann Heller, der De Gruyter durch mehrere Publikationen verbunden war.[43] Allerdings hätte in diesem Fall die Einhaltung des mit Heller abgeschlossenen Vertrages dem insgesamt vorsichtigen Taktieren des Verlages im Frühjahr 1933 auch grundsätzlich widersprochen. Hermann Heller, der in Frankfurt am Main Öffentliches Recht lehrte, hatte sich nämlich öffentlichkeitswirksam als vehementer Verteidiger der Weimarer Republik profiliert, als er 1932 die SPD-Fraktion im Prozess „Preußen gegen Reich" nach dem sogenannten Preußenschlag am 20. Juli 1932, der einem Staatsstreich ähnlichen Absetzung der Preußischen Regierung, vor dem Staatsgerichtshof vertrat. Der Prozessgegner – das Deutsche Reich unter Franz von Papen – hatte Carl Schmitt mit seiner Vertretung beauftragt. 1933 nahm der auch international gefragte Staatsrechtler Heller eine Gastprofessur in Madrid wahr, wo ihn die Nachricht von seiner Entlassung infolge des „Gesetzes zur Wiederherstellung des Berufsbeamtentums" vom 7. April 1933 erreichte.[44] Offenbar unter diesem Eindruck ließ Heller anfragen, wie sich der Verlag die Erfüllung des Vertrages über die „Staatslehre" vorstellte. Die Verlagskonferenz entschied am 16. Mai 1933: „nicht möglich jetzt zu bringen".[45] Damit bemühte sich De Gruyter, das wichtige Werk Hellers zunächst auf Eis zu legen, ohne das Projekt schon endgültig aufzugeben. Tatsächlich erschien Hellers „Staatslehre" aber 1934 im Verlag Sijthoff im niederländischen Leiden. Voll-

---

mische Antrittsvorlesung, Berlin 1928; *Gerhard Leibholz*, Das Wesen der Repräsentation unter besonderer Berücksichtigung des Repräsentativsystems. Ein Beitrag zur allgemeinen Staats- und Verfassungslehre, Berlin 1929.

[41] Konferenz, 21. Februar 1933. Anwesend die Herren: Cram, Dr. Crisolli, Dr. Lüdtke, Hübler, Leuschner, Grethlein, Dr. Elster, später Dr. Buchenau, Stabi Dep. 42,461 (1).

[42] http://www.deutsche-biographie.de/sfz49937.html [20.3.2014].

[43] U.a. *Hermann Heller*, Die Souveränität. Ein Beitrag zur Theorie des Staats- und Völkerrechts, Berlin (De Gruyter) 1927; Europa und der Fascismus [sic], Berlin (De Gruyter) 1929.

[44] *Wilfried Fiedler*, Die Wirklichkeit des Staates als menschliche Wirksamkeit. Über Hermann Heller (Teschen 1891 – Madrid 1933), in: Oberschlesisches Jahrbuch 11 (1995), S. 149–167, auch: http://archiv.jura.uni-saarland.de/FB/LS/Fiedler/Fiedler/Aufsaetze/heller.html#Heading2 [27.3.2014].

[45] Konferenz, 16. Mai 1933. Anwesend die Herren: Cram, Dr. Crisolli, Dr. Lüdtke, Hübler, Leuschner, Grethlein, Dr. Elster, Dr. Buchenau, Stabi Dep. 42,461 (1).

endet und zur Druckreife gebracht hatte es Gerhart Niemeyer, weil Heller mitten im Schaffensprozess am 5. November 1933 in Madrid einem Herzinfarkt erlegen war. Die „Staatslehre" gilt als Hellers wichtigstes Werk und erschien 1983 in der sechsten Auflage.[46]

Am 9. Mai 1933 nahm die Verlagskonferenz das Angebot des jüdischen Senatspräsidenten am Oberlandesgericht Köln, Prof. Dr. Alfred Ludwig Wieruszowski, bereitwillig an, von dem Vertrag über das „Lehrbuch für Rechtspfleger" zurückzutreten.[47] Der alte Herr (Jahrgang 1857) war über den Anschlag des Satzes „Wenn der Jude deutsch spricht, dann lügt er" an der Kölner Universität den Erinnerungen seiner Enkelin nach so entsetzt, dass er sich am 27. April 1933 mit sofortiger Wirkung von seiner Lehrtätigkeit zurückzog. Offenbar entschloss er sich zeitnah, auch das Publikationsvorhaben bei De Gruyter aufzugeben; jedenfalls lässt der enge zeitliche Zusammenhang aufhorchen. Alfred Wieruszowski erlitt in den darauffolgenden Jahren alle Demütigungen, denen die Nationalsozialisten die jüdischen Deutschen aussetzten. Seine vier Töchter konnten aus NS-Deutschland fliehen, ihn schützte seine zweite nichtjüdische Ehefrau bis Oktober 1944 vor der Deportation. Am 25. Oktober 1944 floh das Ehepaar Wieruszowski von Köln nach Dresden, wo sie bei ihrer früheren Haushälterin Zuflucht fanden. Alfred Wieruszowski starb am 9. Februar 1945 im Jüdischen Krankenhaus in Berlin als „gebrochener Mann".[48] Zwar kann der Verlag nicht für die staatliche Verfolgung von Wieruszowski in Haftung genommen werden, aber jeder dieser Schritte war ein Puzzlestück bei der Ausgrenzung des jüdischen Juristen.

Ebenfalls im Mai 1933 wollte die Verlagsleitung den Vertrag mit Rechtsanwalt Prof. Dr. Ludwig Wertheimer über den Kommentar zum Musterschutzrecht auflösen.[49] Dieser wollte – ganz anders als Wieruszowski – jedoch nicht widerspruchslos von dem Vertrag zurücktreten, sondern forderte eine Entschädigung von 850,– RM. Der Verlag schlug ihm vor, das bereits vorhandene Material einzureichen, damit Wertheimer ein Angebot unterbreitet werden könne, andernfalls werde man es auf eine Klage ankommen lassen.[50] Der weitere Ver-

---

[46] *Hermann Heller*, Staatslehre, hrsg. von Gerhart Niemeyer, Tübingen ^{6}1983 (J.C.B. Mohr [Paul Siebeck]).

[47] Konferenz, 9. Mai 1933. Anwesend die Herren: Cram, Dr. Crisolli, Dr. Lüdtke, Leuschner, Grethlein, Dr. Elster, Dr. Buchenau, Stabi Dep. 42,461 (1).

[48] *Hans-Jürgen Becker*, Alfred Ludwig Wieruszowski (1857–1945). Richter, Hochschullehrer, Goethe-Forscher, in: *Helmut Heinrichs/Harald Franzki/Klaus Schmalz/Michael Stolleis* (Hrsg.), Deutsche Juristen jüdischer Herkunft, München 1993, S. 403–413; http://www.lokalkompass.de/kleve/politik/nur-wer-die-vergangenheit-kennt-kann-sie-auch-erkennen-d106969.html [26.3.2014].

[49] Konferenz, 9. Mai 1933. Anwesend die Herren: Cram, Dr. Crisolli, Dr. Lüdtke, Leuschner, Grethlein, Dr. Elster, Dr. Buchenau, Stabi Dep. 42,461 (1).

[50] Konferenz, 27. Juni 1933. Anwesend die Herren: Cram, Dr. Crisolli, Dr. Lüdtke, Leuschner, Grethlein, Dr. Elster, Dr. Buchenau, Stabi Dep. 42,461 (1).

lauf der Auseinandersetzung ist nicht überliefert, der Kommentar erschien allerdings nicht bei De Gruyter. Die Drohung, dass man trotz eines gültigen Vertrages zu einer juristischen Auseinandersetzung mit Wertheimer bereit war, um den Vertrag mit dem jüdischen Juristen nicht erfüllen zu müssen, ging allerdings deutlich über die abwartende Position der ersten Wochen nach der NS-Machtübernahme hinaus. Mittlerweile bestanden auch keine Zweifel mehr, wie sich die neue Regierung gegenüber jüdischen Juristen positionierte. Viele prominente jüdische Juristen, die sich für die Weimarer Demokratie engagiert hatten, wurden im Frühjahr 1933 in Konzentrationslagern inhaftiert, zur Flucht gezwungen und an der Ausübung ihres Berufes gehindert. Das „Gesetz zur Wiederherstellung des Berufsbeamtentums" und das „Gesetz über die Zulassung zur Rechtsanwaltschaft" vom 7. April 1933 kleideten den Terror der ersten Wochen in Gesetzestext.[51] Die Erfüllung von Verträgen mit jüdischen Juristen war aus Sicht des Verlages mehr als hinderlich, wenn man von der Neugestaltung des Rechts im NS-Staat zu profitieren gedachte.

Grelles Licht auf den Umgang mit ehemals geschätzten jüdischen Autoren, die nun Ansehen und Einfluss verloren hatten, wirft die Diskussion um die Neuauflage des Kommentars zum Börsengesetz von Rechtsanwalt Dr. h.c. Oscar Meyer. Bereits 1897 war in der Sammlung Guttentag der Kommentar des Börsengesetzes vom 22. Juni 1896 von Adolf Wermuth publiziert worden. Nach Ergänzungen des Gesetzes im Mai 1908 hatte Theodor Hemptenmacher 1908 ebenfalls in der Sammlung Guttentag eine völlig überarbeitete Neuauflage herausgebracht, seit 1915 war Oscar Meyer mit der Kommentierung des Börsengesetzes betraut. Er war von 1905 bis 1933 Syndikus der Berliner Handelskammer, wurde jedoch vor allem durch seine politischen Aktivitäten bekannt. Meyer war seit 1915 Abgeordneter im Preußischen Landtag und von 1919 bis 1921 Staatssekretär im Preußischen Innenministerium. Von Dezember 1924 bis Juli 1932 vertrat der linksliberale Politiker, der aus einer jüdischen Familie stammte und seit 1901 getauft war, die Deutsche Demokratische Partei (DDP) bzw. seit 1930 die Deutsche Staatspartei (DStP) im Reichstag. Als überzeugter Demokrat gab er sich keinen Illusionen über die Absichten der neuen Machthaber hin und floh bereits Ende März 1933 in die Schweiz.[52] Anfang Januar 1934 stand die Entscheidung an, eine Neuauflage seines Kommentars zum Börsengesetz zu drucken. Die Verlagskonferenz konstatierte lapidar: „Jetzt keine neue Auflage machen; zurücktreten (§ 17 VG)."[53] Mit dem linksliberalen ehemaligen Politiker aus jüdischer Familie mochte De Gruyter ein Jahr nach der nationalsozialistischen Machtübernahme keine Geschäftsbeziehungen mehr pflegen.

---

[51] Vgl. dazu ausführlich: *Königseder*, Recht und nationalsozialistische Herrschaft.

[52] http://www.deutsche-biographie.de/sfz62812.html [20.3.2014].

[53] Konferenz am 9. Januar 1934. Anwesend die Herren: Cram, Dr. Crisolli, Dr. Lüdtke, Hübler, Leuschner, Grethlein, Dr. Elster, Dr. Buchenau, Stabi Dep. 42,627.

Im November 1935 stand dieses Thema abermals auf der Tagesordnung. Meyer lebte weiterhin in Zürich und strebte entweder eine Neuauflage oder eine Abfindung an. Der Verlag verfügte noch über Vorräte des Kommentars und sah aktuell keine Notwendigkeit, die teils veralteten Kapitel überarbeiten zu lassen. Eine mögliche Abfindung an Meyer war vertraglich nicht vereinbart. Das Protokoll der Verlagskonferenz vom 12. November 1935 machte knapp, aber in aller Deutlichkeit die Intention klar: „Neue Auflage jetzt nicht akut, nähere Erwägung vertagen, Ausscheiden festlegen."[54] Der Verlag konnte sich ohne Schwierigkeiten von einem von den Nationalsozialisten als Juden stigmatisierten und politisch unerwünschten Autor trennen; wehren konnte sich der in die Schweiz geflüchtete Meyer gegen die Ausgrenzung nicht. Er emigrierte 1941 in die USA und starb 20 Jahre später in Kalifornien.[55]

In vielen Fällen tauchte das Problem auf, dass Kommentare jüdischer Juristen nicht einfach ersetzt werden konnten bzw. entschieden werden musste, ob die jüdischen Verfasser weiterhin im Titel genannt werden sollten. Hier ging es häufig um Standardwerke der juristischen Literatur, die oftmals seit Jahrzehnten eng mit den Namen jüdischer Juristen verknüpft waren. Am 8. August 1933 wurde etwa das weitere Vorgehen für den Kommentar zur „Wechselordnung" von Staub/Stranz verhandelt. 1929 war die 432 Seiten umfassende zwölfte Auflage des 1895 von dem jüdischen Juristen Hermann Staub begründeten „Kommentars zur Allgemeinen Deutschen Wechselordnung" erschienen. Seit dem Tode Staubs im Jahr 1904 bearbeiteten Josef und Moritz Stranz den Kommentar, der seit 1907 mit der fünften Auflage bei Guttentag verlegt wurde. Das Protokoll der Verlagskonferenz vom August 1933 hielt fest: „Neue Auflage machen? Mit Stranz allein? Oder wer könnte Mitarbeiter sein? Zusammenlegung mit Michaelis? Beschlossen: Entscheidung noch 14 Tage verschieben."[56] Die Verlagskonferenz vom 21. November 1933 beschloss dann, an der Herausgabe von Staub/Stranz, „Wechselgesetz aus der Feder von Stranz", festzuhalten.[57]

Staub war seit Jahrzehnten nicht zuletzt durch seinen bedeutenden Kommentar zum Handelsgesetzbuch (HGB) bei Guttentag bzw. De Gruyter unter Vertrag. Noch heute ziert sein Name als Begründer den aktuellen Großkommentar zum HGB. 1933 war die 14. Auflage des Kommentars erschienen. Die Umgestaltung des Rechts war zu diesem Zeitpunkt in vollem Gange. Eine Methode für die Zurückdrängung jüdischer Juristen, deren Wirken nach dem revolutionären Vorgehen der Nationalsozialisten im Frühjahr 1933 nicht endgültig hatte verboten

---

[54] Konferenz, 12. November 1935. Anwesend die Herren: Cram, Dr. Lüdtke, Hübler, Grethlein, Dr. Elster, Dr. Buchenau, Stabi Dep. 42,627.

[55] http://www.deutsche-biographie.de/sfz62812.html [20.3.2014].

[56] Konferenz, 8. August 1933. Anwesend die Herren: Cram, Dr. Crisolli, Dr. Lüdtke, Hübler, Leuschner, Grethlein, Dr. Elster, Dr. Buchenau, Stabi Dep. 42,461 (1).

[57] Konferenz, 21. November 1933. Anwesend die Herren: Cram, Dr. Crisolli, Dr. Lüdtke, Hübler, Leuschner, Grethlein, Dr. Elster, Dr. Buchenau, Stabi Dep. 42,461 (1).

werden können, wird im Falle der Auflage des HGB-Kommentars deutlich. So fragte *Der deutsche Referendar*, das Organ der Berufsgruppe Referendare des Bundes Nationalsozialistischer Deutscher Juristen, beim Verlag an, ob die jetzigen Bearbeiter „arischer Abstammung" seien. Andernfalls sehe man sich nicht in der Lage, eine Besprechung des Werkes vorzunehmen. Ins gleiche Horn hatte bereits die *Juristische Rundschau* gestoßen.[58] Der Kommentar sollte also totgeschwiegen werden, wenn De Gruyter nicht auf die Mitarbeit jüdischer Juristen verzichtete. Der drohende Schaden war dem Verlag bewusst, weshalb er sich bemühte, den „Kommentar als Ganzes als eine Arbeit von deutschem Geiste" darzustellen, „für die die arischen Mitarbeiter und der Verlag die Verantwortung in weitem Maße tragen".[59] Abteilungsleiter Elster teilte den neuen Schriftleitern mit, dass

die Mitarbeiter Reichsgerichtsrat Gadow, Reichsgerichtsrat Heinichen, Rechtsanwalt Dr. Walter Schmidt, Professor Eberhard Schmidt und der Verlag arisch sind. Von den anderen Mitarbeitern ist der als Aktienrechtler hochangesehene Justizrat Pinner gestorben und Herr Geheimrat Bondi wird wegen seines hohen Alters eine neue Auflage nicht mehr mit bearbeiten. Herr Rechtsanwalt Dr. Heinz Pinner aber ist als zweimal verwundeter Frontoffizier in seinem Amt geblieben, so dass auf ihn wohl der Schutz des § 18 der 3. Durchführungsverordnung zum Gesetz zur Wiederherstellung des Berufsbeamtentums zutrifft.[60]

Gleiches hatten Verlag und Mitarbeiter des Kommentars der Schriftleitung der *Juristischen Wochenschrift* mitgeteilt.[61] Der Verlag hatte erst am 23. März 1933 einen Vertrag mit den Rechtsanwälten Heinz Pinner und Walter Schmidt abgeschlossen, dass beide ab der 15. Auflage die Bearbeitung der bisher von Justizrat Albert Pinner bearbeiteten Teile des HGB-Kommentars übernehmen sollten.[62]

Im November 1938 entschied sich De Gruyter, die Neuauflage des HGB-Kommentars nicht mehr mit dem Namen Staub in Verbindung zu bringen. Lediglich in der Werbung „könnten wir vielleicht uns etwa so ausdrücken, dass das Werk die Lücke auszufüllen bestimmt sei, die durch den Wegfall von Staub's Kommentar sich ergeben hat".[63] Für die Vermarktung konnte der Name des promi-

---

[58] Der deutsche Referendar. Organ der Berufsgruppe Referendare des Bundes Nationalsozialistischer Deutscher Juristen, Gau Kammergerichtsbezirk Berlin, an den Verlag Walter de Gruyter, 14.9.1933, Stabi Dep. 42, K 432, M 1.

[59] Alexander Elster an die Schriftleitung der Zeitschrift „Der Deutsche Referendar", Reichsbund Deutscher Referendare, 20.9.1933, Stabi Dep. 42, K 432, M 1.

[60] Ebenda.

[61] Schreiben an die Schriftleitung der „Juristischen Wochenschrift", 22.8.1933, unterzeichnet von Gadow, Heinichen, Schmidt, Cram und Elster, Stabi Dep. 432, K 432, M 1.

[62] Vertrag vom 23.3.1933 in Stabi Dep. 42, K 432, M 1. Mit Pinner führte der Verlag 1937 eine längere Auseinandersetzung, wie mit seinen finanziellen Ansprüchen aus diesem Vertrag verfahren werden sollte. Vgl. dazu Stabi Dep. 42, K 432, gebundenes Buch.

[63] Alexander Elster an Reichsgerichtsrat Gadow, 7.11.1938, Stabi Dep. 42, K 432, gebundenes Buch.

nenten Kommentarbegründers also noch gute Dienste tun. Gleichzeitig war sich der Verlag aber offenbar nicht sicher, ob die Streichung Staubs als Anpassungsleistung ausreichte. Ende Juli 1939 wandte sich De Gruyter an Reichsgerichtsrat Gadow mit der Bitte, das Abkürzungs- und Schrifttumsverzeichnis für die Neuauflage durchzusehen und Streichungsvorschläge zu machen, weil man „starke Bedenken wegen der vielen Namen von jüdischen Autoren, deren Anführung heute wohl nicht mehr angängig ist", habe.[64]

Nun hatte man offenbar auch keine Bedenken mehr, den prominenten jüdischen Juristen als Begründer des Kommentars zu streichen: Die 15. Auflage erschien 1940–1943 ohne seinen Namen und „hrsg. von Mitgliedern des Reichsgerichts". 1937 hatte der Verlag mit den Senatspräsidenten Friedrich Flad und Wilhelm Kiesow sowie mit den Reichsgerichtsräten Eduard Heinichen und Otto Weipert einen Vertrag abgeschlossen, der sie für die Erläuterung des ersten und zweiten Buches des HGB mit Ausnahme des Aktienrechts verantwortlich machte und den bisherigen ersten Band des Staub-Kommentars ersetzen sollte. Das Aktiengesetz erläuterten die Reichsgerichtsräte Wilhelm Gadow, Eduard Heinichen und Otto Weipert sowie Rechtsanwalt und Notar Walter Schmidt und Prof. Dr. Eberhard Schmidt.[65]

Das Thema jüdische Begründer, Mitarbeiter und Autoren spielt in der Korrespondenz, die Kommentatoren und Verlag zwischen der 14. Auflage (1933) und der 15. Auflage (ab 1940) führten, immer wieder eine Rolle. Alle bewegte die Sorge, dass es dem Kommentar als „Mangel" angerechnet werden könnte, wenn „Ansichten oder Texte jüdischer Autoren" übernommen würden.[66] Der HGB-Kommentar sollte die „Kennmarke ‚Staub'" verlieren,[67] weil er „häufig unter die jüdischen Bücher gezählt und somit für die Benutzung, für die Zitierung und auch für die künftige Weiterführung abgelehnt wird".[68] Aus der Korrespondenz geht deutlich hervor, dass ökonomische Motive bei der Zurückdrängung des Namens Staub die entscheidende Rolle spielten. Der Verkauf lief schleppend und der Verlag saß noch auf einem Großteil der 14. Auflage von 1933, was man „vorwiegend" darauf zurückführte, dass „man in weiten Kreisen diesen Kommentar wegen seines alten und heute wegen der Persönlichkeit von Staub nicht mehr geschätzten Namens zu boykottieren versucht".[69]

---

[64] Schreiben an Gadow, 29.7.1939, Stabi Dep. 42, K 432, gebundenes Buch.

[65] Verträge in Stabi Dep. 42, K 432, gebundenes Buch.

[66] Alexander Elster an Reichsgerichtsrat Wilhelm Gadow, 29.1.1938, Stabi Dep. 42, K 432, gebundenes Buch.

[67] So Alexander Elster an die Reichsgerichtsräte Gadow und Heinichen, 13.1.1937, Stabi Dep. 42, K 432, gebundenes Buch.

[68] Alexander Elster an die Herren Reichsgerichtsräte Wilhelm Gadow und Eduard Heinichen, 19.10.1936, Stabi Dep. 42, K 432, gebundenes Buch.

[69] Herbert Cram und Alexander Elster an Reichsgerichtsrat Wilhelm Gadow, 1.4.1936, Stabi Dep. 42, K 432, gebundenes Buch.

Um den viele Jahre erfolgreichen HGB-Kommentar wieder besser zu positionieren, führten Cram und Elster seit 1935 auch Verhandlungen, um Staatssekretär Franz Schlegelberger als Projektleiter zu gewinnen,[70] die jedoch nicht erfolgreich verliefen, weil dieser seinen Kommentar zum Aktienrecht letztlich bei Vahlen publizierte. Der in anderen Fällen recht forsch auftretende Alexander Elster schrieb an den Staatssekretär in devotem Ton, um ihn für die Neubearbeitung des Aktienrechts zu begeistern:

> Wir würden uns glücklich schätzen, wenn Sie, hochgeehrter Herr Staatssekretär, geneigt wären und sich in der Lage sähen, die Bearbeitung des Aktienrechts im Staub'schen Kommentar zu übernehmen. Wir sind überzeugt, dass dadurch der alte Ruhm des Werkes neu gefestigt werden würde und dass der innere und äußere Erfolg ebenso groß wie bei den früheren Auflagen dieses Werkes sein würde.[71]

Er möge die Anfrage doch bitte „in wohlwollende Erwägung" ziehen.[72] Aber auch ohne Schlegelberger – und nun ohne Staub – gestaltete sich der Verkauf der von 1940 bis 1943 erscheinenden 15. Auflage erfreulich gut.[73] Allerdings hatte der Verlag in der Entstehungsphase auch darauf geachtet, dass möglichst viele Bezüge zu jüdischen Autoren gestrichen wurden, um zu vermeiden,

> dass irgendeine Besprechung der Fachpresse oder eine sonstige Äußerung, beispielsweise aus Konkurrentenkreisen, den Kommentar wegen der darin enthaltenen Zitate jüdischer Autoren angreift oder anschwärzt, so dass Autor und Verleger den Schaden tragen müssen.[74]

Mit „Rotstift" hatte Elster die jüdischen Autoren im Korrekturexemplar angestrichen.[75] Erst die dritte neu bearbeitete Auflage, die De Gruyter 1967–1982 verlegte, trug wieder den Namen des jüdischen Kommentarbegründers Staub im Titel.

Das gleiche Problem stellte sich im Falle von Albert Mosse. Im April 1936 stand eine Neuauflage des 1926 bereits in der 17. Auflage bei De Gruyter erschienenen Handelsgesetzbuches an. Albert Mosse, Bruder des berühmten Berliner Zeitungsverlegers, hatte den von Felix Litthauer begründeten Kommentar in der 13. Auflage (1905) neu bearbeitet und sich dabei hohe wissenschaftliche Meriten

---

70 Gesprächsnotiz von Alexander Elster über den Besuch bei Herrn Staatssekretär Dr. Schlegelberger am 31.3.1936. Teilnehmer die Herren Schlegelberger, Cram, Gebhard (von Vahlen) und Elster, 1.4.1936, Stabi Dep. 42, K 432, gebundenes Buch.

71 Alexander Elster an Staatssekretär Franz Schlegelberger, 22.11.1935, Stabi Dep. 42, K 432, gebundenes Buch.

72 Ebenda.

73 Georg Kissel an Reichsgerichtsrat Wilhelm Gadow, 16.4.1943, Stabi Dep. 42, K 433, gebundenes Buch.

74 Alexander Elster an Herrn Reichsgerichtsrat Wilhelm Gadow, 23.4.1941, Stabi Dep. 42, K 433, gebundenes Buch.

75 Alexander Elster an Herrn Reichsgerichtsrat Wilhelm Gadow, 13.2.1941, Stabi Dep. 42, K 433, gebundenes Buch.

erworben. Er war im Mai 1925 gestorben.[76] Als HGB-Kommentator folgte ihm Geheimrat Prof. Dr. Ernst Heymann nach.[77] Nun sollte wie bei Staub – und bei juristischen Kommentaren eigentlich völlig unüblich – der Name Mosse bei der Neuauflage, an der Heymann arbeitete, gestrichen werden.[78] Mosse tauchte tatsächlich in der nächsten Ausgabe im Jahr 1940 nicht mehr auf.

Der Fall des HGB-Kommentars steht hierfür nur exemplarisch; Gleiches ließe sich für die verschiedenen Bearbeitungsphasen in der Korrespondenz zu Staudingers BGB-Kommentar en detail nachzeichnen.[79] De Gruyter – wie auch die anderen juristischen Verlage – stand vor der Herausforderung, den weltanschaulichen Vorstellungen der nationalsozialistischen Machthaber Genüge tun zu müssen, ohne detaillierte Anweisungen erhalten zu haben. Im Zusammenhang mit dem BGB-Kommentar beklagte sich Arthur Sellier 1937 bei einem Autor, dass er sich seit 1933 um eine Klarlegung im Umgang mit jüdischen Autoren sowie Richtlinien für die Behandlung des „nichtarischen" juristischen Schrifttums bemühte, er aber „keinen greifbaren und endgültigen Bescheid erlangen" konnte. „Autoren und Verlegern wird es einfach zur Pflicht gemacht, ihre Werke von jüdischem Gedankengut freizuhalten und Neuauflagen bezw. Bearbeitungen von Werken nichtarischer Autoren zu unterlassen."[80] Im verlegerischen und schriftstellerischen Alltag gestaltete sich das jedoch reichlich diffizil. Was machte man z.B. mit Schrifttum, das einen jüdischen und einen nichtjüdischen Verfasser hatte? Zudem stand für viele Juristen der nicht unerhebliche Plagiatsvorwurf im Raum.

1928 war in der Guttentagschen Sammlung als Nr. 171 die „Seewasserstraßenordnung" von Dr. Julius Sebba (1882–1959) erschienen. Der Königsberger Rechtsanwalt war ein anerkannter Seerechtsexperte, der dem Verlag seit vielen Jahren als Kommentator des Seerechts verbunden war. Im Januar 1939 wandte sich Regierungsrat Kapitän Peter Wendling an den Verlag mit dem Angebot, einen Kommentar zur Seewasserstraßenordnung zu verfassen. Als Begründung führte er an, dass seines Wissens nach der Verfasser Julius Sebba „seit der Machtergreifung im Ausland weilt".[81] In der Tat war Sebba im Juli 1933 gemeinsam mit seiner Frau und Tochter nach Palästina emigriert.[82] Wendling argumentierte zudem, dass der Reichsverkehrsminister im Oktober 1933 eine völlig neue Seewasserstraßenordnung erlassen habe, weshalb der alte Kommentar „veraltet und wertlos" gewor-

---

[76] http://www.deutsche-biographie.de/sfz65778.html [26.3.2014].

[77] Korrespondenz zur Übernahme in Stabi Dep. 42, K 192, M 4.

[78] Alexander Elster an Geheimrat Prof. Dr. Ernst Heymann, 27.4.1936, Stabi Dep. 42 Gr, Ernst Heymann.

[79] Vgl. dazu Stabi Dep. 42, K 433,434.

[80] Arthur L. Sellier jun. an Prof. Dr. G. Boehmer, 21.4.1937, Stabi Dep. 42, K 433, gebundenes Buch.

[81] Kapt. Peter Wendling an den Verlag Walter de Gruyter, 24.1.1939, Stabi Dep. 42, 497.

[82] *Werner Röder/Herbert A. Strauss* (Hrsg.), Biographisches Handbuch der deutschsprachigen Emigration nach 1933–1945, Bd. 1, Berlin 1980, S. 683 f.

den sei.[83] Offenbar ohne große Bedenken, sondern eher zufrieden mit der Gelegenheit, informierte der Verlag Kapitän Wendling, dass er sein Buch in die Guttentagsche Sammlung Deutscher Reichsgesetze aufnehmen werde, „wo es an die Stelle des früher von Sebba bearbeiteten Buches treten soll".[84] Wendlings Erläuterung „Seewasserstraßenordnung. Polizeiverordnung zur Regelung des Verkehrs auf den deutschen Seewasserstraßen" erschien 1939 als dritte neubearbeitete Auflage und ersetzte Sebbas Schrift als Nr. 171 der Guttentagschen Sammlung. Der ursprüngliche Verfasser verschwand aus dem Titel. Wieder war ein jüdischer Jurist aus dem Verlagsprogramm entfernt worden.

Erwartungsgemäß wurden nicht nur jüdische Autoren vertrieben, sondern der Antisemitismus hielt auch Einzug in viele Publikationen. Auf den ersten Blick überrascht das in dem 1939 erschienenen und 558 Seiten starken Werk des Zivilrechtlers und Geheimen Justizrats Alfred Manigk „Das rechtswirksame Verhalten. Systematischer Aufbau und Behandlung der Rechtsakte des Bürgerlichen und Handelsrechts". Manigk, langjähriger Hochschullehrer und Universitätsrektor in Königsberg, Breslau und Marburg, galt keineswegs als Nationalsozialist, im Gegenteil: In Weimarer Zeiten war er Mitglied der fest auf dem Boden der demokratischen Republik stehenden Deutschen Demokratischen Partei gewesen und war 1934 in Marburg emeritiert worden, nachdem nationalsozialistisch gesinnte Studenten gegen ihn protestiert hatten.[85] Obwohl er den Nationalsozialisten ablehnend gegenüberstand, forderte Manigk bereits im Vorwort, dass beim „Neubau eines deutschvölkischen Privatrechts [...] keine rassefremden Bestandteile Verwendung finden" dürften. Deshalb musste „größtmögliche Sorgfalt auf die Klarstellung der Herkunft der zu behandelnden Rechtsinstitute, Rechtsgrundsätze und Rechtsgedanken gelegt werden". Gemeint war damit die „jüdische Rechtsauffassung". Bei Auslegung und Anwendung des BGB hätten sich Juden „als die geborenen Erklärungstheoretiker" erwiesen. Sie sähen „nur auf die äußere Zweckhaftigkeit des Rechts" und ließen dabei das „Rechtsbewußtsein des Handelnden" außen vor. „Vorweg" benannte Manigk deshalb „die manchen bis heute anscheinend unsichtbar gebliebene Front des jüdischen Schrifttums in den Kernpunkten des Problems". Die jüdischen Autoren Schloßmann („Der Vertrag", 1876), Dernburg („Bürgerliches Recht", 1902), Isay, Lenel, Ehrlich („stillschweigende Willenserklärung", 1893), Leonhard, Martin Wolff, Gnaeus Flavius-H.U. Kantorowicz (1914), Nußbaum, Kelsen (1911) hätten „unverkennbar im Sinne der altjüdischen Quellen gewirkt".[86] Einer Untersuchung Maja Bleck-

---

83 Kapt. Peter Wendling an den Verlag Walter de Gruyter, 24.1.1939, Stabi Dep. 42, 497.

84 Dr. Alexander Elster an Regierungsrat Kapt. Peter Wendling, 1.2.1939, Stabi Dep. 42,497.

85 http://www.deutsche-biographie.de/sfz57733.html [26.3.2014].

86 *Alfred Manigk*, Das rechtswirksame Verhalten. Systematischer Aufbau und Behandlung der Rechtsakte des Bürgerlichen und Handelsrechts, Berlin 1939, S. V ff.

manns zufolge habe sich Manigk jedoch das nationalsozialistische Gedankengut nur „vordergründig" zu eigen gemacht. Vielmehr habe er versucht, auch nach 1933 seine Themen Aufrechterhaltung der Privatautonomie und des römischen Rechts zu verteidigen. Den Antisemitismus der Nationalsozialisten habe er nur „plakativ" übernommen und sich in diesem Werk weiterhin mit jüdischen Autoren wissenschaftlich auseinandergesetzt. Die oben zitierten Formulierungen aus dem Vorwort seien „hauptsächlich dazu gedacht [gewesen], das Werk durch die Zensur zu bringen".[87]

„Neuen", dem Zeitgeist angepassten Themen gegenüber zeigte sich der Verlag im juristischen Bereich aufgeschlossen. Am 11. April 1933 stellte Alexander Elster eine Schrift des Berliner Rechtsanwalts Ludwig Flügge vor zum Thema „Erbbiologisches Denken in Justiz und Verwaltung". Der Autor war ein Experte für „Rassenhygiene" und hatte seit Beginn der 1920er-Jahre zu diesem Thema publiziert.[88] Die Verlagskonferenz beschloss, darüber zu „verhandeln" und „insbesondere auf wissenschaftliche Haltbarkeit der Ausführungen" zu achten.[89] Offenbar entsprach die 58-seitige Schrift den Vorstellungen der Geschäftsleitung, oder – wahrscheinlicher – man ließ sich von der Aufbruchsstimmung im Frühjahr 1933 mitreißen. Jedenfalls stimmte die Verlagskonferenz am 20. Juni einer Auflage von 1500 Stück zu.[90] Die an anderer Stelle stets bemühten Qualitätskriterien scheinen in diesem Fall zweitrangig gewesen zu sein. Flügges „Erbbiologischem Denken in Justiz und Verwaltung" zufolge war es wichtig, „daß erbbiologisches Denken überhaupt alle Zweige der öffentlichen Verwaltung durchdringt".[91] Sein ideologisch gefärbtes Schwadronieren über die „Bedeutung der Erbmasse und der Umwelt" mit der Schlussfolgerung, dass seit dem Anwachsen der NSDAP – also wegen des veränderten „Lebensklimas" – die Geburtenrate der Berliner Juden fast um die Hälfte gesunken sei, oder über „erbbiologische Gesichtspunkte bei Verteilung von Ämtern und Arbeitsposten" lassen die Frage offen, was den Verlag zum Druck derartiger Pamphlete motiviert hat.[92]

---

[87] *Maja Bleckmann*, Barrieren gegen den Unrechtsstaat? Kontinuitäten und Brüche in den rechtsphilosophischen Lehren Alfred Manigks, Gustav Radbruchs und Felix Holldacks angesichts des Nationalsozialismus, Baden-Baden 2004, S. 92.

[88] *Ludwig Flügge*, Die rassenbiologische Bedeutung des sozialen Aufsteigens und das Problem der immunisierten Familien, Göttingen 1920; *Ludwig Flügge*, Rassenhygiene und Sexualethik, Berlin 1924.

[89] Konferenz, 11. April 1933. Anwesend die Herren: Cram, Dr. Crisolli, Dr. Lüdtke, Hübler, Leuschner, Grethlein, Dr. Elster, Dr. Buchenau, Stabi Dep. 42,461 (1).

[90] Konferenz, 20. Juni 1933. Anwesend die Herren: Cram, Dr. Crisolli, Dr. Lüdtke, Leuschner, Grethlein, Dr. Elster, Dr. Buchenau, Stabi Dep. 42,461 (1). Die Schrift erschien 1933.

[91] *Ludwig Flügge*, Erbbiologisches Denken in Justiz und Verwaltung, Berlin/Leipzig 1933, S. 12.

[92] Ebenda, S. 55.

Weitere Beispiele für den Druck solcher Heftchen, die häufig auf Vorträgen basierten, ließen sich anführen. Eine Schrift „Nationaler Gemeinschaftsstaat. Volksrecht und Volksrechtsprechung" aus dem Jahr 1934 endet z.B.:

Rechtsschöpfung und Rechtsprechung im Dritten Reiche haben mithin eigenes Gepräge. Wir kehren auch im Rechtsleben zurück zu der großen Unterscheidung der Menschen, zu der Unterscheidung nach Rassen, berücksichtigen Artverwandtes und scheiden Artfremdes aus. Wir kehren ferner zurück zu den großen Urkräften der deutschen Seele, zu den durch die Rasse bestimmten Urgefühlen unseres Menschentums. Und zu diesen großen Urgefühlen und Urkräften gehört, zwar vielfach verzweigt, oft verborgen und verschüttet, aber doch noch zu leuchtender Gestalt zu erheben, das Rechtsgewissen unseres Volkes. Recht, das aus ihm fließt, muß Volksrecht, Rechtsprechung, die es anwendet, muß Volksrechtsprechung heißen. Damit wird zugleich ein höchstes Ideal für den Gesetzgeber wie für den Richter gesetzt.[93]

Was sich die Verantwortlichen in der juristischen Abteilung, die bislang mit demokratisch verabschiedeten Gesetzen sowie seriösen juristischen Kommentaren und Schriften zu tun hatten, bei der Lektüre wohl dachten? War das der Kompromiss, den man meinte eingehen zu müssen, um weiterhin als juristischer Verlag im Spiel zu bleiben?

b) Profiteur der NS-Gesetzgebung und der deutschen Expansion

Keine Hemmungen bestanden, an der Veröffentlichung und Kommentierung von Gesetzen Geld zu verdienen, die wider bisheriges Rechtsverständnis Unrecht in Gesetzestext gossen. Keinerlei kritisches Hinterfragen ist aktenkundig geworden. Oskar Georg Fischbachs[94] Erläuterung zum „Reichsgesetz zur Wiederherstellung des Berufsbeamtentums vom 7. April 1933" wurde ohne erkennbare Diskussion in einer Auflage von 2000 Stück gedruckt.[95] Die Kosten für den Verlag beliefen sich auf 2360,– RM, bei einem Verkauf von 1314 Exemplaren (à 3,– Mark) war die Kostendeckung gewährleistet – so die nüchterne wirtschaftliche Kalkulation für ein Gesetz, bei dem keinem im Verlag Verantwortlichen verborgen geblieben sein konnte, welch verheerende Auswirkungen es mit seinen Regelungen zur möglichen Entlassung von Beamten „nicht arischer Abstammung" für zahlreiche langjährige De-Gruyter-Autoren hatte.[96] Gustav Wage-

[93] *Günther Küchenhoff*, Nationaler Gemeinschaftsstaat. Volksrecht und Volksrechtsprechung, Berlin/Leipzig 1934, S. 46.

[94] Oskar Georg Fischbach war von der Weimarer Republik bis Mitte der 1960er-Jahre Kommentator des Beamtenrechts. Er veröffentlichte seit 1907 im Trübner Verlag und war bis Kriegsende Autor bei De Gruyter. Seit 1951 publizierte er im Heymann Verlag.

[95] *Oskar Georg Fischbach*, Das Reichsgesetz zur Wiederherstellung des Berufsbeamtentums (Gesetz zur Wiederherstellung des Berufsbeamtentums) vom 7. April in der Fassung des Reichsgesetzes vom 23. Juni 1933 nebst allen Durchführungsverordnungen, Berlin (de Gruyter) 1933.

[96] Konferenz, 8. August 1933. Anwesend die Herren: Cram, Dr. Crisolli, Dr. Lüdtke,

manns „Bäuerliches Erbhofrecht" vom Mai 1933 erschien in einer Auflage von 3000 Stück.[97] Beide Texte wurden in die Guttentagsche Sammlung eingereiht. Welch neuer Geist damit bereits im Jahr 1933 in die traditionsreiche Reihe Einzug hielt, zeigt das Geleitwort des preußischen Justizministers Hanns Kerrl zu dem Wagemann-Bändchen:

> Die Besinnung auf den gesunden Menschenverstand – der Nationalsozialismus – hat gesiegt. Das deutsche Volk ist erwacht und weiß: das Vaterland hat ihm das Heiligste zu sein. Das Vaterland, die Mutter Erde, von der die Möglichkeit der Volkwerdung abhängt, darf nicht zu Ware herabgewürdigt werden. Dem Bauer ist sie anvertraut, zu treuen Händen, damit er in saurer Arbeit das Brot schafft für die Nation. Der Bauer ist die Grundlage, der Urstand der Nation. Von Geschlecht zu Geschlecht hat er gesichert seine Arbeit auszuüben, verwachsen und verwurzelt muß er mit dem Boden sein. Boden und Blut muß zu unlöslicher Verbundenheit verschmolzen sein.[98]

Auch das „Reichserbhofgesetz" vom 29. September 1933 nebst Durchführungsverordnungen, erläutert von Gustav Wagemann, Präsident des Landeserbhofgerichts in Celle und Preußischer Staatsrat, und Dr. Karl Hopp, Erbhofgerichtsrat und Oberlandesgerichtsrat, Sachbearbeiter im Preußischen Justizministerium, erschien bei Walter de Gruyter. Wiederum hatte der preußische Justizminister und radikale Nationalsozialist Kerrl ein Geleitwort verfasst; Staatssekretär Roland Freisler hatte ebenfalls einen Artikel beigesteuert.[99] Karl Hopp veröffentlichte ein Jahr später bei Walter de Gruyter „Der Geschäftsgang in Erbhofsachen. Ein Handbuch für die anerbenrechtliche Praxis mit aktenmäßig durchgeführten Beispielfällen nebst einem Abdruck der wesentlichen Verwaltungsvorschriften des Reichs und der Länder".

An vielen Stellen wird deutlich, dass man die rechtspolitische Entwicklung völlig unpolitisch und unkritisch nicht nur zur Kenntnis nahm, sondern davon zu profitieren gedachte. Der Verlag wollte nicht lediglich seine traditionsreichen Projekte fortführen, sondern trat als Akteur auf. Am 10. Mai 1933 fragte Alexander Elster z.B. bei Geheimrat Prof. Dr. Ernst Heymann nach, ob er bereit wäre, das neue Hochschul- und Studentenrecht im Rahmen der Guttentagschen

---

Hübler, Leuschner, Grethlein, Dr. Elster, Dr. Buchenau, Stabi Dep. 42,461 (1). Auch der Verlag C.H.Beck veröffentlichte das Gesetz 1933 „mit Erläuterungen und Sachverzeichnis von Albert Gorter, Ministerialrat im bayer. Staatsministerium der Finanzen". Uwe Wesel kommentierte: „Es ist eine der vielen Textausgaben mit Erläuterungen im roten Leineneinband, die das Markenzeichen des Verlags geworden waren und noch lange blieben." *Wesel*, 250 Jahre rechtswissenschaftlicher Verlag C.H.Beck, S. 111.

97 Konferenz, 5. September 1933. Anwesend die Herren: Cram, Dr. Crisolli, Dr. Lüdtke, Hübler, Grethlein, Dr. Elster, Dr. Buchenau, Stabi Dep. 42,461 (1).

98 *Gustav Wagemann*, Bäuerliches Erbhofrecht vom 15. Mai 1933 nebst Ausführungsverordnung. Textausgabe mit Anmerkungen und Sachregister, Berlin/Leipzig 1933, S. VI f.

99 *Gustav Wagemann/Karl Hopp*, Reichserbhofgesetz vom 29. September 1933 nebst Durchführungsverordnung, Berlin 1933.

Sammlung zu erläutern.[100] Heymann war dem Verlag seit langer Zeit als Kommentator des HGB verbunden, lehnte das Angebot aber ab.[101]

In den gleichen Zusammenhang fällt die Entscheidung der Verlagskonferenz vom 22. August 1933, dass Amts- und Landgerichtsrat Dr. Theodor Rohlfing und der Berliner Rechtsanwalt und Vorsitzende des Deutschen Anwaltvereins Hermann Voß eine „systematische Darstellung" über „das gesetzgeberische Aufbauwerk der n.s.Regierung" herausgeben sollten.[102] Dieses Projekt wurde zwar nicht realisiert, macht aber die Intention, von der Neugestaltung des Rechts maßgeblich profitieren zu wollen, sehr deutlich. Hermann Voß hatte im Frühjahr 1933 eine maßgebliche Rolle bei der „Gleichschaltung" des Deutschen Anwaltvereins gespielt und war dabei durch seinen vehementen Antisemitismus aufgefallen.[103]

Im März 1935 beschloss die Verlagskonferenz, 3000 Stück der neuen Rechtsanwaltsordnung von Reinhard Neubert in der Sammlung Guttentag zu drucken.[104] Bereits ein Jahr später war sie nach der Verabschiedung des „Zweiten Gesetzes zur Änderung der Rechtsanwaltsordnung" vom 13. Dezember 1935 veraltet. Dieses Gesetz diente als Grundlage der neuen „Reichs-Rechtsanwaltsordnung" vom 21. Februar 1936, mit der die freie Advokatur endgültig zu Grabe getragen wurde.[105] Der Verlag dachte über eine neue Auflage nach und schätzte den Zeitpunkt im April 1936 als „geeignet eilig" ein. 760 Stück der alten Auflage waren abgesetzt worden, 1100 waren in Kommission.[106] Tatsächlich erschien bei De Gruyter jedoch zunächst keine weitere Reichs-Rechtsanwaltsordnung. Mit der Übernahme von Stilkes Rechtsbibliothek und des J. Schweitzer Verlages hatte man dann aber gleich zwei Ausgaben im Programm. Stilke hatte die Reichs-Rechtsanwaltsordnung mit der Erläuterung von Günther Vollmer 1936 verlegt, Schweitzer in der Herausgeberschaft von Rudolf Pohle im Jahr 1937.

Auch die „Nürnberger Gesetze", die am 15. September 1935 auf dem „Reichsparteitag der Freiheit" verabschiedet worden waren, sollten nach Erlass der Ausführungsbestimmungen als Textausgabe ohne Anmerkungen gedruckt werden.[107] Dazu kam es aber nicht, was zeigt, wie umkämpft der Markt für juristische Literatur war. Die „Nürnberger Gesetze" erschienen in den Verlagen Reclam

[100] Alexander Elster an Geheimrat Prof. Dr. Ernst Heymann, 10.5.1933, Stabi Dep. 42 Gr, Ernst Heymann.

[101] Anruf des Herrn Geheimrat Professor Dr. Ernst Heymann, Berlin am 19. Mai 1933. Notiz von Alexander Elster, 20.5.1933, Stabi Dep. 42 Gr, Ernst Heymann.

[102] Konferenz, 22. August 1933. Anwesend die Herren: Cram, Dr. Crisolli, Dr. Lüdtke, Hübler, Grethlein, Dr. Elster, Dr. Buchenau, Stabi Dep. 42,461 (1).

[103] Vgl. *Königseder*, Recht und nationalsozialistische Herrschaft, S. 80 f., 83 f.

[104] Konferenz, 5. März 1935. Anwesend die Herren: Cram, Dr. Crisolli, Dr. Lüdtke, Hübler, Grethlein, Dr. Elster, Dr. Buchenau, Stabi Dep. 42,627.

[105] Vgl. *Königseder*, Recht und nationalsozialistische Herrschaft, S. 97–105.

[106] Konferenz, 7. April 1936. Anwesend die Herren: Cram, Dr. Lüdtke, Hübler, Grethlein, Dr. Elster, Stabi Dep. 42,627.

[107] Konferenz, 5. November 1935. Anwesend die Herren: Cram, Dr. Lüdtke, Hübler, Grethlein, Dr. Elster, Dr. Buchenau, Stabi Dep. 42,627.

und Vahlen. Den bekanntesten Kommentar von Wilhelm Stuckart, Staatssekretär im Reichsinnenministerium, und Hans Globke, Oberregierungsrat und nach dem Krieg Staatssekretär unter Bundeskanzler Konrad Adenauer, publizierte der Verlag C.H.Beck, aber acht weitere Verlage mochten ebenfalls nicht hintanstehen, als es um die Kommentierung des „Reichsbürgergesetzes“ ging, das Juden von Reichsbürgern zu Staatsangehörigen mit minderen Rechten degradierte und definierte, wer als „Voll-“, „Halb-“ oder „Vierteljude zu gelten hatte, sowie um die Kommentierung des „Blutschutzgesetzes“, das die Beziehung von Juden und Nichtjuden als „Rassenschande“ sanktionierte.[108] Für De Gruyter verfasste Richard Lange den Kommentar zum „Gesetz zum Schutze des deutschen Blutes und der deutschen Ehre“; er erschien in dem von Eduard Kohlrausch und ihm herausgegebenen „Strafgesetzbuch“.[109]

1938 publizierte der Verlag das „Handbuch des Beamtenrechts“ unter der Herausgeberschaft von Wilhelm Stuckart, Staatssekretär im Reichsinnenministerium und Kommentator der „Nürnberger Gesetze“, und Horst Hoffmann, Regierungsrat im Propagandaministerium. Und wie eine Agitationsschrift aus letztgenanntem Ministerium mutet auch die Einführung der äußerlich als seriös erscheinenden Publikation an:

> Da das Dritte Reich der Staat der nationalsozialistischen Bewegung ist, ist es klar, daß die Weltanschauung, die politischen Ideen, Auffassungen und Beweggründe der NSDAP unmittelbaren Eingang in das Beamtenrecht gefunden und dort rechtsverbindliche Gestalt gewonnen haben. Politik, Weltanschauung und Recht berühren sich hier aufs innigste.[110]

Der Beamte sollte nun „nicht nur Diener am Staate und am Volk“, sondern „Diener an der nationalsozialistischen Idee“ und „vom nationalsozialistischen Geist durchdrungen“ sein. Ein erster Schritt auf dem Weg für ein „den veränderten Zeitverhältnissen entsprechendes Beamtengesetz“ sei das „Gesetz zur Wiederherstellung des Berufsbeamtengesetzes vom 7. April 1933“ gewesen.[111]

Auch „Das Recht der Reichskulturkammer“, bearbeitet und herausgegeben von Dr. Karl-Friedrich Schrieber, Rechtsanwalt in Berlin,[112] Dr. Alfred Metten, Oberstaatsanwalt im Reichsjustizministerium, und Dr. Herbert Collatz, Oberregierungsrat im Reichsministerium für Volksaufklärung und Propaganda, erschien in der Guttentagschen Sammlung Deutscher Reichsgesetze. 1943 wurde „Das Recht der Reichskulturkammer“ in zwei umfangreichen Bänden „in neuer vervollkommneter Gestalt“ – wie es der Ministerialdirektor im Reichsministerium für Volksaufklärung und Propaganda und Generalsekretär der Reichskul-

---

[108] *Rebenich*, C.H.Beck 1763–2013, S. 392 ff.

[109] Vgl. zu den verschiedenen Kommentaren *Wesel*, 250 Jahre rechtswissenschaftlicher Verlag C.H.Beck, S. 162 f.

[110] Handbuch des Beamtenrechts, Berlin/Leipzig 1938, Einführung, S. 1 ff.

[111] Ebenda.

[112] Rechtsanwalt Schrieber hatte Herbert Cram und Fritz Homeyer im Verfahren vor dem Gau-Ehrenrat in Sachen Buchhandlung Collignon vertreten. Vgl. dazu S. 86–90.

turkammer Hans Hinkel in seinem Vorwort formulierte – verlegt. Selbstverständlich waren darin z.B. die Anordnung Hinkels zur Gründung des „Reichsverbands jüdischer Kulturbünde" vom 6. August 1935 oder die „Anordnung des Präsidenten der Reichskulturkammer über die Teilnahme von Juden an Darbietungen der deutschen Kultur" vom 12. November 1938, die jüdischen Deutschen den Zugang zu kulturellen Veranstaltungen jedweder Art untersagte, enthalten:

> Nachdem der nationalsozialistische Staat es den Juden bereits seit über fünf Jahren ermöglicht hat, innerhalb besonderer jüdischer Organisationen ein eigenes Kulturleben zu schaffen und zu pflegen, ist es nicht mehr anbietig, sie an Darbietungen der deutschen Kultur teilnehmen zu lassen. Den Juden ist daher der Zutritt zu solchen Veranstaltungen, insonderheit zu Theatern, Lichtspielunternehmen, Konzerten, Vorträgen, artistischen Unternehmen (Varietés, Kabarette, Zirkusveranstaltungen usw.), Tanzvorführungen und Ausstellungen kultureller Art, mit sofortiger Wirkung nicht mehr zu gestatten.[113]

Der Ausgrenzungsprozess jüdischer Deutscher aus dem kulturellen Leben einschließlich des Verlagswesens ist darin deutlich dokumentiert.[114]

Auch im juristischen Bereich profitierte der Verlag vom Krieg und der Erweiterung des Geltungsbereichs des deutschen Rechts, also von der Eroberung fremder Gebiete. 1940 erschien z.B. „Die Neuordnung des Rechts in den Ostgebieten. Sammlung der Reichsgesetze, der Verordnungen der Militärbefehlshaber, der Reichsstatthalter Danzig-Westpreußen und Wartheland, des Generalgouverneurs für das Gouvernement Polen mit kurzen Anmerkungen", dem zahlreiche Nachträge in den nächsten Jahren folgten.[115] Dr. Max Lorenz, Oberlandesgerichtsrat am Deutschen Oberlandesgericht in Prag, und Dr. Erich Schinnerer, Dozent an der Universität Berlin, beauftragt mit der Vertretung des strafrechtlichen Lehrstuhls an der Deutschen Karls-Universität in Prag, gaben 1940 „Das deutsche Strafrecht im Reichsgau Sudetenland und im Protektorat Böhmen und Mähren" heraus. Das Buch erschien in Prag und Berlin in Kooperation der Verlage J.G. Calve'sche Universitätsbuchhandlung Robert Lerche und Walter de Gruyter & Co. 1941 folgte – wiederum in Prag und Berlin – ein Ergänzungsband.

Noch Mitte 1943 erschien im J. Schweitzer Verlag eine zweite, völlig neu bearbeitete Auflage einer Sammlung der im Deutschen Reich samt den rückgegliederten Gebieten geltenden Vorschriften zu „Familienunterhalt bei Einberufung", bearbeitet von Oberregierungsrat Dr. Heß beim Reichsstatthalter in Polen. Bemerkenswert ist weniger das Gesetz als das Vorwort zur ersten Auflage am 1. Dezember 1939, das drei Monate nach dem Angriff auf Polen in grotesker

[113] Das Recht der Reichskulturkammer, bearb. und hrsg. von *Dr. Karl-Friedrich Schrieber, Dr. Alfred Metten* und *Dr. Herbert Collatz*, Berlin 1943.

[114] Ebenda.

[115] Die Neuordnung des Rechts in den Ostgebieten, hrsg. und bearbeitet von *Dr. Theodor Rohlfing* und *Rudolf Schraut*, Berlin 1940. 1942 erschien z.B. der Vierte Nachtrag.

Verzerrung der tatsächlichen Politik die Deutschen zu heroischen Verteidigern ihres Vaterlandes stilisierte:

> Der dem Deutschen Reich aufgezwungene Krieg hat ähnlich wie der große Krieg 1914/18 Millionen deutscher Männer [...] unter die Waffen gerufen. [...] Das Reich unter seiner nationalsozialistischen Führung hat es als Ehrenpflicht erachtet, diesen um die Freiheit der Nation ringenden Männern und Frauen die Sorge um ihre Angehörigen daheim abzunehmen.[116]

Das Recht des Familienunterhalts sei „zu einer segensreichen Einrichtung der Reichsverteidigung ausgestaltet worden".[117]

c) Fortsetzung verlegerischer Traditionen?

In vielen Fällen setzte De Gruyter verlegerische Traditionen fort. So hatte der Verlag die „Entscheidungen des Reichsgerichts in Zivilsachen" bereits seit 1880 herausgegeben und kündigte die Zusammenarbeit nach der NS-Machtübernahme nicht auf. De Gruyter kann weder für die Entscheidungen des Reichsgerichts noch für die Themen, mit denen sich das Hohe Gericht zu beschäftigen hatte, verantwortlich gemacht werden. Aus heutiger Perspektive befremdet das schlichte „Weiter so", mit dem De Gruyter sich bemühte, im juristischen Bereich im Geschäft zu bleiben, dennoch. Mit welchen Themen sich das höchste deutsche Zivilgericht im Jahr 1934 unter anderem beschäftigte, zeigt der 145. Band der „Entscheidungen" aus dem Jahr 1935. An erster Stelle veröffentlichte er das Urteil des IV. Zivilsenats vom 12. Juli 1934 zur Frage „Unter welchen Voraussetzungen kann eine arisch-jüdische Mischehe wegen Irrtums über die Rassenverschiedenheit angefochten werden?" Die Parteien hatten am 9. August 1930 geheiratet, der Kläger war evangelisch, die Beklagte Jüdin, die vor der Eheschließung zum evangelischen Glauben übergetreten war. Offenbar beabsichtigte der Kläger, sich die nationalsozialistische Rassengesetzgebung zunutze zu machen. Er hatte bereits 1931 versucht, sich scheiden zu lassen, und als Grund die „starke hysterische Veranlagung" seiner Frau angegeben. Außerdem sei er durch die Androhung von Selbstmord von seiner jetzigen Gattin zur Eheschließung gedrängt worden. Diese Klage hatte das Landgericht Heidelberg am 28. Oktober 1931 abgewiesen, das Oberlandesgericht Karlsruhe ihr jedoch stattgegeben. Mit der Klage vor dem Reichsgericht warf der Ehemann ein neues Argument in das Gefecht. Er habe „sich über eine persönliche Eigenschaft der Beklagten insofern im Irrtum befunden [...], als er die Bedeutung der Rassenverschiedenheit nicht

---

[116] Familienunterhalt bei Einberufung. Sammlung der im Deutschen Reich samt den rückgegliederten Gebieten geltenden Vorschriften. Textausgabe, bearbeitet von Oberregierungsrat *Dr. Heß* beim Reichsstatthalter in Polen, Berlin/München 1943.

[117] Ebenda.

erkannt habe".[118] Dieser Argumentation wollte sich das Reichsgericht nicht anschließen und stellte das erste Urteil des Landgerichts Heidelberg wieder her. Zwar könne der Kläger durchaus seine Ehe anfechten,

> wenn er sich bei der Eheschließung über solche persönliche Eigenschaften der Beklagten geirrt hat, die ihn bei Kenntnis der Sachlage und bei verständiger Würdigung des Wesens der Ehe von der Eingehung der Ehe abgehalten haben würden. Wegen der besonderen Eigentümlichkeiten der verschiedenen Rassen erscheint die Zugehörigkeit zu einer Rasse, insbesondere zur jüdischen Rasse, nach der natürlichen Lebensauffassung als wesentlicher Bestandteil der Persönlichkeit eines Menschen und damit als persönliche Eigenschaft im Sinne der angegebenen Gesetzesvorschrift. Unter Eheleuten erhält die Rassenverschiedenheit besondere Bedeutung dadurch, daß die Rasseeigentümlichkeiten sich auch auf die Nachkommen vererben können. Hat also ein arischer Ehegatte bei der Eheschließung nicht gewußt, daß der andere der jüdischen Rasse angehört, so hat er sich in einem Irrtum über eine persönliche Eigenschaft des anderen befunden, der ihn beim Vorliegen der sonstigen Voraussetzungen des § 1333 zur Anfechtung der Ehe berechtigt.[119]

Diese Situation sah das Reichsgericht jedoch nicht gegeben, weil der Kläger von der jüdischen Abstammung seiner späteren Ehefrau Kenntnis gehabt habe.[120]

Für den Verlag war die Fortführung verlegerischer Tradition in solchen Fällen ein risikoarmes und vor allem relativ komplikationsloses Geschäft, bei dem weit weniger Mühen in Sachen Papierbewilligung und Auflagen der Zensurinstanzen aufgewendet werden mussten als für andere Projekte. Noch 1943 ist der Korrespondenz mit Reichsgerichtsräten zu entnehmen, dass der Verlag diesem Werk besondere Sorgfalt angedeihen ließ, um keinen Bruch zu riskieren.[121]

Allerdings blieben auch solche Unternehmungen nicht von den Kriegsauswirkungen verschont. Im November 1942 informierte der Verlag, dass es „infolge der Kriegsverhältnisse" nicht mehr möglich sei, die Entscheidungen des Reichsgerichts in Zivil- und Strafsachen sowie des Reichsarbeitsgerichts in der bisherigen Halbleinenausstattung zu liefern, sondern dass sie ab jetzt in Ganzpappe erscheinen sollten. Das galt auch für die Einbanddecken, die jedoch „nach dem Kriege [...] auf Wunsch [...] in der alten friedensmäßigen Ausstattung" nachgeliefert werden sollten.[122] Nach den Vorstellungen des Verlages ging das Erscheinen der Entscheidungen zu schleppend; man befürchtete, deshalb gegenüber

---

118 Entscheidungen des Reichsgerichts in Zivilsachen, 145. Band, Berlin/Leipzig 1935, S. 1–8.

119 Ebenda.

120 Ebenda.

121 Z.B. Schreiben von Reichsgerichtsrat Dr. Schack an den Verlag Walter de Gruyter, 29.5.1943, in dem er „für die außerordentlich entgegenkommende Sorgfalt und liebenswürdige Unterstützung meiner Arbeit [...] Anerkennung und herzlichen Dank" aussprach. Stabi Dep. 42, K 360, M 1.

122 Informationsblatt des Verlages Walter de Gruyter „Zur gefälligen Beachtung", November 1942, Stabi Dep. 42, K 360, M 1.

dem *Deutschen Recht* ins Hintertreffen zu geraten und drängte immer wieder, Wege zu suchen, die ein schnelleres Erscheinen spätestens sechs Wochen nach dem Urteilsspruch möglich machten.[123]

Auch die Neuauflagen etwa des Bürgerlichen Gesetzbuches (BGB) oder von Großkommentaren waren einerseits die Fortsetzung einer langjährigen Verlegerpraxis, andererseits hatte sich der Charakter dieser Schriften den neuen Zeiten unübersehbar angepasst. „Das Bürgerliche Gesetzbuch mit besonderer Berücksichtigung der Rechtsprechung des Reichsgerichts" erschien erstmals bei Guttentag im Jahr 1913 und gehört noch heute zum Verlagsprogramm von De Gruyter. Das Vorwort zur achten, „wesentlich umgearbeiteten" Auflage von 1934 beginnt sehr staatskonform:

> Das Streben nach Neugestaltung unseres Rechtes, das jetzt das gesamte Volk durchzieht, stellte die Bearbeiter der neuen Auflage des Kommentars besonders eindrucksvoll vor die Aufgabe, das Eigene und Wesentliche des Deutschtums auch im Bürgerlichen Gesetzbuch zu erkennen und für die Rechtsprechung klarzulegen.[124]

Der „Gemeinschaftsgedanke" würde „wieder mehr und mehr auch das Privatrecht" erobern.[125] Noch deutlicher wurde die Umgestaltung des Rechtswesens unter Aufgabe aller rechtsstaatlichen Prinzipien in der neunten Auflage aus dem Jahr 1939. Nun hieß es im Vorwort zur Begründung der „völlig umgearbeiteten" Auflage:

> Vor allem aber war es notwendig, die zahlreichen neuen Gesetze in die Erläuterungen des BGB einzuarbeiten und dessen Vorschriften mit dem neuen nationalsozialistischen Rechtsdenken in Einklang zu bringen, wie dies schon für die achte Auflage versucht wurde. Dabei zeigte es sich, daß dies in großem Umfange geschehen konnte, namentlich unter Benutzung der Analogie und Ergänzung von Lücken, die gerade auf dem Gebiete des bürgerlichen Rechts den Richter zum Gehilfen des Gesetzgebers machen. So sind die Erläuterungen zu allen Abschnitten des BGB nach dem neuen Rechtsdenken geprüft worden und es liegt eine völlig umgearbeitete Auflage vor. Die Geistesrichtung mag aus der Einleitung erkannt werden.[126]

Unter anderem wurde die „Zweite Verordnung zur Durchführung des Gesetzes über die Änderung von Familiennamen und Vornamen" vom 17. August 1938 kommentiert, die Juden mit dem Zwangsvornamen Sara bzw. Israel belegte, sofern sie nicht bereits einen vom Reichsinnenminister als „jüdisch" definierten Vornamen trugen.[127]

---

[123] Z.B. Schreiben an Reichsgerichtsrat Dr. Günther, 13.10.1942, Stabi Dep. 42, K 360, M 1.

[124] Das Bürgerliche Gesetzbuch mit besonderer Berücksichtigung der Rechtsprechung des Reichsgerichts, 8. Aufl., Berlin/Leipzig 1934, S. III.

[125] Ebenda.

[126] Das Bürgerliche Gesetzbuch mit besonderer Berücksichtigung der Rechtsprechung des Reichsgerichts, 9. Aufl., Berlin 1939, S. V.

[127] Ebenda, S. 51 ff.

Aus der Entstehungsgeschichte dieser Auflage des Kommentars zum BGB wird ebenfalls deutlich, dass die juristische Literatur einem erheblichen Konkurrenzkampf unterlag. Verlagsabteilungsleiter Alexander Elster wandte sich im Oktober 1938 mit einem Brandbrief an die Reichsgerichtsräte, die am BGB-Kommentar mitwirkten. Er habe „soeben" einer Ankündigung des Verlages Franz Vahlen entnommen, dass dort im Jahr 1940 ein BGB-Kommentar erscheinen sollte, den Staatssekretär Schlegelberger und Ministerialrat Vogels herausgaben und 14 Mitarbeiter des Reichsjustizministeriums verfassten. Der neue Kommentar sollte laut Vahlen „das alte und neue Recht im neuen Geist behandeln" und würde „bald eine führende Stellung einnehmen". Elster fürchtete, dass es sich dabei um eine „sehr ernst zu nehmende Konkurrenz" für die eingeführten Kommentare handelte. Deshalb sollte alles daran gesetzt werden, dass die Neuauflage vor dem Vahlen-Werk erschien.[128]

Auch die 17.–20. Auflage der „Textausgabe des Bürgerlichen Gesetzbuches nebst Einführungsgesetz vom 18. August 1896" in der Guttentagschen Sammlung erschien während der nationalsozialistischen Herrschaft. In der 21. Auflage, die ohne große Brüche 1947 verlegt wurde, waren die dem Zeitgeist geschuldeten Absätze in der Einleitung gestrichen. So war in der Ausgabe von 1936 noch zu lesen:

> Von größter Wichtigkeit aber für die verständnisvolle Anwendung eines seit 35 Jahren bestehenden Gesetzes ist es, sich bei der Auslegung in den Geist der neuen Zeit zu versetzen und, abseits von einem ängstlichen Journalismus oder Positivismus, die Überzeugung zu vertreten, daß es eine veränderte Auslegung bei gleich bleibendem Gesetzeswortlaut gibt.[129]

Damit war die Erwartungshaltung der Nationalsozialisten an den von ihnen wenig geschätzten Juristenstand klar umrissen. Offenbar hatte aber auch der Verlag damit keine größeren Probleme, jedenfalls wurden sie nicht aktenkundig.

Einen regelrechten Kotau vor der neuen Regierung machte der Verlag beim „Handwörterbuch der Rechtswissenschaft", das Fritz Stier-Somlo, Professor und zeitweise Rektor der Universität Köln, und Verlagslektor Alexander Elster in den Jahren 1926 bis 1931 in sieben umfangreichen Bänden herausgegeben hatten. 1937 erschien in Form eines achten Bandes des bewährten Handwörterbuchs „Die Rechtsentwicklung der Jahre 1933 bis 1935/36". Als Herausgeber fungierten Erich Volkmar, Ministerialdirektor im Reichsjustizministerium und Mitglied der Akademie für Deutsches Recht, Alexander Elster und Günther Küchenhoff, Amts- und Landgerichtsrat in Breslau. Die Peinlichkeit, Fritz Stier-Somlo als

[128] Alexander Elster an die Herren Mitarbeiter des BGB-Kommentars der Reichsgerichtsräte, 8.10.1938, Stabi Dep. 42, Kasten 47.

[129] Bürgerliches Gesetzbuch nebst Einführungsgesetz vom 18. August 1896 mit Berücksichtigung der bis Ende 1935 ergangenen Abänderungen, 17. Auflage, Berlin/Leipzig 1936, S. XIII.

Herausgeber aufgrund seiner jüdischen Abstammung vor den Kopf stoßen zu müssen, blieb Alexander Elster erspart, weil Stier-Somlo im März 1932 an den Folgen eines Straßenbahnunfalls gestorben war.[130] Der gewichtige, beachtliche 929 Seiten umfassende Ergänzungsband verzerrte Idee und Geist des Handwörterbuchs auf geradezu groteske Weise. Bereits die Vorbemerkung der Herausgeber und des Verlages macht dies deutlich:

> Die nationalsozialistische Erhebung des Jahres 1933 hat dem Deutschen Volke nicht nur eine umwälzende politische Neugestaltung gebracht, sondern auch sein Fühlen und Wollen, seine ganze Weltanschauung, im Innersten verändert. Der tiefste Sinn des nationalsozialistischen Kampfes ist ja das Ringen um die Seele des Deutschen Volkes. Es soll sich von dem niederdrückenden Materialismus der Systemzeit auch innerlich abwenden und sich auf die hohen ideellen Werte besinnen, aus denen heraus allein Deutschlands Erneuerung und Wiedererstarkung vollendet und befestigt werden kann. Diese neue sittliche Einstellung mußte sich alsbald im Recht, das ja der Spiegel der Volksseele ist und sein soll, auswirken. Es ist ein Zeugnis für die Kraft, mit der sich der nationalsozialistische Gedanke im Volke durchsetzt, daß in den vier seit dem Umbruch vergangenen Jahren wesentliche Rechtsänderungen auf fast allen Gebieten eingetreten sind und vielfach schon zu grundlegenden Neugestaltungen geführt haben. Dieses große Aufbauwerk möglichst erschöpfend darzustellen, ist die Aufgabe des vorliegenden Werkes.[131]

Besonders perfide mutet die Bemerkung an, dass „erste und berufene Sachkenner" die einzelnen Gebiete bearbeitet hätten – in vielen Fällen handelte es sich dabei um infolge des politischen Umbruchs an die Macht gespülte Nationalsozialisten.[132] Herausgeber Günther Küchenhoff, der – im August 1907 geboren – schon aufgrund seines Alters erst am Anfang seiner Karriere stand und wohl noch kaum als „Sachkenner" bezeichnet werden konnte, verfasste die neu aufgenommenen Artikel Führergrundsatz, Führertum sowie Führer und Reichskanzler. Roland Freisler, Staatssekretär im Reichsjustizministerium und später Präsident des Volksgerichtshofs, äußerte sich zum Thema Volksrichter, Richter Bernhard Voigts vom Reichsjustizministerium über den Schutz von Volk, Partei und Staat, Ministerialrat Dr. Georg Kaisenberg aus Berlin zu Reichsbürgerrecht und Reichsangehörigkeit (im Wesentlichen zu den „Nürnberger Gesetzen"), Walter Raeke, führender Anwaltsfunktionär und Totengräber einer freien Advokatur, zum Rechtsanwalt, Georg Kaisenberg über das Flaggenrecht („Juden ist das Hissen verboten") usw. Ein Vergleich der Artikel zum Beamtenrecht in Band 1 von 1926 und diesem Band 8 macht die völlig neue Ausrichtung besonders deutlich. Während 1926 Justizrat Dr. K. Friedrichs seriös und informativ über das Beamtenrecht geschrieben hatte, geriet der neue Beitrag von Ministerialrat Oskar

---

[130] Zur Biographie Stier-Somlos vgl. http://rektorenportraits.uni-koeln.de/rektoren/fritz_stier_somlo/[21.3.2014].

[131] Die Rechtsentwicklung der Jahre 1933 bis 1935/36, zugleich Handwörterbuch der Rechtswissenschaft, Bd. VIII, Berlin/Leipzig 1937, Vorwort.

[132] Ebenda.

Georg Fischbach zur nationalsozialistischen Propagandaschrift, obwohl Fischbach in der Tat ein Experte auf diesem Rechtsgebiet war.[133] Ähnlich ideologisch zugespitzt war auch der Beitrag zum Bauernrecht (Erbhofrecht) von Ministerialrat Dr. Werner Vogels.

Seit 1932 erschien das von Abteilungsleiter Alexander Elster und dem Essener Oberstaatsanwalt Heinrich Lingemann herausgegebene „Handwörterbuch der Kriminologie".[134] Obwohl der Kreis der Beiträger hochkarätig war und der erste Band auf positive Resonanz gestoßen war, blieben die Verkaufszahlen deutlich hinter den Erwartungen zurück. Im September 1933 waren lediglich 450 Exemplare der Auflage von 2000 Stück abgesetzt worden. Die Herausgeber sahen sich deshalb sogar gezwungen, die Autoren um Zurückhaltung bei ihren Honorarforderungen zu bitten; gleichzeitig sollte die Auflage des zweiten Bandes auf 1200 Stück reduziert werden.[135] Ökonomisch entwickelte sich das Handbuch auch über einen längeren Zeitraum wenig erfreulich. Ende 1942 waren vom ersten Band insgesamt etwa 900 Stück und vom zweiten Band 800 Exemplare verkauft worden.[136] Dies lag allerdings nicht daran, dass das Handbuch politisch in Misskredit geraten wäre, im Gegenteil: Nach Erscheinen der Schlusslieferung 1936 äußerte sich die *Deutsche Justiz* überaus wohlwollend:

> Ohne Übertreibung kann gesagt werden, dass sein wissenschaftlicher und praktischer Wert es zu einem Standardwerk der Kriminologie im In- und Ausland macht. Es wird gleich wie das Handwörterbuch der Rechtswissenschaft alle Zeit Zeugnis ablegen von der Forscherarbeit des deutschen Wissenschaftlers und Praktikers und ein wertvoller Beitrag zur zwischenstaatlichen Bekämpfung des Verbrechertums sein.[137]

Allerdings mussten nach der nationalsozialistischen Machtübernahme neue Lemmata im Ergänzungsband aufgenommen werden, etwa „Staatspolizei, geheime". Zudem gestaltete sich wegen der politischen Brisanz des Themas die Autorensuche mühsam. Weitere Schwierigkeiten ergaben sich mit Artikeln, die im neuen Staat nicht mehr zeitgemäß schienen, so der Beitrag über den Ritualmord, den Pastor Prof. D. Windfuhr aus Hamburg bereits 1932 geliefert hatte. „Dieser ist natürlich heute, da der Verfasser den jüdischen Ritualmord als einen Wahnglauben ansieht, der in die Rumpelkammer gehöre, so unzeitgemäß wie nur möglich", urteilte Elster im Mai 1934. Das Handbuch, das „sehr mühsam" um Anerkennung ringe, könne es sich „wohl kaum leisten [...], den gegenwärtigen deutschen Staat mit Ausführungen zu reizen, die ihm jedenfalls nicht genehm sind".[138] Windfuhr war – im Unterschied zum Verlag – aber nicht zur

---

133 Vgl. dazu S. 198.

134 Vertrag vom 16.6.1932 in Stabi Dep. 42, K 177, M 9.

135 Alexander Elster und Hermann Lingemann an die Herren Mitarbeiter des „Handwörterbuchs der Kriminologie", 23.9.1933, Stabi Dep. 42, K 179.

136 Schreiben des Verlages an Hermann Lingemann, 7.12.1942, Stabi Dep. 42, K 179.

137 Oberregierungsrat Dr. Doerner, in: Deutsche Justiz, 4.9.1936, in Stabi Dep. 42, K 180.

138 Alexander Elster an Hermann Lingemann, 12.5.1934, Stabi Dep. 42, K 179.

Anpassung und entsprechenden Umarbeitung seines Artikels bereit. Um die Akzeptanz des Handbuchs nicht zu gefährden, entschied Elster daraufhin, dass der „Ritualmord" unter diesen Umständen nicht in das „Handwörterbuch der Kriminologie" aufgenommen werden sollte.

Wie in vielen Sammelwerken tauchte auch hier die Frage nach dem Umgang mit jüdischen Autoren auf. Prof. Arthur Kronfeld, Facharzt für Nervenkrankheiten und Psychiatrie, der bereits den Artikel „Periodizität, periodische Störungen" für das Handbuch verfasst hatte, wandte sich am 10. April 1933 an den Verlag, weil er es „in Anbetracht der grundsätzlichen Umstellung, welche die gegenwärtige Zeit auch von Verlag und Autoren wissenschaftlicher Werke fordert, [...] objektiv für geboten" hielt, dass er „als Autor jüdischer Abstammung aus der Mitarbeiterschaft an dem Handwörterbuch für Kriminologie" ausscheide. Dieser Entschluss entsprach seiner „eigenen Stimmung", er hatte sie aber auch „im Interesse der Geltung und Verbreitung des Werkes selber" getroffen. Ursprünglich war verabredet, dass er noch die Stichworte „Psychosen" und „Triebdelikte" liefern sollte.[139] Alexander Elster reagierte sofort und wollte zu diesem Zeitpunkt von dem „selbstlosen und entgegenkommenden Angebot" keinen Gebrauch machen.[140] Im September 1933 schätzte er die Situation jedoch grundlegend anders ein. Wiederum hatte Kronfeld von sich aus den Rückzug aus dem Unternehmen angeboten, weil er „der Wirkung und Verbreitung des monumentalen Werkes" mit seiner Person nicht im Wege stehen wollte.[141] Nun ging Alexander Elster bereitwillig auf Kronfelds Angebot ein und hielt es für besser, einen neuen Mitarbeiter zu suchen. „Da es sich also um sachliche Erwägungen handelt, denen der Verlag sich wohl nicht entziehen kann, gehen wir auf Ihren Vorschlag ein, für den wir Ihnen verbindlichst danken", beschied er Kronfeld.[142]

Auch auf die Mitarbeit des Sexualwissenschaftlers Max Marcuse verzichtete Elster. Marcuse wanderte Mitte Juli 1933 nach Palästina aus und bat Elster, ihm mitzuteilen, ob er auf weitere Beiträge zum „Handbuch der Kriminologie" noch Wert lege. Persönlich zwar sehr verbindlich und mit guten Wünschen für den dem Verlag durch mehrere Projekte verbundenen Wissenschaftler[143] versehen, in der Sache aber deutlich lehnte Elster Marcuses weitere Mitarbeit am Handbuch „unter den obwaltenden Umständen" ab.[144] Eine staatliche Vorschrift für den Ausschluss jüdischer Mitarbeiter aus Sammelwerken gab es zu diesem Zeitpunkt noch nicht. Die Entscheidungen erfolgten also in vorauseilendem Gehorsam.

---

139 Arthur Kronfeld an den Verlag Walter de Gruyter, 10.4.1933, Stabi Dep. 42, K 179.

140 Alexander Elster an Arthur Kronfeld, 11.4.1933, Stabi Dep. 42, K 179.

141 Arthur Kronfeld an Verlag Walter de Gruyter, 22.9.1933, Stabi Dep. 42, K 179.

142 Alexander Elster an Arthur Kronfeld, 25.9.1933, Stabi Dep. 42, K 179.

143 Vgl. dazu auch S. 92 f.

144 Max Marcuse an Verlag Walter de Gruyter, 6.7.1933, und Alexander Elster an Max Marcuse, 23.8.1933, Stabi Dep. 42, K 179.

Als Autor für die Stichworte „Beobachtung", „Bettler" sowie „Wanderer und Landstreicher" war der Berliner Polizeivizepräsident Bernhard Weiß vorgesehen.[145] Die Lieferung der Beiträge verzögerte sich, und obwohl Elster Verständnis dafür zeigte, dass Weiß „mit anderen sehr wichtigen Dingen außerordentlich stark in Anspruch genommen" war, drängte er auf die Fertigstellung. Am 26. Februar 1933 informierte Weiß Elster, dass er die gegebenen Zusagen nicht einhalten könne, wofür er „aufrichtig um Entschuldigung" bat. Die „politischen Verhältnisse" und seine „berufliche Umstellung" hätten die Abfassung der Beiträge verhindert.[146] Bernhard Weiß war als jüdischer Demokrat schon lange vor der NS-Machtübernahme Zielscheibe einer beispiellosen antisemitischen Hetzkampagne des Berliner NSDAP-Gauleiters Joseph Goebbels gewesen. Zwar hatte er sich gegen die Angriffe von Goebbels in mehr als 60 Gerichtsverfahren erfolgreich zur Wehr gesetzt, mit dem gewaltsamen Ende der demokratisch gewählten preußischen Regierung am 20. Juli 1932 verlor er jedoch das Amt des Polizeivizepräsidenten. In sprichwörtlich letzter Minute gelang Bernhard Weiß und seiner Familie am Abend der Reichstagswahlen vom 5. März 1933 die Flucht aus Berlin in die Tschechoslowakei und weiter nach London.[147] Eine Reaktion Elsters auf die für Weiß dramatischen Umstände ist nicht überliefert.

Im April 1935 trennten sich die beiden Herausgeber von dem bis dato als Mitberater im Titel des Werkes genannten Justizrat Dr. Martin Drucker. Das vertrauliche Schreiben, das Elster in diesem Zusammenhang an Lingemann schickte, macht deutlich, dass letztlich wirtschaftliche Gründe für den Ausschluss jüdischer oder politisch missliebiger Autoren ausschlaggebend waren. Elster erklärte:

> Bisher habe ich vermeiden zu können geglaubt, dass wir den genannten Herrn aus dem Werk und insbesondere aus der Reihe der Mitberater streichen müssen, da er ja wohl im Amte geblieben war und wir namentlich mit Rücksicht auf das Ausland bei unseren wissenschaftlichen Werken möglichst wenig Aufsehen in dieser Richtung machen wollten. […] Die Rücksicht auf das Inland, wo ja doch der wesentliche Absatz des Werkes erwartet werden muss, gebietet uns, hier die notwendigen Schritte zu tun. Gerade auch die oben erwähnte geringe Bezieherzahl des Werkes muss uns Anlass geben, eine Maßnahme zu ergreifen, die uns vielleicht für das Werk leichteren Eingang bei deutschen Behörden verschafft.[148]

Elster informierte Martin Drucker am 8. April 1935 über die Aufkündigung der weiteren Zusammenarbeit am Handbuch mit der Begründung, dass sein Artikel „Untersuchungshaft" einem „in der Praxis stehenden und mit den jetzi-

---

[145] Alexander Elster an Bernhard Weiß, 24.6.1931, Stabi Dep. 42,Gr (Bernhard Weiß).

[146] Bernhard Weiß an Alexander Elster, 26.2.1933, Stabi Dep. 42,Gr (Bernhard Weiß).

[147] *Bjoern Weigel*, Bernhard Weiß, in: *Wolfgang Benz* (Hrsg.), Handbuch des Antisemitismus. Judenfeindschaft in Geschichte und Gegenwart. Bd. 2/2: Personen, Berlin 2009, S. 880 ff.

[148] Alexander Elster an Hermann Lingemann, 1.4.1935, Stabi Dep. 42, K 179.

gen Bestrebungen völlig vertrauten jüngeren Bearbeiter" überlassen werden sollte.[149] Martin Drucker war ein berühmter Strafverteidiger, der 1924 bis 1932 dem Deutschen Anwaltverein vorgestanden hatte. Als sogenannter Altanwalt, der bereits vor 1914 als Rechtsanwalt zugelassen war, durfte er trotz seiner jüdischen Abstammung auch nach Inkrafttreten des „Gesetzes über die Zulassung zur Rechtsanwaltschaft" vom 7. April 1933 weiterhin als Anwalt praktizieren. In Elsters Strategie der Staatsnähe war der eloquente, immer wieder Aufsehen erregende Strafverteidiger Drucker aber ein zu großes Projektrisiko. Lingemann erklärte er: „Die Sache ist menschlich nicht angenehm, in der Sache aber wohl notwendig."[150]

Eine interessante Entwicklung, die die Anpassungsnotwendigkeit und -bereitschaft illustriert, nahm die „Deutsche Rechtsgeschichte" von Hans Fehr.[151] Sie erschien erstmals 1921 in der Reihe „Grundrisse der Rechtswissenschaft" (Band 10). Der Schweizer Rechtshistoriker Fehr, damals Professor in Heidelberg, schilderte die Entwicklung von der germanischen Zeit bis zur Verabschiedung der Weimarer Verfassung 1919. 1925 erschien die zweite Auflage; Fehr war mittlerweile Professor in Bern. Die Kapitel zur Revolution von 1918 sowie zur Verfassunggebenden Versammlung wurden in der 1943 erschienenen dritten Auflage nur geringfügig verändert. Die Weimarer Verfassung begriff Fehr nun als „Übergangsgebilde", als „eine Brücke zwischen den Staatsformen des 19. Jahrhunderts und dem kommenden Staat, dem nationalsozialistischen Reiche". Er ergänzte sein Werk um ein neues, dreiseitiges Schlusskapitel zum Nationalsozialismus. Für das Scheitern der Weimarer Republik machte er den „Angriff" von außen – den Versailler Vertrag – verantwortlich, dessen „Fesseln [...] über kurz oder lang gesprengt werden mußten". Die Rechtsentwicklung im deutschen Staat sei „noch in voller Bewegung", deshalb könne es nicht Aufgabe des Rechtshistorikers sein, „das Recht des Reiches auch nur in den äußersten Umrissen darzulegen". Bemerkenswert an seinen wenigen, abschließenden Bemerkungen ist vor allem die euphorische Begrüßung des „Anschlusses" Österreichs im März 1938. Diese Passagen mussten nun in der vierten Auflage, die mit 3300 Exemplaren im Jahr 1948 erschien, wiederum erheblich modifiziert werden. Der „Fessel des Versailler Vertrages" wurde weiterhin erhebliche Bedeutung für das Scheitern Weimars zugeschrieben: „Adolf Hitler, ein Massenpsychologe großen Formats, hatte die Situation erfaßt und den Versuch gewagt – mit einer Rücksichtslosigkeit ohnegleichen –, die völlige Umformung des Staates in die Hand zu nehmen." Eine schonungslose Abrechnung mit der Rechtsentwicklung im NS-Staat folgte. Der 1943 noch begeistert be-

149 Alexander Elster an Martin Drucker, 8.4.1935, Stabi Dep. 42, K 180.

150 Alexander Elster an Hermann Lingenmann, 12.4.1935, Stabi Dep. 42, K 179.

151 Zu Fehrs Biografie vgl. http://www.catalogus-professorum-halensis.de/fehrhans.html [26.3.2014].

grüßte „Anschluss" Österreichs wurde nun als „Einverleibung fremder Staaten (z.B. Österreichs)" charakterisiert.[152]

d) Kontakte zu Entscheidungsträgern

Für die Verlegung juristischer Literatur waren enge Kontakte zu den Ministerien, über die der Verlag offensichtlich verfügte, von entscheidender Bedeutung. Nach Gründung der „Parteiamtlichen Prüfungskommission" wachte diese besonders über den staatsrechtlichen Bereich. Literatur zu diesem Thema sollte in direkter Verbindung mit den Ministerien – oder Parteidienststellen – entstehen oder im parteieigenen Franz Eher-Verlag publiziert werden.[153] Der Verlag Walter de Gruyter musste sich dafür nicht neu erfinden, sondern seine bestehenden Kontakte pflegen bzw. an den neuen Mitarbeitern in den Ministerien ausrichten. Die Nähe zu Ministerien, Behörden und anderen staatlichen Institutionen hatte seit jeher die Geschäftspolitik des Verlages gekennzeichnet. Gerade im juristischen Bereich waren diese Kontakte aber nach der NS-Machtübernahme wichtiger denn je.

Im Herbst 1940 konnte Ministerialdirigent Dr. Werner Vogels aus dem Reichsjustizministerium als Autor eines Kommentars zum Schuldenbereinigungsgesetz für Guttentag (Band 221) gewonnen werden.[154] Werner Vogels war im Reichsjustizministerium u.a. an der Ausarbeitung des Reichserbhofgesetzes, des Testamentsgesetzes sowie am Vergleichs- und Konkursrecht beteiligt.[155] Im Verlag Schweitzer hatte er bereits 1938, also noch vor der Beteiligung von De Gruyter, einen Kommentar zum Gesetz über die Errichtung von Testamenten und Erbverträgen publiziert.[156] Die meisten seiner Veröffentlichungen erschienen jedoch in den beiden Verlagen Vahlen[157] sowie Spaeth & Linde[158]. Der Verlag Walter de Gruyter hatte Werner Vogels für den Kommentar zum Schuldenbereinigungsgesetz 1500,– RM Honorar zugesagt, und die Bedeutung, die der neue Autor für den Verlag hatte, geht aus einem eher banalen Vermerk, nämlich der Zahlungsanweisung an die Kasse, hervor: „Da es sich um einen neuen einflussreichen Autor handelt, den wir durch eine zu späte Honorarzahlung nicht ver-

---

152 *Hans Fehr*, Deutsche Rechtsgeschichte, 1. Auflage 1921, 2. Auflage 1925, 3. Auflage 1943, 4. Auflage 1948. 1952 erschien noch eine 5. und 1962 eine 6. Auflage bei De Gruyter.

153 Vgl. dazu *Lokatis*, Hanseatische Verlagsanstalt, S. 60.

154 Schuldenbereinigungsgesetz vom 3. September 1940 (RGBl. I 1209), erläutert von *Werner Vogels*, Berlin (de Gruyter) 1940.

155 *Susanne Riedemann*, Zur Entwicklung des Konkursrechts seit Inkrafttreten der Konkursordnung unter dem Aspekt der Gläubigerautonomie, Norderstedt 2004, S. 97.

156 Gesetz über die Errichtung von Testamenten und Erbverträgen vom 31. Juli 1938, erläutert von *Werner Vogels*, München (Schweitzer) 1938.

157 So z.B. das Reichserbhofgesetz vom 29. September 1933.

158 Hier ist vor allem die Rechtsprechung in Erbhofsachen zu nennen.

stimmen möchten, bitten wir die Überweisung des Betrages so schnell es geht ermöglichen zu wollen."[159]

Wie wichtig die Inhaber der Schlüsselpositionen im Reichsjustizministerium für die Verlagsarbeit waren, wird auch in der weiteren, untertänigst formulierten Korrespondenz deutlich. Elster fragte bei Vogels im Dezember 1940 an, ob er ein Büchlein zu den aktuell geltenden Bestimmungen über Verzinsung, Kündigung und Fälligkeit von Hypotheken für nützlich halte. Der Absatz des Briefes endete: „Wenn Sie die Güte hätten, den Unterzeichneten anzurufen, würde er Ihnen sehr dankbar dafür sein."[160] Dieses Vorhaben wurde allerdings nicht mehr umgesetzt, weil Werner Vogels am 6. März 1942 starb.[161]

Wie bereits an dem Beispiel Werner Vogels deutlich wurde, setzte der Verlag Walter de Gruyter keineswegs nur alte verlegerische Traditionen fort, sondern bemühte sich überaus aktiv, weitere Kontakte im Reichsjustizministerium aufzubauen und zu pflegen. Sichtbar wird dies etwa durch das Bestreben, selbst Juristen wie Roland Freisler enger an das Haus zu binden. Freislers Karriere hatte nach der nationalsozialistischen Machtübernahme rasch Fahrt aufgenommen, und seit 1. April 1935 amtierte er als Staatssekretär im Reichsjustizministerium. Er war in vielen Gremien maßgeblich an der Neuausrichtung und Radikalisierung des Strafrechts beteiligt. Über seine rabiaten politischen Absichten konnte sich niemand irgendwelchen Illusionen hingeben, schon gar nicht, wenn er wie der Verlag De Gruyter und der verantwortliche Alexander Elster mit der juristischen Landschaft vertraut war. In einigen Geschäftsfeldern war eine Zusammenarbeit mit dem überzeugten NS-Juristen Freisler vermutlich unumgänglich, falls man die Alternative eines Rückzugs aus diesem Bereich nicht in Betracht zog. Der Verlag intendierte jedoch offenbar den Ausbau der Beziehungen. 1939 gab Freisler gemeinsam mit Ministerialrat Dr. Krug im Reichsjustizministerium in der Reihe Guttentagsche Sammlung/Schweitzers Textausgaben „Die neuen Kriegsgesetze (Mit Durchführungsverordnungen und Verfügungen). Für die Praxis der Behörden und der Wirtschaft zusammengestellt unter Mitwirkung von Sachbearbeitern aus Reichsministerien" heraus. Die in zehn sachlichen Gruppen aufgeführten Kriegsgesetze und Verordnungen waren durch Ergänzungslieferungen ständig erweiterbar. De Gruyter wollte offenbar vom Aufstieg Freislers profitieren. 1940 besprach die Verlagskonferenz das Vorhaben, bei Freisler ein Buch zum Rechtsgedanken im deutschen Umbruch in Auftrag zu geben; zunächst wollte man „vorfühlen".[162]

---

[159] Korrespondenz zur Entstehung des Kommentars und Anweisung an die Kasse, 15.11.1940, Stabi Dep. 42,497.

[160] Dr. Alexander Elster an Ministerialdirigent Dr. Werner Vogels, 4.12.1940, Stabi Dep. 42,497.

[161] *Riedemann*, Zur Entwicklung des Konkursrechts, S. 97.

[162] Verlagskonferenz, 10.9.1940. Anwesend die Herren: Cram, Dr. v. Staa, Dr. Lüdtke, Brill, Grethlein, Dr. Elster, Dr. Buchenau, Stabi Dep. 42,627.

Die Staatsnähe im juristischen Bereich wird auch durch die Verbindung zur Akademie für Deutsches Recht deutlich. Die am 26. Juni 1933 auf Initiative des Juristen und späteren Generalgouverneurs in Polen, Hans Frank, gegründete Akademie verstand sich als „Wegbereiterin nationalsozialistischen Rechts".[163] Der Verlag Walter de Gruyter publizierte – neben zahlreichen weiteren Verlagen – einige „Schriften der Akademie für Deutsches Recht", die Akademiepräsident Hans Frank bzw. ab 1942 sein Nachfolger Otto Thierack herausgaben. Im J. Schweitzer Verlag erschien von 1934 bis 1940 das ebenfalls von Frank herausgegebene „Jahrbuch der Akademie". Die erste Ausgabe veröffentlichte im Wesentlichen die Sitzungsprotokolle der am 26. Juni 1933 neu gegründeten Akademie, seit 1935 thematisierten Aufsätze die Umgestaltung des Rechtssystems im nationalsozialistischen Sinne.

Eine jahrzehntelange Arbeitsbeziehung verband die juristische Abteilung des Verlages mit Prof. Dr. Eduard Kohlrausch (1874–1948).[164] Bereits als Assistent des berühmten Strafrechtlers Franz von Liszt publizierte er seit dem Jahr 1900 in der von Liszt 1881 begründeten und bei Guttentag bzw. De Gruyter herausgegebenen *Zeitschrift für die gesamte Strafrechtswissenschaft* und war in der ebenfalls von Liszt ins Leben gerufenen „Internationalen Kriminalistischen Vereinigung" aktiv. Seit 1905 war Kohlrausch Mitherausgeber der *Zeitschrift für die gesamte Strafrechtswissenschaft*. Seine akademischen Stationen führten ihn über Königsberg und Straßburg schließlich 1919 auf den renommierten Berliner Lehrstuhl seines Lehrers Franz von Liszt. Gleichzeitig wurde er zum geschäftsführenden Direktor des Kriminalistischen Instituts bestellt. 1922 erschien Kohlrausch erstmals als Bearbeiter der 26. Auflage des von Liszt und Ernst Delaquis begründeten Kommentars zum Strafgesetzbuch, den De Gruyter verlegte. Im gleichen Jahr wurde er Schriftleiter der *Zeitschrift für die gesamte Strafrechtswissenschaft*. Damit erlangte Eduard Kohlrausch in den 1920er-Jahren eine „dominierende Position in der Strafrechtswissenschaft" – so sein Biograf Holger Karitzky.[165] Die Krönung seiner akademischen Karriere war die Wahl zum Rektor der Berliner Universität 1932.

Am 13. Mai 1933 – eine Woche, nachdem Kohlrausch das Amt des Rektors offiziell an seinen Nachfolger übergeben hatte – besuchte er Alexander Elster, um die Auswirkungen der nationalsozialistischen Machtübernahme auf die gemeinsamen Unternehmungen zu besprechen. Die Behandlung seiner jüdischen Kollegen hatte ihm die Absichten der neuen Machthaber deutlich vor Augen geführt: Prof. Dr. James Goldschmidt war bereits zwangsweise von seiner Professur an der Berliner Universität beurlaubt, der Starverteidiger und Kohlrausch-Schü-

163 Jahrbuch der Akademie für Deutsches Recht 3 (1936), S. VII.

164 Vgl. zu Kohlrausch: *Holger Karitzky*, Eduard Kohlrausch – Kriminalpolitik in vier Systemen. Eine strafrechtshistorische Biographie, Berlin 2002. Die folgende Darstellung stützt sich – soweit nicht anders angegeben – darauf.

165 Ebenda, S. 58.

ler Max Alsberg musste, um sein Leben zu retten, ins Ausland fliehen, und sein Mitkommentator zur Strafprozessordnung, Prof. Dr. Hermann Mannheim, war gezwungen worden, sein Amt als Richter am Berliner Kammergericht aufzugeben. Elster und Kohlrausch einigten sich bei dieser Unterredung, dass der Name von Prof. Mannheim zunächst noch nicht vom Titel des Kommentars zur Strafprozessordnung gestrichen, der Name Kohlrausch jedoch „wesentlich größer gedruckt" werden sollte.[166] Auch hielt es Kohlrausch nicht für erforderlich, Mitarbeiter und Herausgeber auf dem Titel der *Zeitschrift für die gesamte Strafrechtswissenschaft* zu streichen. Tatsächlich wurden jedoch noch im Laufe des Jahres 1933 die Namen der jüdischen Herausgeber getilgt; Eduard Kohlrausch und Graf Wenzeslaus von Gleispach, der den Lehrstuhl von Goldschmidt übernahm, fungierten nun als Herausgeber. Auch der Vorstand der „Internationalen Kriminalistischen Vereinigung" musste „umgestaltet" werden, weil Radbruch, Neumann, Goldschmidt und Löwenstein „ausscheiden" mussten. Sie sollten durch „jüngere Leute" ersetzt werden.[167]

Wenige Tage später fragte Elster Kohlrausch, ob er in der Guttentagschen Sammlung einen kleinen Kommentar zum neuen Studentenrecht verfassen würde.[168] Kohlrausch hielt diese Idee zwar für „sehr reizvoll", äußerte aber dennoch Bedenken. Zwar sei die rechtliche Seite klar, aber in der Ausführung gehe „noch vieles wild durcheinander". Er versprach sich aber durch eine objektive Auslegung keine Klärung, erwartete diese vielmehr

> durch die Praxis der „Studentenschaft". Stellt man sich ihr entgegen, so ist eine Beschlagnahme des Buchs wahrscheinlicher als eine Beeinflussung jener Praxis – jedenfalls wenn *ich* als Nichtnationalsozialist, dem die Leute sowieso nicht recht trauen, es täte. Stimmt man ihr aber bedingungslos zu, dann sollte das ein mit der praktischen Ausführung maßgeblich Betrauter tun.[169]

Ende August 1934 bat Elster Kohlrausch, ob er dem Verlag die Türen zum Reichsjustizministerium öffnen könne. Cram und Elster wollten „gern eine Rücksprache mit dem Herrn Reichsjustizminister haben, die ihm, wie wir Ihnen vertraulich mitteilen möchten, die sachliche Mitarbeit unseres Verlages bei seinen Plänen anbieten soll".[170] Im Herbst 1934 hoffte der Verlag, an dem großen Kommentar zum neuen StGB, der neuen StPO und dem neuen Strafvollzugsgesetz, der unter

---

[166] Die 24. Auflage des Kommentars, die 1936 erschien, führte den Namen Mannheim nicht mehr auf.

[167] Notiz von Alexander Elster über den Besuch des Herrn Professor Kohlrausch am 13. Mai 1933, 15.5.1933, Stabi Dep. 42 Gr, Eduard Kohlrausch (II).

[168] Alexander Elster an Prof. Dr. Eduard Kohlrausch, 20.5.1933, Stabi Dep. 42 Gr, Eduard Kohlrausch (II).

[169] Prof. Dr. Eduard Kohlrausch an Dr. Alexander Elster, 21.5.1933, Stabi Dep. 42 Gr, Eduard Kohlrausch (II).

[170] Alexander Elster an Prof. Dr. Eduard Kohlrausch, 31.8.1834, Stabi Dep. 42 Gr, Eduard Kohlrausch (II).

Leitung von Gürtner und Freisler sowie Mitarbeit der wichtigsten Ministeriumsmitarbeiter bei Beck und v. Decker erscheinen sollte, beteiligt zu werden.[171] Kohlrausch war von Ende 1936 bis Anfang 1939 Mitglied der „Großen Strafprozesskommission“, die Reichsjustizminister Franz Gürtner ins Leben gerufen hatte. Kohlrausch und der Verlag Walter de Gruyter befürchteten, dass jeder der infrage kommenden juristischen Verlage einen eigenen Kommentar herausbringen könnte, was einen „Zersplitterungskampf“ zur Folge gehabt hätte. Im April 1936 war Stand der Dinge, dass sich die sieben am Strafrechtsausschuss beteiligten Herren (Kohlrausch, Niethammer, Kirchner, Freiesleben, von Dohnanyi, Leopold Schäfer, Karl Schäfer) darauf verständigt hatten, dass sie sechs Monate nach Verkündigung des neuen Strafgesetzbuches einen Kommentar herausbringen wollten. Für dessen Veröffentlichung schwebte De Gruyter ein breites Verlagskonsortium mit C.H.Beck, München, J.C.B. Mohr, Tübingen, und Franz Vahlen, Berlin, vor. Etwas früher erschien wohl der Referenten-Kommentar (Freisler, Ernst Schäfer, Grau, Rietzsch, v.d. Goltz und mehrere jüngere Mitarbeiter).[172]

In den folgenden Wochen stellte sich aber heraus, dass De Gruyter den im eigenen Haus angesiedelten Ebermayer-Lobe'schen Kommentar auch für das neue StGB weiterzuführen hatte. Der Verlag hatte auf eine andere Entwicklung gehofft, aber ein Gespräch zwischen Cram/Elster und Lobe in Leipzig hatte ergeben, dass Lobe an seinem Vertrag unbedingt festzuhalten gedachte.[173] Daraufhin sahen sich die Verlage Beck, Mohr und Vahlen nicht mehr in der Lage, das Gemeinschaftsprojekt zu realisieren.[174] Etwas widerwillig stimmte Kohlrausch zunächst seinem Ausscheiden aus dem geplanten Gemeinschaftskommentar mit Niethammer u.a. zu und sagte seine Mitarbeit an dem Lobe-Kommentar zu. Ursächlich dafür war offenbar seine langjährige Verbundenheit mit dem Verlag.[175] Allerdings machte er diese Entscheidung wenige Tage später rückgängig mit Verweis auf seine nicht konfliktfreie Beziehung zu Lobe.[176] Außerdem ärgerte es ihn, dass ihm im Lobe-Kommentar nur eine untergeordnete Rolle zugedacht war. Kurz darauf gab er Alexander Elster zur Kenntnis, dass er sich „auf der anderen Seite gebunden habe“ (Verlegergemeinschaft).[177]

---

[171] Notiz Alexander Elster über Besuche am 7. November 1934, 8.11.1934, Stabi Dep. 42 Gr, Eduard Kohlrausch (II).

[172] Notiz von Alexander Elster über Besuch bei Herrn Professor Dr. Ed. Kohlrausch am 27. April 1936, 27.4.1936, Stabi Dep. 42 Gr, Eduard Kohlrausch (III).

[173] Alexander Elster an Prof. Dr. Eduard Kohlrausch, 4.8.1936, Stabi Dep. 42 Gr, Eduard Kohlrausch (III).

[174] Schreiben der C.H.Beck'schen Verlagsbuchhandlung an Firma Walter de Gruyter, 4.9.1936, Stabi Dep. 42, K 437, M 3.

[175] Notiz Alexander Elster über Besuch bei Herrn Professor Kohlrausch am 28. August 1936, 28.8.1936, Stabi Dep. 42 Gr, Eduard Kohlrausch (III).

[176] Prof. Dr. Eduard Kohlrausch an Dr. Alexander Elster, 2.9.1936, Stabi Dep. 42 Gr, Eduard Kohlrausch (III).

[177] Prof. Dr. Eduard Kohlrausch an Dr. Alexander Elster, 5.9.1936, Stabi Dep. 42 Gr, Eduard Kohlrausch (III).

Den guten Beziehungen tat dies offenbar keinen Abbruch. Im Juli 1937 informierte Kohlrausch Elster vertraulich, dass die juristische und staatswissenschaftliche Fakultät der Berliner Universität die bislang von Springer verlegten Abhandlungen einem neuen Verlag anzuvertrauen beabsichtigte. Falls der Verlag Interesse habe, solle er sich mit Dekan Gleispach in Verbindung setzen.[178]

Aber auch in den Kriegsjahren nutzte der Verlag Kohlrauschs gute Verbindungen. Als im April 1942 der Papierantrag für die 38. Auflage des Strafgesetzbuches von Kohlrausch abgelehnt wurde, bat ihn der Verlag, seine Kontakte zur Wehrmachtrechtsabteilung spielen zu lassen und dort eine Befürwortung des Antrages zu erreichen.[179] Zwischen 1934 und 1944 erschienen insgesamt acht Auflagen des Kommentars. Kohlrausch gab in der Guttentagschen Sammlung Deutscher Reichsgesetze auch das „Militärstrafgesetzbuch und Kriegssonderstrafrechtsverordnung in der Fassung vom 10. Oktober 1940" heraus.[180]

Noch am 6. Juni 1944 beschloss die Verlagskonferenz eine Neuauflage des Strafgesetzbuches von Kohlrausch in Höhe von 7500 Stück, von denen 2500 für die Wehrmacht vorgesehen waren.[181] 1944 erschien anlässlich des 70. Geburtstages von Eduard Kohlrausch die von Paul Bockelmann herausgegebene Festschrift „Probleme der Strafrechtserneuerung".[182]

Der intensive Kontakt zum Reichsjustizministerium zeigt sich auch bei der Entwicklung der *Juristischen Rundschau. Zeitschrift für praktische Rechtskunde* deutlich. Die Zeitschrift erschien mit der Beilage *Höchstrichterliche Rechtsprechung* seit 1925 im Verlag Walter de Gruyter und wurde von Otto Lindemann, Geheimer Oberjustizrat in Berlin und Vizepräsident des Preußischen Landesprüfungsamts, sowie Eugen Friedrichs, Oberlandesgerichtsrat in Naumburg, herausgegeben. Die Verlagskonferenz entschied am 18. Juni 1935:

> Gemäß Rücksprache mit dem Justizministerium Umgestaltung mit neuem Herausgeber, größerem Umfang, billigerem Preis in der Erwartung einer höheren Abnehmerzahl (insbesondere durch den Einfluss des Ministeriums) geplant, Deckung bei 3500 Abonnenten für JR und HRR [Höchstrichterliche Rechtsprechung] bei 6.- Mk vierteljährlich. Kosten etwa 64 000.- MK jährlich. Beschlossen: Verhandlungen in der Richtung zu führen, daß das RJustizministerium sich verpflichtet, durch wiederholte Hinweise, daß der Bezug der

---

[178] Notiz von Albrecht Kindt, 27.7.1937, Stabi Dep. 42 Gr, Eduard Kohlrausch (III).

[179] Albrecht Kindt an Prof. Dr. Eduard Kohlrausch, 9.4.1942, Stabi Dep. 42 Gr, Eduard Kohlrausch (III).

[180] Militärstrafgesetzbuch und Kriegssonderstrafrechtsverordnung in der Fassung vom 10. Oktober 1940, hrsg. von *Dr. Eduard Kohlrausch*, Berlin 1941.

[181] Konferenz am 6.6.1944. Anwesend die Herren: Cram, Dr. v. Staa, Kropp, Kissel, Stabi Dep. 42,627.

[182] Probleme der Strafrechtserneuerung, mit Beiträgen von *Paul Bockelmann, Georg Dahm, Alexander Graf zu Dohna, Karl Engisch, Franz Exner, Richard Lange, Edmund Mezger, Karl Peters, Eberhard Schmidt, Adolf Schönke, Rudolf Sieverts, Hellmuth v. Weber* und *Hans Welzel*, Berlin 1944.

JR durch die Mitarbeiter der Justizbehörde (Richter usw.) im Interesse des Dienstbetriebes erwünscht sei, die Bezieherzahl möglichst auf 3550 zu heben.[183]

Am 27. August hielt das Protokoll der Verlagskonferenz fest:

Fortführung d. alten Zeitschrift unter welchem Titel? Rechte an HRR dürften uns zweifelsfrei zustehen. Die andern Herausgeber (außer Lindemann) sind mit der voraussichtlichen Wandlung einverstanden. Hauptherausgeberschaft beim Ministerium. Termin der Veränderung? Absagebrief an Lindemann zu schreiben. Abwicklg. der JR mit den noch vorliegenden Aufsätzen? Beschlossen: Briefentwurf an Lindemann besprochen, mit kleinen Korrekturen gutgeheißen. Fortführungsfrage noch offen gelassen.[184]

Anfang September 1935 hatte man sich mit dem Reichsjustizministerium bezüglich der *Juristischen Rundschau* geeinigt. Sie sollte nun unter dem neuen Titel *Deutsches Privat- und Wirtschaftsrecht* unter der Herausgeberschaft der Herren Freisler, Flad, Nadler, Hartung, Goltz, Krug und Siebert erscheinen, die *Höchstrichterliche Rechtsprechung* in amtlichem Auftrag von Friedrichs, Gündel und Staud. Beide waren nun ein Ergänzungsblatt zur *Deutschen Justiz*.[185] Der langjährige Herausgeber Lindemann, mittlerweile Senatspräsident beim Berliner Kammergericht, verlor seine Position. Die Zeitschrift *Deutsches Privat- und Wirtschaftsrecht* wurde bis 1942 publiziert. Seit 1947 erscheint sie im Verlag Walter de Gruyter wieder unter ihrem ursprünglichen Titel *Juristische Rundschau*.

Auch die Tatsache, dass noch im Juni 1944 folgende juristische Zeitschriften erscheinen konnten, zeigt, dass sich die De Gruyter'sche Geschäftspolitik aus der Perspektive des Verlages auszahlte: *Zeitschrift für die gesamte Strafrechtswissenschaft* (1881 begründet im Verlag J. Guttentag), *Zeitschrift für Bergrecht* (erschien seit 1860), *Zeitschrift für ausländisches öffentliches Recht und Völkerrecht*, *Zeitschrift für internationales Privatrecht* und *Zeitschrift für Wehrrecht* (erscheint mit Unterstützung des OKW, behandelt alle militärrechtlichen und disziplinaren Fragen, die sich bei der Truppe ergeben) des angeschlossenen Verlags J. Schweitzer.[186]

Im vierten Kriegsjahr 1942 zeugt der Geschäftsbericht des Verlages von optimistischen Geschäftsaussichten für die juristische Abteilung. Gleichzeitig macht der Bericht – ebenso wie die Protokolle der Verlagskonferenz – deutlich, wie wichtig die Kontakte zu den staatlichen Stellen für das Gelingen des Geschäftsmodells waren:

---

[183] Konferenz, 18. Juni 1935. Anwesend die Herren: Cram, Dr. Elster, Dr. Buchenau, Stabi Dep. 42,627.

[184] Konferenz, 27. August 1935. Anwesend die Herren: Cram, Dr. Crisolli, Dr. Lüdtke, Hübler, Grethlein, Dr. Elster, Dr. Buchenau, Stabi Dep. 42,627.

[185] Konferenz, 3. September 1935. Anwesend die Herren: Cram, Dr. Lüdtke, Hübler, Grethlein, Dr. Elster, Dr. Buchenau, Stabi Dep. 42,627.

[186] Walter de Gruyter & Co. (Cram) an Reichsverband der deutschen Zeitschriftenverleger (Einschreiben), 6.6.1944, Stabi Dep. 42,388.

Die Sorgen, die wir auf juristischem Gebiet in Bezug auf unsere Großkommentare gehabt haben, scheinen sich jetzt zu beheben. Autoren unseres Verlags sind als Ministerialdirektoren ins Justizministerium berufen worden, die nun mit Nachdruck darauf hinweisen, daß auch in heutiger Zeit Großkommentare unbedingt erforderlich sind, wenn auch eine stärkere Aussiebung auf diesem Gebiet zu erfolgen hat. Von der Aussiebung werden scheinbar die Werke unseres Verlags weniger betroffen. Wir hoffen, daß nach dieser klaren Stellungnahme des Justizministeriums die vorhandenen Schwierigkeiten für die Papierbeschaffung der Kommentare nunmehr alsbald behoben sein werden.[187]

Allerdings erfüllten sich nicht alle Erwartungen, und die juristische Abteilung geriet im Laufe des Jahres 1943 gegenüber den Naturwissenschaften ins Hintertreffen, wie der Geschäftsbericht 1943 festhielt:

Die juristische Abteilung hatte Mühe, ihre alte Position zu erhalten. Da weiteres Papier für die großen Kommentare nicht bewilligt wurde, legten wir unser Schwergewicht auf die Textausgaben, deren Auflagen allerdings wesentlich erhöht werden mussten. Während früher die juristische Abteilung die Hauptquote unseres Umsatzes darstellte, ist sie heute durch die naturwissenschaftliche Abteilung wesentlich überflügelt.[188]

Insgesamt war der Verlag mit der Geschäftsentwicklung aber recht zufrieden:

Die systematische Pflege aller Wissensgebiete fängt insofern an, ihre Früchte zu tragen, als sie konjunkturelle Depressionserscheinungen auf einzelnen Wissensgebieten durch Hochkonjunktur auf anderen Gebieten ausgleicht und so eine gewisse Stetigkeit gewährleitet.[189]

Von einem Stillstand der Produktion im juristischen Bereich konnte auch nicht die Rede sein. Mit bemerkenswerter Gelassenheit bemühte sich der Verlag, mit den Widrigkeiten, die der Krieg für den verlegerischen Alltag mit sich brachte, umzugehen. Noch 1944 erschien der Leipziger Kommentar zum Reichs-Strafgesetzbuch nach dem neuesten Stand der Gesetzgebung (Lieferung I; sie enthielt Einleitung und §§ 1–152, 748 Seiten, RM 33,–). Die sechste, völlig neubearbeitete Auflage wurde von Dr. Johannes Nagler, Professor des Strafrechts an der Universität Berlin, in Gemeinschaft mit Dr. Edmund Mezger, Professor des Strafrechts an der Universität München, Felix Parrisius, Reichsanwalt am Volksgerichtshof Berlin, Dr. Hans Rohde, Reichsgerichtsrat in Leipzig, Dr. August Schaefer, Reichsgerichtsrat in Leipzig, Dr. Erich Schinnerer, Professor des Strafrechts an der Universität Prag, und Dr. Erhard Ziegler, Reichsgerichtsrat in Leipzig, herausgegeben. Begründet war der Kommentar von Dr. Dr. Ludwig Ebermayer, Dr. Adolf Lobe und Dr. Werner Rosenberg. Der letzte Bearbeiter, Senatspräsident am Reichsgericht i.R. Adolf Lobe, war verstorben. Die radikalen Änderungen bei der Gesetzgebung hatten eine grundlegende Überarbeitung des Kommentars notwendig gemacht.

---

187 Geschäftsbericht 1942, Stabi Dep. 42,399.
188 Geschäftsbericht 1943, gez. Dr. von Staa, 23.8.1944, Stabi Dep. 42,399.
189 Ebenda.

Zu diesem Zeitpunkt musste längst für jedes Publikationsvorhaben der Wirtschaftsstelle des deutschen Buchhandels, die für die Bewilligung von Papier zuständig war, eine Begründung vorgelegt werden. Diese kurzen Angaben illustrieren die Verlagspolitik bis Kriegsende; darin wird das Bemühen um die Erhaltung des Charakters eines Wissenschaftsverlages deutlich, der aber Zugeständnisse machte. Im Juli 1944 stand z.B. der Druck der Neuauflage des Leipziger Kommentars zum Reichsstrafgesetzbuch an, was der Verlag folgendermaßen begründete:

> Der neuen Bearbeitung des berühmten Kommentars kommt gerade jetzt im Hinblick auf die im Fluss befindliche Reform des deutschen Strafrechts besondere Bedeutung zu. [...] Von besonderem Interesse ist der Allgemeine Teil, der den Rechtsumbruch am ausgeprägtesten zeigt.[190]

Bei der Neuauflage der „Probleme der Strafrechtserneuerung" hingegen war nur angeführt: „Es handelt sich um eine Sammlung von hochwissenschaftlichen Arbeiten hervorragender Rechtsgelehrter, die für die Strafrechtsreform wertvollstes Material bieten."[191] Beim „Gesetz über den Versicherungsvertrag" wurde wieder etwas politischer argumentiert: „Der Bedarf an juristischer Literatur hat durch die feindlichen Terrorangriffe eine ungeheuere Steigerung erfahren. [...] Dazu kommt der starke Bedarf in den wiedergewonnenen und besetzten Gebieten."[192] In vielen Fällen fehlte dieser Aspekt jedoch völlig und man verwies lediglich auf die fachliche Notwendigkeit.

Am 16. März 1944 informierte das Propagandaministerium, dass es sich einen Überblick „über die wichtigsten und unentbehrlichen Bücher" des militärischen Fachschrifttums verschaffen wolle, um für diese Publikationen den Papierbedarf bereitstellen zu können. Die vom Verlag einzureichende Liste sollte sich „auf möglichst wenige Titel beschränken und ausschließlich militär-wissenschaftliches Schrifttum und unentbehrliches Gebrauchsschrifttum der Wehrmachtsteile, Waffengattungen usw. enthalten".[193] Dieser Aufforderung leistete der Verlag am 20. April 1944 Folge und führte neben zahlreichen Titeln aus dem naturwissenschaftlichen Bereich auch mehrere juristische Publikationen mit knapper Begründung, die die Kriegswichtigkeit unterstreichen sollte, auf: Alfred Grosch/Walter Petters, „Strafgesetzbuch für Polizei- und Gendarmerie-Beamte", 17. Auflage; Martin Rittau, „Erläuterungsbuch zum Militärstrafgesetzbuch" („Für den Gerichtsoffizier und die Truppen bestimmt"), das 1943 in der

[190] Verlag Walter de Gruyter & Co. an die Wirtschaftsstelle des deutschen Buchhandels, 11.7.1944, Stabi Dep. 42,213 (2).

[191] Verlag Walter de Gruyter & Co. an die Wirtschaftsstelle des deutschen Buchhandels, 26.6.1944, Stabi Dep. 42,213 (2).

[192] Verlag Walter de Gruyter & Co. an die Wirtschaftsstelle des deutschen Buchhandels, 27.6.1944, Stabi Dep. 42,213 (2).

[193] Reichsministerium für Volksaufklärung und Propaganda an den Verlag Walter de Gruyter u. Co., 16.3.1944, Stabi Dep. 42,213 (1).

vierten Auflage erschienen war und trotz dieser Begründung nicht noch einmal aufgelegt wurde; Anton Romen/Carl Rissom, „Kommentar zum Militärstrafgesetzbuch" („der führende Kommentar vom OKW empfohlen"), der 1918 in der zweiten Auflage im beachtlichen Umfang von 1096 Seiten publiziert worden war und ebenfalls nicht nachgedruckt wurde; Fritz Müller, „Straßenverkehrsrecht" („Der führende Kommentar auf diesem Gebiete. Wichtig für die motorisierte Truppe"), dessen 15. Auflage nach der „Arisierung" von Stilkes Rechtsbibliothek 1943 bei De Gruyter erschienen war, die 16. Auflage konnte jedoch erst 1949 gedruckt werden; Eduard Kohlrausch/Richard Lange, „Strafgesetzbuch" („für Militärgerichte und die Truppenbetreuung"), das während des Krieges zuletzt 1941 in der 37. Auflage erschien; Wenz, Oberkriegsgerichtsrat, „Kriegsstrafverfahrensordnung" („wird vom OKW als halbamtliche Ausgabe für sämtliche Militärgerichte beschafft"); Akademie des deutschen Rechts. Deutsche Übersetzung des rumänischen Militärstrafgesetzbuches.[194] Noch 1944 erschien in der Guttentagschen Sammlung Deutscher Reichsgesetze die 18. Auflage des Kommentars zum Bürgerlichen Gesetzbuch von Alexander Achilles und Max Greiff, gebunden mit 1310 Seiten! Im letzten Kriegsjahr wurde allerdings nur noch in Ausnahmefällen Papier für die umfänglichen Kommentare bewilligt.[195]

Diese Entwicklung kann aber nicht darüber hinwegtäuschen, dass De Gruyter an der nationalsozialistischen Neuausrichtung des Rechts partizipierte und ohne ersichtliche Vorbehalte in erheblichem Maße davon profitierte. Damit war keine grundsätzliche Neuausrichtung der Geschäftspolitik verbunden; der Verlag hielt weiterhin an seiner engen Verbindung zu den Entscheidungsträgern fest, was eine erhebliche Nähe zu den nationalsozialistischen Machthabern zur Folge hatte. Dementsprechend ging De Gruyter nicht auf Distanz bei der Aushöhlung und letztlich Zerstörung des Rechtssystems durch die Nationalsozialisten. In den Akten ist kein Fall dokumentiert, bei dem diese Option der Zurückhaltung auch nur in Erwägung gezogen wurde.

3. Altertumswissenschaften und Altphilologie

Ein in nahezu allen wissenschaftlichen Disziplinen tätiger Verlag wie Walter de Gruyter war eng mit Universitätsinstituten und wissenschaftlichen Institutionen vernetzt. Folglich hatte deren unfreiwillige und freiwillige „Gleichschaltung" kurz- und mittelfristig Auswirkungen auf die Verlagsarbeit. Die Vertreibung jüdischer und politisch missliebiger Wissenschaftler spielte dabei ebenso eine Rolle wie Eingriffe vonseiten der Politik wie Zensur oder die Etablierung

---

194 Einschreiben Walter de Gruyter & Co. (Cram) an Reichsministerium für Volksaufklärung und Propaganda, 20.4.1944, Stabi Dep. 42,213 (2).

195 Geschäftsbericht 1943, gez. Dr. von Staa, 23.8.1944, Stabi Dep. 42,399.

und Förderung ideologisch relevanter Forschungen. In manchen Themenbereichen bemühte sich Walter de Gruyter jedoch, die klassische Verlagsarbeit scheinbar unberührt von den äußeren Umständen fortzusetzen. In der Archäologie ist eine bemerkenswerte Kontinuität festzustellen. Viele Reihen wurden vor dem Beginn der NS-Herrschaft begründet und erscheinen noch heute. Bei einer oberflächlichen Durchsicht der umfangreichen Korrespondenz, die den Herstellungsprozess begleitete, könnte man den Eindruck gewinnen, dass die dramatische Änderung der politischen Verhältnisse die Verlagsarbeit unberührt ließ. Der Korrespondenz sind – im Unterscheid etwa zur juristischen Literatur – vorrangig Fragen von Druck- und Papierqualität, der Lieferung von qualitativ hochwertigen Vorlagen für die Abbildungen, von Druckkostenzuschüssen sowie der pünktlichen Ablieferung von Manuskripten bzw. Herstellung der Bücher zu entnehmen.

Die 1924 vom Berliner Ordinarius für Altphilologie Werner Jaeger (1888–1961) gegründete „Gesellschaft für Antike Kultur“ unter ihrem Vorsitzenden Staatsminister Prof. Dr. Johannes Popitz und dem stellvertretenden Vorsitzenden Prof. Dr. Johannes Stroux plante z.B. 1939 die Herausgabe einer Bibliothek von Ausgaben griechischer und lateinischer Klassiker mit deutscher Übersetzung. Die Gesellschaft war dem Verlag durch die Herausgabe ihrer Zeitschrift *Die Antike. Zeitschrift für Kunst und Kultur des klassischen Altertums*, die bis 1944 bei De Gruyter erschien, verbunden. Das Bibliotheksvorhaben hatte eine längere Auseinandersetzung mit dem Leipziger Verlag B.G. Teubner zur Folge, der Sorge hatte, dass damit der eigenen Bibliotheca Teubneriana Konkurrenz entstünde. Die bis in das Jahr 1943 reichende Korrespondenz, an deren Ende der Beitritt von Teubner zum zwischen De Gruyter und der „Gesellschaft für Antike Kultur“ geschlossenen Vertrag stand, deutet in keinem Punkt auf die zeitlichen Umstände hin, abgesehen von der Grußformel „Heil Hitler“ und gelegentlichen Informationen, dass sich die Sache ein wenig hinziehe, weil z.B. der im Verlag Teubner zuständige Dr. Gieselbusch „z.Zt. vor Petersburg liegt“.[196]

Tatsächlich blieb jedoch keine Wissenschaftsdisziplin in der NS-Diktatur unpolitisch. Die antisemitische Ideologie der Nationalsozialisten ließ selbstverständlich auch die Altphilologie und die Archäologie nicht unberührt. Interessant, weil exemplarisch, ist der Fall Werner Jaeger, der das Verhaltensmuster von Herbert Cram im Umgang mit verfolgten Wissenschaftlern deutlich macht. Jaeger hatte seit 1921 den international renommierten Lehrstuhl für Altphilologie an der Berliner Universität inne und stand seit 1925 durch die von ihm gegründete Zeitschrift *Die Antike* mit dem Verlag Walter de Gruyter in Beziehungen. 1928 erschien bei De Gruyter seine Schrift „Platos Stellung im Aufbau der griechischen Bildung“, und auch sein Hauptwerk „Paideia. Die Formung des griechischen Menschen“ ließ er bei De Gruyter verlegen. Der erste Band wurde 1934

[196] B.G. Teubner an Walter de Gruyter & Co., 6.10.1941, Stabi Dep. 42,87 (1).

publiziert, Band 2 und 3 in den Jahren 1944 bzw. 1947. Jaeger gilt als Hauptvertreter des „Dritten Humanismus“, der „durch Rückbezug auf das antike Menschenbild und seine neuzeitlichen Renaissancen die Gegenwart zu erneuern“ trachtete.[197] Damit sollten die „unvergänglichen erzieherischen und ethischen Kräfte der Antike“ freigelegt werden.[198]

Im Mai 1936 informierte Werner Jaeger Herbert Cram, dass er zum 1. Oktober 1936 einen Ruf nach Chicago angenommen habe und aus dem preußischen Staatsdienst ausscheide. Er erkundigte sich, ob der Verlag einen Band mit seinen Aufsätzen aus den vergangenen Jahren herauszubringen gedächte, was Cram befürwortete, allerdings – so Cram – müssten wir „ihn dann aber ankündigen, bevor sein Ausscheiden aus dem Staatsdienst allgemein bekannt sei, um eine Missdeutung unserer Handlungsweise zu verhindern“.[199] Jaegers Frau war Jüdin, weshalb er Cram fragte, ob man die Herausgabe seiner Arbeiten gesetzlich verbieten könne. Cram antwortete, „dass eine solche Tatsache an meinem Entschluss nichts ändern würde. Wenn aber von seiten der Schrifttumskammer eine Verfügung mit gesetzlicher Kraft herauskomme, so schalte das meinen persönlichen Willen aus –, das sei aber zur Zeit nicht akut.“[200] Damit ist die Handlungsmaxime Herbert Crams deutlich umrissen. Jaeger war selbst nichtjüdischer Herkunft und ein prominenter Wissenschaftler und Gründer der Gesellschaft für Antike Kultur, den Cram nicht einfach fallen lassen wollte. Im Gespräch mit Jaeger hielt er sich dennoch ein Hintertürchen offen, das es ihm mit Verweis auf gesetzliche Vorschriften jederzeit ermöglicht hätte, die Zusammenarbeit aufzukündigen. Dies wurde jedoch nicht nötig. 1937 erschien im Verlag Walter de Gruyter der Band „Humanistische Reden und Vorträge“ von Jaeger, 1938 „Diokles von Karystos. Die griechische Medizin und die Schule des Aristoteles“, 1939 „Demosthenes. Der Staatsmann und sein Werden“, und 1944 folgte der zweite Band der „Paideia“. Der Verlag hielt auch während des Krieges den Kontakt zu Jaeger in den Vereinigten Staaten; seit 1939 lehrte dieser an der Harvard University. Manuskripte und nach dem Kriegseintritt der USA auch die Korrespondenz erreichten De Gruyter über Jaegers in Basel ansässigen ehemaligen Schüler Prof. Dr. H. Fuchs, der sie über das Deutsche Konsulat in Basel und das Berliner Auswärtige Amt an den Verlag weiterleitete.[201]

Wie sehr die NS-Politik und -bürokratie auch im Detail in wissenschaftliche Literatur hineinwirkte, wird an dem 1944 erschienenen zweiten Band von Jaegers „Paideia“ deutlich. Jüdische Wissenschaftler sollten nicht nur von den Ti-

---

[197] *Barbara Stiewe*, Der „Dritte Humanismus“. Aspekte deutscher Griechenrezeption vom George-Kreis bis zum Nationalsozialismus, Berlin 2011, S. 4.

[198] *Werner Jaeger*, Die Erziehung des politischen Menschen und die Antike, in: Volk im Werden 1 (1933) 3, S. S. 43–49, hier S. 44. Zit. nach: *Stiewe*, Der „Dritte Humanismus“, S. 5.

[199] Herbert Cram, Besprechung mit Prof. Werner Jaeger am 27.5.1936, Stabi Dep. 42,386.

[200] Ebenda.

[201] Korrespondenz zwischen Fuchs und Verlag in Stabi Dep. 42, K 218, M 5.

telblättern als Autoren verschwinden, sondern ihre Spuren auch aus den Werken nichtjüdischer Verfasser getilgt werden. Dabei galt es, die Waage zu halten zwischen den Wünschen und Vorgaben der Politik einerseits und der Einhaltung wissenschaftlicher Standards andererseits. Ein Briefwechsel zwischen dem Verlagsberater Dr. Artur Buchenau und De Gruyter im Zusammenhang mit dem Erscheinen des zweiten Paideia-Bandes vom Februar 1944 illustriert diese Gratwanderung. Buchenau bat von Staa vertraulich um Rat: Er hatte

> mehrere längere Anm. gestrichen, die sich mit jüdischen Autoren beschäftigten. Es sind zwei Hinweise noch stehen geblieben (weil hier Jaeger in der Sache von den Autoren abhängig ist). Einmal ein Hinweis auf Norden, dann auf das Buch Edelstein. Schließlich bringt eine Anm. eine Parallele der griech. Königsherrschaft mit den jüdischen Königen. Unsere Meinungen sind geteilt. [...] Was raten Sie?[202]

Von Staa beschied ihn:

> Bezüglich der Zitierung von Juden in der Paideia sind wir der Meinung, dass Norden stehen bleiben kann, Edelstein dagegen verschwinden muss. Bezüglich der von Jaeger gezeigten Parallele der griechischen Königsherrschaft mit den jüdischen Königen kommt es darauf an, mit welchem Unterton dieser Hinweis gebracht wird. Wenn er ganz nüchtern und völlig ohne Spitze ist, so kann er stehen bleiben; andernfalls müssten Sie sehen ihn zu mildern oder doch ganz zu streichen.[203]

Offenbar gab es gegen das angepasste Manuskript keine behördlichen Einwände, denn der Band erschien 1944.

Von 1929 bis zu seiner Festnahme nach dem Attentat auf Hitler vom 20. Juli 1944 stand Prof. Dr. Johannes Popitz der Gesellschaft für Antike Kultur vor.[204] Unter seiner Leitung besprach der Vorstand, dem Herbert Cram als Schatzmeister der Gesellschaft angehörte, am 24. Juni 1938 den weiteren Umgang mit den jüdischen Mitgliedern. Cram schlug dabei – seinem Verhalten gegenüber verdienten jüdischen Verlagsautoren sehr ähnlich – ein aus seiner Sicht diplomatisches Vorgehen vor: „Wenn wir schon zur Vermeidung von politischen Rückschlägen die Nichtarier aus unserer Ges. ausscheiden müssten, so dürfte das nur in einer Form geschehen, die auch von Nichtariern gewürdigt wird." An die einzelnen Herren sollten Mitgliederlisten „zur Prüfung dieser Frage" verschickt werden, sodann regte er an, den „Nichtariern" schlicht keine Zahlungsaufforderung mehr zukommen zu lassen. Zum Abonnement der Zeitschrift sollten sie ohne Mitgliedschaft „angeregt" werden. Bei „großen Namen" erklärte er sich

---

202 Artur Buchenau, 16.2.1944, Stabi Dep. 42 Gr, Artur Buchenau.

203 Wolf Meinhard von Staa an Dr. Artur Buchenau, 24.2.1944, Stabi Dep. 42 Gr, Artur Buchenau.

204 Der Jurist war von 1925 bis 1929 Staatssekretär im Reichsfinanzministerium und seit April 1933 preußischer Finanzminister gewesen; er wurde im Oktober 1944 vom Volksgerichtshof zum Tode verurteilt und im Februar 1945 in Berlin-Plötzensee hingerichtet. *Wolfgang Benz/Walter H. Pehle* (Hrsg.), Lexikon des deutschen Widerstandes, Frankfurt a.M. 1999, S. 384.

bereit, „stillschweigend ein Freiexpl. zu liefern".[205] Am 10. November 1938 verschickte der Schriftführer der Gesellschaft, Albrecht Schwerdtfeger, an Mitglieder, von denen man annahm, dass sie das Reichsbürgerrecht nach den „Nürnberger Gesetzen" nicht besaßen, ein Schreiben, das aber bei den Betroffenen offenbar nicht „gewürdigt" wurde, wie es Cram vorgeschwebt hatte. Prof. Dr. Fritz Pringsheim etwa ergänzte das eingegangene Schreiben handschriftlich: „Mit Freuden lasse ich mich aus Ihrer Mitgliederliste streichen, nachdem ich der Gesellschaft von Anfang an angehört habe."[206] Schriftführer Schwerdtfeger begriff diese Reaktion in arger Verkennung der Situation als Affront: Es schien ihm „bemerkenswert [...], wie sich die Verbitterung in der Erklärung Pringsheim in ressentimentdurchsetzter Frechheit zum Ausdruck bringt".[207] Pringsheim war 1935 von seinem Lehrstuhl für römisches und bürgerliches Recht in Freiburg vertrieben worden. Ihm gelang 1939 nach seiner Inhaftierung im KZ Sachsenhausen die Flucht nach Großbritannien.

Herbert Cram hatte jedoch Bedenken, dieses vom Schriftführer verfasste Schreiben an ausländische jüdische Mitglieder der Gesellschaft für Antike Kultur zu versenden. Er schlug vor, „Cohn, Jerusalem, Freud, Wien, Hirsch, Paris, Rosenbaum, Danzig [...] mit Ablauf des Jahres stillschweigend aus unserer Mitgliederliste [zu] streichen [...], um im Ausland keine Hetze gegen uns auszulösen".[208] Auch dieser Vorschlag entspricht seiner Politik im Verlag. Er vermied offene Konflikte sowohl mit den jüdischen Autoren als auch mit den Behörden und vertrieb eingeführte Werke, solange es möglich war. Stand eine Neuauflage an, distanzierte er sich „stillschweigend" vom bisherigen Verfasser und bemühte sich um einen neuen Autor.

Seit 1886 erschien im Reimer Verlag das *Jahrbuch des Deutschen Archäologischen Instituts*, und die archäologische Wissenschaft war ein wichtiges Standbein des Verlages. Der Verlag Walter de Gruyter pflegt den Kontakt zum Deutschen Archäologischen Institut – weiterhin unter anderem in Form des Jahrbuchs – bis zum heutigen Tag.[209] Die Archäologie mit ihren spektakulären Ausgrabungen und Ausstellungen erfreute sich – wie die Altertumswissenschaften vor dem Hintergrund eines humanistischen Bildungsideals insgesamt – im 19. und zu Beginn des 20. Jahrhunderts großen Ansehens. Damit einher ging eine üppige

---

[205] Besprechung betr. Antike zwischen Schadewaldt, Schweitzer, Stroux, Lietzmann, Meier, Cram unter Vorsitz v. Popitz am 24.6.1938, gez. Herbert Cram, Stabi Dep. 42,88 (2).

[206] Prof. Dr. Fritz Pringsheim an den Schriftführer der Gesellschaft für Antike Kultur, Dr. Albrecht Schwerdtfeger, 21.11.1938, Stabi Dep. 42,88 (2).

[207] Dr. Albrecht Schwerdtfeger an Herbert Cram, 24.12.1938, Stabi Dep. 42,88 (2).

[208] Herbert Cram an Staatsminister Dr. Johannes Popitz, 10.11.1938, Stabi Dep. 42,88 (2).

[209] Das Deutsche Archäologische Institut lässt seine Geschichte im 20. Jahrhundert im Rahmen seines Forschungsclusters 5 unter Leitung von Prof. Dr. Christian Jansen untersuchen. http://www.dainst.org/forschung/netzwerke/forschungscluster/cluster-5/konzept [7.2.2016].

staatliche Förderung.[210] Spätestens in den Jahren der Weltwirtschaftskrise war die Klassische Archäologie allerdings zu einem der Sorgenkinder des Verlages geworden. Herbert Cram klagte Anfang Januar 1933, dass „Archäologie augenblicklich so gut wie kaum abzusetzen" sei.[211]

Auch während des Nationalsozialismus blieb das Archäologische Institut des Deutschen Reiches, das seit Mai 1934 nicht mehr dem bislang zuständigen Auswärtigen Amt, sondern Bernhard Rusts Wissenschaftsministerium zugeordnet war,[212] der wissenschaftliche Ansprech- und Geschäftspartner für den Verlag Walter de Gruyter. Sowohl Theodor Wiegand, Präsident von 1932 bis 1936, als auch sein Nachfolger Martin Schede, der das Institut bis 1945 leitete, waren langjährige Autoren bei De Gruyter, wodurch eine persönliche Verbindung bestand. Wiegand hatte bereits 1904 im Reimer Verlag über die Ausgrabungen in Priene publiziert,[213] und auch seine berühmten Schriften über die Grabungen in Milet[214] und im libanesischen Baalbek[215] erschienen bei Reimer bzw. De Gruyter. Wiegand, der bei Antritt seiner Präsidentschaft des Archäologischen Instituts bereits 67 Jahre alt war, bemühte sich, die versuchte Vereinnahmung der traditionsreichen Institution durch das „Amt Rosenberg", vor allem durch dessen Leiter der Abteilung Vor- und Frühgeschichte Hans Reinerth, zu verhindern.[216] Martin Schede, der nach Wiegands Tod Präsident wurde, publizierte seit 1934 bei De Gruyter.[217] Schede war Parteimitglied, gilt jedoch nicht als Vorreiter einer Neuausrichtung der archäologischen Wissenschaft nach nationalistischen, das Germanentum propagierenden Ideen, sondern als „Konsenskandidat der wis-

---

[210] Vgl. dazu: *Stefan Altekamp*, Klassische Archäologie, in: *Jürgen Elvert/Jürgen Nielsen-Sikora* (Hrsg.), Kulturwissenschaften und Nationalsozialismus, Stuttgart 2008, S. 167–209.

[211] Herbert Cram an Rudolf Laupp, 2.1.1933, Stabi Dep. 42,584.

[212] Vgl. zur Geschichte des Archäologischen Instituts in der NS-Zeit *Klaus Junker*, Das Archäologische Institut des Deutschen Reiches zwischen Forschung und Politik. Die Jahre 1929 bis 1945, Mainz 1997.

[213] *Theodor Wiegand/Hans Schrader*, Priene. Ergebnisse der Ausgrabungen und Untersuchungen in den Jahren 1895–1898, Berlin 1904 (Reimer).

[214] Milet. Ergebnisse der Ausgrabungen und Untersuchungen seit dem Jahre 1899, begr. von *Theodor Wiegand*, Berlin 1906 ff. (Reimer bzw. ab 1921 De Gruyter).

[215] *Theodor Wiegand* (Hrsg.), Baalbek. Ergebnisse der Ausgrabungen und Untersuchungen in den Jahren 1898 und 1905, 3 Bde., Berlin 1921–1925.

[216] *Altekamp*, Klassische Archäologie, S. 197.

Klaus Junker betont, dass die Konzentration auf die Person Reinerth in der Auseinandersetzung über die künftige Forschungsausrichtung nach der NS-Machtübernahme zu kurz greife, da der Konflikt zwischen klassisch-römischen Archäologen und ihren Kollegen, die ihre Priorität auf die germanische Vorgeschichtsforschung legten und die Archäologie dadurch zu einer nationalen Angelegenheit zu machen trachteten, bereits im späten 19. Jahrhundert begonnen habe. Junker, Das Archäologische Institut, S. 49–66.

[217] *Martin Schede*, Die Ruinen von Priene. Kurze Beschreibung, Berlin 1934. 1936 erschien Der Tempel in Ankara (verfasst mit *Daniel Krencker*; vgl. zur Herstellung Stabi Dep. 42,127 (6)), 1937 Ankara und Augustus (verfasst mit *Hanns Stephan Schultz*).

senschaftlichen Leitungsgruppe" des Archäologischen Instituts.[218] Allerdings erfüllte er die nationalsozialistischen Erwartungen, als er 1938 die jüdischen Institutsmitglieder „rasch, effizient und als reinen Verwaltungsakt" ihrer Positionen enthob.[219] Der Verlag De Gruyter musste die langjährige Verbindung zum Archäologischen Institut lediglich wachhalten, um vom Aufschwung, den die Altertumswissenschaft nach dem Machtantritt der Nationalsozialisten nahm, zu profitieren. Ihren unpolitischen Charakter hatte die Archäologie damit trotz aller äußerlichen Kontinuitäten verloren. Eine nach außen sichtbare Anpassung an die neuen Verhältnisse war die in Teilen der Korrespondenz mit dem Institut verwendete Grußformel „Heil Hitler".[220]

Ungeachtet der langjährigen, intensiven Verbindung war diese Kooperation kein Selbstläufer, sondern wollte durch Kontakte, aber auch durch qualitativ hochwertig gestaltete Publikationen gepflegt werden. Im Dezember 1934 beschwerte sich das Archäologische Institut beim Verlag, dass der Druck des Jahrbuchs Band 49 (Heft 1/2) „nicht zu unserer Zufriedenheit ausgefallen" war. „Im Allgemeinen ist dazu zu sagen", so das Schreiben, „dass die Druckerei zu viel Farbe genommen hat und dass die Zurichtung der Klischees nicht mit der nötigen Sorgfalt vorgenommen wurde." Die weitere Zusammenarbeit mit einer privaten Firma sei nur möglich, „wenn die Leistung der Privatfirma in der Qualität unantastbar ist und die geforderten Preise der Güte der Herstellung entsprechen". Andernfalls müsse der Verlag gewechselt werden.[221] Offenbar konnte dieser jedoch in der Folgezeit wieder den gewohnten Qualitätsstandard liefern; die Zusammenarbeit wurde fortgesetzt.

Alle drei aus ihrem Professorenamt vertriebenen jüdischen Klassischen Archäologen[222] hatten bei De Gruyter publiziert. Mit Margarete Bieber (1879–1978) befand sich unter ihnen auch die erste Professorin für Klassische Archäologie. Trotz aller Widerstände während ihres Studiums und der akademischen Laufbahn wegen ihres Geschlechts wurde sie nach dem Ersten Weltkrieg in Gießen habilitiert, wirkte dort von 1919 bis 1923 als Privatdozentin, anschließend als

---

218 So das Urteil von *Stefan Altekamp*, Klassische Archäologie, S. 198. Vgl. *Junker*, Das Archäologische Institut, S. 29.

219 *Marie Vigener*, „Ein wichtiger kulturpolitischer Faktor". Das Deutsche Archäologische Institut zwischen Wissenschaft, Politik und Öffentlichkeit 1918–1954, Rahden 2012, S. 76.

220 Vgl. z.B. die Korrespondenz bezüglich des Projektes Lehmann-Hartleben, Pompeji (Denkmäler antiker Architektur), Stabi Dep. 42,137 (5).

221 Archäologisches Institut des Deutschen Reiches an den Verlag Walter de Gruyter, 18.12.1934, Stabi Dep. 42,152 (4).

222 *Altekamp*, Klassische Archäologie, S. 203.
Vier weitere aus ihren Ämtern vertriebene Altertumswissenschaftler publizierten bei De Gruyter: Otto Brendel, Kurt von Fritz, Ernst Kapp, Paul Friedländer. Damit waren sechs der zehn von Hans Peter Obermayer portraitierten Archäologen, die die Nationalsozialisten ins amerikanische Exil trieben, De Gruyter-Autoren. Hans Peter Obermayer, Deutsche Altertumswissenschaftler im amerikanischen Exil. Eine Rekonstruktion, Berlin 2014.

außerordentliche Professorin und leitete seit 1928 das Institut für Altertumswissenschaften. 1931 wurde sie zur planmäßigen außerordentlichen Professorin ernannt. Wegen ihrer jüdischen Herkunft wurde sie im Juli 1933 gezwungen, ihr Amt aufzugeben. Bieber emigrierte über Großbritannien in die USA und konnte ihre akademische Karriere an der Columbia University in New York fortsetzen. Sie war weithin anerkannt als Spezialistin für die griechischen und römischen Künste.[223] Im Verlag Walter de Gruyter hatte Margarete Bieber 1928 ihre Schrift „Griechische Kleidung“ veröffentlicht.

Karl Lehmann-Hartleben[224] (1894–1960) war seit 1929 in Münster Ordinarius für Klassische Archäologie. Die Nationalsozialisten entließen ihn im April 1933 infolge des „Gesetzes zur Wiederherstellung des Berufsbeamtentums“ wegen seiner jüdischen Herkunft. Er flüchtete nach Italien und weiter in die USA und war von 1935 bis zu seinem Tod 1960 Professor für Klassische Archäologie am Institute of Fine Arts der New York University. Bereits 1938 begann er mit den berühmten Ausgrabungen des Kabirenheiligtums auf der Ägäisinsel Samothrake.[225] Der Verlag De Gruyter veröffentlichte 1926 seine Habilitationsschrift „Die Trajanssäule. Ein römisches Kunstwerk zu Beginn der Spätantike“ und 1927 das vierbändige Standardwerk „Die antiken Großbronzen“, das er gemeinsam mit dem Bildhauer Kurt Kluge verfasst hatte. Zudem war Lehmann-Hartleben Autor der De-Gruyter-Zeitschrift *Die Antike*. Bemerkenswert ist, dass noch 1936 – also bereits nach seiner Emigration in die USA – das von seinem Doktorvater Ferdinand Noack (1865–1931) begonnene und von ihm vollendete Werk „Baugeschichtliche Untersuchungen am Stadtrand von Pompeji“ in der Reihe „Denkmäler antiker Architektur“ bei De Gruyter erschien. Das Archäologische Institut leistete einen Zuschuss von 6560,– RM zu dem Projekt,[226] dessen Gesamtherstellungskosten sich auf 11.900,– RM beliefen; bei einem Ladenpreis von 60,– RM und einem Absatz von 127 Exemplaren waren die Verlagskosten gedeckt. Die Auflagenhöhe betrug 300 Exemplare.[227] Die zuständige Abteilung Reimer hatte

---

[223] *Larissa Bonfante*, Margarete Bieber, in: *Reinhard Lullies/Wolfgang Schiering* (Hrsg.), Archäologenbildnisse. Porträts und Kurzbiographien von Klassischen Archäologen Deutscher Sprache, Mainz 1988, S. 196 f.; *Herbert A. Strauss/Werner Röder* (Hrsg.), International Biographical Dictionary of Central European Emigrés 1933–1945, vol. II/Part 2, München u.a. 1983, S. 104; vgl. auch: *Obermayer*, Deutsche Altertumswissenschaftler im amerikanischen Exil, S. 35–107.

[224] Karl Lehmann nannte sich nach dem Geburtsnamen seiner Ehefrau von 1920 bis zu deren Tod 1944 Lehmann-Hartleben.

[225] Artikel zu Karl Lehmann, in: *Lullies/Schiering* (Hrsg.), Archäologenbildnisse, S. 262 f.; *Strauss/Röder* (Hrsg.), International Biographical Dictionary of Central European Emigrés 1933–1945, vol. II/Part 2, S. 703; vgl. auch: *Obermayer*, Deutsche Altertumswissenschaftler im amerikanischen Exil, Berlin 2014, S. 108–132.

[226] Herbert Cram an das Archäologische Institut des Deutschen Reichs, 29.2.1936, und Abt. Reimer an die Buchhaltung, 19.9.1936, Stabi Dep. 42,137 (5).

[227] Herbert Cram an das Archäologische Institut des Deutschen Reichs, 21.3.1935, Stabi Dep. 42,137 (5).

im Sommer 1935 bei der Herstellung in Trebbin wegen der bevorstehenden Auswanderung Lehmann-Hartlebens das Projekt vorangetrieben: „Der Satz ist sehr eilig, da der Verfasser in Kürze nach Amerika geht und gern vorher die Korrekturen erledigen möchte.“[228]

Paul Jacobsthal (1880–1957) war seit 1912 Professor für Klassische Archäologie in Marburg gewesen und musste 1935 wegen seiner jüdischen Herkunft die Universität verlassen. Er emigrierte nach Großbritannien.[229] Im Verlag De Gruyter hatte er 1933 „Diskoi“ veröffentlicht.

De Gruyter profitierte, wie die Archäologie insgesamt, von der Förderung neuer Ausgrabungen in Olympia seit 1937, die in engem Zusammenhang mit der Inszenierung der Olympischen Spiele in Berlin 1936 standen und direkt aus dem „Dispositionsfonds des Führers“ finanziert wurden.[230] Vor allem Gerhart Rodenwaldt,[231] von 1922 bis 1932 Präsident des Archäologischen Instituts, dann Ordinarius für Klassische Archäologie an der Berliner Universität und einer der bekanntesten Altertumswissenschaftler, beteiligte sich intensiv an der Vorbereitung dieser Unternehmung.[232] Er war De Gruyter über den Deutschen Kunstverlag verbunden, in dem 1936 auch sein Buch „Olympia“ erschien; die Fotoaufnahmen hatte Walter Hege beigesteuert. In Auftrag gegeben hatten den Band, der allen Olympioniken auf dem Siegerpodest überreicht wurde, das deutsche olympische Komitee und das Propagandaministerium. Rodenwaldts Engagement für diese NS-Propagandaveranstaltung basierte auf seinen guten Kontakten zu den Organisatoren Theodor Lewald und Carl Diem. Darüber hinaus war dem erfahrenen Wissenschaftsmanager bewusst, dass sich dadurch eine Chance bot, die neuen Machthaber für die Sache der Archäologie zu gewinnen. Durch die Verknüpfung der Spiele von 1936 mit den Idealen des antiken Griechenland sollte versucht werden, eine Basis für alle Kulturnationen zu schaffen, bei der die brutale Seite des NS-Regimes in den Hintergrund gerückt wurde. Für sein Bemühen verlieh Hitler Gerhart Rodenwaldt das Deutsche-Olympia-Ehrenzeichen zweiter Klasse. Der Verlag Walter de Gruyter profitierte von dem Olympia-Buch, das noch 1941 in der dritten Auflage erschien. Bereits 1936 war auch eine eng-

---

[228] Abt. Reimer an Herrn Walther, Trebbin, 24.6.1935, und nochmals Abt. Reimer an Herrn Walther, Trebbin, 26.7.1935, Stabi Dep. 42,137 (5).

[229] *Karl Schefold*, Paul Jacobsthal, in: *Lullies/Schiering* (Hrsg.), Archäologenbildnisse, S. 204 f.; *Strauss/Röder* (Hrsg.), International Biographical Dictionary of Central European Emigrés 1933–1945, vol. II/Part 1, S. 559 f.

[230] *Junker*, Das Archäologische Institut, S. 70 ff.; Der Reichsminister für Wissenschaft, Erziehung und Volksbildung zur Vorlage bei der Wirtschaftsstelle des Deutschen Buchhandels in Berlin, 15.6.1942, Stabi Dep. 42, Kasten 44, Mappe 1.

[231] Vgl. zur Biografie Rodenwaldts *Esther Sophia Sünderhauf*, Gerhart Rodenwaldt (1886–1945), in: *Gunnar Brands/Martin Maischberger* (Hrsg.), Lebensbilder. Klassische Archäologen und der Nationalsozialismus, Rahden 2012, S. 119–127; *Ulrich Hausmann*, Gerhart Rodenwaldt, in: *Lullies/Schiering* (Hrsg.), Archäologenbildnisse, S. 236 f.

[232] Vgl. dazu *Sünderhauf*, Gerhart Rodenwaldt, S. 122 f.

lische Ausgabe im Londoner Verlag Sidgwick and Jackson sowie eine französische im Pariser Hartmann Verlag publiziert worden. Im Deutschen Kunstverlag veröffentlichte Rodenwaldt außerdem „Die Akropolis“ (1935, vierte Aufl. 1941) sowie „Griechische Tempel“ (1941), beide Bände ebenfalls mit Fotografien von Walter Hege.

Der Fortgang der Ausgrabungen in Olympia wurde in einer Beilage des *Jahrbuchs des Deutschen Archäologischen Instituts* dokumentiert. Dessen Präsident ließ im Januar 1939 im Zusammenhang mit der Herstellung des zweiten Olympia-Berichts darauf hinweisen, „daß besondere Sorgfalt der Herstellung deswegen am Platze ist, weil es sich um den Bericht über die vom Führer wieder ins Leben gerufene Ausgrabung in Olympia handelt“.[233] Die Ausgrabungen wurden nach Unterbrechungen auch während des Krieges fortgesetzt, folglich profitierte auch die Veröffentlichung der Olympia-Berichte weiterhin von der Unterstützung durch höchste politische Stellen. Im März 1942 hielt dies der Reichsminister für Wissenschaft, Erziehung und Volksbildung „aus wissenschaftlichen Gründen“ für „geboten“. Um die Ausgrabungen ihrer Bedeutung gemäß zu dokumentieren, unterstützte er die Zuteilung holzfreien Kunstdruckpapiers.[234] Auch Reichsführer SS Heinrich Himmler begrüßte die Ausgrabungen im Mai 1941 „als Werk des Friedens“.[235]

Von dieser Entwicklung profitierte auch das *Jahrbuch des Deutschen Archäologischen Instituts*. Am 14. Juni 1941 schrieb der Präsident des Archäologischen Instituts, Martin Schede, an den Verlag:

> Die Herstellung des in Ihrem Verlage erscheinenden „Jahrbuches des Archäologischen Institutes“ muss ich als außerordentlich dringlich bezeichnen, da diese Zeitschrift eine der angesehensten Deutschlands ist und in Fachkreisen des Auslandes weiteste Beachtung und Verbreitung findet. Die darin enthaltenen Fundberichte, die von unseren 5 Auslandszweigstellen eingereicht sind, umfassen die gesamte Archäologie Europas und des vorderen Orients. Besonders wichtig ist der umfangreiche Bericht über die vom Führer befohlene Ausgrabung in Olympia, die jetzt, unmittelbar nach Einstellung der Feindseligkeiten, wieder aufgenommen worden ist. Die Herausgabe einer kulturpolitisch so wichtigen Zeitschrift darf an der Papierfrage nicht scheitern.[236]

Tatsächlich war ihr Erscheinen bis 1944 gesichert.

---

[233] Archäologisches Institut des Deutschen Reiches an Firma Walter de Gruyter, Herrn Brill, 14.1.1939, Stabi Dep. 42, K 44, M 1.

[234] Der Reichsminister für Wissenschaft, Erziehung und Volksbildung an Prof. Dr.-Ing. Hans Schleif, 18.3.1942, Stabi Dep. 42, K 44, M 1.

[235] Der Reichsführer SS, Heinrich Himmler, an Hans Schleif, 29.5.1941, Stabi Dep. 42, K 44, M 1.

[236] Martin Schede an den Verlag Walter de Gruyter & Co., 14.6.1941, Stabi Dep. 42 Gr, Martin Schede.

Noch im August 1944 zeugt der Geschäftsbericht für das Jahr 1943 von dem Festhalten an der Archäologie als Anker in der Wissenschaftslandschaft und der engen Bindung an das Archäologische Institut des Deutschen Reiches:

> Unsere Arbeit auf dem schwerwissenschaftlichen archäologischen Gebiet ist insbesondere gekennzeichnet durch die Ausgabe des 1. Bandes des Tell-Halaf-Werkes und durch weitere Bände der Denkmäler antiker Architektur und der Römisch-Germanischen Forschungen. Gerade das Herausbringen dieser Bände in schwerer Kriegszeit hat unser Ansehen im Ausland sehr gestärkt.[237]

Der Diplomat und Forschungsreisende Max Freiherr von Oppenheim[238] hatte den bronzezeitlichen Tell Halaf im Quellgebiet des Habur im Norden Syriens 1899 entdeckt und zwei Ausgrabungen der Anlage von 1911 bis 1913 und von 1927 bis 1929 geleitet. Weltberühmt sind bis heute insbesondere die überlebensgroßen Basaltfiguren des Westpalastes. Im Juli 1930 zeigte von Oppenheim seine spektakulären Funde sowie eine Rekonstruktion der Westfassade erstmals in Berlin.[239] Im November 1943 wurde das von ihm privat eingerichtete Museum in Berlin-Charlottenburg bombardiert und dabei in Schutt und Asche gelegt. Der damalige Direktor der Vorderasiatischen Sammlung Walter Andrae ließ auf Drängen von Oppenheims die Trümmer sichern und in die Rohrkeller des Pergamonmuseums verlagern, wo sie jahrzehntelang blieben.[240] 1943 erschien der erste Band des Tell-Halaf-Projektes im Verlag Walter de Gruyter: „Die prähistorischen Funde", bearbeitet von Hubert Schmidt. Das Orient-Forschungs-Institut (Max Freiherr von Oppenheim-Stiftung) hatte sich im Mai 1941 bei der Verlagswahl für De Gruyter entschieden und dem Verlag die Türen für die Förderung des wegen der Farbdrucke aufwendigen und kostspieligen Werkes durch die Deutsche Forschungsgemeinschaft geöffnet.[241] Einer Vorberechnung des Verlages zufolge kostete die Herstellung bei einer Auflage von 300 Exemplaren 16.346,40 RM. Der Verlag rechnete mit einem Absatz von 100 Stück und veranschlagte den beträchtlichen Ladenpreis von 80,– RM.[242] Der Direktor der Preußischen Akademie der Wissenschaften Scheel hatte in seiner Funktion als Generalbevollmächtigter und Kurator des Orient-Forschungs-Instituts (Max Freiherr von Oppenheim-Stiftung) mit der Deutschen Forschungsgemeinschaft die Verhandlungen geführt, die einen Druckkostenzuschuss von 9000,– RM zu geben bereit war. Gleichzeitig verschaffte Scheel dem Projekt aber auch auf politischer Ebene den entscheidenden Schwung. Im Juli 1941 forderte er Cram auf, sofort den Antrag auf Papier zu stellen, da das Reichsministerium für Wissenschaft,

---

237 Geschäftsbericht 1943, gez. Dr. von Staa, 23.8.1944, Stabi Dep. 42,399.

238 Vgl. zu Oppenheim *Lionel Gossman*, The Passion of Max Oppenheim. Archaeology and Intrigue in the Middle East from Wilhelm II to Hitler, Basingstoke 2012.

239 http://www.tell-halaf-projekt.de/de/tellhalaf/tellhalaf.htm [4.6.2014].

240 http://www.tell-halaf-projekt.de/de/projekt/projekt.htm [4.6.2014].

241 Korrespondenz in Stabi Dep. 42, K 306, M 11.

242 Vorberechnung in Stabi Dep. 42, K 306, M 11.

Erziehung und Volksbildung sowie das Auswärtige Amt das Projekt nachhaltig unterstützten. Hintergrund war ein Konkurrenzkampf zwischen deutschen und amerikanischen Archäologen um die Grabungskonzessionen auf dem Tell Halaf. Durch die rasche Publikation der Grabungsfunde und -ergebnisse sollte die deutsche Archäologie die Deutungshoheit zurückgewinnen.[243]

1943 lag der erste Band vor, und Max Freiherr von Oppenheim war des Lobes voll ob der „wunderbaren Ausstattung".[244] Im Mai 1944 beantragte der Verlag Papier für den zweiten Band unter dem geplanten Titel „Die Bauten und Schichten des Burghügels von Tell Halaf". Als Begründung führte er an, dass das Erscheinen des Werkes „für das Ansehen Deutschlands von eminenter Wichtigkeit [...] gerade jetzt im Kriege" sei, „zumal der Präsident des amerikanischen Archäologischen Instituts in Chikago [sic] völlig unbegründete Vorwürfe gegen die Grabungsmethoden deutscher Archäologen erhoben" habe. Zudem gehe ein großer Teil der Auflage ins Ausland.[245] Die Deutsche Forschungsgemeinschaft hatte bereits im September 1943 zugesagt, 9500,– RM Druckkostenzuschuss der veranschlagten 27.823,– RM Herstellungskosten zu finanzieren.[246] Das Papier wurde tatsächlich im Juli 1944 bewilligt, sodass die Arbeiten an dem Projekt weiter voranschritten, bis Kriegsende aber nicht abgeschlossen wurden. Die Bände zwei bis vier konnten erst in den 1950er- und zu Beginn der 1960er-Jahre publiziert werden.[247] Erst in den Jahren 2001 bis 2009 fanden umfangreiche Rekonstruktionsarbeiten der Trümmer statt, deren Ergebnisse in der Ausstellung „Die geretteten Götter aus dem Palast von Tell Halaf" 2011 im Berliner Pergamonmuseum gezeigt wurden.[248] Der Verlag Walter de Gruyter dokumentierte im Jahr 2010 in einem umfangreichen fünften Band der Tell-Halaf-Reihe „Tell Halaf. Im Krieg zerstörte Denkmäler und ihre Restaurierung" die stattgefundenen Arbeiten.[249]

Die Reihe „Denkmäler antiker Architektur" war 1932 vom Archäologischen Institut ins Leben gerufen worden. Als erster Band erschien „Die inneren Propyläen von Eleusis" von Hans Hoermann. 1943 war der achte Band von Meyer-

[243] Preußische Akademie der Wissenschaft, Prof. Scheel, an Verlag Walter de Gruyter, Brill, 16.7.1941, Stabi Dep. 42, K 306, M 11.

[244] Max Freiherr von Oppenheim an Hermann Brill, 15.7.1943, Stabi Dep. 42, K 306, M 11.

[245] Verlag Walter de Gruyter an die Wirtschaftsstelle des deutschen Buchhandels, 16.5.1944, Stabi Dep. 42, I 307, M 2.

[246] Hermann Brill an Prof. Scheel, Preußische Akademie der Wissenschaften, 17.5.1943, und Zusage des Präsidenten der Deutschen Forschungsgemeinschaft, 15.9.1943, Stabi Dep. 42, K 307, M 2.

[247] Die Bauwerke (Bd. 2, 1950), Die Bildwerke (Bd. 3, 1955) sowie Die Kleinfunde aus historischer Zeit (Bd. 4, 1962).

[248] Vgl. den Ausstellungskatalog: *Nadja Cholidis/Lutz Martin* (Hrsg.), Die geretteten Götter aus dem Palast von Tell Halaf, Regensburg 2011. Die Ausstellung war allerdings wegen ihrer idealisierenden Darstellung nicht unumstritten.

[249] Ebenda (Walter de Gruyter).

Plath „Die Landmauer von Konstantinopel" (Teil 2) veröffentlicht worden. In der Reihe erschien u.a. 1938 „Römische Tempel in Syrien. Nach Aufnahmen und Untersuchungen der Deutschen Baalbekexpedition" von Daniel Krencker und dem in Gießen lehrenden Willy Zschietzschmann. Inhaltlich war dies nur konsequent, weil De Gruyter bereits von 1921 bis 1925 die Grabungsergebnisse in Baalbek von Theodor Wiegand publiziert hatte.[250]

Auch die Reihe „Römisch-Germanische Forschungen" war keine Neugründung der NS-Zeit, sondern erschien bereits seit 1928 als Publikationsort für Dissertationen und Monografien des Archäologischen Instituts. Den ersten Band „Das Mithrasheiligtum zu Dieburg" verfasste Friedrich Behn (1928). 1943 erschienen die Bände 15 (Karl Heinz Wagner, „Nordtiroler Urnenfelder") und 17 (Georg und Vera Leisner, „Die Megalithgräber der Iberischen Halbinsel"). Die Herstellung der Bände war relativ kostspielig, der Verlag profitierte jedoch von den erheblichen Zuschüssen. Die Kostenkalkulation für Band 17 hatte 36.649,40 RM ergeben, von denen der Verlag 26.600,– RM an Zuschüssen von der Deutschen Forschungsgemeinschaft und dem Archäologischen Institut des Deutschen Reiches erhalten sollte. Abgesehen von einer Restforderung in Höhe von 2100,– RM, die der Verlag nach Kriegsende, im Juni 1946, noch an das Archäologische Institut erhob, waren alle Zahlungen beglichen worden.[251]

Die kräftige Subventionierung der Archäologie kam De Gruyter auch an anderer Stelle zugute. 1936 etwa bewilligte der Reichs- und Preußische Minister für Wissenschaft, Erziehung und Volksbildung einen Druckkostenzuschuss in Höhe von 2250,– RM für den Band „Das Temenos für den Herrscherkult" von Erich Boehringer und Friedrich Krauss in der Reihe „Altertümer von Pergamon",[252] die über die 1927 in Pergamon wieder aufgenommenen Ausgrabungen berichtete. Den Folgeband „Die hellenistischen Arsenale" bezuschusste das Archäologische Institut des Deutschen Reiches mit 900,– RM.[253] Diese Subventionierung war durchaus üblich und für die Herstellung der kostspieligen Bände in relativ geringer Auflage zwingend erforderlich, aber die Gefahr, dass der staatlichen Einflussnahme die wissenschaftliche Unabhängigkeit zum Opfer fiel, war beträchtlich.

---

[250] *Altekamp*, Klassische Archäologie, S. 192.
Zur Biografie von Zschietzschmann: Lullies/Schiering (Hrsg.), Archäologenbildnisse, S. 276 f.

[251] Vgl. die umfangreiche Korrespondenz zu diesem Werk in Stabi Dep. 42, K 368, M 8.

[252] Der Reichs- und Preußische Minister für Wissenschaft, Erziehung und Volksbildung an die Verlagsbuchhandlung Fa. Walter de Gruyter & Co., 13.5.1936, Stabi Dep. 42,129 (4). In dem Schreiben ist als Titel der Publikation noch „Das Heroon für den Herrscherkult" genannt.

[253] Hermann Brill an das Archäologische Institut des Deutschen Reiches, 4.8.1936, Stabi Dep. 42,129 (4).

Ein langjähriger De Gruyter-Autor war der Architekt und Archäologe Armin von Gerkan (1884–1969).[254] Bereits eine seiner beiden Promotionsarbeiten „Griechische Städteanlagen. Untersuchungen zur Entwicklung des Städtebaues im Altertum", mit der er sein Studium der Klassischen Archäologie bei Erich Pernice in Greifswald abgeschlossen hatte, erschien 1924 im Verlag.[255] Prägend für seine Laufbahn war der Kontakt zu Theodor Wiegand, der 1908 bis 1914 die Ausgrabungen der Königlich-Preußischen Museen zu Berlin in Kleinasien geleitet hatte, an denen von Gerkan als junger Architekt – noch ohne klassische archäologische Ausbildung – teilgenommen hatte. In der bedeutenden, von Theodor Wiegand noch bei Reimer begründeten und von De Gruyter fortgeführten Reihe „Milet", in der zahlreiche Forschungsergebnisse dieser Unternehmung publiziert wurden, verfasste von Gerkan sechs Bände.[256] Auch nach seiner Berufung zum Zweiten Sekretär der Abteilung Rom des Deutschen Archäologischen Instituts 1924 war er neben seinen neuen Themen der Topografie Roms und der Erforschung Pompejis weiterhin mit der Aufarbeitung der großen Kleinasien-Ausgrabung beschäftigt.

Vor 1933 hatte von Gerkan – allerdings nicht aus der Motivation eines überzeugten Demokraten heraus – Bedenken geäußert, dass der Abbau klassischer Archäologenstellen zugunsten der Vor- und Frühgeschichte durch die Nationalsozialisten drohte. 1933 trat er der NSDAP bei und wurde Politischer Leiter in der Ortsgruppe Rom.[257] 1936 schlug ihn der Präsident des Deutschen Archäologischen Instituts Theodor Wiegand als Direktor der Abteilung Athen und Leiter der neuen Ausgrabungen in Olympia vor. Eine Intervention von Joseph Goebbels und Rudolf Heß zugunsten von Walther Wrede, dem Zweiten Sekretär der Abteilung Athen und Landesleiter der NSDAP, verhinderte dies nach längerem Tauziehen, obwohl von Gerkan im Oktober und November 1936 bereits zwei vorbereitende Kampagnen in Olympia durchgeführt hatte. Er kehrte nach Rom zurück und wurde nach der Pensionierung von Ludwig Curtius Anfang 1938 Leiter der Abteilung Rom.[258] In seinen römischen Jahren war er offenbar mit Verwaltungsaufgaben überlastet, sodass er zwar weiterhin Aufsätze und Artikel

---

[254] Vgl. zu Armin von Gerkan: *Thomas Fröhlich*, Armin von Gerkan (1884–1969), in: *Brands/Maischberger* (Hrsg.), Lebensbilder, S. 91–106; *Rudolf Naumann*, Armin von Gerkan, in: *Lullies/Schiering* (Hrsg.), Archäologenbildnisse, S. 226 f.

[255] Seine Dissertation zum Dr.-Ing. an der Technischen Hochschule Berlin zum Thema „Das Theater von Priene: als Einzelanlage und in seiner Bedeutung für das hellenistische Bühnenwesen" publizierte im Jahr 1921 der Münchner Verlag für praktische Kunstwissenschaft Schmidt.

[256] Der Poseidonaltar bei Kap Monodendri (1915), Das Stadion (1921), Der Nordmarkt und der Hafen an der Löwenbucht (1922), Kalabaktepe, Athenatempel und Umgebung (1925), Thermen und Palaestren (gemeinsam mit Fritz Krischen, 1928) und Die Stadtmauern (1935).

[257] *Fröhlich*, Armin von Gerkan, S. 94.

[258] *Junker*, Das Archäologische Institut, S. 38 ff.

publizierte, aber keine Monografien mehr vorlegte.[259] 1939 wirkte er an der Publikation von Hans Peter L'Oranges „Der spätantike Schmuck des Konstantinbogens", das bei De Gruyter erschien, mit. Nach dem Rückzug der deutschen Wehrmacht aus Italien lehrte er im Wintersemester 1944/45 in Greifswald, flüchtete von dort nach Lübeck und nahm nach seiner Entnazifizierung von 1948 bis 1953 eine Gastprofessur in Bonn wahr.

Von Gerkans Biograf Thomas Fröhlich bilanziert, dass im wissenschaftlichen Werk des Bauforschers „praktisch keine Brüche" auffallen, „die in eine deutliche Beziehung zu den Veränderungen seiner eigenen Lebenswelt zu bringen wären". Er sei seinen Themen und seiner Entwicklungstheorie über die Jahrzehnte hinweg treu geblieben, „ohne indes methodische oder weltanschauliche Kehrtwendungen zu machen". Nur in einigen populärwissenschaftlichen Beiträgen fänden sich „wenige verbale Konzessionen an die Ideologie des NS-Staates und des Faschismus".[260] Das schloss jedoch einen Eintritt in die NSDAP und die Akzeptanz der antisemitischen Gesetzgebung keineswegs aus. 1934 wurde in der Abteilung Rom z.B. die jüdische Assistentin der Fotothek, Hermine Speier, aufgrund des „Gesetzes zur Wiederherstellung des Berufsbeamtentums" entlassen, eine Maßnahme, die von Gerkan offenbar widerspruchslos mittrug. Nach Fröhlich erwies sich von Gerkan

> als ein typischer Beamter national-konservativer Prägung, der zwar innerhalb der bestehenden Ordnung Spielräume auszuloten sucht, die bestehenden Gesetze und Verordnungen aber in jedem Fall umsetzt, mochten sie noch so absurd und monströs sein.[261]

Damit war Armin von Gerkan geradezu der Prototyp des Wissenschaftlers, auf den der Verlag Walter de Gruyter in der NS-Zeit setzte: ein seriöser Wissenschaftler, der seine Aufgaben ernst nahm und seine durch Forschungen gewonnenen Erkenntnisse nicht der neuen Weltanschauung zum Opfer brachte, eingebunden in die zentrale Institution seiner Wissenschaftsdisziplin (das Archäologische Institut des Deutschen Reiches), die sowohl für die Finanzierung der Forschung als auch den Druck der daraus entstandenen Werke notwendig war, unauffällig in seiner politischen Orientierung und keinen Anstoß wegen seiner (nichtjüdischen) Herkunft erregend, und bereit, die Vorgaben der neuen Machthaber widerstandslos zu erfüllen.

Die Strategie des Verlages Walter de Gruyter war dabei eindeutig auf wirtschaftlichen Erfolg hin ausgerichtet. Diesen versprach sich die Geschäftsführung von der Beibehaltung hoher wissenschaftlicher Ansprüche und der Zusammenarbeit mit den entsprechenden Institutionen. Dabei war man bereit, die

---

[259] Der Band mit gesammelten Aufsätzen *von Gerkans* „Von antiker Architektur und Topographie", den *Erich Boehringer* 1959 im Verlag Kohlhammer herausgab, enthält eine umfangreiche Bibliografie.

[260] *Fröhlich*, Armin von Gerkan, S. 106.

[261] Ebenda, S. 99.

Bedingungen des Regimes zu erfüllen, der Verlag spielte aber in der Archäologie keine Vorreiterrolle, indem er bevorzugt besonders NS-nahe Wissenschaftler zu gewinnen versucht hätte. Damit war keine widerständische Position verbunden, wie unter anderem die bereitwillige Annahme staatlicher Subventionen zeigt. Weiterhin erschienen bei De Gruyter aber zahlreiche Werke, die weder die nationalsozialistische Sprache noch Ideologie übernahmen. 1944 verlegte De Gruyter z.B. die fünfte, unveränderte Auflage von „Alteuropa. Die Entwicklung seiner Kulturen und Völker" des Prähistorikers Carl Schuchhardt. Die erste Auflage war im August 1918 erschienen, die zweite 1926, die dritte 1935 und die vierte 1941. Der Autor, am 6. August 1859 in Hannover geboren und von 1908 bis 1925 Leiter der Vorgeschichtlichen Abteilung der Berliner Museen, brachte seine jüngsten Forschungsergebnisse zur Vorgeschichte in die jeweiligen Neuauflagen ein – der unveränderte Nachdruck der vierten und fünften Auflage 1944 war seinem Tod am 7. Dezember 1943 geschuldet –, ohne dass das populäre völkische Gedankengut in seine Darstellung einfloss.[262] Die Zusammenarbeit des Verlages mit Schuchhardt währte Jahrzehnte. Gerhard Lüdtke hatte 1913, damals als Beauftragter von Karl I. Trübner in Straßburg, das Buch „Alteuropa" angeregt, dann „jahrelang getreulich auf seine Fertigstellung gewartet" und floh schließlich „im November 1918 mit den nicht gehefteten Druckbogen über die Kehler Brücke" – so die Erinnerung Schuchhardts in seiner ebenfalls im Verlag Walter de Gruyter 1944 erschienenen Autobiografie.[263]

In der Archäologie und Altphilologie ist eine selbst für den Verlag Walter de Gruyter erstaunliche Kontinuität festzustellen. Sowohl das *Jahrbuch des Deutschen Archäologischen Instituts* als auch die *Zeitschrift für Assyriologie und Vorderasiatische Archäologie* wie die Reihe „Denkmäler antiker Architektur" erscheinen bis heute. Die Reihe „Römisch-Germanische Forschungen" wurde ebenfalls nach Kriegsende fortgesetzt; erst 1975 wechselte sie zum Philipp von Zabern Verlag. Mit dem Erscheinen eines fünften Bandes im Tell-Halaf-Projekt im Jahr 2010 wurde ebenfalls ein traditionsreiches Unternehmen fortgeführt.

---

262 *Wilfried Menghin*, Carl Schuchhardt, in: Neue Deutsche Biographie 23 (2007), S. 624 ff. [Onlinefassung]; URL: http://www.deutsche-biographie.de/ppn120459930.html [30.12.2014].

263 *Carl Schuchhardt*, Aus Leben und Arbeit, Berlin (Verlag Walter de Gruyter) 1944, S. XIII. Diese endet mit dem Jahr 1928, spart also die Zeit des Nationalsozialismus völlig aus.

4. Theologie

Durch den Erwerb des Töpelmann Verlages 1935 wurde die theologische Sparte bei De Gruyter gestärkt.[264] Andererseits war die Theologie spätestens seit Mitte der 1930er-Jahre ein schwieriges Terrain, durch das zu navigieren beträchtliches Geschick erforderte. Konfliktpotenzial bargen neben den jüdischen Wurzeln des Christentums die Spaltung der protestantischen Kirche in die NS-treuen „Deutschen Christen" und die „Bekennende Kirche" sowie die Pflege und Förderung heidnischer Ersatzreligionen vor allem durch Himmler und Rosenberg, die damit eine Zurückdrängung des Christentums von politischer Seite aus intendierten.[265]

Weitaus stärker als bei den meisten anderen Wissenschaftsdisziplinen – mit Ausnahme der Sexualwissenschaften – standen die Verlage, die theologische Literatur in ihrem Programm hatten, unter Beobachtung. Am 31. März 1939 erließ die Reichsschrifttumskammer die Amtliche Bekanntmachung Nr. 133 (Gesetz zur Kennzeichnung konfessionellen Schrifttums), die die Existenz von Verlagen, die konfessionelle Literatur vertrieben, gefährdete. Der maßgebliche § 6 lautete:

I. Unternehmen, die sich in der Hauptsache in den Dienst einer bestimmten, nicht Gedankengut der Gesamtheit des deutschen Volkes bildenden Weltanschauung, eines religiösen Bekenntnisses oder einer ihren Zwecken dienenden Einrichtung stellen, müssen diese Zielsetzung in ihrer Firma eindeutig und für jeden klar erkennbar zum Ausdruck bringen. II. Unternehmen, die eine solche Zielsetzung nicht in ihrer Firma eindeutig und für jeden erkennbar zum Ausdruck bringen, dürfen sich nicht in den Dienst einer Sonderaufgabe im Sinne des Absatz I stellen. Sie dürfen mit einem Unternehmen gemäß Absatz I nicht verkoppelt sein, dürfen ein solches nicht unterhalten und nicht daran beteiligt sein.[266]

Der Justiziar der Reichsschrifttumskammer, Günther Gentz, brachte die Situation für die betroffenen Verlage auf den Punkt: „Man spezialisiert sich entweder in der Hauptsache auf das konfessionelle Schrifttum oder gibt diese Sparte ganz auf."[267]

Offenbar auf Initiative des Klotz-Verlages fand am 23. Mai 1939 ein Treffen der Verleger von Walter de Gruyter, B.G. Teubner, Walter Kohlhammer, Furche, Vandenhoeck & Ruprecht, Deichert'sche Verlagsbuchhandlung, J.C.B. Mohr (Paul Siebeck), Quelle & Meyer und C. Bertelsmann statt, um ein mögliches gemeinsames Vorgehen gegen diese existenzgefährdende Verordnung zu besprechen.[268]

---

[264] Vgl. dazu S. 118 ff.

[265] Vgl. dazu: *Hausmann*, Die Geisteswissenschaften im „Dritten Reich", S. 119–165.

[266] Amtliche Bekanntmachung der Reichsschrifttumskammer Nr. 133. Anordnung zum Schutz der verantwortlichen Persönlichkeit im Buchhandel, 31.3.1939, Stabi Dep. 42,448 (4).

[267] Zit. nach: *Friedländer/Frei/Rendtorff/Wittmann*, Bertelsmann im Dritten Reich, S. 224.

[268] Ebenda, S. 226.

Die mit der Verordnung angestrebte Trennung in theologische und nicht theologische Verlage stand dem universalwissenschaftlichen Charakter des Verlages de Gruyter natürlich diametral entgegen. Crams Reaktion gegenüber seinem Vertrauten Heinrich Frick, Professor für Systematische Theologie, Religionswissenschaft und Missionskunde an der Universität Marburg, ließ zunächst Resignation erkennen: Seiner „verlegerischen Unternehmungslust" seien „dadurch starke Hemmungen auferlegt" worden.[269] Frick hingegen war höchst alarmiert und warnte den Verlagschef Ende Juni 1939 vor den Konsequenzen:

> Die das konfessionell religiöse Schrifttum bedrohenden Verordnungen, soweit wir sie kennen lernten, würden zwangsläufig sowohl die Theologie als auch die Religionswissenschaft in eine Katastrophe treiben. Die Folgen, besonders auch das nationale Ansehen im Ausland, sind unvorstellbar.[270]

Herbert Cram zog sich im Weiteren aber nicht zurück, sondern reagierte im Namen des Verlages Walter de Gruyter und aller seiner Tochtergesellschaften am 5. Juli 1939 mit einem siebenseitigen Protestschreiben an den Präsidenten der Reichsschrifttumskammer auf die amtliche Bekanntmachung Nr. 133. Gemäß § 9 stellte er vorsorglich einen Ausnahmeantrag „auf Beibehaltung des Zustandes, wie er bei Inkrafttreten dieser Bekanntmachung vorgelegen hat" und bat um die Aufhebung des § 6, „da seine Durchführung zu unhaltbaren Zuständen führen würde". Seiner Meinung nach hatte diese Verordnung „eine mehr oder weniger völlige Lahmlegung des theologischen Schrifttums" zur Folge. Der Verlag müsste sich andernfalls als theologischer oder christlicher Verlag bezeichnen, was nicht vereinbar sei mit der verlegerischen Tätigkeit in anderen wissenschaftlichen Gebieten und folglich für den Verlag Walter de Gruyter verheerende Auswirkungen hätte.[271]

Die Abteilung Töpelmann bemühte sich in der Folgezeit, weiterhin als Teil des wissenschaftlichen Verlages angesehen zu werden. Pfarrer Ulrich Altmann, der Töpelmann durch mehrere Projekte verbunden war, erhielt im März 1940 vom Verlag eine Absage für sein Vorhaben, unter dem Titel „O Durchbrecher aller Banden" ausgewählte Gebete Gottfried Arnolds herauszugeben und mit einer Einleitung zu versehen. Dies hatte der erste Band einer Sammlung „Aus der Welt des Gebets" werden sollen.[272] Hermann Brill regte an, diese Reihe bis nach

---

[269] Herbert Cram an Prof. Dr. Heinrich Frick, 17.6.1939, Stabi Dep. 42 Gr, Heinrich Frick.

[270] Prof. Dr. Heinrich Frick an Herbert Cram, 26.6.1939, Stabi Dep. 42 Gr, Heinrich Frick.

[271] Herbert Cram an den Präsidenten der Reichsschrifttumskammer, 5.7.1939, Stabi Dep. 42,448 (4).

[272] Ulrich Altmann an die Verlagsbuchhandlung A. Töpelmann, 28.2.1940, Stabi Dep. 42,130 (2).

Kriegsende zurückzustellen, weil er Schwierigkeiten befürchtete, wenn der Verlag „mit religiöser Erbauungsliteratur hervortritt".[273]

Ganz anders hatte der Verlag bei Kriegsbeginn 1939 trotz der Bekanntmachung Nr. 133 entschieden: Bereits am 3. September 1939 hatte Pfarrer Ulrich Altmann bei Töpelmann angefragt, ob der Verlag ein Gottesdienstliches Handbuch für die Kriegszeit unter dem Titel „Seid stark in dem Herrn!" verlegen wollte. Altmann begründete sein Vorhaben nur zwei Tage nach dem deutschen Überfall auf Polen:

> Die Lage für unser Volk hat sich leider so entwickelt, daß wir mit einer längeren Dauer der kriegerischen Verwicklungen werden rechnen müssen als wir gehofft haben. Die Kirche wird dem in der Gestaltung ihrer Gottesdienste, vor allem bei den Gebeten Rechnung zu tragen haben, wenn sie ihren Dienst an der Volksseele recht ausführen will.[274]

Altmann war „für schnellste Entscheidung dankbar, da es dringend erforderlich ist, daß die Pfarrerschaft bald etwas an Material für die Gottesdienste unter Bezugnahme auf die Kriegsgegenwart in die Hand bekommt".[275] Bereits zwei Wochen später erhielt Pfarrer Altmann die von der Druckerei korrigierten Fahnen zugesandt[276] – angesichts der sich sonst durch die gesamte Korrespondenz ziehenden Klagen über langsamen Satz und Druck eine schier unglaubliche Geschwindigkeit. Das Buch erschien letztlich am 11. Oktober 1939 unter dem Titel „Stehet im Glauben" aufgrund einer Beschwerde des Verlags Oncken, der bereits ein Buch unter dem ursprünglich projektierten Titel im Programm hatte.[277]

Aber nicht nur die Bekanntmachung Nr. 133, sondern auch die staatlichen und parteilichen Zensurinstrumente bereiteten Probleme. Crams wachsende Zurückhaltung bei der Verlegung theologischer Literatur wird auch deutlich an seiner Reaktion auf den Vorschlag Heinrich Fricks im Frühjahr 1940, ein Buch über die „Vorchristliche Religion der Germanen" zu machen. Diese Idee löste bei Cram

> gewisse Hemmungen aus, die in der Richtung der Vorzensur liegen. Ein solches Buch müsste notgedrungen der Parteiamtlichen Prüfungskommission vorgelegt werden und ich bin im Zweifel, ob es hinterher noch so aussieht, dass wir die Herausgabe vertreten können. Ich habe daher eigentlich mehr Neigung, das Ende des Krieges abzuwarten.[278]

Nur kurze Zeit später, im April 1940, wurde die Bekanntmachung Nr. 133 zwar de facto außer Kraft gesetzt. Das Verlegen theologischer Literatur gestaltete sich jedoch weiterhin schwierig. Auch einem Schreiben Crams vom August 1943 an

---

[273] Alfred Töpelmann (Brill) an Ulrich Altmann, 19.3.1940, Stabi Dep. 42,130 (2).

[274] Ulrich Altmann an die Verlagsbuchhandlung A. Töpelmann, 3.9.1939, Stabi Dep. 42,130 (3).

[275] Ebenda.

[276] Alfred Töpelmann (Brill) an Ulrich Altmann, 19.9.1939, Stabi Dep. 42,130 (3).

[277] Vgl. Korrespondenz in Stabi 42,130 (3).

[278] Herbert Cram an Prof. Dr. Heinrich Frick, 13.3.1940, Stabi Dep. 42 Gr, Heinrich Frick.

Prof. Dr. Heinrich Frick ist zu entnehmen, welche Hürden die theologischen Verlage überwinden mussten. Die „Zensurstelle Rosenbergs", so Cram, stehe „bisher einer christlichen Einstellung streng ablehnend" gegenüber. „Die Theologie ist dort […] nur durch radikale germanische Elemente vertreten."[279]

Neben der eigentlichen Zensur war die Zuteilung von Papier durch die Wirtschaftsstelle des Deutschen Buchhandels ein wirksames Steuerungsinstrument. Im September 1942 etwa informierte Cram seinen Vertrauten Frick:

> Seit wenigen Tagen laufen aus allen Teilen des Reiches Nachrichten ein, dass den theologischen Verlegern die vorhandenen Papierbestände beschlagnahmt sind, mit der Begründung, dass für die Dauer des Kriegs nichts mehr veröffentlicht werden darf.[280]

Die Schrifttumsabteilung des Propagandaministeriums ordnete an, dass die theologischen Verlage keine weiteren Papierzuteilungen bekommen sollten.

Nicht zuletzt um dieses Zensurinstrumentarium zu umgehen, waren Kontakte der Verlage zu den jeweiligen Entscheidungsträgern von zentraler Bedeutung. Mit der Fürsprache der richtigen Stellen konnten auch schwierigere Publikationsvorhaben erfolgreich umgesetzt werden. 1941 sollten z.B. anlässlich des 250. Jahrestages der Berufung des berühmten Theologen und Pietisten Philipp Jacob Spener zum Propst und Konsistorialrat an der Berliner St.-Nicolai-Kirche die „Spener Studien" von Kurt Aland im Verlag Walter de Gruyter publiziert werden. Aland stand der „Bekennenden Kirche" nahe und war 1939 mit einer Arbeit zu Spener promoviert worden. Er kehrte schwer verletzt aus dem Krieg gegen Frankreich zurück und war nicht mehr wehrdiensttauglich. Die Partei versuchte nach seiner Habilitation zunächst seine Lehrtätigkeit an der Berliner Universität zu verhindern, nach dem Tod von Hans Lietzmann 1942 übernahm er aber die Vertretung des Lehrstuhls.[281] Der Reichsminister für kirchliche Angelegenheiten, Hanns Kerrl, unterstützte jedoch das Spener-Projekt und sandte deshalb ein Schreiben zur Vorlage bei der Wirtschaftsstelle an den Verlag Walter de Gruyter, in dem er das Erscheinen dieser wissenschaftlichen Forschungsarbeit wärmstens begrüßte. Der Verfasser habe die „staatlich-nationale Linie" deutlich herausgearbeitet, im Einvernehmen mit dem Reichsminister für Wissenschaft, Erziehung und Volksbildung habe das Reichsministerium für kirchliche Angelegenheiten das Projekt gefördert, und außerdem sei die Veröffentlichung „für das berufliche Fortkommen" des Autors, der als Schwerkriegsbeschädigter aus dem Heeresdienst entlassen worden sei, „von entscheidender Bedeutung".[282] 1943 erschienen Kurt Alands „Spener-Studien" schließlich bei De Gruyter.

---

279 Herbert Cram an Prof. Dr. Heinrich Frick, 11.8.1943, Stabi Dep. 42,156 (2).

280 Herbert Cram an Prof. Dr. Heinrich Frick, 10.9.1942, Stabi Dep. 42 Gr, Heinrich Frick.

281 http://www.catalogus-professorum-halensis.de/alandkurt.html [17.3.2014].

282 Der Reichsminister für die kirchlichen Angelegenheiten an den Verlag de Gruyter, 25.10.1941, Stabi Dep. 42,131 (3).

Im Oktober 1942 bat Cram Dr. Lutz vom Propagandaministerium um Unterstützung. Die Gestapo hatte das Werk von Horst Stephan[283] „Glaubenslehre. Der evangelische Glaube und sein Weltverständnis" nach Ansicht Crams zu Unrecht aus dem Lager beschlagnahmen lassen. Das Buch war 1941 in dritter Auflage bei De Gruyter erschienen (erste Auflage 1920). Horst Stephan hatte bis zu seiner Emeritierung 1938 in Leipzig gelehrt. Der Verlag sei Lutz zu Dank verpflichtet, falls dieser seinen Einfluss bei der Gestapo geltend mache.[284] Leider lässt sich aus den Quellen nicht erschließen, ob Lutz intervenierte und ggf. damit Erfolg hatte.

Eine Möglichkeit zur weiteren Veröffentlichung theologischer Literatur bestand, falls auch im Ausland eine Nachfrage zu erwarten war. Prof. Dr. Rudolf Hermann etwa, Professor für Systematische Theologie aus Greifswald und Luther-Spezialist, war sehr enttäuscht, dass der Verlag bei der Annahme diesbezüglicher Manuskripte so zögerlich bis ablehnend war, und fürchtete das drohende Ende der Luther-Forschung, die durch das 400. Reformationsjubiläum 1917 und den 450. Geburtstag des Reformators eine regelrechte Renaissance erfahren hatte.[285] Daraufhin schrieb ihm Herbert Cram im Juni 1940, dass er durchaus verlegerische Möglichkeiten sähe bei einem Thema, das „starken Absatz im Ausland erwarten lässt".[286]

Auch das „Corpus Confessionum. Die Bekenntnisse der Christenheit. Sammlung grundlegender Urkunden aus allen Kirchen der Gegenwart", das D. Cajus Fabricius, Theologieprofessor in Breslau, herausgab, erschien mit der 52. Lieferung noch 1944. Möglicherweise war dafür ebenfalls der erwartete Absatz im Ausland ausschlaggebend, da das Corpus Confessionum in Verbindung mit dem Erzbischof von Thyateira, D. Dr. Germanos, und dem Sekretär des Schweizerischen Evangelischen Kirchenbundes, D. Adolf Keller, publiziert wurde.

Auch bei der Vollendung eines bedeutenden Werkes der protestantischen Kirchengeschichtsschreibung, nämlich der vierbändigen „Geschichte der Alten Kirche" von Hans Lietzmann, war das Exportargument entscheidend. Lietzmann, 1875 in Düsseldorf geboren, seit 1924 Ordinarius in Berlin und seit 1927 Mitglied der Preußischen Akademie der Wissenschaften, stand der „Bekennenden Kirche" nahe[287] und unterzeichnete im Herbst 1933 eine Erklärung von 20 Neutestamentlern, dass das Neue Testament den „Arierparagraphen" theolo-

---

[283] Vgl. zu Horst Stephan: Biographisch-Bibliographisches Kirchenlexikon, begründet und hrsg. von *Friedrich Wilhelm Bautz*, fortgeführt von *Traugott Bautz*, Bd. X, Herzberg 1995, Sp. 1398–1402.

[284] Herbert Cram an Herrn Dr. Lutz, Reichsministerium für Volksaufklärung und Propaganda, 15.10.1942, Stabi Dep. 42,386.

[285] Prof. Dr. Rudolf Hermann an Herbert Cram, 7.5.1940, Stabi Dep. 42 Gr, Rudolf Hermann.

[286] Herbert Cram an Prof. Dr. Rudolf Hermann, 7.6.1940, Stabi Dep. 42 Gr, Rudolf Hermann.

[287] Zu Lietzmann vgl. Theologische Realenzyklopädie, Bd. XXI, Berlin/New York 1991, S. 191–196.

gisch nicht legitimiere. Lietzmann hatte Theologie und Philologie studiert, und bis mindestens 1940 erschien die von ihm herausgegebene Reihe „Kleine Texte für Vorlesungen und Übungen", die die Gebiete Alte Philologie, Germanische Philologie, Orientalische Sprachen, Theologie und Religionswissenschaft sowie Geschichte und Staatswissenschaft umfasste. Bis 1933 waren bereits 165 Bände – ursprünglich im Verlag A. Marcus & E. Webers – erschienen. Lietzmann war rastlos nicht nur auf seinem Kerngebiet der Kirchengeschichte publizistisch tätig und bewährte sich als kluger Wissenschaftsorganisator. Sein Opus magnum, die „Geschichte der Alten Kirche", umfasste den Zeitraum von der Geburt Christi bis etwa 600 n. Chr. Der erste Band „Die Anfänge" erschien 1932, der zweite „Ecclesia catholica" 1936, der dritte „Die Reichskirche" 1938. Der vierte Band „Die Zeit der Kirchenväter" im Jahr 1944 konnte nur broschiert verlegt werden. Walther Eltester gab ihn posthum heraus, nachdem Hans Lietzmann am 25. Juni 1942 gestorben war. Für die Bewilligung des benötigten Papiers durch die Wirtschaftsstelle des deutschen Buchhandels hatte Herbert Cram allerdings mehrere Hebel in Bewegung setzen müssen. Im Frühjahr 1943 hatte die Wirtschaftsstelle den Papierantrag abgelehnt, worauf Herbert Cram Prof. Scheel, Direktor der Preußischen Akademie der Wissenschaften, Staatsminister Popitz und Dr. Lutz aus der Abteilung Schrifttum des Reichsministeriums für Volksaufklärung und Propaganda um Unterstützung bat. Bei Letzterem betonte Cram den „nicht unbedeutenden Devisen-Eingang", mit dem er wegen des internationalen Renomees Lietzmanns rechnete.[288] Dieser zweite Antrag wurde schließlich im September 1943 bewilligt.[289]

Wie erwähnt, pflegte Herbert Cram über viele Jahre hinweg ein vertrauensvolles Verhältnis mit Heinrich Frick, Professor für Systematische Theologie, Religionswissenschaft und Missionskunde sowie Direktor der Religionskundlichen Sammlung an der Universität Marburg. Frick war dem Verlag seit den 1920er-Jahren als Autor verbunden. Die Position der NS-treuen „Deutschen Christen" lehnten beide ab (Frick hatte 1934 einen Offenen Brief der Theologischen Fakultät Marburg mit einer Rücktrittsforderung an Reichsbischof Müller unterzeichnet)[290], Frick wurde jedoch trotz anfänglicher Sympathien nicht Mitglied der „Bekennenden Kirche", sondern vertrat in der Folgezeit eine „neutrale" Position. Dass er dem Pfarrernotbund nicht beitrat, begründete er dem Initiator Martin Niemöller gegenüber mit der Ablehnung der damit einhergehenden „in-

---

288 Alle Schreiben Crams vom 1.7.1943, Stabi Dep. 42, K 131, M 7.

289 Hermann Brill an Prof. Walther Eltester, 22.9.1943, Stabi Dep. 42, K 131, M 7.

290 *Andreas Lippmann*, Marburger Theologie im Nationalsozialismus, München 2003, S. 152.

Herbert Cram gehörte der Evangelischen Paulus-Gemeinde in Berlin-Lichterfelde an und stand später der „Bekennenden Kirche" nahe. Interview mit Clara-Eugenie Seils, geb. Cram, am 25.4.2014 in Berlin.

nerkirchliche[n] Gruppenbildung".[291] Seit Oktober 1937 amtierte Frick als Dekan der Marburger Theologischen Fakultät. Andreas Lippmann, der die Marburger Theologie im Nationalsozialismus erforscht hat, charakterisiert die Dekanatsführung Fricks als „betont sachbezogen", konstatiert aber gleichzeitig, dass sich diese Position der „Neutralität" „nur bedingt von Formen der Anpassung an nationalsozialistische Erwartungshaltungen freizuhalten vermochte" und mit der „vordergründig rein wissenschaftlich bezogenen Arbeit" eine „immanente Problemhaftigkeit" verbunden gewesen sei.[292] Diese Charakterisierung des Theologen Frick trifft auch auf Herbert Cram zu, dessen Strategie ebenfalls die Betonung und Aufrechterhaltung wissenschaftlicher Ansprüche war und der dabei hintanstellte, dass sich Wissenschaft im Dienst der Diktatur nur in sehr seltenen Fällen tatsächlich „neutral" verhalten kann. Möglicherweise war diese ähnliche Position von Frick und Cram ein Fundament ihrer Zusammenarbeit.

Heinrich Frick veröffentlichte 1936 bei Töpelmann sein Buch „Deutschland innerhalb der religiösen Weltlage"; 1941 erschien eine zweite, veränderte Auflage. In grober Verkennung der politischen Machtsituation machte er darin ein gemeinsames Interesse von Staat und Kirche aus, am „religionspädagogischen Diakonat des Staates" festzuhalten, und leitete daraus den „Typus des religionsbejahenden Volkstumsstaates" ab, der nicht zuletzt auch „Werbekraft" für das Ausland habe – als Mittler zwischen der „Religionsverneinung (Rußland) oder Privatisierung (Amerika)".[293]

Dass der tradierte theologische Antijudaismus mit dem nationalsozialistischen Antisemitismus in Einklang zu bringen war, machte der Neutestamentler Herbert Preisker deutlich. 1888 im oberschlesischen Deutsch-Rasselwitz geboren, war Preisker nach dem Theologiestudium zunächst als Pfarrer tätig.[294] Nach seiner Habilitation im Fach neutestamentliche Wissenschaft 1924 lehrte er an verschiedenen Hochschulen und wurde im April 1936 an der Breslauer Universität Ordinarius für Neues Testament und allgemeine Religionsgeschichte; seit September 1936 war er bis zur Schließung der Breslauer Universität im Januar 1945 Dekan der Evangelischen Theologischen Fakultät. Seit August 1939 war er eingezogen und leistete Kriegsdienst als Wehrkreispfarrer in Breslau.[295] Preisker stand dem Nationalsozialismus nahe und gehörte seit 1933 den „Deutschen Christen" an.

---

[291] Heinrich Frick an Martin Niemöller, 14.12.1933. Zit. nach: Ebenda, S. 207.

[292] Ebenda, S. 239.

[293] *Heinrich Frick*, Deutschland innerhalb der religiösen Weltlage, Berlin ^{2}1941, S. 234, 245. Vgl. auch *Lippmann*, Marburger Theologie im Nationalsozialismus, S. 239–244.

[294] Zu Preisker vgl. Biographisch-Bibliographisches Kirchenlexikon, begründet und hrsg. von *Friedrich Wilhelm Bautz*, fortgeführt von *Traugott Bautz*, Bd. XXIV, Nordhausen 2005, Sp. 1174–1183.

[295] Herbert Preisker an Hermann Brill, 28.12.1942, Stabi Dep. 42,176 (3).

1937 veröffentlichte er im Verlag Walter de Gruyter sein Werk „Neutestamentliche Zeitgeschichte" als zweiten Band der Hilfsbücher zum theologischen Studium in der Sammlung Töpelmann. Ein Drittel des 300 Seiten starken Buches beschäftigt sich mit dem Judentum in der hellenistischen Zeit, u.a. behandelt Kapitel 10 zur Ausbreitung des Judentums die Jüdische Diaspora, Jüdische Mission und Antisemitismus. Zwar ist das Fazit von Preisker klar und weist auch bereits auf die weitere Entwicklung von Preiskers Position hin: „Auf jüdischem Boden entstanden, ist das Urchristentum die radikale Überwindung des Judentums."[296] Aber insgesamt handelt es sich bei dieser Schrift um eine kritische Auseinandersetzung mit dem Judentum in hellenistischer Zeit, die (noch) nicht von nationalsozialistischer Ideologie durchtränkt ist. In den kurzen Ausführungen über die Gründe für das Aufkommen des Antisemitismus führt er „die religiöse Besonderheit der Juden" als wichtigstes Argument an: „Ihre Behauptung, auserwähltes Volk zu sein, und die damit zusammenhängende Absonderung, die Verachtung der Heiden als böse, der bildlose Gottesdienst, Reinigungssitten und das Verbot des Schweinefleischessens lassen die merkwürdigsten Urteile über die Juden aufkommen."[297] Zu diesen religiösen Gründen kämen allerdings politische und wirtschaftliche. Sie würden sich „von ihren Wirtsvölkern streng absondern" und sich als Händler „allerlei Unredlichkeiten zuschulden kommen lassen".[298] Das Werk ist jedoch erkennbar keine antisemitische Propagandaschrift, sondern auch immer wieder um ein ausgewogenes Urteil bemüht; die zitierten Urteile müssen eher im tradierten Antijudaismus der Theologie verortet werden. Aber Preisker entwickelte sich zum begeisterten Nationalsozialisten, und seine religiös begründeten antijudaistischen Haltungen waren bruchlos anschlussfähig an den nationalsozialistischen Rassen-Antisemitismus. Preiskers Antisemitismus radikalisierte sich im Laufe der 1930er-Jahre, und seit 1939 arbeitete er „in leitender Stellung" am neu gegründeten Institut „zur Erforschung und Beseitigung jüdischen Einflusses auf das deutsche kirchliche Leben" in Eisenach. Im 1940 dort erarbeiteten „Volkstestament" wurden alle „judenchristlichen Einflüsse" beseitigt und Begrifflichkeiten eingedeutscht.[299] Von April 1947 an war Preisker Professor für Neutestamentliche Theologie und allgemeine Religionsgeschichte in Jena, erhielt 1952 einen Ruf nach Halle, starb jedoch wenige Monate nach Antritt am 24. Dezember 1952.

---

[296] Herbert Preisker, Neutestamentliche Zeitgeschichte, Berlin 1937, S. 297; Stabi Dep. 42,176 (5).

[297] Herbert Preisker, Neutestamentliche Zeitgeschichte, Berlin 1937, S. 292.

[298] Ebenda.

[299] Biographisch-Bibliographisches Kirchenlexikon, begründet und hrsg. von *Friedrich Wilhelm Bautz*, fortgeführt von *Traugott Bautz*, Bd. XXIV, Nordhausen 2005, Sp. 1180 f.

a) Die „Gießener Mischna"

Ein großes Projekt des Töpelmann Verlages war seit dem Jahr 1912 die sogenannte Gießener Mischna. Georg Beer, 1865 im schlesischen Schweidnitz geboren und von 1910 bis zu seiner Emeritierung am 31. März 1934 Ordinarius für Altes Testament und Semitistik, und der Gießener Neutestamentler Oscar Holtzmann beabsichtigten, alle 63 Mischnatraktate zu edieren. Neben dem hebräischen Text der Traktate enthielten die Bände eine deutsche Übersetzung, einen Kommentar sowie eine historische Einleitung.[300] Absicht der beiden Initiatoren für eine weitere Mischna-Ausgabe war es, der theologischen Forschung die jüdischen Quellen zugänglich zu machen; außerdem ging es ihnen nach eigener Aussage um eine „religions- und kulturgeschichtliche Würdigung des Judentums".[301]

Zunächst stieß das gewaltige Unterfangen jedoch auf harsche Kritik. Federführend war der an der Israelitisch-Theologischen Lehranstalt in Wien lehrende Viktor Aptowitzer, der die Motive für das Interesse der protestantischen Gelehrten an den rabbinischen Texten hinterfragte. Grundsätzlich stand er zwar diesem Projekt, das im Idealfall das Verhältnis zwischen der Wissenschaft des Judentums und der protestantischen Judenkunde auf eine neue Basis gestellt hätte, positiv gegenüber. Dennoch protestierte er „mit aller Schärfe und Entschiedenheit" gegen die beiden ersten Bände der „Gießener Mischna" (Berkhotz und Pesachim), die Holtzmann und Beer bearbeitet hatten.[302] Nach dem Urteil Aptowitzers fiel Holtzmanns Bearbeitung nicht zuletzt wegen fehlender Neuhebräisch-Kenntnisse weit hinter den aktuellen Forschungsstand zurück. Weitaus heftiger als an Holtzmann, dem Aptowitzer eine gewisse Ahnungslosigkeit attestiert hatte, fiel die Kritik an Beer aus. Seine pejorative Sicht auf das Judentum sei eine „in wissenschaftliches Staniolpapier gehüllte Brand- und Schmähschrift gegen Juden und Judentum, die in eine salbungsvolle Missionstirade ausläuft".[303] Widerspruch kam aber nicht nur von jüdischer, sondern auch von protestantischer Seite, auf die die Herausgeber bei der Wiederaufnahme der Edition nach dem Ende des Ersten Weltkriegs wenigstens teilweise einzugehen bereit waren. Dem Klappentext des Traktats Bikkurim zufolge, der 1922 in der Bearbeitung von Karl Albrecht erschien, hatten die Herausgeber „besonders allen Mitarbeitern empfohlen, sich bei der Ausarbeitung der Traktate der Mithilfe jüdischer

---

[300] Vgl. zu den Anfängen der „Gießener Mischna": *Christian Wiese*, Wissenschaft des Judentums und protestantische Theologie im wilhelminischen Deutschland. Ein Schrei ins Leere?, Tübingen 1999, S. 317–327. Die folgende Darstellung stützt sich auf Wieses Untersuchung.

[301] Prospekt im Vorspann, zit. nach: Ebenda, S. 317.

[302] *Viktor Aptowitzer* in: Monatschrift für Geschichte und Wissenschaft des Judentums 57 (1913). Zit. nach: Ebenda, S. 319.

[303] *Viktor Aptowitzer* in: Monatschrift für Geschichte und Wissenschaft des Judentums 57 (1913). Zit. nach: Ebenda, S. 322.

Fachgelehrter zu versichern". Damit sollte dem Vorwurf, „die jüdische Tradition werde in dieser Mischna-Ausgabe nicht berücksichtigt", der Boden entzogen werden.[304] In der Tat konnten ab 1924 mit Israel Rabin vom Jüdisch-Theologischen Seminar in Breslau und von 1931–1935 mit Samuel Krauss von der Israelitisch-Theologischen Lehranstalt in Wien jüdische Gelehrte für das Projekt gewonnen werden, wodurch die bislang stark dominierende christliche Perspektive auf die Mischna etwas relativiert wurde.

Trotz dieser Bemühungen Beers, jüdische Fachleute für die Mischna zu gewinnen, war sein Verhalten insgesamt ambivalent. Er war keineswegs frei von antijudaistischen Vorurteilen. Unter anderem hatte er 1912 ein Gutachten verfasst für die Verteidigung von Theodor Fritsch in dem Prozess, den der Centralverein Deutscher Staatsbürger Jüdischen Glaubens gegen diesen angestrengt hatte. Fritsch war angeklagt, in seinem Buch „Beweis-Material gegen Jahwe" und mehreren antisemitischen Flugblättern „in beschimpfenden Äußerungen Gott gelästert" und „die jüdische Religionsgesellschaft beschimpft zu haben".[305] Zwar spielte Beers Gutachten letztlich nur eine untergeordnete Rolle, weil das „Obergutachten" des berühmten Leipziger Alttestamentlers Rudolf Kittel die Argumentationslinie für den Freispruch Fritschs vorzeichnete, aber sein gutachterliches Eintreten für diese „Schlüsselfigur der antisemitischen Bewegung"[306] wirft ein bezeichnendes Licht auf ihn.

Von 1912 bis 1935 erschienen 23 der 63 Mischna-Traktate in Gießen, was dem Gesamtunternehmen seine Bezeichnung „Gießener Mischna" verlieh.[307] Nach dem Machtantritt der Nationalsozialisten schloss sich Beer weder der Partei noch den „Deutschen Christen" an, war aber Mitglied der Arbeitsgruppe „Das grundsätzliche und religionsgeschichtliche Problem des Alten Testaments" des 1939 eingerichteten „Instituts zur Erforschung und Beseitigung des jüdischen Einflusses auf das deutsche kirchliche Leben". Das Mischna-Projekt wollte Beer dennoch in der mittlerweile bewährten Form fortführen. Im Dezember 1937 wandte er sich an die Reichsschrifttumskammer, um Prof. Dr. Samuel Krauss aus Wien als Mitherausgeber im Amt halten zu können. Beer argumentierte, dass sich andernfalls „die jüdischen Mitarbeiter (darunter auch solche in England, Schweden und Amerika) und mit ihnen auch die jüdischen Abonnenten im In- und Ausland" zurückzögen. Damit sei das ganze Unternehmen, von dem bislang 26 Bände erschienen und weitere 37 geplant waren, gefährdet. Deutsch-

---

[304] Klappentext, zit. nach: Ebenda, S. 327.

[305] Ebenda, S. 209.

[306] So *Werner Bergmann* in: *Wolfgang Benz* (Hrsg.), Handbuch des Antisemitismus. Judenfeindschaft in Geschichte und Gegenwart. Bd. 2/1: Personen, Berlin 2009, S. 258.

[307] Vgl. *Günter Stemberger*, Talmud und Rabbinische Literatur, in: *Michael Brenner/Stefan Rohrbacher* (Hrsg.), Wissenschaft vom Judentum. Annäherungen nach dem Holocaust, Göttingen 2000, S. 123 f.

land habe bislang auf dem Gebiet des neuhebräischen Schrifttums „unbestritten die Führung" innegehabt. Diese ginge

ans Ausland über, sobald die Arbeitsverbindung [...] zwischen christlichen und jüdischen Gelehrten aufhört. Das deutsche Ansehen im Ausland wird geschwächt und der deutsche Buchverlag erleidet nicht bloß eine Schlappe, sondern auch beträchtliche Verluste.[308]

Der Reichs- und Preußische Minister für Wissenschaft, Erziehung und Volksbildung wies das Gesuch jedoch im April 1938 – nur wenige Wochen nach dem „Anschluss" Österreichs an das Deutsche Reich – mit folgender Begründung ab:

Ich muss es in Übereinstimmung mit der Reichsschrifttumskammer als nicht tragbar bezeichnen, dass auch heute noch beamtete deutsche Professoren Arbeitsgemeinschaften mit Juden aufrecht erhalten. Ich vertrete vielmehr die Auffassung, dass auf diese deutsch-jüdische Verbindung verzichtet werden kann, ohne dass dadurch dem Ansehen der deutschen Wissenschaft Schaden zugefügt würde.[309]

Für Alfred Töpelmann aber war das Mischna-Projekt offenbar eine Herzensangelegenheit und er wollte sich mit dem Scheitern nicht abfinden: „Die Mischnasache liegt mir immer im Sinn", schrieb er an Beer.

Ich meine, wir können und dürfen uns damit nicht zufrieden geben, daß an maßgebender Stelle das Herauskommen weiterer Traktate nicht erwünscht ist. Gewiß will man zur Zeit bei uns nichts von den Juden wissen, resp. von deren Wissenschaft, aber wäre es wirklich ein solches Verbrechen, wenn dieses rein wissenschaftliche Unternehmen versucht würde fortzusetzen? Und für den Verlag bedeutet es doch keine Kleinigkeit, einfach dieser Lage wegen auf jede weitere Fortsetzung zu verzichten. Gewiß erfordert die Fortführung für den Verleger große Opfer, aber ich habe ein solches bis dato gebracht und es wäre Ehrensache für den Verlag selbst und für die reine Wissenschaft, das Unternehmen weiterzuführen. [...] Es gibt noch mancherlei recht wichtige Gründe, die für die Fortsetzung sprechen und vielleicht wäre es doch durch eine besondere Fürsprache, die zu erreichen versucht werden müsste, möglich, die Genehmigung zur Fortführung zu erhalten. Deutschland soll auch in der Wissenschaft nicht hintenanstehen, sondern vielmehr führend sein, das ist ganz gewiß die Ansicht und Absicht unseres Führers. [...] Ich möchte Alles daran setzen daraufhinzuwirken, daß das angefangene Mischnawerk auch fortgesetzt wird.[310]

Beer schrieb ihm daraufhin, dass er daran arbeite, denn schließlich sei nur die weitere Zusammenarbeit mit Juden verboten, „nicht aber die Fortsetzung der Mischna ohne Juden".[311] Töpelmann informierte Cram über den Stand der Dinge und sprach seine Hoffnung aus, dass dieser „sich für die Mischnasache

---

[308] Prof. Dr. Georg Beer an die Reichs-Schrifttums-Kammer Berlin, 17.12.1937, Stabi Dep. 42 Gr, Georg Beer.

[309] Der Reichs- und Preußische Minister für Wissenschaft, Erziehung und Volksbildung, 19.4.1938, Stabi Dep. 42,165 (1).

[310] Alfred Töpelmann an Prof. Dr. Georg Beer, 16.5.1939, Stabi Dep. 42 Gr, Georg Beer.

[311] Georg Beer an Alfred Töpelmann, 21.5.1939, Stabi Dep. 42 Gr, Georg Beer.

erwärmen und das Unternehmen endlich wieder in Fluß gebracht würde".[312] Prof. Krauss aus Wien habe sich ihm gegenüber als Mitherausgeber

schon vor Jahren bereit erklärt auf die Anführung seines Namens als Mitherausgeber zu verzichten, um daraus etwaigen Unannehmlichkeiten für uns vorzubeugen. Herr Prof. Marmorstein ist als der bedeutendste Mischnakenner und -forscher überhaupt nur im Titel angeführt worden und dürfte sein Name ohne weiteres wegbleiben können. Und für die übrigbleibenden wenigen jüd. Gelehrten, die Traktate übernommen haben, dürften sich unschwer Ersatzleute finden lassen.[313]

Töpelmann und Herausgeber Beer waren also bereit, zugunsten des Gesamtprojekts auf die Mitarbeit jüdischer Gelehrter zu verzichten. Offenbar hatten sie die substanzielle Kritik zu Beginn des Unternehmens verdrängt oder meinten, in Anbetracht der politischen Lage inhaltliche Einwände von jüdischen Wissenschaftlern nicht mehr berücksichtigen zu müssen.

Herbert Cram hielt die Fortführung des Unternehmens aber für schwierig. Im Juli 1939 informierte er Georg Beer, dass er zwar nach einer Möglichkeit suche, das Werk fortzuführen, zurzeit aber „beim besten Willen keine positiven Zusicherungen machen" könne. Im Moment sei nicht einmal klar, ob man die verlegerische Tätigkeit auf theologischem Gebiet einstellen müsse. Außerdem bestünden neben den politischen auch wirtschaftliche Bedenken.[314]

Der Verlag nahm das Mischnaprojekt erst 1956 unter Leitung von Karl Heinrich Rengstorf, der seit 1935 neben Beer als Mitherausgeber fungiert hatte und im Herbst 1936 von der Universität Kiel entlassen worden war, wieder auf. Rengstorf hatte bereits im Februar 1946 auf die Fortführung gedrängt.[315] Bis 1991 erschienen schließlich weitere 19 Traktate. Das Gesamtunternehmen blieb aber bis heute unvollendet.[316] Georg Beer war am 16. Februar 1946 in Heidelberg gestorben.

b) Theologische Zeitschriften

Zeitschrift für die alttestamentliche Wissenschaft

Seit 1881 erschien im Verlag Alfred Töpelmann die *Zeitschrift für die alttestamentliche Wissenschaft*. Sie wurde begründet vom Gießener Alttestamentler Bernhard Stade (1848–1906) und galt als weithin angesehene Fachzeitschrift. Von 1927 bis 1959 war der Ordinarius für Altes Testament Johannes Hempel ihr Herausgeber.[317] 1928 war er von Greifswald nach Göttingen berufen worden,

---

312 Alfred Töpelmann an Herbert Cram, 22.5.1939, Stabi Dep. 42 Gr, Georg Beer.
313 Ebenda.
314 Herbert Cram an Prof. Dr. Georg Beer, 14.7.1939, Stabi Dep. 42 Gr, Georg Beer.
315 Karl Heinrich Rengstorf an Alfred Töpelmann, 20.2.1946, Stabi Dep. 42, K 288, M 9.
316 Vgl. *Stemberger*, Talmud und Rabbinische Literatur, S. 124.
317 Vgl. zum Folgenden: *Marikje Smid*, Deutscher Protestantismus und Judentum

1937 wechselte er als Professor für Altes Testament und Religionsgeschichte sowie Direktor des Alttestamentlichen Seminars an die Theologische Fakultät der Berliner Universität. Als Hempel nach dem Tod Hugo Greßmanns 1927 die auch international renommierte Zeitschrift übernahm, war er sich ihrer Bedeutung für die alttestamentliche Wissenschaft bewusst.[318] Er tat kund, dass er die Arbeit seines Vorgängers fortsetzen wolle und die Zeitschrift „als ein von der Einseitigkeit wissenschaftlicher Schulmeinungen, von nationalen und konfessionellen Schranken freies Organ [...], das die Abzielung auf die Erkenntnis des Waltens Gottes in der Geschichte der Religion Israels nie vermissen lässt", begreife.[319]

Nur wenige Jahre später, Ende 1931, bemühte er sich jedoch, in seiner Broschüre „Altes Testament und völkische Frage" das Verhältnis des Alten Testaments zum israelitisch-jüdischen Volkstum zu analysieren. Auch in nachfolgenden Schriften erkannte er den Rasse- und Volkstumsbegriff der Nationalsozialisten an und betonte die enge Verbundenheit von Religion und Volkstum. Hempel schloss sich 1933 den „Deutschen Christen" an und wurde zu einem der Hauptprotagonisten in der im Zuge des Erstarkens der NS-Ideologie aufflammenden Diskussion über die Bedeutung des Alten Testaments für das Christentum sowie die Beziehung des vorbiblischen Judentums zu den Juden der Gegenwart. Zunehmend ließ er sich in die Dienste des NS-Regimes nehmen und propagierte eine immer schärfere Trennung von Altem Testament als Fundament des christlichen Glaubens und allem Jüdischen. Der renommierte Alttestamentler übernahm die Arbeitsgemeinschaft zum Thema „Das grundsätzliche und religionsgeschichtliche Problem des Alten Testaments" des „Instituts zur Erforschung und Beseitigung des jüdischen Einflusses auf das deutsche kirchliche Leben" in Eisenach.[320] Ziel des Instituts unter dessen wissenschaftlichem Leiter Walter Grundmann, Professor für Neues Testament und völkische Theologie in Jena, war die Schaffung eines „judenreinen" Christentums. Aus dem Neuen Testament strich ein Arbeitskreis des Instituts alle als „verjudet" geltenden Bezüge auf das Alte Testament und gab die Schrift als „Die Botschaft Gottes" heraus. Beim Alten Testa-

---

1932/33, München 1990, S. 225–242 sowie *Cornelia Weber*, Altes Testament und völkische Frage. Der biblische Volksbegriff in der alttestamentlichen Wissenschaft der nationalsozialistischen Zeit, dargestellt am Beispiel von Johannes Hempel, Tübingen 2000.

[318] Zu Hugo Greßmann vgl. *Rudolf Smend*, Deutsche Alttestamentler in drei Jahrhunderten, Göttingen 1989, S. 173–181.

[319] *Johannes Hempel*, Gedächtnisworte, in: Zeitschrift für die alttestamentliche Wissenschaft 45 (1927), S. XXII. Zit. nach: *Smid*, Deutscher Protestantismus und Judentum 1932/33, S. 227.

[320] Zum Eisenacher Institut vgl. *Wolfgang Benz* (Hrsg.), Handbuch des Antisemitismus. Judenfeindschaft in Geschichte und Gegenwart. Bd. 5: Organisationen, Institutionen, Bewegungen, Berlin 2012, S. 230 ff.; *Susannah Heschel*, Deutsche Theologen für Hitler. Walter Grundmann und das Eisenacher „Institut zur Erforschung und Beseitigung des jüdischen Einflusses auf das deutsche kirchliche Leben", in: *Peter von der Osten-Sacken* (Hrsg.), Das mißbrauchte Evangelium. Studien zu Theologie und Praxis der Thüringer Deutschen Christen, Berlin 2002, S. 70–90; *Weber*, Altes Testament und völkische Frage, S. 148–157.

ment war die Lage komplizierter: Im Kern ging es darum, ob das Alte Testament aus der christlichen Bibel eliminiert werden sollte, weil es jüdisch war, oder ob es unter antisemitischer Lesart und der Konstruktion eines unüberbrückbaren Gegensatzes zum heutigen Judentum beibehalten werden konnte.

In der *Zeitschrift für die alttestamentliche Wissenschaft* erschienen letztmals 1933 Aufsätze jüdischer Gelehrter: Yehezkel Kaufmann schrieb über „Probleme der israelitisch-jüdischen Religionsgeschichte (Teil II)"[321] und Elias Auerbach über „Untersuchungen zum Richterbuch (Teil II)".[322] 1937 veröffentlichte der jüdische Bibelwissenschaftler Harold Louis Ginsberg noch eine kurze Abhandlung unter der Rubrik Mitteilungen. 1936 tilgte Hempel den 1924 von seinem Vorgänger Greßmann angefügten Zusatz im Titel der Zeitschrift *und die Kunde des nachbiblischen Judentums*[323] und „entjudete" damit aus seiner Perspektive wenigstens den Titel.[324] Damit gab er aber auch Greßmanns neuen Forschungsansatz auf, der die Einheit des biblischen Israel und des nachbiblischen Judentums betont und die Zusammenarbeit mit jüdischen Wissenschaftlern angeregt hatte.[325] Herbert Cram war mit der Titeländerung einverstanden, gab jedoch zu bedenken, dass möglicherweise „einzelne Abnehmer abspringen könnten".[326] Hempel argumentierte, dass das Erscheinen der Zeitschrift ohne die Druckkostenzuschüsse der Deutschen Forschungsgemeinschaft wegen der finanziellen Engpässe, die den Verlag bereits über eine Einstellung des Blattes nachdenken ließen, nicht gewährleistet sei. Diese – so Hempel – könnte sich jedoch an dem Titelzusatz *und die Kunde des nachbiblischen Judentums* stören und die Zuschüsse weiter reduzieren oder ganz streichen. Den Lesern die Titeländerung und damit die Anpassung an den Zeitgeist zu begründen, hielten weder Hempel noch der Verlag für erforderlich.

Aus Hempels Korrespondenz mit dem Verlag geht hervor, dass der Theologe selbst durchaus für die antisemitische Ideologie empfänglich war. Ende 1933 etwa legte er Hermann Brill den Fall eines seiner ehemaligen jüdischen Studenten dar, der einen Verlag für die Drucklegung seiner Dissertation suchte. Hempel stufte sie als eine „wirklich besondere Leistung" ein und verbürgte sich für die „persönliche und politische Integrität" des Verfassers, der mittlerweile in Cambridge weilte. Aus diesem Einzelfall erhob sich für Hempel aber „die grundlegende Frage, ob wir bei der jetzigen Lage die Arbeit eines im Ausland lebenden deutschen Juden bringen können". Zwar äußerte er Bedauern über die Situation

---

[321] Zeitschrift für die Alttestamentliche Wissenschaft 51 (1933) 1, S. 35–47.

[322] Ebenda, S. 47–51.

[323] *Ulrich Kusche*, Die unterlegene Religion. Das Judentum im Urteil deutscher Alttestamentler. Zur Kritik theologischer Geschichtsschreibung, Berlin 1991, S. 141.

[324] *Wolfgang Schenk*, Der Jenaer Jesus. Zu Werk und Wirken des völkischen Theologen Walter Grundmann und seiner Kollegen, in: *Von der Osten-Sacken* (Hrsg.), Das mißbrauchte Evangelium, S. 264.

[325] *Weber*, Altes Testament und völkische Frage, S. 175.

[326] Herbert Cram an Johannes Hempel, 4.3.1937. Zit. nach: Ebenda, S. 177.

seines von ihm geschätzten ehemaligen Schülers, aber man dürfe „nicht solche weißen Raben zum Maßstab nehmen", wenn es um „grundsätzliche Entscheidungen" gehe.[327] Noch despektierlicher geriet sein Ton, sobald es um ihm unbekannte tatsächliche oder vermeintliche Juden ging. Ein Dr. Spinner aus Wien hatte offenbar um die Abgabe von Einzelheften der *Zeitschrift für die alttestamentliche Wissenschaft* gebeten. Hempel reichte den Brief an Brill weiter und kommentierte:

Nach dem, was ich von dem Manne weiß, ist er ein ziemlicher Phantast, an dessen Mitarbeit wir kein sonderliches Interesse haben, zumal in der gegenwärtigen Situation. Ich vermute, dass das S. des Vornamens als Salomo oder Samuel aufzulösen ist und würde es durchaus verstehen, wenn Sie ihm mitteilen würden, dass Sie Einzelnummern grundsätzlich nicht abgeben.[328]

Den Gipfel der Anbiederung an den Zeitgeist erklomm Hempel in der Chronik der von ihm maßgeblich geprägten *Zeitschrift für die alttestamentliche Wissenschaft* in der Ausgabe 1942/43. „Auf Urlaub in Berlin" von seiner Arbeit als Militärgeistlicher erschien Hempel der bisherige Umgang mit dem Alten Testament nun „naiv":

Je stärker das rassische und völkische Erwachen sich durchsetzt und je energischer in der politischen Lage der Gegensatz zwischen dem Dritten Reiche und dem Judentum als ein Kampf auf Leben und Tod hervortritt, desto schärfer wird auch der Blick für den politischen Gehalt der Religion des AT, insbesondere seiner Zukunftserwartung.[329]

Diese „politischen ‚Verheißungen'" des Alten Testaments verstand Hempel nun „als irgendwie gegen uns gerichtet".[330] Letztlich gab er die Bedeutung des Alten Testaments als Grundlage des Christentums nahezu auf – eine für einen Ordinarius für Altes Testament durchaus bemerkenswerte Entwicklung. Dem Verlag dürfte kaum entgangen sein, dass die Zeitschrift durch Hempels pronationalsozialistischen Kurs ihr internationales Renommee verlor. Andererseits vermied man dadurch eine Konfrontation mit den Zensurinstanzen. Erst am 18. November 1944 verfügte die Reichspressekammer die Einstellung der bis dahin mit Unterstützung der Deutschen Forschungsgemeinschaft erscheinenden Zeitschrift zum Ende des Jahres.[331]

Anfang 1946 bemühte sich der Verlag, die *Zeitschrift für die alttestamentliche Wissenschaft* wieder aufleben zu lassen. Offenbar sah die Geschäftsleitung zunächst aber keinen Anlass, über eine Veränderung in der Herausgeberschaft

---

[327] Johannes Hempel an Hermann Brill, 28.12.1933, Stabi Dep. 42, K 507, M 3.

[328] Johannes Hempel an Hermann Brill, 6.6.1934, Stabi Dep. 42, K 507, M 3.

[329] *Johannes Hempel*, Chronik, in: Zeitschrift für die Alttestamentliche Wissenschaft 59 (1943), S. 209–215.

[330] Ebenda.

[331] Der Präsident der Reichspressekammer an den Verlag Alfred Töpelmann, 18.11.1944, Stabi Dep. 42,101 (3).

nachzudenken, und hielt an Johannes Hempel fest. Dies gestaltete sich – genau wie Hempels Rückkehr an die Universität – aufgrund seiner Verstrickungen in das NS-Regime aber schwierig. Vor allem ausländische Stimmen machten darauf aufmerksam, dass Hempel einem tatsächlichen Neuanfang im Wege stand. Nun drängte der Verlag auf einen Mitherausgeber und fragte im Mai 1948 den Hallenser Alttestamentler Otto Eißfeldt an, der sofort zusagte. Offenbar war De Gruyter zu diesem Zeitpunkt klar, dass Hempel zu sehr belastet war, um weiterhin als Alleinherausgeber einer Zeitschrift zu fungieren, die sich ihr Renommee als international anerkanntes Fachblatt erst wieder erwerben musste. Neben Eißfeldt als Mitherausgeber wurde Hempel ein internationaler Beraterkreis zur Seite gestellt.[332] 1948 erschien schließlich der erste Nachkriegsband, und in der wiederum von Hempel verfassten Chronik musste er auf die „Bedenken" eingehen, die ihm die Kollegen Albright, Bentzen, Daube, Kahle und Rowley bezüglich seiner Äußerungen in der Chronik von 1943 übermittelt hatten. Er rechtfertigte sich mit folgender Argumentation:

> Ich hätte jene, mir damals um der Zukunft der ZAW willen notwendig erscheinende, Sätze nicht geschrieben, wenn ich gewußt hätte, was bereits geschehen war, und bis zu welchen Dingen sich der Antisemitismus mit der Verschärfung der Kriegslage steigern würde. Es war an sich falsch, in der ZAW als einer internationalen Zeitschrift zu einer Frage der deutschen Politik irgendwie das Wort zu nehmen. Wenn man aber damals das jüdische Problem überhaupt anrührte, wäre eine Warnung vor den Auswüchsen des Antisemitismus erforderlich gewesen, der sich durch seine Konsequenzen als Geisteshaltung abendländischer und erst recht christlicher Menschen unmöglich macht. Ich hoffe, durch dieses offene Wort des Bedauerns und der Zurücknahme die Bahn wieder freigemacht zu haben für die übernationale und überkonfessionelle Zusammenarbeit an der ZAW.[333]

Die Kritik an Hempels Rolle während des Nationalsozialismus endete damit jedoch nicht. Etwas polemisch, aber in der Sache durchaus treffend, bezeichnete Juda Ari Wohlgemuth, dessen Vater Dozent am orthodoxen Rabbinerseminar in Berlin gewesen war, Hempel im Januar 1952 als „Totengräber [...] der alttestamentlichen Wissenschaft".[334] Hempel blieb an der Seite Eißfeldts und seit 1960 Georg Fohrers bis zu seinem Tod 1964 Mitherausgeber der noch heute im Verlag Walter de Gruyter erscheinenden Zeitschrift. Seit 1955 lehrte er wieder als Honorarprofessor in Göttingen, bis dahin hatte er seinen Lebensunterhalt mit Über-

---

332 Es handelte sich um: W. Baumgartner (Basel), P. Humbert (Neuchatel), Fl. James (Northhaven), L. Köhler (Zürich), W.D. McHardy (London), H.G. May (Oberlin), Th.H. Robinson (London), L. Rost (Berlin), H.H. Rowley (Manchester), W. Rudolph (Marburg), Fr. Stummer (München), J. Ziegler (Würzburg) und W. Zimmerli (Zürich).

333 *Johannes Hempel*, Chronik, in: Zeitschrift für die Alttestamentliche Wissenschaft 61 (1948) 1, S. 231 f.

334 Juda Ari Wohlgemuth an Johannes Hempel, Januar 1952. Zit. nach: *Weber*, Altes Testament und völkische Frage, S. 190.

setzungen und Pfarrstellen verdient, weil ihm die Rückkehr auf seinen Lehrstuhl wegen seiner Verstrickung in den Nationalsozialismus verwehrt worden war.[335]

Zeitschrift für die neutestamentliche Wissenschaft

Im Jahr 1900 begründete der evangelische Theologe Erwin Preuschen die *Zeitschrift für die neutestamentliche Wissenschaft*. Seit 1908 erschien sie im Verlag Alfred Töpelmann,[336] sie wird noch heute bei De Gruyter verlegt. Der prominente Berliner Kirchenhistoriker Prof. Dr. Hans Lietzmann fungierte als Herausgeber, seit 1931 war Walther Eltester, Professor der Preußischen Akademie der Wissenschaften und seit 1940 an der Berliner Universität, Mitherausgeber, nach Lietzmanns Tod von 1942 (bis 1970) Herausgeber. Im November 1943 übernahm Eltester in Verbindung mit Prof. Dr. Martin Dibelius (Heidelberg) und Prof. Dr. Gerhard Kittel (Tübingen) die Redaktion der Zeitschrift.

Die Hintergründe des Eintritts von Dibelius und Kittel in die Redaktionsgeschäfte sind nicht bekannt. Gerhard Kittel, 1888 in Breslau geboren, seit 1926 Ordinarius in Tübingen und von 1939–1943 gleichzeitig in Wien, war ein weithin anerkannter Neutestamentler mit dem Forschungsschwerpunkt Judentum.[337] Bekannt geworden war er vor allem durch das von ihm konzipierte und in den ersten vier Bänden von 1933–1942 herausgegebene „Theologische Wörterbuch zum Neuen Testament".[338] Andererseits war Kittel am 1. August 1933 in die NSDAP eingetreten und hatte im gleichen Jahr seine Schrift „Die Judenfrage" veröffentlicht, in der er einen radikalen rassistischen Antisemitismus propagierte. Er forderte darin, den jüdischen Deutschen die Staatsbürgerschaft abzuerkennen, sie unter Fremdenrecht zu stellen und ihnen den Zugang zu öffentlichen Ämtern zu verwehren. Presse und Literatur litten – so Kittel – unter einer „fast beispiellosen jüdischen Durchsetzung sowohl ihrer journalistischen Träger als auch ihres Kapitals".[339] Zum Christentum konvertierte Juden galten ihm nicht als Deutsche, auch sollten „Mischehen" aus theologischen und rassischen Gründen verboten werden. Kittel bediente in seinem Pamphlet nahezu alle antisemitischen Vorurteile, die Eingang in die NS-Ideologie gefunden hatten, vom „heimatlos über die Erde wandernden Fremdling" zur „Blut- und Rassenmischung", durch die sich der „Einfluß des jüdischen Elementes auf den Volkskörper" ver-

---

335 Vgl. dazu: *Weber*, Altes Testament und völkische Frage, S. 162–171.

336 Deutsche Nationalbibliothek, http://d-nb.info/011139196/about/html [4.3.2014].

337 Vgl. zu Kittel: Theologische Realenzyklopädie, Bd. XIX, Berlin/New York 1990, S. 221–225; *Leonore Siegele-Wenschkewitz*, Die Evangelisch-theologische Fakultät Tübingen in den Anfangsjahren des Dritten Reiches. II. Gerhard Kittel und die Judenfrage, in: Zeitschrift für Theologie und Kirche Beiheft 4 (1978), S. 53–80; *Smid*, Deutscher Protestantismus und Judentum 1932/33, S. 242–253.

338 Das Theologische Wörterbuch erschien im Stuttgarter Verlag Kohlhammer. Von Band 5 an fungierte *Gerhard Friedrich* als Herausgeber.

339 *Gerhard Kittel*, Die Judenfrage, Stuttgart 1933, S. 43.

stärke, bis hin zum „Internationalismus des Judentums".[340] Gershom Scholem charakterisierte Kittels Schrift in einem Brief an Martin Buber als „unter allen schmachvollen Dokumenten eines beflissenen Professorentums, die uns doch immer wieder überraschen, eines der schmachvollsten".[341] Bei Kittel fügten sich „völkische und theologische Kategorien zu einem harmonischen Ganzen".[342] 1936 ließ sich Kittel von der „Forschungsabteilung Judenfrage" am „Reichsinstitut für die Geschichte des Neuen Deutschlands" in Diensten nehmen.[343] In deren bei der Hanseatischen Verlagsanstalt erscheinenden Schriften publizierte Kittel 1939 „Die historischen Voraussetzungen der jüdischen Rassenmischung" und 1943 gemeinsam mit Eugen Fischer das antisemitische Machwerk „Das antike Weltjudentum. Tatsachen, Texte, Bilder".

Es scheint unmöglich, dass die Abteilung Töpelmann, die die Zeitschrift seit Jahrzehnten betreute und im theologischen Umfeld bestens vernetzt war, nicht wusste, um wessen Geistes Kind es sich bei Kittel handelte. Seine antisemitische Schmähschrift „Die Judenfrage" hatte einige Aufregung hervorgerufen, und über die Aktivitäten des „Reichsinstituts für die Geschichte des Neuen Deutschlands" konnte man sich keine Illusionen machen. Die französischen Besatzer wussten offenbar Bescheid und verhafteten Gerhard Kittel am 3. Mai 1945 in Tübingen. Sie entließen ihn fristlos und hielten ihn von November 1945 bis Oktober 1946 im Internierungslager Balingen gefangen. Er starb am 11. Juli 1948, wenige Monate, nachdem ihm die Rückkehr nach Tübingen gestattet worden war.

Ganz anders der fünf Jahre ältere Martin Dibelius, der seit 1915 Ordinarius für Neutestamentliche Wissenschaft an der Universität Heidelberg war und als ehemaliges Mitglied der Deutschen Demokratischen Partei (DDP) der nationalsozialistischen Ideologie fernstand.[344] Bereits 1926 hatte er in der „Sammlung Göschen" zwei Bände „Geschichte der urchristlichen Literatur", eines seiner zentralen Forschungsgebiete, vorgelegt. 1939 erschien ebenfalls in der „Sammlung Göschen" seine Schrift „Jesus",[345] nach seinem Tod am 11. November 1947 führte

---

340 Ebenda, S. 66, 22 f., 26.

341 Gershom Scholem an Martin Buber am 24.8.1933, in: *Martin Buber*. Briefwechsel aus sieben Jahrzehnten. Hrsg. und eingeleitet von *Grete Schaeder*, Bd. 3. Heidelberg 1975, S. 501 f. Zit. nach: *Horst Junginger*, „Judenforschung" in Tübingen – Von der jüdischen zur antijüdischen Religionswissenschaft, in: Jahrbuch des Simon-Dubnow-Instituts 5 (2006), S. 377.

342 So das treffende Urteil von *Marikje Smid* (Deutscher Protestantismus und Judentum 1932/33, S. 250).

343 Vgl. *Dirk Rupnow*, Judenforschung im Dritten Reich. Wissenschaft zwischen Politik, Propaganda und Ideologie, Baden-Baden 2011.

344 Zu Dibelius vgl. Theologische Realenzyklopädie, Bd. VIII, Berlin/New York 1981, S. 726–729 und *Hans Bringeland*, Religion und Welt: Martin Dibelius (1883–1947). Band 3: Dibelius im Dritten Reich und in der Nachkriegszeit, Münster 2013. Zu Dibelius Bedenken, die Herausgeberschaft gemeinsam mit Kittel zu übernehmen, vgl. ebenda, S. 188.

345 Das Bändchen „Jesus" von *Martin Dibelius* war mit der Nummer 1130 1939 in der „Sammlung Göschen" erschienen. Die zweite Auflage erschien 1947 – mit einer geänder-

W. Erzbischof von Thyateira, D. Dr. Germanos G. Kümmel sein Bändchen „Paulus“ (Sammlung Göschen, Bd. 1160) zu Ende.

Die Aufnahme Kittels in die Redaktion der *Zeitschrift für die neutestamentliche Wissenschaft* muss als Kotau des Verlages vor den Machthabern gewertet werden. Gegen die Intention einer völligen Neuausrichtung nach dem Tod Lietzmanns spricht allerdings die Tatsache, dass mit Dibelius gleichzeitig kein NS-treuer Theologe in die Geschäfte eingebunden werden sollte. Vermutlich versuchte der Verlag damit – wie in vielen anderen Fällen auch – den Spagat zwischen Wissenschaft und Akzeptanz bei den staatlichen und Parteistellen, die das Weiterbestehen der theologischen Zeitschrift überhaupt erst möglich machten. Aus Sicht des Verlages hatte diese Strategie auch Erfolg; die *Zeitschrift für die neutestamentliche Wissenschaft* musste ihr Erscheinen erst Ende 1944 einstellen.[346] Die erste Ausgabe nach Kriegsende erschien im Jahr 1949.[347]

Zeitschrift für systematische Theologie

Die dritte theologische Zeitschrift erschien erst seit 1936 im Verlag Walter de Gruyter. Die ersten zwölf Jahrgänge der von Carl Stange 1923 begründeten und herausgegebenen *Zeitschrift für systematische Theologie* hatte C. Bertelsmann verlegt.[348] Sie war das Organ der „Lutherrenaissance“, einer der theologischen Hauptströmungen der Zwischenkriegszeit.[349] Neben Paul Althaus und Emanuel Hirsch war Carl Stange einer ihrer wichtigsten Repräsentanten. Stange

---

ten Passage zur „Rasse, rassische[n] Abstammung Jesu. 1939 hieß es: „Die Frage nach Jesu Herkunft, die damit berührt wird, erfährt heute innerhalb und außerhalb Deutschlands stärkste Beachtung, weil hinter ihr das Problem der Rassenzugehörigkeit Jesu steht, und weil sich mit diesem Problem die Frage verbindet, ob das Christentum als Erzeugnis der jüdischen Rasse anzusehen und darum von anderen Rassen abzulehnen sei. Seit Houston Stewart Chamberlains berühmtem Buch ‚Die Grundlagen des 19. Jahrhunderts‘ (1899) ist diese Frage nie zur Ruhe gekommen. Der Ernst, mit dem sie von dem neuen völkischen Bewußtsein gestellt wird, verlangt eine grundsätzliche Überlegung.“ (S. 32) 1947 lautete der Absatz: „Die Frage nach Jesu Herkunft, die damit berührt wird, erfährt in der Gegenwart stärkere Beachtung als früher. Denn hinter ihr steht die Frage, welchem Volk und welcher Rasse Jesu angehört habe, und ob das Christentum aus dem Geist einer bestimmten Rasse abzuleiten sei. Seit Houston Stewart Chamberlains Buch ‚Die Grundlagen des 19. Jahrhunderts‘ (1899) ist die Frage nie zur Ruhe gekommen. Geschichte und Anthropologie sind an ihr interessiert und fordern Antwort von den Evangelien – also von Texten, die von der ganzen Fragestellung nichts wissen. Eine grundsätzliche Überlegung ist darum am Platze.“ (S. 34).

346 Verlag an Prof. Dr. Gerhard Kittel, 24.11.1944, Stabi Dep. 42,198 (3); Verlag an Prof. Lic. Eltester, 24.11.1944, Stabi Dep. 42 Gr, Walther Eltester.

347 Theologische Realenzyklopädie, Bd. XXXVI, Berlin/New York 2004, S. 620.

348 Vertrag zwischen Abt Dr. Carl Stange und Verlagsbuchhandlung Alfred Töpelmann, Stabi Dep. 42,102 (1).

349 Vgl. dazu: *Friedländer/Frei/Rendtorff/Wittmann*, Bertelsmann im Dritten Reich, S. 82–88; *Heinrich Assel*, Der andere Aufbruch. Die Lutherrenaissance – Ursprünge, Aporien und Wege. Karl Holl, Emanuel Hirsch, Rudolf Hermann (1910–1935), Göttingen 1994.

war 1870 in Hamburg geboren, hatte seit 1912 den Lehrstuhl für Systematik in Göttingen inne und war als anerkannter Luther-Forscher glänzend mit den zahlreichen Institutionen, die sich mit dem Reformator beschäftigten, sowie ausländischen Wissenschaftlern vernetzt. Zahlreiche seiner Beiträge erschienen in der *Zeitschrift für systematische Theologie.*[350]

Beate von Miquel und Trutz Rendtorff werten den Verkauf der *Zeitschrift für systematische Theologie* von Bertelsmann an De Gruyter als Akt der Distanzierung des Verlegers Heinrich Mohn von den „Deutschen Christen", ohne Bertelsmann deshalb als Verlag der „Bekennenden Kirche" verstehen zu wollen. Auch marktstrategische Gründe – der Rückgang der Abonnentenzahlen von 807 im Jahr 1926 auf 340 im Jahr 1933 und nur noch 329 im November 1936[351] – sowie die Taktik, den Bertelsmann Verlag „aus dem Visier der örtlichen Behörden und Polizeistellen herauszuhalten", spielten eine Rolle. Verleger Heinrich Mohn hatte einen Artikel von Stange in der *Zeitschrift für systematische Theologie* zur „Lage in Deutschland nach schwedischem Urteil" heftig als der Position der „Deutschen Christen" zu nahestehend kritisiert und war erforderlichenfalls auch zur Trennung von seinem langjährigen Autor bereit. Sein Verlag sollte in der theologischen Auseinandersetzung klar aufseiten der „Bekennenden Kirche" verortet werden können. Die ausführlichen antisemitischen Tiraden Stanges in diesem Artikel waren übrigens kein Stein des Anstoßes für Mohn, machen jedoch drastisch deutlich, dass Stange in seiner judenfeindlichen Position den Nationalsozialisten weit entgegenkam.[352] Hinzu kam, dass sich die Herausgeber der Zeitschrift Paul Althaus, Emanuel Hirsch, Carl Stange und Georg Wehrung uneins über die weitere kirchenpolitische Entwicklung waren. Insbesondere die Rolle Hirschs, einem der Wortführer der „Deutschen Christen", war umstritten.[353]

Dieser Konflikt setzte sich nach der Übernahme der *Zeitschrift für systematische Theologie* durch den Verlag Walter de Gruyter 1936 fort. Im November 1936 wandte sich Stange in einem sehr deutlichen Brief an Herbert Cram, in dem er ihn dringlichst bat, Reklame-Anzeigen von Hans Michael Müller und Emanuel Hirsch auf dem Umschlag des dritten Heftes zu verhindern:

---

[350] Biographisch-Bibliographisches Kirchenlexikon, Bd. X, Sp. 1153–1159.

[351] Herbert Cram an Abt Prof. Dr. C. Stange, 9.11.1936, Stabi Dep. 42,102 (1); *Friedländer/Frei/Rendtorff/Wittmann*, Bertelsmann im Dritten Reich, S. 79.

[352] Stange führte u.a. aus: „Es ist gewiß richtig, daß die skandalösen Zustände, die sich in den Nachkriegsjahren in Deutschland entwickelt haben, den zersetzenden Einfluß des Judentums in erschütternder Weise veranschaulicht haben. [...] Dazu kam, daß sich die Juden in den Jahren des Zusammenbruchs alsbald der Parteien bemächtigten, die sich offen dazu bekannten, daß sie von keinem Vaterland wußten." In Deutschland habe sich „ein Typus des Judentums ausgebildet, der alle die Züge trägt, die Hitler in seinem Buche ‚Mein Kampf' geißelt". *Carl Stange*, Die Lage in Deutschland nach schwedischem Urteil, in: Zeitschrift für systematische Theologie 12 (1935), S. 13.

[353] *Friedländer/Frei/Rendtorff/Wittmann*, Bertelsmann im Dritten Reich, S. 87, 211 ff., 571.

Es würde mir möglicherweise große Unannehmlichkeiten bereiten, wenn auf dem Umschlag der Zeitschrift für ausgesprochene deutsch-christliche Schriften Propaganda gemacht würde. Die Zeitschrift wird überwiegend in den Kreisen der Bekennenden Kirche gelesen, und man würde es mir vermutlich sehr verübeln, wenn ich es zuließe, dass auf dem Umschlag der Zeitschrift ‚gegen die schlechte Theologie der Bruderräte und der Bekennenden Kirche' Reklame gemacht würde.[354]

Die vierteljährlich herausgegebene Zeitschrift war für den Verlag – jedenfalls zeitweise – ein Verlustgeschäft. Im August 1941 lag die Bilanz des 17. Jahrgangs der Zeitschrift vor, die „sich wiederum recht ungünstig" darstellte. Obwohl Stange einen jährlichen Zuschuss in Höhe von 2500,– RM leistete, machte sie einen Verlust von fast 1500,– RM. Für das folgende Jahr bat der Verlag deshalb um eine Erhöhung des Zuschusses auf 3000,– RM.[355] Der Zuschuss reduzierte sich allerdings in den Folgejahren, weil der Umfang der Zeitschrift erheblich gekürzt wurde.[356] Im März 1943 informierte die Papierwirtschaftsstelle der Reichspressekammer den Verlag, dass die *Zeitschrift für systematische Theologie* mit Wirkung vom 1. April 1943 „aus kriegswirtschaftlichen Gründen" nur noch halbjährlich erscheinen durfte.[357] Per Einschreiben mit Rückschein verfügte die Reichspressekammer am 18. November 1944 die Einstellung aller drei im Verlag Walter de Gruyter erscheinenden theologischen Zeitschriften zum 31. Dezember des Jahres. Sie berief sich dabei auf die Ermächtigung des Reichsbevollmächtigten für den totalen Kriegseinsatz vom 24. August 1944.[358] Der Verlag informierte den Herausgeber Stange mit dem resignierten Kommentar: „Eine Reklamation ist unsern Erfahrungen zufolge völlig zwecklos. Wir müssen uns hiermit bescheiden und die Fortsetzung der Zeitschrift auf die Zeit nach dem Kriege zurückstellen."[359]

Die *Zeitschrift für systematische Theologie* erschien nach dem Krieg wieder unter dem bisherigen Titel im Verlag Walter de Gruyter, seit 1957 als *Neue Zeitschrift für systematische Theologie* und seit 1963 als *Neue Zeitschrift für systematische Theologie und Religionsphilosophie.*

---

[354] Abt C. Stange an Herbert Cram, 13.11.1936, Stabi Dep. 42,102 (1).

[355] Alfred Töpelmann an Prof. Dr. Carl Stange, 26.8.1941, Stabi Dep. 42,101 (1).

[356] Hermann Brill an Prof. Dr. Carl Stange, 30.9.1943, Stabi Dep. 42,101 (3).

[357] Papierwirtschaftsstelle der Reichspressekammer an die Verlagsbuchhandlung A. Töpelmann, 19.3.1943, Stabi Dep. 42,101 (3).

[358] Der Präsident der Reichspressekammer an den Verlag Alfred Töpelmann, 18.11.1944, Stabi Dep. 42,101 (3).

[359] Verlag Alfred Töpelmann an Prof. C. Stange, 24.11.1944, Stabi Dep. 42,101 (3).

5. Zeitschriften und periodisch erscheinende Veröffentlichungen

Fachzeitschriften spielten für die Wissenschaftsverlage bereits Ende des 19. Jahrhunderts eine wichtige Rolle. Forschungsergebnisse wurden häufig in Zeitschriften publiziert, und auf diese Weise pflegten und erweiterten die Verlage ihre Kontakte zu den Wissenschaftlern sowie den wissenschaftlichen Institutionen und Behörden. In vielen Fällen konnten prominente Wissenschaftler über den „Umweg" eines Zeitschriftenartikels als Verlagsautoren gewonnen werden. In den Jahren 1931 bis 1935 erschienen laut „Kürschners Gelehrten-Kalender" ungefähr 1500 deutschsprachige wissenschaftliche Zeitschriften.[360] Ihrer Bedeutung und der damit verbundenen Möglichkeiten einer Einflussnahme waren sich allerdings auch die Nationalsozialisten bewusst. Einer zu starken Reglementierung stand jedoch die Rolle wissenschaftlicher Zeitschriften als Devisenbringer entgegen. In der Tat profitierten die Zeitschriften von dem am 9. September 1935 in Kraft getretenen Buchexport-Ausgleichsverfahren, das einen Preisnachlass von 25 Prozent für in Deutschland hergestellte Bücher, Lehrmittel, Zeitschriften und Musikalien vorsah, den die Wirtschaftsstelle des deutschen Buchhandels der exportierenden Firma erstattete.[361]

Wie sehr die Reichskulturkammer das Alltagsgeschäft bis ins Detail zu beeinflussen versuchte und wie vorsichtig der Verlag agierte, um keinen Anstoß zu erregen, obwohl viele Bereiche eben nicht endgültig geregelt, sondern mit einem erheblichen Ermessensspielraum ausgestattet waren, macht etwa die Anfrage des Verlages an die Reichskulturkammer im Januar 1934 deutlich:

> Im wissenschaftlichen Verlagsbuchhandel, also auch in unserm Verlage, erscheinen bestimmte Gruppen von Zeitschriften, besonders solche, die von wissenschaftlichen Gesellschaften herausgegeben werden und deren Schriftleitung bestimmten Einzelpersönlichkeiten übertragen ist. Es entspricht einer Gewohnheit, bisher den verantwortlichen Schriftleiter als solchen auf dem Titelblatt zu nennen. Da durch das Schriftleitergesetz der Titel Schriftleiter den politischen Schriftleitern vorbehalten ist, beabsichtigen wir anstelle des Titels Schriftleiter nur die Amtsbezeichnung „Schriftleitung" zu benutzen, wie das schon bei zahlreichen unserer Zeitschriften geschieht. Wir bitten uns mitteilen zu wollen, ob eine solche Bezeichnung mit den Absichten des Schriftleitergesetzes in Einklang zu bringen ist. Sollten Sie diese Frage verneinen, würden wir Ihnen zu Dank verpflichtet sein, wenn Sie uns eine andere gute deutsche Bezeichnung für dieses Amt angeben wollten. Bei der Suche nach einer solchen Bezeichnung haben wir bisher nur den Ausdruck Redakteur und Redaktion gefunden, den wir aber für unsere deutschen Zeitschriften für ungeeignet halten.[362]

---

360 *Michael Knoche*, Wissenschaftliche Zeitschriften im nationalsozialistischen Deutschland, in: *Estermann/Knoche* (Hrsg.), Von Göschen bis Rowohlt, S. 264.

361 Ebenda, S. 262 f.

362 Walter de Gruyter & Co. (Cram) an die Reichskulturkammer zu Händen von Herrn Ministerialrat Schmidt-Leonhardt, 6.1.1934, Stabi Dep. 42,215.

Die Reichskulturkammer reichte die Anfrage an die Reichspressekammer weiter, die sie wiederum an den Reichsverband der Deutschen Presse abgab, der den Verlag beschied,

> daß wir für diejenigen Zeitschriften, die nicht unter die Bestimmungen des Schriftleitergesetzes fallen, die Bezeichnung „Verantwortlich für den Inhalt" mit anschließender Namensnennung des Verantwortlichen vorschlagen, falls Sie den Titel „Redakteur" für ungeeignet halten.[363]

Der Verlag beschloss daraufhin, zunächst nichts zu ändern, da die Verwendung des Begriffs „Schriftleitung" nicht verboten worden war.[364]

Bei zahlreichen Zeitschriften stand man nach der nationalsozialistischen Machtübernahme vor der Frage, wie man mit jüdischen Beiratsmitgliedern oder Herausgebern umgehen sollte.[365] Nicht in allen Fällen waren bei deren Ausschluss jedoch staatliche Institutionen die treibende Kraft, sondern oftmals handelten Herausgeber oder Verlage in vorauseilendem Gehorsam.[366] Analog zur Reichsschrifttumskammer mussten alle im Pressewesen Tätigen nach der Ersten Verordnung zur Durchführung des Reichskulturkammer-Gesetzes vom 1. November 1933 Mitglied der Reichspressekammer werden. Juden waren von der Mitgliedschaft ausgeschlossen, letztlich entschied jedoch der Präsident der Kammer über die Aufnahme.[367] Aber bereits vor Inkrafttreten dieser Regelung schloss der Verlag Walter de Gruyter mehrere jüdische Beiratsmitglieder oder Herausgeber aus.

a) Journal für die reine und angewandte Mathematik

Im Falle des traditionsreichen, seit 1827 im Vorgängerverlag Reimer erscheinenden *Journals für die reine und angewandte Mathematik* (nach seinem Begründer Leopold Crelle „Crelles Journal" genannt) beabsichtigte der Verlag bereits Anfang Mai 1933, der antijüdischen Stimmung zu entsprechen und das Herausgebergremium umzugestalten.[368] Von 1903 bis 1928 hatte der renommierte Marburger jüdische Mathematiker Kurt Hensel (1861–1941) die Zeitschrift her-

---

363 Reichsverband der Deutschen Presse e.V. an Herren Walter de Gruyter & Co., 31.1.1934, Stabi Dep. 42,215.

364 Ebenda.

365 Für den Springer Verlag bilanzierte Heinz Sarkowski, dass zwischen 1933 und 1938 mehr als 50 Zeitschriftenherausgeber und -redakteure ausscheiden mussten. *Sarkowski*, Springer-Verlag, S. 332.

366 Vgl. zu wissenschaftlichen Zeitschriften: *Knoche*, Wissenschaftliche Zeitschriften im nationalsozialistischen Deutschland, S. 260–281.

367 Erste Verordnung zur Durchführung des Reichskulturkammer-Gesetzes vom 1. November 1933, RGBl. 1933 I, S. 797.

368 Folgende Darstellung basiert auf: *Remmert/Schneider*, Eine Disziplin und ihre Verleger, S. 235 ff.

ausgegeben, seit 1929 standen ihm sein Nachfolger in Marburg, Helmut Hasse (1898–1979), sowie der jüdische Mathematiker Ludwig Schlesinger (1864–1933), der in Gießen lehrte, zur Seite. Anfangs konnte Hasse die Verlagspläne den Ausschluss Schlesingers betreffend noch verhindern, aber zwei Monate später, im Juli 1933, wandten sich Herbert Cram und Abteilungsleiter Konrad Grethlein an Kurt Hensel, um Ludwig Schlesinger aus dem Herausgebergremium zu drängen. In der für die damalige Verlagskorrespondenz typischen Diktion fragten die Herren bei Hensel an, ob es möglich sei, Schlesinger, „ohne daß er persönlich verletzt wird – zu bewegen, von seinem Posten im Interesse des Journals zurückzutreten?“[369] Der Verlag hatte auch eine Idee, durch wen Schlesinger ersetzt werden sollte: Der überzeugte Nationalsozialist und bei den Behörden bestens eingeführte Theodor Vahlen schien Cram und Grethlein der richtige Kandidat zu sein. Im Schreiben an Hensel formulierten sie gleich selbst die damit intendierte opportunistische Neuausrichtung des renommierten *Journals für die reine und angewandte Mathematik*. Vahlen sei „der jetzigen Richtung genehm“.[370] Obwohl die Herausgeber Hensel und Hasse wenig begeistert waren, beschloss die Verlagskonferenz am 8. August 1933, dass die Suche nach weiteren Herausgebern fortgesetzt werden sollte.[371] Mitherausgeber Ludwig Schlesinger sollte eine Abfindung erhalten.[372] Schlesinger starb jedoch im Dezember 1933 in Gießen, sodass der Verlag zu keiner Regelung mehr gezwungen wurde.

Helmut Hasse war im Herbst 1933 weit weniger als der Verlag bereit, wissenschaftliche Ansprüche hintanzustellen und das Herausgebergremium der Zeitschrift an der Ideologie der neuen Machthaber, die noch nicht einmal in Gesetzestext gegossen war, auszurichten. Sehr deutlich brachte er dies Ende September 1933 zum Ausdruck, als er sich gegen den Nationalsozialisten Vahlen aussprach. Zwar habe er persönlich nichts gegen Vahlen, den er bislang gar nicht kannte, befürchtete aber,

> dass uns bei seiner Zuwahl in die Redaktion in gewissen redaktionellen Fragen die Hände gebunden sein könnten. Ich möchte gewiss nicht eine prosemitische Redaktionspolitik treiben, aber auf der anderen Seite auch nicht den antisemitischen Gesichtspunkt bei der Frage der Annahme mathematischer Arbeiten mitsprechen lassen oder jedenfalls nicht grundsätzlich in dieser Hinsicht gebunden sein.[373]

[369] Herbert Cram und Konrad Grethlein an Kurt Hensel, 12.7.1933, zit. nach: Ebenda, S. 235.

[370] Ebenda.

[371] Konferenz, 8. August 1933. Anwesend die Herren: Cram, Dr. Crisolli, Dr. Lüdtke, Hübler, Leuschner, Grethlein, Dr. Elster, Dr. Buchenau, Stabi Dep. 42,461 (1).

[372] Konferenz, 17. Oktober 1933. Anwesend die Herren: Cram, Dr. Crisolli, Dr. Lüdtke, Hübler, Leuschner, Grethlein, Dr. Elster, Dr. Buchenau, Stabi Dep. 42,461 (1).

[373] Helmut Hasse an Herbert Cram, 29.9.1933, zit. nach: *Remmert/Schneider*, Eine Disziplin und ihre Verleger, S. 236.

Nach dem Tod Schlesingers fungierten Hensel und Hasse als Herausgeber des Journals.

1936 aber ergriff wiederum der Verlag die Initative, um Kurt Hensel, der die Zeitschrift jahrzehntelang durch seine Persönlichkeit geprägt hatte, seines Postens zu entheben. Offenbar fürchtete De Gruyter einerseits die nationalsozialistische Konkurrenz – die von Ludwig Bieberbach neu gegründete *Deutsche Mathematik* –, andererseits fühlte man sich unter Druck gesetzt, das Herausgebergremium nach den Vorstellungen der Machthaber auszurichten. Eine gesetzliche Vorschrift, die Hensels Ausscheiden als Jude zwingend notwendig gemacht hätte, gab es aber nicht. Zudem zeigt die Geschäftspolitik des Springer Verlages, dass zu diesem Zeitpunkt noch andere Handlungsoptionen bestanden.[374] Diesmal opponierte auch Hasse nicht mehr, woraufhin der Verlag im Juni 1936 Hensel bat, sein Herausgeberamt, das er seit 1903 innegehabt hatte, aufzugeben. Hensel gab dem Drängen nach, der alte Herr war jedoch sichtlich bewegt, machte allerdings weder Hasse noch dem Verlag einen Vorwurf. Hasse wünschte er „von Herzen, dass niemals eine Arbeit von Ihnen, die Sie mit solcher Liebe übernommen und durchgeführt haben, wie ich diese, ein ähnliches Ende nehmen muss".[375] An Herbert Cram schrieb er, dass „die Verbindung mit Ihnen, Ihrem ehrwürdigen Verlage und besonders mit unserer Zeitschrift [...] ein so wesentlicher Bestandteil meines geistigen und wissenschaftlichen Lebens geworden" war, „dass mir die jetzt notwendig gewordene Lösung bitter schwer wird". Seine „Selbstachtung" gebot ihm aber den – nahegelegten – Rücktritt.[376] Helmut Hasse gab das während der NS-Herrschaft nicht stillgelegte Journal bis 1952 allein heraus, von 1952 bis 1977 gemeinsam mit Hans Rohrbach und bis zu seinem Tod im Jahr 1979 als Mitglied eines erweiterten Herausgebergremiums. Kurt Hensel starb, knapp 80-jährig, am 1. Juni 1941 in Marburg.

Abteilungsleiter Konrad Grethlein hielt auch nach der Zurückdrängung der jüdischen Herausgeber an seiner staatskonformen Geschäftspolitik fest. Als Hasse im Oktober 1938 nachfragte, ob es ratsam sei, zwei ihm wissenschaftlich wertvoll erscheinende Arbeiten des jüdischen Mathematikers Robert Remak im Journal zu veröffentlichen, beschied ihn Grethlein sehr deutlich, diese Aufsätze nicht zu drucken, weil dies „zu öffentlichen Angriffen führen" könnte, „die für Sie und für uns die nachteiligsten Folgen hervorrufen müssten. Auch sonst sollten wir jüdische Autoren nicht mehr zu Wort kommen lassen."[377]

---

[374] Vgl. dazu ebenda, S. 237 und passim.
[375] Kurt Hensel an Helmut Hasse, 26.6.1936, zit. nach: Ebenda, S. 237.
[376] Kurt Hensel an Herbert Cram, 18.6.1936, zit. nach: Ebenda, S. 237.
[377] Konrad Grethlein an Helmut Hasse, 25.10.1938, zit. nach: Ebenda, S. 238.

b) *Jahrbuch über die Fortschritte der Mathematik*

Das *Jahrbuch über die Fortschritte der Mathematik* erschien seit 1869 bei Reimer und galt als klassisches, auch international renommiertes Referateorgan.[378] Seit 1927/28 wurde das Jahrbuch von der Preußischen Akademie der Wissenschaften herausgegeben; erster Schriftleiter wurde Georg Feigl (1890–1945). Nach Feigls Berufung auf eine Professur in Breslau übernahm Helmut Grunsky (1904–1986) die Schriftleitung, dem 1939 Harald Geppert (1902–1945) folgte.

1931 entstand dem Jahrbuch durch das bei Springer publizierte *Zentralblatt für Mathematik und ihre Grenzgebiete* ein Konkurrenzunternehmen, das stärker internationale Beiträger einbezog und wegen des Verzichts auf eine jahrgangsweise Berichterstattung deutlich aktueller war. De Gruyter setzte mit dem Jahrbuch weiterhin auf Vollständigkeit bei der Berichterstattung, nahm dafür aber eine längere Wartezeit bis zum Erscheinen in Kauf.[379] Für den Verlag war diese zeitliche Verzögerung eine Quelle ständigen Ärgernisses, weil er dadurch Absatzprobleme befürchtete.[380]

Für das *Jahrbuch über die Fortschritte der Mathematik* hielt das Protokoll der Verlagskonferenz vom 17. Oktober 1933 fest: „Behandlung der Mitarbeiterfragen". Der Redaktion sollte „taktisch Mitteilung" gemacht werden.[381] Das bedeutete im Klartext, dass De Gruyter auch bei diesem Jahrbuch jüdische Mathematiker zurückdrängte und ausschloss, was – wie sein Biograf Reinhard Siegmund-Schultze konstatierte – zu seinem „Niedergang" erheblich beitrug. Anders als das bei Springer erscheinende Zentralblatt war durch die Herausgeberschaft der Preußischen Akademie der Wissenschaften zudem eine staatliche Institution für das Jahrbuch verantwortlich, und mit Ludwig Bieberbach, dem Sprecher der Komission des Jahrbuches in der Preußischen Akademie, regierte ein Vertreter der „Deutschen Mathematik" und „Großinquisitor der Universität", wie ihn Sven Kinas wegen seiner aktiven Beteiligung an der Vertreibung jüdischer Wissenschaftler von der Berliner Universität genannt hat,[382] in die Belange des Jahrbuchs hinein. Noch hatte die Redaktion aber Spielräume, und vor allem Helmut Grunsky bemühte sich, weiterhin jüdischen Referenten Veröffentlichungen im Jahrbuch zu ermöglichen. Bieberbach war dies ein Dorn im Auge, und in seinen Neujahrsgrüßen an seinen ehemaligen Doktoranden Grunsky im Januar 1938 brachte er seinen Unmut deutlich zum Ausdruck:

---

[378] Vgl. *Reinhard Siegmund-Schultze*, Mathematische Berichterstattung in Hitlerdeutschland. Der Niedergang des „Jahrbuchs über die Fortschritte der Mathematik", Göttingen 1993.

[379] Vgl. ebenda, S. 106 ff.

[380] Vgl. ebenda, S. 114.

[381] Konferenz, 17. Oktober 1933. Anwesend die Herren: Cram, Dr. Crisolli, Dr. Lüdtke, Hübler, Leuschner, Grethlein, Dr. Elster, Dr. Buchenau, Stabi Dep. 42,461 (1).

[382] *Sven Kinas*, Massenentlassungen und Emigration, in: *Michael Grüttner* u.a., Die Berliner Universität zwischen den Weltkriegen 1918–1945, Berlin 2012, S. 382.

> Möchte es Ihnen im neuen Jahr vor allem nun endlich beschieden sein, die Juden aus Ihrem Mitarbeiterstab loszuwerden. Die Durchsicht der bisher erschienenen Hefte des Jahrgangs 1936 [...] zeigt eine große Zahl an Juden vergebener Referate. Es sind zu viele, alsdass ich eine zwingende Notwendigkeit einsehen könnte. [...] Ich betone erneut, dass Sie Ihren Referentenstab nach den Richtlinien zusammensetzen müssen, die seit dem 30. Januar 1933 für jeden Deutschen verbindlich sind.[383]

Durch sein „Verhalten" würde er „das wohlverstandene Ansehen der Akademie schädigen".[384] Von diesen Auseinandersetzungen mit seinem ehemaligen Doktorvater zermürbt, gab Grunsky im August 1939 seine Position als Schriftleiter des Jahrbuchs auf und wechselte ins Auswärtige Amt. Ihm folgte mit Harald Geppert, Mathematikprofessor in Gießen und seit 1. Januar 1940 in Berlin, ein Nationalsozialist nach.[385]

Als Reaktion auf die Gründung eines US-amerikanischen Referateorgans, der *Mathematical Reviews*, Ende 1938 drängte Bieberbach auf eine Fusion der beiden deutschen Konkurrenzzeitschriften Zentralblatt (Springer) und Jahrbuch (De Gruyter). Unterstützung erhielt er dabei vom Vorsitzenden der Deutschen Mathematiker-Vereinigung, Wilhelm Süss. Beide Verlage wollten sich nach langen Diskussionen darauf nicht einlassen und konnten sich dabei auf eine Weisung des Auswärtigen Amtes berufen, das während des Krieges keine Zusammenlegung wissenschaftlicher Zeitschriften gestattete.[386] Sie einigten sich im November 1939 auf die Bildung einer „Generalredaktion", die sinnlose „Doppelarbeit" und die Konkurrenzsituation zu vermeiden helfen sollte. Das Zentralblatt sollte rasch berichten, das Jahrbuch vollständig und systematisch jahrgangsweise. Die Generalredaktion übernahm Harald Geppert.[387] Trotz schwieriger Bedingungen nicht nur wegen des Referentenmangels wurden die Arbeiten am *Jahrbuch über die Fortschritte der Mathematik* bis Kriegsende fortgesetzt. Der erste Halbband des Jahrgangs 68 (1942) ist der letzte ausgelieferte Band, bevor die Traditionszeitschrift ihr Erscheinen einstellte. Geppert nahm sich am 4. Mai 1945 das Leben.

---

383 Ludwig Bieberbach an Helmut Grunsky, 11.1.1938. Zit. nach: *Siegmund-Schultze*, Mathematische Berichterstattung, S. 217.

384 Ebenda.

385 *Siegmund-Schultze*, Mathematische Berichterstattung, S. 172.

386 *Volker R. Remmert*, „Zensor für die mathematische Literatur?" Aspekte mathematischen Publizierens zwischen 1933 und 1945, in: *Estermann/Schneider* (Hrsg.), Wissenschaftsverlage, S. 176.

387 Die Bildung einer „Generalredaktion" der deutschen mathematischen Referatezeitschriften, Sitzung vom 15.11.1939. Zit. nach: *Siegmund-Schultze*, Mathematische Berichterstattung, S. 224 ff.

c) Radiologica. Internationale Zeitschrift für Photobiologie und Biophysik, Strahlenmedizin und Photochemie

Seit 1937 erschien im Verlag Walter de Gruyter die *Radiologica. Internationale Zeitschrift für Photobiologie und Biophysik, Strahlenmedizin und Photochemie*, seit 1939 unter dem Titel *Fundamenta radiologica. Internationale Zeitschrift für Biophysik, Photochemie, Photobiologie und Strahlenmedizin.* Sie sollte die Forschung auf diesen Gebieten, die sich bislang in vielen physikalischen, chemischen, biologischen oder medizinischen Zeitschriften widerspiegelte, vernetzen und Originalbeiträge in deutscher, französischer, englischer und italienischer Sprache aufnehmen. Als Herausgeber fungierten Jean Dufrenoy (1894–1972), ein renommierter Pariser Naturwissenschaftler, der an zahlreichen US-amerikanischen Universitäten lehrte, und Otto Glasser (1895–1964), ein in Cleveland lehrender gebürtiger deutscher Biophysiker, Radiologe und Nuklearmediziner, der durch seine vielseitigen Forschungen und Interessen die Intention der neuen Zeitschrift in seiner Person geradezu verkörperte. Der Verlag investierte damit in die Stärkung seiner naturwissenschaftlichen Sparte und bemühte sich um eine auch internationale Vernetzung. Dieses Konzept war jedoch mit der Ausweitung des Krieges nicht vereinbar. 1940 stellte die *Fundamenta radiologica* ihr Erscheinen mit dem fünften Band für die Dauer des Krieges ein.

d) Minerva. Jahrbuch der gelehrten Welt und *Geistige Arbeit. Zeitung aus der wissenschaftlichen Welt*

Das Jahrbuch erschien erstmals im Jahr 1892 unter dem Titel *Minerva. Jahrbuch der Universitäten der Welt* im Verlag Karl I. Trübner in Straßburg. Als Herausgeber fungierten der Bibliotheksbeamte Dr. Richard Kukula und der Verlagsbuchhändler Karl Trübner. Mit diesem Nachschlagewerk für das „internationale gelehrte Publikum" lag eine „verlässliche Zusammenstellung des lehrenden Personals aller Universitäten und ähnlichen Anstalten der bewohnten Erde" vor.[388] Bereits der zweite Band (1893) erschien unter dem Titel *Minerva. Jahrbuch der gelehrten Welt.* Ursache für die Namensänderung war die Einbeziehung der technischen und landwirtschaftlichen Hochschulen, der Forstakademien, weiterer gelehrter höherer Anstalten sowie selbstständiger Bibliotheken.[389] Ab dem sechsten Jahrgang (1897) fungierte Trübner als alleiniger Herausgeber, weil Kukula aus gesundheitlichen Gründen kürzer treten musste. Seit 1906 erhielt Trübner Unterstützung für das von Jahr zu Jahr aufwendigere und umfangreiche Unterfangen von seinem neuen Mitarbeiter, Dr. Gerhard Lüdtke. Dieser übernahm

---

388 Vorwort von *Richard Kukula* und *Karl J. Trübner*, in: Minerva. Jahrbuch der Universitäten der Welt 1 (1892), S. IV f.

389 Vorwort von *Richard Kukula* und *Karl J. Trübner*, in: Minerva. Jahrbuch der gelehrten Welt 2 (1893), S. III.

gemeinsam mit dem langjährigen Prokuristen im Verlag Trübner, Johannes Beugel, die Herausgabe der *Minerva*, als Karl Trübner am 2. Juni 1907 starb. Der 23. Jahrgang der Minerva erschien Ende 1913, dann verhinderte der Ausbruch des Ersten Weltkriegs die Fortführung des Unternehmens. 1916 starb Johannes Beugel, sodass Gerhard Lüdtke den nächsten Jahrgang 1920 allein herausgab.

Die Nationalsozialisten veränderten durch die Vertreibung jüdischer Professoren und Gelehrter die Universitäts- und Akademienlandschaft nach ihrem Machtantritt radikal, was sich in der Folge in einem „Jahrbuch der gelehrten Welt" natürlich widerspiegelte. In den diplomatischen Worten Gerhard Lüdtkes im Vorwort des Jahrbuchs 33 (1938) klangen die existenzvernichtenden Maßnahmen und Gesetze so: „Die Änderungen in den Personallisten der Universitäten und Hochschulen sind seit der letzten Ausgabe der Minerva sehr groß gewesen. Man kann sagen, daß etwa eine 50%ige Veränderung innerhalb verhältnismäßig kurzer Zeit eingetreten ist."[390] Wissend, dass die Annexion Österreichs ebenfalls einen Aderlass an den dortigen Universitäten zur Folge haben würde, ergänzte er vorausschauend: „Redaktionsschluß war am 20. Februar 1938; so ist es nicht mehr möglich gewesen, Änderungen, die sich an den Hochschulen Österreichs ergeben, zu berücksichtigen."[391] Mindestens noch 1942 wurden als „Ergänzung" zu dem Jahrbuch die Minerva-Handbücher veröffentlicht, die sich in vier Abteilungen (Bibliotheken, hrsg. von Dr. Hans Praesent; Archive; Museen; gelehrte Gesellschaften) gliederten. 1936 erschien auch der überaus umfangreiche „Minerva. Weltkalender der Gelehrten".[392]

1924 hatte Gerhard Lüdtke als Beilage zum Jahrbuch die *Minerva-Zeitschrift. Zentralblatt für die gelehrte Welt* gegründet. Sie sollte „dazu dienen, auch im Laufe eines Jahres zusammenfassende Berichte über wissenschaftliche Institute zu geben und so den internationalen Zusammenhang zu fördern".[393] Die Berichte erschienen in deutscher, englischer, französischer, italienischer oder spanischer Sprache.

Das Minerva-Zeitschrift-Projekt steckte Anfang der 1930er-Jahre in wirtschaftlichen Schwierigkeiten. Nachdem alle Versuche, eine Kofinanzierung durch das Auswärtige Amt zu erhalten, gescheitert waren, kam Mitherausgeber Hans Praesent, Bibliothekar der Deutschen Bücherei in Leipzig, auf die Idee, dem Unternehmen durch die Beteiligung prominenter nationalsozialistischer Kulturfunktionäre neuen Schwung zu verleihen. Anfang Juni 1933 wandte er sich

---

390 Vorwort von *Gerhard Lüdtke*, in: Minerva. Jahrbuch der gelehrten Welt 33 (1938), S. V f.

391 Ebenda.

392 Minerva. Weltkalender der Gelehrten nach Ländern und Wissenschaftsgebieten geordnet und aufgebaut auf der „Minerva", dem Jahrbuch der gelehrten Welt, Abteilung Universitäten und Fachhochschulen 1936, hrsg. von *Gerhard Lüdtke*, Berlin/Leipzig 1936.

393 Vorwort von *Gerhard Lüdtke*, in: Minerva. Jahrbuch der gelehrten Welt 27 (1925), S. VII.

an Heinz Wismann im Propagandaministerium mit der Bitte um einen „programmatischen Aufsatz“ von Reichspropagandaminister Goebbels zum Thema „Die Kulturpolitik im neuen Deutschland“ oder „Die kulturpolitische Stellung des neuen Deutschland in der Welt“, aus dem sich „die Stellungnahme der neuen Regierung zu Kulturpolitik und Wissenschaft“ erkennen ließe.[394] Der Verlag unterstützte diesen Kurs und ließ verlauten, dass es „uns sehr freuen [würde], wenn wir für das Heft 7/8 einen Aufsatz von Herrn Minister Dr. Goebbels erhalten würden“.[395] Dieses Vorhaben scheiterte jedoch offenbar; bis zur Einstellung der Zeitschrift Ende 1933 erschien kein Beitrag von Joseph Goebbels in der *Minerva-Zeitschrift*. Die Intention, den Reichspropagandaminister und Kulturfunktionär Goebbels als Autor zu gewinnen und dem Projekt dadurch Aufmerksamkeit zuteil werden zu lassen, lässt sich aber nur schwer mit der Gründungsidee der Zeitschrift in Einklang bringen. Zu offensichtlich wird hier die Anbiederung an die neuen Mächtigen.

Neben Dr. Hans Praesent war der Oberbibliothekar und stellvertretende Direktor der Deutschen Bücherei in Leipzig, Dr. O. Ebert, Herausgeber der *Minerva*. Ebert musste „wegen seiner nichtarischen Abstammung“ zum 1. Juli 1933 aus der Bücherei in Leipzig ausscheiden, war aber noch im Dezember 1933 auf dem Briefkopf von *Minerva* als Herausgeber aufgeführt. Im Heft 7/8 (Juli/August 1933) verfasste er letztmals unter der Rubrik „Kleine Mitteilungen“ das „Minerva-Echo“. Mitte November erreichte den Verlag allerdings ein Schreiben aus Leipzig, dass die Wohnung von Ebert verschlossen sei und keine Zustellungen mehr möglich seien. Alle Eingänge im Zusammenhang mit der Zeitschrift würden „bis auf weiteres“ Herrn Praesent ausgehändigt.[396] Ebert war nach Goslar in den Harz gezogen.

Mitte November 1933 betrachtete der Verlag alle Rettungsbemühungen für die *Minerva* als gescheitert und informierte die Herausgeber über die geplante Einstellung zum Jahresende.[397] Von 1934 bis 1944 gab Gerhard Lüdtke mit wechselnden Mitherausgebern als Nachfolgeorgan der *Minerva* die *Geistige Arbeit* heraus.

Im November 1937 wandte sich Hauptamtsleiter Hederich von der Parteiamtlichen Prüfungskommission zum Schutze des N.S.-Schrifttums beim Stellvertreter des Führers an den Verlag und kritisierte die Ausrichtung der Zeitschrift. Konkreter Anlass war die *Geistige Arbeit* vom 5. September 1937, in der einige besonders wichtige, über den Tag hinaus Geltung beanspruchende wissenschaftliche Werke vorgestellt wurden. Hederich kritisierte, dass er sich davon „vom politischen Standpunkt aus einwandfreie Werke“ erwartet hatte. Stattdessen wür-

[394] Hans Praesent an Dr. Heinz Wismann, Referent im Reichsministerium für Propaganda, 5.6.1933, Stabi Dep. 42,106 (1).
[395] Hermann Brill an Hans Praesent, 9.6.1933, Stabi Dep. 42,106 (1).
[396] Zweigniederlassung an E.K., Abteilung Reimer, 15.11.1933, Stabi Dep. 42,106 (2).
[397] Hermann Brill an Dr. O. Ebert, 14.11.1933, Stabi Dep. 42,106 (2).

den Bücher aufgeführt, „deren besondere Herausstellung heute nicht mehr angebracht ist". Als Beispiel führte er auf „Der Geschichtsschreiber der Päpste", womit „der völlig einseitige, konfessionell aufs engste gebundene Ludwig Pastor gemeint ist".[398] Tatsächlich war Hederich diese Ausgabe der *Geistigen Arbeit* aber nur Vorwand, um seine grundsätzliche Kritik an der Zeitschrift zu äußern. Er schloss seine Beschwerde mit dem Aufruf: „Es muß daher der Erwartung Ausdruck gegeben werden, daß in der geistig-politischen Haltung der Zeitschrift eine Änderung herbeigeführt wird."[399] Gerhard Lüdtke nahm diese Beschwerde ernst, versuchte zunächst Hederich sein Vorgehen zu erklären, war jedoch unsicher bezüglich der weiteren Ausrichtung der Zeitschrift. Er bat unmittelbar nach Eingang der Beschwerde um ein persönliches Gespräch mit Hederich oder dessen Stellvertreter.[400]

Dass die Verleger dennoch bei wissenschaftlichen Zeitschriften einen größeren Spielraum als in der Belletristik hatten, zeigt die Tatsache, dass der Philosoph Ludwig Landgrebe, der wegen seiner jüdischen Ehefrau als „jüdisch versippt" galt, noch bis 1941 in der *Geistigen Arbeit* publizierte.

Am 25. März 1943 informierte die Papier-Wirtschaftsstelle der Reichspressekammer den Verlag, dass die Zeitschrift *Geistige Arbeit*, die nun seit zehn Jahren unter der Herausgabe von Gerhard Lüdtke zweimal im Monat erschienen war, in Zukunft nur noch vierteljährlich aufgelegt werden sollte. Der Verlag hatte gehofft, die Zeitschrift wenigstens einmal monatlich drucken zu können, um damit „den Zeitumständen Rechnung [zu] tragen".[401] Ein nochmaliges Vorstelligwerden bei der Reichspressekammer schien dem Verlag aussichtslos, er wandte sich deshalb an die Kulturabteilung des Auswärtigen Amtes mit der Bitte, diese Entscheidung zu überdenken, weil sie das „Weiterbestehen der Zeitschrift gefährde".[402] Das Auswärtige Amt förderte die Zeitschrift und finanzierte 1941 die Versendung von 6 Heften nach Finnland, 96 nach Italien, 20 nach Spanien, 73 in die USA, 17 nach Russland, 3 nach Bulgarien und jeweils 1 Heft nach Chile und in die Schweiz.[403] Als Argumente für ein monatliches Erscheinen wurden angeführt, dass das Auswärtige Amt selbst für seine auswärtigen Vertretungen etwa 500 Stück der Zeitschrift bezöge, die *Geistige Arbeit* deutschfreundlichen auslän-

---

[398] Der Stellvertreter des Führers, Stab Parteiamtliche Prüfungskommission zum Schutze des N.S.-Schrifttums, Hederich, an den Verlag Walter de Gruyter & Co., 20.11.1937, Stabi Dep. 42,386.

[399] Ebenda.

[400] Gerhard Lüdtke an die Parteiamtliche Prüfungskommission zum Schutz des NS-Schrifttums, zu Händen von Herrn Reichshauptamtsleiter Hederich, 22.11.1937, Stabi Dep. 42,386.

[401] Walter de Gruyter & Co. an das Auswärtige Amt, Kulturabteilung, 20.4.1943, Stabi Dep. 42,99 (1).

[402] Ebenda.

[403] Kulturabteilung des Auswärtigen Amtes an Verlag Walter de Gruyter & Co., 24.4.1941, Stabi Dep. 42,99 (1).

dischen Gelehrten zugestellt würde und zudem „ein sehr großer Teil der Auflage ins Feld geschickt wird". Sie stelle „für den Akademiker im Feld die wichtigste Verbindung mit der Wissenschaft" dar.[404] Ein Schreiben eines in Norwegen stationierten Soldaten bestätigte dies. Er zeigte sich Schriftleiter Lüdtke gegenüber sehr dankbar, wenn er ihm „recht viel Bücher zum Besprechen hier in die Einsamkeit" schickte.[405] Ausdrücklich wurde betont, dass „wirtschaftliche Interessen des Verlages" für den Wunsch nach einem monatlichen Erscheinen der *Geistigen Arbeit* nicht ins Gewicht fielen.[406] Die Intervention blieb jedoch erfolglos. Im Jahr 1944 musste die *Geistige Arbeit* ihr Erscheinen einstellen.

e) Zeitschrift für Volkskunde

Walter de Gruyter war durch den Verlag Karl I. Trübner in Straßburg unter der Leitung von Dr. Gerhard Lüdtke seit Jahrzehnten auf dem Feld der deutschen Volkskunde aktiv.[407] Eines der ersten Werke, die bei Trübner im Jahr 1889 erschienen, war Elard Hugo Meyers „Deutsche Volkskunde". Seit 1930 verlegte De Gruyter die *Zeitschrift für Volkskunde*, die der Germanist Karl Weinhold 1891 als Organ des von ihm ins Leben gerufenen „Vereins für Volkskunde" begründet hatte. Nicht zuletzt wegen des „Reallexikons des deutschen Aberglaubens" galt De Gruyter zu Beginn der 1930er Jahre als „erster volkskundlicher Verlag", wie Abteilungsleiter Lüdtke stolz betonte.[408] Bereits in der Zwischenkriegszeit agierten einige Vertreter der noch relativ jungen Wissenschaftsdisziplin, die in der Germanistik ihren Ursprung nahm, aber naturgemäß enge Verbindungen in viele andere Bereiche wie Regionalgeschichte, Soziologie, Völkerkunde, Musik- und Theaterwissenschaft unterhielt, im Dunstfeld der völkischen Rechten. „Volk", „Raum" und „Boden" waren die Schlagworte, mit denen historische Ansprüche auf die nach den Versailler Friedensverträgen vom Deutschen Reich bzw. Österreich abgetrennten Gebiete erhoben wurden. Einer der führenden Protagonisten dieser Entwicklung war der Innsbrucker Historiker und Volkskundler Adolf Helbok, der schon 1921 die „Siedlungsforschung" als einen „Weg zur geistigen und materiellen Wiederaufrichtung des deutschen Volkes" wertete und damit konkrete politische Forderungen nach einer Revision der Versailler Nachkriegsordnung intendierte.[409] 1935 veröffentlichte Helbok bei De Gruyter „Was

[404] Walter de Gruyter & Co. an das Auswärtige Amt, Kulturabteilung, 20.4.1943, Stabi Dep. 42,99 (1).

[405] Soldat Betz an Gerhard Lüdtke, 1.8.1940, Stabi Dep. 42,99 (2).

[406] Walter de Gruyter & Co. an das Auswärtige Amt, Kulturabteilung, 20.4.1943, Stabi Dep. 42,99 (1).

[407] Vgl. zur Volkskunde im Nationalsozialismus u.a. *Hausmann*, Die Geisteswissenschaften im „Dritten Reich", S. 560–580.

[408] Gerhard Lüdtke an John Meier, 28.10.1932, Stabi Dep. 42, K 283, M 2.

[409] Zit. nach: *Alexander Pinwinkler*, Historische Bevölkerungsforschungen. Deutschland und Österreich im 20. Jahrhundert, Göttingen 2014, S. 85 f.

ist deutsche Volksgeschichte? Ziele, Aufgaben und Wege". Helbok, der heute als „führender Vertreter einer weithin irrationalen, biologisch-rassischen ‚Volkskörpergeschichte'" gilt,[410] wurde 1883 im österreichischen Hittisau (Vorarlberg) geboren und war seit 1924 ao. Professor für Österreichische Geschichte und Wirtschaftsgeschichte an der Universität Innsbruck. 1934 wurde er beurlaubt und vorzeitig pensioniert, weil er sich der illegalen NSDAP in Österreich angeschlossen hatte. 1935 erhielt er in Leipzig eine Professur und wurde Direktor des „Instituts für sächsische Landes- und Volksforschung", das er in „Institut für Deutsche Landes- und Volksgeschichte" umbenennen ließ.[411] Damit war eine inhaltliche Neuausrichtung weg vom bisherigen Schwerpunkt der Landesgeschichte hin zur „Volksforschung mit NS-Prägung" verbunden.[412]

In dieser Funktion publizierte Helbok im Verlag Walter de Gruyter seine programmatische Schrift „Was ist deutsche Volksgeschichte?". Weshalb der Verlag Helbok, der die Volkskunde aus der traditionellen Landesgeschichte zu lösen sowie zur gegenwartsbezogenen Wissenschaftsdisziplin zu machen trachtete und dabei auf die Arbeiten der „Rassenforscher" Hans F.K. Günther und Eugen Fischer zurückgriff, als Autor in seine Reihen nahm, ist nicht bekannt. Zweifelsohne hatte Helbok mit dem Ruf nach Leipzig Mitte der 1930er-Jahre eine prominente Position in der Volkskunde inne. Andererseits kann dem erfahrenen Lektor Gerhard Lüdtke wohl kaum entgangen sein, welche Rolle Helbok in der Entwicklung des Faches spielte. 1939 veröffentlichte er bei De Gruyter in der „Sammlung Göschen" (Bd. 573) „Die Ortsnamen im Deutschen, siedlungs- und kulturpolitisch betrachtet". Helboks Stern begann allerdings zu sinken. Nach dem weitgehenden Scheitern seiner wissenschaftlichen Vorhaben, Plagiatsvorwürfen und einer Auseinandersetzung mit dem Geschäftsführer der „Arbeitsgemeinschaft für Deutsche Volkskunde" und Reichsamtsleiter im Amt Rosenberg, Matthes Ziegler, kehrte er 1941 nach Innsbruck zurück. 1944 erschien ein durchgesehener Neudruck des Göschen-Bändchens. 1946 verlor Helbok seine Professur als „Belasteter", veröffentlichte jedoch 1964 seine „Deutsche Volksgeschichte" im rechtsextremen Grabert-Verlag. Von seiner nationalsozialistisch gefärbten Gedankenwelt löste er sich bis zu seinem Tod im Jahr 1968 nicht.

Von 1937 an gab es eine größere Kontroverse um die seit 1930 bei De Gruyter erscheinende *Zeitschrift für Volkskunde*. Prof. Dr. Heinrich Harmjanz vom Reichsministerium für Wissenschaft, Erziehung und Volksbildung, späterer Abteilungsleiter für Volkskunde und Volksforschung beim SS-Ahnenerbe, drängte seit Herbst 1937 auf die Loslösung der Zeitschrift vom „Verband deutscher Vereine für Volkskunde", dem der wenig anpassungsbereite Prof. Dr. John Meier aus Freiburg vorstand. Im Gespräch mit dem bisherigen Herausgeber, Dr.

[410] Ebenda, S. 146.

[411] Zur Biografie von Adolf Helbok vgl. ebenda, S. 147 ff.

[412] *Michael Fahlbusch*, Wissenschaft im Dienst der nationalsozialistischen Politik? Die „Volksdeutschen Forschungsgemeinschaften" von 1931–1945, Baden-Baden 1999, S. 195.

Fritz Boehm, wies Meier auf „Bestrebungen gewisser Stellen hin, den Verband zu schlucken". Damit sei die Unabhängigkeit der Zeitschrift in Gefahr.[413] Ob Boehm und Meier die Übernahme durch die SS fürchteten, Harmjanz' Beteuerungen, dass der wissenschaftliche Charakter der Zeitschrift um jeden Preis bewahrt werden müsse, Glauben schenkten oder Harmjanz Verlockungen erlagen, die schwierige finanzielle Situation der Zeitschrift durch Gelder der SS und der DFG zu verbessern? Jedenfalls bot Boehm Harmjanz im November 1937 die Mitherausgeberschaft an, die Letzterer annahm, so denn John Meier zustimme und Gunther Ipsen aus Königsberg ebenfalls in das Herausgebergremium aufgenommen würde. Nachdem alle ihr Einverständnis erklärt hatten, stieß Harmjanz Boehm bei der erstbesten Gelegenheit vor den Kopf und machte klar, dass er sowohl mit der DFG als auch mit dem Verlag allein zu verhandeln gedenke.[414] Zermürbt von den Auseinandersetzungen mit Harmjanz und dessen rabiatem Ton zog sich Boehm schließlich im Frühjahr 1938 zurück.

Boehm war seit 1912 Herausgeber der *Zeitschrift für Volkskunde* gewesen und hatte darüber hinaus als Leiter der Zentralstelle des „Atlas der deutschen Volkskunde", seinerzeit eine der größten geisteswissenschaftlichen Unternehmungen, die die Etablierung der Wissenschaftsdisziplin Volkskunde wesentlich förderte, eine wichtige Position inne. Beide Ämter verlor er 1938. Nach heftigen Auseinandersetzungen um die künftige Ausrichtung der *Zeitschrift für Volkskunde* informierte Gerhard Lüdtke, der die Zeitschrift beim Verlag betreute, Harmjanz, er sei

> auch zu der Überzeugung gekommen, dass es besser sei, wenn er [Boehm] aus der Mitherausgeberschaft der Zeitschrift ausscheide. Wenn sich später Schwierigkeiten ergeben und eine solche Maßnahme sich als notwendig erweist, ist das sicherlich für die Zeitschrift nicht förderlich.[415]

Als neue Herausgeber fungierten seit der zweiten Jahreshälfte 1938 Heinrich Harmjanz und Gunther Ipsen; Erich Röhr wurde neuer Schriftleiter.[416] Harmjanz hatte seit 1937 in Königsberg den Lehrstuhl für Deutsche Volkskunde inne und war als Referent für Geisteswissenschaft ein wichtiger Akteur im Reichsministerium für Wissenschaft, Erziehung und Volksbildung. Seit 1939 leitete er die Abteilung für Volkskunde und Volksforschung beim „Ahnenerbe", der For-

---

413 So Fritz Boehm in einem Schreiben an John Meier, 8.11.1937, Deutsches Volksliedarchiv, Allg. Korr. A-I, 1937, Bd. 59. Zit. nach: *Anka Oesterle*, John Meier und das SS-Ahnenerbe, in: *Helge Gerndt* (Hrsg.), Volkskunde und Nationalsozialismus. Referate und Diskussionen einer Tagung der Deutschen Gesellschaft für Volkskunde München, 23. bis 25. Oktober 1986, München 1987, S. 85.

414 Vgl. zur Übernahme der „Zeitschrift für Volkskunde" durch Harmjanz: *Oesterle*, John Meier und das SS-Ahnenerbe, S. 85 f.

415 Dr. Gerhard Lüdtke an Prof. Dr. Heinrich Harmjanz, 20.4.1938, Stabi Dep. 42 Gr, John Meier (III).

416 Dr. Gerhard Lüdtke an Prof. Dr. John Meier, 5.5.1938, Stabi Dep. 42 Gr, John Meier (III).

schungsgemeinschaft der SS, und lieferte sich in dieser Funktion einen erbitterten Kampf mit der „Arbeitsgemeinschaft für deutsche Volkskunde" im Amt Rosenberg, das ihn schließlich 1943 mit dem Vorwurf, Teile seiner Habilitation „Mensch, Volk und Ding" bei dem französisch-jüdischen Soziologen Henry Lévy-Bruhl plagiiert zu haben, zu Fall brachte.[417] Bis dahin hatte es SS-Obersturmbannführer Harmjanz allerdings zum persönlichen Referenten von Reichserziehungsminister Bernhard Rust und Leiter des Ministeramtes im Reichserziehungsministerium gebracht.[418] Wie sehr mittlerweile diese politischen Positionen die Entscheidungen im Verlag beeinflussten, macht die Person Harmjanz ebenfalls deutlich. Kurz nachdem Harmjanz die Herausgeberschaft der *Zeitschrift für Volkskunde* übernommen hatte, hatte er dem Verlag vorgeschlagen, eine Sammlung „Deutsche Volkskundeforschung" als Beihefte zur Zeitschrift erscheinen zu lassen. Gerhard Lüdtkes Argument in seinem vorbereitenden Papier zur Verlagskonferenz vom 23. August 1938 lässt an Deutlichkeit nichts zu wünschen übrig:

> Harmjanz ist Referent im Kultusministerium, eine recht einflussreiche Persönlichkeit. Wir haben aus diesem Grund auch die Zeitschrift für Volkskunde umgebaut, und ich bin dafür, wenn es irgend geht, die Beihefte zu übernehmen.[419]

Lüdtke war „die ganze Geschichte" mit Fritz Boehm allerdings „höchst unbequem", zumal Boehm dem Verlag darüber hinaus als Autor verbunden war.[420] Es schien ihm wenigstens erforderlich, dass Boehm im nächsten Heft für seine bisherige Arbeit gedankt würde. Den Herren Harmjanz und Ipsen traute er dies jedoch nicht unbedingt zu: „Eigentlich müssten das ja die neuen Herausgeber tun", vertraute er John Meier an, „aber mit absoluter Sicherheit wird darauf nicht zu rechnen sein." Er schlug deshalb Meier vor, dass der „Verband deutscher Vereine für Volkskunde", dem Meier vorstand, diesen Dank aussprechen könnte.[421] Meier antwortete Lüdtke in einem vertraulichen Brief, den er bat, nicht zu den geschäftlichen Akten zu nehmen, dass er den Umgang mit Boehm „unschön" fände. Er könne aber „nicht irgendwie eingreifen" und müsse seine Meinung „für sich behalten", weil er „wegen der Stellung von H. einen Bruch nicht riskieren" wolle. Deshalb wollte er auch keinen Dank im Namen des Verbandes ausspre-

---

417 Vgl. dazu: *Carsten Klingemann*, Soziologie, in: *Jürgen Elvert/Jürgen Nielsen-Sikora* (Hrsg.), Kulturwissenschaften und Nationalsozialismus, Stuttgart 2008, S. 407 f.

418 *Michael Grüttner*, Biographisches Lexikon zur nationalsozialistischen Wissenschaftspolitik, Heidelberg 2004, S. 70.

419 Gerhard Lüdtke, Verlagsvorschläge für Konferenz vom 23.8.38, Stabi Dep. 42, K 283, M 6.

420 *Fritz Boehm* publizierte 1938 bei De Gruyter ein Bändchen „Geburtstag und Namenstag im deutschen Volksbrauch" in der Reihe Hort deutscher Volkskunde, Band 4, Schriften des Bundes für deutsche Volkskunde.

421 Dr. Gerhard Lüdtke an Prof. Dr. John Meier, 5.5.1938, Stabi Dep. 42 Gr, John Meier (III).

chen; er hielt dies für eine Aufgabe der neuen Verantwortlichen.[422] Diese kamen dieser Erwartung jedoch nicht nach und der Dank unterblieb.

Dahinter stand ein grundsätzlicher Konflikt um die künftige Ausrichtung der Volkskunde. Lüdtke und Meier waren sich in der Sache sehr einig. Im Mai 1938 schrieb Lüdtke an Meier:

> Der gestrige Völkische Beobachter bringt übrigens einen Aufsatz über die kritische Bibliographie zur deutschen Volkskunde, die die Arbeitsgemeinschaft für deutsche Volkskunde durch Matthes Ziegler herausgegeben hat. Ich habe mir die Schrift sofort bestellt, Sie sollten es auch tun. In erster Linie richtet sie sich gegen die Richtung Hans Naumann und Schreiber. Wie weit die sonstigen verkalkten Volkskundler, die bei WdeG ihren Sammelplatz haben, in der Bibliographie abgetan sind, weiß ich noch nicht. Ich nehme aber an, dass die Herren nach dieser Richtung hin doch eine gewisse Vorsicht werden walten lassen.[423]

Damit brachte Lüdtke eine deutliche Distanz zur „Arbeitsgemeinschaft für Deutsche Volkskunde" unter Leitung von Matthes Ziegler im Amt Rosenberg zum Ausdruck. Dessen erbittertem Gegner Harmjanz stand er ebenfalls kritisch gegenüber. Im September 1938 vertraute Lüdtke Meier an, dass er

> H. jetzt ziemlich genau kennen gelernt [habe]. Er ist leidenschaftlich davon überzeugt, dass unter seiner Leitung eine neue Ära der Volkskunde anbrechen werde, wenngleich die Entwicklung der Zeitschrift garnicht danach aussieht. Ich werde ihm in den nächsten Tagen den Schmerz bereiten müssen, zu sagen, dass der große Teil seiner Freunde, auf den er rechnete, gründlich versagt hat. Was also die Zukunft in der Beziehung bringen wird, ist gänzlich ungewiss. Auf keinen Fall bin ich gewillt, die Zeitschrift fortzuführen, wenn sich ein wesentliches Defizit ergibt.[424]

In der Folgezeit kam es zu heftigen Auseinandersetzungen zwischen Harmjanz und Gerhard Lüdtke, weil die Abonnentenzahl nicht stieg und man sich über das weitere Vorgehen nicht einigen konnte. Harmjanz vergriff sich dabei völlig im Ton, insbesondere in einem Schreiben vom 1. März 1940, zu dem Lüdtke anmerkte, er habe in seiner 35-jährigen Tätigkeit „noch niemals einen Brief empfangen, [...] der sich dem an die Seite stellen ließe".[425] Harmjanz hatte darin die Zusammenarbeit mit dem Verlag aufgekündigt, weil dieser nach seiner Meinung viel zu wenig zum Erfolg der Zeitschrift beitrage. De Gruyter habe lediglich Werbung für die Zeitschrift verschickt, wofür man jedoch keinen Verleger brauche. In Harmjanz' Institut würde das der Hausmeister erledigen. Mit dem geringen

422 Prof. Dr. John Meier an Dr. Gerhard Lüdtke, 9.5.1938, Stabi Dep. 42 Gr, John Meier (III).

423 Gerhard Lüdtke an Prof. Dr. John Meier, 13.5.1938, Stabi Dep. 42 Gr, John Meier (III).

424 Gerhard Lüdtke an Prof. Dr. John Meier, 29.9.1938, Stabi Dep. 42 Gr, John Meier (III).

425 Gerhard Lüdtke an Prof. Dr. Heinrich Harmjanz, 23.3.1940, Stabi Dep. 42, K 529, M 4. Aus der folgenden Korrespondenz ergibt sich, dass das Datum offenbar ein Tippfehler ist, vermutlich wurde das Schreiben am 13.3. verfasst.

Engagement des Verlages könne die Abonnentenzahl nicht ansteigen.[426] Nach dieser Eskalation beschloss die Verlagskonferenz noch im März 1940, dass die *Zeitschrift für Volkskunde* im Verlag Walter de Gruyter nicht fortgeführt werden sollte. Eine „gedeihliche Zusammenarbeit" – so informierte Lüdtke Harmjanz von der Entscheidung – sei nicht möglich.[427] Die Zeitschrift sollte zum Verlag Ahnenerbe-Stiftung wechseln und mit der *Zeitschrift für Volksforschung für Böhmen und Mähren* vereinigt werden;[428] dort erschien jedoch keine weitere Ausgabe mehr.

Lüdtkes vertraute Korrespondenz mit John Meier lässt auf eine gewisse Übereinstimmung zwischen beiden über die inhaltliche Ausrichtung der Volkskunde schließen. Prof. Dr. John Meier war dem Verlag darüber hinaus durch das *Jahrbuch für Volksliedforschung*, das seit 1928 einmal jährlich bei De Gruyter erschien, verbunden. Er war Gründer des Deutschen Volksliedarchivs, lehrte in Freiburg und stand seit 1911 dem Dachverband der Volkskundler, dem „Verband deutscher Vereine für Volkskunde", vor.[429] Meier, 1864 geboren, war einer der Doyens des Faches und bemühte sich auch nach der Machtübernahme durch die Nationalsozialisten um die Aufrechterhaltung wissenschaftlicher Standards. Im August 1934 etwa sprach er deutlich aus:

> Gerade auf dem Gebiet volkskundlicher Forschung müsse man in heutiger Zeit die Ansprüche an die Qualität und Gediegenheit der Arbeit hoch spannen und sei verpflichtet, rücksichtslos dilettantische und sachlich nicht genügend begründete Forschungen zu bekämpfen.[430]

Damit lag er auf einer Linie mit dem Verlag, der ebenfalls bemüht war, seine Qualitätsansprüche aufrechtzuerhalten. Beide waren bereit, Kompromisse mit den neuen Machthabern zu schließen – Meier bot dem „SS-Ahnenerbe" 1939 die Zusammenarbeit an und Lüdtke akzeptierte die Übernahme der *Zeitschrift für Volkskunde* durch Harmjanz und Ipsen –, blieben aber wissenschaftlichen Ansprüchen verpflichtet.

---

426 Heinrich Harmjanz an Gerhard Lüdtke, 1.3.1940, Stabi Dep. 42, K 529, M 4.

427 Gerhard Lüdtke an Prof. Dr. Heinrich Harmjanz, 28.3.1940, Stabi Dep. 42, K 529, M 4.

428 Gerhard Lüdtke an Prof. Dr. John Meier, 4.4.1940, Stabi Dep. 42 Gr, John Meier (III); Gerhard Lüdtke an Prof. Dr. Heinrich Harmjanz, 21.3.1940, Stabi Dep. 42, K 529, M 4.

429 Vgl. *Anka Oesterle*, Letzte Autonomieversuche: Der Volkskundler John Meier. Strategie und Taktik des Verbandes deutscher Vereine für Volkskunde 1933–1945, in: *Eckhard John* u.a. (Hrsg.), Die Freiburger Universität in der Zeit des Nationalsozialismus, Freiburg/Würzburg 1991, S. 151–162.

430 Mitteilungen des Verbandes Deutscher Vereine für Volkskunde Nr. 46, August 1934. Zit. nach: Ebenda, S. 155.

f) Zeitschrift des Deutschen Vereins für Kunstwissenschaft

Der 1908 auf Initiative von Wilhelm Bode, dem damaligen Generaldirektor der Berliner Museen, gegründete Deutsche Verein für Kunstwissenschaft hatte seinen Sitz im Berliner Schloss. Er vereinte Kunsthistoriker, an Kunst Interessierte und Mäzene.[431] Vorsitzender war der Geh. Reg.-Rat Prof. Dr. Wilhelm Pinder, Inhaber des renommierten Lehrstuhls für Kunstgeschichte an der Berliner Universität, sein Stellvertreter der Geh. Reg.-Rat Dr. Heinrich Zimmermann, Direktor der Berliner Gemäldegalerie. Meinhard von Staa trat dem Verein als Vertreter des Verlages im Februar 1940 bei. Von Juni 1934 bis 1943 erschien die *Zeitschrift des Deutschen Vereins für Kunstwissenschaft* bei De Gruyter. Sie passte hervorragend in das Verlagsprogramm: Bei Durchsicht der Jahresgaben wird deutlich, dass man sich auf den ersten Blick fernhielt von ideologischer Propaganda. Friedrich Winkler etwa gab den vierten Band der Zeichnungen Albrecht Dürers heraus (Die Arbeiten der Jahre 1520–1528), Wilhelm Schorn und Albert Verbeek einen schönen Band über die Kirche St. Georg in Köln (Schorn hatte die Sicherungsarbeiten in den Jahren 1927–1930 geleitet), Karl Heinz Clasen „Die mittelalterliche Bildhauerkunst im Deutschordensland Preußen", Max Geisberg „Die Geschichte der deutschen Graphik vor Dürer" oder Rudolf von Arps-Aubert einen Band „Sächsische Barockmöbel 1700–1770". Damit leistete der Verein seinem in der Satzung aufgeführten Zweck – nämlich „die Förderung kunstgeschichtlichen Wissens in Deutschland und die planmäßige Erforschung und Veröffentlichung der deutschen Kunstdenkmäler" – Folge. Auch die Themenauswahl macht deutlich, dass man sich auf unpolitisches Terrain zurückzog.[432]

Gleichzeitig enthielt die Satzung natürlich einen „Arierparagraphen" – „Reichsangehörige können nur Mitglied sein, wenn sie nach dem Reichsbürgergesetz vom 15. September 1935 (Reichsgesetzblatt I S. 1146) das vorläufige Reichsbürgerrecht besitzen" – und behielt sich außerdem vor, ein Mitglied aus dem Verein ausschließen zu können, „wenn sein Verbleiben im Verein das Ansehen und Interesse des Vereins schädigen würde". Zudem war der Vereinsvorsitzende Wilhelm Pinder ein weithin anerkannter Wissenschaftler und „führender Kunsthistoriker" während der NS-Zeit.[433] Die Staatsnähe und Prominenz des verantwortlichen Pinder beförderte einen reibungslosen Herstellungsprozess. Zudem war die Zeitschrift für den Verlag ein Medium, um die Kontakte zu Vertretern der Kunstwissenschaft zu pflegen und auszubauen. Damit war sie aus der Perspektive von De Gruyter ein ideales Projekt. Unter Ausblendung der

---

431 http://www.dvfk-berlin.de/page/de/der-verein/dvfkaboutgeschichtedesdvfk.php [3.1.2015].

432 Satzung, Publikationsübersicht und Beitritt von Staas in Stabi Dep. 42,399.

433 *Daniela Stöppel*, Wilhelm Pinder (1878–1947), in: *Ulrich Pfisterer* (Hrsg.), Klassiker der Kunstgeschichte. Bd. 2: Von Panofsky bis Greenberg, München 2008, S. 9. Vgl. auch: http://www.bbaw.de/die-akademie/akademiegeschichte/historischer-kalender/mai [3.1.2015].

politischen Situation erschienen attraktive Bände, die die Ansprüche des Verlages befriedigten.

g) Allgemeine Zeitschrift für Psychiatrie und psychisch-gerichtliche Medizin

Die 1844 von Heinrich Damerow, Carl Flemming und Christian Roller gegründete *Allgemeine Zeitschrift für Psychiatrie und psychisch-gerichtliche Medizin* war die erste psychiatrische Fachzeitschrift. Seit 1938 firmierte sie unter der Bezeichnung *Allgemeine Zeitschrift für Psychiatrie und ihre Grenzgebiete. Offizielles Organ der Gesellschaft Deutscher Neurologen und Psychiater* und galt als führendes Fachorgan der psychiatrischen Wissenschaft. Ihre Entwicklung in der NS-Zeit ist untrennbar mit der Verstrickung ihrer Protagonisten in die Zwangssterilisationen und den zehntausendfachen Krankenmord („Aktion T4" – benannt nach dem Sitz der Behörde in der Berliner Tiergartenstraße 4) verbunden. Der Herausgeber der Zeitschrift, Hans Roemer, war seit 1929 Direktor der Heil- und Pflegeanstalt Illenau und unterstützte die NS-Sterilisationspolitik; er gilt allerdings nicht als Befürworter der euphemistisch als „Euthanasie" bezeichneten Morde an den Insassen der Heil- und Pflegeanstalten.[434] Die Zeitschrift erschien unter Mitwirkung von Fritz Ast (Direktor der Anstalt Eglfing-Haar), Josef Berze (psychiatrischer Gutachter am Erbgesundheitsgericht Wien), Eugen Bleuler (Direktor der psychiatrischen Universitätsklinik Burghölzli in Zürich), Karl Bonhoeffer (Leiter der Klinik für Psychiatrie und Nervenkrankheiten an der Berliner Charité), M. Fischer, Arthur Gütt (Kommentator des „Gesetzes zur Verhütung erbkranken Nachwuchses" vom 14. Juli 1933 und leitender Medizinalbeamter), Karl Kleist (Direktor der Nervenklinik in Frankfurt am Main), Ernst Kretschmer (Direktor der Nervenklinik in Marburg und Richter am Erbgesundheitsgericht), Paul Nitsche (Direktor der Anstalt Pirna-Sonnenstein, ärztlicher Leiter der „Euthanasie"-Behörde in der Berliner Tiergartenstraße 4, wegen seiner Beteiligung am Krankenmord 1948 hingerichtet), H. Reiter, Ernst Rüdin (Direktor der Deutschen Forschungsanstalt für Psychiatrie und führender Rassenhygieniker) und Gustav Schneider (ärztlicher Gutachter bei der „Euthanasie"-Aktion T4), vereinte also die geballte Kompetenz der psychiatrischen Wissenschaft, von der sich ein nicht unbeträchtlicher Teil in die verbrecherischen Dienste des NS-Regimes nehmen ließ.

Der *Allgemeinen Zeitschrift für Psychiatrie* lag seit 1928 die *Zeitschrift für psychische Hygiene* bei, die Robert Sommer (Direktor der psychiatrischen Klinik an der Universität Gießen), Gustav Kolb (Direktor der psychiatrischen Universitäts-

[434] Vgl. *Anna Plezko*, Handlungsspielräume und Zwänge in der Medizin im Nationalsozialismus: Das Leben und Werk des Psychiaters Dr. Hans Roemer (1878–1947). Diss., Gießen 2011 (http://geb.uni-giessen.de/geb/volltexte/2012/9032/pdf/PlezkoAnna_2012_09_10.pdf, [5.1.2015]).

klinik Erlangen), Hans Roemer, Hermann Simon (Direktor der Provinzialheil- und Pflegeanstalt Gütersloh) und Wilhelm Weygandt (Ordinarius für Psychiatrie und Direktor der Staatskrankenanstalt Friedrichsberg in Hamburg) ein Jahr zuvor als offizielles Organ des Deutschen Ausschusses für Psychische Hygiene der Gesellschaft Deutscher Neurologen und Psychiater und des Verbandes Deutscher Hilfsvereine für Geisteskranke ins Leben gerufen hatten. Aufgabe des Organs war, „Deutschland bei den Bestrebungen aller anderen Kulturnationen im Sinne der geistigen Hygiene zu vertreten und die internationale Bewegung für die deutsche Volksgesundheit und Volkswohlfahrt nutzbar zu machen".[435] Seit Mitte 1932 waren Paul Nitsche und seit Dezember 1933 Ernst Rüdin Mitherausgeber. Letzterer war seit 16. Juli 1933 anstelle von Prof. Sommer zum Vorsitzenden des nun in „Deutscher Verband für psychische Hygiene und Rassenhygiene" umbenannten „Deutschen Verbandes für psychische Hygiene" ernannt worden. Damit geriet das Blatt unter die Regie zweier Wissenschaftler, die die Politik der Nationalsozialisten maßgeblich unterstützten. Nun wurde in der Zeitschrift deutlich formuliert, dass sich das Bemühen des Psychiaters um die individuelle Fürsorge seiner Patienten den Interessen der Gemeinschaft unterzuordnen habe.[436] In den folgenden Jahren stellte sich die Zeitschrift ganz in den Dienst der verbrecherischen nationalsozialistischen Politik gegenüber Kranken und Behinderten. Völlig unverhohlen etwa wurden die Heil- und Pflegeanstalten aufgerufen, sich für die „restlose Durchführung des Gesetzes zur Verhütung erbkranken Nachwuchses" einzusetzen.[437] Aufgrund dieses Gesetzes wurden etwa 400.000 Menschen zwangssterilisiert. Die Zeitschrift erschien bis Ende 1943.

h) Deutsche Schachzeitung

Seit dem Jahr 1846 publizierte Veit & Co. die von der Berliner Schachgesellschaft monatlich herausgegebene *Schachzeitung* (seit 1876 *Deutsche Schachzeitung*). Veit war traditionell stark bei Schachwerken vertreten, der Verlag Walter de Gruyter führte diesen Schwerpunkt nach dem Verlagszusammenschluss 1919 weiter.

Im 88. Jahrgang – in der Maiausgabe 1933 – informierte die Zeitung ihre Leser, dass der 23. April 1933 „für alle Zeiten ein Markstein in der Geschichte des deutschen Schachs bleiben" würde. Alle Schachvereine gaben an diesem Tag ihre Selbstständigkeit auf und wurden zum „Großdeutschen Schachbund"

---

[435] Information der Herausgeber und des Verlages, in: Zeitschrift für psychische Hygiene 1 (1928).

[436] *H.F. Hoffmann*, Der Psychiater und die neue Zeit, in: Zeitschrift für psychische Hygiene 6 (1933), S. 161.

[437] Ast-Eglfing und Faltlhauser-Kaufbeuren, Die dem Außendienst der öffentlichen Heil- und Pflegeanstalten erwachsenden Aufgaben im neuen Staate, in: Zeitschrift für psychische Hygiene 5 (1934), S. 135.

gleichgeschaltet. Die bisherigen Vorstandsmitglieder des Deutschen Schachbundes – Fritz Kiok (Magdeburg), Hermann Römmig (Ludwigshafen) und Otto Krüger (Dresden) – „verzichteten freiwillig auf die Ausübung ihrer Rechte", wie die *Deutsche Schachzeitung* bekanntgab.[438] Der langjährige Vorsitzende Walter Robinow musste aufgrund seiner jüdischen Herkunft zurücktreten. Ehrenpräsident des „Großdeutschen Schachbundes" wurde Propagandaminister Joseph Goebbels.

Heinrich Ranneforth, neben Max Blümich und Josef Halumbirek Herausgeber der *Deutschen Schachzeitung*, verfasste die Totenrede auf den „Deutschen Schachbund" in dem Blatt:

> Der Deutsche Schachbund, der vor sechs Jahren seinen fünfzigsten Geburtstag feierte, ist den Stürmen, die über das gesamte deutsche Leben seit dem 30. Januar dahinbrausen, erlegen und besteht nicht mehr. [...] Die neue auf straffe Zentralisation eingestellte und auf dem Führergedanken aufgebaute Regierung ist der Todfeind des Marxismus in jeder Gestalt und verträgt auch grundsätzlich keinen jüdischen Mann in beamteter oder leitender Stellung. Wenn es Marxisten im Deutschen Schachbund überhaupt gegeben hat, so hat man jedenfalls nichts davon gemerkt. Politische Erörterungen kannte man nicht; die Partie, die man spielte, bot des Gesprächsstoffes genug. Dagegen sind jüdische Mitglieder in den Schachvereinen immer stark vertreten gewesen, und auch große internationale Meister sind aus ihnen hervorgegangen, die den Ruhm deutscher Schachkunst in die Welt hinausgetragen haben. Das wird jetzt wohl aufhören.[439]

Zwar beinhalteten seine Zeilen durchaus Verständnis für die neuen Machthaber und Zustimmung beim Kampf gegen die „Arbeitervereine", aber ein bisschen Wehmut bei der Erinnerung an die offenbar angesehenen ehemaligen jüdischen Mitstreiter klang durchaus an:

> Einstweilen sind die jüdischen Mitglieder aus allen leitenden Stellungen freiwillig ausgeschieden, auch wenn sie gewiß sein konnten, daß gegen ihre Person, ihre Denkungsart und Geschäftsführung nichts einzuwenden war; und wenn nationalsozialistische Führer an ihre Stelle getreten sind, so ergibt sich das schlüssig aus der durch die Einheitlichkeit der Führung in der gesamten Organisationsarbeit bedingten Übereinstimmung der Kulturpolitik mit der Reichspolitik überhaupt, die ja dem einen Ziele dient, die Nation zu einer Volksgemeinschaft aller zu machen. Dementsprechend dürfen auch jüdische Spieler an repräsentativen Veranstaltungen nicht teilnehmen, und an einigen Orten hat man auch alle Nichtarier aus den Vereinen ausgeschlossen. Ein Zwang dazu lag kaum vor, denn die Leitung des Großdeutschen Schachbundes hat eine solche Weisung unseres Wissens nicht gegeben, möglicherweise in der Erwägung, daß, wenn man sich für die Wahrung der deutschen Kulturgüter einsetzt, es in erster Linie darauf ankommt, das zu bekämpfen, was man den dem deutschen Wesen grundsätzlich fremden jüdischen Geist nennt.[440]

---

[438] Erläuterung, in: Deutsche Schachzeitung 5 (1933), S. 136.

[439] H.R., Vom Deutschen zum Großdeutschen Schachbund, in: Deutsche Schachzeitung 5 (1933), S. 133 ff.

[440] Ebenda.

Bemerkenswert kritisch für das Frühjahr 1933, in dem viele Vereinsrepräsentanten ihr Fähnlein nach dem Wind richteten und sich den Nationalsozialisten anbiederten, ergänzte Ranneforth:

Wer deutsch fühlt und handelt und sich dadurch dem deutschen Volke innerlich verbunden fühlt, warum soll man den nicht als Volksgenossen gelten lassen? Die Regierung hat das ja auch dadurch anerkannt, daß sie jüdische Staatsbürger auch in Beamtenstellungen belassen hat, wenn sie sich in Deutschlands schwerster Zeit bewährt haben.[441]

Wie sehr die nationalsozialistische Ideologie hier auch in vermeintlich unpolitische Bereiche vordrang, zeigt sich in den Publikationen der folgenden Jahre. In der Broschüre „Die Deutsche Schachmeisterschaft in Bad Aachen 1934", die Alfred Brinckmann im Auftrag des Großdeutschen Schachbundes bei De Gruyter herausgab, bezeichnete Bundesschachwart Ehrhardt Post in seinem Vorwort das Aachener Turnier als

Feuerprobe für eine neue Auffassung im deutschen Schach. Unsere Jugend darf nur dann für ein Spiel in Anspruch genommen werden, wenn sie dabei nicht ihrer hohen Pflicht, sich zum Kampfe für Deutschland zu stählen, entzogen wird. Das deutsche Schach muß darum heute Kampf sein, Kampf des Geistes, des Willens, des Charakters, aber immer Kampf.[442]

Von 1936 bis 1942 verlegte De Gruyter die „Bücherei des Großdeutschen Schachbundes". Der erste Band von insgesamt sechs, die 1936 erschienen, war das „Lehrbuch des Schachspiels" von Alfred Brinckmann. Von 1940 bis 1942 gab der „Großdeutsche Schachbund" zudem bei De Gruyter die „Kleinbücherei des Großdeutschen Schachbundes" heraus. 1941 erschienen in dieser Reihe zwei Publikationen von Kurt Richter, „Der Weg zum Matt. Ein Blick in die Schachtechnik" sowie „Die ersten Schritte. Schachratgeber für Anfänger". Im Vorwort zu Letzterem, das er im Juni 1940 verfasste, wird deutlich, dass sich das Schachspiel vor allem bei den Soldaten immer größerer Beliebtheit erfreute:

Manch einer wird sagen, die Zeit wäre nicht danach, um für ein Spiel zu werben. Er ist im Irrtum; noch nie hat das Schachspiel solches Interesse und solche Verbreitung gefunden wie gerade jetzt. In den Lazaretten und in Ruhestellungen an der Front ist es ein willkommenes Mittel zur Anregung und Erbauung, wie dies in Hunderten von Briefen an den Großdeutschen Schachbund zum Ausdruck gekommen ist. Zahllos sind die Bücher und Spiele, die hinausgingen zu unseren Soldaten und ihnen Schachfreude und Unterhaltung brachten. So hat auch das Schachspiel zu seinem bescheidenen Teil dazu beigetragen, die Brücke zwischen Front und Heimat zu schlagen.[443]

---

441 Ebenda.

442 Die Deutsche Schachmeisterschaft in Bad Aachen 1934, hrsg. im Auftrage des Großdeutschen Schachbundes von *Alfred Brinckmann*, Berlin/Leipzig 1934.

443 Die ersten Schritte. Schachratgeber für Anfänger. Im Auftrage des Großdeutschen Schachbundes bearbeitet von *Kurt Richter*. Sonderdruck Luftwaffenführungsstab I c/VIII, Berlin 1941.

Kleinbücherei des Großdeutschen Schachbundes

8. Bändchen

Der Weg zum Matt

Ein Blick in die Schachtechnik

von

Kurt Richter

Mit zahlreichen Stellungsbildern

BERLIN 1941

WALTER DE GRUYTER & CO.

vormals G. J. Göschen'sche Verlagshandlung – J. Guttentag, Verlagsbuchhandlung – Georg Reimer – Karl J. Trübner – Veit & Comp.

Kurt Richter, Der Weg zum Matt. Ein Blick in die Schachtechnik (Kleinbücherei des Großdeutschen Schachbundes), Berlin 1941.

Diese Entwicklung ließ die Produktionszahlen bei Schachwerken regelrecht explodieren. Die Verlagskonferenz beschloss am 17. Juni 1941, dass eine Sonderauflage für die Wehrmacht von Kurt Richter, Weg zum Matt, in einer Höhe von 200.000 Stück aufgelegt werden sollte.[444]

i) Der Islam. Zeitschrift für Geschichte und Kultur des islamischen Orients

Im Verlag Karl I. Trübner in Straßburg erschien seit 1910 *Der Islam. Zeitschrift für Geschichte und Kultur des islamischen Orients.* Wie es der Herausgeber Carl Heinrich Becker formulierte, sollte damit der „Wissenschaft vom Islam [...] ein neues Heim eröffnet werden".[445] Nach dem Tod des Orientalisten und ehemaligen preußischen Kulturministers Becker am 10. Februar 1933 gab der Gießener Islamwissenschaftler Rudolf Strothmann die Zeitschrift heraus, die sich – losgelöst von den politischen Umwälzungen – weiterhin der Wissenschaft vom Islam widmete. 1942 erschien der 26. Band. Die weitere Entwicklung gestaltete sich schwierig, weil hohe Druckkostenzuschüsse wegen der Verwendung arabischer Schriftzeichen anfielen und die Geschäfte schleppend verliefen. 1943 erschien lediglich das erste Heft des 27. Jahrgangs. Obwohl das Auswärtige Amt interessanterweise „aus kulturpolitischen Gründen Wert" auf das Weitererscheinen legte, konnte der komplette Jahrgang 27 erst 1946 hergestellt werden. Als Argument für die Fortexistenz hatte das Auswärtige Amt angeführt, dass die Zeitschrift „in den entsprechenden arabischen Kreisen große Beachtung" erfuhr.[446] Von 1949 an erschien die Zeitschrift wieder in Jahresbänden. Als Herausgeber fungierte weiterhin Rudolf Strothmann, nun unterstützt vom Orientalisten Bertold Spuler.

j) Der neue Volkserzieher

Auch bei den Zeitschriften hielt der Verlag Walter de Gruyter nicht nur bewährte Titel im Programm, sondern bemühte sich, das Portfolio zu ergänzen. Auf der Verlagskonferenz am 29. August 1934 wurde das Vorhaben, eine neue Zeitschrift *Der neue Volkserzieher. Organ der Fachschaft Volksschule im NSLB* aufzunehmen, positiv beschieden.[447] Der Hintergrund dieser Entscheidung ist nicht bekannt. Der Herausgeber, Prof. Dr. Ernst Bargheer, war bereits Verlags-

---

[444] Konferenz am 17.6.1941. Anwesend die Herren: Cram, Dr. v. Staa, Brill, Dr. Sell, Grethlein, Dr. Elster, Stabi Dep. 42,627.

[445] *C.H. Becker*, Der Islam als Problem, in: Der Islam. Zeitschrift für Geschichte und Kultur des islamischen Orients 1 (1910), S. 1.

[446] Auswärtiges Amt, gez. Roth, an Verlag Walter de Gruyter, 4.6.1943, Stabi Dep. 42, K 211, M 5.

[447] Konferenz, 29. August 1934. Anwesend die Herren: Cram, Dr. Crisolli, Hübler, Dr. Elster, Stabi Dep. 42,627.

autor; möglicherweise versprach sich De Gruyter von der Position Bargheers als Ministerialrat im Reichserziehungsministerium gute Ausgangsbedingungen für das Projekt. Im Grunde passte die Publikation nicht in das streng wissenschaftliche Zeitschriftenprogramm des Verlages. Im November 1934 vereinbarten aber die Reichsamtsleitung des Nationalsozialistischen Lehrerbundes und De Gruyter, dass die Zeitschrift mit dem Untertitel „Zeitschrift der Reichsfachschaft IV (Volksschule) des NSLB“ und zusätzlich noch als des „Reichsfachschaftsleiters“ versehen werden sollte.[448] Die Zeitschrift ging aber bereits am 1. Oktober 1935 mit dem zweiten Band an den Verlag Zickfeldt über, der sie mit der *Pädagogischen Warte* zu der Zeitschrift *Der Deutsche Volkserzieher* zusammenzulegen beabsichtigte.[449] Die Gründe sind nicht aktenkundig.

Im Januar 1943 musste der Verlag folgende Zeitschriften einstellen, weil er kein Papier mehr zugeteilt bekam:[450]

- *Bernsteinforschungen* (seit 1929 erschienen)
- *Betriebs- und verkehrswirtschaftliche Forschungen* (seit 1936)
- *Mitteilungen der Gruppe deutscher Kolonialwirtschaftlicher Unternehmungen* (seit 1939)
- *Veröffentlichungen des Berliner Hochschulinstituts für Versicherungswissenschaft* (seit 1939)
- *Winckelmannsprogramm der Archäologischen Gesellschaft zu Berlin* (seit 1920 bei De Gruyter, gegründet 1876)
- *Zeitschrift für historische Waffen- und Kostümkunde* (seit 1923 bei De Gruyter, gegründet 1897)

Im Juni 1944 erschienen noch folgende Zeitschriften:[451]

- *Jahrbuch über die Fortschritte der Mathematik*
- *Journal für die reine und angewandte Mathematik*
- *Bank-Wirtschaft*
- *Veröffentlichungen des Reichsaufsichtsamts*
- *Zeitschrift für Strafrechtswissenschaft*
- *Zeitschrift für Bergrecht*
- *Zeitschrift für ausländisches öffentliches Recht und Völkerrecht*
- *Zeitschrift für internationales Privatrecht*
- *Geistige Arbeit*
- *Hoppe-Seyler's Zeitschrift für physiologische Chemie*

---

[448] Vorläufige Vereinbarung zwischen der Reichsamtsleitung des NSLB und den Verlagen Beltz, Diesterweg, Walter de Gruyter & Co., Hirt, Kamp, 29.11.1934, Stabi Dep. 42,348.

[449] Konferenz, 1. Oktober 1935. Anwesend die Herren: Cram, Dr. Crisolli, Dr. Lüdtke, Hübler, Grethlein, Dr. Elster, Dr. Buchenau, Stabi Dep. 42,627.

[450] Reichsschrifttumskammer an den Verlag Walter de Gruyter & Co., 30.1.1943, Stabi Dep. 42,215.

[451] Walter de Gruyter & Co. (Cram) an Reichsverband der deutschen Zeitschriftenverleger (Einschreiben), 6.6.1944, Stabi Dep. 42,388.

- *Allgemeine Zeitschrift für Psychiatrie*
- *Deutsche Schachzeitung*
- *Zeitschrift für Wehrrecht*

Im Oktober 1944 erschienen nurmehr:[452]

- *Jahrbuch über die Fortschritte der Mathematik* (Auflage: 500)
- *Journal für reine und angewandte Mathematik* (Auflage: 550)
- *Bankwirtschaft* (Auflage: 5000)
- *Hoppe-Seylers Zeitschrift für physiologische Chemie* (Auflage: 850)
- *Zeitschrift für Wehrrecht* (Auflage: 4000)

Aufstellung aller Zeitschriften des Verlages, Mai 1945:[453]

- *Jahrbuch über die Fortschritte der Mathematik* (Auflage: 400, nicht stillgelegt)
- *Journal für die reine und angewandte Mathematik* (Auflage: 500, nicht stillgelegt)
- *Bankwirtschaft* (Auflage: 5000, nicht stillgelegt)
- *Zeitschrift für die gesamte Strafrechtswissenschaft* (Auflage: 600, 1943 stillgelegt)
- *Zeitschrift für ausländisches öffentliches Recht und Völkerrecht* (Auflage: 500, 1943 stillgelegt)
- *Zeitschrift für ausländisches internationales Privatrecht* (Auflage: 400, 1943 stillgelegt)
- *Zeitschrift für Bergrecht* (Auflage: 650, 1943 stillgelegt)
- *Veröffentlichungen des Reichsaufsichtsamtes (amtliches Organ des Amtes)* (Auflage: 1200, seit 1939 nicht erschienen)
- *Deutsches Gemein- und Wirtschaftsrecht* (Auflage: 1300, 1943 stillgelegt)
- *Jahrbuch des deutschen Archäologischen Instituts* (Auflage: 660, nicht stillgelegt)
- *Archäologische Bibliographie* (Auflage: 660, nicht stillgelegt)
- *Die Antike* (Auflage: 1200, nicht stillgelegt)
- *Geistige Arbeit. Zeitung aus der wissenschaftlichen Welt* (Auflage 4000, am 1. Oktober 1944 stillgelegt)
- *Ostasiatische Zeitschrift* (Auflage: 850, nicht stillgelegt)
- *Abessinische Mitteilungen des Deutschen Archäologischen Instituts* (Auflage: 600, nicht stillgelegt)
- *Archiv für Urkundenforschung* (Auflage: 300, nicht stillgelegt)
- *Der Islam* (Auflage: 400, nicht stillgelegt)
- *Indogermanische Forschungen* (Auflage 400, 1944 stillgelegt)
- *Zeitschrift für Assyriologie* (Auflage: 400, nicht stillgelegt)
- *Zeitschrift für historische Waffen- und Kostümkunde* (Auflage: 400, nicht stillgelegt)
- *Ipek. Jahrbuch für prähistorische Kunst* (Auflage: 500, nicht stillgelegt)
- *Germania. Anzeiger der Römisch-Germanischen Kommission* (Auflage: 600, 1945 stillgelegt)
- *Ungarische Jahrbücher* (Auflage: 1400, nicht stillgelegt)
- *Prähistorische Zeitschrift* (Auflage: 500, nicht stillgelegt)
- *Zeitschrift für die alttestamentliche Wissenschaft* (Auflage: 750, 1944 stillgelegt)

---

452 Walter de Gruyter & Co. (Cram) an Reichsverband der deutschen Zeitschriftenverleger (Einschreiben), 30.10.1944, Stabi Dep. 42,388.

453 Aufstellung aller Zeitschriften des Verlages, Stabi Dep. 42,546.

- *Zeitschrift für die neutestamentliche Wissenschaft* (Auflage: 750, 1944 stillgelegt)
- *Zeitschrift für systematische Theologie* (Auflage: 650, 1944 stillgelegt)
- *Ema. Die elektrische Maschine* (Auflage: 1000, 1944 stillgelegt)
- *Hoppe-Seylers Zeitschrift für physiologische Chemie* (Auflage: 900, 1944 stillgelegt)
- *Allgemeine Zeitschrift für Psychiatrie und ihre Grenzgebiete* (Auflage: 500, 1944 stillgelegt)
- *Deutsche Schachzeitung* (Auflage: 2000, nicht stillgelegt)

Periodisch erscheinende Veröffentlichungen des Verlages, die wegen ihrer wissenschaftlichen Bedeutung fortgeführt werden sollen, Mai 1945:[454]

- Astronomischer Jahresbericht
- Entscheidungen des Reichsgerichts in Civilsachen
- Entscheidungen des Reichsgerichts in Strafsachen
- Entscheidungen des Reichsarbeitsgerichts
- Minerva. Jahrbuch der Gelehrten Welt
- Kürschners Deutscher Gelehrten-Kalender
- Kürschners Deutscher Literatur-Kalender
- Jahresbericht auf dem Gebiete der neueren deutschen Literatur
- Jahresbericht der germanischen Philologie
- Winckelmannsprogramm der Archäologischen Gesellschaft zu Berlin
- Jahresgabe der Winckelmann-Gesellschaft, Stendal
- Indogermanisches Jahrbuch
- Deutscher Hochschulführer
- Deutscher Fachschulführer
- Therapeutische Registratur, hrsg. von Dr. Willibald Pschyrembel, erscheint monatlich in Form von 12 Karten

[454] Periodisch erscheinende Veröffentlichungen des Verlages, die wegen ihrer wissenschaftlichen Bedeutung fortgeführt werden sollen, Stabi Dep. 42,546.

VI. Kriegsende und Neubeginn

Als der Bombenkrieg die deutschen Großstädte erreichte, musste der Verlag Walter de Gruyter auf diese potenzielle Gefährdung reagieren. Im Juli 1943 mietete er deshalb im Gasthof Löwendorf in Trebbin den dazugehörigen Tanzsaal nebst Bühne und kleinem Nebenzimmer für die Dauer des Krieges.[1] Das Propagandaministerium wurde von Verlagsseite informiert, dass De Gruyter „für den Fall eines Großangriffs auf Berlin und eines Totalfliegerschadens des Verlages" die Verlagerung nach Trebbin im Kreis Teltow, wo sich seit 50 Jahren das Druckereigebäude befand, und Löwendorf im Kreis Jüterbog vorbereite.[2] Als erste Ausweichstelle bei einer eventuellen Zerstörung des Verlagsgebäudes sollte jedoch Crams Privathaus in der Herwarthstraße in Berlin-Lichterfelde dienen. Falls auch dieses den Luftangriffen zum Opfer fallen würde, was Cram für „wahrscheinlich" hielt, galt die Trebbiner Druckerei mit ihrer Ausweichstelle in Löwendorf als „2. Ausweichstelle".[3] Im September 1943 schloss der Verlag zudem einen Mietvertrag für die Dauer des Krieges mit dem Buchdruckereibesitzer Ernst Schulze in Alsleben an der Saale, um dort sein Archiv lagern zu können.[4] Um das Risiko zu vermindern, dass bei Bombenangriffen große Lagerbestände vernichtet wurden, erfolgten Teilverlagerungen nach Alsleben, Priesnitz, Altenburg, Trebbin-Löwendorf, Mühlberg, Lahr und Zippelsförde. Wie der Geschäftsbericht für 1943 festhielt, konnten sich „in Anbetracht der sehr schwierigen Transport- und Kräfteverhältnisse [...] diese Verlagerungen allerdings nur in mäßigen Grenzen halten". Von Neuproduktionen sollten die Bestände jeweils mindestens an drei verschiedenen Orten gelagert werden.[5]

Um bei Bombenschäden schnell reagieren zu können, gründete der Verlag eine „Werkluftschutz-Gemeinschaft" mit dem Rüstungsbetrieb Patin, die ständig patrouillierte. Mithilfe einer dafür angeschafften Motorspritze samt dazugehörigen Schläuchen konnte zum Beispiel am 22. November 1943 die Ausbreitung

---

1 Mietvertrag zwischen Gertrud Schulz als Vertreterin ihres Mannes und der Firma Walter de Gruyter & Co., Trebbin, 6.7.1943, Stabi Dep. 42,213 (3).

2 Walter de Gruyter & Co. (Cram) an das Reichsministerium für Volksaufklärung und Propaganda, z.Hd. des Herrn Dr. Lutz, Abt. Schrifttum, 20.8.1943, Stabi Dep. 42,213 (3).

3 Herbert Cram an Herrn Friederichsen, 12.8.1943, Stabi Dep. 42,399.

4 Mietvertrag vom 27.9.1943, Stabi Dep. 42,213 (3).

5 Geschäftsbericht 1943, gez. Dr. von Staa, 23.8.1944, Stabi Dep. 42,399.

eines Dachstuhlbrandes verhindert werden. Insgesamt verzeichnete das Luftschutzbuch im Jahre 1943 65 Luftalarme bzw. Angriffe, 16 davon am Tage. Im ersten Halbjahr 1944 gab es 44 Angriffe, von denen 19 am Tage stattfanden.[6]

Am frühen Morgen des 4. Dezember 1943 wurden große Buchbestände in Leipzig durch einen Luftangriff, der das ganze Graphische Viertel in Schutt und Asche legte, zerstört.[7] Davon war auch De Gruyter betroffen, weil „umfangreiche Verlagsvorräte bei den Leipziger Buchbindern und Buchdruckern vernichtet" worden waren.[8] Eine weitere Folge war, dass der langjährige Leiter der Leipziger Dependance, Alfred Eydt, um die Versetzung in den Ruhestand bat, weil er persönlich stark von den Bombardements betroffen war.[9] Am 29./30. Januar 1944 entstanden schwere Bombenschäden im Lager in der Berliner Woyrschstr. 13. Der Verlust durch beide Angriffe belief sich beim Technischen Verlag Herbert Cram auf 30.884,73 RM (unter Berechnung der Herstellungskosten, der anteiligen Honorare und der Handlungsunkosten), in der Abteilung Töpelmann auf 24.153,55 RM, in der Abteilung Trübner auf 450.751,78 RM und in der Abteilung Reimer auf 31.232,02 RM.[10]

In den folgenden Wochen rückte als Verlagerungsoption der Ort Mühlberg an der Elbe in den Mittelpunkt. Mit Wirkung zum 1. Juni 1944 mietete die Firma Walter de Gruyter & Co. „zunächst für die Dauer des Krieges" von Robert Lubenow, Inhaber des Hotels „Kronprinz" in Mühlberg, als Ausweichlager einen Schuppen (60 qm) und den kleinen Saal mit zwei Vorräumen (93 qm) auf dessen Grundstück Herrenstr. 23.[11] Ebenfalls in Mühlberg mietete der Verlag Räume, Zellen und die Hälfte des Luftschutzkellers im Amtsgerichtsgebäude.[12] Offenbar reichte dies jedoch nicht aus, weil der Verlag ab 1. Oktober 1944 weitere Einlagerungsräume im Schloss Mühlberg anmietete.[13] Bereits im Juni 1944 hatte es Überlegungen gegeben, den ganzen Verlag nach Mühlberg umzusiedeln. Zu diesem Zweck hätten die nicht berufstätigen Bombengeschädigten, die nach Mühlberg evakuiert worden waren, in einen anderen Ort des Kreises verlegt werden müssen, um die dadurch freiwerdenden Quartiere der De-Gruyter-Belegschaft zur Verfügung stellen zu können. Für diese Pläne hatte Herbert Cram die Unterstützung des Reichsjustizministeriums eingeholt.[14] In wichtigen Fällen stellte das

---

6 Ebenda.

7 Listen der zerstörten Bestände in Stabi Dep. 42,228.

8 Geschäftsbericht 1943, gez. Dr. von Staa, 23.8.1944, Stabi Dep. 42,399.

9 Ebenda.

10 Aufstellungen in Stabi Dep. 42,448 (1).

11 Mietvertrag, Mühlberg/Elbe 1.6.1944, Berlin 16.5.1944, Stabi Dep. 42,213 (3).

12 Mietvertrag zwischen dem Großdeutschen Reich – Reichsjustizverwaltung – vertreten durch Landgerichtsrat Grabert in Bad Liebenwerda als stellvertretender Aufsichtsrichter und der Firma Walter de Gruyter u. Co., 4.7.1944, Stabi Dep. 42,213 (3).

13 Mietvertrag zwischen dem Land Preußen, vertreten durch den Leiter des Katasteramts in Torgau und dem Verlag Walter de Gruyter, 5.10.1944, Stabi Dep. 42,213 (3).

14 Besuch in Mühlberg am 3. und 4.6.44, Stabi Dep. 42,327.

Ministerium nämlich Amtsgerichtsräume und Gefängnisse für solche Zwecke zur Verfügung.[15]

Dass diese Verlagerungen mit Nachdruck betrieben werden mussten, machte ein abermaliger Luftangriff auf Leipzig deutlich: An Grundstück und Gebäude in der Leipziger Auslieferungsstelle von De Gruyter, einem unselbstständigen Unternehmen des Berliner Stammhauses, entstand am 7. Juli 1944 erheblicher Schaden.[16] Eine Bombe war im Vorgarten des Hauses Marienstr. 18 eingeschlagen, hatte eine Wand des Luftschutzkellers und Teile des Hauses zum Einsturz gebracht. Sieben Mitarbeiter waren dadurch im Luftschutzkeller unter den Trümmern begraben worden.[17]

Diese Verlagerungen beeinträchtigten das Alltagsgeschäft. Gerhard Lüdtke schilderte dies z.B. im Oktober 1943 in seiner Korrespondenz mit dem Philologen Karl Langosch, mit dem er wegen des „Verfasserlexikons zur deutschen Literatur des Mittelalters“ eng zusammenarbeitete. Die „Umsiedlung“, die der Verlag „für alle Fälle“ vorbereitete, führte dazu, dass „unser ganzes Material auseinandergerissen ist. Ein Teil ist in Trebbin, ein anderer im Keller, ein dritter an einem andern Ort, und das macht die Dinge natürlich sehr schwer.“[18]

Propagandaminister Joseph Goebbels informierte den Präsidenten der Reichsschrifttumskammer Hanns Johst am 24. August 1944, dass 780 der noch 1000 im Deutschen Reich tätigen Verlage geschlossen werden sollten. Bei den verbliebenen 220 handelte es sich in der Regel um wissenschaftliche oder besonders spezialisierte Verlage.[19] Bereits am 26. August 1944 erhielt De Gruyter den Bescheid des Präsidenten der Reichsschrifttumskammer, dass der Verlag nicht von der Stilllegung betroffen sei und weiterhin als „kriegswichtig“ anerkannt bleibe.[20] Damit stellt sich die Frage, warum De Gruyter nicht von den zahlreichen Verlagsschließungen betroffen war.

Hans-Eugen Bühler urteilte allgemein:

> Kriterium für die Kriegswichtigkeit von Verlagen könnte nach den bisherigen Erörterungen die Produktion für die Wehrmacht und für das Sortiment sein, getrennt nach Feldausgaben oder „normalem Programm“ bis 1942. Die Schließungsverfügungen der RSK von 1943 und von 1944 sind Indizien für die Bewertung eines Verlagsprogramms, für die Kontakte zu den Reichsstellen und damit für die Bedeutung eines Verlages in der Zeit des „totalen Krieges“. Die Kriegswichtigkeit war weniger vom Verlagsprogramm abhängig, vielmehr spielte die besitzrechtliche Zugehörigkeit zu Parteiorganisationen bei der Be-

---

[15] Besuch von Min.Rat Wittland am 3.1.44, Stabi Dep. 42,327.

[16] Gewerbeanmeldung eines buchhändlerischen Kommissionsgeschäftes an den Rat der Stadt Leipzig, Gewerbeamt, 23.10.1950, Stabi Dep. 42,582 (4).

[17] Geschäftsbericht 1943, gez. Dr. von Staa, 23.8.1944, Stabi Dep. 42,399.

[18] Gerhard Lüdtke an Dr. habil. Karl Langosch, 14.10.1943, Stabi Dep. 42 Gr, Karl Langosch.

[19] *Bühler*, Der Frontbuchhandel 1939–1945, S. 75.

[20] Der Präsident der Reichsschrifttumskammer an Firma Walter de Gruyter & Co., 26.8.1944, Stabi Dep. 42,521.

wertung der RSK eine wichtige Rolle. Bei der unübersichtlichen Gemengelage der Interessen der Reichsstellen waren auch immer wieder Kompromisse möglich.[21]

Bühler vermutet z.B., dass die Schließung von Bertelsmann im Jahr 1944 trotz seiner großen Produktionskontingente für die Wehrmacht auf seine „theologische Außenwirkung" zurückzuführen ist.[22] Heinz Sarkowski stellt für den Springer Verlag fest, dass er als Devisenbringer für das Regime, aber auch durch Bücher in der technischen Sparte, die „für die Autarkiebestrebungen und die Rüstungsanstrengungen des Reiches wichtig" waren, geschützt blieb.[23] Zudem hatte die Schließungsaktion vor allem die in der Provinz ansässigen Verlage getroffen, wohingegen die meisten großen Verlage ihre Arbeit – wenn auch unter den kriegsbedingten Erschwernissen – fortsetzen konnten. Mit Insel, Piper, Suhrkamp, Reclam und Rütten & Loening bestanden auch viele der bedeutenden belletristischen Verlage fort.[24]

Die Quellen nennen keine Gründe für die Fortexistenz des Walter de Gruyter Verlages. Naheliegend ist jedoch, dass die Situation mit der des Springer Verlages vergleichbar ist. Auch De Gruyter exportierte nach wie vor und erwirtschaftete dadurch dringend benötigte Devisen und produzierte technische sowie naturwissenschaftliche Werke, die als kriegsrelevant galten. Außerdem verfügte der Verlag über hervorragende Kontakte in zahlreichen Ministerien und hatte dem Regime wenig Anlass zu Kritik gegeben; die Geschäftsleitung erfüllte die staatlichen Vorschriften in der Regel peinlichst genau.

Herbert Cram bemühte sich bis zuletzt, den Betrieb am Laufen zu halten. In keinem seiner zahlreich überlieferten Briefwechsel schimmern trotz aller Schwierigkeiten Resignation oder der Gedanke aufzugeben durch. In der zweiten Kriegshälfte behinderten die Bombenangriffe zwar zunehmend die Geschäftsentwicklung. Aber noch 1944 ist die Korrespondenz gezeichnet von dem Bemühen, den Alltagsgeschäften unverdrossen weiter nachzugehen und etwaige Verzögerungen zwar durch die Kriegsauswirkungen zu erklären, jedoch nicht zu entschuldigen. Deutlich wird dies etwa in einem Brief von Herbert Cram an Prof. Carl Stange, den langjährigen Herausgeber der *Zeitschrift für systematische Theologie*, im Januar 1944. Zunächst informierte Cram Stange, dass ihm die ersten Fahnenkorrekturen der Aufsätze zugegangen seien, erst dann erwähnte er, weshalb Stanges Anfragen erst mit Verzögerung beantwortet werden konnten, weil „wir am 16.12. durch eine Sprengbombe, die vor unserm Haus niedergegangen ist, stark durchgeblasen worden sind". Es habe „erheblicher Arbeit bedurft, um jetzt wenigstens hinter vernagelten Fenstern und bei gedrosselter Heizung zu arbeiten".[25]

---

[21] *Bühler*, Der Frontbuchhandel 1939–1945, S. 133.
[22] Ebenda, S. 140.
[23] *Sarkowski*, Springer-Verlag, S. 362.
[24] *Bühler*, Der Frontbuchhandel 1939–1945, S. 76–85.
[25] Herbert Cram an Prof. Dr. Carl Stange, 28.1.1944, Stabi Dep.42,101 (3),

Anderen Mitgliedern der Geschäftsleitung machte die Situation offenbar weit mehr zu schaffen, sodass Herbert Cram sich in der Verlagskonferenz am 14. März 1944 bemüßigt fühlte, vorbildhaftes Verhalten von den Kollegen einzufordern. Das Protokoll hielt fest:

In Anbetracht des Herannahens der Entscheidung fordert H. Cram auf, dch. gutes Beispiel u. feste Haltg. schwache u. verzagte Gemüter zu stärken u. dadurch zu verhindern, daß Äußerungen getan werden, die an und für sich harmlos sein könnten, aber in der heutigen Zeit geeignet sind, die Wehrkraft zu schwächen.[26]

Noch am 16. März 1945 notierte Herbert Cram z.B.:

Wittland, Beamtenrechtl. Gesetze Teil A wird voraussichtlich zum 1. April ausgedruckt sein. Teil B zur Zeit im Satz; Fertigstellung wird beschleunigt werden. Wittland muß Korrektur für den Umbruch lesen. Anschließend wird Teil C gesetzt. Wegen Broschur ist noch keine Anweisung gegeben. Der Transport nach Berlin ist möglich.[27]

Ähnlich wie bei Hermann Wittlands Beamtenrecht sind die letzten Monate bis zum Kriegsende im Mai 1945 von einem aus heutiger Perspektive trotzig zu nennenden, unbeirrbaren „Weiter so" gekennzeichnet. Längst standen alliierte Truppen im Westen des Reiches und die Rote Armee zog unaufhaltsam näher, und doch plante der Verlag Walter de Gruyter neue Projekte. 1946 z.B. jährte sich der Geburtstag von Gottfried Wilhelm Leibniz zum 300. Mal. Zu diesem Jubiläum sollte Prof. Dr. Erich Hochstetter (Berlin) ein großes Werk herausgeben.[28] Seit Herbst 1942 hatte Gerhard Lüdtke mit dem Philosophieprofessor Heinz Heimsoeth aus Köln bereits über dieses Projekt verhandelt. Es war jedoch gescheitert, weil Heimsoeth am 30. Juni 1943 ausgebombt worden war und dabei alle seine Aufzeichnungen zerstört worden waren. Er schied nun als Herausgeber aus, weil er in den nächsten Monaten mit der Beseitigung der Schäden beschäftigt war und anschließend das Amt des Dekans in Köln übernehmen musste. Heftig diskutiert wurde über Punkt 6 der Gliederung – Leibniz als religiöser Denker und Organisator des religiösen Lebens. Man wollte sich zunächst im Propagandaministerium erkundigen, ob dieser Aspekt überhaupt Aufnahme in das Werk finden könne.

Der Verlag hielt auch nach dem Ausscheiden von Prof. Heimsoeth an den anspruchsvollen Plänen fest.[29] Cram und von Staa trafen sich am 14. Februar 1945 mit Prof. Hochstetter und konnten ihn nun endgültig als Herausgeber der Fest-

[26] Verlagskonferenz, 14.3.1944. Anwesend Cram, Dr. v. Staa, Dr. Sell, Hübler, Kissel, Kropp, Brill, Stabi Dep. 42,627.
[27] Telefongespräch 16.3.45 Herr Cram mit Herrn Roedling von Hayn's Erben, Dep. 42,327.
[28] Korrespondenz in: Stabi Dep. 42 Gr, Theodor Haering.
[29] Konzept und Korrespondenz in Stabi Dep. 42 Gr, Heinz Heimsoeth.

schrift gewinnen.[30] Das Projekt wurde unter Hochstetters Herausgeberschaft nach Kriegsende fortgeführt und erschien in den Jahren 1946 bis 1951.[31]

Noch Ende Februar 1945 stellte der Verlag bei der Wirtschaftsstelle des deutschen Buchhandels den Antrag auf Papierbewilligung für acht Hefte griechischer und lateinischer Klassiker im Urtext und in Übersetzung, die in einer Auflage von jeweils 10.000 Exemplaren gedruckt werden sollten (u.a. altspartanische Kampfreden, Plutarch, Tacitus, Horaz, Aischylos). Als Begründung wurde angeführt:

> Die Hefte sollen der Wehrmachtsbetreuung, dem Lesebedürfnis der Soldaten an der Front, in Lazaretten und in Gefangenenlagern dienen. Das Bedürfnis nach Literatur dieses Kreises ist groß und der entsprechende Lesestoff ganz ungenügend vorhanden.[32]

Ferner seien die Hefte für Studenten und als Ergänzung der Schulbücher gedacht.[33]

Damit bemühte man sich einerseits, den Betrieb einigermaßen aufrechtzuerhalten, andererseits war der Alltag durch die Kriegsereignisse schwer beeinträchtigt. Ende März 1945 teilte das Propagandaministerium den Verlagen mit, dass für Buchvorhaben kein Papier „aus neuer Fertigung" mehr zur Verfügung gestellt würde. Für die weitere Produktion konnte nur noch Papier aus dem Lager verwendet werden, aber auch dafür war jeweils ein Antrag bei der Wirtschaftsstelle des deutschen Buchhandels zu stellen, der „im Einvernehmen mit den Dienststellen nach strengsten Maßstäben entschieden" wurde. Als „kriegsnotwendig" galten

> ausgewählte Titel folgender größerer Sachgebiete: a) Naturwissenschaften und Medizin. Standardwerke sowie führende Arbeiten über Fortschritte und neueste Ergebnisse der wichtigsten Disziplinen. b) Technik. Auswahl nach gleichen Gesichtspunkten. c) Geisteswissenschaften. Vereinzelte Titel von Standardwerken der wenigen Hauptdisziplinen. d) Lehrbücher der unter a-c genannten Gebiete, soweit sie als effektiv unentbehrlich für den noch laufenden Betrieb der Universitäten und Technischen Hochschulen anzusehen sind. e) Fachschrifttum und Fachschulschrifttum unter Beschränkung auf das praktisch in den hauptsächlichsten Berufsgruppen im Laufe der nächsten Zeit benötigte Material. f) Schulbücher, soweit sie zur Ergänzung ausfallender Produktionen des vergangenen Jahres noch notwendig sind und als unentbehrlich für die wenigen Hauptfächer gelten. g) Wenige Titel aller Schrifttumsgebiete, die im strengsten Sinne der Stärkung des Widerstandswillens unseres Volkes dienen („Widerstandsliteratur"). h) Wenige politisch-weltanschauliche Titel, die der nationalsozialistischen Formung des Volkes und der Wehrmacht dienen. i) Wenige Titel allgemeiner politischer Schriften von durchschlagen-

---

[30] Ergebnisse einer Besprechung zwischen Herrn Prof. Dr. E. Hochstetter, Herrn Cram und Herrn Dr. v. Staa vom 14.2.1945, Stabi Dep. 42 Gr, Erich Hochstetter.

[31] Herbert Cram an Prof Dr. Erich Hochstetter, 14.2.1946, Stabi Dep. 42 Gr, Erich Hochstetter.

[32] Antrag an die Wirtschaftsstelle des deutschen Buchhandels, 21.2.1945, Dep. 42,544.

[33] Ebenda.

der propagandistischer Bedeutung. k) Wenige Titel aus allen Sachgebieten, die nachweislich devisenbringenden echten Export ermöglichen (die Entscheidung erfolgt auf Grund effektiven früheren Exports).[34]

Am 2. Februar 1945 informierte Herbert Cram die Leipziger Filiale, dass jedem Gefolgschaftsmitglied sofort ein Netto-Monatsgehalt bzw. den Wochenlohn-Empfängern zwei Wochenlöhne auszuzahlen war, den diese ständig im Brustbeutel bei sich zu tragen hatten und nur in Anspruch nehmen durften, wenn „nach Fliegerangriffen oder sonstiger Feindeinwirkung" sich die Gehaltszahlung um mehr als acht Tage verzögerte. Außerdem rechnete Cram offenbar damit, dass die Verbindung zwischen Leipzig und Berlin unterbrochen werden könnte und wies Herrn Tänzer an, in einem solchen Falle die Leipziger Filiale selbstständig weiterzuführen. Detaillierte Anweisungen für alle Eventualitäten folgten.[35]

Über die Situation im April und Mai 1945 gibt der Geschäftsbericht Auskunft:

Noch in den letzten Tagen des Russeneinmarsches wurde unser Verlagshaus durch schwere Artillerietreffer beschädigt; es verlor den größten Teil seines Daches und seiner Fensterrahmen; im hinteren Flügel wurde ein Dachgeschoss und 2 Stockwerke, Treppenhaus und Fahrstuhl zerstört. Das Grundstück Genthinerstr. (Woyrschstr.) 9 wurde völlig zerstört, am Haus Genthinerstr. 11 wurden ernste Schäden durch den Einsatz unserer Kräfte in der Brandbekämpfung vermieden. Hierbei haben sich in erster Linie Herr Brill und Herr Cram ausgezeichnet; der letztere war in 26 Nächten nach den Bombenangriffen auf seinem Fahrrad zum Verlagshaus geeilt, unbeschadet der lodernden Brände und der Zeitbomben, und er hat 6mal zur Bekämpfung entstandener Brände im Verlagshaus die entscheidenden Maßnahmen getroffen. Wenn der Luftschutz unserer Firma nicht so gut organisiert worden wäre, hätten wir das Schicksal der umliegenden Häuser (Totalschaden) auch erlitten.[36]

Herbert Cram wurde vom 21. bis 24. April zum Volkssturm eingezogen und geriet am 26. April in sowjetische Gefangenschaft in Sagan, aus der er im Juli 1945 entlassen wurde. Auch Meinhard von Staa stand nach dem 8. Mai 1945 nur eingeschränkt zur Verfügung, weil er aufgrund seiner NSDAP-Mitgliedschaft seine Position als persönlich haftender Gesellschafter aufgeben musste. Herbert Crams Sohn Kurt-Georg war maßgeblich daran beteiligt, den Geschäftsbetrieb „wieder in Gang zu bringen", so der Geschäftsbericht.[37] Alle verfügbaren Mitarbeiter wurden zu Aufräumungsarbeiten eingesetzt. Die sowjetischen Besatzer hatten sowohl im Stammhaus als auch in Mühlberg, Löwendorf, Altendorf, Priesnitz, Alsleben, Lahr und Zippelsförde einiges beschlagnahmt, was den Wie-

[34] Reichsministerium für Volksaufklärung und Propaganda, Ministerialdirigent Bade, an den Verlag Walter de Gruyter & Co., 31.3.1945, Stabi Dep. 42,213 (1).

[35] Herbert Cram an Herrn Tänzer, 2.2.1945, Stabi Dep. 42,213 (3).

[36] Herbert Cram, Geschäftsbericht über die Geschäftsjahre 1944–1947, 4.4.1950, Stabi Dep. 42,399.

[37] Ebenda.

deraufbau erschwerte. Die verbliebenen Mitarbeiter mussten erhebliche Gehaltskürzungen hinnehmen. 15 Mitarbeiter kehrten nicht aus dem Krieg zurück.[38]

Bereits am 14. Mai 1945 wurde der Verlag Walter de Gruyter beim Bezirksamt wieder registriert. Nach seiner Rückkehr aus der Kriegsgefangenschaft bemühte sich Herbert Cram um die Lizensierung des Verlages bei der britischen Militärregierung. Am 3. Oktober 1945 erhielt er als erster wissenschaftlicher Verleger die allgemeine Verlagslizenz der britischen Militärregierung. Offenbar hatte sich Fritz Homeyer in London für seinen ehemaligen Arbeitgeber eingesetzt.[39] Damit konnte sich der Verlag wenigstens wieder um die Erteilung von Druckaufträgen bemühen. Auch die Sowjets erteilten der Druckerei in Trebbin die Lizenz, sodass in Trebbin mit kleineren Arbeiten begonnen werden konnte. Die Zahl der Mitarbeiter in Trebbin stieg von vier im Mai 1945 auf 20 im Dezember 1945.[40] Dieser Erfolg in Trebbin war aber nicht von Dauer; die Sowjets demontierten die Druckerei und transportierten sie ab.

Im November 1945 erhielt der Verlag von der Abteilung für Volksbildung des Magistrats der Stadt Berlin eine Aufstellung mit Titeln, die nicht mehr verkauft werden durften. Neben Rudolf Ramms „Ärztlicher Rechts- und Standeskunde"[41] wurde die Festschrift für Otto Christian Fischer genannt: „Probleme und Aufgaben des deutschen Geld- und Kreditwesens". Das Präsidium und der Volkswirtschaftliche Beirat des Deutschen Instituts für Bankwissenschaft und Bankwesen hatten den Band 1942 anlässlich des 60. Geburtstages ihres Präsidenten Fischer bei De Gruyter herausgegeben. Als Begründung für das Verbot führte der Magistrat weder den Inhalt der Schrift noch die Person Fischer, der nach dem Urteil von Harold James ein „überzeugter nationalsozialistischer Bankier" war,[42] an, sondern monierte, dass das Vorwort der Schrift vom jetzt in Nürnberg als Hauptkriegsverbrecher angeklagten Reichswirtschaftsminister Funk verfasst worden war. Außerdem befanden sich unter den Mitarbeitern „Männer wie Friedrich Reinhardt[43] und Hans Weltzien, beide zur Zeit verhaftet. Auch andere Mitarbeiter sind führende Persönlichkeiten des deutschen Bank- und Wirtschaftswesens oder der Partei."[44]

---

[38] Ebenda.

[39] Vgl. S. 90.

[40] Herbert Cram, Geschäftsbericht über die Geschäftsjahre 1944–1947, 4.4.1950, Stabi Dep. 42,399.

[41] Vgl. dazu S. 146 ff.

[42] *Lothar Gall/Gerald D. Feldman/Harold James/Carl-Ludwig Holtfrerich/Hans E. Büschgen*, Die Deutsche Bank 1870–1955, München 1995, S. 391.

[43] Richtig Friedrich Reinhart (1871–1943), Bankier und nationalsozialistischer Funktionär.

[44] Aufstellung der vom Magistrat der Stadt Berlin, Abteilung für Volksbildung, zum Verkauf nicht zugelassenen Bücher, 26.11.1945, Stabi Dep. 42,487.

Ebenfalls auszusondern war nach der Anordnung des Berliner Magistrats das Buch von Heinrich Döpp-Vorwald (1902–1977) „Erziehungswissenschaft und Philosophie der Erziehung". Als Begründung wurde genannt: „Das Buch ist von einem jüngeren ganz in nationalsozialistischen Gedankengängen aufgewachsenen Gelehrten verfasst." Auch die Schriften der Akademie für deutsches Recht sollten nicht länger vertrieben werden. In diesem Fall lautete die Begründung: „Die Akademie für deutsches Recht ist durch die Militärregierung aufgelöst worden. Der Herausgeber ist Dr. Hans Frank. Erschwerend kommen die Themata der Einzelschriften und die Behandlung der Stoffe hinzu." „Obsolet" geworden waren mehrere Bände von Stilkes Rechtsbibliothek.[45]

Lediglich zurückgestellt werden sollten folgende Werke: „Das Elsaß" von Gustav Adolf Anrich (Begründung: „Zur Zeit ist keinerlei Literatur über die Grenzländer, auf die deutsche Ansprüche erhoben werden, zulässig. Es kommt hinzu, dass Prof. Anrich als starker Förderer der nationalsozialistischen Geschichtsauffassung hervorgetreten ist."[46]). Vermutlich verwechselte der Berliner Magistrat hier allerdings den Vater Gustav Anrich, einen Kirchengeschichtler, der den Band über das Elsass bereits 1918 verfasst hatte und vor dem Machtantritt der Nationalsozialisten verstorben war, mit seinem Sohn Ernst Anrich, der 1941 als Dekan der Philosophischen Fakultät an die neu gegründete Reichsuniversität Straßburg berufen worden war.[47]

Ebenfalls zurückgestellt werden sollte Egon Freiherr von Eickstedts 1944 publizierte „Rassendynamik Ostasiens" (Begründung: „Bei aller Anerkennung der sachlich einwandfreien Behandlung von Rassenproblemen ist im Augenblick der Vertrieb jedes Werkes, das sich mit der Rassenfrage beschäftigt, unzweckmäßig.") sowie die 1924 erschienenen „Erinnerungen an Korfu" von Kaiser Wilhelm II. (Begründung: „Alle mit den Hohenzollern, besonders mit Wilhelm II und dem unter ihm großgezogenen deutschen Imperialismus zusammenhängenden oder im Zusammenhang damit vermuteten Veröffentlichungen müssen zunächst verschwinden."). Auch Alexander von Tobiens 1925–1930 in zwei Bänden publizierte „Livländische Ritterschaft" schien vorübergehend nicht mehr politisch opportun. Der Magistrat schrieb: „Auch auf dieses Buch trifft zunächst der Grundsatz zu, dass alle Werke, die sich mit dem Deutschtum außerhalb der Reichsgrenzen von 1937 befassen – ganz gleich zu welcher Zeit – verschwinden müssen."[48]

---

[45] Ebenda.

[46] Ebenda.

[47] Ernst Anrich, in: *Wolfgang Benz* (Hrsg.), Handbuch des Antisemitismus. Judenfeindschaft in Geschichte und Gegenwart. Bd. 2/1: Personen, Berlin 2009, S. 23 ff.

[48] Aufstellung der vom Magistrat der Stadt Berlin, Abteilung für Volksbildung, zum Verkauf nicht zugelassenen Bücher, 26.11.1945, Stabi Dep. 42,487.

Die Liste der Bücher, die der Verlag nach Maßgabe der Deutschen Verwaltung für Volksbildung in der sowjetischen Besatzungszone aussondern sollte, war umfangreicher und betraf neben offensichtlich als nationalsozialistische Propaganda zu identifizierenden Werken technische Literatur. Letztere war fast ausnahmslos in Zusammenarbeit mit der Luftwaffe entstanden. Einige der Titel stammten allerdings aus der Reihe „Lehrblätter für die technische Ausbildung in der Luftwaffe", die im in Berlin ansässigen Matthiesen-Verlag erschienen und offenbar De Gruyter zugeordnet wurden, weil der Verlag die Lehrbücher für die Luftwaffe publizierte.[49] Vgl. die Abbildungen S. 295–297.

Auf den Verlag De Gruyter entfielen aus dieser Liste 33 Titel. Angeführt wurde dieses Verzeichnis der gesperrten Titel vom Eher Verlag mit 694 Büchern, Lehmann musste z.B. 176 Titel, Diederichs 65 Titel, Teubner 54 Titel, Reclam 52 Titel, die DVA 35 Titel, C.H.Beck 29 Titel, Schöningh 24 Titel, Oldenbourg und Mohr jeweils 17 Titel aussondern. Im Kern sperrte die Deutsche Verwaltung für Volksbildung in der sowjetischen Zone – von wenigen Ausnahmen abgesehen – militär-technische Schriften und einige juristische Titel. De Gruyter war damit von dieser Aktion in relativ geringem Umfang betroffen.[50]

---

[49] Liste der Bücher des Verlages Walter de Gruyter & Co. und der angeschlossenen Verlage, die in der Liste der auszusondernden Literatur, aufgestellt von der Deutschen Bücherei, herausgegeben von der Deutschen Verwaltung für Volksbildung in der sowjetischen Besatzungszone enthalten sind, Stabi Dep. 42,228.

[50] Zahlen nach: *Olaf Blaschke*, Verleger machen Geschichte. Buchhandel und Historiker seit 1945 im deutsch-britischen Vergleich, Göttingen 2010, S. 249 ff. Blaschke hat die Liste der auszusondernden Literatur ausgewertet.

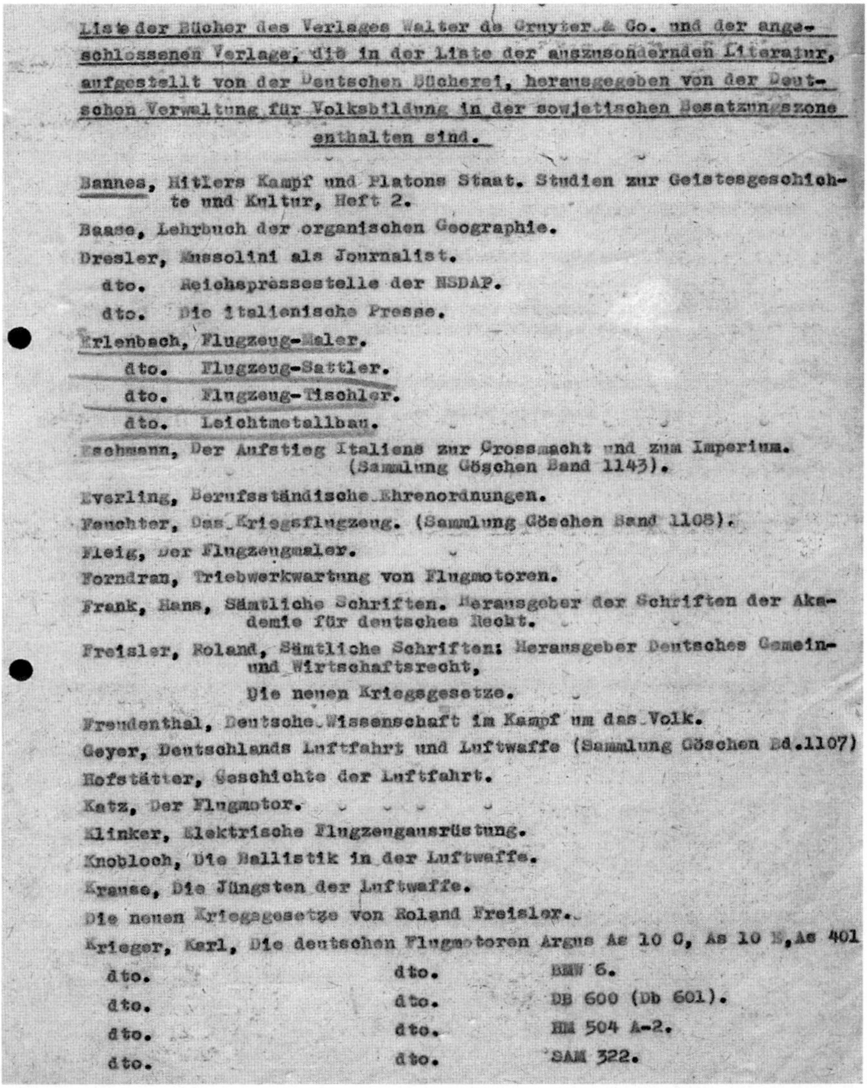

Liste der Bücher des Verlages Walter de Gruyter & Co. und der angeschlossenen Verlage, die in der Liste der auszusondernden Literatur, aufgestellt von der Deutschen Bücherei, herausgegeben von der Deutschen Verwaltung für Volksbildung in der sowjetischen Besatzungszone enthalten sind.

Bannes, Hitlers Kampf und Platons Staat. Studien zur Geistesgeschichte und Kultur, Heft 2.

Baase, Lehrbuch der organischen Geographie.

Dresler, Mussolini als Journalist.

dto. Reichspressestelle der NSDAP.

dto. Die italienische Presse.

Erlenbach, Flugzeug-Maler.

dto. Flugzeug-Sattler.

dto. Flugzeug-Tischler.

dto. Leichtmetallbau.

Eschmann, Der Aufstieg Italiens zur Grossmacht und zum Imperium. (Sammlung Göschen Band 1143).

Everling, Berufsständische Ehrenordnungen.

Feuchter, Das Kriegsflugzeug. (Sammlung Göschen Band 1108).

Fleig, Der Flugzeugmaler.

Forndran, Triebwerkwartung von Flugmotoren.

Frank, Hans, Sämtliche Schriften. Herausgeber der Schriften der Akademie für deutsches Recht.

Freisler, Roland, Sämtliche Schriften: Herausgeber Deutsches Gemein- und Wirtschaftsrecht,
Die neuen Kriegsgesetze.

Freudenthal, Deutsche Wissenschaft im Kampf um das Volk.

Geyer, Deutschlands Luftfahrt und Luftwaffe (Sammlung Göschen Bd.1107)

Hofstätter, Geschichte der Luftfahrt.

Katz, Der Flugmotor.

Klinker, Elektrische Flugzeugausrüstung.

Knobloch, Die Ballistik in der Luftwaffe.

Krause, Die Jüngsten der Luftwaffe.

Die neuen Kriegsgesetze von Roland Freisler.

Krieger, Karl, Die deutschen Flugmotoren Argus As 10 C, As 10 E, As 401

dto.	dto.	BMW 6.
dto.	dto.	DB 600 (Db 601).
dto.	dto.	HM 504 A-2.
dto.	dto.	SAM 322.

Liste der auszusondernden Literatur des Verlages Walter de Gruyter & Co. und der angeschlossenen Verlage, herausgegeben von der Deutschen Verwaltung für Volksbildung in der sowjetischen Besatzungszone. Quelle: Stabi Dep. 42,228.

-2-

Krieger, Karl, Helmut Bürkle u. Erich Staude, Flugzeugführung.

Krieger, Karl, Flugzeug-Leichtmetallbau.

Küchenhoff, Nationaler Gemeinschaftsstaat, Volksrecht und Volksrechtsprechung.

Leib, Aerodynamik.

dto. Deutsche Flugmotoren Juno 205.

Liebig, Werkstoffkunde im Flugzeug- und Motorenbau.

Lorenz-Schinnerer, Das deutsche Strafrecht im Reichsgau Sudetenland und Protektorat Böhmen.

Lüdtke, Elsass-Lothringen im französischen Tendenzroman.

Meriggi, Faschismus und Recht.

Meyer, Bodenordnung als volkspolitische Aufgabe. Vorträge und Schriften der Preuss. Akademie der Wissenschaften.

Moth, Volk in Fesseln.

Nay, Grundlagen der Gasschmelz-Schweissung. Luftfahrt-Lehrbücherei.

Pannunzio, Allgemeine Theorie des faschistischen Staates.

Queitsch, Schweisstechnik im Flugzeugbau.

Rüdin, Festschrift. Sonderheft der Allgemeinen Zeitschrift für Psychiatrie 1939.

Schnitzler, Luftverkehr,

Der Segelflieger als Seemann.

Stuckart, Handbuch des Beamtenrechts.

Theile-Weyres, Grundlagen der Kathodenstrahlröhren.

Thor, Flugmotorenkunde.

Ulsamm, Die Wartung des Motors.

Wegener, Die statisch Unbestimmte. Anleitung zur praktischen Berechnung.

Wehrkamp, Anlasshilfen.

Wenke, Atmosphäre.

dto. Der Flug.

dto. Flugeigenschaften.

dto. Flugleistungsvermittlung.

dto. Flugzeuggeräte.

dto. Wägungen, Schwerpunkt, Ladepläne.

Weyres-Brandt, Die physikalischen Grundlagen der Elektrizitätslehre.

Wustmann, Sprachdummheiten. Nur 10. Auflage.

Zacharias, Gerätewartung.

Liste der auszusondernden Literatur, S. 2.

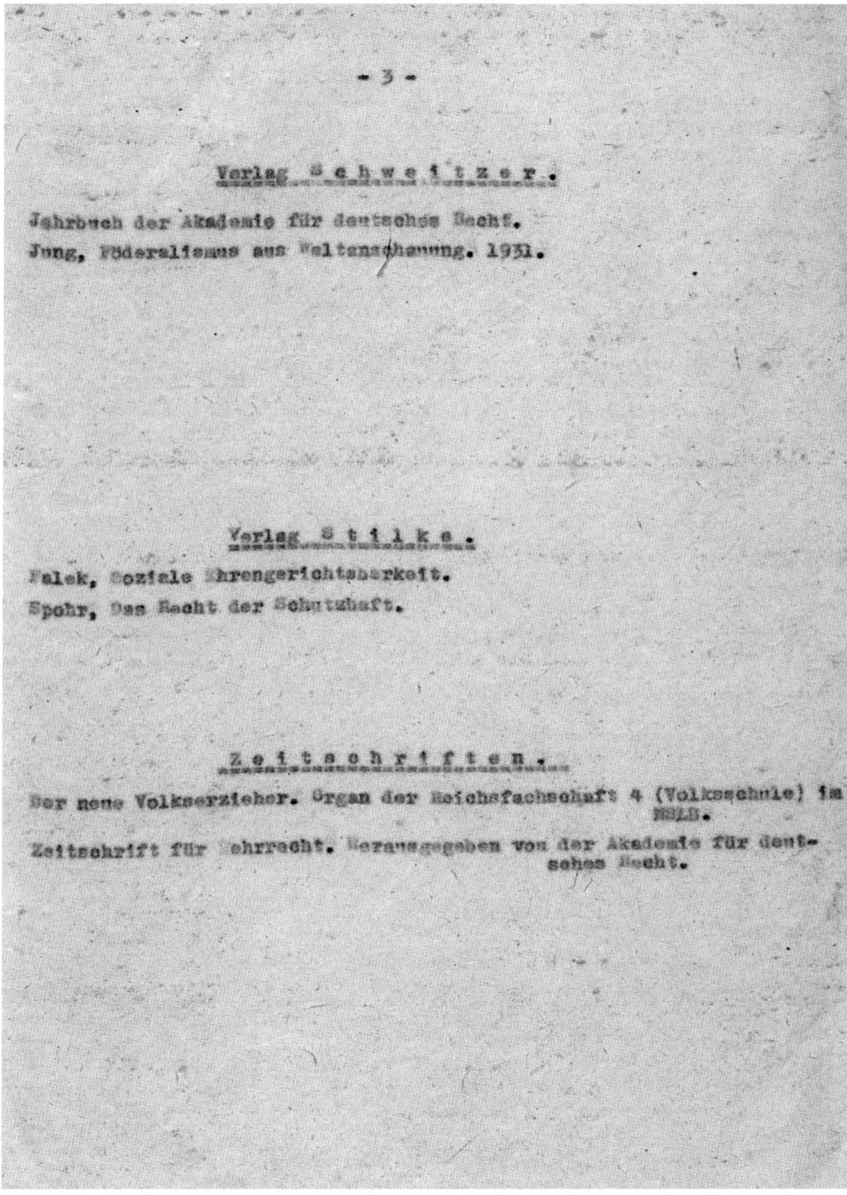

- 3 -

Verlag Schweitzer.

Jahrbuch der Akademie für deutsches Recht.
Jung, Föderalismus aus Weltanschauung. 1931.

Verlag Stilke.

Falek, Soziale Ehrengerichtsbarkeit.
Spohr, Das Recht der Schutzhaft.

Zeitschriften.

Der neue Volkserzieher. Organ der Reichsfachschaft 4 (Volksschule) im NSLB.
Zeitschrift für Wehrrecht. Herausgegeben von der Akademie für deutsches Recht.

Liste der auszusondernden Literatur, S. 3.

Fazit

Wenn sie vom ökonomischen Aufschwung des Buchhandels während der nationalsozialistischen Herrschaft profitieren wollten, mussten sich die privatwirtschaftlichen Verleger – und damit auch Herbert Cram – an den Vorgaben des Regimes ausrichten. Zwar standen die wissenschaftlichen Verlage weit weniger im Fokus der staatlichen und parteiamtlichen Zensur als die belletristischen und religiösen. Auch konnten jüdische Wissenschaftler länger im Programm gehalten werden als schöngeistige jüdische Schriftsteller. Obwohl es galt, die Publikationen so auszurichten, dass sie keinen Unmut erregten, bestanden für die Verlage aber durchaus Handlungsspielräume. In den naturwissenschaftlichen Bereichen war beispielsweise weniger Anpassung und Vorsicht vonnöten als bei Themen mit politischer Aktualität.

Allerdings können auch naturwissenschaftliche oder juristische Themen weder losgelöst vom gesellschaftlichen Umfeld, in dem die Akteure forschten, wirkten und lebten, noch von den ethisch und moralisch veränderten Koordinaten, innerhalb derer sich die Wissenschaft im NS-Staat bewegt hat, betrachtet werden. In jeder auch noch so vermeintlich unpolitischen Wissenschaft fand mindestens eine Anpassung an den Zeitgeist statt, häufig stellte sie sich aber in die Dienste der expansionistischen und verbrecherischen Ziele des Dritten Reiches. Dies wirkte sich zwangsläufig auf die Transmissionsriemen wissenschaftlicher Arbeit – die Verlage – aus und ist folglich an vielen Publikationen nachweisbar. Der Verlag Walter de Gruyter hat die ideologische Neuausrichtung von Staat und Gesellschaft akzeptiert, u.a. durch den Abdruck von NS-Gesetzen und Kommentaren sowie den Ausschluss jüdischer Autoren, partizipiert und erheblich davon profitiert, ohne die Option, sich aus politischen Gründen aus der einen oder anderen Wissenschaftsdisziplin zurückzuziehen – wie das zum Beispiel für den Springer Verlag im juristischen Bereich nachweisbar ist –, auch nur zu diskutieren.

Für De Gruyter war die Pflege und Ausweitung der Beziehungen zu Universitäten, staatlichen oder staatlich geförderten Institutionen, Behörden und Ministerien unerlässlich, um die bisherigen Verlagsschwerpunkte erfolgreich bedienen zu können, erforderliche Genehmigungen zu erhalten oder Papierzuteilungen sicherzustellen. Damit war jedoch im Grunde kein prinzipieller Strategiewechsel verbunden, weil diese Kontakte bereits für die Vorgängerfirmen wie auch für das heutige Unternehmen von existenzieller Bedeutung waren und sind. De Gruyter unterscheidet sich dabei auch nicht von anderen großen Wissenschaftsverlagen. Der zentrale Sitz des Verlages in Berlin war dabei von unschätzbarem Vorteil, weil sich nicht nur die staatlichen, parteilichen und militärischen Institutionen, sondern auch die Genehmigungsinstanzen direkt vor Ort befanden. Was sich allerdings veränderte, war die politische Intention der Ansprechpartner und -institutionen. Die Aufrechterhaltung der auch selbst geforderten wissenschaftlichen Qualitätsansprüche bei gleichzeitiger Berücksichtigung der staatlichen und parteiamtlichen Erwartungen war nun in vielen Fällen eine Gratwanderung. Der Verlag verhielt sich dabei allerdings wenig risikofreudig; letztlich ordnete er das wissenschaftliche Niveau ohne Prüfung von zweifelsfrei vorhandenen Handlungsspielräumen der NS-Ideologie unter.

Dies betraf auch und in besonderem Maße den Umgang mit jüdischen Autoren. Vor allem Verlagschef Herbert Cram agierte bei der Zurückdrängung und dem Ausschluss jüdischer Wissenschaftler, die dem Haus oftmals lange und eng verbunden waren, wohl nicht aus eigenen antisemitischen Motiven, sondern war der Überzeugung, die Verlagsinteressen nur auf diese Weise wahren zu können. Damit handelte er opportunistisch wie der Großteil der privatwirtschaftlichen Unternehmer während der NS-Herrschaft, die weiterhin danach trachteten, die Firmenexistenz zu sichern und größtmögliche Gewinne zu erzielen. Ideologische Motive waren dabei nicht handlungsleitend.[1] Für Herbert Cram trifft dies sicherlich in erheblichem Maße zu, weil er als Verwalter des Erbes seiner Ehefrau und deren Familie eine besondere Verpflichtung für dessen Erhalt empfand. „Ich habe von meinem Schwiegervater einen Verlag und eine Druckerei übernommen; wenn ich selbst einmal abtrete, soll nicht weniger vorhanden sein", lautete seine langjährige Devise, die er sehr ernstnahm.[2] Bei der heutigen Bewertung des unternehmerischen Handelns sind allerdings die Spielräume zu berücksichtigen, die das NS-Regime bot, etwa der Einsatz von Zwangsarbeitern oder Kriegsgefangenen, um den Gewinn zu maximieren. De Gruyter zögerte nicht, Kriegsgefangene zu beschäftigen, um das immer drängendere Problem fehlender Arbeitskräfte bei steigender Auftragslage in den Griff zu bekommen. Ein zahlenmäßig größerer Einsatz von Zwangsarbeitern kam nur nicht zustande, weil die Verlagsproduktion aus Sicht der die Arbeitskräfte zuteilenden Behörden als nicht bedeutend genug eingestuft wurde, um diese Maßnahme zu rechtfertigen.

Wie im Falle Georg von Holtzbrincks wird man auch das Verhalten Herbert Crams als „exemplarisch für das vieler mittlerer Unternehmer, die sich mit den

---

[1] Vgl. *Christoph Buchheim/Jonas Scherner*, The Role of Private Property in the Nazi Economy. The Case of Industry, in: Journal of Economic History 66 (2006), S. 390–416.

[2] So erinnerte sich Margarete Kühne anlässlich der Trauerfeier nach Crams Tod 1967. Herbert Cram, Grabrede und Gedenkworte zum 31. Juli 1967, S. 25. Ganz ähnlich charakterisiert auch der spätere persönlich haftende Gesellschafter Dr. Kurt Lubasch Crams Handeln: „Wenn man dieses Ziel der Erhaltung des übernommenen Erbes nicht immer im Auge hat, kann man Herbert Cram überhaupt nicht verstehen." Brief von Dr. Kurt Lubasch an die Verfasserin, 20.5.2013.

ebenfalls mittleren und niederen Chargen der Partei- und Ministerialbürokratie sowie der für die Frontbuchproduktion der Wehrmacht zuständigen Stellen arrangiert hatten",[3] charakterisieren können. Eine besondere ideologische Nähe zum NS-Regime war damit nicht verbunden; er stand der „Bekennenden Kirche" nahe und war nicht Parteimitglied geworden. Das bedeutet jedoch nicht, dass er nicht etliche, vor allem außenpolitische Ziele der NS-Regierung geteilt hätte. Dies wird zum Beispiel an der Sonderzahlung an die Mitarbeiter nach dem „Anschluss" Österreichs an das Deutsche Reich im Frühjahr 1938 deutlich. Aus der Geschäftsleitung war der 1939 ins Unternehmen eingetretene Wolf Meinhard von Staa NSDAP-Mitglied, der Leiter der Juristischen Abteilung Alexander Elster war Förderndes Mitglied der SS.

Obwohl sich der heutige Leser bei mancher Publikation aus der NS-Zeit fragen mag, was die Verantwortlichen trotz wirtschaftlicher Erfolgserwartung zur Zustimmung bewog, bewahrte sich der Verlag im Grundsatz seine Eigenständigkeit und blieb – trotz manchem Kompromiss – seinem von Herbert Cram kultivierten Ideal der „Kaufmannsehre" verbunden. Dies wird im Zusammenhang mit dem Erwerb des Verlages von Moritz Krayn deutlich, als Cram nicht als fordernder „Arisierer" auftrat, sondern mit dem jüdischen Verlagsinhaber auf Augenhöhe verhandelte und seine eingegangenen vertraglichen Verpflichtungen trotz der vom Regime eingeführten Hürden en detail erfüllte. Dies bedeutete jedoch keinerlei widerständisches Verhalten, weil der Verlagsleitung wohl bewusst war, dass sich die Wissenschaft in vielen Feldern der NS-Ideologie angepasst, wenn nicht untergeordnet hatte. Folglich musste der Verlag in der Regel seine bisherige Geschäftspraxis wenig verändern, nur an den neuen Funktionsträgern ausrichten. Jüdische oder politisch nicht mehr opportune Autoren wurden bereits vor der gesetzlichen Regelung in vielen Fällen in vorauseilendem Gehorsam fallen gelassen, spätestens, wenn sie dem Erfolg eines Projektes im Wege zu stehen schienen. Der Ausschluss Hans Sperbers, der als Herausgeber für „Trübners Deutsches Wörterbuch" bereits unter Vertrag genommen worden war, ist dafür nur ein Beispiel. Zudem wurden staatliche Verordnungen konsequent und widerspruchslos umgesetzt. Der Verlag war nicht bereit, wegen jüdischer Autoren Anstoß zu erregen oder ein unternehmerisches Risiko einzugehen.

Zwar unterschieden sich Herbert Cram und der Verlag Walter de Gruyter in ihrem Vorgehen deutlich etwa von Julius Friedrich Lehmann und dessen Verlag. Lehmann unterstützte und förderte bereits vor 1933 die politische Rechte und stellte seine verlegerischen Aktivitäten explizit in den Dienst seiner eigenen (rechten) politischen Überzeugung.[4] De Gruyter bemühte sich in der Regel, wis-

---

[3] *Thomas Garke-Rothbart*, „... für unseren Betrieb lebensnotwendig ..." Georg von Holtzbrinck als Verlagsunternehmer im Dritten Reich, München 2008, S. 14.

[4] Vgl. dazu *Sigrid Stöckel* (Hrsg.), Die „rechte Nation" und ihr Verleger. Politik und Popularisierung im J.F. Lehmanns Verlag 1890–1979, Berlin 2002.

senschaftliche Standards aufrechtzuerhalten, aber zur Anpassung an die neuen Verhältnisse war man auch im Hause De Gruyter durchaus bereit.

Als Herbert Cram am 31. Juli 1967 starb, erinnerte der Theologe Kurt Aland in seinem Nachruf an die Beschäftigung des ehemaligen Reichstagspräsidenten Löbe, den Cram in einer schwierigen Zeit ohne viel Aufhebens unterstützt hatte. Aland stilisierte diese Geste menschlicher Anständigkeit zu einer insgesamt widerständischen Haltung:

> Vor allem dann, wenn Recht und Gerechtigkeit auf dem Spiel standen, exponierte H. Cram sich selbst, und was ihm höherstand, auch den Verlag, ohne Rücksicht auf die möglichen Folgen. Nach 1933 schirmte er Autoren und Mitarbeiter ab, die wegen ihrer Abstammung oder ihrer politischen Haltung gefährdet waren – der prominenteste von ihnen ist der vor kurzem verstorbene frühere Reichstagspräsident Löbe, der nach Entlassung aus der Haft im Verlag de Gruyter als Schriftsetzer sein Unterkommen und seinen Lebensunterhalt fand.[5]

Dieser Würdigung ist nur im Einzelfall zuzustimmen; in der Regel agierte Herbert Cram eben nicht „ohne Rücksicht" auf die Folgen für den Verlag, sondern stellte die Geschicke und das wirtschaftliche Fortkommen des ihm anvertrauten Familienunternehmens über die Interessen und das Schicksal verfolgter Autoren und Mitarbeiter. Zwar bemühte er sich, vor allem in seiner Korrespondenz ein Verhalten an den Tag zu legen, das er selbst mit seinen Prinzipien von „Kaufmannsehre" in Einklang bringen konnte – wie an seinem Auftreten bei Verlagszukäufen deutlich wird –, letztlich war ihm jedoch ausschließlich am Erfolg des Verlages gelegen. Die beträchtliche Steigerung von Umsatz und Gewinn seit der zweiten Hälfte der 1930er-Jahre unterstreicht dies eindrücklich. Sobald jüdische Autoren und Herausgeber dem ökonomischen Erfolg eines Projektes im Wege zu stehen schienen, trennte sich De Gruyter von ihnen. Mit dieser Unternehmensstrategie unterscheidet sich der Verlag Walter de Gruyter nicht vom Großteil der mittelständischen Unternehmen, die sich im nationalsozialistischen Deutschland einrichteten und opportunistisch vom Aufschwung profitierten.

---

[5] Manuskript in Stabi Dep. 42,464 (1).

Literatur

Stefan Altekamp, Klassische Archäologie, in: Jürgen Elvert/Jürgen Nielsen-Sikora (Hrsg.), Kulturwissenschaften und Nationalsozialismus, Stuttgart 2008, S. 167–209

Heinrich Assel, Der andere Aufbruch. Die Lutherrenaissance – Ursprünge, Aporien und Wege. Karl Holl, Emanuel Hirsch, Rudolf Hermann (1910–1935), Göttingen 1994

Jan-Pieter Barbian, Der Börsenverein in den Jahren 1933 bis 1945, in: Stephan Füssel/Georg Jäger/Hermann Staub (Hrsg.), Der Börsenverein des Deutschen Buchhandels 1825–2000. Ein geschichtlicher Aufriss, Frankfurt a.M. 2000, S. 91–117

Jan-Pieter Barbian, Der Buchmarkt: Marktordnung und statistische Marktdaten, in: Ernst Fischer/Reinhard Wittmann (Hrsg.), Geschichte des deutschen Buchhandels im 19. und 20. Jahrhundert, Band 3: Drittes Reich, Teil 1, Berlin 2015, S. 161–196

Jan-Pieter Barbian, Die vollendete Ohnmacht? Schriftsteller, Verleger und Buchhändler im NS-Staat. Ausgewählte Aufsätze, Essen 2008

Jan-Pieter Barbian, Literaturpolitik im NS-Staat. Von der „Gleichschaltung" bis zum Ruin, Frankfurt a.M. 2010

Hans-Jürgen Becker, Alfred Ludwig Wieruszowski (1857–1945). Richter, Hochschullehrer, Goethe-Forscher, in: Helmut Heinrichs/Harald Franzki/Klaus Schmalz/Michael Stolleis (Hrsg.), Deutsche Juristen jüdischer Herkunft, München 1993, S. 403–413

Wolfgang Benz, „Der ewige Jude". Metaphern und Methoden nationalsozialistischer Propaganda, Berlin 2010

Wolfgang Benz (Hrsg.), Handbuch des Antisemitismus. Judenfeindschaft in Geschichte und Gegenwart. Bd. 2: Personen, Berlin 2009

Wolfgang Benz (Hrsg.), Handbuch des Antisemitismus. Judenfeindschaft in Geschichte und Gegenwart. Bd. 5: Organisationen, Institutionen, Bewegungen, Berlin 2012

Wolfgang Benz/Walter H. Pehle (Hrsg.), Lexikon des deutschen Widerstandes, Frankfurt a.M. 1999

Biographisch-Bibliographisches Kirchenlexikon, begründet und hrsg. von Friedrich Wilhelm Bautz, fortgeführt von Traugott Bautz, Herzberg/Nordhausen 1975–2014

Olaf Blaschke, Verleger machen Geschichte. Buchhandel und Historiker seit 1945 im deutsch-britischen Vergleich, Göttingen 2010

Maja Bleckmann, Barrieren gegen den Unrechtsstaat? Kontinuitäten und Brüche in den rechtsphilosophischen Lehren Alfred Manigks, Gustav Radbruchs und Felix Holldacks angesichts des Nationalsozialismus, Baden-Baden 2004

Dietrich Bode, Reclam. Daten, Bilder und Dokumente zur Verlagsgeschichte 1828–2003, Stuttgart 2003

Gunnar Brands/Martin Maischberger (Hrsg.), Lebensbilder. Klassische Archäologen und der Nationalsozialismus, Rahden 2012

Florian Bruns, Medizinethik im Nationalsozialismus. Entwicklungen und Protagonisten in Berlin (1939–1945), Stuttgart 2009

Christoph Buchheim/Jonas Scherner, The Role of Private Property in the Nazi Economy. The Case of Industry, in: Journal of Economic History 66 (2006), S. 390–416

Hans-Eugen Bühler in Verbindung mit Edelgard Bühler, Der Frontbuchhandel 1939–1945. Organisationen, Kompetenzen, Verlage, Bücher. Eine Dokumentation, Frankfurt a.M. 2002

Hans-Eugen Bühler/Klaus Kirbach, Die Wehrmachtsausgaben deutscher Verlage von 1939–1945. Teil 1: Feldpostausgaben zwischen 1939 und 1945 und die Sonderaktion Feldpost 1942, in: Archiv für Geschichte des Buchwesens 50 (1998), S. 251–294

Kai Burkhardt, Adolf Grimme (1889–1963). Eine Biografie, Köln/Weimar/Wien 2007

Nadja Cholidis/Lutz Martin (Hrsg.), Tell Halaf. Im Krieg zerstörte Denkmäler und ihre Restaurierung, Berlin 2010

Kurt-Georg Cram, Vom Tagelied zum Kalkulationsbuch. Walter de Gruyters Anfang als Verleger, in: Anne-Katrin Ziesak, Der Verlag Walter de Gruyter 1749–1999, Berlin/New York 1999, S. 209–237

Deutscher Kunstverlag 1921–1996. Geschichte und Zukunft, München/Berlin 1996

Ralf Dose/Rainer Herrn, Verloren 1933: Bibliothek und Archiv des Instituts für Sexualwissenschaft in Berlin, in: Regine Dehnel (Hrsg.), Jüdischer Buchbesitz als Raubgut. Zweites Hannoversches Symposium, Frankfurt a.M. 2006, S. 37–51

Jürgen Elvert/Jürgen Nielsen-Sikora (Hrsg.), Kulturwissenschaften und Nationalsozialismus, Stuttgart 2008

Monika Estermann (Hrg.), Von Göschen bis Rowohlt. Beiträge zur Geschichte des deutschen Verlagswesens. Festschrift für Heinz Sarkowski zum 65. Geburtstag, Wiesbaden 1990

Monika Estermann/Ute Schneider (Hrsg.), Wissenschaftsverlage zwischen Professionalisierung und Popularisierung, Wiesbaden 2007

Michael Fahlbusch, Wissenschaft im Dienst der nationalsozialistischen Politik? Die „Volksdeutschen Forschungsgemeinschaften" von 1931–1945, Baden-Baden 1999

Wilfried Fiedler, Die Wirklichkeit des Staates als menschliche Wirksamkeit. Über Hermann Heller (Teschen 1891 – Madrid 1933), in: Oberschlesisches Jahrbuch 11 (1995), S. 149–167

Ernst Fischer, Verleger, Buchhändler und Antiquare aus Deutschland und Österreich in der Emigration nach 1933. Ein biographisches Handbuch, Elbingen 2011

Ernst Fischer/Stephan Füssel (Hrsg.). Geschichte des deutschen Buchhandels im 19. und 20. Jahrhundert. Bd. 2: Die Weimarer Republik 1918–1933, Teil 1, München 2007

Wolfram Fischer/Rainer Hohlfeld/Peter Nötzoldt (Hrsg.), Die Preußische Akademie der Wissenschaften zu Berlin 1914–1945, Berlin 2000

Doris Fouquet-Plümacher/Michael Wolter, Aus dem Archiv des Verlages Walter de Gruyter. Briefe, Urkunden, Dokumente, Berlin 1980

Saul Friedländer/Norbert Frei/Trutz Rendtorff/Reinhard Wittmann, Bertelsmann im Dritten Reich, München 2002

Stephan Füssel (Hrsg.), Der Börsenverein des Deutschen Buchhandels 1825–2000. Ein geschichtlicher Aufriss, Frankfurt a.M. 2000

Lothar Gall/Gerald D. Feldman/Harold James/Carl-Ludwig Holtfrerich/Hans E. Büschgen, Die Deutsche Bank 1870–1955, München 1995

Thomas Garke-Rothbart, „… für unseren Betrieb lebensnotwendig …" Georg von Holtzbrinck als Verlagsunternehmer im Dritten Reich, München 2008

Thomas Gerhards, Heinrich von Treitschke. Wirkung und Wahrnehmung eines Historikers im 19. und 20. Jahrhundert, Paderborn u.a. 2013

Lionel Gossman, The Passion of Max Oppenheim. Archaeology and Intrigue in the Middle East from Wilhelm II to Hitler, Basingstoke 2012

Graben für Germanien. Archäologie unterm Hakenkreuz, hrsg. vom Focke-Museum, Stuttgart 2013

Angela Graf/Horst Heidermann/Rüdiger Zimmermann, Europa zum Licht! 125 Jahre Verlag J.H.W. Dietz Nachf. Seine Geschichte und seine Bücher 1881–2006, Bonn 2006

Michael Grüttner, Biographisches Lexikon zur nationalsozialistischen Wissenschaftspolitik, Heidelberg 2004

Rüdiger Hachtmann, Berlin – die Wissenschaftsmetropole des „Dritten Reiches", in: Michael Wildt/Christoph Kreutzmüller (Hrsg.), Berlin 1933–1945, München 2013, S. 261–277

Hans-Christian Harten/Uwe Neirich/Matthias Schwerendt, Rassenhygiene als Erziehungsideologie des Dritten Reichs. Bio-bibliographisches Handbuch, Berlin 2006

Frank-Rutger Hausmann, Die Geisteswissenschaften im „Dritten Reich", Frankfurt a.M. 2011

Helmut Heinrichs/Harald Franzki/Klaus Schmalz/Michael Stolleis (Hrsg.), Deutsche Juristen jüdischer Herkunft, München 1993

Susannah Heschel, Deutsche Theologen für Hitler. Walter Grundmann und das Eisenacher „Institut zur Erforschung und Beseitigung des jüdischen Einflusses auf das deutsche kirchliche Leben", in: Peter von der Osten-Sacken (Hrsg.), Das mißbrauchte Evangelium. Studien zu Theologie und Praxis der Thüringer Deutschen Christen, Berlin 2002

Fritz Homeyer, Ein Leben für das Buch. Erinnerungen, Aschaffenburg 1961

Hommage à Jean Dufrenoy. 1894–1972, Paris 1979

Gangolf Hübinger (Hrsg.), Versammlungsort moderner Geister. Der Eugen Diederichs Verlag – Aufbruch im Jahrhundert der Extreme, München 1996

Horst Junginger, „Judenforschung" in Tübingen – Von der jüdischen zur antijüdischen Religionswissenschaft, in: Jahrbuch des Simon-Dubnow-Instituts 5 (2006), S. 375–398

Klaus Junker, Das Archäologische Institut des Deutschen Reiches zwischen Forschung und Politik. Die Jahre 1929 bis 1945, Mainz 1997

Holger Karitzky, Eduard Kohlrausch – Kriminalpolitik in vier Systemen. Eine strafrechtshistorische Biographie, Berlin 2002

Thomas Keiderling, F.A. Brockhaus 1905–2005, Mannheim 2005

Thomas Keiderling, Lexikonarbeit im Nationalsozialismus. Eine vergleichende Untersuchung zu F.A. Brockhaus und dem Bibliographischen Institut, in: Klaus G. Saur (Hrsg.), Verlage im „Dritten Reich", Frankfurt a.M. 2013, S. 79–108

Sven Kinas, Massenentlassungen und Emigration, in: Michael Grüttner u.a., Die Berliner Universität zwischen den Weltkriegen 1918–1945, Berlin 2012, S. 325–403

Carsten Klingemann, Soziologie, in: Jürgen Elvert/Jürgen Nielsen-Sikora (Hrsg.), Kulturwissenschaften und Nationalsozialismus, Stuttgart 2008, S. 390–444

Carsten Klingemann, Wissenschaftsanspruch und Weltanschauung. Soziologie an der Universität Jena 1933 bis 1945, in: Uwe Hoßfeld u.a. (Hrsg.), „Kämpferische Wissenschaft". Studien zur Universität Jena im Nationalsozialismus, Köln 2003, S. 679–723

Silke Knappenberger-Jans, Verlagspolitik und Wissenschaft. Der Verlag J.C.B. Mohr (Paul Siebeck) im frühen 20. Jahrhundert, Wiesbaden 2001

Michael Knoche, Wissenschaftliche Zeitschriften im nationalsozialistischen Deutschland, in: Monika Estermann/Michael Knoche (Hrsg.), Von Göschen bis Rowohlt. Beiträge zur Geschichte des deutschen Verlagswesens, Wiesbaden 1990, S. 260–281

Christoph König (Hrsg.), Internationales Germanistenlexikon 1800–1950. Bd. 3, Berlin/New York 2003

Angelika Königseder, Recht und nationalsozialistische Herrschaft. Berliner Anwälte 1933–1945, Bonn 2001

Ulrich Kusche, Die unterlegene Religion. Das Judentum im Urteil deutscher Alttestamentler. Zur Kritik theologischer Geschichtsschreibung, Berlin 1991

Andreas Lippmann, Marburger Theologie im Nationalsozialismus, München 2003

Paul Löbe, Der Weg war lang. Erinnerungen, Berlin ^{4}1990

Siegfried Lokatis, Hanseatische Verlagsanstalt. Politisches Buchmarketing im „Dritten Reich", Frankfurt a.M. 1992

Siegfried Lokatis, „Krieg gegen England! Aber wie?" Die buchhändlerische Vermarktung des Zweiten Weltkriegs im Börsenblatt (1939–1940), in: Klaus G. Saur (Hrsg.), Verlage im „Dritten Reich", Frankfurt a.M. 2013, S. 165–188

Andrea Lorz, „Strebe vorwärts". Lebensbilder jüdischer Unternehmer in Leipzig, Leipzig 1999

Kurt Lubasch, De Gruyter 1945 bis 1989. Entwicklungen trotz widriger Standortbedingungen, in: Wolfram Fischer/Johannes Bähr (Hrsg.), Wirtschaft im geteilten Berlin 1945–1990, München 1994, S. 347–362

Gerhard Lüdtke, Der Verlag Walter de Gruyter & Co. Skizzen aus der Geschichte der seinen Aufbau bildenden ehemaligen Firmen, nebst einem Lebensabriß Dr. Walter de Gruyter's, Berlin 1924

Reinhard Lullies/Wolfgang Schiering (Hrsg.), Archäologenbildnisse. Porträts und Kurzbiographien von Klassischen Archäologen Deutscher Sprache, Mainz 1988

Eckardt Mesch, Hans Leisegang. Leben und Werk, Erlangen/Jena 1999

Melanie Mienert, Herbert Cram, Fritz Homeyer und „Der Strick". Der Verlag Walter de Gruyter im „Dritten Reich", in: Klaus G. Saur (Hrsg.), Verlage im „Dritten Reich", Frankfurt a.M. 2013, S. 51–60

Melanie Mienert, „Unzeitgemäß wie nur möglich"? Der Verlag Walter de Gruyter im ‚Dritten Reich', in: Aus dem Antiquariat. Zeitschrift für Antiquare und Büchersammler. Neue Folge 12 (2014) 2, S. 61–81

Wenke Mückel, „Trübners Deutsches Wörterbuch" (Band 1–4) – ein Wörterbuch aus der Zeit des Nationalsozialismus. Eine lexikografische Analyse der ersten vier Bände (erschienen 1939–1943), Tübingen 2005

Helen Müller, Im Netz der Wissenschaft um 1900: Traditionsgebundenheit und Rollenverständnis im Verlagsunternehmen von Walter de Gruyter, in: Monika Estermann/Ute Schneider (Hrsg.), Wissenschaftsverlage zwischen Professionalisierung und Popularisierung, Wiesbaden 2007, S. 115–127

Helen Müller, Wissenschaft und Markt um 1900. Das Verlagsunternehmen Walter de Gruyters im literarischen Feld der Jahrhundertwende, Tübingen 2004

Hans Peter Obermayer, Deutsche Altertumswissenschaftler im amerikanischen Exil. Eine Rekonstruktion, Berlin 2014

Anka Oesterle, John Meier und das SS-Ahnenerbe, in: Helge Gerndt (Hrsg.), Volkskunde und Nationalsozialismus. Referate und Diskussionen einer Tagung der Deutschen Gesellschaft für Volkskunde München, 23. bis 25. Oktober 1986, München 1987, S. 83–93

Anka Oesterle, Letzte Autonomieversuche: Der Volkskundler John Meier. Strategie und Taktik des Verbandes deutscher Vereine für Volkskunde 1933–1945, in: Eckhard John u.a. (Hrsg.), Die Freiburger Universität in der Zeit des Nationalsozialismus, Freiburg/Würzburg 1991, S. 151–162

Mircea Ogrin, Ernst Bernheim (1850–1942). Historiker und Wissenschaftspolitiker im Kaiserreich und in der Weimarer Republik, Stuttgart 2012

Wilhelm Olbrich, Hundert Jahre Hiersemann 1884–1984, Stuttgart 1984

Peter von der Osten-Sacken (Hrsg.), Das mißbrauchte Evangelium. Studien zu Theologie und Praxis der Thüringer Deutschen Christen, Berlin 2002

Alexander Pinwinkler, Historische Bevölkerungsforschungen. Deutschland und Österreich im 20. Jahrhundert, Göttingen 2014

Anna Plezko, Handlungsspielräume und Zwänge in der Medizin im Nationalsozialismus: Das Leben und Werk des Psychiaters Dr. Hans Roemer (1878–1947). Diss., Gießen 2011

„Preußisch Dienen und Genießen". Die Lebenszeiterzählung des Ministerialrats Dr. Herbert du Mesnil (1875–1947), bearb. von Jürgen Kloosterhuis, Köln 1998

Stefan Rebenich, C.H.Beck 1763–2013. Der kulturwissenschaftliche Verlag und seine Geschichte, München 2013

Doris Reimer, Passion & Kalkül. Der Verleger Georg Andreas Reimer (1776–1842), Berlin/New York 1999

Religion in Geschichte und Gegenwart. Handwörterbuch für Theologie und Religionswissenschaft, vierte, völlig neu bearbeitete Aufl., 8 Bde. und Registerband, Tübingen 1998–2007

Volker R. Remmert, „Zensor für die mathematische Literatur"? Aspekte mathematischen Publizierens zwischen 1933 und 1945, in: Monika Estermann/Ute Schneider (Hrsg.), Wissenschaftsverlage zwischen Professionalisierung und Popularisierung, Wiesbaden 2007, S. 167–178

Volker R. Remmert/Ute Schneider, Eine Disziplin und ihre Verleger. Disziplinenkultur und Publikationswesen der Mathematik in Deutschland, 1871–1949, Bielefeld 2010

Repertorium der Briefe aus dem Archiv Walter de Gruyter, ausgewählt von Otto Neuendorff, bearbeitet von Anne-Katrin Ziesak, Berlin/New York 1999

Susanne Riedemann, Zur Entwicklung des Konkursrechts seit Inkrafttreten der Konkursordnung unter dem Aspekt der Gläubigerautonomie, Norderstedt 2004

Werner Röder/Herbert A. Strauss (Hrsg.), Biographisches Handbuch der deutschsprachigen Emigration nach 1933–1945, Bd. 1, Berlin 1980

Karl H. Roth, Intelligenz und Sozialpolitik im „Dritten Reich". Eine methodisch-historische Studie am Beispiel des Arbeitswissenschaftlichen Instituts der Deutschen Arbeitsfront, München u.a. 1993

Dirk Rupnow, Judenforschung im Dritten Reich. Wissenschaft zwischen Politik, Propaganda und Ideologie, Baden-Baden 2011

Heinz Sarkowski, Der Springer-Verlag. Stationen seiner Geschichte. Teil I: 1842–1945, Berlin u.a. 1992

Klaus G. Saur (Hrsg.), Verlage im „Dritten Reich", Frankfurt a.M. 2013

Klaus G. Saur, Verlage im Nationalsozialismus, in: Ders. (Hrsg.), Verlage im „Dritten Reich“, Frankfurt a.M. 2013, S. 9–16

Wolfgang Schenk, Der Jenaer Jesus. Zu Werk und Wirken des völkischen Theologen Walter Grundmann und seiner Kollegen, in: Peter von der Osten-Sacken (Hrsg.), Das mißbrauchte Evangelium. Studien zu Theologie und Praxis der Thüringer Deutschen Christen, Berlin 2002, S. 167–279

Thomas Schmidt, Werner March. Architekt des Olympia-Stadions 1894–1976, Basel/Berlin/Boston 1992

Ute Schneider, Der wissenschaftliche Verlag, in: Ernst Fischer/Stephan Füssel (Hrsg.), Geschichte des deutschen Buchhandels im 19. und 20. Jahrhundert. Bd. 2: Die Weimarer Republik 1918–1933, Teil 1, München 2007, S. 379–440

Hans-Joachim Schoeps, Rückblicke. Die letzten dreißig Jahre (1925–1955) und danach, in: Gesammelte Schriften. Bd. 15, Hildesheim/Zürich/New York 2005

Hans-Joachim Schoeps, Gesammelte Schriften. Bd. 1, Hildesheim/Zürich/New York 1990, Bd. 15, Hildesheim/Zürich/New York 2005

Julius H. Schoeps/Werner Treß (Hrsg.), Orte der Bücherverbrennungen in Deutschland, Hildesheim 2008

Leonore Siegele-Wenschkewitz, Die Evangelisch-theologische Fakultät Tübingen in den Anfangsjahren des Dritten Reiches. II. Gerhard Kittel und die Judenfrage, in: Zeitschrift für Theologie und Kirche Beiheft 4 (1978), S. 53–80

Leonore Siegele-Wenschkewitz/Carsten Nicolaisen (Hrsg.), Theologische Fakultäten im Nationalsozialismus, Göttingen 1993

Reinhard Siegmund-Schultze, Mathematische Berichterstattung in Hitlerdeutschland. Der Niedergang des „Jahrbuchs über die Fortschritte der Mathematik“, Göttingen 1993

Volkmar Sigusch, Geschichte der Sexualwissenschaft, Frankfurt a.M./New York 2008

Norbert Simon (Hrsg.), Duncker & Humblot. Verlagsbibliographie 1798–1945, Berlin 1998

Rudolf Smend, Deutsche Alttestamentler in drei Jahrhunderten, Göttingen 1989

Marije Smid, Deutscher Protestantismus und Judentum 1932/33, München 1990

Christian W. Spang, Karl Haushofer und Japan. Die Rezeption seiner geopolitischen Theorien in der deutschen und japanischen Politik, München 2013

Pamela Spence Richards, Der Einfluß des Nationalsozialismus auf Deutschlands wissenschaftliche Beziehungen zum Ausland, in: Monika Estermann/Michael Knoche (Hrsg.), Von Göschen bis Rowohlt. Beiträge zur Geschichte des deutschen Verlagswesens, Wiesbaden 1990, S. 233–259

Günter Stemberger, Talmud und Rabbinische Literatur, in: Michael Brenner/Stefan Rohrbacher (Hrsg.), Wissenschaft vom Judentum. Annäherungen nach dem Holocaust, Göttingen 2000, S. 121–132

Barbara Stiewe, Der „Dritte Humanismus“. Aspekte deutscher Griechenrezeption vom George-Kreis bis zum Nationalsozialismus, Berlin 2011

Sigrid Stöckel (Hrsg.), Die „rechte Nation“ und ihr Verleger. Politik und Popularisierung im J.F. Lehmanns Verlag 1890–1979, Berlin 2002

Holger Stoecker, Afrikawissenschaften in Berlin von 1919 bis 1945. Zur Geschichte und Topographie eines wissenschaftlichen Netzwerkes, Stuttgart 2008

Ralph Stöwer, Erich Rothacker. Sein Leben und seine Wissenschaft vom Menschen, Göttingen 2012

Herbert A. Strauss/Werner Röder (Hrsg.), International Biographical Dictionary of Central European Emigrés 1933–1945, vol. II/Part 2, München u.a. 1983

Esther Sophia Sünderhauf, Gerhart Rodenwaldt (1886–1945), in: Gunnar Brands/Martin Maischberger (Hrsg.), Lebensbilder. Klassische Archäologen und der Nationalsozialismus, Rahden 2012, S. 119–127

Thomas Tavernaro, Der Verlag Hitlers und die NSDAP. Die Franz Eher Nachfolger GmbH, Wien 2004

Theologische Realenzyklopädie, Berlin/New York 1977–2007

Florian Triebel, Der Eugen Diederichs Verlag 1930–1949. Ein Unternehmen zwischen Kultur und Kalkül, München 2004

Marie Vigener, „Ein wichtiger kulturpolitischer Faktor". Das Deutsche Archäologische Institut zwischen Wissenschaft, Politik und Öffentlichkeit 1918–1954, Rahden 2012

Anne M. Wallrath-Janssen, Der Verlag H. Goverts im Dritten Reich, München 2007

Walter de Gruyter und Co, Verlags-Katalog 1749–1949, Berlin 1950

Cornelia Weber, Altes Testament und völkische Frage. Der biblische Volksbegriff in der alttestamentlichen Wissenschaft der nationalsozialistischen Zeit, dargestellt am Beispiel von Johannes Hempel, Tübingen 2000

Cornelia Weber, Die „Zeitschrift für die alttestamentliche Wissenschaft" unter ihrem Herausgeber Johannes Hempel von 1927 bis 1959, in: Zeitschrift für Neuere Theologiegeschichte 5 (1998), S. 193–227

Uwe Wesel, 250 Jahre rechtswissenschaftlicher Verlag C.H.Beck. 1763–2013, München 2013

Tilmann Wesolowski, Verleger und Verlagspolitik: der Wissenschaftsverlag R. Oldenbourg zwischen Kaiserreich und Nationalsozialismus, München 2010

Wiebke Wiede, Rasse im Buch. Antisemitische und rassistische Publikationen in Verlagsprogrammen der Weimarer Republik, München 2011

Christian Wiese, Wissenschaft des Judentums und protestantische Theologie im wilhelminischen Deutschland. Ein Schrei ins Leere?, Tübingen 1999

Dietmar Willoweit (Hrsg.), Rechtswissenschaft und Rechtsliteratur im 20. Jahrhundert. Mit Beiträgen zur Entwicklung des Verlages C.H.Beck, München 2007

Kurt Winkler, Museum und Avantgarde. Ludwig Justis Zeitschrift „Museum der Gegenwart" und die Musealisierung des Expressionismus, Opladen 2002

Wolfgang Wippermann, Eule und Hakenkreuz. Ullstein und Deutscher Verlag im „Dritten Reich" 1933 bis 1945, in: Klaus G. Saur (Hrsg.), Verlage im „Dritten Reich", Frankfurt a.M. 2013, S. 61–78

Andreas Wirsching, Vom Weltkrieg zum Bürgerkrieg? Politischer Extremismus in Deutschland und Frankreich 1918–1933/39. Berlin und Paris im Vergleich, München 1999

Reinhard Wittmann, Der Carl Hanser Verlag 1928–2003. Eine Verlagsgeschichte, München 2005

Reinhard Wittmann, Geschichte des deutschen Buchhandels. Ein Überblick, München 1991

Reinhard Wittmann, Vom „SS-Mann Horst Kliemann" und der „Selbstgleichschaltung" Oldenbourgs. Anmerkungen zur aktuellen Verlagsgeschichtsschreibung, in: Archiv für Geschichte des Buchwesens 70 (2015), S. 263–268

Reinhard Wittmann, Wissen für die Zukunft. 150 Jahre Oldenbourg Verlag, München 2008

Reinhard Würffel, Lexikon deutscher Verlage – vom Anfang der Buchdruckerkunst bis 1945. Adressen – Daten – Fakten – Namen, Berlin 2000
Edda Ziegler, 100 Jahre Piper. Die Geschichte eines Verlages, München/Zürich 2004
Anne-Katrin Ziesak, Der Verlag Walter de Gruyter 1749–1999, Berlin 1999

Abbildungsverzeichnis

Grafik „Gesamtaufbau der staatlichen Welt des Buches“, Quelle: Hellmuth Langenbucher (Hrsg.), Die Welt des Buches. Eine Kunde vom Buch, Ebenhausen bei München 1938, S. 193 f. 28

Anzeige des Verlages Walter de Gruyter im Börsenblatt für den deutschen Buchhandel vom 12. Februar 1940 31

Glückwunschschreiben von Herbert Cram an Hermann Göring anlässlich von dessen Hochzeit im April 1935. Quelle: Stabi Dep. 42,219 41

Dankesschreiben von Hermann Göring vom Juni 1935. Quelle: Stabi Dep. 42,219 42

Protokoll der Verlagskonferenz vom 31. Januar 1939 mit dem Beschluss, bei Neuauflagen die „Arierschaft“ des Verfassers festzustellen. Quelle: Stabi Dep. 42,627 72

Auszug aus der Liste zur Vorbereitung der Neuauflage von Kürschners Deutschem Literatur-Kalender von 1936. Quelle: Stabi Dep. 42, K 360, M 2 72

Die SS-Zeitschrift Das Schwarze Korps veröffentlichte am 30. Januar 1936 den Artikel „Verlagssorgen der anderen“. Quelle: Stabi Dep. 42, K 74, M 2 79

Der englische Literaturkatalog Current Literature. Quelle: Stabi Dep. 42, L 74, M 2 82

Der französische Literaturkatalog Les Meilleurs Livres Français. Quelle: Stabi Dep. 42, K 74, M 2 83

Denkschrift über die kommunistische Umsturzbewegung in Deutschland. Im amtlichen Auftrage herausgegeben vom Verlag Walter de Gruyter & Co., Berlin und Leipzig 1933 101

Anzeige der Verlage Georg Stilke und Walter de Gruyter, mit der die Autoren von der Übernahme der rechtswissenschaftlichen Abteilung Stilkes durch De Gruyter informiert wurden. Quelle: Stabi Dep. 42, 214 (2) 127

Ausschnitt aus dem Sprachführer „Avez-vous compris? Verstanden? Redewendungen für den Verkehr mit französischen Kriegsgefangenen". Quelle: Stabi Dep. 42,132 (5) 150–152

Afrika. Handbuch der praktischen Kolonialwissenschaften. Band VIII: Landwirtschaftliche Nutzpflanzen, Pflanzenkrankheiten, Tierische Schädlinge, Berlin 1942 161

Kurt Richter, Der Weg zum Matt. Ein Blick in die Schachtechnik (Kleinbücherei des Großdeutschen Schachbundes), Berlin 1941 279

Liste der auszusondernden Literatur des Verlages Walter de Gruyter & Co. und der angeschlossenen Verlage, herausgegeben von der Deutschen Verwaltung für Volksbildung in der sowjetischen Besatzungszone. Quelle: Stabi Dep. 42,228 295–297

Personenregister

Achilles, Alexander 221
Adenauer, Konrad 201
Aguilaniedo, J.M.L. 73
Aischylos 290
Aland, Kurt 240, 302
Albrecht, Karl 245
Albright, William Foxwell 252
Alsberg, Max 215
Althaus, Paul 255 f.
Altheim, Franz 184
Altmann, Ulrich 238 f.
Amann, Max 19, 26
Amreich, Isidor Alfred 170
Anacker, Heinrich 185
Andrae, Walter 231
Anrich, Ernst 293
Anrich, Gustav Adolf 293
Aptowitzer, Viktor 245
Arendt, Hannah 148
Arnim, Achim von 6, 89
Arnold, Gottfried 238
Arnold, Robert Franz 73
Arps-Aubert, Rudolf von 274
Ascher, Saul 52
Ast, Fritz 275
Astel, Karl 159
Auerbach, Elias 250

Bahrdt, Wilhelm 185
Barbian, Jan-Pieter 2, 23
Bargheer, Ernst 280 f.
Basler, Otto 56
Baur, Wilhelm 19, 21, 84
Beck, Heinrich 117
Becker, Carl Heinrich 280
Beer, Georg 245–248
Behn, Friedrich 233
Behrend, Felix Wilhelm 177
Bentzen, Aage 252
Berndt, Alfred-Ingemar 19
Bernhard (Autor) 185
Bernheim, Ernst 180
Berze, Josef 275
Beugel, Johannes 265
Beutel, Ernst 184
Bieber, Margarete 227 f.
Bieberbach, Ludwig 261 ff.
Bienenfeld (Rechtsanwalt) 61
Bierögel, Albert 141
Bleckmann, Maja 196 f.
Bleuler, Eugen 275
Bloch, Iwan 73
Blomberg, Werner von 103
Bludau, Ewald 36 f., 44
Blümich, Max 277
Blunck, Hans Friedrich 20
Bobek, Hans 157 f.
Bockelmann, Paul 217
Bode, Wilhelm 274
Boehm, Fritz 270 f.
Boehringer, Erich 233
Börner (Amtsrat) 22
Bondi, Felix 192
Bonhoeffer, Karl 275
Borcher, Heinz 184
Bornhaupt, Christian von 7 f., 12
Bornkamm, Heinrich 184
Bouhler, Philipp 26
Brandenstein, Wilhelm 70 f.
Brather, Fritz 98
Braun, Otto 93
Brauns-Chudoba, Reinhard 185
Breslauer, Martin 80, 86, 90
Brill, Hermann 35, 53, 67, 155, 167, 238, 250 f., 291
Brinckmann, Alfred 278

Bruns, Florian 146, 148
Buber, Martin 254
Buch, Walter 87 f.
Buchenau, Artur 52, 157, 224
Bühler, Hans-Eugen 287 f.
Bünger, Wilhelm 98
Bürklen, O.Th. 184
Busse, Rudolf 132
Bussien, Richard 122

Clasen, Karl Heinz 274
Cochenhausen, Friedrich von 103, 105
Cohn (Gesellschaft für Antike Kultur) 225
Collatz, Herbert 201
Conti, Leonardo 147
Cram, Clara s. Gruyter, Clara de
Cram, Clara-Eugenie 14
Cram, Ella 14
Cram, Elsbeth 14
Cram, Hannemarie 14
Cram, Herbert V–VIII, 2, 13 ff., 21 f., 27, 33, 35–40, 43–52, 55, 61 ff., 65 f., 68–71, 74, 78, 81, 84–91, 93–97, 100, 102 f., 105, 112–117, 119–125, 128 f., 131–137, 140–144, 162, 164 f., 169, 173 ff., 178, 180, 182, 186, 194, 215 f., 222–226, 231, 238–243, 247 f., 250, 256, 260 f., 285 f., 288 f., 291 f., 299–302
Cram, John Walter 14
Cram, Kurt-Georg 14, 291
Cram, Margarete 14
Crayen, Wilhelm von 5, 10, 12 f., 33
Credner, Hermann 11
Crelle, August Leopold 6, 259
Curtius, Ludwig 234

Damerow, Heinrich 275
Daube, David 252
Defant, Albert 185
Dehio, Georg 14, 40, 108, 112
Delaquis, Ernst 214
Dernburg, Friedrich 196
Dibelius, Martin 184, 253 ff.
Diederichs, Ernst 153
Diem, Carl 229
Diepgen, Paul 184
Dimitroff, Georgi 98
Dobbert (Vertrauensrat) 44
Döpp-Vorwald, Heinrich 293
Dohnanyi, Hans von 216
Dornblüth, Otto 11
Dorpmüller, Julius 108
Drucker, Martin 210 f.
Drygalski, Erich von 7, 156
Dürer, Albrecht 274
Dufrenoy, Jean 264

Ebermayer, Ludwig 216, 219
Ebert, O. 266
Ehrlich, Eugen 196
Eickstedt, Egon Freiherr von 293
Eisenlohr, Roland 121
Eißfeldt, Otto 252
Elster, Alexander 15, 34 f., 125, 186 f., 192, 194, 197, 199, 206–211, 213–217, 301
Eltester, Walther 242, 253
Eltz-Rübenach, Paul Freiherr von 108
Engelmann, Wilhelm Friedrich 118
Epp, Franz Ritter von 160, 163
Erckmann, Rudolf 18
Erffa, Margarethe von 130 f., 133
Erler, Willy 135
Ertel, Hans 185
Eschmann, Ernst Wilhelm 183 f.
Eydt, Alfred 286
Eydt, Wilhelm 35, 102 f.

Fabricius, D. Cajus 241
Fehr, Hans 211
Feigl, Georg 262
Felber, Emil 118
Feuchtwanger, Lion 77
Fischbach, Oskar Georg 198, 207 f.
Fischer, Eugen 254, 269
Fischer, Kurt 184
Fischer, M. 275
Fischer, Otto Christian 292
Fischer, Samuel 121
Flad, Friedrich 193, 218
Flavius, Gnaeus 196
Flemming, Carl 275
Flügge, Ludwig 197

Fohrer, Georg 252
Formstecher, Samuel 52
Frank, Hans 117, 136, 214, 293
Franke, Hermann 103
Frantz (Major) 105
Freiesleben, Hans 216
Freisler, Roland 199, 207, 213, 216, 218
Freud (Gesellschaft für Antike Kultur) 225
Friederichsen, Richard 66, 113 ff.
Friedrichs, Eugen 217 f.
Friedrichs, K. 207
Frick, Heinrich 238 ff., 242 f.
Frick, Wilhelm 50, 69, 185
Friedrich II. 5
Fritsch, Theodor 246
Fröhlich, Thomas 235
Fuchs, H. 223
Funk, Walther 292
Furtwängler, Wilhelm 183

Gadow, Reinhold 89
Gadow, Wilhelm 192 f.
Gall, Ernst 112
Geest, Johannes 135
Gehring, Kurt 124
Geisberg, Max 274
Gentz, Günther 237
Georgi, Arthur 27
Geppert, Harald 262 f.
Gerkan, Armin von 234 f.
Germanos, D. 241, 255
Gieselbusch (Verlag Teubner) 222
Ginsberg, Hans 145 f.
Ginsberg, Harold Louis 250
Glasser, Otto 264
Gleispach, Graf Wenzeslaus von 215
Globke, Hans 201
Godin, Reinhard Freiherr von 130
Goebbels, Joseph 17 f., 20, 25, 100, 102, 145, 183, 210, 234, 266, 277, 287
Göring, Hermann 40, 95, 108
Göschen, Georg Joachim 9 f.
Göschen, Hermann Julius 9
Goethe, Johann Wolfgang von 10
Götze, Alfred 54, 56 ff., 60–65, 155
Goldschmidt, James 214 f.
Goltz, Rüdiger von der 216, 218
Gottschald, Max 184 f.
Graff, Kasimir 146
Grasshoff, Ehler W. 112
Grau, Fritz 216
Greiff, Max 221
Greßmann, Hugo 249
Grethlein, Konrad 35, 177 f., 180, 182 f., 260 f.
Grimm (Gebrüder) 6
Grimme, Adolf 93 ff., 97
Grosch, Alfred 220
Grundmann, Günther 111
Grundmann, Walter 249
Grunsky, Helmut 262 f.
Gruyter, Clara de (verh. Cram) 13, 33, 39, 48 f., 113, 173
Gruyter, Ellen de (verh. Crisolli, später verh. Meier) 13, 33, 48 f., 113, 173
Gruyter, Eugenie de 13, 33, 48 f., 114 f., 173
Gruyter, Hilde de 48
Gruyter, Lily de 48
Gruyter, Paul de 48
Gruyter, Walter de Vf., 2, 5, 7–14, 33, 113, 115, 186
Gündel, Hans 218
Günther, Hans F.K. 269
Güntter, Otto 184
Gürtner, Franz 216
Gütt, Arthur 275
Gumplowicz, Ludwig 179
Guttentag, Immanuel 7

Haas, Arthur Erich 69
Hachtmann, Rüdiger 32
Haegert, Wilhelm 19
Hagemeyer, Hans 18, 26
Halem, Gustav Adolf von 13
Halem, Otto von 5, 11 ff.
Haller, Johannes 185
Halumbirek, Josef 277
Hammacher, Friedrich 8
Harmjanz, Heinrich 269–273
Hartung, Fritz 218
Hasse, Helmut 260 f.
Hauff, Kurt 131

Hausdorff, Felix 180 ff.
Haushofer, Karl 164
Haussner, Robert 184 f.
Hecker, Max 160
Hederich, Karl Heinz 19, 145, 266 f.
Heffe, Eberhard 29
Hege, Walter 110, 229
Hegel, Georg Wilhelm Friedrich 52
Heidenreich, Robert 110
Heiderich, Franz 184
Heidrich (Vertrauensrat) 44
Heimann, Hugo 8
Heimsoeth, Heinz 289
Heines, Edmund 95
Heinichen, Eduard 192 f.
Heiss, Robert 27
Helbok, Adolf 268 f.
Heller, Abraham 73
Heller, Hermann 188 f.
Hempel, Johannes 248–252
Hemptenmacher, Theodor 190
Henckel von Donnersmarck, Viktor Graf 89
Henlein, Konrad 111
Hensel, Kurt 259 ff.
Hermann, Rudolf 241
Hernried, Robert 182
Hertel, Engelbert 98
Heß, Rudolf 26, 234
Heß (Oberregierungsrat) 202
Heymann, Ernst 195, 199 f.
Hiersemann, Anton 89
Hilbert, August 35
Himmler, Heinrich 110, 230
Hindenburg, Paul von 45, 68
Hinkel, Hans 19, 202
Hinze (Vertrauensrat) 44
Hirsch, Emanuel 255 f.
Hirsch, Samuel 52
Hirsch (Gesellschaft für Antike Kultur) 225
Hirschfeld, Magnus 17, 92
Hitler, Adolf 26, 45, 68, 84, 108, 136, 147, 156, 162, 185, 211, 224
Hochstetter, Erich 289 f.
Hoermann, Hans 232
Hövel, Paul 18 f., 22
Hoffmann, Alfred 86 f.
Hoffmann, E.T.A. 6
Hoffmann, Horst 201
Holleman, Arnold Frederik 11
Holtzbrinck, Georg von 300
Holtzmann, Oscar 245
Homeyer, Fritz 78, 80 f., 84–90, 172, 292
Homeyer, Helene (geb. Simon) 48, 86–90
Hopp, Karl 199
Hoppe, Heinz August 114
Hoppe-Seyler, Felix 8
Horaz 290
Houben, Josef 165
Hübler, Bernhard 35, 44
Hurrass, Georg 40, 43–46, 143

Iffland, August Wilhelm 10
Ipsen, Gunther 270 f., 273
Isay, Hermann 196

Jacob, Karl 184
Jacobsthal, Paul 229
Jacoby, Kurt 135
Jaeger, Werner 169, 222 ff.
James, Harold 292
Jaspers, Karl 10, 177
Johannes, Heinz 110
Johst, Hanns 20, 144, 287
Jolowicz, Leo 133 ff.
Jolowicz, Walter 135
Just, Leo 180
Justi, Ludwig 109

Kaemmel, Otto 154
Kästner, Erich 77
Kahle (Theologe) 252
Kailuweit (Sekretärin) 44
Kaisenberg, Georg 207
Kamke, Erich 185
Kania, Hans 111 f.
Kant, Immanuel 7, 52
Kantorowicz, H.U. 196
Karger, Samuel 170
Karitzky, Holger 214
Katz (Autor) 178

Kaufmann, Yehezkel 250
Keferstein, Georg 158 ff.
Keller, D. Adolf 241
Kelsen, Hans 196
Kempf, Hans 98
Kern (Autor) 184
Kerrl, Hanns 199, 240
Kiesow, Wilhelm 193
Kinas, Sven 262
Kindt, Albrecht 35, 140 f., 165–168
Kiok, Fritz 277
Kirchner, Carl 216
Kisch, Enoch Heinrich 73
Kissel, Georg 34
Kittel, Gerhard 253 ff.
Kittel, Rudolf 246
Klaffner (Autor) 185
Kleist, Heinrich von VI, 6
Kleist, Karl 275
Klemm, Wilhelm 184
Kletzl, Otto 111
Klopstock, Friedrich Gottlieb 10
Kluge, Friedrich 8, 155
Kluge, Kurt 228
Knorr, Wolfgang 106 f.
Koch (Abt. 8 im Reichspropagandaministerium) 93
Köhler, Wolfgang 37 f.
Koellreutter, Otto 163 f., 167
Koeppen, Wladimir 154
Kohlrausch, Eduard 201, 214–217, 221
Kolb, Gustav 275
Krahe, Hans 184
Krauss, Friedrich 233
Krauss, Samuel 246, 248
Krayn, Else V, 121 ff.
Krayn, Moritz V, 121 ff., 135, 301
Krehl, Stephan 178
Krencker, Daniel 233
Kretschmer, Ernst 275
Krieg, Walter 86
Kronfeld, Arthur 209
Kropp, Fritz 35, 44, 177
Krüger, Otto 277
Krug, Karl 218
Krug (Ministerialrat) 213
Kuckhoff, Adam 95
Küchenhoff, Günther 206 f.
Kürschner, Joseph 10, 74
Kukula, Richard 264
Kummer, Rudolf 24

Landgrebe, Ludwig 267
Lange, Richard 201, 221
Langosch, Karl 287
Lehmann, Julius Friedrich 301
Lehmann-Hartleben, Karl 228 f.
Lehmann-Haupt, Carl F. 70 f.
Leibholz, Gerhard 187 f.
Leibniz, Gottfried Wilhelm 289
Leisegang, Hans 67
Leisner, Georg 233
Leisner, Vera 233
Lenel, Otto 196
Leonhard, Rudolf 196
Lessing, Gotthold Ephraim VI, 10
Leuschner, Oskar 35
Levy (später Lehfeldt), Josef 11
Lévy-Bruhl, Henry 271
Lewald, Theodor 229
Liebmann, Irma 117
Liebmann, Karl Wilhelm 117
Liebmann, Margarete 117
Liebmann, Otto 116 f.
Lietzmann, Hans 68, 118 f., 240 ff., 253, 255
Lindemann, Otto 217 f.
Lingemann, Heinrich 208, 210
Lippmann, Andreas 243
Lissmann, Paul 73
Liszt, Franz von 7, 214
Litthauer, Felix 194
Lobe, Adolf 216, 219
Löbe, Paul V, 95 ff., 302
Löwenstein, Georg 73
Löwenstein (Jurist) 215
Lorck, Carl von 112
Lorenz, Max 202
Lubasch, Kurt 300
Lubbe, Marinus van der 98
Lüdtke, Gerhard 9 f., 14 f., 34 f., 44, 54–64, 66, 74 f., 77 f., 92, 113 f., 156, 158 ff., 186 f., 236, 264–273, 287, 289
Lütjen (Autor) 185

Luther, Martin 24
Lutz, Günther 241 f.

Manigk, Alfred 196 f.
Mann, Thomas 77
Mannheim, Hermann 215
March, Werner 109 f.
Marcus, Adolf 74
Marcuse, Max 92 f., 209
Meier, Burkhard 33, 48 f., 110–113, 134, 173
Meier, John 269–273
Meier, Richard 43
Mellerowicz, Konrad 184
Mendelssohn Bartholdy, Albrecht 114
Meroz, Yohanan 92
Mesch, Eckardt 68
Mesnil, Herbert du 112
Metten, Alfred 201
Metzner, Kurt O.Fr. 77
Meyer, Ernst 153
Meyer, Hugo 268
Meyer, Oscar 190 f.
Meyer-Plath, Bruno 232 f.
Mezger, Edmund 219
Michaelis, Richard 191
Miethke, Wilhelm 87
Miquel, Beate von 256
Mitzka, Walther 64
Möbius, August Ferdinand 177
Mohn, Heinrich 34, 256
Mommsen, Theodor 6
Mosse, Albert 194 f.
Mückel, Wenke 65
Müller, Fritz 125, 128, 132, 221
Müller, Hans Michael 256
Müller, Ludwig 242
Müller, Max 8

Nadler, Max 218
Nagler, Johannes 219
Nast, Adolph 10
Naumann, Hans 272
Neger-Münch, Franz Wilhelm 184
Neubert, Reinhard 200
Neumann (Jurist) 215
Neurath, Konstantin von 111
Niemeyer, Gerhart 189
Niemöller, Martin 242
Niethammer, Emil 216
Nishida, Kitaro 142
Nitsche, Paul 275 f.
Noack, Ferdinand 228
Noatzke, Gerhard 135
Novalis 6
Nußbaum, Arthur 196
Nusselt, Wilhelm 184 f.

Obst, Erich 160, 162 f.
Ohnesorge, Wilhelm 108
Oldenbourg, Alexander 168
Oppenheim, Max Freiherr von 231 f.
L'Oranges, Hans Peter 235

Papen, Franz von 188
Parrisius, Felix 219
Payr, Bernhard 18
Peham, Heinrich von 170
Pepping, Ernst 184
Pernice, Erich 234
Perron, Oskar 180
Petters, Walter 220
Pfordten, Theodor von der 136
Philon 67 f.
Pinder, Wilhelm 274
Pinner, Albert 192
Pinner, Heinz 192
Placzek, Siegfried 91
Planck, Gottlieb 8
Planck, Max 11
Platon 88
Plutarch 290
Pohle, Rudolf 200
Popitz, Johannes 222, 224, 242
Popoff, Blagoj 98
Post, Ehrhardt 278
Praesent, Hans 38, 265 f.
Preisker, Herbert 243 f.
Preuschen, Erwin 253
Pringsheim, Fritz 225
Pschyrembel, Willibald VI, 11, 124, 146

Quiros, C. Bernaldo de 73

Rabin, Israel 246
Rackow, Heinz 87, 172
Radbruch, Gustav 215
Raeke, Walter 207
Ramm, Rudolf 146 ff., 158, 292
Ranke, Leopold 11
Ranneforth, Heinrich 277 f.
Raskopf, Fritz 122
Ratzel, Friedrich 156 ff.
Rave, Paul Ortwin 111 f.
Rebenich, Stefan 117, 186
Reichhardt, Benno 6
Reimer, Ernst Heinrich 6 f.
Reimer, Georg Andreas 6
Reimer, Georg Ernst 6
Reinerth, Hans 226
Reinhardt, Friedrich 292
Reinshagen, Hermann 125, 128 ff.
Reiter, H. 275
Remark, Robert 261
Rendtorff, Trutz 256
Rengstorf, Karl Heinrich 248
Richter, Kurt 149, 278 ff.
Rietzsch, Otto 216
Ringleb, Friedrich 185
Rissom, Carl 221
Rittau, Martin 220
Ritter, Gerhard 180
Robinow, Walter 277
Rodenwaldt, Gerhart 229 f.
Rodycki (Autor) 114
Röhr, Erich 270
Roemer, Hans 275 f.
Römmig, Hermann 277
Rohde, Hans 219
Rohlfing, Theodor 200
Rohrbach, Hans 261
Roller, Christian 275
Romen, Anton 221
Rosenbaum, Eduard 114
Rosenbaum (Gesellschaft für Antike Kultur)
Rosenberg, Alfred 18 f., 25 f., 29, 84
Rosenberg, Leo 117
Rosenberg, Werner 219
Rothacker, Erich 180, 183
Rowley (Theologe) 252
Rüdin, Ernst 275 f.
Rust, Bernhard 17, 24, 108, 226, 271

Sarkowski, Heinz 2, 288
Saur, Klaus G. 30
Savigny, Friedrich Karl von 11
Schacht, Hjalmar 108
Schächterle, Paul 184
Schaefer, August 219
Schäfer, Ernst 216
Schäfer, Karl 216
Schäfer, Leopold 216
Schardt, Alois 109
Schede, Martin 226, 230
Scheel, Gustav Adolf 108, 231, 242
Scheffers, Georg 153
Scheler, Max 179
Schelling, Friedrich Wilhelm Joseph 52
Schellitzer, German (Hermann) 123
Schenck, Helmuth 86
Schiller, Friedrich 10
Schinkel, Karl Friedrich 111 f.
Schinnerer, Erich 202, 219
Schlageter, Albert Leo 185
Schlegelberger, Franz 194, 206
Schleiermacher, Friedrich VI, 6
Schlesinger, Ludwig 260 f.
Schloßmann, Siegmund 196
Schmidt, Eberhard 192 f.
Schmidt, Georg 87
Schmidt, Hubert 231
Schmidt, Walter 192 f.
Schmitt, Carl 188
Schneider, Gustav 275
Schoeps, Hans-Joachim 51 ff.
Scholem, Gershom 254
Schorn, Wilhelm 274
Schramm, Percy Ernst 180
Schreiber (Volkskundler) 272
Schrieber, Karl-Friedrich 86 f., 89 f., 201
Schubert, Hermann 185
Schuchardt, Martha 48 f., 173
Schuchardt, Oscar 5, 8, 13
Schuchardt, U. 173
Schuchhardt, Carl 236
Schulz, Günther 181 f.
Schulze, Ernst 285

Schulze-Wagner (Autor) 132
Schwartz, Wilhelm 185
Schwerdtfeger, Albrecht 225
Schwerin von Krosigk, Lutz Graf 108
Schwinge, Erich 153
Sebba, Julius 195 f.
Seelemann (Verlagsmitarbeiter) 143
Seifert (Verlagsmitarbeiterin) 143
Sell, Hans 35, 133 ff.
Sellier, Arthur 132, 136, 195
Sellier, Arthur jun. 136 f.
Siebert (Jurist) 218
Siebs, Theodor 170
Siegle, Gustav 8
Siegmund-Schultze, Reinhard 262
Sievers, Johannes 111
Simmel, Georg 179
Simon, Hermann 276
Simon, Richard 88
Six, Franz Alfred 24 f.
Sommer, Robert 275 f.
Sommerlad, Bernhard 15
Sonnemann, Emmy (verh. Göring) 40
Speer, Albert 110
Speier, Hermine 235
Spener, Philipp Jacob 240
Spengler, Wilhelm 25
Sperber, Hans 53–65, 301
Spinner (Wien) 251
Spuler, Bertold 280
Staa, Wolf Meinhard von 33, 49, 110, 113, 115, 140 ff., 157, 173, 224, 274, 289, 291, 301
Stade, Bernhard 248
Stammler, Wolfgang 56
Stange, Carl 255 ff., 288
Staub, Hermann 8, 191–195
Staud (Jurist) 218
Staudinger, Julius von 136 f., 195
Steche, Theodor 185
Steinheim, Salomon Ludwig 52
Stephan, Horst 241
Stier-Somlo, Fritz 206 f.
Stilke, Georg 124
Stilke, Georg H. 124–133, 135
Stilke, Hermann 124
Stock, Kurt 45
Stranz, Josef 191
Stranz, Moritz 191
Streicher, Julius 185
Strothmann, Rudolf 280
Stroux, Johannes 222
Stuckart, Wilhelm 201
Süss, Wilhelm 263

Tacitus 290
Tänzer (Mitarbeiter) 291
Taneff, Wassil 98
Taubert, Eberhard 100
Terhalle, Fritz 114
Theoderich 110
Thesing, Curt 5, 11, 13
Thiel, Alfred 146
Thieme, Paul 128 f., 132
Thierack, Otto 214
Thümmel, Moritz August von 10
Thulke, Karl 21
Tobiens, Alexander von 293
Todt, Fritz 108
Töpelmann, Alfred 118 f., 247 f.
Torgler, Ernst 98
Treitschke, Heinrich von 6
Trübner, Karl Ignaz 8 f., 53, 236, 264 f.

Ury, Else 77

Vahlen, Theodor 141, 260
Valentin, Ernst 121
Veit, Moritz 11
Verbeek, Albert 274
Virchow, Rudolf 6
Vogel, Hans 111
Vogels, Werner 206, 208, 212 f.
Voigts, Bernhard 207
Volkmar, Erich 206
Vollmer, Günther 200
Voß, Hermann 200

Waechtler, Fritz 185
Waetzoldt, Wilhelm 66, 112
Wagemann, Gustav 198 f.
Wagner, Karl Heinz 233
Weber (Vertrauensrat) 44
Wehrung, Georg 256

Weigelt, Kurt 160
Weinhold, Karl 268
Weipert, Otto 193
Weiß, Bernhard 210
Weltzien, Hans 292
Wendling, Peter 195 f.
Wenz (Oberkriegsgerichtsrat) 221
Wermuth, Adolf 190
Wertheimer, Ludwig 189 f.
Wesel, Uwe 117, 186
Westphal (jüdische Autorin) 66
Weygandt, Wilhelm 276
Wiegand, Theodor 226, 233 f.
Wieland, Christoph Martin 10
Wieruszowski, Alfred Ludwig 189
Wiese und Kaiserswaldau, Leopold von 178 f.
Wilhelm II. 293
Willers, Friedrich Adolf 153
Windfuhr, D. 208
Winkler, Friedrich 274
Wismann, Heinz 18 f., 266
Wittig, Karl R.A. 50 f., 68 f.
Wittland, Hermann 289
Wittmann, Reinhard 3
Wohlgemuth, Juda Ari 252
Wolff, Martin 196
Wolff, Wilhelm 114
Wolters, Rudolf 110
Wrede, Walther 234
Wülfing, Martin 21, 89

Ziegler, Erhard 219
Ziegler, Matthes 269, 272
Zimmermann, Heinrich 274
Zschietzschmann, Willy 233